象山县统战志

《象山县统战志》编纂委员会　编

方志出版社

图书在版编目（CIP）数据

象山县统战志／《象山县统战志》编纂委员会编
．—北京：方志出版社，2018.5
ISBN 978-7-5144-3093-6

Ⅰ.①象… Ⅱ.①象… Ⅲ.①统一战线工作—概况—象山县 Ⅳ.①D613

中国版本图书馆 CIP 数据核字（2018）第 114171 号

象山县统战志

编　　者：《象山县统战志》编纂委员会
责任编辑：罗　滔

出 版 人：冀祥德
出 版 者：方志出版社
地址　北京市朝阳区潘家园东里 9 号（国家方志馆 4 层）
邮编　100021
网址　http：//www.fzph.org
发　　行：方志出版社图书经销中心
电话（010）67110500
经　　销：各地新华书店
印　　刷：福州龙杰印刷有限公司

开　　本：889×1194　1/16
印　　张：41
字　　数：909 千字
版　　次：2018 年 5 月第 1 版　2018 年 5 月第 1 次印刷
印　　数：0001～1000 册

ISBN 978-7-5144-3093-6　定价：180.00 元

▲ 2009 年 5 月，省委书记、省人大常委会主任赵洪祝（左三）到象山宁波华翔集团调研，市委书记、市人大常委会主任巴音朝鲁陪同（右一） （县工商联供）

▲ 2009 年 7 月，省委常委、市委书记、市人大常委会主任巴音朝鲁（左二）到象山宁波乔明家居用品发展有限公司调研。县委书记周江勇（右二）陪同 （县工商联供）

▲ 2011 年 4 月 19 日，浙江省委常委、组织部部长蔡奇（左二）调研锦浪科技 （县工商联供）

▲ 2010 年 6 月，浙江省委常委、宁波市委书记、市人大常委会主任巴音朝鲁（中）调研锦浪科技，县委书记李关定（左一）陪同 （县工商联供）

▲ 2011 年 6 月 13 日，全国政协常委、副秘书长、致公党中央常务副主席王钦敏（左二）到象山考察，中共中央统战部常务副部长朱维群，全国人大常委、华侨委副主任、致公党中央副主席杨邦杰，国家海洋局副局长张宏声，全国政协委员、致公党中央秘书长曹鸿鸣等参加调研 （县工商联供）

◀ 2011 年 7 月 5 日，省委副书记、省长夏宝龙（右二）到象山调研海洋经济。市委书记刘奇（右一）、县委书记李关定（右三）陪同

（县台办供）

▶ 2011 年 7 月 6 日，省委副书记、省长夏宝龙（中）到锦浪科技调研

（县工商联供）

◀ 2012 年 9 月 16 日，全国政协副主席罗富和（前左二）视察海峡两岸交流基地展示中心

（县台办供）

▲ 2012 年 9 月 16 日，省政协副主席、省委统战部部长汤黎路前（左一）视察海峡两岸交流基地展示中心

（部办公室供）

▲ 2013 年 8 月 22 日，省政协副主席、省委统战部部长汤黎路（中）视察县党外知识分子联谊会“同心”服务基地——宁波绿苑农业开发有限公司。县委书记李关定与县委常委、统战部部长黄敏求陪同

（部办公室供）

◀ 1986 年 9 月 25 日至 26 日，县佛教第一次代表会议在县政府招待所召开，60 余名代表出席会议

（县民宗局供）

▶ 1987 年 10 月 7 日，县政协主席林祥生（右五），县政协副主席、县委统战部部长沈允法（右四）参加台胞台属迎春茶话会

（县台办供）

◀ 1988 年 9 月 22 日，县工商联第四次会员代表大会代表合影

（县工商联供）

▶ 1989 年 4 月 26 日，香港著名慈善家、“全国扶贫状元”、“应善良福利基金会”主席沈炳麟先生捐献茅洋乡顺德桥。县长郑友庆（左一）和县政协副主席、县委统战部部长沈允法（右一）陪同沈炳麟先生（中）步入顺德桥建设奠基仪式

（部办公室供）

▲ 1989 年 9 月 23 日，王家福捐建象山图书馆落成。图为王家福（前中）与县政协主席林祥生（前右四）、副县长王庆祥（前左四）合影

（县台办供）

▲ 1989 年 11 月，茅洋乡顺德桥建成后，沈炳麟（右一）由副县长王庆祥（右二）陪同，考察大桥建设状况

（部办公室供）

▲ 1989 年 11 月 24 日，县基督教三自会第三届代表大会在丹城狮山路教堂召开，委员合影 （县民宗局供）

▲ 1990 年 5 月 9 日，沈炳麟捐建的石浦“檀头山庆同教育楼”奠基 （县侨办供）

◀ 1991 年，象山籍华侨王家福（右四）向市妇幼医院赠送医疗车后与医务人员合影 （县侨办供）

▲ 1991 年 6 月，县商会成立，县委书记邵孝杰（上左）为县商会授牌 （县工商联供）

▲ 1993 年 6 月，象山中学举行一九九二年度樊氏奖学金暨县王家福奖学金授奖大会 （县侨办供）

▲ 1994 年 3 月 29 日，县海外联谊会成立大会在丹城镇礼堂召开（左图为主席台，右图为会场）（部办公室供）

▲ 1994 年 3 月 30 日，象山海外联谊会首届理事会第一次会议在县图书馆召开　　（部办公室供）

▲ 1994 年 11 月 3 日，赵安中（左二）被省人民政府授予“爱乡楷模”荣誉称号　　（部侨办供）

▲ 1995 年 11 月 12 日，赵安中与夫人在其捐赠的“林杏琴教学楼”前留影　　（部侨办供）

▲ 1995 年 11 月 12 日，赵安中（中）和学生们合影　　（县侨办供）

▲ 1999 年 11 月 30 日，中国民主同盟宁波市象山县支部委员会成立大会在丹城象山宾馆召开
（部党派科供）

▲ 2000 年 5 月，旅美华侨姜光平（右四）、林国本（左二）一行参加象二中“姜梅坞学生公寓”落成典礼暨“姜梅坞、陈娩荪奖学金”创立大会 （县侨办供）

▲ 2004 年 5 月 14 日，县委统战部在人民广场开展统一战线大型广场系列活动 （部办公室供）

► 政策咨询
（部办公室供）

▶ 文艺晚会 （部办公室供）

▲ 2005 年 3 月 22 日，县非公有制经济人士优秀建设者表彰大会在象山宾馆召开 （部办公室供）

▲ 2005 年 3 月 22 日，全县统战工作会议在象山宾馆召开，县委副书记徐才印（中）出席并讲话，县委常委、统战部部长欧亚群主持会议 （部办公室供）

▲ 2005 年 7 月 22 日，县管党外领导干部座谈会在北黄金海岸大酒店召开 （部办公室供）

▲ 2005 年 7 月 25 日，全县培养选拔党外干部工作会议在象山宾馆召开 （部办公室供）

▲ 2006年4月8日，县职业高级中学与贵州黄平县湖里中学举行联合办学签约仪式

（县职高供）

▲ 2006年4月20日，全县党外知识分子工作联席会议召开。县委常委、统战部部长欧亚群（中）出席会议并讲话

（部办公室供）

▲ 2006年5月31日，台东富冈新村村民到石浦镇举行如意娘娘塑身回乡省亲活动

（县台办供）

◀ 2006年9月15日下午，在东谷湖德和根艺美术馆举行“象台两岸文化交流座谈会”。象山县副县长戴瑜（前排左二）与台湾省台东县议会副议长饶庆铃（前排右二）、在象山的台资企业代表、台湾台东大学学者、台东市有关议员等参加座谈

（县台办供）

◀ 2007 年 6 月 30 日，副县长俞骏（左）率访问团赴台交流考察期间，拜会台东县议会议长李锦慧。图为双方互赠礼物（县台办供）

▲ 2007 年 8 月 29 日，市"光彩事业海岛山区行"启动仪式。市委常委、统战部部长、市光彩事业促进会会长陈凤姣（左四），市人大常委会副主任、市工商联会长崔秀玲（右四）等领导出席活动后留影（部办公室供）

▲ 2008 年 3 月 28 日，县民宗局在象山宾馆召开少数民族代表人士座谈会（县民宗局供）

▲ 2008 年 4 月 29 日，县民主党派成员参加纪念中共"五一口号"发布 60 周年座谈会（部党派科供）

◀ 2008 年 5 月 8 日，民盟中央名誉副主席吴修平（右二）到象山调研，民盟象山支部主委胡建萍（右三）陪同

（部党派科供）

▶ 动员企业赈灾捐款，奉献爱心

（县工商联供）

◀ 2008 年 5 月至 8 月，举办以“迎奥运、讲文明、树新风、创和谐”为主题的象山县首届民营企业运动会

（县工商联供）

目　录

综　述

一

象山县位于浙江省东部沿海中段，象山港与三门湾之间，由象山半岛东部和沿海656个岛礁组成，为宁波市属县之一。县城丹城，距宁波市区55公里，距省会杭州186公里。

县境东临东海，最东处为渔山列岛百亩地礁（北纬28°56′18″、东经122°17′30″）；南濒猫头洋之三门湾与三门、临海二县、市分界，最南处为渔山列岛之湾里小礁（北纬28°51′18″、东经122°13′43″）；西接宁海县，最西处为宁、象两县交界处井栏凉亭（北纬29°28′24″、东经121°34′03″）；北倚象山港，与奉化、鄞州、北仑、普陀四市、区、县隔港相望，最北为象山港口之鹊礁（北纬29°39′42″、东经121°54′24″）。东西宽70公里，南北长90公里，三面环海，一路穿陆，"缘海而邑"。陆域1382平方公里，半岛1151平方公里，岛礁231平方公里。地势由西北向东南倾斜，属低山丘陵地区，素有"七山一水二分田"之称。沿海港湾交叉，以象山港、石浦港、三门湾最著。海岸线约800公里（大陆岸线300公里、海岛岸线493公里），约占全省海岸线的1/8。沿海海域广阔，以领海12海里计，面积6618平方公里。

春秋时，象山属越国，战国时一度属楚国。秦属鄞县。汉为鄞县、回浦二县地。晋代分属宁海、鄞县。隋为句章、临海地。唐初分属宁海及鄞县。唐神龙二年（706）象山立县，治彭姥村（今丹城西北地），因村北有山，"形似伏象"，故名，始属台州。广德二年（764）改隶明州，南宋属庆元府。元属庆元路。明、清属宁波府。民国初属会稽道，民国16年（1927）直属浙江省。

民国元年（1912），南田立县，治樊岙。是年4月，划东溪岭以南地入南田县，迁南田县治于石浦。翌年，取消划并，南田还治樊岙。民国29年，撤南田县，另置三门县，南田为其辖地。

1949年7月8日，象山解放。是年10月21日，奉省令成立象山县人民政府，属宁波专区。1952年7月，南田从三门县划归象山。1954年4月，象山县改隶舟山专区。1958年10月，宁海县并入象山，治沥洋，隶台州专区。后县治迁至原宁海县城关镇。1961年10月，复置宁海县，象山还治丹城，回属宁波专区。1983年，宁波地、市合并为宁波市，象山属宁波市。

2012年，全县辖丹东、丹西、爵溪3街道，石浦、西周、鹤浦、贤庠、墙头、定塘、涂茨、大徐、新桥、泗洲头10镇，东陈、晓塘、茅洋、黄避岙、高塘岛5乡，建制村490个。2012年年末，全县188281户、540322人，以汉族为主，尚有蒙古族、回族、藏族等少数民族32个。

二

统一战线是中国共产党凝聚人心、汇聚力量的政治优势和战略方针，是夺取革命、建设、改革事业胜利的重要法宝，是增强党的阶级基础、扩大党的群众基础、巩固党的执政地位的重要法宝，是全面建成小康社会、加快推进社会主义现代化、实现中华民族伟大复兴中国梦的重要法宝。象山县委运用统一战线这一法宝，团结一切可以团结的力量，凝聚人心，汇聚力量，促进党派、民族、宗教、阶层与海内外同胞关系和谐，推动革命、建设和改革开放事业。

新民主主义革命时期，县委统战部围绕党的总路线、总任务，执行党的统一战线方针、政策，履行“了解情况，掌握政策，安排人士，调整关系”基本职能，团结一切可以团结的力量，孤立反动派，确保土地改革顺利进行；发动工商等各界群众，开展抗美援朝运动；区别对待，大张旗鼓镇压反革命分子，巩固和加强基层政权建设；接管旧商会，成立县城区工商业联合会筹备委员会。改组同业公会，开展社会主义改造；召开各界人民代表会议，形成政治协商机制等；学习贯彻党的过渡时期总路线，深化社会主义改造。

社会主义建设时期，历经整风运动与反右派斗争、“大跃进”运动、“左”倾思潮、社会主义教育运动阶级斗争扩大化等，多党合作的基本方针没动摇，党外人士安排未间断。

“文化大革命”期间，县委统战部机构被撤销，统一战线工作遭摧残。

1978年12月，中国共产党十一届三中全会召开，统一战线工作进入新的发展时期。翌年，为适应统一战线工作，县委确定宣传部一名副部长兼管统战工作，一名统战干事处理日常事务。1979年4月，设县侨务办公室。1980年，县委对台办公室划归宣传部。12月，召开首届县归侨、侨眷和港澳同胞亲属代表会议，成立归国华侨联合会。1981年10月，在石浦渔港招待所内设立象山县台湾渔民接待站。

1982年11月，县委统战部恢复工作，按照新时期党的爱国统一战线方针、政策和任务，落实各项统战政策。分统战（秘书、宗教）、侨办（侨联）、台办（接待站）三条线，行使“了解情况、掌握政策、协调关系、安排人士”职能。

1984年2月，县级机关机构改革，县委统战部设部务会议，增加在职定编人员，置民族宗教事务办公室。根据县委“解放思想、团结奋进、开拓务实”要求，开展统一战线工作。

2012年，县委统战部内设办公室、侨务工作科、民族宗教科、干部党派科，与县侨办（联）、县民宗局合署办公，核定行政编制12人。成立县委统战部机关党支部、机关工会等。

中共十一届三中全会后，在县委领导下，统战部会同组织、宣传等部门，坚持“有错必纠”原则，拨乱反正，落实错划“右派分子”、原国民党起义投诚人员、原工商业者及宗教、侨务、对台政策。至1986年，复查、平反、纠正、落实各类统战政策710件（政协委员36件，党派成员1件，归侨侨属和港澳同胞亲属90件，台胞台属78件，宗教35件，其他470

件)。其中,“文化大革命”案20件,历史老案74件,改正错划“右派”125件,原工商业者区别小商、小贩、小手工业者107人,原国民党起义投诚人员52件,“文化大革命”中被查抄84户,其他政策性问题纠正97人。调查取证包毅为首的原国民党驻象山石浦盐务税警部队属性,经县委报请市委批准,认定为起义部队,向定居石浦、金星、定山、昌国等地的32名起义人员,颁发“起义证书”,落实政策。1982年、1990年、2001年、2012年,分别召开县统战工作会议,加强和改善党对统一战线工作领导,健全体制机制;坚持和完善共产党领导的多党合作和政治协商制度;调动新社会阶层积极性,推进经济社会发展;促使民族宗教关系融洽,发挥宗教民族界人士在促进经济社会发展中的积极性;巩固发展与港澳台、海内外同胞的关系,促进经济发展和祖国统一;构筑统战新格局,推动统一战线工作在经济、政治、文化、社会和生态文明建设中的作用。

县委统战部在组织政治思想教育中,深入基层撰写调研文章,开展统战宣传工作,赢得社会赞扬、领导肯定。1995—2012年,获全国统一战线宣传先进单位8次、省宣传工作二等奖与“精品工程”创意奖、优秀奖8次、市统一战线工作先进单位等5次的好成绩。

三

中共十七大报告提出壮大爱国统一战线,促进政党关系、民族关系、宗教、阶层与海内外同胞和谐,顺应国内外形势发展变化,更好地运用统一战线法宝,调动一切积极因素,夺取全面建设小康社会新胜利。

1999年11月30日,中国民主同盟宁波市象山县支委会(以下简称民盟象山支部)成立。翌年2月22日,召开支部委员会成立大会。在宁波市民盟和中共象山县委关心下,围绕县委、县政府中心工作,发挥优势,参政议政,建言献策,服务大局,关注社会,建设现代化生态型滨海旅游城市。2006年8月,民盟象山支部第三届会议提出“明确任务,提高参政议政能力,争取岗位建功”要求,统一思想,围绕经济社会发展大局,发挥应有作用。在做好参政议政工作同时,抓好自身学习、思想建设和队伍发展工作,拓展行业领域,提高学历层次。是年,发展新盟员6人,其中硕士2人、中学高级职称1人、主任医师3人,民盟支部人员增至22人。2007年年末,增加至26人。至2012年,增至53人。其中,县市两级人大代表、政协委员分别为3人、13人。

县委统战部重视党外知识分子工作,抓住源头,立足长远,培养无党派人士新生力量。与教育、卫生、人事、科技、文化等部门联合制定《象山县党外知识分子联席会议制度》,定期专题调研非中共知识分子重点联系单位工作,发现并纳入非中共人才库重点培养管理。随社会经济结构变化,贯彻落实中央统战工作会议精神,适应新形势、新任务,开展新社会阶层统战工作。2009年1月5日,象山县党外知识分子联谊会成立。首届会员57人,以无党派知识分子为主,有较广泛的代表性和较高的知识层次,涉及经济、科教文卫、金融、信息行业、社会中介、党政机关等领域。其中研究生3名,占6%;大学学历44名,占77%;高级职称14名,占26.3%。平均年龄35.1岁,具人才整体优势。县人民政府副县长当选县首届党外知识分子联谊会会长。

台、港澳、侨务工作，是统一战线工作重要方面。1949 年前后，县人居住台湾 1177 人。其中：抗战胜利后受民国政府派遣接管台湾 36 人，党政军界、科技知识界、工商界人士 477 人；中华人民共和国成立初期，随国民党军队撤往台湾 664 人。其时，祖国内地与台湾两岸间，处敌对、封闭、隔绝状态，对台工作由公安部门负责。1954—1956 年，有关部门教育、鼓励原国民党军政人员家属、亲友向在台人员写信，沟通海峡两岸联系。1957—1965 年春节、元旦，召开在台人员亲属座谈会，组织参观“和平解放台湾展览会”，开展“争取和平解放台湾”方针、政策宣传教育，召开重点乡镇“蒋军士兵家属座谈会”，促进相互了解。1971 年冬季，石浦军民在渔山列岛外抢救遇难台湾渔轮、渔民，开启接待台胞渔民先例。至 20 世纪 70 年代末，接待台湾渔轮 99 艘次。

随着进县港的台轮逐年增多，经省人民政府批准，1978 年 10 月，建立县台湾渔民接待站。为全省乃至全国最早建立台湾渔民接待机构之一，宁波市唯一台湾渔民接待口岸。1981 年 10 月，接待站转设石浦渔港招待所。1985 年，改名浙江省象山县石浦台湾同胞接待站（以下简称台胞站），隶属于县台办。至 2012 年年末，计接待台湾基隆、苏澳、高雄等 7 个港口 5 种型号船只 12747 艘次、渔民 84636 人次。

清末民国初，有县人出洋侨居，之后续有增加。至 2012 年年末，海外侨胞 3 万余人。侨务及港、澳工作系县统战工作重要方面。1956 年 11 月，县委成立侨务工作小组。1979 年 4 月，成立县革命委员会侨务办公室。1981 年 4 月，改县人民政府侨务办公室，专司华侨事务，兼理港澳工作。陆续设立县归国华侨联合会、县出国留学人员和亲属联谊会及县回乡创业留学人员服务联谊会。在县委、县政府的领导下，组织侨情调查、政策宣传、接待服务、引资捐赠、筹办侨企等工作。

县侨务部门根据中央“凝聚侨心、汇集侨智、发挥侨力”精神，拓建联络联系，吸引象山及非象山籍侨、港胞捐助“教育、教学”工程。1979 年始，旅日侨胞王家福、旅印尼侨胞樊恭熛、旅日侨胞王忠根等，先后捐赠折合人民币 84 万元，助建教学楼，捐赠车辆、彩电，设置奖学金等。港胞邵逸夫、赵安中、沈炳麟虽非象山籍人士，也情系教育，慷慨解囊，多次捐资，振兴山区、海岛教育。其中，赵安中累计捐资 223 万元，助建高塘岛乡中心小学、鹤浦中学、象山二中、泗洲头初中、晓塘乡中心小学、墙头镇下沙小学、涂茨镇毛湾小学、贤庠镇中心小学、黄避岙乡中心小学 9 所学校“林杏琴教育楼”。据不完全统计，1979—2012 年，海外侨胞、港台同胞捐资折合人民币 1993 万元。

中共中央〔1991〕15 号和中共中央、国务院〔2010〕16 号文件下发后，象山县调整县工商联组织结构、工作对象、职能任务。建立工商联党组，把握政治方向。工商联（商会）组织、队伍、作用、制度和基础建设发展，发挥党和政府联系非公有制经济人士、政府管理非公有制经济桥梁助手作用。按照中央“充分尊重、广泛联系、加强团结、热情帮助、积极引导”方针，加强非公有制经济人士思想政治工作，促进非公有制经济健康发展；引导非公有制经济人士参与县政治生活和社会事务，投身光彩事业和建设新农村活动。开展工商专业培训和信息咨询，帮助中小微企业破解融资难，搞好对外经贸合作交流服务；代表和维护会员合法权益，推进构建和谐劳动关系，加强企业文化建设和企业党建工作；推动行业协会商会改革发展，实现18个镇乡（街道）商会组织全覆盖，行业商会稳步发展，异地商会历史性突破。

境内属少数民族散居地区。1992年，回族、满族、苗族等14个少数民族58人。随着改革开放深入，少数民族同胞大量涌入。至2010年11月1日，有蒙古族、回族、藏族、维吾尔族、苗族等31个、3458人。2012年，常住6个月以上少数民族增至4900余人，蒙古族、回族、藏族、维吾尔族等32个。其中户籍在象山的300余人，多妇女婚嫁或建水库移民，散居18个镇乡（街道）。围绕“共同团结奋斗，共同繁荣发展”，立足少数民族工作现状与县域实际，做好“组织保障、惠民服务、文化凝心、机制探索”，尊重少数民族风俗、信仰，探索农村散杂居少数民族统战工作模式，尽力解决子女就学、医疗卫生、户口登记、计划生育、经营场所等问题，生活特殊困难家庭纳入低保、救济。2005年始，会同县职业高级中学，采用职业教育“2+1”（文化、专业课2年+实习1年）模式，加大东西部合作办学力度，解决贫困少数民族学生就学、就业，实现智力扶贫。2006年始，连续6年联合晓塘乡举办“民族和睦邻里节”，数百名少数民族群众参加观摩，《宁波日报》、宁波电视台等报道活动盛况。培养少数民族群众创业典型，晓塘乡茶光菊（女，彝族）葡萄种植园授牌，成为全县首家“少数民族创业致富基地”。

尊重和保护公民宗教信仰自由，是共产党一贯宗教政策。中华人民共和国成立后，宗教状况发生根本变化。佛教结束被封建势力控制、利用的历史。基督教、天主教清除帝国主义势力的控制，走上“独立自主、自办教会”的道路，信教群众翻身解放，享受宗教信仰自由。

道教最早传入象山，秦方士徐福在蓬莱山创建道观。隋唐后，道观时兴时衰。北宋时，一度下诏释、道合流，改寺为观。象山与外地不同，不见改寺院为道观或大建道观。其后，寺院供奉真武大帝、三官、玉皇大帝可见。元代，新建道观，见诸史志有爵溪大瀛海道院。明、清两朝重佛抑道，道教式微，日趋衰落。民国间，尚有道士活动，中华人民共和国成立后逐渐消失，20世纪90年代复有活动。

南朝宋元嘉二年（425），比丘凤跃于象鼻山麓傍溪结茅居，为等慈禅寺（西寺）之开山，佛教始传入象山。唐代，得到快速发展。宋代，趋于鼎盛期。名僧临济宗禅僧虚堂智愚，为宋理宗、度宗皈依师，教化鼎盛，法嗣10数人，法脉远衍日本。灵岩禅寺住持兀庵普宁在日本创立禅宗“宗觉派”，系中日佛教交往史上一宗大事。元代，奉化雪窦寺住持善来、诗僧妙源、渡日并创“竺仙派”竺仙等，均为象山籍临济宗名禅僧。清代中期，新置、修葺寺庵众多，香火兴盛。中晚期，日本僧人数度抵蒙顶山天寿寺朝拜，献“海上奇观”匾，天寿、宝福等寺僧应邀赴日传授梵腔，启建水陆法会，再续中日佛教友好交往。民国期间，寺庵建设较快，寺庵约800处，几成佛国，为历代之最，寓僧、尼仅363处，多居士、俗家弟子所居。中华人民共和国成立，佛教一度趋衰。中共十一届三中全会后，恢复宗教信仰自由政策，佛教活动渐趋正常。在县佛教协会带领下，遵循爱国爱教宗旨，贯彻落实党的宗教信仰自由政策，依法管理，引导宗教与社会适应；募化重建、修建大量殿宇楼群，保护文物、名胜古迹，资助教育、社会福利公益事业，支援受灾地区，累计捐款200余万元。

清光绪二十年（1894）天主教传入象山，曲折发展。1978年中共十一届三中全会后，贯彻落实宗教信仰自由政策，天主教活动正常。1985年，聚会堂所5处，教徒455人，分布鹤浦、樊岙、高塘、西周、石浦等地。1989年8月5日，天主教爱国会筹备小组成立。2002年，依法登记天主教堂所8所（原9所，后石浦、延昌2所合并），神甫1人，修士2人，教徒约800人。

基督教最晚传入象山，发展较快。清光绪元年（1875），英国传教士燕乐拔于丹城黄家桥行医传教、创教堂。民国26年（1937）春，教徒史悠卿邀宁海牧师华世斌及助手王见真，到石浦主领奋兴会7天，信奉耶稣者骤增。至民国末年，象山联区有堂所17座，信徒（含慕道友）1200人；石浦联区堂所10座，信徒（含慕道友）800余人。1950年夏，以吴耀宗为首的中国基督教领袖发起“三自”（自治、自养、自传）革新爱国运动，象山基督教顺应潮流，走“三自”爱国道路。土地改革时期，基督教堂关闭，教会活动停止。1958年，在农村开展社会主义学习运动，基督教各宗派求同存异，举行联合礼拜。象山仍无公开礼拜聚会，唯零散家庭宗教活动。1966年，“文化大革命”开始，基督教徒信仰被剥夺，教堂关闭，家庭聚会禁绝，基督教“三自”爱国运动停顿。1978年12月，中国共产党十一届三中全会后，拨乱反正，正本清源，党的宗教工作方针与政策逐步贯彻落实。1981年12月20日，县委统战部召开基督教代表座谈会，协商筹组象山县基督教“三自”爱国运动委员会。翌年12月17日，县基督教“三自”爱国运动委员会（以下简称“三自会”）成立。坚持“自治、自养、自传”原则，协助政府贯彻宗教信仰自由政策；教育基督教徒遵守国家宪法及有关法规、法令，爱国守法；参加社会主义“四化”建设；做好基督教堂所管理工作，坚持“三自”原则，走独立自主、自办教会道路。随着宗教政策的落实，教堂产权陆续归还教会。1988年9月，堂所23座，信徒逾8000人。1997年5月，县基督教协会成立。2012年，堂所增至45座，信徒（含慕道友）1.9万人，牧师9人，教师9人，长老9人。

1949年，县人民政府设民政科，内置兼理宗教事务股室。后改称民政局、内务办公室。初期，因象山地处浙东沿海、军事前哨及其他原因，土地改革时关闭教堂，教牧人员外迁。寺庵、堂观、教堂有拆为民居，有被占用，部分归宗教界。“文化大革命”中，宗教属扫荡之列。中共十一届三中全会后，恢复宗教合法地位，纳入爱国统一战线，划归党委宣传（统战）部门掌理。1984年，县民族宗教事务办公室设立（副局级），与县委统战部合署办公。1997年，改称民族宗教事务局（正局级），挂靠县委统战部。1982年始，相继成立县基督教“三自”爱国运动委员会（以下简称县三自会）、县佛教协会、县天主教爱国会筹备小组［简称“县爱国会（筹）”］、县基督教协会，依法加强宗教事务管理。

改革开放后，非公有制经济人士和自由择业知识分子组成新社会阶层。广泛团结新社会阶层人士，成巩固党的阶级基础、扩大党群众基础，巩固和发展新世纪、新阶段统一战线，推动中国特色社会主义事业新着力点。工商业联合会（以下简称工商联），成为党和政府联系非公有制经济人士桥梁、管理非公有制经济助手。1950年11月，县城区工商业联合会筹备委员会成立，接管旧商会。1952 年 4 月 12 日，石浦工商业联合会筹备委员会成立。翌年 6 月，根据省工商联指示精神，在保留城区工商联筹备委员会的同时，组建县工商联合会筹备委员会［以下简称“工商联（筹）”］，辖石浦、南堡、城区等 12 个区镇工商联组织。在党和政府领导下，致力接管、改造民国时期延续之商会、各同业公会；组织工商业者学习《中国人民政治协商会议共同纲领》，贯彻“团结、改造”方针，着力调整工商关系和工商登记；动员工商界“抗美援朝”和认购国家经济建设公债；配合党和政府开展工商企业“五反”（反行贿、反偷税漏税、反盗骗国家财产、反偷工减料、反盗窃国家经济情报）运动和资本主义工商业社会主义改造工作。1957 年 2 月，中央批转中央统战部《关于继续发挥工商业联合会作用的意见》。经舟山地委批准，6 月 17—20 日，县工商界召开第一次代表大会，选举产生县工商业联合会第一届执行委员会。1966 年“文化大革命”始，县工商联停止活动。1978 年中共十一届三中全会后，进入社会主义现代化建设新时期。1987 年，县委统战部向县委呈文，要求恢复工商联组织。翌年初，成立县工商联筹备领导小组。9 月，召开第四次会员大会，选举县工商联第四届执行委员会。1991 年 6 月，举行县工商联第五次会员代表大会。经县人民政府批准，县工商联对外称县商会，实行一套班子、两块牌子。1999 年 6 月，经县人民政府批准，县商会更名为县总商会，与县工商联实行一套班子、两块牌子。通过“参政议政、建言献策、服务企业、推动发展、对外联络、推进合作、发挥优势、服务社会”等活动，发挥独特优势与作用。

1960 年，中国人民政治协商会议象山县委员会（以下简称县政协）成立后，坚持“长期共存、互相监督、肝胆相照、荣辱与共”方针，把握团结、民主主题，围绕县委、县政府中心工作，履行政治协商、民主监督、参政议政职能，推动改革开放和社会主义现代化建设。县海外联谊会、县光彩事业推动委员会、县黄埔军校同学会、县青年联合会，属统一战线性质组织，在县委领导下，推动改革开放和社会主义现代化建设，为建设“富裕、秀美、创新、文明、和谐”新象山作出贡献。

大事记

1949 年

7 月 8 日，象山县解放，工商、宗教界等以各种形式庆祝。

7 月 9 日上午，驻石浦国民党两浙税警总队副总队长包毅，率两浙税警总队 1000 余名官兵在金鸡山起义。10 时，在包毅率领的税警特遣分队引导下，解放军六十一师进入石浦，宣告石浦和平解放。

7 月 14 日，六十一师政治部研究决定，将起义税警总队编为人民盐警大队，陆中杰为大队长，归包毅指挥，留守石浦，属解放军六十一师。

8 月，中共象山县工作委员会（以下简称县工委）成立，县工委民运部兼管统战工作。

10 月 21 日，象山县人民政府成立。

10 月 25 日，县工委在简师大礼堂召开首次商民座谈会，调查全县经济状况，答复商民所提问题，介绍党对民族工商业政策。

是月，中共象山县委成立，统一战线工作由县委宣传部兼理，县委书记、县长念方之兼任统战部部长。县政府民政科建立，宗教事务归民政科管理。

1950 年

9 月 21 日，石浦镇商会理事会暨各业代表联席会议召开。推选郭振芳为税务评议员，参加镇工商业税务临时评议会。

11 月 5 日，土地改革开始，至翌年 9 月结束。不少寺庵析为民居，基督教、天主教堂关闭，部分教牧人员外迁。

11 月 12 日，县城区工商业联合会筹备委员会成立。赵永建任主任委员，徐文铎、高德泉为副主任委员，俞如韶、钱绍璇、俞松轩、吴财信为常务委员，下设学习委员会、税务委员会、协商委员会和整理委员会。

12 月，九顷乡木业小组成立，组员 13 人，为县首个手工业合作组织。

1951 年

1 月 6 日，经县人民政府批准，城区工商联筹备会第七、八次常委会议讨论决定，成立木器作手工业、箍桶作手工业等20个同业公会筹备委员会或筹备小组。

3月15日，县政府工商科召集有关部门座谈讨论私资重估，决定以丹城、石浦两镇为重点，树立典型，创造经验，有计划推进私营手工业、商业社会主义改造。

3月17日，县私资重估评审委员会成立。由县工商联（筹）同业公会、工商界代表、工会、公安局、卫生院、人民银行、税务局、工商科等17个单位组成。

3月19日，石浦镇工商界响应“抗美援朝、保家卫国”号召，献金5197300元（第一套人民币，下同）慰劳中朝战士、救济朝鲜难民。

4月3日，工商界人士徐文铎在县第一届各界人民代表会议第一次会议上，当选常务委员会副主席，赵永建、陈华峰为委员。

4月5日，县政府发布《私营企业重估财产调整资本实施办法（草案）》，4月15日始执行。

4月16日，经各区镇遴选，徐文铎（丹城）、蒋子荣（丹城）、杜才清（墙头）代表县工商界出席宁波专区抗美援朝座谈会。

5月，县长岳凤展兼任县委统战部部长。

是月，石浦镇工商联合会筹备委员会成立。陆国忠任主任委员，许尚清为副主任委员。

6月，抗美援朝运动中，各界人士积极响应，文岙村15户基督徒家庭捐献钱物占全村280户的一半。

7月11日，成立石浦镇评审分会，重估镇私营企业资产。

11月，县长李瑞三兼任县委统战部部长。

1952年

3月10日，城区工商联（筹）向丹城镇人民政府捐献春节拥军优属金434.3万元。

3月11日，城区工商联（筹）为中朝部队献金206.8万元，救济爵溪遭灾渔民米53石8斗5升，春季劳军大米9石5斗、鸡8只，赠送参军者钢笔100支、日记本100本。

3月12日，西周成立工商联合会筹备会。

8月23日，县土特产联合购销处召开第二次委员会会议。城区工商联（筹）、石浦工商联（筹）、泗洲头、墙头、西周、爵溪有关人士出席。

是月，南堡工商业联合会成立。

1953年

3月28日，丹城同心铁业生产小组整顿后，成立丹城铁业生产合作社，为县首个手工业生产合作社。

4月，县委统战部配合公安机关组织“三期镇反”，开展取缔“无为教”“中教道义会”“白莲教”等邪教工作。

6月，根据省委统战部改组工商联工作指示，建立县工商业联合会筹备委员会。徐文铎任主任，于华杰任副主任，委员16人。原城区工商联筹备会保留。

7月6日，石浦工商联（筹）统计会员396家、职工3848人。其中工业172家、职工137人，商业181家、职工3657人，饮食10家、职工8人，运输4家、职工16人，服装28家、职工30人。

7月30日，经地委批准，县委组织部调县农林科副科长方芳云至统战部，筹建部办事机构。

1954年

7月9—13日，工商界人士徐文铎与等慈禅寺、丹城城隍庙住持释传常出席县第一届人民代表大会第一次会议，徐当选县人民委员会委员。

是年，县政府分配石浦工商界国家经济建设公债任务26500元（第二套人民币，下同），工商界认购32289元，缴纳入库32509元，完成任务的122.68%。

1955年

2月12日，石浦镇渔山岛村民487人，随国民党军队撤去台湾。后集中居住台东县富冈新村（俗称“小石浦村”）。

5月18日，中共象山县委统战部成立。

8月，县长李瑞三不再兼任县委统战部部长。

9月，方芳云任县委统战部副部长，主持工作，统战部设干部2人。

11月28日，县城区工商业联合会成立，推选徐文铎为主任委员，林宝玉、高德泉为副主任委员，执委10人。

是年，石浦镇工商联筹备会认购“1955年国家经济建设公债”24066元，救济火灾2户、10300元，乐助有声广播机款4218元。

1956年

2月，开展私营工商业社会主义改造，至年末结束。原私营商业1998户，实行公私合营16户，合作商店45家、335户，合作小组94个、793户，代销私营834户。

是月，县城区工商业联合会改选，主任委员徐文铎，副主任委员林宝玉、高德泉。

3月5—7日，县委统战部配合县公安机关在苏岙、墙头抓获“披着宗教外衣反革命分子”7人。

4月3日，县工商界认购经济建设公债37688元，超额完成4088元。

8月，“八一”台灾，工商界死亡31人，其中南庄、林海乡29人。损失房屋、商品、原料计币95250元（不包括轻灾户），其中南庄损失18794元。

11月5日，县侨务工作小组成立，方芳云任组长。

是年，公私合营丹城百货商店获“全县先进百货小组”称号，县人民委员会颁发锦旗。

1957 年

3 月 6—10 日，徐文铎、释传常等出席县第二届人民代表大会第一次会议。

6 月 17—20 日，县工商业联合会第一次会员代表大会在丹城镇召开。出席代表 92 人。选举产生执行委员 27 人、常委 9 人。省工商联执委张根堂莅会指导。

9 月 4 日，农民画女画家高妙兰制作的“福、禄、寿”3 个布彩戏人与狮、虎等布彩动物及一信寄呈中共中央主席毛泽东。10 月，中央办公厅秘书室回信，表示感谢。

10 月 16—18 日，县工商联召开第一届第一次常委会议。

1958 年

6 月 18 日，工商业界经整风和自我改造，要求放弃定（股）息。全县 17 个公私合营单位、私方人员 143 人，投资金额 328838 元，要求放弃定息 107 人，占总人数的 74. 8%。77 个合作商店、资方人员 915 人，投资金额 140275 元，要求放弃定息 847 人，占总人数的 92. 6%。

是月，县委宣传部部长樊心慧兼任统战部部长。徐文铎、释传常等出席县第三届人民代表大会第一次会议。

10 月，宁海、象山两县合并，称象山县，县治宁海沥洋。后迁城关镇。

是年，农民画画家高妙兰出席宁波专区文教系统社会主义建设积极分子代表大会。

1959 年

1 月 12 日，县委对台工作组成立，与统战部合署办公。

4 月 21 日，县委宣传部与统战部两块牌子、一套班子。

8 月 23—26 日，县工商联第二届会员代表大会在宁海沥洋召开，选举执行委员 51 人。

10 月 6 日，县工商联公布第二届第一次执委会议通过成立城关、丹城、石浦、西周、长街、黄墩办事处和主任、副主任。

是年，农民画画家高妙兰出席省文教系统社会主义建设积极分子代表大会。

1960 年

2 月 3—6 日，县政协第一届委员大会在宁海城关镇举行。经宁波地委批准，确定委员 93 人，其中工商界 7 人、民族宗教界 4 人。徐文铎、陈福年、潘铭恩、释传常当选第一届委员会常务委员。

是年，全县工商业者参加技术革新、技术革命运动，提出合理化建议 2000 余条，革新工具 1756 件。饮食业的切年糕机、升温机、蒸气灶等沿用至今。

1961 年

1 月 27 日至 2 月 8 日，县工商联召开第二届第四次执委（扩大）会议。到会委员、代表

66人。

10月，县委宣传部副部长程云臻兼任统战部副部长，统战部配秘书1人。

是月，宁海县恢复，象山县仍治原辖区，县治迁回丹城。

11月2—6日，县工商联召开第二届第五次执委（扩大）会议。主委徐文铎传达学习省委统战部副部长朱子光在省工商业联合会、民主建国会联席会议上的报告。

是年，农民画画家高妙兰被中国美术家协会浙江分会推选为首届理事会理事。

1962年

4月29日至5月3日，县工商联第三届会员代表大会在丹城召开。选举产生新一届执委会，成立学习委员会、增产节约委员会、家属工作委员会。徐文铎当选主任委员，娄妙瑞、王松舟、石金荣、仇云婷为副主任委员。

7月，县委宣传部部长张汉庭兼任县委统战部部长。

8月29日，徐文铎、王松舟、释传常出席县第四届人民代表大会第一次会议。徐文铎、释传常当选县人大委员。

9月25日，南庄区商贩联合会成立。朱家桢当选主任委员，林家祥、吴祚孝为副主任委员。

11月2—6日，县工商联召开第三届二次执委（扩大）会议，出席49人。

1963年

11月17日，北京电视台（中央电视台前身）记者到象山专题采访高妙兰，并摄录《农民画家高妙兰》新闻节目。

11月22日，县工商联召开第三届第三次执委（扩大）会议，俗称“神仙会”。会议进行爱国主义、国际主义和社会主义教育。出席51人。历时23天。

12月31日，徐文铎、王松舟、释传常、释修康出席县第五届人民代表大会第一次会议。徐文铎、释传常当选县人委委员。

1964年

2月29日，县公安机关破获1963年12月西周法云庵抢劫杀人案，提请逮捕犯罪嫌疑人2名。

4月3日，全县小商小贩基本情况统计结束，共1333人。其中，老商贩1327人，新商贩6人；合作商店61家、1000人，其中，老商贩996人，新商贩4人；合作小组47个、333人，其中，老商贩331人，新商贩2人。

4月，“农民画家高妙兰作品展”在杭州西泠印社举办。画与剪纸作品130余幅，由中国美协浙江分会收集。高妙兰应邀出席开展仪式。

9月，农民画画家高妙兰推选为省政协第三届委员会委员，出席三届会议。

1965年

6月26—29日，石浦商贩联合会在石浦新剧场召开第二届会员代表大会。选举执行委员21人，周华寿继任主任委员，许朝松、张家清为副主任委员。

12月8日，西周商贩联合会第二届会员代表大会召开，推选郑贤元任主任委员，孙心本、欧志杏为副主任委员。

12月15日，丹城镇商贩联合会制定章程3章18条。

12月24—25日，定山商贩联合会第二届会员代表大会召开，推选王三头任主任委员，夏友才、吴阿土为副主任委员。

12月25日，泗洲头商贩联合会召开第二届会员代表大会，推选余礼和任主任委员，高云林为副主任委员。

12月30日，南庄（爵溪合并）商贩联合会第二届会员代表大会召开。推选朱家桢任主任委员，应龙根、严鸿福为副主任委员。

1966年

1月10日，新桥商贩联合会召开第二届会员代表大会。推选王振耀任主任委员，张加土、史济朝为副主任委员。

3月17—19日，涂茨商贩联合会召开第二届会员代表大会。推选林庆仁任主任委员，黄美德、乐阿三为副主任委员。

4月29日，徐文铎、王松舟、释传常、释修康出席县第六届人民代表大会第一次会议。徐文铎、释传常当选人委委员。

6月，“文化大革命”开始，统战部门被扣上“执行投降主义路线”帽子，撤销机构。

8月，城乡各地开展“横扫四旧”运动，大批统战对象遭冲击、批斗；寺庵、教堂被占用，文物古迹毁坏殆尽。

1967年

5月6日，“象山县革命委员会”成立。县委组织部、宣传部、统战部合并为“县革委会政工组”，政工组宣传办公室代行统战工作。至10月解体。

6月28日，墙头区商贩联合会议在西周召开。合作商业者50人参加。

1968年

3月5日，西周合作商店成立“文化大革命”及生产两个领导班子，替代商贩联合会。

12月4日，溪口综合合作商店成立“文化革命领导小组”，替代商贩联合会。

1971年

11月，一艘台湾渔船因失去动力在渔山岛附近海域漂流3天，船上台湾渔民10人，被石浦军民施救。县台湾渔民接待工作自此始。

1973 年

12 月 14 日，县委对台工作组运作。县委常委、革委会副主任乔安林任组长。

1976 年

8 月，县委对台工作组设立办公室，隶属于县委办公室。

是年，21 艘台湾渔轮进入石浦港避风。

1977 年

9 月，恢复县委宣传部，县委常委陆国忠任宣传部部长兼统战部部长、副部长程云臻分管统战工作。

是年，农民画家高妙兰连任省政协第四届委员会委员，并出席省政协四届一次会议。

1978 年

3 月，经省政府批准，同意在丹城东谷湖畔筹建县台湾渔民接待站。

4 月，县委成立摘掉“右派分子”帽子工作小组。组长乔安林、吴才增，副组长程云臻。

5 月 6 日，省委统战部在宁波召开统战工作会议，传达贯彻中央〔1978〕11 号文件批准中央统战部《关于全部摘掉“右派分子”帽子的请示报告》。县委宣传（统战）部副部长程云臻等 2 人参加。

5 月 10 日，县委宣传部召开各区、镇委宣传委员和部分公社党委组织委员会议，传达贯彻中央〔1978〕11 号文件和中央统战部〔1978〕78 号文件《关于贯彻执行中央第 11 号文件有关事项的通知》。

5 月 31 日，宁波地委召开统战工作会议，传达贯彻中央〔1978〕55 号《关于全部摘掉“右派分子”帽子人员安置实施方案讨论稿》。县委宣传（统战）部程云臻等 2 人参加。

6 月 22 日，县委宣传部召开爱国人士座谈会，到会 13 人。宣传（统战）部副部长程云臻主持，部长陆国忠讲话。

8 月 12 日，地委统战部召开统战工作会议。通报全国“右派”摘帽情况，传达中央统战部、公安部和中央国际宗教研究所召开的 10 省市宗教工作座谈会精神。县委宣传（统战）部副部长程云臻等 2 人参加。

10 月 14 日，地委组织部、统战部召开贯彻执行中央〔1978〕55 号文件，批准中央组织部、宣传部、统战部、公安部、民政部贯彻《中央关于全部摘掉“右派分子”帽子决定的实施方案》。县委组织部部长吴才增、县委宣传（统战）部副部长程云臻等 3 人参加。

10 月 22 日，县委召开摘掉“右派分子”帽子领导小组成员及摘帽办公室人员会议。县委宣传（统战）部副部长程云臻传达地委会议精神，统战干事欧吉庆汇报前段摘帽、安置、改正情况。县领导小组正副组长乔安林、吴才增出席并讲话。

10月，象山县台湾渔民接待站成立。站址丹城东谷湖水库东北侧。

11月13日，县摘掉“右派分子”帽子工作领导小组讨论通过重新录用分配全民所有制单位22人，其中教师19人、粮食局1人、交通局1人、农业局1人。安置大集体单位19人，其中商业局10人、手工业局8人、交通局1人。社会救济2人。

11月24—29日，省委召开贯彻中央11号、55号文件工作会议。县委宣传（统战）部副部长程云臻等2人出席。

12月12日，县委常委会讨论“右派”摘帽、安置工作意见，确定重新录用27人，安置就业15人，社会救济2人。县委宣传（统战）部副部长程云臻和欧吉庆列席会议。

12月24日，县委摘掉“右派分子”帽子工作领导小组召开区委宣传委员，县粮食局、商业局、供销社、手工业局、卫生局、教育局人事干部会议。县委宣传（统战）部副部长程云臻传达省委统战部部长余纪一讲话精神，县委副书记乔安林、县委组织部部长吴才增部署“右派”摘帽、安置与“右派”“中右”“反社会主义分子”改正工作。

1979年

3月13日，县委摘掉“右派分子”帽子工作领导小组召开县公安局、检察院、财办、农办、商业局、卫生局、邮电局、财政局、粮食局、供销社、教育局、人民银行等负责人会议。县委副书记吴才增主持会议，县委宣传（统战）部副部长程云臻传达中央、省、地委关于错划“右派”改正工作会议精神。

3月20日，县委副书记吴才增、宣传部干事欧吉庆出席省委召开改正错划“右派”工作经验交流会，欧吉庆作大会发言。

4月，设立县革命委员会侨办办公室，归县委宣传部领导，宣传部副部长孙务文兼任主任。

9月8日，宁波地委统战部召开贯彻执行中央〔1979〕6号批转最高人民法院，中央统战部、调查部，国务院公安部、民政部，中央军委总政治部《关于落实对国民党起义、投诚人员政策的请示报告》。宣传（统战）部副部长程云臻等2人参加。

10月，县委宣传（统战）部置统战干事职，负责处理日常统战、宗教事务。

11月5—6日，县委宣传（统战）部召开各界爱国人士和知识分子座谈会，参加17人。

12月12日，县委任命欧吉庆为宣传部统战干事。

1980年

1月6日，县委宣传（统战）部召开侨眷、港澳同胞亲属和台属代表春节座谈会。出席代表21人。

2月，县委宣传（统战）部按照党统战政策开展区别“三小”（小商、小贩、小手工业者），落实原工商业者、国民党起义投诚人员、去台人员在大陆亲属、归侨侨眷、宗教界人士及“文化大革命”查抄财物、房产等项工作。

3月14日，县委宣传（统战）部召开贯彻中发〔1979〕84号文件《中央批转中央统战部等六部门关于把原工商业者中的劳动者区别出来问题的请示报告》和中发〔1979〕95号中央批转中央统战部等五个部门《关于对原工商业者的若干具体政策的规定》，区别小商、小贩、小手业者工作会议。县委常委、宣传（统战）部部长陆国忠，副县长郑友庆出席并讲话。县粮食局、商业局、供销总社负责人与人事干部参加。

3月，县委对台办公室隶属于县委宣传（统战）部。

4月，县委宣传部副部长孙务文分管统战工作。

8月26日，地委统战部召开“三小区别”工作总结、检查会议。县委宣传（统战）部副部长程云臻等3人参加。

8月31日，县委宣传（统战）部召开各界知名人士13人座谈会。副部长程云臻宣讲党的统战政策。

11月13日，县委宣传（统战）部召开乡、镇、公社党委宣传（统战）委员会议，总结、安排宣传统战工作。到会34人。

12月3—9日，县归侨、侨眷、港澳同胞亲属代表会议召开，出席代表36人。选举产生县归国华侨联合会筹备委员会，委员11人，主席孙务文。

是年，农民画家高妙兰连任中国美协浙江分会第二届理事会理事，并当选省文艺界联合会第二届委员会委员。

1981年

1月30日，县委宣传（统战）部召开党外知名人士座谈会，参加12人。

3月6日，县委宣传（统战）部召开统战工作会议。区、镇、公社党委宣传委员和文卫、公安等部门负责人50余人参加。学习中央有关文件，通报县统战工作情况和工作意见。

6月2—3日，县委宣传（统战）部召开归侨侨眷亲属代表座谈会，出席15人。学习《人民日报》评论员文章《爱国主义是建设社会主义的强大力量》；地委统战部部务会议成员史炳林作“华侨血泪史、创业史、支援祖国革命斗争史”讲话。县委宣传（统战）部副部长孙务文作会议总结，统战干事欧吉庆主持会议。

6月11日，地委统战部副部长郭志栋一行3人，到象山考察错划“右派”改正、国民党起义投诚人员、原工商业者“三小区别”和统战对象人事安排等政策落实情况。县人大常委会主任樊心慧、副主任张式贞与徐根全、孙务文、欧吉庆等参加座谈会。

7月16日，县委宣传（统战）部召开全县佛教僧尼代表15人座谈会。传达中共中央六中全会精神，贯彻党的宗教信仰自由政策。副部长孙务文讲话。

10月，县政府在石浦渔港招待所内设立“象山县台湾渔民接待站”。

11月26—29日，县归国华侨联合会第二次归侨、侨眷、港澳同胞亲属代表会议召开，出席72人。选举联合会第二届委员会，委员11人，主席陈兆皋。

11月29—31日，县委宣传（统战）部在石浦渔港招待所召开台属代表会议，到会80余人。副县长沈允法作《贯彻落实中央关于台胞、台属政策》的报告。副部长孙务文主持会议。

12月，县委宣传（统战）部召开全县基督教各派代表座谈会，协商筹组县基督教“三自”爱国运动委员会事宜。

1982年

4月9日，县委召开部、办、委、局党员干部及县属企事业单位党支部书记会议。县委宣传（统战）部副部长程云臻传达中共中央〔1982〕12号转发“《全国统战工作会议纪要》的通知”和省委统战工作会议精神。县委副书记、县人大常委会主任樊心慧讲话。县委宣传（统战）部副部长孙务文主持会议。

5月27—29日，县委宣传（统战）部召开区、镇、公社党委宣传委员、学校党支部书记与部门分管宣传统战工作人员会议。到会80余人。会议贯彻中央〔1982〕12号文件和中央〔1982〕19号文件《关于我国社会主义时期宗教问题的基本观点和基本政策》。副部长程云臻讲话，副部长孙务文主持会议。

11月，县委统战部恢复成立。孙务文任统战部副部长，主持工作。

12月，象山县基督教第一次代表会议召开。成立县基督教第一届“三自”爱国运动委员会，主席励洁瑗，副主席史悠生，秘书长朱舫。

是年，农民画家高妙兰作品《采桑叶》，参加全省国画山水花鸟人物作品展览。

1983年

2月1日，县政府根据省政府〔1982〕108号文件精神，建立“象山县人民政府台湾同胞接待办公室”，与县委对台工作组办公室实行一套班子、两块牌子。

3月，县委统战部向县委上报《关于筹建中国人民政治协商会议象山县第二届委员会工作意见的报告》，拟定二届委员会委员109名，分19个界别。

5月，县委向浙江省委上报《关于要求设立中国人民政治协商会议浙江省象山县委员会的报告》。9月，省委批示同意。

7月27日，县委统战部召开县基督教“三自”爱国运动委员会全体委员会议，学习国务院宗教事务局《揭露和批判“呼喊派”邪教活动和违法犯罪活动的宣传提纲》。干事欧吉庆中心发言。统战部副部长孙务文主持会议。

8月中旬，全县开展打击、取缔邪教组织“呼喊派”斗争。历时3个月。

是年，对台小额贸易11万美元。

是年，农民画画家高妙兰剪纸《雄鸡一唱天下白》《普通劳动者》，参加中国美协山东、安徽、浙江等分会联办剪纸展览。

1984 年

2 月上旬，县级机关机构改革，县委统战部建立新领导班子（县委干〔1984〕7 号）：沈允法任统战部部长，孙务文任副部长级巡视员，部务会议成员沈允法、欧吉庆、何永林。

是月上旬，县民族宗教事务办公室（以下简称县民宗办）成立，与县委统战部合署办公。

2 月 27 日，县委发出通知成立筹建县政协领导小组。组长宋琴堂，副组长樊心慧、沈允法，成员毕祇源、陈凤姣、孙祥富、欧绪坤、王庆祥等。

3 月 30 日，县委批转县委统战部《关于筹建中国人民政治协商会议浙江省象山县第二届委员会工作意见的报告》。

4 月 13 日，县委成立落实统战、知识分子政策领导小组，县委副书记黄兴国兼任组长。

5 月 24 日，中共中央总书记胡耀邦途经象山考察对台工作。

6 月 14 日，丹城等慈禅寺（西寺）列为县文物保护单位。

8 月，宝梵讲寺住持释修康出席宁波市佛协五届一次代表会议，当选理事。

是月，工商界 6 人、归侨侨眷 4 人、台属和台湾回归人员 4 人、民族宗教界 5 人，分别出席县第十届人民代表大会和县政协二届第一次会议。

11 月 12 日，县委召开处理“文化大革命”中查抄财物遗留问题工作会议。部、办、委、局负责人 50 余人参加。县政协副主席、县委统战部部长沈允法传达中办发〔1984〕24 号文件和省、市有关文件精神。县委副书记黄兴国讲话。县委常委、组织部部长毕祇源主持会议。

11 月 13 日，市委召开处理“文化大革命”查抄财物遗留问题和信访工作会议。县委统战部部长沈允法等 3 人参加。

11 月 27—29 日，县第三次归侨、侨眷、港澳同胞亲属代表大会召开。出席 100 人。选举产生县归国华侨联合会第三届委员会委员 17 人，陈兆皋任主席，旅日华侨王家福任名誉主席。

是年，农民画画家高妙兰的《养鸡》《梅兰竹菊》等作品，参加浙江省妇女画展。

1985 年

1 月 16 日，丹城黄家桥基督教堂房产政策落实，恢复聚会。

1 月 18 日，县委统战部在县委党校举办区、镇、乡和部分部、办、委、局政工干部学习会。历时 5 天，到会 80 余人。

2 月 3—4 日，县台胞、台属代表会议召开。到会 140 人。县人大常委会主任樊心慧、县长张启楣、县委统战部部长沈允法出席开幕式，张启楣作报告。

2 月 17 日，县委对台工作组成员在石浦渔港招待所召开（扩大）会议。讨论对台工作指导思想，增补工作组成员。县委书记黄兴国出席会议并讲话。

是月，石浦台湾渔民接待站改称台湾同胞接待站。

3 月 29 日，县委、县政府召开信访工作会议，传达贯彻中办发〔1984〕44 号文件。会上，县委书记黄兴国、副县长欧绪坤强调落实华侨私房政策作为 1985 年政策落实主要工作之一。

县成立落实华侨私房政策办公室，设统战部内。

4月1—6日，县委书记黄兴国、县委统战部部长沈允法等和全县分管渔业生产乡镇长18人赴杭州参加浙江省台湾渔民工作会议，象山对台办介绍经验。

5月27日，县基督教“三自”会所属福音西服厂开工。职工66人。“三自”建筑工程队筹办。未两年停业。

7月1日，择址石浦延昌地块的石浦台湾渔民接待站基建工程动工。

8月29日，县委下发《关于有关落实宗教政策问题的批复》文件（县委〔1985〕36号）。

9月3日，县僧尼代表会议召开，18名僧尼联名签署《努力配合政府，坚决制止封建迷信活动》公约。

9月30日，县政协、县委统战部、对台办、接待站联合召开台属、台湾回乡人员中秋茶话会。9名台湾渔民应邀参加。团县委组织石浦镇团员文艺演出。

10月11日，鹤浦镇鱼山天主教堂与盛家基督教堂房产归还各自教会，分别举行恢复聚会典礼。

1986年

1月21日，县政协、县委统战部联合召开党外人士新春茶话会。

2月24日，全县佛教徒代表会议召开，成立县佛教协会筹备委员会。等慈禅寺住持释可成、宝梵讲寺住持释修康负责筹建工作。

3月15日，旅日华侨王家福先生致信县侨办，捐赠县图书馆书款1860元，捐赠侨联和林业部门日本五针松种子4公斤。

3月19日，台湾渔船“新资波”278号船长刘金荣，感谢县政府于1984年无偿为其修船，赠送县录放像机1部（含电源变压器1台）。经县委批准，以象山县县政府名义回赠杭州丝绸被面13条。

3月29日上午，县委统战部召开统战工作会议。各区、镇、乡党委负责宣传（统战）委员和县级机关部、办、委、局负责政工干部80余人参加。

4月1—2日，县基督教第二届代表会议召开，出席53人。听取时政、工作报告，选举第二届三自会领导成员，修改、通过三自会章程、守则。

是月，周椒妹、张保禄、袁德声3人出席宁波市天主教爱国会第三次代表大会。

5月5日，县长张启楣会见并宴请日本宁波同乡会会员郑忠雄及其兄妹郑忠元、傅蓉娥。

9月25日，县第一次佛教徒代表会议在县政府招待所召开。51名佛教徒代表（僧19人、尼19人、居士13人）出席。成立象山县佛教协会，通过《章程》《决议》，选举等慈禅寺住持释可成为会长、宝梵讲寺住持释修康为副会长。

10月，象政〔1986〕106号文，“象山县人民政府台湾同胞接待办公室”改称“象山县人民政府台湾事务办公室”。

12月25日，落实华侨土改私房政策基本结束，华侨业主凡8户、建筑面积3300.8平方米。

1987 年

1 月 17 日，县政协、县委统战部联合召开党外人士新春茶话会，参加 40 余人。

1 月 22 日，县委批转县委统战部、县政协党组《关于县政协换届工作意见的报告》。三届委员会界别 18 个、委员 129 名。

1 月 22—26 日，县政协、县委统战部联合慰问部分年高体弱委员、知名人士和台湾回乡定居同胞。

4 月 16 日，县石浦台胞接待站大楼落成交付使用。

4 月 18 日，旅日华侨王家福资助建造县图书馆大楼落成交付使用。

6 月 10 日，县委统战部、县台办领导陪同市政协祖统委副主任郑振超等 5 人，访问在台国民党高级将领徐培根胞姐丹城徐祝三老人，拍摄老人所绘《双龙牡丹图》。上海市委统战部副部长陈福根、市台湾同胞联谊会副会长林顺月一行 10 人，到象山参观石浦台胞接待站。

7 月 20 日，因 5 号台风影响，340 艘台轮、2890 名台湾渔民进石浦港避风。市长耿典华，由县常务副县长郑友庆、县委统战部部长沈允法陪同，考察台湾渔船避风锚地，登船慰问台湾渔民。

8 月 20 日，旅日华侨王忠根捐建的亭溪中学教育楼奠基。

9 月 16 日，省政府批准丹城等慈禅寺（西寺）为开放寺院。

10 月 7 日，县政协和县委统战部联合召开中秋茶话会。台湾回乡定居同胞、县人民代表与政协委员中统战人士、台属联络员等 30 人参加。

11 月 29 日，旅日华侨王家福向象山中学捐赠 5 万元，设立“王家福奖学基金”。

12 月 4 日，等慈禅寺（西寺）列为宁波市级重点寺院。

12 月 21—23 日，石浦台胞接待站在省第三届年会上，被评为先进接待站。

1988 年

1 月 9—10 日，县第四次归侨、侨眷、港澳同胞亲属代表大会召开。出席代表 82 人。选举县归国华侨联合会第四届委员会。

1 月 9—10 日，县台属台胞联谊会第一次代表大会召开。出席代表 81 名。选举产生首届台联会理事会。

1 月 12 日，副市长朱尔梅考察等慈禅寺（西寺），代县长郑友庆陪同。

1 月 13 日，市民宗处副处长王源泉等到等慈禅寺（西寺）检查工作。

是月，县石浦台胞接待站被评为全国对外书刊陈列工作先进二等奖。

2 月 6—12 日，县政协、县委统战部慰问全县各界知名人士。

3 月 12 日，旅日华侨王忠根捐建亭溪中学教育楼通过验收，被评为优良工程。

4 月，象山中学召开“樊氏奖学金”首次授奖仪式，樊恭炼、樊恭熛向 42 名优秀学生发奖，并座谈。县人大常委会主任樊心慧等有关领导参加。

5月11日，象山旅日华侨王家福在东京召开的留日华侨浙江同乡会第十一次会员大会上，当选为第十一届同乡会会长。县侨办、侨联与县政协主席林祥生、副县长王庆祥分别向大会及王家福致电祝贺。旅日华侨王忠根当选浙江同乡会委员。

5月24日，县委统战部、县工商联筹备小组联合发文《关于做好工商联吸收新会员工作几点意见》，明确吸收新会员指导思想、基本原则、范围和对象。

6月16日，修复和开放等慈禅寺（西寺）工作领导小组成立。组长王庆祥，副组长欧吉庆、俞伟栋、徐小华、何永林等。下设办公室，李勤隆负责日常工作。

是月，根据天主教爱国人士要求，成立县天主教爱国会筹备小组。

7月1日，县委任命欧吉庆为县委统战部副部长。

7月14日，县委统战部召开石浦台胞接待站干部职工会议。部长沈允法传达贯彻中央〔1988〕5号《关于党和国家机关必须保持廉洁清政的通知》，副部长欧吉庆作《廉洁清政，务实正气，团结一致》讲话。

8月10日，受7号台风影响，台湾渔船129艘、1100余人避风石浦港。县委副书记吴才增等到石浦组织接待台胞工作。修船21艘，治病70人，供给淡水294吨、柴油2吨、蔬菜1750公斤及其他物资。369名台胞上岸，有关部门兑换新台币39万元、美元2980元、人民币2173元。

8月12日，释可成、修康等7人出席宁波市佛协六届一次代表会议。释可成、修康二人当选理事。

是月，全国政协副主席、中国佛教协会会长赵朴初题“等慈禅寺”匾额。

9月22—24日，县工商业联合会第四次会员大会在县政府招待所召开。出席144人，选举县第四届执行委员会。

10月15—17日，全省沿海台湾渔民暨台胞站工作会议在石浦召开。国务院台办、海协会、南京军区、东海舰队、省台办、省财政厅、沿海各市台办领导出席。

10月18日，旅日华侨王家福被宁波市聘为“宁波经济促进协会”常务理事。

是月，省美协、省群艺馆与县文联、文广局、象山政协书画院在杭州中国美院联合举办“高妙兰画展”，展出作品百余幅。

1989年

2月1日，县政协、县委统战部联合召开党外人士迎春茶话会。参加56人。

3月7日，澳门同胞胡兆康与冯志坚、孙昌平受香港同胞沈炳麟的委托，到茅洋察看捐建蛎港桥事宜。确定由沈炳麟捐资14.75万元。副县长蔡明德、县委统战部部长沈允法接待并陪同察看。

3月23—24日，县委统战部召开统战工作和台属代表会议。县委副书记陈凤姣出席并讲话，部长沈允法作《认清形势，总结经验，进一步促进海峡两岸民间交往》报告。副部长欧吉庆主持会议。

是年3月，经经贸部批准，引进台胞崔以来投资台通饭店、友谊出租车公司两个项目。

4月13日，“王家福奖学基金”举行首次发奖仪式。各中学、技工学校70名优秀学生获奖。县长郑友庆与县政协主席、基金会会长林祥生颁发奖金、证书。

8月9日，旅日华侨王家福向县图书馆、县“王家福奖学基金”捐款100万日元。

8月11—12日，县政协、县委统战部召开祖国统一工作座谈会，学习邓小平、江泽民、李鹏重要讲话，研究开展“报平安、明真相”活动。

10月8日，国务院台办副主任李庆洲到石浦台胞站检查对台宣传品发放情况。

是月，石浦台胞接待站获中央宣传部对外宣传“银鸽奖”。

11月，俞斌兆任县委统战部部长，原部长沈允法任县政协专职副主席（县委干〔1989〕83号文件）。

12月21日，县工商联石浦分会召开成立大会。

1990年

1月10日，县委统战部、县工商联联合召开全县私营企业、个体工商业法人座谈会。到会30余人。统战部副部长欧吉庆作《认清形势，维护稳定，同心同德，克服困难向前走》报告。工商联副主委何永林主持会议。

1月16日，县工商联召开四届三次常委会议。县委统战部部长俞斌兆、副部长欧吉庆出席并讲话。

1月23日，县政协、县委统战部召开各界党外人士新春茶话会。

2月16日，县委统战部召开县工商联、侨联、台联和县佛教协会、基督教“三自”爱国会、天主教爱国会筹备小组团体负责人会议，传达中央〔1989〕14号文件精神。副部长欧吉庆主持。

3月7日，市委书记叶承垣在丹城镇政府会议室召开部分联户、私营企业代表座谈会。

4月12日，香港同胞沈炳麟捐资建造檀头山学校协议书在上海签署。

4月14日，县政协、县委统战部、石浦台胞接待站召开党员大会，选举俞斌兆、欧吉庆为中共象山县第八次代表大会代表。

5月10日，县佛协召开理事会议，讨论筹建等慈禅寺（西寺）玉佛殿事宜。

6月22日，受5号、6号台风影响，154艘台轮、14艘香港渔轮进石浦港避风。有关部门修理台轮15艘、治病39人、补给淡水197吨，分发对台书刊5000份。

7月1日，石浦台湾同胞医院正式开业。中国红十字会秘书韩长林和县委书记邵孝杰为台胞医院剪彩，黄延平等4名台湾船长分别代表基隆、苏澳渔业公司敬赠锦旗和镜匾，省、市、县有关部门领导到场祝贺。

7月5日，县委统战部召开党外人士贯彻中央〔1989〕14号文件精神座谈会。省、市政协委员、县政协常委及党外人士30余人参加。县委副书记陈凤姣、县政协主席欧绪坤讲话。统战部部长俞斌兆主持会议。

8月，宝梵讲寺（东寺）列象山县文物保护单位。

8月24日，全国红十字会副会长孙伯秋一行，专程从北京赶到石浦慰问避风台胞。

8月27日，县委免去王阿洪县工商联主任委员职务。

9月3日，县委出台《关于坚持和完善政治协商制度，加强统一战线工作的意见》。

9月17日，省宗教局局长严紫娟一行7人到象山检查宗教事务工作。

11月5日，华东地区海防管理现场会在象召开。石浦台胞站被浙江省军区定为海防管理先进示范点。

11月7日，解放军副总参谋长徐惠滋到石浦台胞站检查工作，并参观对台图书阅览室。

11月15—17日，市委统战部召开基层统战工作会议。县委统战部部长俞斌兆、副部长欧吉庆，县侨办董本彦，台办严玉璞、李勤隆等参加。

11月26日，市委统战部刘汉儒、徐国兴、黎明、郭志栋等老部长、离休干部一行14人到象山考察。县委老领导宋琴堂、林祥生接待，俞斌兆、欧吉庆陪同考察爵溪镇乡镇企业、石浦台胞接待站。

是月，县委统〔1990〕24号文件确定全县分管统战工作干部140人，其中区镇乡42人、县级机关98人。

是年，县工商联提议、县委宣传部牵头，各群团组织参与举办救灾义演活动，社会各界捐赠现款3万余元。

1991年

1月19日，县委统战部召开统战工作汇报会。各区、镇和机关各部门负责宣传统战工作党委（党组）成员30余人出席。贯彻全国统战工作会议精神和江泽民讲话，开展统一战线方针政策再教育；听取区、镇、各部门统战工作汇报。

2月26日，县佛教协会第二届代表会议在丹城等慈禅寺（西寺）召开。审议通过《工作报告》，修改《决议》《章程》，选举新一届理事会。

3月25日，县委统战部副部长欧吉庆、县工商联副主委何永林参加市委统战部召开的全市统战、工商联工作会议，贯彻中央〔1991〕15号文件《中央批转中央统战部关于工商联若干问题的请示》。

4月22—24日，县第五次归侨、侨眷、港澳同胞亲属代表会议和县第二次台属台胞代表会议在丹城召开，选举县侨联第五届委员和县台联第二届理事会。

6月3—5日，县工商业联合会第五次会员代表大会暨商会成立大会在丹城镇会堂召开。代表250人，邀请省市和有关兄弟县市工商联嘉宾30人。选举产生主委（会长）1人、副主委（副会长）4人等。

6月4日，象山中学召开“九〇年度‘樊氏奖学金’授奖大会”，200余名学生受奖。

6月20日，县工商联机关党支部成立，何永林任党支部书记。

6月22日，县“王家福奖学基金会”举行颁奖仪式。111名学生获奖。

6月28日，召开县各界人士纪念中国共产党建党七十周年座谈会。县委书记邵孝杰讲话，县委统战部部长俞斌兆等12名党内外人士发言。县政协主席欧绪坤主持。

6月30日，丹城中学举行首次“王忠根奖学金”颁奖仪式。95名学生获奖。

7月3日，爵溪镇弥陀寺经市人民政府批准，为开放寺院。

7月6日，县商会与工商联实行一套班子、两块牌子，对外行使商会职能（象政发〔1991〕37号文件）。

7月16—17日，市各县（市）台办主任会议在象山石浦台胞接待站召开。

8月14日，中楼中学举行香港爱国同胞沈炳麟捐建“庆同教学楼”奠基典礼。副县长陈世灿和沈炳麟在宁波的代表和市、县侨办负责人参加典礼。

8月20日，县委统战部召开大徐区乡镇统战委员、“三胞”联谊小组负责人会议。总结交流半年工作，讨论研究下半年工作。

9月29日，县委统战部召开县工商联干部会议。副部长欧吉庆传达贯彻中央〔1991〕15号文件《中央批转中央统战部〈关于工商联若干问题的请示〉》和中央统战部部长丁关根讲话。

是月，县委统战系统干部、职工与社团向华东洪涝灾区人民捐款1.3万余元。

10月14日，台湾浙江籍同乡会开展“金秋故乡十日游”活动。上午，23人去奉化溪口参观；下午回到象山，俞斌兆、欧吉庆、严玉璞等接待。

10月25日，市海外交流协会成立。旅日华侨、县人浙江同乡会长王家福被推选为名誉会长，侨胞、县人樊恭熛为名誉理事，县侨办副主任董本彦任理事。

10月28日，《人民报·海外版》港澳台侨邢主编和市政协项佩芳、市侨联张建明等5人到象山。县委统战部副部长欧吉庆、县台办主任严玉璞等介绍情况。

11月19—22日，县委副书记陈凤姣、县委统战部部长俞斌兆、副部长欧吉庆参加省宗教工作会议。贯彻中央〔1991〕6号文件《中共中央、国务院关于进一步做好宗教工作若干问题的通知》。

1992年

1月，旅日华侨王家福在日本东京逝世，享年75岁，骨灰安放于上海。

1月28日，县政协、县委统战部联合举行党外人士新春茶话会。50余人参加。县委书记邵孝杰到会讲话。

3月27日，为期1个月打击、取缔邪教组织“呼喊派”的专项斗争结束。依法拘捕扰乱社会秩序罪骨干分子3名。

4月16日，南京军区副司令员郭涛到象山调研对台工作。

4月22日，县委统战部副部长欧吉庆、县工商联副主委何永林等4人赴余杭县考察贯彻落实中央〔1991〕15号文件情况。

5月6日，省委书记李泽民考察石浦台胞接待站，听取县委、县政府主要领导汇报。

6月3日，市委统战部部长徐涨厚等3人到县委统战部传达中央〔1992〕2号文件精神和中央统战部部长丁关根及省委统战部部长耿典华的讲话精神。

6月10日，县宗教活动场所登记发证工作会议召开。此后，各宗教团体分别召开宗教活动场所登记工作会议，颁发证书。

6月19—20日，县少数民族代表座谈会召开。回族、满族、蒙古族、畲族、朝鲜族、苗族、布依族、藏族、瑶族9个少数民族代表10人参加。统战部副部长欧吉庆讲话，县民宗办主任盛繁国主持会议。

8月15日，县工商联迎新大会在丹城镇会堂召开。324家会员出席。县委副书记陈凤姣，县政协主席欧绪坤，县人大常委会副主任徐明奎，省工商联副主委陈君埔、秘书长汤为平，市委统战部副部长郑文昌，市工商联党组副书记方继尧、副主委陈春芳等到会祝贺。

9月8日，国务院秘书长、国家海防管理委员会主任罗干到石浦台胞站考察，听取对台工作、海防管理汇报。

10月16日，县政协党组、县委统战部召开部分党外人士座谈会，学习中共十四大精神。

11月25日，县工商联建立党组，何永林任党组书记，王才积为党组成员（县委干〔1992〕74号文件）。

12月15日，县工商联召开五届三次执委会议，增补郑瞻德为县工商联五届主任委员、县商会会长，何永林任县工商联（商会）副主任委员（副会长）。

12月22日，县工商联石浦分会召开第二次会员代表大会。审议通过王克家所作的工作报告，选举王克家为主任委员。

是年，宝梵讲寺（东寺）、弥陀寺被列为宁波市级重点寺院。

1993年

1月16日，县政协、县委统战部联合举行各界知名人士迎春茶话会。县委书记郭正伟通报国民经济和社会发展情况及1993年工作思路。

是月，县工商联主任委员郑瞻德当选为浙江省第八届人大代表。

2月19日，台胞杜贤达代表台北象山同乡会捐赠等慈禅寺（西寺）2000美元。定居台胞杨维连为等慈禅寺从台北募集1370美元。

3月18日，台北慧济寺住持性海率僧俗弟子25人抵等慈禅寺（西寺）乐助1万美金修建山门。副县长胡望真于东谷湖宾馆设素斋招待。

3月29日，香港孔戎秀贞一行7人抵爵溪弥陀寺启建水陆法会，并乐助国产中巴“友谊”车1辆、港币5000元。

4月6—10日，旅日华侨日本东京华侨总会理事、浙江同乡会委员王忠根父女回乡访问。捐助100万日元兴建家乡白墩村有线电视。

4月7日，台北万味隆实业有限公司董事长梁锦智一行6人抵等慈禅寺（西寺）进香。9

日离寺。

4月12日，县基督教“三自”爱国会第四届一次会议召开。选举黄烈民为主席。

4月13日，县委第十六次对台工作会议在石浦台胞接待站召开。县委副书记、县长郑友庆，县委副书记吴才增，县委统战部部长俞斌兆等领导30人参加。

4月29日，香港张开芝一行15人抵等慈禅寺（西寺）。启建水陆法会2堂，乐助4万余元。5月1日，为弥勒、四大天王开光。首座释达航主持仪式。

5月4—5日，在石浦台胞接待站召开联谊研讨会，省内7个市县工商联主委出席。县工商联主委郑瞻德、党组书记何永林、秘书长韩国明参加。统战部副部长欧吉庆致贺词。

5月26日，县委统战部召开住象山7名黄埔军校同学会议。副部长欧吉庆主持会议。

6月上旬，先后颁发1992年度象山县“王家福奖学基金”“象山中学樊氏奖学金”。90名初中、30名高中优秀学生与象山中学200余名优秀学生分别获奖。

6月19日，香港爱国同胞沈炳麟捐资10万元，兴建新桥山海小学“恩美楼”协议书在上海签订。

7月7日，县委统战部召开统战工作会议。各乡、镇宣传（统战）委员和部门分管领导及统战系统干部参加。县委副书记何康根作《全党重视，努力做好爱国统一战线的报告》，统战部部长俞斌兆作《学习九十年代统战部门工作纲要》辅导报告；听取西周、鹤浦、墙头3镇党委基层统战工作经验介绍；县台办主任李勤隆、县民宗办主任盛繁国、县侨务办副主任董本彦发言。副部长欧吉庆主持会议。

8月11—24日，县政协主席王庆祥，副主席、县委统战部部长俞斌兆参加省委统战部组织的省旅游访问团，赴泰国、新加坡及中国香港地区等地考察。

8月14日，县委统战部副部长欧吉庆赴杭州，参加省委统战部召开全省统战刊物《情系中华》宣传工作会议。

9月初，副县长王仁洲、侨办副主任董本彦接待旅意大利华侨项祝光。项氏投资10万美元，合资兴办宁波欧亚制衣有限公司，生产经营针棉织品。

9月7日，县委统战部召开党外人士座谈会。确定15名党外人士与县委、县政府领导“1对1”联系制度。县委副书记何康根讲话，县委统战部部长俞斌兆主持。

9月14日，市委统战部部长邬烈民一行4人到象山检查中共中央〔1989〕14号文件贯彻落实情况。

10月6日，香港渥太华皮草行董事长陈志耀及夫人夏秀君，由市委常委、宣传部部长和县委书记、副县长、县委统战部部长陪同，向象山中学教师预备班颁发奖学金1.6万元。

12月6—8日，县委统战部在县委党校举办全县第八期党外人士干部培训班，40余人参加。

是月，农民画家高妙兰被省文化厅命名为“浙江省民间艺术家”。

1994年

1月8日，县民政局准予石浦民营经济联谊会社会团体法人注册登记。法人代表梅世良。

联谊会召开第一次会员代表大会，选举第一届理事会。

3月29—30日，县统战工作会议暨县海外联谊会成立大会召开。成立县海外联谊会。县委副书记何康根作《勇于开拓，扎实工作，努力开创我县统战工作新局面》报告。

5月3日，释则广从云南瑞丽恭迎坐卧玉佛各1尊抵等慈禅寺（西寺）。居士傅凤英赠。

5月21日，省委统战部副部长茅临生、省宗教局局长严紫娟和市委统战部副部长董才康、市民宗处长王源泉等9人，到象山调研宗教工作。

6月14日，副县长陈世灿与县教委、侨办、石浦镇领导参加港胞赵安中捐资仪式。赵安中捐赠35万元，建造象山二中“林杏琴教学楼”。

7月11—12日，县工商联召开第六届会员代表大会。县委、县人大、县政府、县政协主要领导出席开幕式，市及各县（市）区工商联、省十县（市）区工商联嘉宾到会祝贺。副书记何康根代表县委致辞。大会选举郑瞻德为会长，何永林、周信仁、李旺兴、洪永明、蒋元骥、王克家任副会长，秘书长韩国明。

8月12日，县工商联（商会）六届一次执委会研究决定，聘请何康根、奚际斌、俞斌兆、樊恭爊为名誉会长，潘银国、肖吉星为名誉顾问，欧吉庆、翁承浓、朱成海、林祥生、常松茂、金良明、钱振林为特约顾问。

10月2日，“特技王”“飞越长城第一人”柯受良在北京参加中华人民共和国成立45周年联欢会后，回故乡象山参观。

10月6日，县统一战线理论研究小组成立。副部长欧吉庆任组长，县民宗办主任盛繁国、部秘书科科长干仇祥任副组长。

11月3—4日，县台属、台胞召开第三次代表大会。出席58人，列席15人。选举县台属同胞联谊会第三届理事会，会长马志良（兼）。

12月28日，丹城糖烟酒副食品同业公会理事会（扩大）会议讨论决定组建“融通基金会”，成立基金会筹备组。史建定、孙文魁、陈国安、郑阿来、沈昌金等为筹备组成员。

1995年

1月7日，香港同胞沈炳麟代表澳门同胞胡兆康到高塘岛乡中学考察，决定捐资14万元建造“庆恩教育楼”。县委、县政府有关领导接待并陪同考察。

1月10日，县工商联被评为1994年度市工商联先进集体。

1月17日，县政协设立港澳界委员。香港同胞夏秀君、奚际林、尹礼豹、潘银国为委员。夏秀君、尹礼豹返乡参加政协会议。

1月18日，香港同胞陈志耀、夏秀君夫妇，捐助象山中学乐队4万元。

3月22日，县光彩事业推动委员会成立。县委统战部部长俞斌兆任主任，欧吉庆、郑瞻德、何永林、洪永明、蒋元骥、蔡林荣为副主任。

4月15日，县商会行业融通基金会召开首届董事会，通过“融通基金会”章程、试行办法。

4月24日，贤庠溪沿小灵峰住持释明友出资15万元建造盘山简易公路竣工。

5月19日，县委召开贯彻市委办〔1995〕40号文件，县委办下发〔1995〕33号文件《关于在全县范围内开展非法宗教和封建迷信活动调查工作的通知》，成立调查组，县委副书记何康根主管，县委统战部副部长欧吉庆任组长，综治委副书记张立明任副组长，成员为林德奋（公安局）、张启章（宣传部）、盛足芬（民宗办）、罗来兴（县委办政研室）。

5月25日，县委组织部、统战部召开各部、办、委、局分管人事工作负责人会议。组织部部长胡锡海讲话，统战部副部长欧吉庆作《关于培养和选拔党外干部的意见和要求》报告。统战部部长俞斌兆出席。县委副书记何康根主持会议。

6月17日，农民画家高妙兰逝世，享年94岁。

8月6日，香港大业织造厂有限公司董事长沈炳麟捐资10.56万元，建造高塘林港小学教学楼，在上海签订协议。资助高塘岛乡12名贫困学生1300元。

8月24日，县宗教界百余人纪念抗战胜利50周年大会在丹城基督教堂召开，县政协、县委统战部、县民宗办有关领导莅会。

8月27—30日，副县长奚际斌、县民宗办主任盛繁国出席省宗教工作会议。县民宗办被省宗教局评为先进单位。

9月14日，台胞杨维连与丹城张维卿在台北为丹城宝梵讲寺（东寺）、梅溪紫云庵募款折合人民币6.6万元。

12月20日，石浦镇工商联召开第三届会员大会暨商会成立大会。选举产生新一届领导班子。

1996年

2月14日，县政协、县委统战部联合召开各界代表人士迎春茶话会。

3月24日，县对台办被评为1995年度县新闻报道先进单位。

4月30日，县委统战部、工商联被评为县1995年度扶贫、脱贫工作先进集体。

6月，县出国留学人员和亲属联谊会成立。

8月30日，金剑良任县委统战部副部长。欧吉庆任县委统战部正局级调研员，免去县委统战部副部长职务（县委干〔1996〕49号文件）。

9月6日，县委统战部会同县府办召开落实宗教团体房产政策遗留问题专题协调会议。

10月22日，县委统战部召开第九次各镇乡党委宣传（统战）委员会议。

是月，县工商联获1995年度宁波市级工商联先进集体。

11月，沈佳雨任县委统战部部长。

12月20日，县佛教协会在等慈禅寺召开第三届代表会议。审议通过《工作报告》，修改《决议》《章程》及有关规章制度，选举会长、副会长，聘名誉会长。

12月27日，丹城镇糖烟副食品同业公会召开第二届会员大会。通过《同业公会章程》等，选举史建定为会长，王旦一、汪建跃、忻嫦娥、董海民为副会长。

1997 年

1 月 7 日，石浦镇工商联召开三届四次理事会议，同意邱金岳辞去会长职务，补选陆军杰为镇商会会长。

1 月 8 日，国台办交往局长张怀君、华克与外经贸部、边防委、公安部边防局、农业部、安全部、海关总署、海协会及省台办等领导组成联合调查组到象山调研，并至石浦考察。

1 月 16 日，县工商联被评为一九九六年度宁波市工商联先进集体。

1 月 24—31 日，县侨办先后赴上海、宁波、杭州慰问重点侨胞、侨眷及捐资代理人 30 余人，慰问县内重点侨属及困难户、留学生亲属近 20 户，发放困难补助费近千元。

1 月 30 日，县委统〔1997〕7 号文批复，马阿项补选县台属台胞联谊会第三届理事会理事、常务理事、会长。

4 月 2—3 日，县委统战部、宣传部等部门联合举办“迎九七香港回归大型图片展”。

4 月 12—13 日，浙江省爱乡楷模、宁波市荣誉市民、香港知名爱国人士赵安中一行，由副市长陈守义陪同，到象山考察捐资项目，参观捐建的晓塘中心校新校舍，考察黄避岙中心校。

5 月 12—15 日，在丹城基督教堂召开县基督教第五届代表会议暨基督教协会成立大会。选举黄烈民为县“三自”爱国会主席，黄方正为基督教协会会长。

5 月 22 日，市委统战部、市工商联举行光彩事业总结表彰大会，象山远东机械实业公司获市光彩事业先进企业称号。宁波万众集团公司总裁、宁波瑞港水产有限公司董事长、象山彩灯一厂厂长、象山香玲酿造厂厂长、丹城同仁堂药店经理为市光彩事业积极分子。

6 月 10 日，“亚洲飞人”柯受良父母、兄妹一行 12 人回故乡探亲祭祖。县委统战部与县侨办、台办等部门领导接待并陪同参观松兰山海滨旅游区。

是月，县佛教、天主教、基督教根据各自仪规、传统，喜庆香港回归，举行报告会、庆祝会、普利法会、文艺演出等。

7 月 27—28 日，县侨办与市侨办联合举办“宁波人看香港，宁波帮帮宁波”摄影展览。

8 月 19—22 日，县工商联组织引导会员企业投入“8 · 18”台灾抗台救灾、生产自救活动，募集赈灾款物 23370 元。

8 月 20—25 日，县侨办、侨联向近百名象山籍旅外乡亲通报“8 · 18”灾情，旅外人士累计捐资 350 万元。

8 月 28 日，宁波明州建设公司王久方情系灾区人民，向白岩山盐场捐献 3 万元。

9 月，县宗教界响应政府号召捐款 23230 元、衣物 226 件，引进南京爱德基金会 19 万元。

11 月 7 日，县委任命薛先豪为县工商联党组书记。

12 月 15 日，美籍华人夏荆山一行 5 人到象山。16 日，赴新桥镇关头集福寺商议大雄宝殿与藏经楼扩建项目。17 日上午，参加二建筑奠基仪式。

12 月 26 日，县工商联被评定为（1994—1997 年）市工商联四连冠先进集体。

1998年

1月21日，县政协与县委统战部联合召开各界人士迎春茶话会。

是月，县委统战部、政协党组和县委组织部，研究县政协换届人事安排事宜，确定县六届政协委员人选170名。

3月10日，等慈禅寺（西寺）举行释可成法师升方丈（代）、释克慧法师任监院庆贺大会。有关领导和僧尼俗众百余人参加。

3月19日，省爱乡楷模、市荣誉市民、香港荣华纺织有限公司董事长赵安中一行10人到象山，有关领导陪同察看其捐资20万元建造的贤庠中心校教育楼。

4月8日，应邀到上海复旦大学辅导研究生的美国西雅图华盛顿大学教授、青年数学家，美国、加拿大、墨西哥北美洲理工科最高学术奖——“恩隆奖”获得者张坚博士，在家乡林海中学、丹城中学作辅导报告。

7月7日，县工商联举行六届五次常委（扩大）会议。县委统战部调研员欧吉庆到会讲话。

8月1日，县委统战部被中央统战部评为“九八年度全国统战刊物宣传工作先进单位”，获省委统战部1998年全省统战刊物宣传工作二等奖。

9月4日，中国民主促进会浙江省委员会组织专家医疗队，由浙江医科大学副校长、肿瘤医学博士余海和省民进机关副处长励英英率领，到象山为教师义诊。

9月9日，市政协副主席、市委统战部部长洪钧杰，副部长张启海一行4人，到象山了解非公有制企业情况。县委统战部部长沈佳雨等陪同，参观宁波华翔集团有限公司、象山盛和灯饰有限公司等。

9月14日，“亚洲飞人”柯受良及其父母一行8人，由县政协、县委统战部领导陪同抵石浦，应邀参加首届中国开渔节开幕式。

9月15日，香港甬港联谊会副会长、香港渥太华皮草行董事长陈志耀，应邀到象山参加中国开渔节开船仪式。16日，考察两家与其合作水貂养殖场筹建情况。

9月27日，香港宁波同乡会秘书长郑介初到象山，考察该同乡会捐建之海塘、学校等项目。

10月20日，旅日华侨吴素琴女士（已故王家福先生夫人）专程返乡，向“王家福奖学基金会”增捐300万日元。

10月中旬，香港渥太华皮草行董事长陈志耀，扶持兴办县侨兴畜产养殖场等二家水貂养殖场建成。首批引进水貂良种700只及部分良种狐狸。

11月2日，由市政协副主席尹礼虎率市委多党合作检查组，到象山检查贯彻落实中央〔1998〕14号、省委〔1996〕15号和市委〔1990〕33号文件精神情况。县委副书记张雪明、县政协常务副主席陈世灿，县政协副主席、县委统战部部长沈佳雨，副部长陈雪晶（女）、组织部副部长章国乾等参加。

1999年

1月12日，县台胞台属联谊会三届五次理事会议在丹城召开。县台联会理事、名誉副会长、顾问参加。县台办副主任、台联会会长马阿项讲话。

2月5日，县政协、县委统战部联合举行各界人士迎春茶话会。

是日，县台办主任张爱民、副主任马阿项会同石浦台胞站领导冒雨至台轮码头，慰问进港过春节的台湾渔民。

4月21日，香港、上海及县内外居士、香客近3000余人，参加爵溪弥陀净寺佛像开光庆典。市民宗局一处处长张汉林、县政府副县长胡望真、县委统战部副部长兼县民宗局局长金剑良、市佛协副会长徐文芳，天童、育王、七塔、观宗等寺大德高僧莅临开光庆典。

5月12日，县商会更名县总商会，更名后职能不变，与县工商业联合会一套班子、两块牌子。

5月14日，县委统战部、县民宗局组织召开民族宗教工作会议。18个镇乡宣传（统战）委员汇报宗教方面不稳定因素。县委统战部部长沈佳雨讲话。

5月28日，中央电视台对台部主任编辑马叶英一行3人到象山，拍摄定居台胞杨维连近况。

6月4日，县工商联召开六届七次常委会会议。讨论六届执委会工作报告（审议稿），根据六届六次执委会确定方案，协商代表名额和产生办法等，同意新华机械公司等9家企业入会。

6月21日，“新世纪中国与国际经济发展研讨会”在绿叶大厦举行。县长王仁洲通报县情。全国政协常委、民盟中央副主席罗涵光及国内知名专家学者与县内30余家会员企业负责人参加。

6月28日，中国民间工艺美术家、退休干部谢才华完成巨幅《百鹊》迎澳门回归剪纸作品（50米×0.8米），交市侨办主任王剑峰。7月2日，该作品被送往澳门庆回归筹委会。

7月23日，依据省委〔1998〕17号和省委书记办公会议纪要〔1999〕1号文精神，县委研究决定并报市机构编制委员会批准，原挂靠县委统战部县委台湾工作办公室机构单独设置。原隶属于县委统战部的“县石浦台湾同胞接待站”与“县台属台胞联谊会”，划归县委台湾工作办公室管理。

8月4日，全市侨办主任会议在象山举行。市侨办主任王剑峰及全市11个县（市、区）侨办主任参加。

9月15日，香港联谊会副会长陈志耀、秘书长郑介初和宁波甬港联谊会常务副会长张建明等，参加香港甬港联谊会捐资20万元建造昌国卫生院“甬港联谊门诊楼”落成典礼。

10月27日，市荣誉市民、香港宁波同乡会名誉会长赵安中“杏琴园教育基金”，捐资20万元修建高塘岛中心校实验楼，在宁波举行捐资项目签约仪式。

是月，县工商联（总商会）获宁波市工商联、总商会一九九八年度工作先进单位（连续5

年）。

11月6日，县出国留学人员和亲属联谊会在绿叶大厦召开第二次代表会议。出席代表68人。市侨联副主席、市留联会副会长李佐权，县人大、县委统战部领导出席并讲话。

12月8日，县第四次台胞台属代表大会召开。出席代表91人。听取和审议县台属台胞联谊会第三届理事会工作报告，修改台联会章程，选举县台属台胞第四届理事会成员。会长马阿项，副会长朱鹏飞、李永中、胡荣成。

2000年

1月28日，省工商联召开第二届非公有制经济“双文明会员企业”和省首届“优秀私营企业家”表彰大会，浙江巨鹰集团公司获“双文明会员企业”。

2月22日下午，中国民主同盟宁波市象山支部委员会成立。中央、省、市民盟领导、委员，市政协、市委统战部领导，县委、县政协、县委统战部等领导到会祝贺。

2月23—25日，市、县侨办牵线的象山丹城至石浦供水项目在东谷湖宾馆签约。

5月8日，为贯彻落实县“三讲”教育整改措施，统战部4名干部参加县第一次“固本强基”工作组，下派丹城镇驻村入户。

6月8日，县侨办邀请中国香港地区及澳大利亚、印尼尹礼钢等7名客商，经洽谈、考察，签订投资协议、投资意向1项，并与有关部门洽谈针织、外贸业务。

6月21日，市“五好宗教活动场所”表彰大会在丹城召开。市、县（市）、区民宗局局长与“五好宗教活动场所”负责人共80人参加。

7月25日，县非公有制企业党建工作联席会议建立，成员张雪明、王剑侯、贺威平、张启章、周信仁等11人。

8月8日，第21期黄埔学校毕业生顾勉参加宁波黄埔同学会第三次会员代表大会，当选为宁波黄埔同学会理事。

8月22日，县侨办、侨联、留联会7名代表，在宁波大酒店参加市第二次出国留学人员家属代表大会。县侨联副主席尹礼宗、县留学人员亲属联谊会会长贺师龙当选理事。

12月15日，中共中央台办、国务院台办主任陈云林，由省台办副主任马云生、邵建伟与副市长邬和民陪同，到象山考察对台工作，并到台轮停泊码头慰问台湾渔民。

12月20日，县民政局、县侨办会同宁波甬港联负责人，向贤庠、东陈、昌国、晓塘、定塘、新桥等7个乡镇敬老院60余名孤寡老人送棉被等用品。香港甬港联谊会会长姚祥兴委托宁波甬港联谊会，赠送部分孤寡老人棉被等用品。

是月，吴安定任县委统战部部长。

是年，宁波三丰电子有限公司董事长、总经理林利兴当选全国工商联常委，省、市工商联（总商会）副会长。

2001年

1月9—11日，省台湾渔民暨台胞站工作会议在石浦召开，省台办副主任邵建伟讲话。沿海各台胞站站长参加，国务院台办、海协会、南京军区、东海舰队、省军区、省边防局、省财政厅及舟山、温州、宁波、台州市台办等有关领导出席。

2月21—25日，县政协副主席、县委统战部部长吴安定等6人参加市政协第十一届委员会四次会议。

2月26日至3月7日，加拿大籍华人牧师洪光良博士访问县基督教会。

3月6日，县侨办接待在象山晨南针织公司洽谈业务的旅居澳洲客商李一鸣。

5月15日，县统战工作会议在象山宾馆召开。县委统战部部长吴安定作工作报告，县委书记肖培生讲话，副书记张雪明主持会议。镇乡党群副书记、宣传（统战）委员，县直属单位政工负责人，统战部中层以上干部、各群众团体负责人等180余人出席。

6月8日，响应中央“情系西部献爱心”号召，县宗教界举行义捐活动。其中，佛教界捐款3.7万元，基督教、天主教界捐款1.3万元。

6月8—12日，省洽会期间，加拿大《世界日报》总经理黄伟台、旅日台商史春仁等到象山考察，县侨办接待。达成经济合作意向2项，计120万美元，跨国教育合作、经贸合作各1项。

6月15日上午，县委统战部在象山宾馆召开党外各界代表人士纪念中国共产党建党八十周年座谈会。副县长、政协副主席及党外9个界别40余人参加。

6月29日，县工商联（总商会）召开七届四次执委会会议。免去周辞美县工商联副会长职务，增补周敏峰为副会长。

7月10日，市工商联在象山召开全市基层组织建设经验交流会。市人大常委会副主任、市工商联会长陈豹年，市工商联党组书记孙嘉祥、副会长徐建初、秘书长屠德明以及各县（市）区工商联领导，镇（乡）街道商会、专业商会、同业商会、行业协会秘书长等百余人参加。县政协副主席、县委统战部部长吴安定受县委领导委托致欢迎词。

8月2日，县民宗局与县基督教“两会”负责人，到墙头基督教堂制止辽宁营口李颖非法传道案。

8月14日，县侨办开通局域网，与市侨办联网。

是月，县台办引进宁波台通水产有限公司注册登记，投资300万元。

9月14—16日，第四届中国（象山石浦）开渔节举行，县台办先后接待近30名海外人士到象山考察、洽谈。牵线签订合同1个，引进外资51万美元。

9月19日，县首次组织农业考察团赴台考察交流，为期10天。团长陈秀忠、副团长金红旗。

12月15日，浙江巨鹰集团董事长陈照参加市工商联第十二次会员代表大会，当选为市工商联副主席。

12月25日，港胞赵安中先生捐资建造的毛湾小学因教育区域布局调整，经协商转去东港小学挂牌。港胞朱茂松捐资建造的聋哑学校“茂森楼”，因技校连体拍卖，挂牌至象山电大。

2002 年

1 月 9—10 日，浙江省台湾渔民暨台胞站工作会议在石浦召开。沿海各县、市台胞接待站站长、台湾事务办公室主任和所在市地台湾事务办公室主任，国台办、海协会、省外经贸厅、省军区等有关部门领导，县委副书记张雪明，县政协副主席、县委统战部部长吴安定参加。

3 月 19 日，徐小华任工商业联合会党组书记，兼县委统战部副部长，并提名为县工商联（总商会）副会长人选；薛先豪党组书记职务免。

5 月 24 日，县工商联第七届第五次执委会会议召开。

7 月 11 日，县工商联党组研究决定同意成立县工商联丹城小宾馆同业商会（以下简称县丹城小宾馆商会）。

7 月 16 日，县工商联会员企业浙江巨鹰集团股份有限公司等 18 家企业，被评为宁波市民营企业文化建设先进单位。

8 月 1 日，县委统战部副部长、县工商联党组书记徐小华任宁波市工商联第十二届执委会执委、常委；免去薛先豪市工商联执委、常委职务。

是月，5 名考入大学、高中贫困学子获香港甬港联谊会“家乡慈善基金”，每人 1500 元。

9 月，县侨办慰问贫困归侨，分别向周珊顺、凌文清送去市侨办给予贫困归侨补助款各 1300 元。

10 月 11 日下午，县宗教工作会议召开。贯彻全国、省、市宗教工作会议精神，部署下阶段宗教工作。镇乡（街道）党委（党工委）书记、宣传（统战）委员，县直属单位政工负责人，统战系统中层以上干部、县民宗局全体干部等 100 余人参加。

11 月 26 日，《海外象山学子》一书在象山宾馆举行首发式。副县长白国璋讲话。留学生代表、新加坡南洋理工大学国立教育学院教学和数学教育系学术委员、博士生导师范良火，留学生亲属代表、县留联会长贺师龙，及学生代表象山中学学生张璐钧发言。

是月，欧亚群任县委统战部部长。

2003 年

1 月 10 日，省第二次出国人员家属代表会议上，县侨办副主任张继锋当选省留联会理事，县留联会会长贺师龙获省留联会优秀工作者，留联会理事刘式本被评为优秀留学人员家属。

1 月 14 日上午，县委常委、统战部部长欧亚群一行 5 人，赴爵溪街道慰问贫困群众。

1 月 15 日，美籍华人、医学博士朱岩平获省、市政府颁发的“西湖友谊奖”和“茶花奖”，入选市侨办、市海外交流会主办“双鹿杯”2002 年侨界十件新事。

1 月 20 日，市甬港联牵线香港启发制衣有限公司总裁、香港甬港联谊会副会长徐鸣鹤向东陈、茅洋等 8 个镇乡 41 户贫困户捐扶贫帮困资金 16400 元。

2 月中旬，县政协七届一次会议上，县工商联（总商会）会长郑瞻德当选县政协副主席，蒋善定、吕伟宏、傅金国当选县政协常委。

3月24日，市政协第十一届常务委员会第三十二次会议通过，县政协主席张雪明，县委常委、统战部部长欧亚群，县科协副主席倪伟珍、德和堂根艺坊张德和、天安集团机电分公司副经理朱永利、宁波华丰建设集团董事长王泽光、县海洋与渔业局副局长励茂平、县教科研中心副主任周良华与县财贸工会许也红9人被选为第十二届市政协委员。

4月28日，县委统战部成立抗“非典”领导小组。县委常委、统战部部长欧亚群任组长。

5月16日，县委统战部与县工商联召开非公有制经济发展座谈会。县部分企业家和统战部、工商联中层以上干部30人参加。县委常委、统战部部长欧亚群出席并讲话。

5月26日，在台轮“祥满兴州号”作业象山籍郑敏勇等6名劳务人员，因嫌工作太累、不满协议条款罢工。台湾“海巡署”接报后，以大陆渔工有挟持台湾渔船嫌疑，连人带船押回台湾基隆查办。后移交当地法院处理，基隆地方法院审理判决无罪。

6月6日，县委常委、统战部部长欧亚群和县工商联党组书记徐小华出席市光彩事业促进会一届二次理事会议，均被增补为第一届市光彩事业促进会理事。

6月18日，经县侨办牵线，“亚洲第一飞人”柯受良到宁波参加首次开渔节新闻发布会。9月，出任第六届中国开渔节形象大使。

6月25日，县委统战部党支部与工会组织20名党员、会员，赴涂茨镇道人山开展“党日”活动。

7月3日上午，县出国留学人员和亲属联谊会第三次代表大会召开。90余名留学人员亲属代表参加。县委常委、统战部部长欧亚群与副县长白国璋讲话，县人大常委会副主任丁福生、县政协副主席吴安定等出席。

7月下旬，县侨务网开通。网址：http：//www. xsqw. com。

是月，县教科研中心副主任周良华和象山中学高级物理教师潘有祥，经民盟市委批准加入民盟。县民盟成员增至13人。

9月上旬，第六届中国开渔节期间，县人、旅澳博士潘仁湖与茅洋乡政府签约投资1000万元，筹建环保高科技公司。

9月16日，台商投资4000万美元明舫文具城在象山签约。为落户象山工业园区最大台商独资项目。县四套班子领导与台湾明舫股份有限公司总经理黄鼎原、董事蔡宽裕出席奠基开工典礼。

9月25日，台湾青年创业协会一行19人到象山考察。县委常委、统战部部长欧亚群会见考察团成员。

10月10日，“杨维连居士手稿、译著捐赠（县档案馆）仪式”在丹西街道文昌小区杨维连故居举行。

11月中旬，高塘岛乡留美学子徐光军获2003年度美国真空学会最高奖学金（每年世界范围内仅授予一名杰出学生）。

11月25日，县工商联被评为2003年度市工商联宣教先进单位。

12月3日，高塘岛乡基督教会举行新基督教堂落成典礼。

12月上旬，省基督教“三自”会副主席、市基督教“三自”会名誉主席、象山籍牧师盛足风著作《五饼两鱼》出版发行。县基督教“两会”顾问、牧师史悠生《圣经要道及著题查经讲义》付印内部发行。

12月上旬，留美博士刘明霞、韩孝清夫妇研制的“SAGE—2广谱抗病新药的产业化”项目，荣获宁波科技创业计划大赛最佳创业计划奖。

2004年

1月7日上午，县委统战部召开全县各界人士情况通报会。县委常委、统战部部长欧亚群出席并讲话。副部长陈雪晶主持。

1月16日，县侨办主任陈雪晶、留联会会长张继锋等赴石浦看望回乡探亲归国留学创业人员许红红夫妇。

4月26日，旅美博士林国本、戴燕生夫妇，在上海交通大学设立以其父母姓名命名的“林华衮、姜树桢”助学金，金额5000元。

5月14日，县委统战部在人民广场开展统一战线广场系列宣传活动，4万余名市民参与活动。

5月21日上午，在县委统战部会议室召开调研员盛繁国编著的《象山县宗教志》评审工作会议。

6月11日，县委任命黄桃女为县工商联党组副书记、纪检组组长，刘保为县工商联党组成员；免徐小华工商联纪检组组长。

6月19日上午，宁波松兰山海景大酒店举行开业典礼。酒店由美籍华人美国华龙贸易有限公司董事长林彬出资115万美元，于2002年2月动工兴建。

6月30日至7月1日，县工商业联合会（总商会）第八届会员代表大会在象山宾馆召开。选举执行委员会成员63人。会长徐小华，名誉会长郑瞻德。

9月7日，留日华侨浙江同乡会和宁波旅日同乡会捐助晓塘乡中心小学50万日元，用于维修14号台风中受损的教学楼。县侨办和学校负责人出席捐赠仪式。

是日，县工商联（总商会）八届二次全会暨工商联维权服务中心开办。县委常委、统战部部长欧亚群出席仪式并授牌。

12月22日，中央人民政府驻香港特别行政区联络办台湾事务部处长仇长根应邀，为象山县机关正局级以上领导授涉台形势教育。

2005年

3月30日，县委统战部部长欧亚群、县工商联会长徐小华出席市光彩事业促进会一届三次理事会议。

4月10日，“亚洲飞人馆”在石浦渔港古城落成开馆。

4月22日下午，在京象山籍人士座谈会在北京宁波宾馆召开。县委统战部部长欧亚群通报县情和近年县委、县政府经济工作战略。

4月25日，高塘岛学校举行香港实业家捐资45万元助建叶杰全“育名楼”落成典礼。

5月23日上午，定塘镇大塘小学举行宁波甬港联谊会和县侨办引荐、何震逸捐资30万元助建的“陈月庭综合楼”落成典礼。以何震逸夫人姓名命名。

9月14日，授予象山办厂置业台湾同胞王嗣芬、黄晋伟、柯宋丽华“荣誉象山人”称号。

9月15日下午，举行首届“荣誉象山人”“爱乡楷模”授予仪式。县人大常委会主任胡锡海宣读决定。县委书记周江勇向“亚洲飞人馆”名誉馆长柯宋丽华颁发“荣誉象山人”证章，向日本东京中华饭店经理王忠根颁发“爱乡楷模”证章。

11月20日，以中共宁波市委常委、宣传部部长卓祥駷为团长，中共象山县委副书记徐才印为副团长“宁波象山竹根雕艺术展团”在台湾宜兰传统艺术中心展出后返甬。

12月4日下午，县委副书记、代县长李关定在黄金海岸大酒店，会见象山籍留英在读博士王一鸣。

12月9日，县工商联被评为2005年度市工商联宣传教育工作先进单位。

2006年

1月10—13日，县委常委、统战部部长欧亚群先后赴鹤浦、墙头、茅洋等地开展“访贫问苦送温暖”活动，向贫困户送上棉被、食油与慰问金。

2月1日，“象山工商联网站”开通。网址：www. xsgsl. com。

3月20日下午，县举行“光彩爱心助学结对”仪式。统战部全体干部、乡镇（街道）统战委员及10名学生代表参加。共结对小学、初中学生55人，每人每学期助学金发放500元。

4月12日上午，“2006人文象山论坛”开幕，北京大学人口研究所教授、博士生导师、留韩博士后穆光宗开讲《新农村建设与象山发展》。

4月13日，市政协副主席、民建委员会主委项性平率宁波一院、二院和鼓楼医院副主任医师以上医生10余名赴高塘岛乡，为海岛村民送医义诊。

4月15日，上海宁波商会在上海希尔顿饭店召开成立大会。赖振元、郑宏舫、郁国祥、周晓峰、裘东方、林利兴当选副会长，赖振元为常务副会长。

4月17日，晓塘乡中心学校举行县侨办引荐、港胞邹星炳捐资30万元助建“捷达综合楼”落成典礼。

4月26日，市台湾同胞投资企业协会常务理事刘宜俊一行3人，赠送泗洲头中学困难学生赞助费1万元。

6月12日，新加坡南洋理工大学博士生导师范良火教授，赠送象山图书馆由其主编的《华人如何学习数学》（中文版）及在美国芝加哥大学攻读博士学位的论文《教师教学知识发展研究》两本。

6月13—14日，县佛教协会第五次代表大会召开，选举五届理事会理事9人，释莲智当选会长，释照力、唯达、式清为副会长。

7月10日，张爱民任县委统战部副部长、县侨办主任，林平安任县委统战部副部长、县工商联（总商会）党组书记、副会长，黄君芬任县工商联副会长；免徐小华县工商联党组书记、会长职务。

9月13日，以象山籍台胞史永康为团长的台湾东大水浒宋江阵表演团一行40人，应邀参加第九届中国开渔节，举行为期3天表演，并参观、考察象山。

11月24日，在天安宾馆召开县出国留学人员和亲属联谊会第四次代表大会，出席会议人员共80余人。选举县留联会第四届理事会。

12月15日，陈照当选市工商联第十三届执行委员会副会长（兼），常务委员王核清、林平安、蒋善定，委员吕伟宏、余云兴、施元直。

12月20日，县委提名励茂平任县工商联（总商会）主席。

是日，县工商联被评为2006年度市工商联先进单位。

12月27日，县工商联林平安当选中共象山县第十二次代表大会代表。

是月，张世方任县委常委、统战部部长。

2007年

1月21日下午，象山民盟支部组织盟员在西周华翔召开2007年支部工作会议暨新春联谊会。

2月2日，县工商联被评为2006年度市工商联信息工作先进单位。

2月19日，副县长俞骏会见MMD亚太控股有限公司总裁、北京象山籍归国人士联谊会会长郎旺凯，留韩博士后、北大教授穆光宗，留澳大利亚学子李可、李中兄弟，美特斯邦威集团副总裁欧利民，中欧国际工商学院研究员韩高峰，宁波大榭招商国际码头有限公司董事长兼首席执行官王志贤等回乡探亲留学人员。

3月，林毅任县委统战部副部长、县民宗局局长。

4月12日，县侨办联系县政协社法委和港澳台侨委员会，邀请侨联界政协委员考察浙江华天电源科技有限公司、宁波锦浪新能源科技有限公司、宁波澳博环保科技有限公司3家留学生高科技术企业。

6月20日，县留联会在浙江省留学人员与家属联谊会第三次会议上，被评为省留联会工作先进集体。

6月22日，县侨联七届九次会议召开。选举潘丁红为县侨联副主席，免张继锋县第七届侨联副主席职务。

7月20日，县工商联（总商会）主席励茂平增补为市工商联第十三届执行委员会委员。

7月28日，离岛53年的渔山岛如意娘娘塑身由台湾台东县富冈新村村民代表护送，返乡石浦沙塘湾池王府庙。宁波、东莞、厦门等地50余名台商与当地居民举行省亲迎亲仪式、大型祈福祭典活动。

8月8日，县委统战部、县工商联为解决高塘岛乡岛外引水工程资金缺口，向非公有制经济人士联合倡议，参与“光彩海岛山区行”活动。

8月16日下午，县工商联（总商会）在石浦半岛酒店召开八届二次会长（扩大）会议，部署“光彩海岛山区行”活动与启动筹建商会大厦事宜。

8月29日，市“光彩海岛山区行”启动仪式在象山宾馆举行。市委统战部部长、市光彩事业促进会会长陈凤姣、市促进会顾问崔秀玲、市工商联党组书记董伯云，县委副书记黄志明、副县长陈永忠出席启动仪式。仪式上捐款77.9万元，县外非公有制经济人士募款220万元，用于高塘岛乡引水工程。

是月，黄敏求任县委常委、统战部部长。

10月8日，象山籍海外人士范良火、陈磊、吴斌、潘银国资助品学兼优、家庭贫寒象山籍学子5名，捐款1.3万元。

10月26—28日，台湾台东议会李锦慧议长一行21人，应邀考察象山经贸渔业。周江勇、徐才印、李关定、周平飞等领导接见。

11月29日，县第八次归侨侨眷代表大会召开。市侨联党组书记、副主席毛伟达到会祝贺，县委书记周江勇出席并讲话，县领导黄敏求、林胜国、俞骏、赖明和等出席。选举产生第八届县侨联主席、副主席、秘书长、委员。

12月5日，县委常委、统战部部长黄敏求由侨办主任张爱民陪同，走访留学生创办企业，参观生产车间。

12月6日，县工商联副会长王星平被授予全国纺织工业劳动模范。

12月13日，县工商联被评为2007年度市工商联综合先进单位。

12月29日，南田商会召开成立大会，李红萲当选会长。

是月，县委统战部、县人大办、县政协办、县发改局等19家相关单位组成综合评价班子，首次开展非公有制经济代表人士综合评价工作。

2008年

1月3日，市侨联副主席胡先元一行到象山，慰问困难归侨和在象创业留学人员，看望归侨谷秀兰、留学人员陈华海等，了解情况，送慰问金、慰问品。

1月7—8日，县民宗局干部走访镇乡、街道，慰问少数民族贫困家庭150余户，送慰问金、生活用品。市民宗局下拨少数民族专项扶助资金4.7万元。

是月，周礼胜任县委统战部副部长。

2月10—11日，县委统战部副部长、侨办主任张爱民会见旅日华侨林军、旅港乡亲李锐钢、汤碧燕夫妇等8人。

3月14日，县留联会召开四届二次理事会议。选举潘丁红为会长，免张继锋留联会会长。

3月18日，涂茨商会召开成立大会。徐文品当选会长。

4月11日，县委常委、统战部部长黄敏求由侨办主任张爱民陪同，到宁波锦浪新能源科技有限公司等留学生企业调研。

4月12日，汶川特大地震发生后，台办党员捐款8920元。台属、台资企业分别捐款4万元、30万元，其中宁波龙泰有限公司捐款10万元。

4月16日，市农工党副主委许幼锋率委员10余人冒雨到象山，祭扫农工党烈士宋无畏。县委常委、统战部部长黄敏求等陪同。

5月8日，民盟中央名誉副主席吴修平走访象山，参观考察国家AAAA级旅游度假区松兰山、针织之乡爵溪、石浦渔港和铜瓦门跨海大桥等地。县委常委、统战部部长黄敏求，县政协副主席、民盟象山支部主委胡建萍等陪同。

5月18日，县工商联举办首届民营企业运动会开幕。

5月26日，市委统战部副部长、市民宗局局长陆立宪一行，调研象山平安宗教场所创建工作。

是月，“5·12”汶川地震后，县委统战部干部职工捐款6200元，上交“特殊党费”6300元。向统战成员发送短信近2000条、倡议书数千封，发送海外侨胞、留学生电子邮件400余封。20天，捐赠近2000万元。

7月25日，根据全国工商联第十次会员代表大会修改通过《中华全国工商业联合会章程》，县各级工商联会长、副会长统称主席、副主席。

8月11日，县总商会根据国务院《社会团体登记管理条例》《浙江省社会团体管理办法》，向县社团管理机关登记注册，更名为象山县商会，法定代表人励茂平。

9月13—20日，邀请台东县政府、议会、渔业协会、富冈新村（小石浦村）村民代表近160人文化交流团，参加第十一届中国（象山石浦）开渔节。

9月14—16日，以彭德成副县长为团长的台湾台东县政府、议会代表团一行30余人，应邀参加第十一届中国开渔节，与象山县政府通过“象山—台东”旅游、经贸、文化、农业合作备忘录。

10月13日，县工商联荣获2008年度省工商联系统宣传工作先进单位一等奖。

10月24日，县少数民族联谊小组召开会议，确定成员建议名单。

12月19日，县党外知识分子联谊会（筹）成立。属联合性社会团体，由县委统战部主管。

12月22日，县工商联获“宁波市光彩事业组织奖”。陈照、周辞美、郑宏舫、蒋善定、赖振元评为2008年市“光彩之星”。

12月26日，盟甬字〔2008〕15号文件同意民盟象山支部第三届委员会由丁祺、王雨芬、史丹丹、周敏峰、胡建萍、蒋建忠6人组成，主任委员胡建萍，副主任委员周敏峰。

2009年

1月5日，县党外知识分子联谊会成立大会召开，会员57名。王安静当选会长，副会长叶建伟、朱爱春、许曙敏、励茂平、张明珠、莫淑茜、蒋亮，秘书长董欢。县委常委、统战部部长黄敏求，市委统战部党外知识分子联谊处处长郑海林等出席。

1月10日，在上海举行在沪象山籍人士迎春团拜会。县委常委、统战部部长黄敏求主持。县领导李关定、白国璋、卢敏、柴大科、黄敏求与会。

3月3日，翁华清任县委统战部副部长，周礼胜兼任县工商联党组书记。

3月9日，许曙敏任县民族宗教事务局副局长。

3月26日，县侨联八届三次会议和县留联会四届五次理事（扩大）会议召开。30余名委员、理事参加。表彰荣获市“十佳侨界和谐家庭”和“侨界和谐家庭”荣誉3个，决定开展“十佳侨界和谐家庭”事迹宣传。

4月13—14日，县侨联获省侨联信息宣传工作先进集体，县侨联秘书长李淑贞被评为省侨联信息工作先进个人。

4月21日，县党外知识分子联谊会召开第二次理事会议。明确成员职责分工，建立组织、活动、宣传、财务、调研和会员联系制度等，研究部署2009年工作。副县长、县知联会会长王安静主持会议。

4月23日，翁华清任县民族宗教事务局局长。

5月13日，丹西基督教堂（信德堂）落成庆典。县各界嘉宾、信教群众近6000人参加。县政协主席白国璋，县委常委、统战部部长黄敏求，县人大常委会副主任董也琴，副县长俞骏，民宗局副局长吴光曙，省、市、县基督教“两会”负责人等应邀出席。

5月15日，省委书记、省人大常委会主任赵洪祝，省委常委、省委秘书长李强一行，到象山考察民营企业。

5月16日，石浦天主教堂落成庆典。县民宗局副局长吴光曙、许曙敏等参加。

5月26日，省委统战部副部长蒋学基等到象山，召开基层统战工作座谈会。丹东、石浦等5个镇乡（街道）统战委员参加。市委统战部、县委统战部领导陪同。

5月28日，香港甬港联谊会名誉会长陈志耀到西周镇文岙村，实地察看意向捐款村休闲广场项目。

6月23日，沈颖洪任县侨办副主任、县侨联副主席。

8月2日，县工商联在象山宾馆议政厅召开落实第九次会员代表大会会务工作会议。

8月5日，县工商联（商会）第九次会员代表大会在松兰山黄金海岸大酒店召开。会员代表250人出席。励茂平继续当选县工商联主席、县商会会长。

9月10—18日，台湾台东县议会、台东休闲旅游协会、台东观光协会、台东区渔业协会、富冈新村（小石浦村）代表130余人，应邀参加第十二届中国开渔节活动。

10月23日，省工商联（商会）授予县工商联等23家单位，为2009年度省工商联系统宣传工作先进二等奖。

11月5日，县留学人员和亲属联谊会第五次会员代表大会在象山宾馆召开。市侨联党组书记、侨联副主席、留联会会长毛伟达，县委常委、统战部部长黄敏求与统战部副部长、县侨办主任、县侨联主席张爱民出席。

12月8日，县工商联被授予2009年度市工商联先进单位。

12月10日，县工商联（商会）会员王星平、周青法、谢定飞、赖朝晖获“宁波市第二届优秀中国特色社会主义事业建设者”。

12月28日，县工商联维权服务中心成立。

是月，县委统战部获省2009年度统战工作创新奖。

2010年

2月23日，县工商联（商会）成立《象山县工商业联合会（商会）志》编纂委员会及其编辑部。

5月20—21日，省人大民族华侨委员会主任委员钟小毛、副主任委员毛雪飞、省人大常委会副秘书长胡亚芳一行，到象山调研民族宗教工作。

6月18日，香港甬港联谊会成立30周年庆典举行。县委书记李关定代表县委、县政府出席。县委统战部副部长、侨办主任、侨联主席张爱民，县侨办副主任、侨联副主席、留联会会长沈颖洪陪同。

7月26日，县工商联（商会）通告。原“浙江省象山县工商业联合会”公章，变更为“象山县工商业联合会”。

8月24日，县委书记李关定会见回乡创业留英博士沈铖。县委常委、统战部部长黄敏求，县侨办主任、侨联主席张爱民，县留学人员回乡创业服务联谊会会长、留英博士王一鸣等陪同。

9月2日，市委副秘书长、市委统战部部长郁伟年率市委督查组（市委督查室、组织部、统战部与市民族宗教局等部门组成）到象山督查乡镇（街道）统战工作。县委常委、统战部部长黄敏求与副部长林平安、张爱民、周礼胜陪同。

9月10—18日，台东县议会、富冈新村、象山籍台商代表、台湾《中国时报》及中央电视台中文国际频道等新闻媒体60余人，应邀参加象山—台东“祖脉”摄影展开展暨赠书仪式、县总商会与高雄青创会缔结友好商会签约仪式、象山—台东妈祖如意省亲迎亲仪式等活动。

9月15日，首届“象山人与象山经济”大会在松兰山召开。130余名在外象山籍代表人士和各界知名人士应邀出席。县委书记李关定，县委副书记、代县长叶剑鸣分别讲话。县领导金红旗、白国璋、卢敏、陈永忠出席。县委常委、统战部部长黄敏求主持会议。会后，县领导叶剑鸣、黄敏求、陈永忠会见与会象山籍人士——广东阳江军分区司令员陈晓红、省委统战部副部长蒋学基、天津市中小企业管理局副局长王云齐、北京军区总医院原副政委孙茂芳、英国MMD亚太公司总裁郎旺凯、香港赛帆集团董事、总经理范忠伟等。

9月28日，丹西街道召开首次归侨侨眷代表大会。成立街道归国华侨联合会，选举产生主席、副主席等。

10月16日，象山广东商会召开成立大会。胡英锡当选会长。

11月15日，县工商联被评为2010年度省工商联系统宣传工作一等奖。

12月2日，县工商联被授予2010年度市工商联优秀单位。

12月3日，县工商联（商会）举行县商会成立100周年庆祝活动。省委统战部副部长、工商联党组书记汤为平，市人大常委会副主任、工商联主席崔秀玲，党组书记余海大，副主席徐建初、吴德水、罗龙利，秘书长鲍建设等应邀参加。

12月16日，县佛教协会主办“2010象山佛教首届讲经法会”在丹城剧院举行。中国佛学院副院长释向学法师、教授释可潜法师应邀分别主讲《佛教的因果思想》《寺院布局的智慧》。市民宗局副局长徐松庆，县委统战部副部长、县民宗局局长翁华清到会并讲话。

12月22日，副县长林荣根由县民宗局和有关镇乡（街道）领导陪同，检查丹城、昌国、石浦基督教堂与石浦天主教堂场所安全。

2011年

1月1日，市基督教新年音乐会在丹城教堂举办。市基督教“两会”主席单渭祥、会长高建伟讲道，县委统战部副部长、县民宗局局长翁华清，县民宗局副局长许曙敏、吴光曙参加。

1月12日，县委统战部副部长、县民宗局长翁华清，副局长许曙敏等到晓塘乡，看望慰问少数民族困难户茶光菊，送慰问金5000元。

2月5日，在象山港国际大酒店举行2011年“在外象山籍人士新春联谊会”。参加者近60人。县委常委、统战部部长黄敏求致辞，省委统战部副部长、宁波经济建设促进会杭州象山分会会长蒋学基代表致答词。县人大常委会副主任林胜国、县政协副主席周平飞出席。县委统战部副部长、县侨办主任翁华清主持联谊会。

2月18日，县侨联在县委党校召开八届七次全委会。学习传达中共十七届五中全会、全国侨联基层组织建设经验交流会和市侨联第八届二次会议精神，表彰先进，选举翁华清为县侨联主席。县委常委、统战部部长黄敏求出席会议并讲话。

3月9—11日，县基督教第八次代表大会在象山宾馆召开。县委常委、统战部部长黄敏求看望与会代表并讲话。市民宗局副局长顾卫卫、基督教协会会长高健伟及县民宗局全员参加。

3月22日，县统战工作暨统战干部读书会召开。县委常委、统战部部长黄敏求出席并讲话。镇乡党委（街道党工委）统战委员、统战干事、县级有关部门党组织政工负责人、统战系统干部参加。

4月21日，县法律援助中心县侨办、侨联工作站成立。县委常委、统战部部长黄敏求授牌。

5月12—16日，县委统战部、宣传部会同县新闻办、象山新闻中心、县广播电视台、象山港网站等，赴珠三角地区开展“海内外象山人”采访活动。县侨办主任翁华清、副主任沈颖洪参加。

6月12—13日，中央统战部常务副部长朱维群和全国政协常委、副秘书长、致公党中央常务副主席王钦敏率致公党中央考察调研组，到象山调研海洋经济发展情况。县领导李关定、叶剑鸣、白国璋、黄敏求、孙小雄，县政府党组成员、石浦镇党委书记励志纲等陪同。

6月17日，县各界人士纪念中国共产党成立90周年座谈会召开。县委常委、统战部部长黄敏求，县政协副主席胡建萍，县各民主党派、工商联、无党派人士、民族宗教界人士、党外知识分子代表参加。

6月22日下午，县委统战部在县广电演播大厅举行“同心歌唱共产党，统战人士唱红歌”歌咏比赛。少数民族、佛教界、基督教、非公有制经济代表人士等10支、300余人参加。县委常委、统战部部长黄敏求出席，并为获奖者颁奖。

6月28日上午，中国民主同盟象山县总支部成立大会在象山港国际大酒店隆重召开。县委书记李关定，市委统战部常务副部长杨志强，民盟宁波市委副主任潘一红，县委常委、统战部部长黄敏求，县政协副主席、民盟象山支部主委胡建萍出席。县人大常委会副主任叶富兴、副县长孙小雄，宁海县副县长、民盟宁海县总支部主委尤永成到会。

7月5日，浙江省委副书记、省长夏宝龙到象山调研海洋经济、对台小额贸易。

8月29日，县民宗局干部赴爵溪弥陀净寺巡查八月初三香期活动。3天进香信众3万余人。

9月12日晚，台东小石浦村村民代表、台商代表及象山渔民代表500余人欢聚中国渔村广场，共度中秋佳节。县领导白国璋、林雅莲等出席，县委常委、统战部部长黄敏求致辞。

9月12—18日，台东县县长黄健庭率台东县政府、台北青创总会、富冈新村、专家学者及新闻记者共190余人，参加象山—台东始祖如意省亲迎亲仪式、“两岸石浦人、天涯共此时”中秋联谊晚会、象山—台东海洋经济合作交流会等活动。

10月19—20日，市民宗局陆立宪局长到象山调研，在涂茨玉泉讲寺和丹城基督教堂召开座谈会。

10月23日下午，香港象山联谊会成立典礼暨象山·香港投资环境推介会在香港万丽海景酒店举行。香港宁波同乡会创会会长、世界中华宁波总商会创会会长李达三，世界中华宁波总商会会长周亦卿，香港浙江同乡会会长李德麟，香港甬港联谊会会长忻元甫，中联办协调部副部长王子平，市委统战部副部长史建华到会祝贺。县委书记李关定出席典礼致贺词，县委常委、统战部部长黄敏求，副县长陈永忠等出席。聘请李达三、周亦卿、李德麟、忻元甫、杨咏曼为名誉会长，香港锦锋国际贸易有限公司董事长赵小蝶当选首届会长。

11月8日，以“民族情、邻里亲，共建和美新晓塘”为主题“民族和睦邻里节”在晓塘乡西边塘村白玉湾四季果园举行。县委常委、统战部部长黄敏求，县人大常委会副主任郑亚红，副县长林荣根，县政协副主席吴安定及市民族宗教事务局相关领导出席开幕式。

12月9日上午，县委邀请民主党派、无党派、少数民族和宗教界、非公有制经济代表、台胞台商等社会各界人士座谈，征求县第十三次党代会报告意见。县委书记李关定出席并讲话。县委常委、统战部部长黄敏求主持会议。

12月27日，宁波甬港联谊会会长吕国荣、副会长徐文一行由县委常委、统战部部长黄敏求陪同，专程走访慰问贫困家庭，送慰问金。

2012年

1月6日，市侨办副主任陈进军一行5人到象山调研侨务工作，并察看社区“侨法宣传角”。

1月18日，县九届政协委员建议名单由县委统战部提请县八届政协常委会第二十六次会议协商通过。

1月24日，县委、县政府在国际大酒店举行在外象山籍人士2012年新春联谊会。象山籍、香港象山联谊会代表70余人应邀参加。县委常委、统战部部长黄敏求致辞，县人大常委会副主任郑亚红、副县长陈永忠、县政协副主席胡建萍出席。省委统战部副部长、宁波经济建设促进会杭州象山分会会长蒋学基等发言。

2月8日，市侨办主任邹建伟、副主任叶正波一行，由县委统战部副部长、县侨办主任翁华清陪同，走访象山侨留资企业宁波锦浪新能源科技有限公司、宁波润德制造有限公司、宁波美亚光电科技有限公司，调研“侨留资”企业生产经营。

2月23日，市委统战部副部长叶剑辉到象山，调研石浦镇基层统战工作示范点情况。

2月29日，市民宗局副局长徐松庆到象山，调研有关基督教理念经营管理企业。

3月7日，市工商联副主席徐建初到象山，调研焊接衬垫、元易材料等企业。县工商联党组书记周礼胜、党组成员高国杰陪同。

3月20日，《浙江民族与宗教》杂志社记者谭飞程到象山，采访基督教丹城教堂“和谐寺观教堂建设”。

3月22日，县首次“海峡两岸交流基地”展示中心设计讨论会召开。县台办、文广局、规划局与渔港管委会、大活动办有关领导、专家参加，县委常委、统战部部长黄敏求讲话。

4月5日，市民宗局副局长李伟波到象山，考察晓塘民族团结示范基地建设。

4月14日，首届世界“宁波帮”大会、在外象山籍人士座谈会在宁波召开。侨界人士郎旺凯、董定国、潘仁湖、包荣林、赵小蝶参加。

4月25日，全县统战工作会议召开。镇乡（街道）统战委员、干事，县级各部门政工负责人，县级统战部门干部等150余人参加。传达学习省、市统战部部长会议精神，总结2011年县统战系统各线工作，部署2012年工作。县委常委、统战部部长黄敏求讲话。

5月9日，市台办主任施金国、副主任谢再盛一行6人到象山，调研对台工作。县委常委、统战部部长黄敏求，副县长邱金岳陪同。

是日，省委统战部副部长蒋学基率浙江卫视浙商“义行天下”栏目组，到象山调研，专题采访非公有制经济代表人士李红蓥。市委统战部副部长俞小勋，县委常委、统战部部长黄敏求等陪同。

6月8日，世界中华宁波总商会会长、香港其士国际集团有限公司董事局主席周亦卿为团长世界中华宁波总商会——宁波访问团，到象山考察。

6月13日，港胞江黎鋆出资25万元助建的泗洲头镇墩岙塘村“何艳琼文体活动中心”落成。港胞、市侨商会常务副会长、宁波江友电子有限公司董事长江黎鋆，市侨办副主任黄国海，市侨办巡视员邹建伟，县委常委、统战部部长黄敏求，县委统战部副部长、县侨办主任翁华清等出席典礼。黄国海向江黎鋆颁发捐赠证书。

6月15日，市工商联副主席钱爱民到象山调研。县工商联主席励茂平、党组书记周礼胜陪同。

6月16日，市、县“知联会”“三下乡”（送医药、送科技、送法律）活动暨知联“同心”服务民生行动启动仪式，在鹤浦镇中心卫生院举行。市委统战部副部长俞小勋，市知联会会长、市卫生局副局长、李惠利医院院长周建庆为“宁波市党外知识分子联谊会‘同心’服务基地”揭牌。县委常委、统战部部长黄敏求，县知联会会长、副县长王安静等参加。

6月16—22日，应台湾“中华两岸交流协会”邀请，县人大常委会副主任叶富兴等10人赴台，参加为期7天两岸经贸交流活动。

6月17日，在福建厦门第四届海峡论坛大会上，象山被列为大陆新增6个海峡两岸交流基地之一、省首个交流基地。

6月20日，省台办副主任陈正仁一行4人到象山，考察“海峡两岸交流基地”建设。县委常委、统战部部长黄敏求，副县长邱金岳陪同。

6月21日，美国青年访华交流团30余人，参观访问涂茨玉泉讲寺。县民宗局副局长许曙敏等陪同。

7月3日，县委书记李关定会见专程出席“浙（象山石浦）台经贸合作区授牌仪式”，台湾大学人文社会高等研究院副院长、台湾政策研究基金会财政金融组召集人林建甫、高雄市政府顾问陈进亮、台湾青年创业协会总会荣誉副总会长、台湾保齐有限公司总经理林荣灿、台盐实业股份有限公司董事长洪玺曜、台湾水产种苗协会理事长陈启照、台湾珠宝工业同业公会理事长萧新才、台湾德河海洋生技股份有限公司执行长吴智谋一行出席。县领导黄敏求、励志纲、叶富兴参加。

7月4日，“浙（象山石浦）台经贸合作创新发展论坛”在象山举行。县领导叶剑鸣、黄敏求、励志纲、叶富兴及部分两岸专家学者、台湾企业家代表、镇乡（街道）和有关部门负责人参加。县委书记李关定主持。

7月6日，“浙台（象山石浦）经贸合作区授牌仪式”在石浦海峡广场举行。省委常委、常务副省长龚正代表省政府向经贸合作区授牌。省、市、县部分领导，有关单位、部门负责人、两岸专家学者、台湾及韩国客商等出席。

7月18日，县少数民族联谊会成立大会召开。市民宗局副局长李伟波，市政协教文卫体委副主任、少数民族联合会会长那雁翎，县委常委、统战部部长黄敏求、县人大常委会副主任励茂平、副县长陈照民、县政协副主席赖明和应邀出席。62名代表审议并通过县少数民族联谊会章程和选举办法，选举会长、副会长、理事。

7月20日，“县第六届民族和睦邻里节启动仪式和民族之夜文艺晚会”在人民广场举行。

县委常委、统战部部长黄敏求宣布启动，市民宗局副局长李伟波，县人大常委会副主任林胜国、副县长邱金岳、县政协副主席吴安定出席并观看演出。

8月23日，县台胞台属联谊会发放镇乡（街道）7名台胞台属子女奖（助）学金6400元。第十四次发放为台胞台属子女奖（助）学金。

9月6日，市政协副主席、市委统战部部长胡建岳由副部长俞小勋陪同，到象山调研统战工作。县委常委、统战部部长黄敏求，县统战部门各线负责人参加座谈。

9月12—19日，第十五届中国开渔节期间，台东县小石浦村代表45人、台湾“青创总会”10人、台湾国际狮子会20人及海洽会物流团8人，应邀参加“象台妈祖如意迎亲省亲”与渔民祭海神庙、祭海仪式及海洽会物流团、台湾“青创总会”，考察浙（象山石浦）台经贸合作区对台贸易口岸与物流中心等。

9月20日，市民宗局局长张慧珍到象山，听取县民宗局工作、爵溪弥陀净寺八月初三香期安保汇报。

9月23日，县侨联会同相关部门承办“宁波市第八届留学人员科技项目与民营企业洽谈会象山创业行暨国内科技项目对接会”。51名海外留学人员携带60余个项目，与县100余家民营企业对接洽谈。签订合作意向书项目4个，达成合作意向校企10余个。

9月26日，县委统战部举行“庆‘双节’喜迎十八大”茶话会。县委常委、统战部部长黄敏求出席并讲话，县人大常委会副主任励茂平、副县长陈照民、县政协副主席胡建萍以及党外人士、非公有制经济人士与侨、台、民族宗教、工青妇等各界代表60余人参加。

10月25日，省侨办吕源林处长一行到石浦荔港社区考察指导社区侨务工作。副县长陈照民，县委统战部常务副部长、县侨办主任翁华清，石浦镇党委副书记朱海成等陪同。

11月6日，市政协副主席、市工商联主席崔秀玲、市工商联副主席黄林军一行6人，到象山调研工商联及基层商会工作。县工商联驻会领导参与调研座谈。

11月9日，在县委党校挂牌成立县社会主义学院。省委统战部副部长蒋学基、县委副书记林雅莲为学院揭牌。县委常委、统战部部长、社会主义学院院长黄敏求主持。市、县有关领导出席。

11月13日，天津市委副书记、市长黄兴国到象山考察台湾商贸城。

11月26日，省工商联党组副书记、副主席黄正强，市工商联党组书记余海大，到宁波华翔集团，调研非公有制企业党建工作。县工商联主席励茂平、党组书记周礼胜陪同。

12月5日，县社会各界人士十八大精神学习会召开。民主党派、宗教、非公有制经济、党外人士代表、侨胞台胞代表等20余人参加。县委常委、统战部部长黄敏求出席并讲话。

12月6—7日，省民宗委一处处长吴梦宝到象山，调研半边山露天大佛申报工作。11日，副县长邱金岳召开半边山露天大佛申报会议。

12月20日，省首个“海峡两岸交流基地”授牌仪式在象山举行。中共中央台办、国务院台办主任王毅、国台办交流局副局长王冰，省台办主任裘小玲，市政协主席唐一军、副市长洪嘉祥，县四套班子领导出席。市台办主任施金国主持仪式，王毅授牌，县委书记李关定接牌。

12 月 27 日，县工商联、民生银行象山支行联合发起“宁波市小微企业互助合作促进会象山分会成立大会”在海洋酒店召开。市工商联副主席钱爱民，县委常委、统战部部长黄敏求，县政府党组成员应伟刚参加。

第一章　县委统战部

统一战线，是中国共产党总方针、总路线、总政策的重要组成部分，是夺取政权、巩固政权的重要法宝。象山统一战线工作，始于1949年8月，作为县委工作职能部门，正式成立于1955年5月。围绕党的中心任务——土地改革、镇压反革命、抗美援朝、恢复国民经济、社会主义革命和社会主义建设，建立社会主义制度等方面，广泛地开展人民民主统一战线工作。由于“文化大革命”，统一战线工作被迫停止。1978年，中共十一届三中全会之后，统一战线工作迎来春天，全党的工作着重点转移到以经济建设为中心的正确轨道，县委统战部在县委领导下，遵循党中央的战略部署，坚持以经济建设为中心、坚持改革开放、坚持四项基本原则的党的基本路线，拨乱反正，平反冤假错案，落实各项统战政策，恢复和建立统一战线工作机构和各种组织，开展最广泛的爱国统一战线各项工作。加强中国共产党与各民主党派、无党派人士的合作和保持同人民群众的密切联系，把“长期共存、互相监督、肝胆相照、荣辱与共”的十六字方针，融于政治协商之中，稳步推进“政治协商、民主监督、参政议政”制度的落实；积极拓展海外统战工作，调动和发挥海外侨胞、港澳同胞、台湾同胞的爱国爱乡热情，为祖国经济建设和祖国统一大业服务；加强宗教管理，维护社会稳定，引导宗教与社会主义社会相适应；注重工商联的组织建设，积极开展非公有制经济代表人士的思想政治工作和商会工作等等。高举爱国主义和社会主义两面旗帜，认真履行“了解情况，掌握政策，协调关系，安排人事”的职能，团结一切可以团结的力量，调动一切积极因素，同心同德，群策群力，为建设中国特色社会主义伟大事业，为象山两个文明建设、实现全面小康社会和现代化滨海休闲城市做出了努力和贡献。

第一节　机构沿革

1949年8月，中共象山县工作委员会（以下简称县工委）成立。是年10月，中共象山县委成立，县工委终止，县委民运部兼理统一战线工作。1951年7月，县委统一战线工作部（以下简称统战部）成立，县长岳凤展兼任统战部部长。12月，县长李瑞三兼任统战部部长。1953年7月30日，地委批准象山县委筹建统战部工作机构。1955年5月18日，经宁波地委决定，县农林科副科长方芳云任统战部副部长，干部2人。8月，县长李瑞三不兼任统战部部长。1958年6月，樊心慧任统战部部长。翌年初，象山与宁海合并。4月21日，地委任命樊心慧为县委宣传部长，程云臻为副部长兼管统战工作，实行宣传部与统战部两块牌子、一套班子。1961年10月，宁海从象山县析出，县委统战部与宣传部仍一套班子、两块牌子，宣传部副部长程云臻兼统战部副部长，配备统战秘书1人。翌年7月，张汉庭任县委常委、宣传部部长兼统战部部长，配备专职秘书1人，与宣传部合署办公。

“文化大革命”期间，县委统战部被撤销。县革命委员会成立后，政工组宣传办公室代行宣传部、统战部有关工作。

1977年，恢复县委宣传部，陆国忠任县委常委、宣传部部长兼任统战部部长，程云臻任宣传部副部长兼任统战部副部长。1979年始，县委宣传部一副部长兼管统战工作，一名统战干事处理日常事务。1980年4月，县委宣传部副部长孙务文分管统战工作。1982年11月，恢复统战部，孙务文任副部长。设立办事机构，分统战（秘书、宗教）、侨办（侨联）、台办（接待站）三线，行使“了解情况、掌握政策、协调关系、安排人士”职能，干部由原2人增至5人。1984年2月，县级机构改革，沈允法任县政协副主席、县委统战部部长。增设民族宗教事务办公室，定编14人，遵照县委“解放思想、团结奋进、开拓务实”，开展各项工作。1990年，统战部内设秘书科，县侨办、台办、民宗办合署办公。

1997年4月3日，统战部副部长陈雪晶兼任县侨办主任，统战部副部长金剑良兼任县民族宗教事务局局长（县委干〔1997〕26号文件）。是月，县委统战部秘书科改称办公室，设主任1名。1998年3月26日，张爱民任统战部部务会议成员（县委干〔1998〕26号文件）。翌年8月21日，统战部办公室增设副主任1名。

2002年6月14日，县委批准统战部职能配置、内设机构和人员编制方案。内设办公室1个，合署机构2个，即县人民政府侨务办公室、民族宗教事务局。编制12名（含工勤人员）。其中部长1名、副部长2名，县侨办、民宗局各设领导职数1正1副（正职由统战部副部长兼任），中层领导职数2名（县委〔2002〕92号文件）。是年11月18日，县委常委欧亚群任统战部部长（县委干〔2002〕25号文件）。

2004年8月10日，县委统战部增设经济侨务、党派宗教2科，编制仍旧。统战部与侨务办公室、民族宗教事务局合署办公（象编〔2004〕21号文件）。后经济侨务科改联络联谊科，党派宗教科改党派干部科。2007年3月始，统战部领导职数1正3副，副职分别兼任县侨办主任、民宗局长及县工商联党组书记。2011年12月始，实行科室负责人换岗制度。

县委统战部历任部长一览表

表1-1-1

姓　名	任职时间	备　　注
岳凤展	1951.07—1951.11	县长兼任
李瑞三	1951.12—1955.08	县长兼任
樊心慧	1958.06—1961.10	1959年初至1961年10月象山、宁海两县合并，县委宣传部部长兼任
张汉庭	1962.07—1966.05	县委常委、宣传部部长兼任
陆国忠	1978.08—1981.04	县委常委、宣传部部长兼任
沈允法	1984.02—1989.11	县政协副主席（1984.08始）兼任
俞斌兆	1989.11—1996.11	县政协副主席（1993.03始）兼任
沈佳雨	1996.11—2000.12	县政协副主席（1998.02始）兼任

续表1-1-1

姓　名	任职时间	备　　注
吴安定	2000.12—2002.11	县政协副主席兼任
欧亚群（女）	2002.11—2006.12	县委常委兼任
张世方	2006.12—2007.08	县委常委兼任
黄敏求	2007.08—2016.01	县委常委兼任
陈爱武（女）	2017.01—	县委常委兼任

县委统战部历任副部长一览表

表1-1-2

姓　名	任职时间	备　　注
方芳云	1955.06—1958.05	主持全面工作
程云臻	1961.10—1966.05 1977.08—1980.02	宣传部副部长兼任，其中1977.08—1980.02分管统战工作
孙务文	1980.02—1988.07	宣传部副部长分管统战工作，其中1982.11—1988.07任统战部副部长
欧吉庆	1988.07—1996.08	—
陈雪晶（女）	1993.07—2006.12	—
金剑良	1996.08—2002.12	—
徐小华	2002.03—2006.07	—
张爱民	2006.06—2011.01	—
林平安	2006.06—2011.01	—
林　毅	2007.03—2008.01	—
周礼胜	2008.01—2012.12	—
翁华清	2009.03—2017.09	—
沈颖洪	2011.08—2017.09	—
张日成	2011.08—	—
石初光	2017.09—	—

县委统战部部务会议成员一览表

表 1-1-3

姓 名	任职时间	备 注
欧吉庆	1984. 02—1988. 07	—
何永林	1984. 02—1997. 09	—
李勤隆	1993. 05—1996. 10	—
张爱民	1998. 03—2006. 06	—
陈 琴（女）	2002. 03—2006. 03	—
许曙敏	2006. 06—2014. 04	—
张华行	2017. 08—	—

县委统战部历任部科室负责人一览表

表 1-1-4

姓 名	时 间	备 注
干仇祥	1990. 11—2000. 03	秘书科长，1997. 04 办公室主任
陈 琴（女）	1997. 08—2004. 04	办公室副主任，2000. 07 办公室主任
许曙敏	2004. 04—2007. 06	办公室主任
张赛霞（女）	2007. 06—2014. 04	办公室主任
林文信	2003. 07—2005. 01	办公室副主任
石 剑	2002. 07—2007. 06	办公室副主任，2006. 03 经济侨务科科长
陈立红（女）	2005. 01—2005. 10	办公室副主任
吴永建	2007. 06—2016. 04	办公室副主任，2008. 12 联络联谊科科长，2014. 04 办公室主任
董 欢	2005. 01—	党派宗教科副科长，2007. 06 党派干部科科长
励朝铭	2007. 06—2008. 03	联络联谊科科长
赵建阳	2008. 11—2014. 09	办公室副主任，2011. 12 县宗教事务管理所所长
张华行	2008. 11—	县宗教事务管理所所长（部任命），2011. 12 办公室副主任，2016. 04 办公室主任
陈灵灵（女）	2008. 11—	部机关妇委会副主任，2011. 12 妇委会主任

第二节　职　能

县委统战部成立后，按照中央和省、市有关文件精神，其职能“一贯彻、五负责”。即：贯彻执行中共中央和省、市委关于统一战线方针、政策，调查研究统一战线工作新情况、新问题，及时向县委反映，提出意见建议。联系民主党派和无党派代表人士，通报情况，反映意见和建议，贯彻落实多党合作和政治协商制度，推进政治协商、参政议政和民主监督制度化、规范化。协助民主党派加强自身建设、思想教育，建立后备干部队伍。负责党外代表人士政治和实职安排工作。协助县委做好党外人士人大、政协人事安排及培养、选拔、任用。加强党外后备干部队伍建设，落实培养目标。调查研究党外知识分子情况，履行“反映情况、掌握政策、协调关系、举荐人才”职责，做好代表性党外知识分子工作，探索有效工作机制。负责指导、协调、检查党的民族宗教政策贯彻落实情况。依法加强宗教事务管理，引导宗教与社会适应，会同有关部门抵制国内外敌对宗教势力渗透。尊重少数民族风俗习惯，保护合法权益，扶贫帮困。

负责联系海内外工商社团和非公有制经济代表人士，培养建立队伍，加强指导，完善工商联民间商会职能，建立健全服务机制，维护合法权益，做好思想政治工作。开展以祖国统一为重点海外统战工作。加强海外侨胞第二、三代代表人物和社团联系，增进海外留学人员交往和联谊，建立海外人才库和联系网络，引资引智，为经济建设服务。

负责指导镇乡（街道）党（工）委统战工作。协调政府和统战部门，指导工商联、侨联、台联、留联等团体工作。承办县委、县政府和上级主管部门交办事项。

第三节　主要工作

中华人民共和国成立后，在国民经济恢复及社会主义改造、建设与改革开放现代化建设时期，县委运用统一战线，推动和组织知识分子、民主党派、民族资产阶级和各界人士，投入土地改革、镇压反革命、抗美援朝、思想改造和“三反”“五反”运动。通过党在过渡时期总路线学习贯彻，提高群众觉悟，孤立和打击敌人，巩固人民民主专政，恢复国民经济、开展社会主义革命与现代化建设。

围绕“恢复”与“改造”开展工作

土地改革运动　1949 年 12 月，县委遵照华东局减租法令，开展减租反霸。在西沪、靖海、丹城、爵溪、靖河、东山、珠溪、东港、东海9乡开展“三五、六五分租”（业主占三五，佃户占六五）工作时，不少佃户思想未完全扭转，加部分不法地主气焰嚣张，担心“秋后算账”，怕租田被抽回，“三五、六五分租”未能完全实行。1950年，县委遵照上级指示，运用“团结大多数，孤立分化极少数”统战策略，贯彻“发动贫雇农，团结中农，中立富农，孤立地主”和“团结开明地主，打击顽固反动地主”。根据《中华人民共和国土地改革法》，成立“土地改革指挥部”，包括无党派民主人士在内土改工作组。11月5日，在雅林溪乡试点。发展首批农民党员14名，深入宣传土地改革方针政策，发动群众参加土地改革运动，实施“依靠贫农、雇农，团结中农，中立富农，有步骤、有区别地消灭封建剥削制度，发展农业生产”方针。翌年1月9日，东山、东海、林溪、东港等27乡开展土地改革，至3月末结束。8月中旬，第二批30乡开展土地改革。9月，第三批18乡进入土地改革，至年末基本结束。全县没收、征收土地205403亩。无地少地农民57440户、205000人分得土地183268亩，确定产权，颁发土地证。

抗美援朝运动　1950年6月，朝鲜战争爆发。10月25、26日，中共中央、中国人民保卫世界和平反对美国侵略委员会（中国人民抗美援朝总会），号召“抗美援朝，保家卫国”。全县人民同仇敌忾，积极投入抗美援朝运动。自是月始，先后3次示威游行反对美国侵略朝鲜、保卫世界和平。1951年4月，县抗美援朝分会结合土改，开展抗美援朝宣传教育，家喻户晓，深入人心。刚分到土地农民，报名参军，父母送儿子参军、妻子劝丈夫参军、兄弟争先参军。上级下达桥头林乡征兵30名，报名参军108人，初检合格75人。全县报名参军5000余人，经县人武部目测、县人民医院初检，上送宁波军分区新兵训练营2308人。经段塘、慈城、骆驼、东盛等训练营政审和军医体检，半数退回。经训练新兵，除分配宁波军分区独立营、公安局公安队外，批准中国人民志愿军出国参战500余人。象山医师同业公会响应中国红十字会号召，沈成彬、姚旭、徐步霄、方礼、吴存东、高雪芬报名参加赴朝国际医疗队。1951年5月、10月入朝，救护志愿军、朝鲜人民军伤员及“联合国军”俘虏兵。全县掀起捐献飞机大炮、慰劳志愿军热潮。不到1个月，捐献2架飞机款，折现金2059.87万元（第一套人民币）。南庄、溪口等地送大米、番薯丝干，着衣亭、儒雅洋等乡还送肉猪、鸡、鹅、鸭。全县捐献大米、番薯丝干8256公斤，猪31头，羊8只，肉1785.5公斤，鸡鸭鹅1063羽，蛋4085公斤。积极开展优抚工作。至1951年年末，累计为全县800余户缺少劳力的烈军属、残废及复员军人代耕面积1600余亩。写慰问信6600余封，送慰问袋1383只。

协助政府取缔反动会道门　1952年6月，专署公安处确定象山为取缔反动会道门试点县，抽调各县公安干部40名，由公安处长刘永芳率领抵象山。县公安局抽调干部34名，与署局干部组成12个工作组，分赴丹城、石浦镇及南庄、石浦、南田3区重点乡调查核实。6月14日起，开展宣传教育。县政府发布《关于取缔反动会道门的布告》，按照“争取道徒，孤立道首，打击少数”方针，取缔反动会道门。先后召开群众大会、小型座谈会850余次，张贴标语、越剧演唱、罪证巡展等，宣传发动群众。7月，丹城、石浦建立反动会道门登记处。7月15日，县人民政府公布“一贯道、同善社为非法组织”布告，勒令“一贯道”坛主以上、

"同善社"四层功以上道首17日依法登记。7月23日、28日分别结束。重点地区开展群众性控诉斗争，受教育36700余人。以乡为单位集体退道，封闭坛堂。1953年春结合第三阶段镇压反革命活动取缔无为教、长生道（白莲教）、中教道义会等反动会道门。7月，取缔解放初渗入"圣母军"。9月，抽调干部10名，组成工作组，深入重点乡村调查核实。10月取缔，设墙头区蔡仓乡、大徐区青莱乡，丹城镇（丹城镇、南庄区）、樊岙乡（南田、石浦区）登记站4处。行走不便年老体弱者上门登记，"点面结合，分批开展，抓住重点，逐步铺开"，边登记，边退道，边封闭坛堂。至12月末结束。

社会主义改造

接管旧商会，改组同业工会　1950年11月，县城区工商业联合会筹备会［以下简称县城区工商联（筹）］成立，接管旧商会，改组同业公会22个，私营工商业登记，召开劳资协商代表会。县城区工商联（筹）执行党在过渡时期总路线，实行资本主义工商业"利用、限制、改造"和赎买政策，引导工商界联营、联合采购、联购联销和供销合作。是年始，县城区工商联（筹）按区域、分小组，教育改造工商业者及其家属。1953年，在对私营工商业社会主义改造实践中，广泛开展过渡时期总路线宣传教育，为逐步实现国家社会主义工业化，并逐步实现国家对农业、手工业和资本主义工商业的社会主义改造，即"一化三改造"作思想准备。1951年冬，中央部署反贪污、反浪费和反官僚主义运动中，工商界存在行贿、偷税漏税、盗骗国家财产、偷工减料和盗窃国家经济情报等。1952年年初，开展"反行贿、反偷税漏税、反盗骗国家资财、反偷工减料和反盗窃国家经济情报"的"五反"运动。

学习贯彻总路线　1953年9月25日，中央公布党在过渡时期总路线和总任务。翌年8月，遵照省委统战部在省私营工商业代表大会上提出率先进行党在过渡时期总路线总任务教育，使广大私营工商业者提高社会主义觉悟，划清社会主义与资本主义界限。促使粮食、油料统购、统销，棉花统购，棉布统销政策得到实施；整顿粮食、食油、棉布、文具、卷烟、酒类、图书、南货、食盐、木材、茶叶等行业调整网点布局。各相关企业有新变化，提高经营积极性，出现新气象，为象山县国民经济特别是工商业的发展奠定基础。1955年10月，县委实行丹城电厂（原耀华电气股份有限公司）公私合营试点，部署私营工业改造，纳入国家计划轨道。1956年3月，成立私营工商业社会主义改造领导小组，成员8人，组长于华杰、副组长李锡坤；出台《关于全县资本主义工商业、手工业、交通运输业社会主义改造全面规划（草案）》《关于资本主义工商业、手工业、交通运输业社会主义改造意见报告请示》。实行城区、乡镇资本主义工商业社会主义改造。统战部门综合情况，研究政策，督促联络检查。采用直接过渡、公私合营、合作商店、合作小组、登记管理形式。至年末，私营工商业2574人，私方人员（资本家）279人，资金261761.32元，岸上股东231人，金额184698.67元。对私改造工作基本完成。

工　业　私营工厂55家，除电厂2家、印刷厂2家、布厂1家外，余米厂42家、酒厂7家。属资本主义性质13家，余独立劳动者42家。根据"先大后小"原则，分期分批改造。至年末，公私合营50家，整合合营厂23家。除电力、印刷、轧米厂4家国家直接管理外，其他均委托加工，统购包销。

交通运输业 全县机帆船（36.5吨）2艘、船员13人，改造为公私合营运输社。木帆船88艘，分别组建石浦（65艘、334人）、西周（11艘、57人）、陈山（12艘、65人）3个运输合作社；岛屿间客船19艘（76吨），归农业社改造；丹城、石浦搬运工人90人，改造成立丹城、石浦2个搬运站。

商　业 1955年年末，登记私营商业1998户（含饮食服务业）、2507人。实行公私合营16户、233人（归口供销社11个、129人），占私商总数的9.2%；合作商店45个335户、405人，占16.15%；合作小组94个计793户、894人，占36.65%；继续自营代销834户、975人，占39%。

团结、教育、改造公私合营企业私方人员，量材录用，妥善安排。1956年12月20日，县人委公布私方人员徐文铎、俞松轩、郎权平、王松舟、潘铭恩等11人，为公私合营店经理、副经理；徐文铎、王松舟任县工商联主委、副主委；数人当选县人会代表、人委常委及县政协委员。

为加强公私合营店的领导，又从国营商业和供销社中挑选张友法、陆孝江、陈禹法、葛志明、练吉昌5名干部担任公方经理。

拨乱反正，落实政策

改正错划“右派” 1957年9月至1958年11月，全县划为“右派分子”125人。其中，县、区、镇、乡干部18人，县农业局2人、粮食局7人、县总社3人、银行4人、邮电局3人、公安局2人、检察院2人、商业局5人、卫生局3人、水产局5人、财税局2人，中小学教师69人。其后，根据中央指示，分期分批摘帽。1959年，经宁波地委批准，第一批摘帽6人。1961年10月，县委成立摘帽工作组，设统战部内，组长樊心慧。是年，第二批摘帽18人。其后，第三批摘帽22人，第四批8人。1962年1月，根据中央指示精神，调升已摘帽19人与未摘帽低工资人员工资。1963—1964年，第五批摘帽27人。5批摘帽81人。粉碎江青反革命集团后，平反冤假错案首从“右派”摘帽始。1978年4月，县委根据中发〔1978〕55号文件《中共中央同意中央组织部、中央宣传部、中央统战部、公安部、民政部关于〈贯彻中央关于全部摘掉右派分子帽子决定的实施方案〉的通知》，成立县摘掉右派分子帽子工作领导小组，组长乔安林（后吴才增），宣传（统战）部设办公室。会同县委组织部、宣传（统战）部等，坚持“有错必纠”原则，全部摘去“右派”帽子44人。复查改正“中右”“反社会主义分子”97人。1982年，贯彻中央关于落实“右派”政策精神，清理历史遗留问题，恢复政治名誉，安置失去公职者工作或办理退休手续，发给年老体弱失去工作能力者生活费，解决受株连家属、子女户粮问题等。翌年，根据中央文件精神，改正“右派”中留政治“尾巴”者均“去除”。20世纪80年代，根据中办发〔1986〕6号文件，少数教育系统“右派”“中右”人员，前段落实政策未到位，按规定予补发。此外，解决个别错划及错误处理者身份、工资级别更改问题。

落实侨务、涉台政策 中华人民共和国初期土地改革与“文化大革命”运动中，曾不适当地对华侨、港澳台同胞及其眷属人事、财产等作不符合党的政策处理，一时影响与海外和港澳台同胞关系。为增强党和祖国对华侨华人、港澳台同胞及其眷属凝聚力、向心力，中共十一届三中全会后，县委、县政府专题研究侨务、涉台工作，根据中共中央指示精神，落实侨务与涉台政策。

落实侨务政策。1982年11月，组织开展侨情调查，清理归侨、侨眷人事档案，平反冤、假、错案。是年，被征租1户、14.43平方米房屋，退还原户主。1985年，贯彻中办发〔1984〕44号文件，落实华侨私房政策。县委、县政府专门抽调财税、城建部门有关人员组成落实华侨私房政策办公室，多次召开各部门、各区镇乡负责人会议。是年，全县内查外调30余户华侨私房，退还土改没收华侨私房7户、2830平方米；需在国外取证1户、500平方米；帮助处理历史遗留房屋问题及代管房6户。1987年，以县财政拨款补偿方式，落实墙头村美籍华人欧世璜之父欧述轩土改时被没收3间楼房、24间平房、1间1弄小阁楼房产政策。美籍华人林国本眷属、石浦林国瑞三姐妹土改时被没收200.39平方米房屋，原房归还业主，并补付15年半房租费372元。遵照中组部等“三部一办”联合通知精神，于1982年清理人事档案基础上，又于1984年、1985年，清理51名归侨、侨眷人事档案，清理出因海外关系受牵连等材料7份。1985年，全部清退13户“文化大革命”查抄物资。会同县侨务、教育部门执行华侨、归侨子女升初、高中降15~30分规定，又会同县劳动部门招工考试降分照顾5名侨属子女。与县人事部门协商王家福先生外甥从新疆调至象山工作。朝鲜归侨夏招娣母子于1985年2月从朝鲜归国，经济困难，又近春节，遂送去钱、物慰问，西周镇政府帮助落实户粮，并安排其儿子进厂工作。省、市侨办也拨款安置费500元。夏招娣母子和国外亲属甚为感谢。

落实涉台政策。根据中共中央〔1981〕44号文件精神，在县委统一领导下，本着实事求是的原则，深入开展调查，调阅历史档案资料，走访农会、土地改革时期干部，收集证词证言，符合政策规定条件的，分别报经县、省人民政府批准，落实政策。至1989年，共排查出待落实对台政策各类涉台问题223个，其中在“文化大革命”期间因海外关系遭审查批斗甚至关押过台属45名；因社会关系复杂或有海外关系被开除公职、下放劳动、回家务农5人；被错误处理房产34户，其中“文化大革命”期间私房错改3户；“文化大革命”期间被查抄财物26户；原国民党军起义投诚52人、民国时期盐警起义32人等。2001年，县籍重点台属周乃武先生向县政府提出申请，要求落实其坐落于丹城东街20弄建筑面积380余平方米祖传房产政策问题。经调查核实，共落实各类对台政策问题211个。其中：为因海外关系等问题被批斗、审查甚至被关押45名台属恢复名誉；为因海外关系或有社会关系复杂被开除公职、下放劳动、回家务农5人重新安置工作；向26户家庭归还被查抄财物或折价赔偿（因原物查无下落）；纠正错划右派1人；恢复2名台属居民户粮关系；落实房产政策35户，累计建筑面积4016平方米，其中属“文化大革命”私房错改3户，历年来被错误处理房产31户。在34户应落实房产政策对象中，11户因房屋被拆、被卖转户无法归还原房，折价补偿现金计

64836.30元。截至2012年年末，仍有12个涉台问题因证据不足或查无证据等原因未解决。工作人员一一向当事方解释说明，得到他们谅解。

落实原国民党起义投诚人员政策 1949年7月9日，原国民党“两浙盐务税警总队”副总队长、石浦玉泉盐场场长包毅，派员从石浦五爱村将中国人民解放军二十一军六十一师一八一团接入石浦镇内。翌日，在石浦金鸡山举行武器移交仪式，石浦和平解放，两浙盐务税警主力839人全部归向人民。但由于种种原因，一直未对国民党驻石浦玉泉盐场盐务税警是否属起义性质问题作出正式组织结论。中共十一届三中全会后，县委统战部开始逐项落实统一战线政策。1986年6月，经县委同意，县委统战部会同县委党史办，专门派员赴北京、南京、兰州等地，找寻原上海地下党相关负责人和解放军二十一军六十一师一八一团有关领导，系统调查石浦税警部队起义情况。是年12月，形成《关于原国民党驻象山石浦盐务税警部队拟作起义部队对待的请示报告》。1987年6月，请示上报市委和市委统战部。1988年3月，考虑到石浦解放“三进三出”复杂性，县委统战部遵照统发文〔1980〕第002号《关于落实对原国民党起义投诚人员政策的若干问题的说明》文件精神，拟定县委统〔1988〕11号《关于确认石浦盐务税警是否属于起义人员的几条原则意见的请示》，得到市委统战部批复同意，重点明确4条原则意见：（1）确认1949年7月9日在象山石浦（金鸡山）参加起义的国民党驻石浦盐务税警部队全体指战员为起义人员。包括石浦玉泉盐场公署参加起义的文职人员；（2）国民党石浦玉泉盐场公署文职人员没有参加过起义的，不能认定为起义人员；（3）驻石浦盐务税警部队在1949年7月9日起义后，国民党定海盐务局指派胡春霆为石浦玉泉盐场场长，部分人员接受胡春霆旨意，发过薪饷的反水人员，不作起义人员；（4）起义后，参加土匪或被国民党八十七军或为国民党军队提供过情报者，不能作起义人员。在遵循4条原则意见基础上，县委统战部开始开展人员调查工作。因起义事件发生已39年，很多人员去向不明，县委统战部重点对定居象山的原国民党驻石浦税警部队人员调查，向定居在石浦、金星、定山、昌国等地32名起义人员颁发“起义证书”，并落实相关政策。

区别“三小”，落实原工商业者政策 把小商、小贩、小手工业者从原工商业者中区别出来，明确其本来的劳动者身份，落实企业劳动者应享受的各种待遇。1956年，在对资本主义工商业改造时，一大批小商、小贩、小手工业者以及其他劳动者被带进公私合营企业，把他们统称为私方人员，按资产阶级工商业者对待。1979年11月，中共中央转批中央统战部等六部门《关于把原工商业者中的劳动者区别出来问题的请示报告》（中发〔1979〕84号）。县委自贯彻中央〔1979〕84号文件以来，根据省委〔1979〕83号和省委统战部〔1980〕13号文件精神，对原工商业者中进行区别“三小”工作。经调查核实，全县原有工商业者（私方人员）共计279名，资金达261761.32元。经过复查，报县政府批准区别为劳动者107名，资金75608.60元；原一向作劳动者对待的94名，资金19701.81元；未被区别为劳动者（含工商业者、资方代理人、工商业兼地主、地主兼工商业）78名，资金166452元。岸上股东231名，资金184698.67元。从原工商业者中区别出来的“三小”人员，明确其劳动者身份，落实企业劳动者应享受各种待遇。在企业从事一线劳动的填“工人”，作干部使用的填“干部”，下放农村的有关人员均再作安排，户粮、工资待遇等遗留问题给予解决；政治上与企业职工一视同仁，按照工会章程规定准予加入工会组织；“三小”人员，从其参加国营、合营企业工作之日算起，经济上发还冻结资金，清退被占私房和查抄物资，恢复和补发被扣减工资。与此同时，对全县78名原工商业者，按照中发〔1979〕95号文件《中央批转中央统战部等五部门关于对原工商业者的若干具体政策》的和浙统办〔1980〕54号文件《关于对原工商业者的一些具体政策问题的有关规定》，妥善解决了在职、退休、死亡后的待遇等问题。对工商业者子女，按照中央组织部、中央统战部《关于原工商业者及其子女填写成分问题的通知》中有关规定办理，对他们的子女入党、入团、参军、升学、就业等，一视同仁，不受影响。

落实宗教信仰自由政策 1984年2月，县人民政府民族宗教事务办公室成立。县委统战部、县民宗办根据1979年2月，中共中央转发中央统战部《第八次全国宗教工作会议纪要》精神，组织人员调查并实地丈量全县宗教房产。1985年8月29日，县委下发《关于有关落实宗教政策问题的批复》文件（县委〔1985〕36号）。经各方积极努力，佛教、基督教、天主教房产得到落实，正常宗教活动得以逐步恢复。在“文化大革命”中被批斗的一些宗教教职人员，给予平反，落实政策。

1985年，1月丹城黄家桥基督教堂部分房产归还丹城教会所有，教会恢复聚会；10月11日，鱼山天主教堂、鹤浦基督教堂房产归还各自教会所有，两堂分别举行恢复聚会典礼；11月14日，爵溪基督教堂8间房产归还教会所有，举行恢复聚会典礼。

1986年1月6日，县民宗办与石浦镇房管办等单位签署关于落实石浦灵潮堂房产政策协议书。之后，涂茨、文岙、大碶头、新桥、田洋湖、坦塘、大塘、岑晁基督教堂与天主教吉港教堂房产相继归还或经济补偿予各自教会，并恢复聚会。至1996年，全县已有基督教堂所38个。天主教自1986年6月吉港教堂房产归还并恢复聚会后，至1994年延昌祈祷所并入石浦教堂后，依法登记8处天主教堂先后恢复聚会。

1993年，佛教寺庵110处被批准登记。其中，开放寺院15处，保留（修持）场所95处。至2001年年末，全县佛教寺庵有129处被批准登记。其中，开放寺院15处，保留（修持）场所114处。智门禅寺于2001年下半年被县政府批准为宗教活动场所（开放寺院）。是年12月28日，象民宗〔2001〕33号批准石浦鱼师禅寺为佛教保留场所。属于宗教活动场所，颁发省宗教局登记证；属于宗教保留场所，颁发县民宗办自制保留场所登记证。

至2012年，相继建立爱国宗教团体：县佛教协会、县“三自”爱国运动委员会、县基督教协会和县天主教爱国会筹备小组。宗教活动场所（开放寺院、教堂），佛教130处、基督教45处、天主教8处，在县人民政府宗教事务部门行政领导下，由宗教组织和宗教界人士负责管理。县人民代表大会和县政协，均有宗教界人士和信教群众的代表和委员，参与全县大事的讨论和协商。等慈禅寺、弥陀净寺、智门禅寺是佛教名刹、游览胜地，石浦基督教堂、大碶头基督教堂建筑宏大、精美，已成为象山对外开放、开展友好交往重要窗口。宗教界人士和信教群众拥护中国共产党领导，高举爱国爱教旗帜，依法活动，与全县人民一道，共同建设美丽和谐滨海新家园。

光彩事业

1994年4月23日，由全国工商联第七届副主席、成都希望集团总裁刘永好等10名非公有制经济人士，在全国工商联七届二次常委会议上向全国民营企业家发出倡议，号召先富起来的企业家到老少边穷地区开发资源、举办项目、培训人才，为老少边穷地区脱贫致富、缩小地区差距，促进共同富裕。是年12月，成立中国光彩事业推动委员会。全国各级统战部、工商联本着“自觉自愿、互惠互利、因地制宜”的原则，利义兼顾，以义为先的宗旨，在非公有制经济人士中大力推动光彩事业，并作为工商联开展非公有制经济人士思想政治工作的有效载体，持之以恒。

建立组织机构 1995年3月20日，县委统战部、县工商联按照中央统战部〔1994〕42号文件精神，经与县工商联（商会）第六届第三次执委会议协商，决定成立象山县光彩事业推动委员会（以下简称县光推委）。并在这次会议上产生县光彩事业推动委员会成员。俞斌兆（县委统战部部长）任主任，欧吉庆（县委统战部副部长）、郑瞻德（县政协副主席、县工商联会长）、何永林（县工商联党组书记）、洪永明（县工商联兼职副会长、石浦永明工贸有限公司总经理）、蒋元骥（县工商联兼职副会长、县远东机械实业公司总经理）、蔡林荣（县彩灯一厂厂长）任副主任，干仇祥、干才足、史建定、史青莲、吴善良、肖沛旺、串玲、林如鹏、孟根利、胡荣成、徐兴龙、梅世良、葛敏江、葛渭康、韩国明为成员。下设联络处，韩国明为处长，干仇祥、葛渭康为副处长，负责联络、牵头和项目实施。组织成立后，蔡林荣等16名企业家，首先，向全县非公有制经济人士发起《投身扶贫光彩事业，致力为社会多作贡献》倡议书，并确定新桥镇、泗洲头镇20余个贫困村为重点帮扶。其次，为有关贫困村办6件实事：（1）为贫困村培训机械、水电等技术人员65名，吸纳1200名贫困村富余劳动力进企业务工；（2）企业出资共同创办2家企业，即象山华业动力机械制造厂和象山前进锁厂井头分厂；（3）帮助贫困村兴办个私企业；（4）帮助何婆岭村等开发毛竹资源和发展荒山荒坡果树林；（5）企业将合适农户加工产品分发给贫困村去加工，每年支付加工费148万元，让贫困村村民得实惠；（6）企业捐资发展贫困村公益事业。

设立各类基金 光彩事业基金。1996年，石浦镇工商联率先在会员中筹集资金5万元，建立“石浦光彩基金会”，向当地5名贫困学生定期发给基金，帮助他们完成学业。2004年，爵溪街道商会会员捐资76.8万元，建立“爵溪光彩事业基金会”，浙江巨鹰集团股份有限公司党委书记周金梅出任基金会理事长。救济或奖励当地因各种原因导致贫困的村民、外来务工者及考上大学的学子，深得民心。

县人民教育基金。自2005年12月至2012年6月，全县共有26家非公有制经济企业和个人出资设立“人民教育基金”，计金额2349万元。

慈善企业冠名基金。自2007年至2011年12月，全县共有23家民营企业设立冠名企业基金，计金额6742万元。

象山县“人民教育基金会”企业与个人名录一览表

表 1-3-1　　　　单位：万元

捐赠企业与个人	捐赠时间	冠名基金名称	金额
天安集团蒋善定	2005.12	蒋保民、孙芬芬奖学金	100
华丰集团王祉绕	2006.04	王黄彩玉奖助学金	99
宁波乔明家居用品发展有限公司周渭明	2006.09	乔明教育基金	100
宁波海山纸业有限公司陈海林	2007.04	海山奖学教育基金	50
宁波三洲制衣有限公司张国良	2007.05	爵溪街道企业家教育基金	100
宁波福甬印花有限公司张益帆			50
宁波海达印染有限公司何琪			50
华翔集团股份有限公司周辞美	2007.05	华翔职教基金	200
浙江东红船业有限公司李红璗	2007.09	海岛教师关爱基金	200
浙江建安实业集团股份有限公司黄兆飞	2007.10	建安实业公司学生救助基金	100
宁波心海旅游发展有限公司方良	2008.08	心海教育基金	50
宏润建设集团股份有限公司郑宏舫	2008.09	宏润基金	100
天安集团股份有限公司蒋保民	2008.08	天安职教基金	50
世纪华丰控股有限公司王祉绕	2008.10	星火奖学金	150
汇海科技投资有限公司朱迎东	2008.04	汇海史荷梅教育基金	50
永川利会所徐峰	2009.09	永川利教育基金	50
象山名佳针纺织有限公司干国成	2009.10	名佳教育基金	50
宁波三立置业有限公司郁国强	2010	学前教育基金	100
宁波滨海学校	2010	敏行教育基金	200
宁波威霖住宅设施有限公司	2010.01	威霖奖学基金	30
浙江一漂印染有限公司吴贤宝	2010.08	浙江一漂教育基金	100
日升集团有限公司石维坚	2010.08	日升集团教育基金	200
宁波申菱电梯配件有限公司卢锋	2010.12	申菱教育基金	80
葛聪敏	2010.06	旭明教育基金	20
宁波汇龙泵业有限公司吴根富	2011.05	宁波汇龙教育基金	50
浙江之鹰律师事务所张西平	2011.05	之鹰奖学基金	30
黄元灯	2011.06	元灯教育基金	100
龙泰电机有限公司	2012.04	黄根教育基金	50

慈善冠名企业名录一览表

表 1-3-2

企 业 单 位	金额（万元）	备 注
宏润建设集团股份有限公司	1080	每年到位 80 万元
龙元建设集团股份有限公司	650	每年到位 50 万元
宁波华翔集团股份有限公司	545	—
华丰建设股份有限公司	550	每年 50 万元
宁波天安集团股份有限公司	470	—
中达建设股份有限公司	400	每年 25 万元
宁波宏利集团股份有限公司	410	每年 25 万元其中物资 20 万元
浙江佳利投资集团有限公司	320	每年 20 万元
日升集团有限公司	315	每年 15 万元
象山港市电力燃料有限公司	210	每年 10 万元
宁波海达针织印染有限公司	220	每年 20 万元
宁波甬南针织有限公司	220	每年 20 万元
宁波三浪工业股份有限公司	200	已到期
浙江巨鹰集团股份有限公司	165	每年 15 万元
宁波合力集团股份有限公司	165	每年 15 万元
宁波振宇船业有限公司	132	每年 12 万元
浙江东红船业有限公司	220	每年 10 万元
宁波新乐造船集团有限公司	110	每年 10 万元
宁波正源电力有限公司	130	每年 10 万元
宁波富红针织有限公司	60	每年 10 万元
宁波万象控股集团有限公司	60	每年 10 万元
宁波海山纸业有限公司	50	每年 10 万元
宁波志元建设工程有限公司	60	每年 10 万元

重大赈灾。1997 年 8 月 18 日，象山受台风袭击，直接经济损失达 19.7 亿元。其中，包括工商联会员 300 余家工商企业受损。县工商联积极投入抢险救灾工作，驻会干部与受灾企业并肩战斗在抢险救灾第一线，并通过发慰问信、通报赈灾义举事例，鼓励广大会员自力更生、奋发图强、恢复生产、重建家园。同时，动员会内外及境外力量，开展民间赈灾活动。据统计，广大会员和本会驻会工作人员向重灾区捐献近百万元、大米 5000 公斤、棉袜 400 双。2008 年

5月12日，四川汶川发生特大地震，县工商联闻悉后，于13日向全县非公有制企业和非公有制经济人士发出《一方有难，八方支援》倡议书，得到广大非公有制企业和非公有制经济人士积极响应。全县非公有制企业和非公有制经济人士通过各种途径向四川灾区捐款1485.15万元。其中，衣物500万元。龙元等建设集团股份有限公司还派出重型机械设备，赴重灾区参加抢险施工，打通生命线。2010年冬，新桥商会出资20万元，会长徐根兴等10家企业总经理赴青川重灾村去送过冬被褥和羽绒衣。在慰问期间，企业家与12名特困学生结对助学，帮助他们完成学业。

建设新农村。2006年，县工商联开创性地贯彻落实县委《关于全面推进社会主义新农村建设的若干意见》（县委〔2006〕6号）精神，在非公有制经济人士中组织开展以联系新农村、联系贫困户、联系困难学生为内容的“三联”活动，着力推动非公有制经济人士投身到社会主义新农村建设中。为实现百分之百村企结对目标任务，县工商联于当年推出三大举措：一是把鼓励引导非公有制经济人士参与新农村建设列为年度工作重中之重，分解目标、责任到人；二是加大思想政治工作力度，将丹城、石浦、西周等地民营企业和非公有制经济人士到企业少的新桥镇和晓塘、高塘岛乡的农村去结对共建；三是动员宁波顺声通讯有限公司、宁波甬南针织有限公司等15家规模较大工业企业实行一企联多村。截至2008年12月末止，全县554家非公有制企业与496个村（含26个自然村）结对共同建设新农村，落实投资项目184个，意向资金5066.7万元，其中已启动项目165个，到位金额2573.1万元。宏润集团股份有限公司出资300万元在定塘镇浮礁渡中建造大桥，方便大塘港两岸村民通行；象山名佳针织有限公司利用企业自身市场、信息、管理优势，无偿出资30万元设备，为定塘镇英山村兴办一家2000万元销售额针织服装；宁波健鹰针织有限公司和宁波甬南针织有限公司等公司出资帮助共建村修路治河、改造自来水管道和电网、建农民会所、公园，改善村容村貌。2007年2月，县工商联荣获县委、县政府授予“扶助新农村建设先进单位”；宁波华翔集团公司（结对西周镇官山村）、宁波恒大针织有限公司（结对新桥镇关头村）、宁波海达针织印染有限公司（结对定塘镇礁横村）、象山东风集团公司（结对丹西街道九顷村）、宁波甬南针织有限公司（结对爵溪街道公屿村），获得县委、县政府授予“村企共建新农村先进单位”。

海岛山区行。高塘岛乡四面环海，一桥穿陆，岛内地势平缓，无高山溪流，常年降雨量少于县内其他镇乡，地下水含氯超标，常住2.1万多名居民长期生活在缺水环境中。当地党委、政府决定从岛外引水，工程虽已立项，资金缺口，难以启动。2007年7月23日，市委常委、市委统战部部长、市光彩事业促进委员会主任陈凤姣带领，市区非公有制经济人士代表20人，实地考察高塘岛乡旱情和岛外引水工程项目。8月8日，县委统战部、县工商联共同向全县非公有制经济人士发出倡议书，呼吁非公有制经济人士为高塘岛乡人民献爱心。8月28日，市委统战部、市工商联在象山宾馆举行“海岛山区行”启动仪式。启动仪式上，25家象山非公有制企业和个人慷慨解囊，捐资77.9万元，市光彩事业促进会出资220余万元，共为高塘岛乡岛外引水工程筹资300万元。

“光彩海岛山区行”（高塘岛饮水工程）捐资一览表

表 1-3-3　　单位：万元

姓　名	捐　资　单　位	捐资到位	备　注
蒋善定	宁波天安集团股份有限公司	20	—
陈　照	浙江巨鹰集团股份有限公司	8	—
周敏峰	宁波华翔集团股份有限公司	5	—
卢国平	宁波申菱电梯配件有限公司	5	—
王星平	宁波富宏针织有限公司	5	—
陈云勤	宁波戴维医疗器械有限公司	5	—
赖朝晖	龙元建设集团股份有限公司	5	—
施元直	宁波合力集团股份有限公司	4	—
谢定飞	宁波飞日水产有限公司	2	—
李红鍪	宁波东红船业有限公司	2	—
张承志	宁波甬南针织有限公司	2	—
伊兰芬	宁波中亚纸业包装有限公司	2	—
施文娟	宁波浩宇针织有限公司	2	—
葛聪敏	丹城红锦江宾馆	2	—
夏志中	宁波志华化学有限公司	2	—
周青法	如意眼镜商店	1	—
周渭明	宁波乔明装饰材料有限公司	1	—
李淑一	宁波克浪机械有限公司	1	—
石维坚	浙江日升电器有限公司	1	—
黄德贤	宁波三浪润滑元件有限公司	1	—
余云兴	云兴眼镜专业商店	0.5	—
朱旌铭	宁波金丰制衣有限公司	0.5	—
干兴平	宁波兴华化学有限公司	0.5	—
张金文	宁波通用机电有限公司	0.3	—
葛渭康	华光宾馆	0.1	—
合　计	25 家	77.9	—

捐资助学。1997 年年初，宁波华翔集团公司总裁周辞美向县教育基金捐款 40 万元；丹城同仁堂大药房经理孙文魁向县教育基金捐款 1 万元。2002 年春，宁波宏通苑餐饮有限公司董

事长吴灵通出资20万元，为东陈乡中学建造一幢教育实验楼；浙江长城玉士集团公司董事长王士存捐资38万元，为泗洲头镇大麦塘村新建玉士小学；龙元建设集团股份有限公司捐资15万元，在西藏边远地区建造一座希望小学，并出资73万元改善本县西周镇赖岙小学教育（电化）硬件设施。2005年冬，宁波天安集团股份有限公司总经理、县工商联八届副会长蒋善定，出资100万元以其父母名义设立象山县贫困学生奖学基金会。并于2006年春节前向20名贫困学生发放第一批奖学金。2006年春节第6个“爱心月”活动中，全县非公有制经济代表人士捐款28.3万元。其中，王核清、张承志、施文军、赖云来、沈才兴、石维坚、尹方达、伊兰芬、施元直、王星平、夏志中、卢国平、石金根、何琪、黄兆飞等14名企业家各捐1万元以上，用于全县55名贫困学生结对助学。2007年7月，宁波盛和灯饰有限公司董事长周先也与贵州省黄平县8名贫困小学生结对助学，资助他们完成初中或高中学业。

优秀建设者评选表彰

2003年，3月9日，县委统战部、县工商联组织县内部分非公有制经济积极分子到宁海考察学习，邀请宁海县强势型企业家介绍如何做强做大企业经验，开展解放思想大讨论，由此萌发开展“立大志、创大业，争做优秀中国特色社会主义事业建设者”评选表彰活动思路。4月6日，县委统战部联合县工商联赴金华市委统战部学习考察非公有制经济人士思想政治工作。回程后，起草并向县委上报《关于在全县非公有制经济人士中开展“立大志、创大业，争做优秀中国特色社会主义事业建设者”活动的报告》。5月16日，县委统战部联合县工商联组织召开非公有制经济发展座谈会，就如何推进全县非公有制经济发展、加强非公有制经济人士思想政治工作等形成共识。是月23日，组织召开推动非公有制经济人士争做优秀建设者工作会议，进行全面动员部署，拉开“立大志、创大业，争做优秀建设者”活动序幕。蒋善定、陈照、卢国平等18名企业家联合签名，向全县广大非公经济人士发出“立大志、创大业，争做优秀建设者”倡议。6月9日，县委办公室转发县委统战部、县工商联党组《关于在全县非公有制经济人士中开展“立大志、创大业，争做优秀中国特色社会主义事业建设者”活动的报告》（县委办〔2003〕58号），明确活动意义、目的、方法与步骤。2004年4月30日，在爵溪街道组织召开深化“立大志、创大业，争做优秀建设者”活动现场会，各镇乡（街道）党（工）委副书记、统战委员参加会议，县委常委、统战部部长欧亚群作动员报告。

第一届优秀建设者评选表彰活动　2005年1月，根据县委办、县府办《关于在全县非公有制经济人士中开展优秀中国特色社会主义事业建设者活动的通知》（县委办〔2005〕3号）文件精神，经镇乡（街道）推荐，有关部门统一评价，县评选活动领导小组审核，报县委、县政府批准后，决定授予干兴平等30名非公有制经济人士“象山县首届优秀中国特色社会主义事业建设者”荣誉称号。

2005年3月22日，县委、县政府召开“象山县非公有制经济人士优秀建设者表彰大会”，表彰首届优秀建设者30名，颁发奖章和证书。会上，县委副书记徐才印讲话，县四套班子有关领导出席表彰仪式。优秀建设者代表张承志发言，优秀建设者代表王星平宣读《奋发图强做贡献，争做优秀建设者》倡议书。

第二届优秀建设者评选表彰活动 2009年8月21日，《关于开展第二届优秀中国特色社会主义事业建设者评选表彰活动的通知》（县委办〔2009〕86号）印发，成立县第二届优秀建设者评先表彰工作领导小组，由县委统战部、县经济发展局、县人事局、市工商局象山分局、县劳动和保障局、县工商联组成。文件明确评选表彰活动的指导思想、评选范围和表彰名额、评选条件、推荐评选程序及要求等。在评选过程中，各镇乡（街道）和县有关部门按照县委要求，加强领导，对照评选条件，认真做好推荐工作，按时上报优秀建设者候选人名单。县非公有制经济代表人士综合评价工作领导小组19个成员单位对候选人进行实事求是的评价，优秀建设者评选表彰工作领导小组专题研究，并将优秀建设者候选人名单报县委审核同意。

2009年9月11日，县委统战部牵头召开优秀建设者评选表彰工作会议，讨论优秀建设者候选人名单，研究评选表彰活动有关事宜。9月21日，评选表彰工作领导小组6家成员单位联合印发《关于表彰象山县第二届优秀中国特色社会主义事业建设者的决定》（县委统〔2009〕43号）。9月29日晚，县第二届优秀中国特色社会主义事业建设者颁奖典礼，在象山文峰学校报告厅举行。县领导黄敏求、郑亚红（女）、俞骏、吴安定及领导小组成员单位负责人，为干国成、王士存等30名优秀建设者颁发荣誉奖章、证书。

第三届优秀建设者评选表彰活动 2012年11月12日，县委办、县府办印发《关于开展象山县第三届优秀中国特色社会主义事业建设者评选表彰活动的通知》（县委办〔2012〕117号），建立评选表彰领导小组，县委常委、统战部部长黄敏求任组长，副县长邱金岳任副组长，县委统战部、县工商联、县经信局、县人力社保局、县科技局、市工商局象山分局、县商务局、县旅游局、县建管局、县港航局等10部门为成员单位。经县有关部门推荐，县非公有制经济代表人士综合评价工作领导小组成员单位评价，网站公示，围绕思想政治素质、履行社会责任、企业发展情况和个人修养及公众形象等方面展开评选，最后由县委、县政府审核确定王一鸣等25名非公有制经济人士，为第三届象山县优秀中国特色社会主义事业建设者。

附1：

象山县获省、市、县级
优秀中国特色社会主义事业建设者称号的非公有制经济代表人士名单

省第一届优秀中国特色社会主义事业建设者

蒋善定　　宁波天安集团股份有限公司总经理

省第二届优秀中国特色社会主义事业建设者

陈　照　　浙江巨鹰集团股份有限公司董事长

市第一届优秀中国特色社会主义事业建设者

卢国平　　宁波申菱电梯配件有限公司总经理

吴寿国　　宁波健鹰针织有限公司董事长

陈　照　　浙江巨鹰集团股份有限公司董事长

市第二届优秀中国特色社会主义事业建设者

周晓峰　宁波华翔集团股份有限公司副董事长

胡家定　浙江中达建设集团股份有限公司董事长

施元直　宁波合力集团股份有限公司董事长

市第三届优秀中国特色社会主义事业建设者

谢定飞　宁波飞日水产实业有限公司董事长

赖朝晖　龙元建设集团股份有限公司总经理

王星平　宁波富红针织有限公司董事长

周青法　象山如意眼镜店经理

市第四届优秀中国特色社会主义事业建设者

李红鍙　浙江东红集团有限公司董事长

洪松茂　象山港市电力燃料有限公司董事长、总经理

胡全福　象山天兴焊接有限公司董事长、总经理

干国成　象山名佳针纺织有限公司总经理

县第一届优秀中国特色社会主义事业建设者

干兴平　宁波兴华化学有限公司董事长

王祉绕　宁波华丰建设集团股份有限公司董事长

王星平　宁波富宏针织有限公司董事长

尹方达　宏润建设集团股份有限公司副董事长

石金根　象山制阀有限公司总经理

石维坚　浙江日升电器有限公司董事长

朱佩龙　宁波天安集团股份有限公司研究所所长

伊兰芬(女)　宁波中亚纸业包装有限公司董事长

何　琪　宁波海达针织印染有限公司董事长

应东旭　宁波市象山港水产引种育种有限公司经理

沈才兴　浙江兴润建设有限公司董事长

沈永平　宁波三友印染有限公司董事长

张承志　宁波甬南针织有限公司总经理

陈　鑫　宁波探索机械制造有限公司董事长

陈云勤　宁波戴维医疗器械有限公司董事长

陈顶岳　宁波顺声通讯设备有限公司董事长

茅泉国　象山兴驰液压润滑有限公司董事长

金　国　宁波金宏水产食品有限公司董事长

周先也　宁波盛和灯饰有限公司董事长

周青法　象山如意眼镜店经理

周晓峰　　宁波华翔电子股份有限公司董事长
胡家定　　浙江中达建设集团股份有限公司董事长
施元直　　宁波合力工业股份有限公司董事长
施文军　　宁波精密机床有限公司董事长
徐根兴　　宁波鸿润针织有限公司总经理
黄兆飞　　浙江建安文业集团股份有限公司董事长
黄德贤　　宁波三浪润滑元件有限公司董事长
谢定飞　　宁波飞日水产实业有限公司董事长
赖云来　　宁波乐惠食品设备制造有限公司董事长
赖朝晖　　龙元建设集团股份有限公司总经理

县第二届优秀中国特色社会主义事业建设者

干国成　　象山名佳针纺织有限公司总经理
王士存　　浙江长城玉士集团有限公司董事长
王成利　　宁波大唐海运有限公司执行董事
卢国良　　宁波正业工贸发展有限公司总经理
乐伟康　　华锦建设股份有限公司董事长
朱照华　　象山华泰模塑电器有限公司总经理
刘春法　　浙江新乐造船有限公司董事长
严文林　　象山盛发电子装饰有限公司总经理
李红鍌　　浙江东红船业有限公司董事长
励茂坚　　宁波一心针织有限公司董事长
吴　敏　　宁波天元电气集团有限公司董事长
吴贤宝　　浙江一漂控股有限公司董事长
吴根富　　宁波汇龙泵业有限公司董事长
张求荣　　西周澜兴副食品店经理
张春富　　宁波恒窗汽车部件有限公司董事长
陆永备　　象山南方水产食品有限公司董事长
陈　胜　　宁波谊胜针织有限公司董事长
陈　渊　　宁波康达电子有限公司总经理
欧绪豪　　宁波龙信丽针织有限公司董事长
竺　成　　象山华威针织制衣有限公司董事长
周渭明　　宁波乔明家居用品发展有限公司董事长
郑建范　　宁波恒大印染有限公司董事长
胡　赞　　宁波运生工贸有限公司总经理
胡全福　　象山天兴焊接衬垫有限公司董事长

柳先国　　象山贵族美容院总经理
施文娟(女)　宁波浩宇针织有限公司总经理
洪松茂　　象山港市电力燃料有限公司董事长
姚茂国　　宁波科德建材有限公司总经理
黄安全　　象山勃展泵业制造有限公司董事长
曹孟建　　宁波天韵食品有限公司总经理

县第三届优秀中国特色社会主义事业建设者

王一鸣　　宁波锦浪新能源科技公司总经理
王良明　　浙江良和交通建设公司董事长
王核清　　宁波宏利集团有限公司董事长
仇建文　　宁波赛德森减振系统公司董事长
卢　锋　　宁波正业控股集团有限公司总经理
朱兴杭　　宁波信成机械制造有限公司总经理
齐明春　　中达建设股份有限公司董事长
江财国　　宁波博大船业有限公司总经理
许宝国　　宁波象山港水泥有限公司总经理
励小伟　　浙江启鑫新能源科技公司董事长
岑哲君　　宁波万洋纺织有限公司董事长
余云兴　　云兴眼镜商行总经理
陆华良　　宁波神鱼海运有限公司副董事长
陈行全　　宁波全力机械模具公司董事长
陈再宏　　宁波戴维医疗器械股份公司董事长
林志芳　　宁波三英水产食品公司董事长
胡祖岳　　象山渔山海钓俱乐部有限公司董事长
施良才　　宁波合力模具股份公司董事长
贺秀女(女)　宁波兄弟服饰有限公司董事长
夏志中　　宁波志华化学有限公司董事长
柴常国　　象山申达轿车配件厂厂长
倪哉林　　浙江梯梯建设有限公司董事长
徐贤国　　宁波立强机械有限公司董事长
黄　根　　宁波龙泰电讯电机公司董事长
鲍志昌　　象山华盛塑胶制品有限公司总经理

非公有制经济代表人士综合评价

2005年5月，中央统战部根据中央领导指示精神，分别在六省（山西、辽宁、上海、江苏、浙江、四川）两市（温州、银川）进行非公有制经济代表人士综合评价试点工作。2006年3月，中央统战部在杭州召开综合评价试点工作现场总结会。11月，省委统战部根据省委的要求，专题召开全省非公有制经济代表人士综合评价工作会议进行全面部署，并下发《关于在浙江省开展非公有制经济代表人士综合评价工作意见的通知》（浙统发〔2006〕78号）。之后，市委统战部也下发《关于在我市开展非公有制经济代表人士综合评价工作的通知》（甬统发〔2006〕78号），并将这项工作列入2007年度统战工作目标考核内容。

2007年11月2日，《关于组织开展非公有制经济代表人士综合评价工作的实施意见》（县委办〔2007〕109号）正式下发，县非公有制经济代表人士综合评价工作领导小组成立，非公有制经济代表人士综合评价工作全面启动。县委统战部为非公有制经济代表人士综合评价工作的牵头单位，主要负责政治思想中对党和政府方针政策的态度，进行培训教育的情况，企业的党、团、工会组织建设情况，参与光彩事业和社会公益事业的情况评价，同时负责与协评单位有关情况的了解和18项综合评价指标的汇总和综合。县经信局、科技局、国税局、财税局、劳动和保障局、环保局、总工会、工商联、安监局、象山工商分局、人民银行象山支行等11家单位为主评单位。县人大办、政协办、公安局、人口与计划生育生局、法院、质监局、统计局等7家单位为协评单位。县首批参加综合评价的非公有制经济代表人士数量为116人，其中，担任县级及县以上人大代表25人，政协委员29人，工商联执常委43人，劳动模范10人，优秀建设者9人。至2008年2月末，综合评定116名非公有制经济代表人士，评出A等28人，占24%；B等60人，占52%；C等23人，占20%；D等5人，占4%。评价信息全部输入非公有制经济代表人士综合评价系统，建立个人评价档案。

2010年12月，县委下发《关于进一步做好非公有制经济代表人士综合评价工作的通知》（县委办〔2010〕132号），调整评价工作领导小组，调整后评价组织新增纪委（监察）一个部门，由20个评价单位组成，开始全县第二批非公有制经济代表人士综合评价工作。通过查阅资料、走访核对等环节，确定参加综合评价的非公有制经济人士为178人。其中，担任县级及县以上人大代表44人，市、县政协委员49人，工商联执常委136人，省、市、县各级劳模8人，省、市、县优秀建设者67人。至2011年8月，完成155名评价对象评定。其中，A级29人，占18.71%；B级121人，占78.06%；C级2人，占1.29%；被评为等级D的3人，占1.94%。

附2：

评价工作办法

主要任务 按照全面准确、科学规范、切实可行原则，结合县改革发展实际和非公有制经济人士队伍状况，制定科学可行对非公有制经济代表人士进行综合评价内容指标和方法，形成反应及时、动态运作机制，为非公有制经济代表人士考察、评价和政治安排以及非公有制企业信用、信誉、资质评定等提供依据。

评价对象 一是担任县级及县以上人大代表、政协委员、工商联执常委的非公有制经济代表人士；二是获得县级及以上劳模荣誉称号的非公有制经济代表人士；三是各级优秀社会主义事业建设者及其他各类评比中非公有制经济代表人士。

评价内容 4个方面18项指标。4个方面是：思想政治素质，履行社会责任，企业发展与经营管理，个人修养及公众形象。

主要程序 首先是召开领导小组成员单位碰头会，研究部署综合评价工作；其次是评价对象自评，确定评价对象后，向受评价对象所在企业下发评价信息登记表，由评价对象自我评定，并定时回收；再次是将信息登记表分送各主评和协评单位，根据各自职能评价，由领导小组办公室统一汇总，并输入全省统一综合评价体系软件，由系统产生初步的评价结果；最后是领导小组综合各方面因素，确定最后A、B、C、D四类结果，并反馈各评价对象。

“浙商回归”工程

2011年首届世界浙商大会后，省委、省政府决策实施“浙商回归”工程。是年12月，省委、省政府出台《关于支持浙商创业创新促进浙江发展的若干意见》。翌年，“浙商回归”被列为省政府“一号工程”，启动对11个市、20个省级相关部门以及29个省外浙江商会的目标责任制考核。2013年，《浙江省支持浙商创业创新促进浙江发展三年规划（2013—2015年）》，积极开展招商引资工作，全力推进浙商回归创业。

象山县此项工作开展较早。2005年，县委明确由县委统战部牵头负责在外象山籍人士联络联谊工作，指导联系北京、上海、杭州三地宁波经促会象山分会，整合凝聚在外象山籍人士的资源和力量，为家乡建设发展增添新的动力。

2010年年初，县委统战部建议县委利用中国开渔节平台，开展以“凝心聚力促发展，和衷共济谋跨越”为主题的“象山人与象山经济”系列活动，得到县委同意，并明确由县委常委、统战部部长牵头负责，县委统战部组织实施。是年9月15日，召开首届“象山人与象山经济”大会，130余名在外象山籍人士与县四套班子领导和各镇乡（街道）、县级部门负责人出席会议，开创在外象山籍人士工作的新篇章。编纂出版《海内外象山人·丛书（一）》，介绍100名代表人士奋斗事迹，发予参会人员。建立健全在外象山籍人士数据库，收集、录入在外象山籍人士资料2000名，数据库实行信息共享和动态更新管理。大会期间，县委、县政府主要领导特邀请12名象山籍杰出人士召开座谈会，听取他们对家乡建设发展的真知灼见；组织全体参会的象山籍代表人士参观正在建设的象山港大桥，观礼开渔节盛大开船仪式。

2012年，县“浙商回归”工程顺利推进，全年共引进与结转项目46个，利用资金22.72亿元。其中：新引进项目25个，利用资金10.22亿元；结转项目21个，利用资金12.5亿元，东海铭城、一兆伟德体育广场、涌金广场、象山影视城民国城一期项目、宁波石勇休闲生态农庄有限公司5个项目总投资均超过亿元。

基层统战工作

基层统一战线工作是中国共产党的统一战线工作的重要组成部分。随着改革开放不断深入和社会主义市场经济体制建立与完善，统一战线工作出现从政治领域向经济、文化、科技、教育等方面拓展，由大中城市向小城市和广大乡镇延伸的趋势，基层统一战线的地位和作用日趋重要。本志的基层统战工作主要是指镇乡（街道）、村（社区）的统一战线工作。

工作机制 1984年，县委组织部公布确定全县31个乡均有一名党委成员分管统战工作，区、镇统战干部由委员兼管，开展基层统战工作。1986年9月，县委明确区、镇乡党委宣传委员兼任统战委员，县级机关各部门负责人兼管统战工作。1987年始，建立乡镇统战工作考核制度。1991年，全县42个区镇乡党委重新确定委员分管、兼管统战工作。1999年，开始实施每季一次的镇乡统战委员例会制度。后改为全县统战工作例会制度，原则上每年于年初与年末各召开一次，一直沿用2012年。

组织网络 基层工作网络。1991年，37个乡镇中33个乡镇建立“三胞”亲属联谊小组，组长大多由兼管统战工作乡镇党委委员担任，形成基层统战工作网络。根据2004年《宁波市乡镇（街道）宗教工作管理暂行办法》（甬党办〔2004〕20号）文件精神，县委、县政府开始着手建立县、镇乡（街道）、村（社区）宗教工作三级管理网络。2008年，全面调查和调整镇乡（街道）、村（社区）宗教管理人员名单，首次在全县形成完整的县、镇乡（街道）、村（社区）宗教工作三级管理网络。

基层社团网络。镇乡（街道）工商联（商会）：1989年12月21日，县工商联石浦镇分会成立；1995年，以原1989年县工商联石浦分会为基础，成立石浦镇工商联（商会），为县内首个镇乡（街道）工商联（商会）组织；2009年7月，高塘岛商会成立，全县基层商会18个镇乡（街道）全部成立。镇乡（街道）侨联：2002年1月，丹东街道归国华侨联合会正式成立；2006年11月，石浦镇归国华侨联合会成立；2010年9月，丹西街道归国华侨联合会正式成立。少数民族联谊小组：2011年11月8日，晓塘乡率先成立全县首个少数民族联谊小组；2012年7月，县少数民族联谊会成立。

开展社区统战工作试点 2005年10月至11月，选择丹东街道文峰社区开展社区统战试点工作。通过建立工作班子、召开座谈会和张贴标语等，宣传开展社区统战工作的重要意义和统战理论知识，营造社区统战工作氛围。坚持以制度建设为切入点，建立社区情况通报、学习培训、“六必访”、“双向服务”和动态归档等一系列制度。加大社区统战活动开展力度，组织社区统战人士参加“名典之夜——文峰社区歌颂党歌颂祖国纳凉音乐晚会”和“第四届社区广场文化夜市”等活动。

打造基层统战特色乡镇 石浦对台交流历史渊源久远，交流交往基础厚实，一直是象山开展对台交流主要承载地。自1971年营救首艘因机械故障而失去动力台湾渔轮始，迄今石浦港接待台湾渔民累计超过8.4万余人次，对台渔业劳务输出8700余人次；象山由此也成为长三角地区最大、最主要的对台小额贸易口岸。20世纪90年代始，台东富冈新村村民每年均带着当年从渔山岛请走的如意娘娘塑身回乡寻祖省亲，石浦民众则举行隆重的迎亲仪式。2008年6月，“石浦—富冈如意信俗”被列入第二批国家非物质文化遗产名录，这也是迄今唯一包涵海峡两岸共同民俗文化的国家非物质文化遗产项目。是年，石浦镇渔山村与台湾台东市富冈新村结对。2011年，台东市与石浦镇在第十四届中国开渔节期间缔结友好合作关系，迈出石浦对台交流重要一步。2012年5月，省政府批准设立浙（象山石浦）台经贸合作区作为省级（对台）经济开发区。9月，由两地渔民共同出资修建的石浦东门岛海神庙，隆重举行“开山门”仪式和如意娘娘“安坐大典”，分离半个世纪的如意娘娘塑身正式回归故里并与妈祖娘娘塑身团聚。

2007年，以村民邻里间自发开展的聚餐等活动为载体，晓塘乡结合葡萄节开始筹办民族和睦邻里节。2011年，乡党委政府立足移民和少数民族工作，以邻里节为载体，邀请全县各镇乡（街道）少数民族代表和全乡少数民族同胞一起参与第五届民族和睦邻里节，民族和睦邻里节由此脱胎而来。节庆活动一年一届，至2012年已先后举办7届，成为该乡弘扬民族文化、开展基层文化建设的重要品牌，也成为象山县开展散杂居少数民族群众工作的一块重要阵地。

推进市基层统战工作示范点创建 2012年6月，市委统战部出台《宁波市乡镇（街道）基层统战工作示范点创建考核评审细则》（甬统发〔2012〕35号），要求加强乡镇（街道）基层统战工作组织网络和机制建设，进一步明确责任、落实任务，深化基层特色统战工作建设，形成“一乡镇（街道）一品”格局。协助石浦镇党委紧扣“有组织、有阵地、有机制、有资料、有特色、有成效”的“六有”标准，积极创建宁波市乡镇（街道）基层统战工作示范点，是年11月21日向市委统战部上报题为《凝聚统战力量，建设现代化渔港旅游城市》的经验材料。翌年，石浦镇成为市首批县首个乡镇（街道）基层统战工作示范点。

统战文化宣传

统战文化宣传工作是党宣传工作重要组成部分，也是统一战线重要基础性工作。中华人民共和国成立后，随着各个历史时期统一战线战略任务变化，县统战宣传工作也相应经历由相对封闭到逐步开放，再到进入21世纪后大众化、普遍化和公开化转变。

1949年10月，中共象山县委成立，统一战线工作由县委宣传部兼理。之后30余年时间里，统一战线工作一直处于这种模式之中，无独立办事机构，工作力量相对单薄，统战工作具有明显上层化、神秘化特征，统战宣传对象主要限定党内和重点代表人士群体中，统战宣传工作多在会议、重点统战成员走访联络中展开，社会化宣传活动相对缺乏。

1978年12月，中共十一届三中全会召开，国家开始进入社会主义现代化建设的新时期，人民民主统一战线发展为空前广泛的爱国统一战线。1979年2月，中共中央批转中央统战部《关于建议为全国统战、民族、宗教工作部门摘掉“执行投降主义、修正主义路线”帽子的请示报告》后，中共各级党委包括统战部门，拨乱反正，全面落实统一战线各项政策。1982年11月，县委统战部恢复，与宣传部分列，建立独立办事机构，全面承接统战政策落实工作，逐步加强与各界统战代表人士联络联谊，尤其是与象山籍海外华侨华人联系迅速升温，迎来海外华侨华人捐赠助建家乡建设的春天。在这一特定历史背景下，统战宣传与落实政策相辅相成、共同推进，海外统战宣传工作始有起色，并逐步迈入常态化轨道，统战宣传工作在点、线、面等各个层面得到有力提升。从象山统一战线的纵向历史轨迹来看，面的拓展、量的增大、质的提高并没有改变新中国成立后形成的传统的方法手段，统战宣传仍没有摆脱封闭式自我宣传格局。

2004年5月14日，在县人民广场开展统一战线广场系列活动，分广场咨询、大型图片展、非公有制经济回报社会现场招聘与“再创辉煌”非公有制企业大型广场文艺晚会四大块内容，共吸引市民4万余人次。

2005年，县委统战部充分整合各方宣传资源，积极探索推进统战网络宣传，利用现代网络技术优势，创办象山统战网，探索开展统战网络宣传工作，并于2010年全新改版网站。并先后开展数次大规模、广参与、深影响社会宣传活动。统战宣传工作一改以往保守、封闭态势，开始走向社会、进入寻常百姓家，形成社会化、公开化、网络化等全新特点。

2006年7月，第二十次全国统战工作会议后，大统战工作格局构建迅速推进，“大统战”格局下“大宣传”机制逐步形成并发挥作用。9月，结合纪念象山建县1300周年活动，开展以新闻媒体宣传、统战知识竞赛、“同创和谐”统战书画摄影剪纸展等为主要内容的统一战线宣传月活动，邀请县委书记周江勇、副书记徐才印等分别参加会见县外象山籍代表人士、“回眸象山发展、迎接桥海时代”座谈会和“同创和谐”统战书画摄影剪纸展等重大活动。活动期间，在《今日象山》开设“扩大统战影响力，构建和谐新象山”专栏，发放统战宣传资料1000余份，召开不同对象学习会、座谈会7场次，推出统战专题报道20余篇，展出统战书画摄影剪纸90余幅，开展广场电子屏幕宣传20场次，各级中心组学习统战理论100余次，累计受教育人数达5万余人次。

2011年1月始，县委统战部联合县委宣传部、县新闻办、新闻中心、广播电视台与象山港网站等单位开展在外象山籍人士采访活动，历时2年，先后5次分赴环渤海湾、长（江）三角、珠（江）三角等地区，遍访上海、广东、北京、云南、湖北等省（直辖市），行程数千公里，通过约访、座谈等形式，采访25名在外象山籍人士艰苦创业勇谋发展、情系故土回报家乡的典型事迹。在采访之余，就近开展联络联谊工作，与60余名在外象山籍人士座谈交流，共叙乡情乡谊，广泛听取县域经济转型发展意见和建议。采访团回到象山后，在《今日象山》、象山电视台、象山港网站等媒体重要版面和重点时段，开设“天南地北象山人”专题、专栏，推出19名在外象山籍人士长篇通讯和深度报道，在县内社会各界和在外象山籍人士群体中引起广泛关注和热烈反响。6月22日，开展“同心颂·统一战线与建党90周年”系列宣传活动。举办“同舟载录同舟情，风雨兼程铸辉煌”主题图片展，展出图版37块，集中展示象山统一战线各领域成就。举行“同心歌唱共产党，统战人士唱红歌”歌咏比赛，吸引民主党派、无党派人士、非公有制经济人士、民族宗教、侨台等300余名统战成员参加，经象山电视台播出后，引起全县人民群众广泛关注，提升统一战线社会影响力。

2012年，5月，县委统战部开始谋划同心颂“象山信合杯”诗歌散文征文比赛；6月，确定联合《中国统一战线》杂志社、市委统战部共同主办；7月，由《中国统一战线》杂志社面向全国征文。至年末，共收到发自全国28个省市（自治区）征文作品1200余篇，在2012年《中国统一战线》杂志第8至12期中择优刊出文稿20篇。（统战文化宣传受奖情况见《附录·荣誉录》）

统战工作创新

统战工作创新包括理论创新与实践创新。统战实践创新推动统战理论创新，统战理论创新又指导和推动统战实践创新，两者相互促进。纵观党的统一战线发展历史脉络，基于各个不同历史时期和历史特征的统战工作方法串联成统战工作创新之路。进入21世纪后，中央、省、市统战部门高度重视统战工作创新，有力推动县基层统战工作创新。

统战理论创新 1983年7月，中共中央办公厅〔1983〕55号文件批转中央统战部《关于统一战线理论座谈会和开展统一战线理论研究的设想的报告》。1986年，市委统战理论研究学会成立。1991年6月，县委统战部副部长欧吉庆当选为理事。1994年10月，经县委批准县委统战理论研究小组成立，组长欧吉庆，副组长盛繁国、干仇祥，成员马祖权（县政协）、伊珍林、韩国明、屠金全（县委宣传部）、陈琴、林文信，秘书陈琴（兼）。制定《象山县统战理论研究小组简章》和工作意见，为推动统战理论研究工作奠定基础，也为提高统战干部理论水平发挥作用。是年，按照县委部署，县委统战部成立以部务会议成员、党支部委员和统战理论研究小组为主体中心学习组，有计划、有步骤地组织全体党员、干部学习中国特色社会主义理论（以下简称“中特”理论）和统战理论，并组织学习理论心得体会交流会。15名党员、干部，在学习《建设有中国特色社会主义理论》和《社会主义市场经济理论》考试和抽考中，平均成绩分别为96.5%、94.5%；在统战理论知识学习考试中，平均得分98分。学习“中特”理论与学习统战理论相结合，把中央领导在1993年11月全国统战工作会议上讲话精神相结合。1994年，举办3次“中特”理论心得体会交流会，第一次，由统战部部长俞斌兆与副部长欧吉庆分别作《解放思想，实事求是》和《科学地认识社会主义本质》辅导；第二次由副部长陈雪晶、台办主任李勤隆分别作《判断各方面工作是非得失的根本标准》和《不要忘记农业根本》；第三次由调研员严玉璞、秘书长干仇祥分别作《改革是解放生产力的必然之路》和《社会主义市场经济与资本主义市场经济不存在根本矛盾》辅导，加深对“中特”理论、统战理论理解和运用，统战理论研究也取得较好成果，获得省、市统战期刊发表有：欧吉庆《“一国两制”是历史发展的必然趋势》（1986年12月《宁波统战理论研究》）、《爱国宗教团体及其代表人物是一支依靠力量》（1995年省《情系中华》）、《浅谈非公有制经济代表人士现状和工作重点》（1995年《宁波统战》）、《浅谈新形势下宗教与封建迷信的分而管之》（1997年《宁波统战》），盛繁国《宗教事务依法管理探析》（1998年《宁波统战》）。与此同时，15名统战部干部于1992年、1994年度分两批参加国家行政机关工作人员岗位培训考试，均获得岗位培训合格证书，其中优秀学员2名、学习积极分子1名。

2010年始，市统战理论学会仿照中央及省统一战线理论研究会模式，开始面向全市开展统一战线理论政策研究课题招标活动，县委统战部参与投标。是年的《民主党派民主监督职能的调查与思考》、2011年的《试论统战理念与青少年成长》等课题先后中标，并顺利完成委托研究任务。

统战实践创新 2003年，省委统战部首次开展统战工作创新活动。2004年，市委统战部正式启动统战工作创新奖评选活动。2010年，中央统战部设立全国统战工作实践创新成果奖。中央、省、市统战部门的这三大实践创新评选活动，一年一评，及时总结和推广统战工作新成果和成熟经验，推动形成统战工作实践创新新高潮。

2003年始，县委统战部门立足实际，充分利用资源，努力挖掘潜在优势，创设新平台新载体，统战实践创新成果不断涌现，在省、市统战各类创新工作评选中屡获奖项。2008年至2012年，县委统战部门先后创出对台基层（民间）交流、基层商会互助资金会、党外代表人士廉情问询、散杂居少数民族管理、统战群团联席会议制度、基层侨联组织个人会员制等品牌，连续5年荣获全省统战工作创新奖。尤其是基层商会互助资金会品牌，2009年被列为全国工商联系统服务企业创新20个优秀案例之中。2010年，《发挥商会互助资金会作用，缓解中小企业融资难问题》被列为全国40项统战工作实践创新成果之一，成为全市唯一荣获嘉奖单位。是年，为鼓励基层统战工作创新，全面提升统战工作水平，县委统战部设立统战工作创新创优奖，采用一年一评方式，分设综合奖、专项奖、特优奖。其中，专项奖根据工作性质分为创优奖、突破奖、特色奖、宣传调研（信息）奖等。活动与年度目标管理考核直接挂钩，有效地激发基层统战工作创新活力，为参与上级统战部门各类创新奖项的评选提供丰富的基础素材，有力地推动县域统战工作局部创新，进而以点带面、辐射示范，促进县统战工作整体水平的提升。

象山县统战理论研究成果一览表

表1-3-4

年份	奖级	奖项名称	获奖内容
2002	省	工商联系统调研成果三等奖	关于我县工商业经营管理人才队伍建设的思考
2009	省	工商联系统调研成果三等奖	关于整顿规范民间资本市场，进一步促进有序健康发展
2004	市	新华侨华人、新生代论文评选鼓励奖	关于县新华侨华人、新生代的现状及工作思考
2008	市	统战理论政策研究优秀成果奖	发挥统战资源优势，扶贫助弱促进和谐
2009	市	统战理论政策研究优秀成果三等奖	关于规范民间信仰点管理的思考
2012	市	工商联系统调研成果一等奖	关于象山民营企业经营者传承与交接的思考

象山县统战实践创新成果一览表

表1-3-5

年份	奖级	奖项名称	获奖内容
2009	国家	工商联系统服务企业创新案例	发挥商会互助资金会作用，缓解中小企业融资难问题
2010		统战工作实践创新成果	发挥商会互助资金会作用，缓解中小企业融资难问题

续表1-3-5

年份	奖级	奖项名称	获奖内容
2004	省	工商联工作创新奖	象山工商联开展“三百”活动，创新非公人士思想政治工作
2008	省	统战工作创新奖	对台基层（民间）交流
2009		统战工作创新奖	基层商会互助资金会
2010		统战工作创新奖	党外代表人士廉情问询
2011		统战工作创新奖	统战群团联席会议制度
2012		统战工作创新奖	基层侨联组织个人会员制
2004	市	统战工作创新奖	—
2005		侨务工作创新鼓励奖	在上海、北京成立归国人士联谊会
2006		统战工作创新奖	“象山县建立海外高层次人才意见征求机制初见成效”项目
2006		侨务工作创新二等奖	“象山籍海外学子大学生助学奖”项目
2006		民族宗教工作创新奖	以团体为契机，积极探索基督教规范化管理
2009		侨务工作创新三等奖	留学人员回乡创业服务联谊会工作
2010		侨务工作创新三等奖	《海内外象山人·丛书（一）》
2010		统战工作创新奖	—
2011		统战工作创新奖	探索散杂居少数民族工作新模式

第四节　全县统战工作会议

中华人民共和国成立后，至本志下限止，全国统战工作会议共召开20次，第一次1950年3月，第二十次2006年7月。每次会议后县委均召开全县统战工作会议或党务工作会议贯彻落实。今仅录1986年后历次全县统战工作会议。

1986年全县统战工作会议

为贯彻中央提出统一战线工作“要为统一祖国，振兴中华服务”的指导思想和省、市委统战工作会议精神，总结1982年至1985年特别是1985年全县统战工作，布置1986年任务，进一步检查落实第十五次全国统战工作会议精神与党的各项统战政策，处理好遗留问题，积极开展对台、宗教、侨务等工作。1986年3月27日至29日，县委统战部联合宣传部组织召开全县宣传、统战工作会议。

县委副书记吴才增传达胡耀邦总书记讲话、中央关于“台湾渔船活动若干问题处置规定，落实党的宗教政策”等文件与省、市统战工作会议精神，并主持会议；县政协副主席、县委统战部部长沈允法作主题报告。各区、镇乡党委分管宣传、统战工作党委成员，县级机关部、办、委、局、工、青、妇等分管政工负责人，县属文化广播系统各单位及涉台部门党支部书记等100余人参加会议。

县政协副主席、县委统战部部长沈允法在《关于1986年统战工作的意见》讲话中指出，1985年统战工作在县委和上级统战部门的领导下，在各区、镇乡、县级有关部门积极配合下，调动各方面积极因素，取得一定成绩。1986年统战工作要进一步明确为“统一祖国，振兴中华”服务的指导思想，服从于、服务于“四化”建设这个总目标，认真贯彻党的方针、政策，努力搞好对台、侨务、宗教等方面工作，检查落实好各项统战政策的遗留问题，调动一切积极因素，充分发挥各界人士积极性，巩固和发展爱国统一战线，为象山的建设、改革做出新贡献。他强调年内要抓好六个方面工作：

一、检查落实好党的各项统战政策，处理好遗留问题。一是严格贯彻县委文件《关于有关落实宗教政策问题的批复》等有关政策规定，采取先易后难方法，分类落实房产归还产权，把宗教引上正确的轨道上来。二是正确掌握侨房政策界限问题的原则，按照上级要求，稳步落实华侨私房政策。三是处理各项统战政策和遗留问题。各级党委、党组要加强领导，进一步提高认识，认真落实，切实抓好。

二、努力做好对台工作。一是做好台湾渔民和回乡探亲台胞的宣传接待。回乡探亲的台胞要及时报告台办，认真宣传接待好。沿海乡镇要加强对广大干部群众特别是出海渔民的政策、法规教育，提高他们的政治素质和政策水平。二是做好从台湾回乡定居人员安置工作，合情合理帮助他们解决好生活难题。三是做好台属工作，加强他们的思想政治工作。四是充分发挥台属联络员的作用，帮助台属转信沟通联系，提供信息。

三、积极开展侨务工作。一是抓紧侨务政策的落实，落实好华侨私房政策，做好平反、纠正冤假错案工作。二是保护和激发侨胞、港澳同胞及其亲属爱国爱乡热情，宣传党的侨务政策和四化建设成就。三是做好归侨、侨眷工作，坚持“一视同仁，不得歧视，根据特点，适当照顾”原则。四是开展一次全县性的侨情普查，对原掌握侨情资料进一步更新。

四、抓好宗教工作。一是健全和建立宗教爱国组织，把爱国的宗教界人士吸收到宗教爱国组织中来，调动他们的积极性，发挥他们的作用。二是加强对宗教活动场所的管理，保护宗教信仰自由，禁止和取缔利用宗教搞非法活动。三是发动广大教徒办好福利事业，积极鼓励教徒发展重点户和专业户。

五、认真贯彻党的“十六字”方针，调动一切积极因素，为统一祖国、振兴中华服务。一是做好非党知识分子干部法人工作，按照“政治上一视同仁，生活上关心照顾，工作上放心使用”方针，积极做好工作。二是要树立统战观念，包括坚持党的领导，团结一切可以团结的人，对统战对象给予生活关照并加强政治教育。

六、转变工作作风，搞好调查研究。从六方面着手：（1）查核去台人员、台属，侨胞、归侨、侨属，宗教信徒的户数、人数。（2）掌握原工商业者和现有工商业管理骨干情况。（3）弄清海外侨胞中的重要人物和各种人才，做好牵线搭桥工作，为发展经济献计献策。（4）健全统一战线各种组织。（5）检查落实各项统战政策，处理好遗留问题。（6）争取党委重视做好统战工作。

1990 年全县统战工作会议

为贯彻 1990 年 6 月 11 日至 15 日，第十七次全国统战工作会议精神，是年 9 月 14 日至 15 日，县委主持召开全县统战工作会议。

县委统战部部长俞斌兆传达全国及省、市统战工作会议和江泽民总书记两次讲话精神；县委副书记陈凤姣作主题报告。县委常委、组织部部长胡锡海出席座谈会并讲话。副县长陈世灿主持会议。各区、镇、乡党委宣传（统战）委员和部办委局党委、党组、党支部分管政工负责人，县第一、第二人民医院，象山中学、象山二中及涉台部门党支部书记共计 100 余人参加。会议期间，县委下发〔1990〕25 号《中共象山县委关于坚持和完善政治协商制度和加强统一战线工作的意见》文件。

县委统战部部长俞斌兆在《精诚团结，通力协作，进一步开创爱国统一战线工作的新局面》传达报告中指出，中共十一届三中全会以来，全县统战工作在县委领导下，在各级党委和有关部门关心支持下，做了大量工作，取得显著成绩：落实党的各项统战政策，平反冤假错案，恢复和发扬党的实事求是优良传统和作风；密切党群关系，贯彻党的“长期共存，互相监督，肝胆相照，荣辱与共”方针，充分发挥各界人士作用；坚持“四项基本原则”，反对资产阶级自由化，反对国内外敌对势力的和平演变，维护安定团结；开展海外统战工作，做好港澳台胞、海外侨胞接待宣传工作，巩固和发展爱国统一战线。他在报告中提出当前工作意见：做好会议精神传达学习，贯彻落实工作，广泛深入宣传党的统战方针政策和统战工作基础知识；认真贯彻落实《中共中央关于坚持和完善中国共产党领导的多党合作和政治协商制度的意见》，各级党组织结合本地、本部门情况，拟出方案，贯彻执行；大力开展海外统战工作，进一步开展台湾同胞工作，继续做好海外侨胞、港澳同胞及外籍华人接待宣传工作，加强“三胞”眷属的政治思想教育；进一步贯彻党的民族宗教政策，认真学习贯彻执行中共中央〔1982〕19 号文件《关于我国社会主义时期对宗教问题的基本观点和基本政策》；积极支持工商联开展工作，支持其开展对海外工商界的经济交往，牵线搭桥，发展对外经贸。

县委副书记陈凤姣在《认真贯彻，高度重视，努力发展最广泛的爱国统一战线》主题报告中，对全县当前统战工作提出六条意见：

一、认真贯彻全国、全市统战工作会议精神，加强党对统战工作的领导，真正把统战工作摆到议事日程上来。各级党委一、二把手要重视统战工作。区、镇、乡都要确定一名党委副书记或宣传委员负责统战工作，机关各部门要有一名负责政工领导同志分管统战工作，象山中学、象山二中，第一、第二人民医院党支部书记要管统战工作。

二、积极开展新时期统战理论方针政策宣传教育。各级党组织要对党员干部特别是基层单位的干部进行一次统战理论方针政策的宣传教育。文化、广播等宣传单位要宣传党的统战理论、方针、政策和基本知识，宣传报道党外人士的先进人物和先进事迹。县委党校在轮训干部时要开设统战理论课程，乡镇业余党校也要增加这方面内容。

三、认真贯彻县委关于坚持和完善政治协商制度，加强统一战线工作的意见。从象山实际情况出发，坚持政治协商制度，加强与党外人士合作共事，积极稳妥地选配党外人士担任领导职务，充分发挥党外人士在县人民代表大会和县政协中的作用，发挥党外人士在社会主义现代化建设和祖国统一大业中的作用。当前要着重在党外知识分子比较集中的科教文卫单位和国营企业中培养、选拔一批政治表现好、熟悉业务、积极肯干、密切联系群众的党外人士担任基层领导职务。

四、大力开展海外统战工作。（1）对台胞的接待宣传，包括对台湾渔民的接待宣传，这是县统战工作的重点，接待宣传要坚持“一国两制”、和平统一的方针政策。不管是什么人，都要做到有理有礼有节，要充分认识“缓和中有紧张，交往中有斗争，发展中有曲折”，对鼓吹“两个中国”“一中一台”和推行“一国两府”“弹性外交”等分离主义的言行要予以揭露批驳。我们寄希望于台湾当局，更希望于台湾人民，要进一步做好进石浦港台湾渔轮渔民的接待宣传工作和回乡探亲台胞的接待宣传工作，有领导、有组织、多渠道、多形式推进海峡两岸的“三通”和经济、文化等领域的交往，大力吸引台资，发展两岸经贸关系。各涉台部门按照自己职责认真做好工作，并加强海防管理。（2）对台、侨务、工商联、侨联等部门要积极发展同海外有影响代表人物和社团联系，既要加深与老朋友的友谊，又要积极结交新朋友。要继续贯彻广泛团结海外侨胞和归侨侨眷的方针，保护华侨和归侨、侨眷的合法权益。与此同时要认真做好台湾同胞、港澳同胞和海外侨胞“三资”企业中代表人士的工作，宣传优惠政策，联络友谊，增强对象山投资办企业的信心与凝聚力。（3）把象山在国外的“宁波帮”，在台湾的象山同乡会、在港澳的象山籍人士动员起来，统战系统各群众团体要在统战部指导下，运用多种形式、多种渠道，千方百计沟通联系，联络感情，争取人心。各乡镇要把“三胞”亲属联谊小组建立起来，动员台属、侨眷、港澳同胞亲属开展“写一封信，联系一个项目，办一件实事，做一点贡献”的活动，把统战工作做到海外去，为四化建设、统一祖国、振兴中华服务。

五、重视做好民族宗教工作。民族宗教工作是统战工作和群众工作的组成部分。对于稳定社会至关重要，民族宗教工作要抓好三件事：（1）培养爱国民族宗教界人士，发挥爱国宗教团体的作用。（2）落实宗教团体房产政策，解决好宗教信众的活动场所。县基督教、天主教的宗教团体房产已基本落实，开放堂点已基本解决，今后重点要做好管理工作。（3）加强对宗教事务的行政管理。对开放的教堂、寺庵要管理好，制定和健全各种规章制度，开展正常的宗教活动；制止封建迷信活动，披着宗教外衣的违法犯罪活动要坚决打击与取缔。

六、进一步落实统一战线的有关政策。大会后，组织召开区镇党委宣传（统战）委员座谈会和县级机关各口（部、办、委）分管政工的负责同志座谈会。县委统战部和组织部负责同志分别听取如何做好基层统战工作的建议和商讨关于培养、选拔党外干部的规划意见。

1994年全县统战工作会议

为贯彻1993年11月3日至7日，第十八次全国统战工作会议精神，1994年3月29日至30日县委主持召开全县统战工作会议。

县政协副主席、县委统战部部长俞斌兆传达全国及省、市统战工作会议精神；县委副书记、副县长练兴常讲话；县委副书记何康根作主题报告。副县长奚际斌主持会议并作总结讲话。各镇乡党群副书记、党委宣传（统战）委员及宣传（统战）干事，县直机关各部门分管统战工作负责同志及有关干部，各直属学校、医院党组织主要负责人参加会议。

县委副书记、副县长练兴常在讲话中指出，在建设中国特色的社会主义事业中，统一战线仍是党的一个重要法宝，不可削弱，必须加强，不可缩小，必须扩大。统一战线在党的事业中同样具有重要的战略地位。当前统战工作着重点在五个方面：一是积极促成与党外代表人士的政治协商和民主监督工作，使之形成制度化、规范化；二是继续重视党外人士和知识分子工作；三是认真做好宗教工作，维护社会稳定；四是积极推进非公有制经济人士工作；五是加强海外联络工作。他要求把统战工作列入党委的重要议事日程；各级党政领导干部要带头做统战工作；进一步健全统战工作的队伍网络；协调好统战部门的关系，发挥统战部"了解情况，掌握政策，协调关系，安排人事"的基本职能。

县委副书记何康根在题为《勇于开拓、扎实工作，努力开创我县统战工作的新局面》的主题报告中指出：在广大统战工作干部和全县上下共同努力下，全县统战工作取得重大进展，做出显著成绩：党外人士安排基本到位；政治协商制度日趋完善；为经济建设服务初见成效；宗教活动场所管理步入规范；非公有制经济人士工作积极推进；党外知识分子工作得到重视；海外统战工作有新进展；联络团结工作更为广泛。他要求各地各部门认真贯彻上级会议精神，进一步提高思想认识，增强统战、民主、政策、群众、求同存异观念。促成政治协商，逐步形成规范；加强工作力度，拓展招商渠道；重视宗教事务工作，确保社会稳定；重视党外人士，促使安排到位；继续搞好接待，广交深交朋友；理顺工作关系，发挥团体功能。统一思想，理清思路，全党重视，努力开创全县统战工作新局面。

2001年全县统战工作会议

为贯彻2000年12月4日至6日，第十九次全国统战工作会议精神，2001年5月15日，县委主持召开全县统战工作会议。

县委副书记张雪明传达全国及省、市统战工作会议精神并主持会议；县政协副主席、统战部部长吴安定作主题报告；县委书记肖培生总结讲话。县领导胡锡海、沈佳雨、胡剑辉出席会议。各镇乡党群副书记、宣传（统战）委员，县直属各单位政工负责人，政协各工作委员会主任，各办公室负责人，民盟象山支部委员，统战系统中层以上干部，各群众团体负责人参加会议。

县政协副主席、统战部部长吴安定在《大团结、大联合，合力开创新时期我县统战工作新局面》主题报告中，着重讲三方面内容：（1）对七年来全县统战工作进行简要回顾，主要归纳为：①服务经济建设和改革开放作出新的贡献；②共产党领导的多党合作和政治协商制度建设迈上新台阶；③民族和宗教工作得到新加强；④统战理论研究和宣传工作开创新局面。（2）新形势下开展统战工作的主要体会：①统一战线工作必须高举邓小平理论伟大旗帜；②统一战线工作必须牢固确立服务中心思想；③统一战线工作必须为创造团结稳定社会政治环境多做工作；④统一战线工作必须加强领导才能形成合力。（3）世纪之初全县统战工作指导思想及工作重点：高举邓小平理论伟大旗帜，以"三个代表"重要思想为指针，以贯彻落实全国和省、市统战工作会议精神为主线，紧紧围绕党的中心工作，坚持大团结、大联合的主题，把握重点，开拓创新，抓住机遇，乘势而上，扎扎实实完成各项统战工作任务，为我县改革开放、经济发展和社会稳定作出新的贡献。重点抓好以下几项工作：①认真贯彻落实全国和省、市统战工作会议精神，大力开展党的统一战线理论方针政策宣传教育；②坚持和完善中国共产党领导的多党合作和政治协商制度，进一步促进民主政治建设；③加大海外统战工作力度，着力为经济建设和祖国和平统一大业服务；④高度重视民族、宗教工作，为确保社会稳定服务；⑤加强非公有制经济人士的思想政治工作，促进非公有制经济健康发展；⑥加强统一战线基础性工作，努力探索做好党外知识分子工作的方法和途径；⑦按照"三个代表"重要思想的要求，切实加强统战部门自身建设。

县委书记肖培生在《争取人心、凝聚力量，为象山提前基本实现现代化而团结奋斗》讲话中指出，改革开放以来，县委、县政府坚持以邓小平理论为指导，牢牢把握大团结、大联合主题，巩固和发展最广泛的爱国统一战线，坚持共产党领导的多党合作和政治协商制度，认真做好民族、宗教工作，广泛开展港澳台和海外联谊，凝聚统一战线各方面的智慧和力量，有力地促进全县两个文明建设，取得显著成绩。他着重讲三方面意见。（1）深刻认识新形势下统一战线的重要地位和作用。要从面临的国内外政治斗争复杂形势来认识统一战线的地位和作用；要从肩负的现代化建设繁重任务来认识统一战线地位和作用；要从实践"三个代表"重要思想来认识统一战线的地位和作用。（2）充分发挥统一战线的独特优势，为县提前基本实现现代化作出新贡献。充分发挥统一战线人才荟萃、智力密集优势，为加快经济社会发展服务；充分发挥统一战线政治协商、民主监督的优势，推进社会主义民主政治建设服务；充分发挥统一战线协调关系，化解矛盾的优势，为维护社会政治稳定服务；充分发挥统一战线联系广泛、海外联谊的优势，为扩大对外开放和促进祖国统一服务。（3）切实加强和改善党对统一战线工作的领导。要重视做统战工作，要善于做统战工作，要合力做好统战工作。

2005 年全县统战工作会议

为深入学习贯彻中共十六届四中全会和中央及省、市统战部部长会议精神，2005 年 3 月 22 日，县委主持召开全县统战工作会议。

县委常委、统战部部长欧亚群作主题报告；县委副书记徐才印讲话。统战部副部长陈雪晶主持会议。各镇乡党委、街道党工委党群副书记、统战委员、统战干事、县直属单位政工负责人、统战系统各单位中层以上干部参加会议。

县委常委、统战部部长欧亚群在《求真务实、开拓创新，努力推动我县统战工作再上新台阶》主题报告中，回顾2004年全县统战工作，肯定五个方面成绩：(1) 围绕中心，在服务现代化方面作出新贡献；(2) 注重合作，多党合作和政治协商的制度化、规范化建设不断推进；(3) 加强联络，港澳台海外统战工作有新发展；(4) 扎实工作，民族宗教工作不断加强；(5) 固本强基，统战系统自身建设呈现新气象。在肯定成绩的同时，也指出不足：统战工作现有机制、手段和方法还不能应对新形势下面临的复杂局面；对统战领域新情况、新问题调查研究还不够深入；统战干部素质能力有待进一步提高。报告中指出：2005年全县统战工作的指导思想和具体要求是高举邓小平理论和“三个代表”重要思想伟大旗帜，认真贯彻落实中共十六届四中全会精神，以实施凝聚力工程为契机，围绕县委、县政府的中心工作，开拓进取，真抓实干，扎实做好各个领域的统战工作，最广泛最充分地调动一切积极因素，为发展社会主义民主政治、构建社会主义和谐社会、实现祖国统一服务；为推进象山跨越式发展建设现代化生态型滨海旅游城市提供广泛的力量支持。主要工作任务：(1) 认真学习贯彻十六届四中全会精神，发挥统一战线在加强党的执政能力建设方面的作用；(2) 进一步牢固树立发展是第一要务意识，积极为我县跨越式发展服务；(3) 坚持和完善中国共产党领导的多党合作和政治协商制度，不断为发展社会主义民主政治服务；(4) 不断拓展海外统战工作新领域，努力为实现祖国统一大业服务；(5) 进一步做好民族宗教工作，努力为构建社会主义和谐社会服务；(6) 进一步夯实统战工作基础，切实提高统一战线工作能力。

县委副书记徐才印讲话中强调指出：(1) 全县统一战线要围绕中心，开拓创新，在服务经济社会跨越式发展中迈出新步伐。进一步发挥统一战线人才荟萃的优势，积极参政议政，主动建言献策；进一步发挥统一战线联系广泛优势，积极开展招商引资和引才引智工作；积极探索新方法，鼓励引导非公有制经济健康发展和非公有制经济人士健康成长。(2) 发挥优势，协调关系，在构建社会主义和谐社会中作出新贡献。不断推进多党合作事业；认真做好新形势下的民族宗教工作；妥善协调社会各阶层的利益关系；不断拓展港澳台和海外统战工作新领域。(3) 加强领导，狠抓落实，不断提高我县统战工作水平：切实加强党对统战工作的领导；全力以赴抓好各项工作的落实；进一步加强统战部门自身建设。

2011年全县统战工作会议

为进一步贯彻落实2006年7月10日至12日，第二十次全国统战工作会议及近4年省、市统战部部长工作会精神，2001年3月22日，县委统战部受县委委托主持召开全县统战工作会议。

统战部副部长翁华清作工作报告并主持会议；县委常委、统战部部长黄敏求讲话。各镇乡（街道）统战委员、统战干事，县级有关部门党组织政工负责人，统战系统各单位全体干部参加会议。

统战部副部长翁华清作《进一步贯彻落实第二十次全国统战工作会议精神，搞好我县新世纪新阶段统战工作》主题报告。报告简要回顾2007年后，特别是2010年工作：(1) 服务大局能力进一步提高。举办统战系统贯彻落实对接大桥三年行动计划学习会，出台《象山县统一战线贯彻落实对接三年行动计划实施意见》，部署实施“五四五”工程，着力提升统一战线服务“千百十”能力。(2) 多党合作事业进一步发展。大力举荐党外干部，加强与组织部门配合；加强党外代表人士队伍建设，建立干部数据库，举办全县党外人士素质专题培训班；推进党外代表人士廉情问询活动，建立动态管理、定期调研、回避保护和部门联动等四大机制。(3) 民族宗教工作进一步推进。深化少数民族联谊、扶贫工作；进一步落实“属地管理”原则，指导基层妥善解决矛盾纠纷；指导加强宗教活动场所档案管理，规范宗教活动场所改、扩建审批程序。(4) 港澳海外统战工作进一步加强。加强侨务联谊，加强基层侨联组织规范化建设，推动侨务维权工作开展，努力促进侨界和谐。部署2011年后主要工作：(1) 大力提升服务发展水平。开展“共谋发展、献策象山”主题活动，集中统一战线密集优势；强化引资引智工作，健全象山籍在外人士人才库；会同县工商联成立县“光彩事业”促进会，不断扩大参与队伍，积极推动项目开发，努力推进“光彩事业”规范化、制度化。(2) 积极助力民主政治建设。扎实做好党代表人士的政治安排工作；深化党外代表人士廉情问询；引导民盟象山县支部推进组织规范化建设。(3) 主动深化新的社会阶层和党外知识分子工作。建立健全由县委领导、统战部牵头、党政有关部门参加、社会相关团体参与的新的社会阶层人士工作联席会议制度；打造教育培训新平台，着手创建县社会主义学院。(4) 努力维护民族宗教领域和谐稳定。深化少数民族服务，健全民族宗教工作机制，规范宗教事务管理，加强宗教团体建设。(5) 扎实做好港澳海外统战工作。拓展侨务联谊空间，提升为侨服务水平，加强引智助业工作。(6) 着力加强统一战线自身建设。完善统战工作机制，打实基层工作基础，加强信息宣传工作。

县委常委、统战部部长黄敏求在会议上强调：在进一步贯彻、落实、总结第二十次全国统战工作会议精神基础上，一要认清形势，统一思想，自觉增强做好统战工作的使命感、责任感和紧迫感。从维护祖国和平统一的高度，加强对当前国际国内形势的了解；从实现“十二五”战略目标的高度，强化对全县改革发展大局的把握；从扩大党的执政合法性资源的高度，加深对统一战线内部构成变化的认识。二要夯实基础，扩大覆盖面，努力构筑横向到边纵向到底的统战工作网络，即完善基层统战工作网络，完善统战横向协调网络，完善统战社团组织网络。三要落实责任，推进工作，切实形成活力迸发互融共促的统战工作局面。加强领导，充实工作力量；突出重点，确保任务完成；主动作为，推动工作创新。

附：

象山县海外联谊会

象山县海外联谊会（以下简称县海外联），经县委批准，自1993年11月始，经5个月筹备，于翌年3月成立。1994年3月29日下午，在丹城镇礼堂全县统战工作会议结束后召开成立大会。全县部、办、委、局政工与乡镇相关干部等200余人参加会议。市委统战部、市海外联领导和市属各县（市、区）委统战部、海外联领导应邀莅会；县委副书记何康根作《坚持“一国两制”方针，广泛深入地开展海外联谊活动》讲话；市委统战部副部长、市海外联副会长郑文昌代表县外各祝贺单位、县教委主任张幼帆代表县内各祝贺单位致贺词。30日，召开首届一次理事会，55名理事讨论通过《章程》《决议》；选举产生会长1人、副会长5人、秘书长1人，推选副秘书长3人；聘名誉会长9人（海外人士3人）、顾问5人、海外人士名誉理事2人。县委统战部部长俞斌兆主持成立大会与首届一次理事会议。

一届理事会后自行解体。

第一届理事会组成人员

名誉会长：郭正伟、练兴常、何根康、吴才增、王庆祥、奚际斌、樊恭煠（旅印尼侨胞）、樊建国（旅美侨胞）、陈志耀（香港同胞）

顾　　问：宋琴堂、樊心慧、郑友庆、林祥生、欧绪坤

会　　长：俞斌兆

副 会 长：欧吉庆、陈雪晶（女）、李勤隆、董本彦、严玉璞

秘 书 长：干仇祥

副秘书长：伊珍林、韩国明、林文信

理　　事：55名

职　能

（1）联络友谊。广泛联系港澳台同胞和海外侨胞及其团体，加强了解和友谊。（2）促进合作。积极促进象山与港澳台同胞和海外华侨华人在经济、科技、文化及教育等方面的交流与合作。（3）加强沟通。向港澳台同胞和海外华侨华人介绍象山在改革开放、经济建设和社会发展等方面的情况；反映海内外各界朋友对象山建设和祖国统一事业的意见及建议。（4）提供服务。加强与有关方面的联系与协调，协助政府部门，维护港澳台同胞和海外侨胞在象山的合法权益，排忧解难，提供服务。

工作　活动

参看县委统战部同时段“主要工作”。

第二章　统战机构

统一战线机构，象山列政府序列的有县台湾事务办公室、县侨务办公室、县民族宗教事务局，属人民团体的有县工商联（商会）、县归国华侨联合会。列政府序列行使着政府的有关职能，与县工商联、县侨联一样是党和政府联系有关阶层、界别人民的桥梁与纽带，是开展该方面统一战线工作的组织者、领导者。

中国人民政治协商会议象山县委员会是爱国统一战线组织，但不属本志记述范围，故不入此章。

第一节　县台湾事务办公室

县台湾工作办公室系县委、县政府主管对台工作的专门机构。前身为县委对台工作组，成立于 1959 年 1 月。贯彻执行党的对台方针、政策，特别是中共十一届三中全会后，为调动一切积极因素，团结一切可以团结力量，为社会主义两个文明建设、为祖国和平统一大业作出积极努力，为巩固、发展爱国统一战线作出贡献。

机构沿革

1959 年 1 月，县委成立对台工作组。办事机构设于县委统战部内，秘书 1 名。1961 年 10 月（宁海、象山分县）至 1962 年 6 月，县委宣传部、统战部一套班子、两块牌子，宣传部副部长程云臻兼任统战部副部长，下设秘书 1 名。

1966 年 6 月至 1976 年，因“文化大革命”机构停止运作；县“革委会”成立后，政工组宣传办代替县委宣传部、统战部职能。

1976 年 8 月，县委对台工作组设立办公室，隶属于县委办公室。对台工作组办公室（以下简称对台办）副主任张永定。

1980 年 2 月，县委对台工作组办公室划归县委宣传部，宣传部副部长孙务文分管统战工作，并兼任县委对台办主任。1983 年 2 月 1 日，县政府根据浙政〔1982〕108 号文件精神，建立县人民政府台湾同胞接待办公室（以下简称县台胞接待办）。张永定任台胞接待办副主任。县台胞接待办与县委对台工作组办公室两块牌子、一套班子，归县委统战部领导。1986 年 10 月，根据象政〔1986〕106 号文件，县人民政府台湾同胞接待办公室改称县人民政府台湾事务办公室（以下简称县台办），挂靠县委统战部，与统战部合署办公。县（委）台办主任严玉璞。

1993 年 4 月 30 日，根据宁波市委台〔1993〕1 号文件精神和县委办发〔1993〕17 号文件，县委对台工作组办公室改名为县委台湾工作办公室。是年 5 月 28 日，县（委）台办主任李勤隆（县委干〔1993〕35 号文件）。

1996 年 10 月 8 日，马阿项任县委台湾工作办公室（县政府台湾事务办公室）副主任，主持全面工作（县委干〔1996〕55号文件）。1998年3月31日，张爱民任县（委）台办主任（象政人〔1998〕4号文件）。翌年7月23日，为进一步加强对台工作领导，完善对台工作机构，理顺关系，加大吸引台资力度，促进经贸合作和拓宽浙台民间交流交往领域，根据省委书记办公会议纪要〔1999〕1号、省委〔1998〕17号文件精神，经县委研究并报市机构编制委员会批准，挂靠县委统战部并与之合署办公的县委台湾工作办公室机构单独设置，为县委工作部门，并挂“象山县人民政府台湾事务办公室”牌子，正科（局）级别，领导职数1正1副（实配2副），人员编制3名。（象编字〔1999〕8号文件《关于“县委台湾工作办公室”机构单设的通知》）

2006年7月后，县（委）台办主任史亚萍、朱万不再兼任县委统战部部务会议成员。

内设机构　2005年5月10日，经县机构编制委员会批准，县委台湾工作办公室（县政府台湾事务办公室）仅内设综合科1科，增设中层领导职数1名（象编字〔2005〕4号文件）。2007年9月，始聘任综合科科长，首任科长余跃玲。2012年6月，郑杰为科长。

县委历届对台工作组成员一览表

表2-1-1

时　间	组　长	副组长	成　　员
1959.01	樊心慧	赵曰贵	熊巨生　邓继陆　范　杰
1979.11	陆国忠	孙务文	张庆尧　张金胜　徐根全　李明智　张永定
1981.11	樊心慧	孙务文	张金胜　张庆尧　陆维荣　徐根全　李明智　李松茂　张永定
1984.02	黄兴国	沈允法　徐根全	翁定康　张庆尧　姚先度　江顺仁　马志良　周金发　韩国明
1985.12	吴才增	沈允法　徐根全	张庆尧　周金发　黄国周　章岳明　张生标　孙济堂　张先苗　马志良　盛开展　严玉璞　韩国明
1989.11	吴才增	欧绪坤　俞斌兆	陆传明　周　冲　沈佳雨　周宁学　徐根全　张幼帆　黄孝友　黄国周　张生标　严玉璞　戴忠法
1990.11	陈凤姣	包国民　俞斌兆	陆传明　周　冲　沈佳雨　张幼帆　周宁学　章岳明　严玉璞　吴建义　张生标　陈国庆　戴忠法
1994.03	何康根	奚际斌　俞斌兆	强焕昌　朱成海　吴安定　郦伟山　周宁学　章岳明　李勤隆　薛国拉　吴秀清　邓夫琪　戴忠法（1995.08艾敏鹤接替戴忠法）
1996.11	张雪明	吴安定　俞斌兆	强焕昌　朱成海　毛德民　张启章　陈志国　章岳明　马阿项　吴建义　褚宝林　柯建国　艾敏鹤
1998.06	张雪明	胡望真　沈佳雨	张启章　毛德民　陈振祥　金良明　李国本　黄才林　褚宝林　张爱民　袁廷春　洪可淮　陈建江

续表2-1-1

时间	组长	副组长	成员
2002.03	张雪明	白国璋 吴安定	范良江 凌立玉 黄胜华 中正虎 张爱民 周平飞 黄才林 金良明 赖根法 叶为民 任先顺
2004.10	徐才印	欧亚群 白国璋	范良江 刘益国 董大根 张健 张爱民 黄才林 沈宝华 石岳吉 叶为民 李于尧 金良明 董连胜
2006.04	徐才印	欧亚群（女） 俞骏	干维岳 朱万 范良江 胡玉峰 刘洪 张健 张爱民 黄才林 沈宝华 石岳吉 叶为民 邵道良 何定会 柳晓波 李于尧 傅冬良 金良明 黄秀贵
2007.11	周江勇	黄志明 黄敏求 俞骏	陈兴达 朱万 史亚萍（女） 张有为 邱金岳 陈方平 应伟刚 朱小国 孙建忠 石岳吉 陈柳松 范良江
2010.08	李关定	黄敏求 林荣根	陈兴达 杨梓良 史亚萍（女） 张有为 周坚栋 陈方平 应伟刚 朱小国 孙建忠 石岳吉 陈柳松 范良江

县（委）台湾事务办公室领导人一览表

表2-1-2

序号	姓名	时间	职务
1	张永定	1976.08—1980.02	副主任主持全面工作
2	孙务文 张永定	1980.02—1983.02 1980.02—1983.02	宣传部副部长兼台办主任 副主任
3	张永定	1983.02—1984.02	副主任主持全面工作
4	韩国明	1984.02—1985.12	副主任主持全面工作
5	严玉璞 韩国明 李勤隆	1985.12—1993.05 1985.12—1989.09 1990.07—1993.05	主任、县委统战部部务会议成员 副主任 副主任
6	李勤隆 马志良	1993.05—1996.10 1994.07—1996.04	主任、县委统战部部务会议成员 副主任
7	马阿项	1996.10—1998.03	副主任主持全面工作
8	张爱民 马阿项 姚吉权	1998.03—2006.07 1998.04—2006.07 2000.09—2006.07	主任、县委统战部部务会议成员 副主任 副主任

续表2-1-2

序号	姓　名	时　间	职　务
9	史亚萍（女） 马阿项 何定会 董旭东	2006.07—2010.10 2006.07—2009.10 2006.07—2011.08 2009.10—2010.12	主任 副主任 副主任 副主任
10	朱　万 董旭东 史静波（女）	2010.12—2014.03 2010.12—2014.03 2011.08—2014.12	主任 副主任 副主任
11	陆新学 史静波（女）	2014.03— 2014.12—	主任 副主任

职　能

(1) 贯彻执行中央、省、市对台工作方针、政策、法规，协助县委对台工作小组督促有关涉台部门贯彻落实上级对台方针政策和涉台工作部署，开展对台宣传、信息调研工作；(2) 组织、指导、管理、协调全县对台工作，领导和管理石浦台胞接待站和县台属台胞联谊会的工作；(3) 会同有关部门统筹协调和指导对台经贸工作，开展对台招商引资及象台两地文化、学术、科技、体育、卫生等领域的交流与合作，协调处理在象山县发生的台商投诉案；(4) 做好台湾上层人士及知名人士的联络和接待工作，指导、协调有关部门做好到象山台胞(包括台湾渔民) 的接待、管理工作；(5) 处理发生在象山的重大涉台事件。

附 1：　县委对台工作组

1959 年 1 月 12 日，县委根据省委对台工作指示及地委对台工作会议精神，为调动国民党军政人员在大陆家属、亲友爱国热情，争取早日和平解放台湾，成立以县委宣传部部长樊心慧为组长县对台工作组。开展调查登记、对台通信、对台宣传等项工作。走访调查，居住生活在县内的国民党军政人员等亲属。被调查对象分重点与普通两类。重点对象为蒋方陆军团长、空军中队长、海军舰艇长以上及政府机关县级以上人员亲属；普通对象则台湾团级县级以下官兵与从政工作人员亲属。同时被调查还有在台湾有一定名望高级知识分子、有代表性资本家、各类技术人员的亲属以及居住县内的台湾籍人员、蒋方起义、投诚、俘虏人员。从县公安、兵役等单位抽调 5 至 7 人组成调查、核查组，专门负责调查、登记工作。

附 2：　石浦台胞接待站

1978 年 3 月，经省人民政府批准，在东谷湖畔新建 2400 平方米“象山县台湾渔民接待站”(石浦台湾同胞接待站前身)。接待站招收 10 名工作人员。1981 年，接待站人、财、物划归县政府第一招待所。为便于工作，1981年10月22日，县政府决定在石浦渔港招待所设立“象山县石浦台湾渔民接待站”，归县委对台工作组办公室领导，站长暂缺，石浦渔港招待所所长姜仁祥兼任副站长。1984年7月，姜仁祥兼任站长，林海（招待所副所长）兼任副站长。1985年2月，石浦台湾渔民接待站改称石浦台湾同胞接待站。是年3月，省台办与县政府共同出资筹建集接待、办公、食宿、阅览及娱乐为一体综合性大楼和配套附属设施于石浦延昌，1987年5月竣工并交付使用。主体大楼建筑面积2057平方米，内设办公用房6间，客房23间、床位46张；大小餐厅各1个，能同时容纳300人就餐；40平方米阅览室1间；娱乐歌舞厅1个及配电房、锅炉房等附属设施若干，并招收土地工10名，调入4名，新招2名。

1987年年中，因工作需要，经县政府批准，确定台胞站事业编制24名。

1988年至1989年，台胞站自筹资金30多万元，先后在新塘岸路渔港北路兴建临街出租房30间（砖混结构平房）。2010年，因渔港北路扩建改造之需，临街594平方米土地依法拍卖，17间临街出租房拆除。

2014年9月，因工作对象减少，工作职能弱化，台胞站长期处于人浮于事状态，根据县委、县政府领导的指示精神，对现有18名在岗职工重新进行分流安置。保留“象山县石浦台胞接待站”牌子，资产依法转让与石浦渔港开发管委会管理。

石浦台湾同胞接待站领导人一览表

表2-1-3

序号	姓　名	任职时间	职　　务	备　　注
1	张永定	1978.03—1981.10	负责人	对台办副主任兼任，站址设于东谷湖招待所
2	姜仁祥	1981.10—1984.07	副站长	石浦渔港招待所所长兼任，站址设于该招待所
3	姜仁祥 林　海	1984.07—1985.02 1984.07—1985.02	站　长 副站长	石浦渔港招待所所长兼任、石浦渔港招待所副所长兼任
4	李永中 张彩洪	1985.02—1988.04 1986.09—1989.07	负责人（主持工作） 副站长（1988年4月始主持工作）	—
5	黎小芳 张彩洪	1989.07—1992.01 1989.07—1992.01	站　长 副站长	—
6	张彩洪 许卫君 戴宪兵	1992.01—1997.11 1992.01—1997.11 1992.01—1997.11	站长（党支部书记） 副站长（分管后勤） 副站长（分管接待）	—
7	许卫君 戴宪兵	1997.11—1999.11 1997.11—1999.11	站　长 党支部书记	—

续表2-1-3

序号	姓　名	任职时间	职　　务	备　　注
8	许卫君 胡文林	1999.11—2011.10 1999.11—2011.10	站　长 副站长	—
9	许卫君 胡文林 戴宪兵	2011.10—2014.08 2011.10—2014.08 2011.10—2014.08	站　长 副站长（分管台联会） 副站长（分管接待）	—

说明：石浦台湾同胞接待站前身系县台湾渔民接待站，1985年2月，改称今名。

第二节　县侨务办公室

县侨务办公室是县政府主管全县侨务工作办事机构。侨务、港澳事务工作是党和国家一项长期重要工作。中华人民共和国成立初期，党和政府提出保护在国外华侨的正当权益的侨务工作基本方针。中共十一届三中全会后，坚持“一视同仁，不得歧视，根据特点，适当照顾”侨务工作十六字方针，拨乱反正，继往开来，结合实际，及时解决涉侨的许多重大问题，侨务工作进入新时期；调动广大华侨华人、归侨侨眷、港澳同胞与留学人员积极性和爱国热情，为促进象山各项事业发展作出重要贡献。

机构沿革

1949年10月，县人民政府成立，侨务、港澳事务工作由县民政科兼理。1956年11月5日，建立以县委统战部为主，县公安、银行、民政、邮电部门组成的县侨务工作领导小组，办公室设于县委统战部。组长由县委统战部副部长方芳云兼任，副组长倪岐。“文化大革命”开始后停止工作。

1979年4月，设立县革命委员会侨务办公室，归县委宣传部领导。主任由县委宣传部副部长孙务文兼任。1981年4月，县革命委员会侨务办公室改为县人民政府侨务办公室（以下简称县侨办）。翌年11月，与县委统战部合署办公。1984年2月，董本彦任县侨办副主任，主持日常工作。

1993年10月，经县长办公会议讨论，提交县委常委会研究决定，县侨办升格为正局级，列县政府序列，仍与县委统战部合署办公。1997年4月，县委统战部副部长陈雪晶兼任县侨办主任。

县侨务办公室领导人一览表

表 2-2-1

姓　名	任　职　时　间	职　　务	备　　注
董本彦	1984.02—2002.07	县侨办副主任	主持工作。与县委统战部合署办公
陈雪晶（女）	1997.04—2006.07	县委统战部副部长、县侨办主任	—
张继锋	2002.07—2007.06	县侨办副主任	—
张爱民	2006.07—2011.01	县委统战部副部长、县侨办主任	—
潘丁红（女）	2007.07—2009.06	县侨办副主任	—
沈颖洪	2009.06—2011.08	县侨办副主任	—
翁华清	2011.01—2012.07	县委统战部副部长、县侨办主任，县委统战部常务副部长、县侨办主任	—
郑　颖（女）	2011.08—	县侨办副主任	—

职　能

（1）贯彻执行党和国家有关侨务工作法规和方针、政策，并负责监督检查贯彻执行情况。（2）负责管理全县侨务工作，指导乡镇、街道侨务工作；对有关部门和社会团体的涉侨事务进行统筹协调。（3）保护华侨的正当权益，依法保护归侨、侨眷和港澳同胞在内地的合法权益；开展归侨、侨眷、海外侨胞和港澳同胞的联络联谊工作。（4）协助有关部门做好华侨、归侨、侨眷和港澳同胞及眷属代表人物的人事安排工作，以及华侨、侨眷和港澳同胞眷属出国定居、留学、探亲和本市居民出国（境）定居的有关审核和信息工作；受理华侨、港澳同胞回本县定居安置工作。（5）负责华侨华人和港澳同胞的捐赠工作。（6）积极牵线搭桥，通过侨务渠道开展引资引智工作。（7）开展对国内外侨情的调查研究，向县委、县政府提供侨情信息。（8）承办县政府交办的其他事项。

第三节　县民族宗教事务局

1949 年，中华人民共和国诞生，从中央到地方，宗教事务管理归属不一。中央先由民政部掌理，至 1957 年政务院置宗教事务处才归其掌管。浙江省于 1957 年成立省政府宗教事务处，1958 年划归省人委民族、宗教、华侨事务处管理。专署以下由民政部门掌理。象山县人民政府成立之初，即设县民政科，内置负责兼理宗教事务的股室。后改称民政局、内务办公室。与清、民国时期对天主教、基督教几乎放任不管的景况不同，宗教事务管理涵盖县内所有宗教。象山由于地处浙东沿海、军事前哨及其他原因，土改时即关闭教堂，教牧人员外迁，寺庵、宫观、教堂有的析为民居，有的被占用，只剩下少部分由宗教界使用，宗教趋于式微。“文化大革命”期间，宗教属扫荡之列，民政部门失去宗教事务管理职能。中共十一届三中全会后，宗教恢复合法地位，划归党委宣传（统战）部门掌理，它作为一个方面社会实体纳入爱国统一战线。

机构沿革

1984年，县民族宗教事务办公室建立（副局级），与县委统战部合署办公，副主任、科员各1名。区、镇、乡由党委宣传委员掌理。1990年，办公室主任、科员各1名。1997年4月，县民族宗教事务办公室改称民族宗教事务局（正局级），挂靠县委统战部，编制2名，副局长、科员各1名，局长由统战部副部长兼任。2005年，县民族宗教事务局列入县政府工作部门序列，仍与县委统战部合署办公。人员列入县委统战部人员编制。2007年，经县委同意，增设宗教事务管理所，核定全额事业编制3名，由县委统战部统一调配使用。至2012年，在职干部5名，其中，局长1名（县委统战部副部长兼任），副局长2名。

县内三大宗教于1982年始，相继成立县基督教“三自”爱国运动委员会（以下简称县三自会）、县佛教协会（以下简称县佛协）、县天主教爱国会筹备小组（以下简称县爱国会（筹））、县基督教协会（以下简称县基协），为依法加强宗教事务管理，奠定组织基础。

县宗教事务局领导人一览表

表2-3-1

类别/时间	机构名称	负责人	职务	备注
1950—1979	县民政科（局）、县内务办公室	—	—	“文化大革命”期间一度被撤销
1979—1982	县委宣传部	欧吉庆	统战干事	—
1982—1984	县委统战部	欧吉庆	秘书	—
1984—1988	县民族宗教事务办公室	何永林	副主任	与县委统战部合署办公
1988—1990.07	县民族宗教事务办公室	李勤隆	副主任	与县委统战部合署办公
1990.07—1997.04	县民族宗教事务办公室	盛繁国 翁华清	主任 副主任	与县委统战部合署办公，翁华清于1997.03调任
1997.04—2002.12	县民族宗教事务局	金剑良 盛繁国 翁华清	局长（兼） 副局长 副局长	与县委统战部合署办公，翁华清于1998.04离任
2002.12—2008.12	县民族宗教事务局	林毅 许成德	局长（兼） 副局长	与县委统战部合署办公

续表2-3-1

类别 时间	机构名称	负责人	职务	备注
2008.01—2009.02 2006.09—2011.08	县民族宗教事务局	周礼胜 吴光曙	局长（兼） 副局长	与县委统战部合署办公
2009.03—2011.08	县民族宗教事务局	翁华清 吴光曙 许曙敏	局长（兼） 副局长 副局长	与县委统战部合署办公，许曙敏为部务会议成员，于2009.03兼任副局长
2011.08—	县民族宗教事务局	张日成 许曙敏 黄兵现	局长（兼） 副局长 副局长	与县委统战部合署办公，许曙敏为部务会议成员

职　能

（1）贯彻执行党中央、国务院关于民族、宗教工作的政策、法规；组织开展民族、宗教问题的调查研究工作；结合本县实际，起草有关民族、宗教工作的规范性文件，经审议通过后组织实施。（2）依法保护公民宗教信仰自由，保护宗教团体和宗教活动场所的合法权利，保护宗教教职人员履行正常的教务活动，保护信教群众正常的宗教活动；推动和指导宗教界人士进行爱国主义、社会主义、拥护祖国统一和民族团结的自我教育，团结和动员广大信教群众为改革开放和经济建设服务。（3）组织和指导民族宗教政策和法律、法规的宣传教育工作；依法管理宗教业务工作和活动场所，引导和促进宗教在政策和法律、法规范围内活动，防止和制止不法分子利用宗教进行非法、违法活动。（4）帮助宗教团体培养和教育宗教教职人员，加强自身建设；办理宗教团体需由政府机关协助或协调的各项事务。（5）研究少数民族经济、教育、文化、卫生、体育等方面的特殊问题，提出相应意见，承办相应事务；监督办理少数民族权益保障事宜，协调处理民族关系中的重大事宜；组织接待少数民族学习、参观和考察事宜。（6）协助组织、人事部门做好少数民族干部的培养、教育和使用工作，联系少数民族干部，组织培训全县民族、宗教工作干部。（7）协助镇乡、街道政府（办事处）及时处理民族、宗教方面的突发事件和影响社会稳定的问题，指导镇乡、街道政府（办事处）的民族宗教工作。（8）组织和协调民族宗教工作领域的对外交流活动，并办理有关事宜。（9）承办县政府和上级民族宗教事务部门交办的其他事项。

第四节　县工商业联合会（县商会）

县工商业联合会（以下简称县工商联，也称县商会）是党领导面向工商界、以非公有制经济人士为主体的人民团体与商会组织，成立于1957年6月。工商联具有统战性、经济性、民间性相统一特征。中共中央〔1991〕15号、〔2000〕16号文件下发后，工商联组织结构、职能、工作对象先后重大调整。成立中共象山县工商联党组，把握工商联政治方向；非公有制经济会员比例从调整前16.47%提高至63.7%，成为工商联会员主体；巩固和扩大基层组织基础，镇乡（街道）商会全覆盖，行业商会长足发展，异地商会实现历史性突破。牵头管理非公有制企业人员职称评审、拓展新中介服务等职能，发挥在非公有制经济人士参与政治和社会事务中的主渠道作用，在非公有制经济人士思想政治工作中重要作用，在政府管理非公有制经济方面的助手作用，在构建和谐劳动关系过程中的协调作用，在行业协会商会改革发展的积极作用。始终坚持“服务立会，服务兴会”的宗旨，切实为会员办实事、做好事、解难事。

机构沿革

1950年11月12日，县城区工商联筹备委员会成立，推选县政府工商科赵永建为筹备委员会主任委员，推选徐文铎、刘积厚为筹备委员会副主任委员，委员15人。下设协商委员会、税务委员会、整理委员会。

1953年6月，根据省委统战部指示精神，保留城区工商联筹备会，成立县工商联筹备委员会，推选徐文铎为主任委员，委员16人。

1957年6月17日，县工商业联合会正式成立。主任委员1人，副主任委员3人，执行委员18人。至年末，机关工作人员25人。下设学习委员会、财务福利委员会、增产节约委员会。城区工商联被撤销后，按照行业，设立同业公会或小组。1959年8月（宁海、象山两县合并），召开第二次会员代表大会，选举产生县工商联第二届执行委员会，主任委员1人，副主任委员6人，执行委员51人。机关行政编制6人，各区、镇乡工商联工作人员不占县工商联机关编制。1962年4月（宁海县恢复建制），换届选举产生县工商联第三届执行委员会，主任委员1人，副主任委员5人，执行委员17人。

1966年，“文化大革命”开始，县工商联停止活动。1988年年初，建立象山县工商联筹备领导小组，沈允法任组长，许常明为副组长。

1988年9月，选举产生县工商业联合会第四届执行委员会。主任委员1人，副主任委员4人，执行委员27人。机关行政编制4人。1991年6月，选举产生县工商业联合会第五届暨象山县商会第一届执行委员会（理事会）。主任委员（会长）1人，副主任委员（副会长）4人，执行委员（理事）33人。机关行政编制6人，至2002年不变。1994年7月，选举产生县工商业联合会（县商会）第六届执行委员会（理事会），一套班子，两块牌子，主任委员（会长）1人，副主任委员（副会长）6人，执行委员（理事）32人。1996年6月，选举产生县工商业联合会（总商会）第七届执行委员会（理事会）。主任委员（会长）1人，副主任委员（副会长）9人，执行委员（理事）47人。2004年6月，选举产生县工商业联合会（总商会）第八届执行委员会（理事会）。主任委员（会长）1人，副主任委员（副会长）13人，执行委员（理事）65人。2008年9月25日，按市委甬组通〔2008〕27号文件精神，县工商联会长、副会长改称主席、副主席。2009年8月，选举产生县工商业联合会（总商会）第九届执行委员会（理事会）。主席

（会长）1人，副主席（副会长）16人，执行委员（理事）92人。2010年，机关事业编制增加2人。截至2012年年末，机关工作人员13人。其中，事业编制2人，合同工3人。

县工商联及筹备委员会主要领导人一览表

表2-4-1

姓　名	任职时间	职　务	备　注
赵永建	1950.10—1953.06	主　委	县人民政府工商科，城区工商联筹备会，兼职不驻会
徐文铎	1953.06—1959.08 1962.04—1988.09	主　委	兼职不驻会，“文化大革命”期间停止活动
胡满金	1959.08—1962.04	主　委	宁海象山合并
王阿洪	1988.09—1990.08	主　委	兼职不驻会，届中免职
何永林	1991.06—1992.11	主委，党组书记	驻会，届中改任工商联党组书记
郑瞻德	1992.12—2004.06	主委，会长	驻会，1994年后称会长，县政协副主席
徐小华	2004.06—2006.06	会长，党组书记	驻会，县委统战部副部长
励茂平	2006.12—	主　席	驻会，2007年会长改称主席，县人大常委会副主任

县商会（总商会）主要领导人一览表

表2-4-2

姓　名	任职时间	职　务	备　注
许承勋	1910—1919.02	总　理	县公署委札任命
萧志鸿	1919.02—1924	会　长	1916年，改总理为会长
桑宝章	1925—1942.03	会长、主席	1942年3月11日，县城沦陷止
王孝南	1942.12—1945.08	主席、整理委员	民国省政府委任
俞开贤	1945.08—1946.03	理事长	抗战胜利后恢复商会
姜运枢 许松坡	1946.03—1946.11	理事长	—
乐梅轩	1946.11—1948.11	理事长	—
翁　涛	1948.11—1950.10	理事长	1949.07县城解放，至城区工商联筹备会成立止
何永林	1991.06—1992.11	会　长	经县政府批准成立县商会，与工商联一套班子、两块牌子
郑瞻德	1992.12—2004.06	会　长	1996年6月，更名为总商会

续表2-4-2

姓 名	任职时间	职 务	备 注
徐小华	2004.06—2006.06	会 长	—
励茂平	2006.12—	会 长	2009.08恢复县商会名称

下属单位 县工商联（总商会）维权服务中心。成立于2004年9月7日，县工商联（总商会）八届二次执委全会研究决定。县委常委、统战部部长欧亚群授牌。工作人员兼职。2009年，县编委会（〔2009〕30号）批准同意设立县工商联维权服务中心，为县工商联下属事业单位，核定财政全额补助，事业编制2名。2012年，县编办同意配备1名中层职务。主要职能：为会员提供有关政策、法律方面咨询；组织对非公有制经济人士进行学习培训；帮助协调会员企业与政府部门之间的关系；组织会员企业参加各类商务考察和对外联络；参与调处会员企业生产经营过程中所发生的各类经济纠纷和劳资纠纷，切实维护会员企业合法权益。

县工商联（总商会）会员部。成立于2007年8月9日。由县工商联党组与会长办公会议研究决定。工商联办公室有关发展会员、发展指导镇乡基层商会、行业商会、同业公会工作与为会员开展各项经济联络服务等办公室职能划归会员部。

内设机构 2002年5月27日，县委办、县府办《关于印发象山县工商业联合会（县商会）职能配置、内设机构和人员编制方案的通知》（县委〔2002〕77号），县工商联机关内设职能科室办公室1个。中层职数1个，秘书长兼任办公室主任。主要职能：发展会员；发展、指导镇乡基层商会、行业协会、同业公会工作；协调内部工作；为会员做好各项服务；做好机关办公室管理、文件起草与信息工作等。

职 能

（1）加强和改进非公有制经济人士思想政治工作。引导会员共建社会主义核心的价值体系，树立中国特色社会主义共同理想，学习贯彻党和国家的方针政策，发扬自我教育的优良传统，自觉地把自身企业的发展与国家的发展结合起来，把个人富裕与全体人民的共同富裕结合来，把遵循市场法则与发扬社会主义道德结合起来，爱国、敬业、诚信、守法、贡献，当好中国特色社会主义事业建设者，表彰宣传他们中先进典型。引导会员弘扬中华民族传统美德，积极承担社会责任，热心公益事业，投身光彩事业。加强企业文化建设，支持企业党建工作。（2）参与政治协商，发扬民主监督作用，积极参政议政。参与国家有关方针政策、法律的制定和贯彻执行，促进非公有制经济市场环境、政策环境、法治环境、社会环境的改善。提高非公有制经济人士参政议政的能力和水平，做好非公有制代表政治安排推荐工作。（3）协助政府管理和服务非公有制经济。为非公有制企业提供信息、法律、融资、技术、人才等方面服务，增强同港澳特区和台湾地区的工商界人士交往，促进经贸合作；开展民间外交，加强同国外工商界联系交流，为非公有制经济企业开展国际合作服务。搞好非公有制企业人员培训工作，提高市场竞争能力、抵御风险能力和可持续发展能力。承办政府和有关部门委托事项。

（4）促进行业协会商会改革发展。履行社会团体主管单位职责，指导推动镇、乡（街道）商会、行业商会、异地商会组织，完善法人治理结构，规范内部管理，依法开展活动。参与行业协会商会政策法律的制定。（5）参与协调劳动关系，促进社会和谐稳定。参与协调劳动关系三方会议，推进劳动关系立法和劳动关系协调机制建设；协调处理投资者与劳动者权益关系；引导非公有制企业依法与工会组织就职工工资、福利、保险等问题进行平等协商。（6）代表和维护会员的合法权益。反映会员的意见、要求和建议，参与经济纠纷的调解、仲裁。（7）依法管理会产。

附：　　　　　　　　县工商联党组

1991年6月17日，中共中央转批中央统战部《关于工商联若干问题的请示》（中发〔1991〕15号）中指出："为加强党的领导，拟继续保留工商联党组。全国工商联不同于国务院各部门的党组，也有别于工会、妇联等人民团体的党组。工商联党组受同级统战部领导。""市、县工商联凡有工作需要的，经当地党委批准，均可建立党组。""党组成员一般应由工商联中的党员副主委、工商联机关负责干部、党委统战部联系工商联的负责同志等组成。"2010年9月，中共中央、国务院《关于加强和改进新形势下工商联工作的意见》（中发〔2010〕16号），强调要发挥工商联党组领导核心作用，按照《中国共产党章程》有关规定，工商联党组要切实履行职责，保证党的理论路线方针政策、党委决策部署贯彻落实，把握工商联工作正确方向。

1992年11月25日，中共象山县工商联（商会）党组批准成立（县委组〔1992〕74号文件）。是日，县委干〔1992〕76号文件，任命何永林为县工商联（商会）党组书记，党组成员王才积1人。1994年2月始，党组成员始有2人。2004年6月，党组设副书记至2006年12止。至2012年，党组历5届。

历届党组成员一览表

表2-4-3

序号	党组书记	时间	党组成员
1	何永林	1992.11—1997.11	王才积（1993.02止） 周信仁（1994.02—2004.05）
2	薛先豪	1997.11—2002.03	干仇祥（1994.02—2000.03）
3	徐小华	2002.03—2006.06	林　华（2002.03—2006.06） 黄桃女（女，2004.06—2006.12） 刘　保（2004.06—　　）
4	林平安	2006.06—2009.03	黄君芬（女，2006.07—　　） 高国杰（2008.11—　　）

续表2-4-3

序　号	党组书记	时　　间	党　组　成　员
5	周礼胜	2009.03—	沈　盛（2009.06—　　　） 张赛霞（女，2012.09—　　　）

职　能

（1）贯彻执行党的路线方针政策和各级党委的决策部署。（2）发挥工商联党组领导核心作用，把握工商联工作正确方向。（3）加强对非公有制经济人士团结、教育工作，培养起一支坚决拥护党的领导的积极分子队伍。（4）加强对工商联会员代表大会、执委会、常委会工作的指导。（5）正确处理党员干部和党外干部的工作关系，支持工商联主席工作，注重发挥党外干部作用，搞好合作共事。（6）做好非公有制经济人士政治安排考察推荐工作和工商联干部人事工作。（7）抓好工商联机关党员干部的党风廉政建设工作。（8）协助党委和有关部门，做好直属基层商会和非公会员企业的党建工作。

第五节　县归国华侨联合会

县归国华侨联合会（以下简称县侨联）是县委领导，由归侨、侨眷组成的人民团体，是党和政府联系全县归侨、侨眷、港澳同胞亲属与海外侨胞的桥梁和纽带，县人民政协组成单位。县侨联自1980年12月筹建、翌年成立始，按照“群众工作、参政议政、维护侨益、海外联谊”基本职能开展工作，凝聚侨心、集聚侨力，为象山各项事业，特别为经济社会建设作出贡献。

机构沿革

1980年12月8日，县归国华侨联合会筹备委员会成立。推选县委宣传（统战）部副部长孙务文兼任筹委会主任，副主任陈兆皋、尹礼宗2人。无办公机构，筹委会工作由宣传（统战）部兼理。翌年11月，县归国华侨联合会（以下简称县侨联）正式成立，与工、青、妇、科协、文联同为县六大人民团体之一。主席1正2副，改主任为主席。联合会仍无专职人员驻会。1984年11月，始设名誉主席1名，为王家福，主席1正3副。始设专职副主席尹礼宗，驻会主持日常工作。与县委统战部合署办公。1985年，县侨联内设办公室。1988年1月，主席1正2副，并设副秘书长1名协助驻会副主席工作。1991年4月，设主席1正3副，一名驻会副主席兼秘书长。1996年7月，设主席1正2副。王家福不再担任名誉主席，陈兆皋任名誉主席。2002年10月，不设名誉主席，增设副秘书长1名。2007年11月，设主席1正2副，不设副秘书长。

县侨联主要领导人一览表

表 2-5-1

姓　名	任 职 时 间	职　　务	备　注
孙务文	1980.12—1981.11	县委宣传部副部长、县革命委员会侨务办公室主任孙务文兼任县侨联筹委会主任	归县委宣传部领导
陈兆皋	1981.11—1984.11	县侨联主席	县侨联无专职人员驻会
陈兆皋	1984.11—1996.07	县侨联主席	与县委统战部合署办公
俞明振	1996.07—2002.10	县侨联主席	—
陈雪晶（女）	2002.10—2006.07	县委统战部副部长兼县侨联主席	—
张爱民	2006.07—2011.02	县委统战部副部长兼县侨联主席	—
翁华清	2011.02—	县委统战部副部长兼县侨联主席	—

基层组织

1990 年，全县 37 个镇乡均建立“三胞”（海外侨胞、港澳同胞、台湾同胞）亲属联络小组。加强对侨属、港澳同胞眷属和台胞宣传、教育、联谊工作，根据县侨中有台，台中有侨特点，争取扩大工作面，以侨引台，以台引侨。

丹东街道侨联　2002 年 1 月，丹东街道归国华侨联合会正式成立，贺师龙任首届主席。2007 年、2011 年，丹东街道侨联换届，朱吉华任二、三届丹东街道侨联主席。2009 年，丹东街道侨联获“浙江省示范性基层侨联”荣誉。2011 年，丹东街道塔山社区侨联被授予省三星级“侨界之家”称号。

石浦镇侨联　2006 年 11 月，石浦镇归国华侨联合会成立，张小林任首届主席。2009 年，石浦镇侨联换届，骆季刚任二届石浦镇侨联主席。

丹西街道侨联　2010 年 9 月，丹西街道归国华侨联合会正式成立，林庠妹任首届主席。

职　能

（1）积极参加政治、经济和社会事务活动，反映归侨、侨眷和海外侨胞意见和要求，参与政治协商，发挥民主监督作用。（2）协助党和政府有关部门贯彻落实有关侨务工作的方针、政策和法律、法规，依法维护归侨、侨眷和海外侨胞的合法权益。（3）吸引海外侨胞和留学人员在县内投资兴办实业和公益事业，做好对侨属企业的指导和服务。（4）密切与海外侨胞、留学人员及其社团的联系，开展文化、经济、科技等方面的交流与合作，做好接待服务工作，增进相互了解和友谊。（5）加强组织建设，指导镇乡、街道基层侨联（联谊小组）和象山县留学人员和家属联谊会开展活动。（6）承担县委、县政府交办的有关工作。

第三章　多党合作

完善而稳定的政党制度是国家健全、文明政治制度的基石。中国实行的是中国共产党领导的多党合作和政治协商制度，这一制度是中国共产党与各民主党派一道共同创立的新型政党制度。它孕育于民主革命时期，经历抗战和解放战争的洗礼逐步走向成熟。中共十一届三中全会以后迎来新发展春天。“长期共存、互相监督、肝胆相照、荣辱与共”是新时期多党合作基本方针和处理中共与民主党派关系基本原则。

第一节　制度建设

象山多党合作制度建设始于2003年。是年，县委出台县委、县政府领导干部与党外代表人士联系交友制度。之后，于2005年、2006年，县委先后制定《关于建立党外知识分子工作联席会议制度的通知》与《关于进一步加强县委县政府党员领导干部与党外代表人士和高级知识分子联系交友的若干意见》等，制度建设逐渐加快、完善。

县级党员领导联系党外代表人士制度

为认真贯彻落实《中共中央关于进一步加强中国共产党领导的多党合作和政治协商制度建设的意见》（中发〔2005〕5号）精神，深入做好新时期党外代表人士和高级知识分子工作，尊重人才，关心人才，努力形成共同致力于象山发展和社会和谐的良好局面，县委、县政府印发《关于进一步加强县委县政府党员领导干部与党外代表人士和高级知识分子联系交友的若干意见》（县委〔2006〕4号）。

联系交友方针原则

坚持“长期共存、互相监督、肝胆相照、荣辱与共”基本方针，主动热情、平等待人、坦诚相见，交挚友、交诤友；坚持“政治上一视同仁、工作上放手使用，生活上关心照顾”方针，努力营造积极、宽松、和谐、活泼的交友氛围；坚持“求同存异”方针，善于理解、吸收、落实党外代表人士和知识分子意见、建议，不断增进双方的友谊和共识。

联系交友内容

掌握联系对象思想动态，深入开展针对性思想政治工作，帮助他们政治上成熟、事业上发展，在关键时刻、重大事件中与县委、县政府保持高度一致。听取联系对象对全县经济建设、政治建设、文化建设、社会建设等方面的意见、建议，真诚交流对有关社会热点问题看法。了解联系对象工作和生活情况，及时帮助他们反映、解决各种实际问题。

联系交友范围

部分担任各级人大代表和政协委员党外代表人士；担任副局级以上领导职务的党外人士；

部分具有副高以上职称党外知识分子（专业人才）、党内具有正高职称和省特级教师以上知识分子代表；需要联系交友的其他党外代表人士。

联系交友主要措施

根据工作需要和便于联系原则，县委统战部提出县委、县政府党员领导干部与党外代表人士和高级知识分子联系交友建议名单，报县委审定后，由县委办公室、县政府办公室发文明确。遇县委、县政府党员领导干部人事变动或工作分工调整，应及时调整联系名单。县委、县政府党员领导干部要经常与所联系对象开展谈心活动，一般每半年不少于一次。县委、县政府党员领导干部要采取谈心、座谈等多种形式与联系对象开展联系交友活动，对他们提出的重要意见和建议，要及时进行专题研究。县委、县政府党员领导干部每半年要填写一次《联系党外代表人士和高级知识分子情况统计表》。每年年终，县委办公室、县委统战部要对县委、县政府党员领导干部联系交友情况进行统计、汇总，由县委主要领导以适当形式予以通报。各镇乡、街道和县直属单位可参照《关于进一步加强县委县政府党员领导干部与党外代表人士和高级知识分子联系交友的若干意见》（县委〔2006〕4号）。自行制定党员领导干部与本地本单位党外代表人士和高级知识分子联系交友的办法。

党外知识分子联席会议制度

党外知识分子（包括党外专业人才）工作是统一战线基础性工作，也是当前深入实施“人才强县”战略重要内容。为探索建立党外知识分子工作长效机制，进一步加强与党外知识分子工作相关部门协调沟通，真正形成齐抓共管、齐抓共促工作格局，县委统战部等8家单位联合印发《关于建立党外知识分子工作联席会议制度的通知》（象县委统〔2005〕35号）。

联席会议主要内容

传达学习上级有关知识分子特别是党外知识分子工作政策理论、重要会议和文件精神等；分析研究贯彻落实党外知识分子政策中出现新情况、新问题，并提出有针对性工作意见和建议，为县委决策提供科学依据；加强各成员单位之间协作联系，交流通报党外知识分子工作经验、做法；协调与党外知识分子工作相关重要事项等。

联席会议参加对象

县委统战部与县人事局、科技局、教育局、卫生局、文化广电新闻出版局、科协和文联等有关单位负责人，根据会议议题需要邀请县委组织部分管领导出席。同时，各成员单位确定1名联络员，酌情参加会议。

联席会议程序要求

联席会议原则上每半年召开1次，也可根据工作需要随时召开。会议由县委统战部牵头召集，参加会议人员根据会议议题确定，并由县委统战部相关科室通知落实。会议商议确定事项，以会议纪要形式印发至各成员单位，并按职责分工抓好落实。各成员单位之间要加强信息互通，实行资源共享，促进工作开展。

联席会议成员单位共同职责

坚持“尊重知识、尊重人才”“培养人才、用好人才、吸引人才”方针，结合各单位工作实际，落实党的知识分子政策，并制定工作制度和措施。贯彻落实“人才强县”战略，重视党外知识分子在全县经济社会发展中的作用，真正做到政治上信任、工作上支持、生活上关心。加强与党外知识分子密切联系，及时了解和反映意见和要求，开展深入细致思想政治工作，调动工作积极性和创造性。开展党外知识分子的培养、选拔和举荐工作，积极推荐有代表性、有影响党外知识分子进行政治安排和实职安排。为党外知识分子发挥优势创造条件和提供服务，鼓励引导他们为全县经济社会发展献智出力。加强调研新形势下党外知识分子工作，及时向县委提出加强和改进党外知识分子工作的意见、建议，探索和研究新思路、新方法，不断创新工作。

象山县委、县政府党员领导干部联系党外代表人士
2003 年

肖培生	董也琴	县人大常委会副主任
	周敏峰	市人大代表、县工商联副会长、宁波华翔集团总裁
	蒋　亮	县人大常委会委员、象山中学校长、中学特级教师
周江勇	郑瞻德	县政协副主席、县工商联会长
	赵光辉	民盟象山支部委员、县人大法工委主任
	胡建萍	县政协常委、县教育局副局长
胡剑辉	戴　瑜	县政府副县长
	潘国昌	市人大代表、县政协常委、县水利局副局长
	奚海宏	县政协常委、石浦镇东门渔村村委会副主任
徐才印	韩荷玉	市人大代表、县第一人民医院院长助理、护理部总护士长
	金　珊	县政协常委、县检察院副检察长
	吕伟宏	县政协常委、宁波天弘电力器具有限公司总经理
张良才	周晓芳	省人大代表、县职业高级中学教师、中学高级教师
	余志刚	县政协常委、象山报社副刊部副主任
	蒋建忠	县政协常委、县建设局设计院副院长
	莫淑茜	茅洋乡政府副乡长
励志武	欧夏雨	市人大代表、县建设局总工程师、高级工程师

	朱建新	市人大代表、县交通局工程管理所所长、高级工程师
	黄伟光	县政协常委、县基督教协会会长
来吾法	许也红	市政协委员、县财贸工会副主席
	赖伟杰	县政协常委、县统计局副局长
	王安静	丹东街道办事处副主任
张松才	张德和	市政协委员、象山德和堂根艺坊负责人、县工艺美术协会会长
	韩利诚	民盟象山支部委员、县政协常委、县文体局局长
	吴　珍	县文联副主席
黄志明	朱永利	市政协委员、宁波天安（集团）机电分公司副经理、高级工程师
	谭惠廷	县政协常委、县环境监测站干部、高级工程师
	潘三尊	县政协常委、县台联会常务理事
	倪跃丰	墙头镇政府副镇长
欧亚群	周良华	市政协委员、县教科研中心副主任、中学高级教师
	周学群	县政协常委、县卫生局副局长
	释莲智	县政协常委、县佛教协会会长、弥陀寺住持
	王海明	九三学社成员、宁波天安（集团）有限公司工程师
励　健	史盛夏	市人大代表、县公安局交巡警大队民警
	王雪霞	市人大代表、工行象山支行资金财务部经理
	任青良	新桥镇政府副镇长
白国璋	周青法	县人大常委会委员、县工商联副会长、丹城如意眼镜店负责人
	鲍将军	县政协常委、石浦中国渔村有限公司总经理
	林　栩	县政协常委、县旅游局科长
金红旗	叶国营	市人大代表、宁波宁大海洋生物技术有限公司总经理
	励茂平	市政协委员、县政协常委、县海洋与渔业局副局长
	郑仁能	县政协常委、宁波能大食品有限公司董事长
张世方	贺华源	市人大代表、象山东风针织集团公司董事长
	倪伟珍	市政协委员、县政协常委、县科协副主席
	徐　辉	晓塘乡政府副乡长

2006年

周江勇	董也琴	县人大常委会副主任
	蒋　亮	县人大常委会委员、象山中学校长、省特级教师（正高）
	张德和	市政协委员、市文联委员、县工艺美术协会会长、中国根艺美术大师、象山德和堂根艺坊负责人
	郑岳夫	县海洋与渔业局总工程师、高级工程师
李关定	戴　瑜	县政府副县长

	韩利诚	民盟象山支部主任委员、县政协常委、县文联主席
	励茂平	市政协委员、县政协常委、县海洋与渔业局副局长
	胡庆彪	象山三中校长、省特级教师（正高）
徐才印	郑瞻德	县政协副主席、县工商联名誉会长
	潘国昌	市人大代表、县政协常委、县水利局副局长
	吕伟宏	县政协常委、宁波天弘电力器具有限公司总经理
	左　伟	县卫生局党委委员、县第一人民医院院长、主任医师
张良才	周晓芳	省人大代表、县职业高级中学教师、中学高级教师
	余志刚	县政协常委、象山新闻中心副刊专题部主任、中国作协会员
	蒋建忠	县政协常委、县建筑设计院副院长
	莫淑茜	茅洋乡副乡长
	陈晓奇	县第一人民医院主任中医师
陈福生	韩荷玉	市人大代表、县第一人民医院院长助理、护理部总护士长
	朱永利	市政协委员、宁波天安集团机电分公司副经理、高级工程师
	徐慧波	丹城中学教师、中学高级教师
	钱列民	县中医院副院长、副主任中医师
	邱争光	县教育局副局长、省特级教师
励志武	朱建新	市人大代表、县交通局总工程师、高级工程师
	倪跃丰	墙头镇副镇长
	黄伟光	县政协常委、县基督教协会会长
	李雅琴	县中医院主任中医师
黄志明	胡建萍	县政协常委、县教育局副局长
	赖伟杰	县政协常委、县统计局副局长
	王安静	县统计局局长
	胡　宗	宁波天安集团股份有限公司特种技术研究所所长、高级工程师
	李左杰	象山中学教师、中学高级教师
欧亚群	周良华	市政协委员、县教科研中心副主任、中学高级教师
	周学群	县政协常委、县政协教卫文体和文史资料委员会主任
	释莲智	县政协常委、市佛教协会常务理事、县佛教协会会长、弥陀净寺住持
	吴毓伟	县审计局总审计师
	张明珠	县政协委员、市篆刻创作委员会主任、县民间艺术研究中心副主任
励　健	史盛夏	市人大代表、县交警大队民警
	王雪霞	市人大代表、工行象山支行资金财务部经理
	任青良	新桥镇副镇长
	邬云德	象山港书院校长、中国数学协会会员、省特级教师

洪贤兴	郑根土	县广播电视台副台长
	吴　珍	县文联副主席
	林　亚	县第一人民医院副主任医师
	金依平	象山中学副校长、省特级教师
	赖赛飞	县劳动保障局干部、经济师
金增崇	许也红	市政协委员、县财贸工会副主席
	周青法	县人大常委会委员、县工商联副会长、丹城如意眼镜店总经理
	谭惠廷	县政协常委、县环境监测站干部、高级工程师
	钱秀娟	县疾控中心主任助理、主任医师
卢　敏	奚海宏	县政协常委、石浦镇东门渔村村委会副主任
	马超俊	象山第二中学副校长、省特级教师
	潘三尊	县政协常委
	周　洪	县水产养殖技术推广站高级工程师
白国璋	欧夏雨	市人大代表、县建设局总工程师、高级工程师
	郑宝根	县政协委员、中国根艺美术大师、郑宝根竹根雕艺术创作室负责人
	陆振一	县第一人民医院副主任医师
	唐懋龙	县教科研中心副主任、省特级教师
金红旗	叶国营	市人大代表、宁波宁大海洋生物技术有限公司总经理
	郑仁能	县政协常委、宁波能大食品有限公司董事长
	陈子敏	县林特技术推广中心高级农艺师
	王亚琴	县畜牧兽医技术推广中心副主任、高级畜牧师
张世方	贺华源	市人大代表、象山东风针织集团公司董事长
	周敏峰	市人大代表、县工商联副会长、宁波华翔集团总裁
	倪伟珍	市政协委员、县政协常委、县科协副主席
	徐　辉	晓塘乡副乡长
	方利民	象山县外国语学校校长、省特级教师

2007 年

周江勇	董也琴	县人大常委会副主任
	胡建萍	县政协副主席、民盟象山支部主任委员
李关定	王安静	县政府副县长
	郑瞻德	原县政协副主席、县工商联名誉会长
徐才印	周晓芳	省人大代表、县职业高级中学教师、中学高级教师
	莫淑茜	县统计局局长
张良才	张德和	市政协委员、市文联委员、县工艺美术协会会长、中国根艺美术大师、象山德和根艺美术馆馆长

	陈晓奇	县第一人民医院主任中医师
黄志明	蒋　亮	市政协委员、县教育局副局长、象山中学校长、省特级教师
	潘国昌	县政协常委、县水利局副局长
	李左杰	象山中学教师、中学高级教师
白国璋	朱建新	县人大常委会委员、县交通局总工程师、高级工程师
	赖伟杰	县政协常委、县发改局副局长
	陆振一	县人大代表、县第一人民医院主任医师
洪贤兴	闻笑燕	市政协委员、宁波探索机械制造有限公司常务副总经理
	赖赛飞	县人大代表、县文联干部、二级作家
	胡庆彪	象山三中校长、省特级教师
董贵波	欧夏雨	县建设局总工程师、高级工程师
	李红蓥	市人大代表、浙江东红船业有限公司董事长、高级经营师
	朱永利	宁波天安（集团）机电分公司副经理、高级工程师
林雅莲	钮晶莹	县政协常委、贤庠镇副镇长
	蒋建忠	市政协委员、县政协常委、县建筑设计院副院长
	余志刚	象山新闻中心副刊专题部主任、中国作家协会会员
卢　敏	吴毓伟	县审计局总审计师
	马超俊	象山二中副校长、省特级教师
	周　洪	县水产养殖技术推广站高级工程师
张世方	倪跃丰	墙头镇副镇长
	释莲智	县政协常委、市佛教协会常务理事、县佛教协会会长、象山弥陀净寺住持
	郑宝根	县政协委员、中国根艺美术大师、郑宝根竹根雕艺术创作室负责人
柴大科	朱仁勇	泗洲头镇副镇长
	史盛夏	市人大代表、县交警大队民警
	邬云德	象山城南学校校长、中国数学协会会员、省特级教师
金增崇	郑根土	县政协常委、县广播电视台副台长
	任青良	新桥镇副镇长
	周青法	县人大常委会委员、县工商联副会长、丹城如意眼镜店总经理
包祖行	谭惠廷	县政协常委、县环保局干部、高级工程师
	徐慧波	丹城中学教师、中学高级教师
	李雅琴	县中医院主任中医师
陈晓发	林　亚	市人大代表、县第一人民医院副主任医师
	吴兴平	县人大代表、县教科研中心副主任
	周秉益	县政协委员、县工艺美术协会秘书长、中国根艺大师
郑亚红	吕伟宏	县政协常委、宁波天弘电力器具有限公司总经理

	钱列民	县中医院副院长、副主任中医师
	钱秀娟	县疾控中心副主任、主任医师
林胜国	王雨芬	市人大代表、民盟象山支部委员、县图书馆副馆长
	邱争光	县教育局副局长、省特级教师
	金依平	象山中学副校长、省特级教师
金红旗	任海彬	定塘镇副镇长
	郑仁能	县政协常委、宁波能大食品有限公司董事长
	郑岳夫	县海洋与渔业局副局长、总工程师、农业技术推广研究员
俞　骏	励茂平	市人大代表、县政协常委、县工商联会长
	黄伟光	县政协常委、县基督教协会会长
	唐懋龙	县教科研中心教科处主任、省特级教师
陈永忠	周敏峰	市人大代表、县工商联副会长、宁波华翔集团总裁
	徐　辉	县经济开发区管委会副主任
	贺华源	县人大代表、象山东风针织集团公司董事长
陆传明	倪伟珍	县政协常委、县政协教卫文体和文史资料委员会主任
	王俊杰	市政协委员、世纪华丰控股有限公司总裁
	胡　宗	宁波天安集团股份有限公司特种技术研究所所长、高级工程师
吴安定	冯宗和	市政协委员、象山金元蛋业合作社理事长
	左　伟	县卫生局副局长、县第一人民医院院长、主任医师
	方利民	象山县外国语学校校长、省特级教师
赖明和	吴　珍	市政协委员、县科协副主席
	陈子敏	县政协常委、县林特技术推广中心高级农艺师
	王亚琴	县政协委员、县畜牧兽医技术推广中心副主任、高级畜牧师
周平飞	周良华	市政协委员、民盟象山支部委员、象山三中副校长、中学高级教师
	陈海林	市人大代表、宁波海山纸业有限公司董事长
	张明珠	县政协常委、市篆刻创作委员会主任、县民间艺术研究中心副主任

2008 年

周江勇	董也琴	县人大常委会副主任
	胡建萍	县政协副主席、民盟象山支部主任委员
李关定	王安静	县政府副县长
	莫淑茜	县统计局局长
徐才印	励茂平	市人大代表、县政协常委、县工商联主席
	陆振一	省人大代表、县第一人民医院工会主席、主任医师
白国璋	倪伟珍	县政协常委、县政协教卫文体和文史资料委员会主任
	钱列民	县中医院副院长、副主任中医师

黄志明　潘国昌　县政协常委、县水利局副局长（正局级）
蒋　亮　市政协委员、县教育局副局长、省特级教师
李左杰　象山中学教师、中学高级教师
卢　敏　朱建新　县人大常委、县交通局总工程师、高级工程师
赖伟杰　县政协常委、县发改局副局长
李红蓥　市人大代表、浙江东红船业有限公司董事长、高级经营师
洪贤兴　闻笑燕　市政协委员、宁波探索机械制造有限公司常务副总经理
赖赛飞　县人大代表、县文联干部、二级作家
胡庆彪　县政协常委、象山三中校长、省特级教师
董贵波　杨盛昂　县监察局副局长
周青法　县人大常委、县工商联副主席、丹城如意眼镜店总经理
朱永利　宁波天安集团机电分公司副经理、高级工程师
林雅莲　钮晶莹　县政协常委、贤庠镇副镇长
蒋建忠　市政协委员、县政协常委、县建筑设计院代院长
张明珠　县政协常委、市篆刻创作委员会主任、县民间艺术研究中心副主任
柴大科　史盛夏　市人大代表、县交警大队民警
朱仁勇　泗洲头镇副镇长
邬云德　县教科研中心教研员、中国数学协会会员、省特级教师
黄敏求　倪跃丰　墙头镇副镇长
翁雅丹　县总工会副主席
释莲智　县政协常委、市佛教协会常务理事、县佛教协会会长、象山弥陀净寺住持
金红旗　吴毓伟　县审计局总审计师
任青良　新桥镇副镇长
郑宝根　县政协委员、中国根艺美术大师、郑宝根竹根雕艺术创作室负责人
仇必春　郑根土　县政协常委、县广播电视台副台长
周　洪　县水产养殖技术推广站干部、高级工程师
胡　宗　宁波天安集团特种技术研究所所长、高级工程师
包祖行　谭惠廷　县政协常委、县环保局干部、高级工程师
徐慧波　县政协委员、丹城中学教师、中学高级教师
李雅琴　县中医院主任中医师
陈晓发　林　亚　市人大代表、县第一人民医院副主任医师
吴兴平　县人大代表、县教科研中心副主任
周秉益　县政协委员、县工艺美术协会秘书长、中国根艺美术大师
郑亚红　吕伟宏　县政协常委、宁波天弘电力器具有限公司总经理
钱秀娟　县疾控中心副主任、主任医师

	陈晓奇	县第一人民医院主任中医师
林胜国	王雨芬	市人大代表、民盟象山支部委员、县图书馆副馆长
	邱争光	县教育局副局长、象山中学校长、省特级教师
	金依平	象山中学副校长、省特级教师
俞　骏	黄　刚	县旅游局副局长
	黄伟光	县政协常委、县基督教协会会长
	唐懋龙	县教科研中心教科处主任、省特级教师
陈永忠	周敏峰	市人大代表、县工商联副主席、宁波华翔集团总裁
	徐　辉	县政协常委、县经济开发区管委会副主任
	贺华源	县人大代表、象山东风集团有限公司董事长
阮　啸	施文娟	市人大代表、宁波浩宇针织有限公司总经理
	王一鸣	县政协委员、宁波锦浪新能源科技有限公司总经理
	郭智于	宁波申菱电梯配件有限公司技术开发部经理、高级工程师
孙小雄	郑岳夫	县海洋与渔业局副局长、农业技术推广研究员
	任海彬	定塘镇副镇长
	郑仁能	县政协常委、宁波能大食品有限公司董事长
陆传明	张德和	市政协委员、市文联委员、县工艺美术协会会长、象山德和根艺美术馆馆长、中国根艺美术大师
	王俊杰	市政协委员、世纪华丰控股有限公司总裁
	马超俊	象山二中副校长、省特级教师
吴安定	冯宗和	市政协委员、象山金元蛋业合作社理事长
	左　伟	县卫生局副局长、县第一人民医院党委书记、院长、主任医师
	方利民	象山县外国语学校校长、省特级教师
赖明和	吴　珍	市政协委员、县科协副主席
	徐小平	县政协常委、县教育局副局长
	陈子敏	县政协常委、县林特中心副主任、高级农艺师
周平飞	周良华	市政协委员、民盟象山支部委员、象山三中副校长、中学高级教师
	陈海林	市人大代表、宁波海山纸业有限公司董事长
	余志刚	象山新闻中心副刊专题部主任、中国作家协会会员

2011 年

李关定	胡建萍	县政协副主席、民盟象山支部主任委员
	钮晶莹	县人大常委、县人大城建农资环保工委主任
叶剑鸣	王安静	县政府副县长
	莫俶茜	县统计局局长
金红旗	励茂平	市人大代表、县政协常委、县工商联主席

	陆振一	省人大代表、县第一人民医院主任医师
白国璋	倪伟珍	县政协常委、县政协教卫文体委主任
	钱列民	县中医院副院长、副主任中医师
林雅莲	潘国昌	县政协常委、县建设局副局长（正局级）
	蒋建忠	市政协委员、县政协常委、县建筑设计院院长、民盟象山支部委员
	张明珠	县政协常委、县文联副主席
卢　敏	朱建新	县人大常委、县交通局总工程师、高级工程师
	赖伟杰	县政协常委、县发改局副局长
	王一鸣	宁波锦浪新能源科技有限公司总经理、国家“千人计划”高级人才、国家特聘专家
黄敏求	任青良	大徐镇副镇长
	翁雅丹	县总工会副主席
	释莲智	县政协常委、市佛教协会常务理事、县佛教协会会长、象山弥陀净寺住持
仇必春	郑根土	县政协常委、县广播电视台副台长
	周　洪	县水产养殖技术推广站干部、高级工程师
	李左杰	象山中学教师、中学高级教师
欧亚群	蒋　亮	市政协委员、县教育局副局长、省特级教师
	石建波	黄避岙乡副乡长
	赖赛飞	县人大代表、县文联干部、二级作家
应春华	史盛夏	市人大代表、县交警大队民警
	朱仁勇	泗洲头镇副镇长
	邬云德	县教科研中心教研员、中国数学协会会员、省特级教师
俞　骏	吴毓伟	县审计局总审计师
	孙丽姹	贤庠镇副镇长
	闻笑燕	市政协委员、宁波探索机械制造有限公司常务副总经理
李　刚	杨盛昂	县监察局副局长
	左　伟	县卫生局副局长、县第一人民医院院长、主任医师
	朱永利	宁波天安集团变压器公司经理、高级工程师
王能迭	赖旭春	县港航管理局副局长
	翁永聚	高塘岛乡副乡长
	胡庆彪	县政协常委、象山三中校长、省特级教师
郑亚红	吕伟宏	县政协常委、宁波天弘电力器具有限公司总经理
	钱秀娟	县疾控中心副主任、主任医师
	陈晓奇	县第一人民医院主任中医师
林胜国	王雨芬	市人大代表、县图书馆副馆长、民盟象山支部委员

	邱争光	县教育局副局长、象山中学校长、省特级教师
	金依平	象山中学副校长、省特级教师
柳建根	谭惠廷	县政协常委、县环保局干部、高级工程师
	李雅琴	县中医院主任中医师
	胡建雄	宁波诗兰姆汽车零部件有限公司总经理、县十大外籍优秀管理者、荣誉象山人
叶富兴	林　亚	市人大代表、县第一人民医院副主任医师
	吴兴平	县人大代表、县教科研中心副主任
	周秉益	县政协委员、县工艺美术协会秘书长、中国根艺美术大师
陈永忠	周敏峰	市人大代表、县工商联副主席、宁波华翔集团总裁、民盟象山支部副主委
	徐　辉	县政协常委、县经济开发区管委会副主任
	顾洪剑	涂茨镇副镇长
孙小雄	任海彬	定塘镇副镇长
	陈亚云	定塘镇副镇长
	郑仁能	县政协常委、宁波能大食品有限公司董事长
邱金岳	黄　刚	县风景旅游局副局长
	周青法	县人大常委、丹城如意眼镜店总经理
	马超俊	县教科研中心教科处副主任、省特级教师
林荣根	张德和	市政协委员、县工艺美术协会会长、象山德和根艺美术馆馆长、中国根艺美术大师
	王俊杰	市政协委员、世纪华丰控股有限公司总裁
	史奇妙	县基督教“三自”爱国运动委员会主席
吴安定	冯宗和	市政协委员、象山金元蛋业合作社理事长
	顾永武	晓塘乡副乡长
	方利民	象山县外国语学校校长、省特级教师
周平飞	周良华	市政协委员、象山三中副校长、中学高级教师
	陈海林	市人大代表、宁波海山纸业有限公司董事长
	余志刚	象山新闻中心时政新闻部副主任、中国作家协会会员
赖明和	徐小平	县政协常委、县教育局副局长
	陈子敏	县政协常委、县林特技术推广中心副主任、高级农艺师
	徐慧波	县政协委员、丹城中学教师、中学高级教师
励志纲	郑岳夫	县海洋与渔业局副局长、农业技术推广研究员
	施文娟	市人大代表、宁波浩宇针织有限公司总经理
	唐懋龙	县教科研中心教科处主任、省特级教师

党外代表人士廉情问询制度

为加强党外民主监督，拓展监督渠道，形成党内、党外监督合力，根据《中共象山县委关于进一步加强中国共产党领导的多党合作和政治协商制度建设实施意见》《象山县建立健全惩治和预防腐败体系2008—2012年工作要点》和《象山县预防腐败工作意见》要求，县纪委、县委统战部联合制定《象山县党外代表人士廉情问询实施办法（试行）》（象纪〔2009〕21号）。

问询主体、对象与内容 主体是县党外代表人士；对象为县级各部门及其班子成员与各镇乡（街道）党（工）委、政府（办事处）及其班子成员。内容：反腐倡廉工作开展情况和执行党风廉政建设各项规章制度情况；领导干部廉洁自律及机关干部廉政勤政情况；行风建设和作风建设方面存在的突出问题；群众反映强烈的其他问题。

问询形式与程序 党外代表人士以书面形式向县纪委或县委统战部办公室提交问询。县纪委办公室将问询内容以书面形式告知问询对象，问询对象在10个工作日内向问询人作出书面答复，并报县纪委、县委统战部备案。会议问询。县纪委、县委统战部定期协商确定廉情问询会相关议程，并组织召开廉情问询会。问询人在问询会上提出问题，问询对象当场予以解答。问询全部结束后，当场测评问询对象解答情况满意度。问询人不满意的问题，问询对象要在15个工作日内以书面形式向问询人作出答复，并制定落实具体整改措施，报县纪委、县委统战部备案。会议邀请部分县纪委委员、党风廉政监督员和有关单位负责人参加。

廉情问询结果运用 县纪委、县委统战部要及时将问询满意度测评情况向问询人和问询对象反馈，并以适当方式公开廉情问询会情况。廉情问询工作要列入党风廉政建设和统战工作考核的重要内容，并作为干部任用重要参考。

党外代表人士廉情问询情况

象山县党外代表人士廉情问询始于2009年。

2009年被问询单位及出席者 县教育局叶富兴、周国鸣、邱争光、何将常、蒋亮，县卫生局翁英豪、叶为民、鲍春华、于瑞祥、王立人。

问询代表 民盟盟员：县政协常委徐辉、民盟对外联络委员丁祺（女）、省人大代表陆振一、市政协委员周良华，市政协委员、县政协常委蒋建忠，县政协委员史丹丹（女）、杨存国。九三学社社员：县政协委员王海明（女）。民建会员：县政协常委应东旭。民进会员：袁锦英（女）。无党派人士：杨盛昂（女）、县政协常委赖伟杰、县政协常委钮晶莹（女）、市政协委员吴珍（女）、县政协常委张明珠、市政协委员蒋亮，市人大代表、县政协常委励茂平，县人大常委朱建新、县政协常委潘国昌、县政协常委吴碧波（女），任青良、叶丹静（女），县政协委员叶维琴（女）、县政协常委谭惠廷、县政协常委陈子敏、县政协委员章国锋，市人大代表李红鋆，钱列民、范旭东、董金磊，市人大代表施文娟（女），县人大常委、工商联副主席周青法，县政协委员陈迈、张岳斌、徐贤国、郑振本。

出席领导及嘉宾、代表 省纪委《反腐败导刊》主任张建明，市委统战部副部长杨志强，县纪委书记董贵波，县委常委、统战部部长黄敏求，纪委副书记孙国夫，县委统战部副部长林平安，县纪委委员郑家锡、钱永建、顾卫国、张有为、石士堂、励水源，县人大、政协办马祖权、谢台田，党风廉政建设和行风建设监督员石陵员、沈亚琴（女）、钱英承、史月华（女）、叶海静（女）、王振杰、何幼松、郑端品；县劳动局、药监局、贸粮局、农林局、海洋与渔业局、质监局、公安局、城管局、规划局、工商局、国土局、环保局等部门负责人。

问询内容 广泛开展课题征集调查，确定首次廉情问询主课题为大民生问题，从教育、卫生、食品药品安全、社会保障等方面，向37名党外代表人士发出意见征求函，得到他们响应，共征集到社会民生方面意见和建议30条。由县纪委副书记孙国夫和县委统战部副部长林平安，共同组织召开廉情问询座谈会2次，通过与党外代表人士面对面交流，挖掘和深化问询课题，使得问询主题更加集中。为使廉情问询的效果更加显著而不流于形式，县纪委和统战部统理征求的意见建议以及座谈会记录，并根据本次廉情问询主题，确定县教育局、卫生局为问询对象。

县纪委、县委统战部按照“明确分工、共同推进”工作原则，在象纪〔2009〕21号文件基础上，明确以会议问询为主操作模式，由县纪委、县委统战部于2009年11月10日下午，在国际大酒店二楼会议室召开廉情问询会。省纪委、市纪委和市委统战部领导亲临指导，30余名党外代表人士和纪委委员出席会议，20余个县级执行部门负责人邀请观摩。会议由县委常委、统战部部长主持，县纪委书记总结点评，会议全程录像。11名党外代表人士围绕医务人员收受红包、幼儿入园难、教师有偿家教、公共视频安全等20个群众普遍关心热点问题，向县教育局、卫生局领导班子成员提出问询，由于前期调研、培训工作充分，选题切中要害，事例依据确实，提问尖锐有力，两局事先作充分准备，有些问题仍然无法作出令人满意答复，有时甚至出现针锋相对、面红耳赤尴尬局面。问询结束后，参会党外代表人士、纪委委员现场满意度测评，并予以公布。问询人感到不满意答复，由县纪委书记责成被问询单位限时作出整改。通过面对面的问询活动，教育、卫生两局负责人坦言，“提问很直接，不留情面，触动很大，对自身工作存在的不足和问题有了更深的认识与了解。”

首次廉情问询活动邀请《浙江日报》、浙江电视台《反腐前线》专题栏目、《宁波日报》《今日象山》、中国象山港网站等媒体单位到场采访，共播发刊登《非共产党员代表人士廉情问询象山开先河》等新闻10余条，中国共产党新闻网、中国广播网等全国300余家网站转载相关活动报道，产生强大的新闻宣传效应。同时，全程跟踪拍摄廉情问询会，适时在象山电视台录播，接受人民群众监督，树立党外代表人士廉情问询活动特色品牌地位。

2011年被问询单位 县公安局、公安消防大队、公安交警大队。（本次廉情问询为书面问询，问题直接由被问询单位书面答复）

问询代表 民盟盟员：省人大代表陆振一，市政协委员周良华，市政协委员、县政协常委蒋建忠，县政协委员史丹丹（女），叶能章，杨存国。民建会员：县政协常委应东旭。无党派人士：杨盛昂（女），县政协常委张明珠，县政协常委吴碧波（女），县政协委员叶维琴

（女），工商联副主席周青法；范旭东、张岳斌。

问询总结　2011 年 10 月，组织 15 名党外代表人士向县公安局就社会治安管理、交通管理和消防安全管理三大类九方面提出书面问询。公安局领导班子十分重视，专门进行研究，认真作出答复，对有些问题还与问询人进行面对面交流，提出整改意见。公安局班子认为，问询意见调研依据充分，切中时弊，并有应对建议，对全县公安工作很有促进。

2012 年被问询单位及出席者　县民政局张有为及班子成员，县规划局杨梓良及班子成员。

问询代表　民盟盟员：省人大代表陆振一，市政协委员蒋建忠，县政协委员史丹丹（女），杨存国。民建会员：县政协常委应东旭，县政协委员孔晓峰。民进会员：县政协委员袁锦英（女）。无党派人士：县政协委员杨盛昂（女），县政协委员赖伟杰，县政协常委吴碧波（女），任青良，县政协委员叶维琴（女），县政协常委谭惠廷，县政协委员章国锋，县政协委员范旭东，市人大代表施文娟（女），县人大常委、工商联副主席周青法，县人大代表王根强，县人大代表叶海静（女），县政协常委张荣国。

出席领导及嘉宾、代表　县纪委领导：李刚、陈水明、郑盈（女）、柴盛，县委统战部领导：黄敏求、翁华清、沈颖洪，县党外代表人士 15 人，县纪委委员 6 人，县人大代表工委、政协、提案委代表，党风廉政建设和行风建设监督员 6 人，县人社局、药监局、贸粮局、农林局、海洋与渔业局、质监局、公安局、城管局、工商局、国土局、环保局、住建局、教育局、卫生局等部门负责人。

问询内容　11 月 30 日，全县党外代表人士暨纪委委员廉情问询会在象山宾馆召开，县民政局、规划局等相关负责人，现场接受党外代表人士和纪委委员问询，并当场接受测评。县委常委、统战部部长黄敏求主持会议，县委常委、纪委书记李刚出席并讲话。

此次与会党外代表人士和纪委委员向县民政局、规划局等提出老城区规划、殡葬管理、社团管理、养老体系建设、规划变更和执法等热点问题，相关负责人现场进行详细说明和解答，并就存在的问题提出整改措施。

会议指出，开展党外代表人士暨纪委委员廉情问询，有利于推进民主政治建设和党风廉政建设。开展廉情问询，强化监督，让权力在阳光下运作，可以更加有效地预防腐败，促使反腐败斗争取得新成效。各相关部门要以此次党外代表人士暨纪委委员廉情问询为契机，狠抓制度落实和监督检查，切实落实好廉情问询议题、巩固好廉情问询成果。各位代表要总结好廉情问询会经验，进一步做好调查研究，在问询时，做到问题和建议相结合，以提高监督针对性和准确性，提升监督能力。今后有关部门要拓宽问询方式、建立督查机制、健全工作机制，进一步完善廉情问询制度，构建更加开放、更具活力、更为有效的监督体系。

第二节　党外人士安排

做好党外人士的安排工作，是党的统一战线政策的重要内容，是坚持党与党外人士合作共事的组织保证，是坚持中国共产党领导的多党合作和政治协商制度的一个基本条件，也是基层统战工作一项十分重要的工作。

人事安排

1955年2月，县委统战部召开县机关科长和镇委主要党员干部会议，宣传教育统一战线思想。提高对统一战线认识，纠正“关门倾向”。是年，县委统战部根据省委《关于浙江省1955年统一战线工作纲要》文件精神，就人事安排、调整党与非党人士的关系提出明确要求。把具有政治性、经济性、代表性的人物列入考察对象，经过审查确定，工商界徐文铎、王松舟、石金荣，教育界何平斋、张轩南、鲍斯恩、顾若驹，医务界刘雪航、王乐成，佛教界释传常，社会界王祺，无党派人士翟如佐、沈海潮以及童聿茂等14人为县管民主人士。1958年，确定县管民主人士对象18人。1963年为32人，有教育界、文艺界、医务界、工商界、科技界、宗教界和归侨、无党派人士等。中共十一届三中全会后，党外人士安排与调整提上县委统战工作议事日程。对党外代表人士工作对象，从过去的民主人士为主，逐步转移到教育、科技、卫生、文艺、各类工程技术专业对口人员和港澳台同胞亲属、民族宗教界上层人士、非公有制经济厂长、经理等方面知名人士，把握使用在政治上有影响、社会上有声誉、学术上有造诣、经济上有实力的代表人物。党外人士推荐工作以各级基层党组织为主，特色考察工作以统战部为主，在物色考察中主要把握的要点重在表现，由此建立了党外代表人士人才库200余名，为1984年县人大、县政协换届提供组织保证。特别是1994年县委统战部首次与县委党校联合举办“全县党外干部培训班”，学员40人，学期3天，为县委安排非共产党员领导干部输送人才。2003年后，对党外代表人士培养选拔，采取压担锻炼、交流轮岗和政治安排与实职安排相结合方式，培养政治思想素质好、群众公认度高、业务能力强党外后备人士。制定县知联会会员服务社会献爱心活动方案，探索建立无党派人士认定评价体系，不断丰富管理手段，积极推进党外知识分子代表人士队伍建设。

2011年，推荐4名党外后备干部参加县八届中青班学习，5名党外中层干部参加轮岗锻炼，4名提拔为县管领导干部。深化党外廉情问询活动。是年，以筹备开展第二次党外代表人士廉情问询活动为契机，从300名党外代表人士数据库中选定50名政治素质过硬、参政议政能力较强的统战对象为问询活动主体队伍，优化“三五”人物工程数据库结构。组织15名党外代表人士向县公安局就社会治安管理、交通管理和消防安全管理等三大类九个方面问题提出书面问询，为形成廉情问询活动长效机制提供实践参考，收到很好效果，为推进基层民主政治建设提供新视角，开辟新空间。

党外人士实职安排

1990—2012 年县副局级以上党外代表人士一览表

表 3-2-1

姓 名	性别	单 位 职 务	党 派	工 作 时间	任现职 时间	任同级 时间	籍 贯	学历及 学位
郑瞻德	男	县政协副主席	无党派	1969.07	1993.03	1993.03	象山	大学
董也琴	女	县人大常委会副主任	无党派	1971.05	2003.02	1996.04	象山	大专
戴 瑜	女	县政府副县长	无党派	1993.08	2002.11	2002.11	江苏	大学硕士
韩利诚	男	县文联主席	民盟	1984.08	2005.10	2002.03	象山	大学
金 珊	女	县检察院副检察长	无党派	1992.08	1997.11	1997.11	东阳	大学
赵光辉	男	县人大法工委主任	民盟	1983.08	2001.10	2001.10	象山	大学
周学群	女	县政协教卫文体、文史资料委员会主任	无党派	1990.08	—	1996.10	云南昆明	大学
吴 珍	女	县科协副主席	无党派	1988.08	2006.12	2001.06	象山	大学
欧夏雨	男	县建设局总工程师	无党派	1986.08	2002.12	2002.12	象山	大学
倪跃丰	男	墙头镇副镇长	无党派	1978.05	1999.01	1999.01	象山	高中
朱仁勇	男	泗洲头镇副镇长	无党派	1991.08	2006.06	2006.06	象山	大学
蒋 亮	男	县教育局副局长、象山中学校长	无党派	1956.12	2006.06	2006.06	临海	大学
励茂平	男	象山县人大常委会副主任、工商联主席	无党派	1985.08	2012.02	2012.02	象山	大学工学学士
王安静	女	象山县政府副县长	民进	1997.08	2006.12	2006.12	象山	大学
胡建萍	女	象山县政协副主席	民盟	1986.08	2006.12	2006.12	宁海	大学
莫淑茜	女	县统计局局长	无党派	1990.08	2006.12	2006.12	温岭	大学农学学士
钮晶莹	女	县科技局局长	农工党	2000.08	2013.01	2010.01	丹东	大学文学学士
徐 辉	男	浙台（象山石浦）经贸合作区招商局局长、县招商局副局长（兼）	民盟	1990.08	2012.09	2012.09	石浦	大学
倪伟珍	男	县科技局副局长（正局）	无党派	1984.08	2011.08	2006.12	爵溪	大学工学学士

续表3-2-1

姓　名	性别	单位职务	党　派	工　作时间	任现职时间	任同级时间	籍　贯	学历及学位
潘国昌	男	县住房和城乡建设局副局长（正局）	无党派	1986.07	2011.08	2010.10	墙头	大学工学学士
郑　颖	女	县侨办副主任、侨联副主席	无党派	1999.11	2011.08	2011.08	象山	大学经济学学士
史静波	女	县台办副主任	无党派	2001.08	2011.08	2011.08	象山	大学
朱爱春	女	县卫生局副局长	农工党	1996.08	2012.04	2012.04	象山	大学
赖伟杰	男	县政协办副主任	无党派	1989.08	2011.08	2000.03	定塘	大学理学学士
朱建新	男	县交通局总工程师、象山港大桥及接线工程建设象山指挥部副总指挥	无党派	1988.07	2006.03	2003.10	海宁	大学
吴毓伟	男	县审计局总审计师	无党派	1981.12	2003.12	2003.12	丹东	大专
郑根土	男	县广播电视台副台长	无党派	1989.08	2005.04	2003.06	鹤浦	大学理学学士
任海彬	男	新桥镇人大副主席	无党派	1996.08	2011.08	2006.06	丹东	大专
任青良	男	大徐镇副镇长	无党派	1992.08	2010.10	2001.01	晓塘	大专
翁雅丹	女	县总工会副主席	无党派	1989.08	2007.06	2007.06	建德	大专
杨盛昂	女	县监察局副局长	民进	1989.08	2007.06	2007.06	象山	大学
黄　刚	男	县规划局总规划师	无党派	1993.02	2012.12	2008.05	象山	大学
徐小平	女	县审计局副局长	无党派	1988.08	2011.08	2008.05	象山	大学
张明珠	男	县文联副主席	无党派	1985.07	2009.03	2009.03	象山	大学
赖旭春	男	县港航管理局副局长	无党派	1992.08	2009.06	2009.06	象山	大学
顾永武	男	晓塘乡副乡长	无党派	1997.09	2010.12	2010.12	象山	大学
石建波	男	黄避岙乡副乡长	无党派	1997.09	2010.12	2010.12	象山	大学
林凌云	女	西周镇妇联主席	无党派	1997.12	2011.01	2011.01	象山	大学
顾洪剑	男	涂茨镇副镇长	无党派	2002.12	2009.06	2009.06	象山	大学
陈亚云	女	定塘镇副镇长	无党派	1995.08	2009.09	2009.09	象山	大学
孙丽姹	女	贤庠镇副镇长	无党派	1998.08	2010.10	2010.10	象山	大学
史丹丹	女	泗洲头镇副镇长	民盟	1998.08	2013.06	2013.06	象山	研究生

续表3-2-1

姓名	性别	单位职务	党派	工作时间	任现职时间	任同级时间	籍贯	学历及学位
范旭东	男	县检察院检察员	无党派	2004.08	2013.09	2014.08	湖北天门	硕士研究生
李淑著	女	县政协提案委副主任	无党派	1988.08	2013.09	2013.09	象山	大学

党外人士政治安排

推荐人大代表(1954.07—2011.12)

县委统战部根据《中华人民共和国地方各级人民代表大会和地方各级人民委员会组织法》与1956年2月中共中央批转中央统战部《关于人民代表、人民委员会的政治比例和加强对选举工作的领导，把社会主义建设、社会主义改造事业中先进分子、代表性人物吸收到政权组织中来》及1963年2月22日省委批准省委统战部《关于第五届市、县、公社（乡镇）人民代表大会、人民委员会和政协委员会人事安排的意见》指示精神，统筹兼顾地区、历史、阶层，合理安排各界代表人物，掌握中共党员与非党劳动人民的比例以及民主人士比例。

党外人士政治安排，以届别依次登载县第一届至第十五届人民代表大会代表名单。其中，县第三、四届人民代表大会代表因档案资料不全，仅查到部分县人大代表名单，且无法分清代表所在区或乡镇。县第七届人民代表大会因“文化大革命”影响未依法召开，为延续历史，以1968年11月县革命委员会成立大会替代排序，故无县人大代表名单。(因代表政治面貌无法厘清，故所有代表均列入)

县历届人大代表名单以区或乡镇为单位，遵循当时历史资料排列顺序予以记载。届中代表增减情况，在每届代表名单后简略说明。

县人大一届代表　(1954.07—1957.03)(党外代表分类不详)

丹城镇34人：房家书、高林山、李海瀛、柯扶、宋其茂、倪歧、李锡坤、陶仁山、徐文铎、释传常、石金荣、刘雪航、王阿兰（女）、张阿英（女）、周银凤（女）、林桂春、俞德春、史阿高、胡阿康、陈全青、朱存庆、施荷香（女）、沈道葵、汤瑞滢（女）、周啬鸿、王碧蓉（女）、钱惠安、郑锡林、李瑞三、王立庚、徐良骥、王家乾、聂梅娟（女）、刘承琪

石浦镇20人：崔登来、沈海潮、陈爱凤（女）、吴春宝、苏久法、陈荣扬、胡锡章、芦蕊娥（女）、王松舟、柴尧良、李传根、杨长顺、冯永舜、刘阿芳（女）、陈和生、刘阿甫、胡大爿、顾若驹、陈老弟、李森

石浦区16人：张敬、葛维新、周振章、陈桂女、鲍仁弟、秦修武、吴桂芳（女）、俞怀白、宋洪潜、俞其海、龚乃行、柯位章、任银娥（女）、王加土、叶邦满、于祥志

爵溪镇8人：吴家根、陈品位、陈松林、周根土、周良余、谢世法、张轩南、丁恩举

大徐区37人：俞友世、王秀娣（女）、王忠云、吴利兴、王家盛、吴杏根、张佳根、朱甫青、袁良木、王乐成、戴照杰、王增无、夏正才、朱金花（女）、王琪、周阿三、徐金木、

虞东再、王彩花（女）、贺师宗、杨学清、陈忠林、练秀英（女）、张根土、沈金世、冯孝贤、莫金凤（女）、林善忠、沈福寿（女）、章望良、金世民、周如何、王兴祥、张全士、张明章、葛正楼、张云祯

南庄区24人：张根土、吴存余、吴友金、郑鼻峰、陈德清、胡良朋、蒋宝金、闻秀英（女）、应慧琴（女）、钱碧芳（女）、陈阿根、吴兰英（女）、叶忠国、谢秀根、伊兆定、王求财、洪金女（女）、钱炳豪、史家玉、崔佩珍（女）、陈杏姣（女）、赵厚芳、雷贤土、彭玉茂

墙头区29人：谢昌奕、石宝玉（女）、钱绍璜、伊大毛、蒋阿香（女）、王才有、沈守常、马桂清、陆道荣、俞承川、韩炳法、欧仁财、翁玉英（女）、张根深、肖志鸿、郑贤生、陶根友、胡阿全、陆世根、林大根（女）、何平斋、赖爱芬（女）、朱丁辛、翁教麟、郑彩珍（女）、陈义甫、周大康、张文清、王尚连

新桥区33人：史致存、杨存登、石生伦、祝世常、孙杏春、屠水妹（女）、黄文斌、吴忠火、高洪宝、柳福林、柳体康、陈金地、何生春、陈成春、史大兴、郑根法、叶维福、奚际阜、俞保世、叶祝英（女）、陈五妹（女）、郑小根、杨万伍、朱大苏、张贞春、朱成贤、胡成申、袁根妹（女）、陈士宽、史致庸、鲍斯恩、周小海、伊根花（女）

定山区21人：潘松年、潘绥和、陈权金、康善荣、胡余才、黄方庠、王金富、李美英（女）、潘蔡文、练秀章、蔡礼富、周宝妹（女）、陈尚达、徐吉玉、蒋依友、张金水、刘行苗、陈宗福、陈宏彭、韩桂秋、刘政

南田区18人：周通宝、蔡四妹、陶魁荣、管英妹（女）、楼先志、励先金、王日安、陈大本、俞阿夏、张良芳、王招福、戴宝玉（女）、马金花（女）、彭其成、赖新春、范少祖、丁怀鹏、董聿茂

驻象山部队5人：李长江、李玉泰、赵益民、王启俊、许文才

县一届人大代表名额245名，当选代表245人。届中，主要因调离象山或工作岗位变动，其代表资格终止15人：王立庚、李瑞三、金世民、张文清、崔佩珍（女）、刘承琪、董聿茂、宋洪潜、刘政、徐良骥、俞怀白、应慧琴（女）、李森、王琪、朱荣斌。补选代表12人：于华杰、董方祥、俞清荣、章宏荣、赵玲花（女）、翟如佐、沈兴土、陈龙、陈庆文、杨潘泗、方芳云、吴家会

县人大二届代表　（1957.03—1958.06）（党外代表分类不详）

丹城镇29人：黄永瑞、李淑容（女）、石金荣、释传常、林秀英（女）、朱静芳（女）、杜来如、翁文星、虞梅芳、徐文铎、陈美魁、朱成贤、刘雪航、王阿兰（女）周云昭、沈仁淦、陈荣扬、姜阿英（女）、周青福、郑锡林、俞德春、史阿高、周银凤（女）、房家书、倪岐、吕荣华、李长江、栾法悦、于华杰

石浦镇30人：陈庆文、陈炳生、庄阿主、许仁绍、柴尧良、王松舟、许传林、蒋耀鸿、毛世金、余明成、胡锡章、蔡长寿、毛云从、陈祥发、董阿林、陈开芳、陈和生、李传根、陈少连、周华寿、潘铭恩、史美蓉（女）、陈爱凤（女）、张彩玲（女）、孙妙琴（女）、张桂兰

（女）、许彩妹（女）、杨才凤（女）、朱有娣（女）、朱茶花（女）

爵溪镇20人：仇维惠、杨潘泗、张轩南、戴佩芝、黄振荣、王忠清、周根土、杨瑞兰（女）、杨绍湘、程云臻、周良余、陈松林、周兰香（女）、李金梅（女）、陈文星、郁桂香（女）、谢世法、郑金彩（女）、陈品位、练家庸

西周6人：郑贤生、肖阳春、周杏花（女）、张金发、朱志明、董聿茂

大徐6人：董方祥、史济江、虞凤英（女）、徐金木、朱金花（女）、陈世安

民主6人：袁良木、练忠元、茅彩玉（女）、夏金才、姚张华、王振东

贤庠6人：贺师道、桂梅英（女）、吴祖凤、陈大生、计才世、李积瑞

雅林溪6人：计正向（女）王秀娣（女）、钱兴良、张法根、李海瀛、徐志道

涂茨5人：茅裕定、董阿兰（女）、郑文火、王乐成、史全木

珠溪8人：姜星湖、舒行道、樊敬绥、黄传青、严阿华（女）、张全木、姚芬梅（女）、黄可生

黄避岙6人：应可明、章兴花（女）、赖大通、陈之家、沈兴土、张志佩

儒雅洋4人：翁承元、王彩英（女）、欧世怀、赖大荣

莲花6人：周金良、翁玉英（女）、陈阿章、何平斋、伊志渭、龚志银

墙头6人：董英华、张阿香（女）、陈尚达、王尚苗、何元尧、汪文根

亭溪6人：王连仲、董根兴、陈财林、沈守常、吴蓝香（女）、汤和清

下沈6人：朱丁辛、陈义甫、赖兰英（女）、赖金木、孙贤高、袁岳林

大塘5人：俞其刚、黄国银、金丕根、刘宗模、芦聪明（女）

中楼5人：李效之、王春生、茅桂花（女）、严信法、蔡礼夫

中峙4人：刘行苗、朱清樊、吴彩蓉（女）、张金水

金星8人：章崇华、沈海潮、潘小木、陈小芳、王春妹（女）、吴桂芳、潘才宝、庞小法

晓月5人：孙良华、程家梅、周正夫、林五妹（女）、宋其茂

定塘5人：罗金桃、陈志相、李金良、陈生根、陈惠仙（女）

昌国7人：龚乃行、张秀凤（女）吴春花（女）宋久春、林苗良、刘承宗、杜益义

新桥7人：鲍斯恩、俞宝水、奚才交、励小良、史俊彩、史彩花（女）、忙阿香（女）

东溪6人：励金渭、齐月华、励光善、杨存登、孙吉春、顾春香（女）

马岙4人：黄启明、叶生根、叶素娟（女）、盛式芽

旦门4人：邵菊青（女）、李如道、史菊香（女）、徐金和

溪口7人：应宜焕、李金根、李阿根、屠金凤（女）、贺逊震、李锦涛、张贤春

泗洲头6人：胡金鼎、柳福林、袁继西、朱炳文、庞梅英（女）、张员春

东陈6人：鲍如增、龚友土（女）、王求才、吕章兴、吴昌芳、田树俊

林海7人：崔佩珍（女）、钱振标、黄少法、陆高兴、郑鼻峰、洪金女（女）、吴宏娟（女）

南庄8人：黄乃岳、周梅轩（女）、励小英（女）、朱佩炳、朱从香（女）、仇宜秋、张根

土、史根兰

高塘6人：曾伯明、陶魁荣、徐正夫、沈明才、黄春妹（女）、王德山

鹤浦7人：叶成保、童菊花（女）、赖新春（女）、陈兆皋、方芳云、陈礼春、梅金火

南田4人：姜登仕、何金贵、楼先志、喻理信

东门4人：罗大法、陈小宝、芦位香（女）、（缺1人）

檀渔4人：林香女（女）、鲍仁弟、（缺2人）

驻象山部队4人：张志鸿、林盂荪、潘行、（缺1人）

县二届人大代表名额281名，当选代表281人。因政治问题撤销代表资格2人：鲍斯恩、贺逊震。

县人大三届代表　（1958.06—1962.08）（党外代表分类不详）

丁恩举、于华杰、王化祥、王永榜、王乐成、王阿兰（女）、王桂星、王松舟、王念慈、王希途、王良心、王贤文、刘宗模、刘雪航、石生颜、宋琴堂、沈仁淦、沈海潮、李宏军、李鸿明、李小贵、朱丁辛、朱成贤、杜来如、柯扶、陈少连、陈品位、陈开芳、陈国顺、陈志芳、余明成、陆土兴、许仁绍、徐美彬、徐春芳、徐金木、徐文铎、伊大毛、林旺福、应可明、陶仁山、房家书、周阿生、周联娥（女）、欧绪郎、舒行道、梅仝火、张兆土、张鑫泉、张桂兰（女）、胡金华、柴尧良、诸民信、夏阿章、夏荣裕、夏启忠、俞月娥（女）、芦贤成、谢世法、谢道福、程家梅、程云臻、奚际宋、翁承元、黄良桂、黄忠信、黄永瑞、黄和生、杨姣娥（女）、潘铭恩、庄得友、罗大法、戴佩芝、杨潘泗、张轩南、杨瑞兰（女）、周根土、杨绍湘、王忠清、李金梅（女）、练家庸、周兰香（女）、陈松林、仇维惠、陈庆文、倪岐、宋其茂、周备、钟杏梅（女）、周良余、黄振荣、郑金彩（女）、郁桂香（女）、陈文星、石生棉、鲍斯宽、鲍斯根、陈始凤（女）

县三届人大代表名额282名，当选代表282人。1960年1月，县三届人大二次会议召开时，象山、宁海两县合并为象山县，实有代表人数为486人。因档案资料不全，仅查到代表名单98人。

县人大四届代表　（1962.08—1963.12）（党外代表分类不详）

丁祥琪、于佑之、王化祥、王松舟、王兴勃、马连生、方大富、方德梅、刘雪航、刘廷梓、刘朝荣、朱丁辛、朱成贤、朱雪英（女）、吕嘻嘻（女）、史永富、孙苗、孙良华、孙吉春、孙木世、许小顺、宋申鲁、宋琴堂、沈仁淦、沈海潮、沈光潮、杜竹轩、杜雪樵、李森、李明华、李延昌、李效之、李致敏、林培苗、何善根、周联娥（女）、周云照、周玉山、周龙蛟、金丕根、高林山、汤炳根、徐金木、徐志道、徐文铎、徐东谷、杨有举、苏永木、陈少连、陈士宽、陈家芬（女）、陈孝顺、袁友定、张志刚、张根土、张洪涛、钟杏梅（女）、程玉森、夏荣裕、谢世法、谢道福、钱炳豪、钱宏存、曹鸿声、翁定康、黄稀、黄彩英（女）、黄永瑞、黄和生、黄岱东、盛金维、董根新、檀有安、沈开朝、胡金福、陶根友、周茶花（女）、周阿良、张云祯、徐义来、张秀凤（女）、林苗良、林明浩、姜义军、陈阿英（女）

县四届人大代表名额295名，当选代表295人。档案资料不全，仅查到代表85人。

县人大五届代表 （1963. 12—1966. 04）（党外代表分类不详）

丹城镇34人：曹鸿声、马连生、宋琴堂、李明华、杨水校、沈承葵、胡全福、郭阿朝、章兴梅、王阿兰（女）、刘丽卿（女）、沈阿义（女）、金秀康（女）、郎权平、程玉森、何善根、陈阿位、史云富、刘雪航、朱成贤、王永瑞、徐文铎、石金荣、夏荣裕、俞松轩、史志伟、陈少连、沈仁淦、释传常、林秀英（女）、徐妙英（女）、雷彩香（女）俞世根、周企禹

石浦镇28人：杨有举、陈炳生、胡全根、周振章、黎桂梅（女）、苏根法、施锡幸、王阿凤（女）、葛阿万、戴和宾、俞清荣、蔡瑞钟、翁定康、王化祥、张彩玲（女）、顾满银、陈福年、杜竹轩、潘铭恩、周润宝、李森、于华杰、池起升、高维友、王松舟、胡锡章、吕嘻嘻（女）、白玉琴（女）

爵溪公社12人：董根新、杜雪樵、周玉山、谢世法、鲍阿青（女）、郑再林、周明祥、刘志雄、盛乾壮、吴芝芬（女）、郑凤英（女）、陈阿攀

西周公社8人：张志毅、张金友、胡金福、杨金巨、周茶花（女）、朱延林、沈海潮、周高椿

民主公社8人：姚吉林、夏金才、于佑之、赵昌会、肖祥法、康林娣（女）、练凤花（女）、郑新钿

涂茨公社9人：吴明鲁、吴祖凤、王乐成、许仁彩、陈忠林、赵彩玲（女）、史菊花（女）、林大荣、郑文虎

珠溪公社11人：张永安、田树俊、钟杏梅（女）、方员芳、舒行道、朱付清、黄傅西、舒伍坤、郭大香（女）、张桂英（女）、阎玉梁

黄避岙公社9人：姚凤鸣、李启文、沈福寿（女）、陈绍火、张志昌、王根仙（女）、陈小友、卢鸣治、周龙蛟

贤庠公社12人：孙木世、张云祯、张玲香（女）、陈孝生、吕秀坤、李左岳、徐玲香（女）、黄彩英（女）、金正祥、计财世、周联娥（女）、熊巨生

大徐公社8人：张荣楚、宋申鲁、徐志道、徐金木、周阿三（女）、顾才兴、柴惠芳（女）、史济炳

雅林溪公社8人：董金岳、章小财、王秀娣（女）、骆金全、励先凯、张汉庭、翟殿卿、叶云标

林海公社9人：钱炳豪、钱振标、吴祚定、郑才娣（女）、倪炳生、徐步洲、沈桂隆、欧根土、郑鼻峰

南庄公社8人：沈光潮、郑祥友、张冬青（女）、张根娣（女）鲍序荣、叶根青、李振江、孙苗

东陈公社9人：仇维惠、张洪涛、谢祖英（女）、吴善友、谢阿宝、谢兴产、武加友、胡良叶、陈银花（女）

亭溪公社9人：柯文育、朱培宝、吴日友、董英华、史福英（女）、郑先贵、俞宏达、吕茂林、刘良法

墙头公社7人：徐文胜、陈照青、欧昌苗、石宝玉（女）、陈英浩、王才友、王尚祥

儒雅洋公社7人：刘玉甫、陈孝顺、郑元得、陆文取、黄菊青（女）、赖成全、赖青友

莲花公社7人：牟洪绪、薛祥符、蔡达春、伊焕章、翁仁花（女）、周金良、翁成巨

下沈公社10人：郑义梅（女）、孙贤高、朱丁辛、赖才全、朱爱卿（女）、陈根岳、张亚芬（女）、赖在茂、周生根、吕纪堂

泗洲头公社9人：黄仁家、赖金田、郑有法、朱大苏、李致敏、汪企南、朱雪英（女）、黄立法、胡彩娣（女）

马岙公社5人：李方忠、吴其丰、鲍斯宽、董小火、鲍七妹（女）

溪口公社8人：朱颂宽、石荷香（女）、李阿根、应小员、周宏斗、胡家欢、朱祥云、于祥志

新桥公社7人：刘朝荣、周加升、史爱娥（女）、陈士宽、邵金钧、史悠焕、奚际阜

东溪公社7人：钱绍坤、韩天法、王忠根、韩志明、孙吉春、厉先定、黄彩英（女）

旦门公社5人：方大富、周生火、黄全生、王林木、石少香（女）

中楼公社7人：盛中安、徐东谷、杨士森、盛正维、郑忠孝、薛先法、葛冬妹（女）

晓塘公社8人：朱清樊、黄德兴、戴康乾、朱阿表、胡彩云（女）、周国富、杨清真、陈阿高

后岭公社5人：章志电、潘行德、王直宝、潘仁信、黄金娥（女）

定塘公社9人：王兴勃、汤梦萱（女）、俞其刚、邵好轩、夏友财、奚大福、康善宝、鲍五凤（女）、张阿宝

大塘公社7人：鞠忠楼、孙良华、陈大兰（女）、周冬友、林安青、金丕根、金士贤

昌国公社8人：潘兴龙、刘承松、苏永木、周全生、秦世昌、林自春、林加丁、张秀凤（女）

番头公社7人：邵菊青（女）、陈文宝、林阿松、周大宝、项水土、张全华、刘裕盛

金星公社8人：黄振宝、汤加寿、徐文良、朱仲前、赵根木、芦阿香（女）、金老冬（女）、叶先文

檀头山公社3人：马洪基、奚阿会、徐加莲（女）

樊岙公社8人：夏盛钮、董家谱、金姣娥（女）、徐小花（女）、金良法、刘祖达、楼先志、屠小浓

高塘公社8人：杜中嵋、李明智、陈模省、李凤英（女）、梁昌法、张玉夫、江万金、金阿兰（女）

鹤浦公社9人：杨友良、陈兆皋、彭其成、钱同财、陈瑞花（女）、王招福、叶富青、李小宝、史宝凤（女）

驻象山部队6人：程继松、刘延梓、王玉贵、张树惠、徐道生、钱胜文

县人大六届代表　（1966.04—1967.05）（党外代表分类不详）

丹城镇32人：程玉森、何善根、陈阿惠、罗久贤、郭阿朝、章兴梅、王阿兰（女）、周

才娥（女）、徐妙英（女）、葛化才、马家世、曹鸿声、宋琴堂、李明华、李森、高维友、章志杰、沈承葵、樊佩侃（女）、林秀英（女）、金秀康（女）、释传常、陈少连、沈仁淦、朱成贤、刘雪航、徐文铎、石敬荣、俞松轩、孙惠源、施志伟、黄永瑞

石浦镇29人：于华杰、翁定康、马连生、谢忠年、顾满银、池起升、王松舟、潘铭恩、周仁宝、胡全根、施锡幸、陈炳生、周金章、黄和生、杨有举、王阿凤（女）、黎桂梅（女）、张彩玲（女）、王化祥、陈福年、吕嘻嘻（女）、蔡瑞钟、胡锡章、戴和炳、林祥生、鲍仁弟、韦友俊、俞清荣、余明成

爵溪公社12人：谢世法、鲍阿青（女）、董根新、郑再林、周明祥、刘志雄、盛乾庄、吴芝芬（女）、陈阿攀、杜雪樵、张子瑾（女）、郑凤英（女）

西周公社9人：谢芝芳、周高椿、沈海潮、吕彩苗（女）、张金友、杨金巨、胡金福、张昌校、王昌水

珠溪公社11人：张永安、田树俊、钟杏梅（女）、方员芳、舒行道、黄传西、舒伍坤、郭大香（女）、阎玉梁、张正梅（女）、黄性祥

贤庠公社12人：熊巨生、周联娥（女）黄彩英（女）、徐阿香（女）、孙木世、金正祥、陈小生、虞小满、计财世、张玲香（女）、吕修坤、袁成林

黄避岙公社9人：姚凤鸣、李启文、沈福寿（女）、陈绍文、张志昌、杨彩花（女）、陈小友、卢鸣治、周龙蛟

民主公社7人：姚吉林、夏金才、康林娣（女）、练忠元、陈根盆、于佑之、练凤花（女）

涂茨公社8人：陈中林、林旺福、史菊花（女）、蔡业位、许仁彩、张云祯、杨水校、林玉兰（女）

大徐公社9人：徐金木、温阿清、梁惠芬（女）、翁梅英（女）、史济炳、张善桂、张荣楚、宋申鲁、徐志道

雅林溪公社7人：励先凯、王秀娣（女）、董金岳、骆贞全、章小才、叶荣标、张汉庭

林海公社10人：钱炳豪、陆昌岳、郑瑞娣（女）、蒋会根、倪炳生、沈桂隆、欧根土、郑鼻峰、徐步洲、周开彪

南庄公社9人：李振江、孙苗、张根钿、雷彩香（女）、吴光春、胡大金、王根荣、鲍序荣、沈光潮

东陈公社8人：李梅凤（女）、张洪涛、鲍财忠、龚全永、吴昌芳、何根生、严明清、王福寿（女）

亭溪公社9人：吴日友、刘良法、柯文学、吕茂林、董英华、郑先贵、俞鸿迪、朱被宝、史福英（女）

墙头公社6人：徐文胜、石宝玉（女）、陈照青（女）、欧昌苗、王才友、欧正常

儒雅洋公社6人：陈小顺、赖康忠、赖大米、郑元得、王菊青（女）、陆文取

莲花公社7人：蔡达春、翁仁花（女）、周如宏、周正良、翁成巨、牟洪绪、薛祥符

下沈公社9人：朱丁辛、陈菊梅（女）、朱才福、周生根、赖在全、欧亚芬（女）、孙贤高、陈良如、周荷莲（女）

东溪公社7人：钱绍坤、孙吉春、励先定、黄彩英（女）、韩志明、陈常金、王启云

新桥公社8人：刘朝荣、周加升、史悠焕、李菊梅（女）、林兴法、王金水、吴明才、张五凤（女）

旦门公社6人：方大富、王林木、石少香（女）、励先良、王常成、郑友庆

溪口公社8人：朱颂宽、周宏斗、应小员、石荷香（女）、张永法、朱祥云、欧成梅（女）、侯志权

泗洲头公社10人：黄立法、朱雪英（女）、王仁家、赖金钱、宋嫦娥（女）、朱大苏、王乐成、李致敏、徐义来、朱小裕

马岙公社6人：周锦荣、鲍斯宽、林赛兰（女）、黄小火、杨凤英（女）、盛永言

中楼公社6人：盛中安、郑忠孝、盛正维、汤传祖、胡大根、方梅花（女）

大塘公社7人：孙良华、金土言、林安清、陈大兰（女）、周东友、陈兆皋、黄彩香（女）

定塘公社8人：俞其刚、鲍五风（女）、奚大福、金春法、张阿宝、汤梦萱（女）、陈尚达、陈志义

晓塘公社7人：余增法、冯根土、杨清真、吴彩云（女）、陈阿高、卢才玉、黄德兴

后岭公社5人：章志电、潘行德、黄得钏、潘仁兴、陈月英（女）

番头公社6人：邵菊青（女）、周大宝、项水土、于茂森、何根土、葛素娥（女）

金星公社9人：黄振宝、刘裕盛、汤加寿、徐文良、朱仲前、赵根木、芦阿香（女）、金老冬（女）、叶先文

昌国公社9人：苏永木、潘兴龙、林白春、陈宗林、陈三梅、朱仁娥（女）、周财宝、戴地妹（女）、林明浩

鹤浦公社10人：钱同财、娄妙瑞、杨友良、王招福、单生祥、叶富青、王定安、洪阿玉、陈瑞花（女）、钱方英（女）

樊岙公社9人：董家谱、夏盛钮、卢方苗、陈小桂、陈大木、季彩凤（女）、屠小浓、金良水、李夹春

高塘公社10人：李明智、杜中嵋、李凤英（女）、陈模省、王天华、董宝兴、陈有千、牟阿林、王天道、张玉夫

檀头山公社4人：徐玉娥（女）、马洪基、王金田、徐小头

6417部队3人：王玉贵、芦相宏、常寿良

4274部队2人：龚正国、林绍和

武警边防大队2人：许华、张泉庆

县人大七届代表　（1967.05—1978.12）

名额无考，当选代表351人。

县人大八届代表 （1978.01—1981.01）（党外代表分类不详）

丹城镇47人：俞斌兆、周绪洪、刘祥兴、汤万华、茅梅兰（女）、徐玲敏（女）、陈和喜、方阿宝、胡本加、张志鸿、周小康、穆芳玲（女）、姜桂丽（女）、张春梅（女）、王士英（女）、周爱玉（女）、林昌富、史美挺、徐金火、郑开岳、林阿吉、许常贵、钱宏存、史永富、鲍增祥、邹明华、朱成海、黄金凤（女）、陈嫦娥（女）、黄春庭、高妙兰（女）、包敏（女）、林宝荣、杜永存、王彩云（女）、宋申鲁、吴才增、张祖林、樊佩侃（女）、周高椿、胡庭容、胡纪瑜、周武生、周雅芳（女）、孙惠源、徐文铎、金秀康（女）

石浦镇41人：张世声、田树俊、舒莲娣（女）、孙兆瑞、黄金圆、秦美萍（女）、池起升、傅积美、周良来、胡忠明、吴彩娟（女）、吴基能、吴荣富、王厚法、柯亚芬（女）、陈爱国、陈阿彩（女）、金惠娟（女）、王云常、练信祥、欧文学、陈炳生、鲍仁弟、吴春宝、杨企岳、余明成、沈兴伟、张祥荣、陈和娟（女）、胡根花（女）、黄静娣（女）、陈海青、洪瑞妹（女）、宋琴堂、李东昌、陆维荣、郑明增、吕嘻嘻（女）、王松舟、潘铭恩、胡锡章

爵溪公社12人：李德全、徐阿林、戴旺火、吴日富、陈阿攀、周秀菊（女）、郑美玉（女）、郁桂香（女）、程云臻、徐根全、李明华、姜文俊

西周公社15人：俞华定、朱延林、周春林、李志庭、谢福西、张阿毛、郑阿义（女）、吕彩苗（女）、赖林茂、周如芳、张照君、朱吉华、董方祥、章才德、陈兆吉

民主公社11人：刘友根、王世根、李道先、冯旺忠、孙新全、朱彩娟（女）、郎宝金（女）、陈惠菊（女）、张兴列、肖善明、王德康

涂茨公社10人：肖若祖、许善海、王金岳、林玉兰（女）、徐亚芬（女）、聂行菊（女）、肖良若、蔡业位、周祖龙、徐明奎

大徐公社11人：舒绍煊、徐金木、郑建良、史济炳、陈玉娣（女）、姜月铭（女）、徐玲爱（女）、杨火、张云祯、陈华庆、阎玉梁

雅林溪公社10人：章志春、周根祥、王维本、董金岳、兰大彩（女）、章根娣（女）、陈世友、欧根土、沈兴土、陆昌喜

贤庠公社16人：练全赞、贺加圣、王余祥、章安全、娄祥友、王文欢、白余良、周国芬（女）、俞大洋、陈贝玉（女）、陈启明、楼松炎、谢全文、虞亚莉（女）、戴照勇、马定勋

黄避岙公社12人：孙成标、陈志林、钱同如、杨先兴、邱小宏、沈和丰、张荷女（女）、陈玉香（女）、包仁娣（女）、李通官、杜竹轩、李传鹄

珠溪公社15人：沈光佩、黄性登、黄性元、章国金、姚大坤、钟杏梅（女）、黄根娣（女）、王美娟（女）、钟瑞娣（女）、方员芳、黄立嘉、林大水、樊心慧、张志相、黄亚珍（女）

林海公社14人：周开彪、王贤文、陆昌岳、蒋会根、蒋学航、王加友、俞桂花（女）、陈瑞娣（女）、杨素斐（女）、钱振标、练爱花（女）、林祥生、张桂林、石金荣

南庄公社15人：俞明振、董传玉、王士秀、张银钿、黄根荣、史明华、史济世、雷彩香（女）、张梅芳（女）、郑成香（女）、董家明、杨根凤（女）、钱全福、章美良、周生根

东陈公社12人：黄家戚、葛兴来、龚全永、谢金友、周好华、鲍英商、鲍亚娣（女）、龚友土（女）、吴善道、何玲娣（女）、崔阿富、沈海潮

溪口公社12人：谢才华、侯志权、韩岳林、郑尚根、刘秀飞（女）、朱根彩（女）、祝美玲（女）、黄小根、石松金、俞洪德、乔安林、钱惠安

亭溪公社11人：王良心、王其苗、蒋国富、吕茂林、欧小英（女）、许淑英（女）、俞士良、俞根友、戴阿福、董英华、于佑之

墙头公社12人：励永清、陈银土、陈银生、欧金常、方德增、孙菊香（女）、俞根兰（女）、蒋柳村、董邦夫、沈仁淦、黄煜健（女）、欧阳珍（女）

下沈公社12人：沈允法、陈贤高、陈生水、陈才文、赖福其、朱宏财、赖兰英（女）、王爱萍（女）、赖杭女（女）、周年常、赖国富、沈桂隆

莲花公社9人：欧昌文、蔡家祥、林如光、柳宝玉（女）、赖根花（女）、陈根木、叶祥根、陈全位、朱颂士

儒雅洋公社9人：黄立曹、赖昌听、郑昌全、张小芳（女）、张根兰（女）、翁开才、欧安泉、赖大米、刘锡田

泗洲头公社11人：朱愿宝、张金文、黄仁蒙、朱祥根、张姣生（女）、朱雪梅（女）、张根娣（女）、钱卫文、朱至兴、罗德元、王乐成

马岙公社8人：周象青、黄根元、黄立全、张才增、方觉（女）、柳春花（女）、吴其娟、柳燕康

东溪公社11人：陈晓东、吕先梅、欧敏（女）、励先定、韩成万、顾有木、龚吉国、吴明远、励亚萍（女）、黄彩英（女）、陈少连

新桥公社13人：陈根土、史久木、史久恩、史悠祜、陈贤方、林祥本、史雪英（女）、张五凤（女）、史爱芳（女）、林根财、马春森、李森、吴成年

旦门公社8人：鲍斯全、吴贾良、李兆宗、石小香（女）、史菊花（女）、叶福荣、李为祥、李松茂

中楼公社10人：史大才、周全明、顾友祥、周彩芬（女）、俞万世、李梅英（女）、陈巧明、杨存友、杜中嵋、郑友庆

定塘公社13人：黄菊英（女）、俞满清、周金发、周象惠、赵友土、陈振良、吴四弟、许祖连、王美嫦（女）、吕阿花（女）、陈仙菊（女）、陈生福、徐柏林

大塘公社10人：孙良华、金士贤、屠桂生、张美娟（女）、王彩香（女）、潘仁恩、孙宏存、吴秀清（女）、赵益民、张立明

晓塘公社10人：薛先郎、陈阿高、冯宗孝、孙根法、董碧云（女）、周寿妹（女）、黄爱玉（女）、周秀仁、黄德贤、陈兆皋

后岭公社7人：练兴常、姚荣、潘行法、潘仁连、潘素勤（女）、黎彩妹（女）、文筱堂

高塘公社14人：陈凤姣（女）、王天华、牟阿林、金阿兰（女）、高俊民、郑里炳、陈加兴、郑阿英（女）、董宝兴、陈有干、王照青、陆国忠、孙祥富、孙国萍（女）

岳浦公社15人：黄孝友、王招福、柳雨顺、金良福、陈瑞花（女）、任礼顺、陈夏兰（女）、莫国连、王学才、杨素英（女）、王根法、李明智、刘朝荣、姚先根、张式贞（女）

樊岙公社12人：郑亦林、卢方苗、屠小浓、顾新娥（女）、陶先菊（女）、许冬彩（女）、陈大木、陈孝贵、张冬富、董万祥、项保连、赵金生

金星公社12人：黄兴国、潘阿全、张金火、陈凤妹（女）、陈元松、王小三、蔡梅英（女）、李永昌、牟洪绪、娄妙瑞、曹明霖、钱家玮

番头公社10人：黎小芳、钱惠炳、李文友、郑阿象、陈兆利、陈荼青（女）、柯根花（女）、柳谋康、葛阿兴、曹英宝

昌国公社13人：樊敬位、陈宗林、江万祥、俞其训、俞其海、鲍亚萍（女）、苏亚萍（女）、林亚红（女）、邵浩元、陈三梅、龚华丰、孙苗、杨功庆

东门公社6人：陈方清、王阿友、杨金弟、陈贵富、林秀春（女）、姚松定

檀头山公社6人：王玉山、金龙宝、王金弟、顾春莲（女）、卢从甫、邵金荣

驻象山部队10人：黄光旭、陈兆春、金立山、潘德和、吴光远、王吉元、叶贤兴、景书明、钟宝清、汤阿根

县八届人大代表名额509名，当选代表505人。

县人大九届代表　(1981.01—1984.08)（党外代表分类不详）

丹城镇34人：王贤善、王祖章、王梅英（女）、包国民、冯象贤、刘朝荣、许祖黄、宋琴堂、吴才增、吴兰兰（女）、李森、李传鹄、严根法、花一民、陈贤火、陈炳荣、张志鸿、郑友庆、林宏生、周云照、金秀康（女）、施祥土、俞斌兆、高明峰、钱加禾、徐明奎、徐祝三（女）、莫幽康、谢世安、董鹤鸣、葛玉英（女）、雷成标、鲍增祥、魏云虎

石浦镇28人：丁可平、王良春、王树来、冯元康、叶才根、齐眉、刘锡田、孙才恩、孙经荣、孙祥富、朱小娥（女）、沈庆贵、陈阿昌、陈炳宝、陈海青、邱凯旋、林祥生、郑秀挺、郑锡清、周绪洪、胡本乾、胡锡章、赵杞范、俞清荣、黄金圆、鲍仁弟、潘兴龙、黎桂梅（女）

石浦区35人：方吉普、王四妹、王祥宝、王高越、江万祥、毕纪根、牟阿林、许尚勤、陈小冬、陈元松、陈文浩、张文财、张夫妹（女）、吴开通、吴德银、杜竹轩、杨金弟、陆国忠、应宝根、罗大方、罗秀章、金万龙、金良福、金德富、林亚红（女）、林金木、季彩风（女）、柏全海、俞其刚、郭秀云、钱惠炳、章冬琴（女）、莫国连、韩天仁、鲍于拨

西周区28人：王亦明、孙贤高、朱雪梅（女）、伊耀惠、沈允法、陈丁宁、陈大宝（女）、陈有华、张和根、张照青、张照银、张根福、郑彩凤（女）、林大毛、周先宗、柳建民、俞明振、夏世丁、翁海平、袁桂宝、黄生根、黄巧珠（女）、黄性根、盛启浩、董万祥、傅磊、赖如伦、赖时久

大徐区35人：马宗成、方建设、王秀娣（女）、王维本、史菊花（女）、史悠良、刘友根、许培骞、邱大沛、沈兴土、沈光佩、沈福寿（女）、李修岳、郎文权、林正贤、郑克森、易位英（女）、钟杏梅（女）、卓恺伦、范爱玉（女）、陈铭朝、俞大洋、俞满清、张荣楚、张

云祯、张财国、姚吉文、贺嘉圣、袁定浩、徐金木、黄苏珍（女）、章国正、蒋根木、楼松炎、樊心慧

南庄区39人：叶阿二（女）、田树俊、史亭亭（女）、史爱国、应锡江、沈仁淦、沈功平、沈海潮、陈才法、陈孝芳、陈银生、杨小水、吴文达、吴家会、张世根、张式贞（女）、张根田、郑金香（女）、郑彩英（女）、郑善表、周开彪、洪周李、胡全金、俞珠凤（女）、徐阿林、钱启根、顾圣连、章美良、屠金全、谢其康、谢家槐、蒋国富、韩振富、赖大根、鲍阿青（女）、鲍财忠、鲍序增、戴先林、戴阿福

定山区37人：于天平、王纪明、王能木、史久郎、史俊在、史俊利、叶永富、田阿富、冯宗孝、孙根法、张五凤（女）、吕先梅、陈兆皋、陈俊明、陈阿才、陈根水、吴秀清（女）、励茂祥、邵经绵、林信泉、林兴法、练兴常、周阿义（女）、周忠苗、茅志良、项小道、顾奇干、胡家法、盛中安、黄声初、黄金花（女）、黄振义、黄振明、章蔡凤（女）、董方祥、潘仁恩、薛先郎

驻象山部队5人：厉德鸿、刘孝平、张明文、张金胜、张庆尧

县九届人大代表名额245名，预留代表名额2名。当选代表241人。

县人大十届代表 （1984.08—1987.05）

党外代表148人：

丹城镇28人：陈美华（女）、陈嫦娥（女）、冯忠林、郑瞻德、石金友、陈绍方、王士英（女）、吴兰兰（女）、邱善德、郑涛、张根夫、李余辉、陈慈爱（女）、孙武臣、马亚莉（女）、潘文旭、姚培根、纪山青、汤莉莉（女）、柳康济、董佩良、黄晓华（女）、包根祥、孙国萍（女）、邵云祥、朱成海、吴崖梅（女）、陈华光

石浦镇24人：史彩娣（女）、周朝通、叶鹤鸣、王禄生、丁荣元、吴玲芝（女）、李正友、骆季刚、詹良法、杭爱青、王克家、许菊仙（女）、孙耕民、邱以育、余明成、王爱琴（女）、孙经荣、娄福荣、陈伯伦、冯元康、史其凯、胡本乾、陈彩娥（女）、丁可平

爵溪镇3人：尹文宝、陈盛黄、章美娟（女）

西周镇4人：周先明、蒋大宝（女）、朱伟兴、陈银梅（女）

鹤浦镇5人：王桂水、金乃儿、陈小凤（女）、章冬琴（女）、徐玲燕（女）

东港乡3人：郎祖土、肖若康、林华英（女）

涂茨乡3人：练吉富、王立猷、莫幽康

大徐乡2人：柴金达、释修康（女）

雅林溪乡1人：王世法

黄避岙乡3人：李湘莲（女）、沈和青、姚香善（女）

贤庠乡5人：易位英（女）、贺亦群、贺厚荣、尹礼宗、贺仁娣（女）

珠溪乡4人：陆传国、黄建平、孙先荣、陈国培

林海乡3人：马功柱、张行云、吴文达

南庄乡4人：仇兴龙、洪周李、鲍亚萍（女）、何春玉（女）

东陈乡3人：鲍玉燕（女）、尹国花（女）、鲍养浩

茅洋乡4人：李善考、周六生、石云贵、顾洁民

墙头乡2人：钱梅芬（女）、张世渊

亭溪乡2人：欧卫芳（女）、王根才

下沈乡3人：张亚萍（女）、孙心康、朱久青（女）

莲花乡2人：伊耀惠、陈梦珍

儒雅洋乡2人：赖伟成、赖才根

泗洲头乡3人：朱雪梅（女）、陈兆华、朱鹏飞

灵南乡1人：盛根布（女）

东溪乡3人：王贤善、胡剑辉、韩阿香（女）

新桥乡3人：邵兴康、柴家俊、张五凤（女）

旦门乡2人：方姮娟（女）、叶祥兴

中楼乡2人：毛品豪、王依根

定塘乡2人：张家达、谢菱芬（女）

大塘乡3人：林梅凤（女）、潘仁恩、沈仁淦

晓塘乡3人：李雅琴（女）、邱亨能、陈文浩

后岭乡1人：王伟明

樊岙乡2人：黄溥泉、李小凤（女）

高塘乡3人：苏信顺、林爱玉（女）、徐明奎

昌国乡6人：蒋炳芳、周根苗（女）、盛智煜（女）、吴建义、林竹青（女）、柯寿国

金星乡3人：张富妹（女）、黄国庭、黄兴华

东门乡0人

檀头山乡1人：陈达魁

驻象山部队0人

县十届人大代表名额295名，预留代表名额3名，当选代表292人，党外人士148名。

县人大十一届代表（1987. 05—1990. 05）

党外代表73人：

丹城镇17人：朱一峰、金孝岳（女）、王士英（女）、郑瞻德、沈金跃、李志明、张上智、傅桂珍（女）、潘明清、应康成、汤莉莉（女）、柳康济、王才积、钱德声、周怀玉（女）、裘建雄、孙家祥

石浦镇7人：林永法、史彩娣（女）、王克家、章冬琴（女）、毛金荣、史其凯、徐志诚

爵溪镇2人：陈盛黄、尹文宝

西周镇1人：陈银梅（女）

贤庠镇4人：沈永平、贺厚雄、尹礼宗、李万春

鹤浦镇3人：王桂水、金阿娥（女）、郑根土

墙头镇2人：何祥生、何秀英（女）
泗洲头镇2人：张秀英（女）、朱鹏飞
定塘镇1人：陈兆皋
昌国镇1人：林竹青（女）
东港乡3人：肖若亮、钟善文、徐再卿
涂茨乡1人：吴永夫
大徐乡2人：周致和、郑生谷
雅林溪乡0人
黄避岙乡2人：周德兴、李湘莲（女）
珠溪乡3人：陈汉鸿、杨苗裕、屠德煦
林海乡1人：吴家财
南庄乡2人：张家璋、何春玉（女）
东陈乡1人：尹国花（女）
茅洋乡0人
亭溪乡1人：孙爱丽（女）
旦门乡1人：郑信焕
下沈乡1人：陈明春
莲花乡1人：林如鹏
儒雅洋乡1人：翁开国
灵南乡0人
东溪乡2人：王贤亚、王贤善
新桥乡1人：史悠林
中楼乡2人：胡余满、林兴富
大塘乡1人：潘仁恩
晓塘乡1人：陈土法
后岭乡1人：徐安英（女）
樊岙乡1人：李小凤（女）
高塘岛乡2人：李道根、李金凤（女）
金星乡2人：王祥华、陈元松
东门乡0人
檀头山乡0人
驻象山部队0人
县十一届人大代表名额277名，当选代表277人。党外人士73人。

县人大十二届代表　（1990. 05—1993. 03）

党外代表117人：

丹城镇16人：郑莲芬（女）、黄燕（女）、张文文（女）、陈德安、杨家栋、朱爱玉（女）、潘明清、郑小五、王宝凤（女）、陈志康、郑瞻德、朱瑞亮、孟明生、王核清、江慧慧（女）、王成西

石浦镇13人：葛美云（女）、林永法、周金娥（女）、侯生莲（女）、史其凯、周家声、王克家、张小林、张永华（女）、张天经（女）、顾赛丽（女）、沈林、徐志诚

爵溪镇3人：盛顶峰、谢凤英（女）、陈芝兰（女）

西周镇3人：夏祥春、陈文浩、陈银梅（女）

贤庠镇2人：邵惠芬（女）、白国荣

鹤浦镇4人：俞均涛、林法定、郑根土、李米香（女）

定塘镇4人：陈兆皋、陈俊娥（女）、张惠定（女）、黄志洁

墙头镇2人：鲍序阳、欧云茂

泗洲头镇4人：张青云（女）、肖琴亚（女）、黄继常、陈婉秋（女）

昌国镇3人：林厚云、李苗林、林竹青（女）

东港乡1人：夏亚华（女）

涂茨乡2人：马珍亚（女）、陈敬莲（女）

大徐乡3人：周和妹（女）、杨祖生、徐承盆

雅林溪乡2人：王美玉（女）、顾丙寅

黄避岙乡4人：张赛抱（女）、李湘莲（女）、邱岳林、林国良

珠溪乡3人：张玉香（女）、周维维（女）、黄夏凤（女）

林海乡3人：余光明、张共平、姚国富

南庄乡3人：王爱莲（女）、张家璋、周禄定

东陈乡2人：胡世常、鲍嫣红（女）

茅洋乡4人：王爱国、陈根法、祝彩芳（女）、叶福娣（女）

亭溪乡1人：孙爱丽（女）

旦门乡3人：葛梅兰（女）、郑方勇、王青连

下沈乡2人：冯利华、朱阿三（女）

莲花乡3人：翁开明、周先行、伊耀惠

儒雅洋乡2人：陆伟南、何筱韵（女）

灵南乡1人：陈瑞田

东溪乡1人：顾贤宣

新桥乡4人：吴荷花（女）、史济坚、史久恩、史菊英（女）

中楼乡2人：胡余满、顾莲花（女）

大塘乡3人：潘仁恩、顾小花（女）、周永明

晓塘乡3人：陈三方、陈赛芳（女）、陈土法

后岭乡1人：郑仁生

樊岙乡 2 人：张根法、杨明姝（女）

高塘岛乡 3 人：叶惠生、金千菊（女）、朱彩云（女）

金星乡 3 人：鲍仁茂、卢国平、王祥华

东门乡 1 人：谢友芳

檀头山乡 1 人：芦志春

驻象山部队 0 人

县十二届人大代表名额 301 名，当选代表 300 人。党外人士 117 人。

县人大十三届代表　（1993. 03—1998. 02）（党外代表分类不详）

丹城镇 67 人：王国强、石普芳（女）、包峰、包国民、刘跃建、刘惠田（女）、许祖黄、江慧慧（女）、伊月梅（女）、纪育波、孙从濂、宋琴堂、沈云香（女）、杨家栋、李平、李五爱（女）、李志明、严国斌、严慧英（女）、张也民（女）、张共平、张根玉（女）、张胜平、张家璋、吴才增、吴全友、吴兴表、邹明华、余生苗、余光明、余绒花（女）、邱永年、陈志良、陈德安、郑友庆、郑迎春（女）、郑明增、郑美丽（女）、林宏生、周立言、周宁学、周禄定、竺世才、孟明生、练兴常、施爱芬（女）、胡剑辉、胡家定、胡康宜、钮和秀、郭正伟、顾贤珂、钱回声、徐望曦、黄燕（女）、黄晓华（女）、蒋阿兰（女）、蒋保民、韩振富、鲍亚萍（女）、楼珂平、魏雪瑛（女）、欧亚群（女）、黄辉、王仁洲、张雪明、金俊杰

石浦镇 47 人：王兴根、王克家、王周森、王祥富、王高潮、卢国平、史其凯、刘杏花（女）、吕友松、汪云舫、李德胜、严明、张兰芳（女）、张永华（女）、张永祥、张德兴、胡锡海、余敏、余明成、励志武、陈敏（女）、陈元振、陈彩霞（女）、杨贵法、林永宁、范保华、周冉（女）、周金娥（女）、周建国、金万龙、施连生、柯寿国、俞爱凤（女）高远增、高明印、顾赛丽（女）、徐明奎、谢友芳、黄烈民、黄阿花（女）、黄国周、黄菊英（女）、葛美云（女）、蒋朝栋、江海洪、王同元、郑金平

爵溪镇 9 人：王性林、王增田、宋定元、张财照、陈秀忠、郁红玉（女）、周金梅、周信仁、练爱青（女）

西周镇 18 人：王立人、刘俊儒、伊耀惠、张家才、张岳绪、何康根、陈仁安、陈文浩、陈银梅（女）、林祥生、周先冶、周兴初、周洪基、夏长春、翁红萍（女）、徐贵、赖伟成、蔡银连

贤庠镇 16 人：王光荣、任全元、沈永平、张爱琴（女）、张焰焰、邵惠芬（女）、林正贤、胡圣棣、胡爱凤（女）、章加乃、章建设、黄立娥（女）、黄自扬、黄根云、屠德煦、樊心慧

鹤浦镇 16 人：王卫根、王永荣、王淑飞（女）、王惠芬（女）、冯岳松、卢桂英（女）、叶金德、沈佳雨、李阿满、李碧贤、陈丽娟（女）、郑根土、姚晓东、徐根全、谢友法、鲍和平

定塘镇 17 人：池忠清、许赛玲（女）、李孝本、李治恩、吴德芳、励先寿、何日方（下灶村）、何日方（定山村）、陈兆皋、林以存、郑生才、郑再杰、俞玲芳（女）、章才德、章志

求、黄冬彩（女）、蒋善恩

墙头镇11人：孙爱莲（女）、张爱梅（女）、欧云茂、欧绪坤、周开彪、黄才林、董友祥、董赛清（女）、蒋乃鹏、蒋阿定、鲍序阳

昌国镇8人：丁菊花（女）、吴宗明、陈世灿、林厚云、施菊初、徐正良、黄厚云、葛铭

泗洲头镇11人：叶方洛、朱仁虎、朱至方、沈嫦娥（女）、张青云（女）、吴兰松（女）、肖美求、柳云梅（女）、曹明霖、黄立曹、盛式葵

涂茨镇11人：许是芳、刘友根、邱星火、陈金莲（女）、陈先裕、茅泉国、练孝儒、夏亚华（女）、徐菊清（女）、黄爱国、谢贤海

大徐镇11人：王来国、王美玉（女）、史悠良、沈和定、张志相、李忠信、陈根娣（女）、陆传明、顾丙寅、徐华芬（女）、董爱国

新桥镇13人：王庆祥、史久夫、史久恩、释则钦、张映雪（女）、吴姣伟（女）、励仁来、励茂品、励彩青（女）、林兴法、俞小良、顾德照、韩天冬

东陈乡11人：史彩君（女）、张爱琴（女）、吴寿国、陈金妹（女）、陈明富、周常金、施发达、祝兴财、鲍金华、蔡明德、蒋秀英（女）

下沈乡8人：吕姣云（女）、朱志申、陈大华、俞明振、夏送凉、释唯达（女）、赖光明、赖国年

晓塘乡9人：冯宗孝、朱昌武、李安英（女）、张幼帆、陈土法、陈成荣、陈赛芳（女）、倪能金、奚士林

黄避岙乡8人：沈贤松、李湘莲（女）、张登山、张赛抱（女）、陈锡礼、林国良、胡望真、姚志成

茅洋乡7人：孙玉香（女）、张补员、何宗林、陈根法、周成安、祝彩芳（女）、戴阿福

高塘岛乡8人：王惠娟（女）、毛青娥（女）、叶惠生、包于民、吴德银、张文才、林阿友、郭银铮

驻象山部队4人：王云亭、洪可淮、唐国平、徐永登

县十三届人大代表名额301名，当选代表301人。

县人大十四届代表　（1998.02—2003.02）

党外代表76人：

丹城镇17人：王亚琴（女）、王核清、王爱萍（女）、王雪霞（女）、史亚琴（女）、杜爱卿（女）、杨家栋、释克慧、吴爱琴（女）、应亚玲（女）、张玮侠（女）、张治代、张胜平、周财洋、周青法、俞阳春（女）、施元直、韩荷玉（女）

石浦镇14人：史其凯、李竹南、李胜德、陆柳莺（女）、陈佩君（女）、林永宁、林祥英（女）、周华（女）、周亚芬（女）、洪耿夫、黄烈民、葛雪飞（女）、潘惠娟（女）、魏雪芬（女）

爵溪镇2人：陈亚明、盛维亚（女）

西周镇4人：朱娟娟（女）、周洪基、赵光辉、蔡银连

贤庠镇4人：杨盛昂（女）、陈宏良、柴兆基、章加乃

鹤浦镇5人：卢桂英（女）、李必贤、严彩娥（女）、吴金富、郑根土

定塘镇4人：孙万永、吴梅梅（女）、陈英奎、葛祥友

墙头镇3人：王在忠、周翎蓁（女）、魏云鹤

昌国镇1人：陈道伟

泗洲头镇3人：王士存、张建芬（女）、曹明霖

涂茨镇3人：王黎明、陈彩芬（女）、蔡松菊（女）

大徐镇3人：吴惠明、徐大真、黄红梅（女）

新桥镇3人：史秀娟（女）、励兴良、吴兴道

下沈镇1人：朱壮志（女）

东陈乡3人：石芬芬（女）、吴志定、鲍春秋（女）

黄避岙乡1人：林国良

茅洋乡2人：史亚红（女）、陈良寅

晓塘乡2人：叶国营、陈土法

高塘岛乡1人：叶惠生

驻象山部队0人

县十四届人大代表名额244名，预留代表名额1名。当选代表243人，党外人士76人。

县人大十五届代表　（2003.02—2008.02）（党外代表分类不详）

丹东街道28人：干国成、王丹华（女）、王良明、史久明、吕莲娟（女）、李波、肖培生、吴开方、吴家财、宋琴堂、张荣国、陆文光、陆福根、陈卫国、林红（女）、林芳芳（女）、周月明（女）、周青法、郑生根、郑莉红（女）、郑家钿、胡兴旺、胡家定、闻笑燕（女）、贺华源、钱兴国、蒋亮、蒋保民

丹西街道28人：王世国、王慧（女）、王核清、王爱萍（女）、方良、史元良、史奇妙、史雅娟（女）、张幼法、张家兴、张淑萍（女）、陈建瑜、周平飞、周江勇、贺旭珠（女）、夏云孝、徐才印、翁珍英（女）、奚明、盛松林、梁成武、屠伟金、葛铭、葛聪敏、董传旺、傅海琴（女）、谢为忠、鲍福明

爵溪街道9人：王性林、王旭霞（女）、邱金岳、陈志根、周金梅、黄志明、黄益平、盛维亚（女）、朱万

石浦镇41人：于才根、王富才、王周森、王梦霞（女）、叶信贵、卢国平、许克文、严志勇、励志武、励维平、应维（女）、沈海东、张芬梅（女）、张德兴、陈赤、陈巧月（女）、陈永谷、陈志明、陈素莲（女）、林万虎、林万岳、林先成、林文昌、林祖水、周冉（女）、周全国、郑美优（女）、郑姣蓉（女）、柯寿国、柯建国、胡锡海、徐阿根、梅雪亮、黄信林、龚华丰、葛维清、谢定飞、裘胜伟、裘敏华、鲍志千（女）、鲍阿乖（女）

西周镇18人：丁福生、白汉龙、孙心郎、孙绛雯（女）、沈宝华、张苏平、陈小浦、陈海林、周琴月（女）、周晓峰、周渭明、郑培东、胡剑辉、夏江海、徐贵、赖宝松、鲍敏丽（女）、蔡银莲

贤库镇15人：马祖权、吕定芳、杨习文、应芝（女）、沈永平、张焰、陈宏良、林家国、姚美玲（女）、贺优秀、袁廷春、章佩佩（女）、樊位光、潘孝炜、陈晓发

鹤浦镇14人：王永荣、叶良平、江冬长、严彩娥（女）、邱利平、陈东、林胜国、金海燕（女）、周正贵、郑根土、赵福青、奚永成、蒋志琴（女）、谢友法

定塘镇14人：干兴平、干维岳、史亚莲（女）、刘保国、陈成定、金剑良、郑恩平（女）、郑经柱、胡家明、奚赛翔（女）盛爱情、章志求、葛祥友、葛乾通

墙头镇9人：朱金敏、励茂国、肖亚娣（女）、张杰、陈赛龙、徐国元、唐初德、董邦祥、鲍贤

泗洲头镇8人：王士存、朱小江、朱兴田、朱坚成、张良才、张建芬（女）、郑善球、柳建根

涂茨镇8人：张才云、郑根法、郑美娟（女）、赵光辉、莫平建、夏永清、黄彩英（女）、蔡建鹤

大徐镇8人：王良忠、应小平、张启表、张雪明、陈春女（女）、欧仁利、姚英（女）、蔡林云

新桥镇10人：史久武、史赛亚（女）、任先顺、励圣良、励爱飞（女）、陈永忠、陈光明、俞小良、徐根兴、史久恩

东陈乡8人：史久培、李达飞、吴寿国、吴志定、吴增产、陈芳（女）、周世敏、姜文武

晓塘乡7人：黄志成、黄建国、黄兴常、黄德贤、董诚土、董也琴（女）、潘孝国

黄避岙乡6人：包祖行、邱争鸣、沈红敏（女）、金建文、钟国安、楼金善

茅洋乡6人：石木根、石维坚、杨峰、何宗林、陈炳、陈爱武（女）

高塘岛乡7人：卢菊梅（女）、陈增青、金从标、周素姣（女）、郑先高、项为民、俞明振

驻象山部队3人：林云初、金增崇、傅海明

县十五届人大代表名额248名，预留代表名额2名，当选代表245人。

县人大十六届代表 （2008.02—2013.02）

党外代表85人：

丹东街道13人：叶海静（女）、余宝祥、周青法、俞惠萍（女）、贺华源、赖赛飞（女）、朱建新、吴兴平、陆振一、郑奕（女）、郑家钿、闻笑燕（女）、顾荣娄（女）

丹西街道8人：史奇妙、陈红发、邵丹玮（女）、张贤达、张雪珍（女）、周华（女）、郑燕月（女）、夏云孝

爵溪街道2人：孙崇颖（女）、周巧（女）

石浦镇17人：史其凯、李波（女）、李松青（女）、金良镜、金惠萍（女）、陈素莲（女）、孟佳燕（女）、林胜利、喻宗达、谢定飞、魏荣良、魏雪芬（女）、石文明、吕建仙（女）、林文昌、柯维维（女）、徐阿根

西周镇7人：张秀丽（女）、周渭明、赖秀兰（女）、赖海军、朱娟娟（女）、陈海林、周

辞美

贤庠镇5人：应芝（女）、沈维珂（女）、贺贤社、黄兆敏、董也琴（女）

鹤浦镇5人：叶荷女（女）、叶韵菊（女）、李红蓥、林双芝（女）、林法定

定塘镇7人：朱琦梅（女）、吴昌林、陈青松、罗梅芳（女）、施友员、葛长友、葛文君（女）

墙头镇2人：何也辉、汪文荷（女）

泗洲头镇3人：王士存、伊兰芬（女）、郑善球

涂茨镇2人：孙全福、洪剑亚（女）

大徐镇3人：杨后再、俞小良、姚英（女）

新桥镇4人：王萍（女）、史久武、史爱芳（女）、励爱飞（女）

东陈乡2人：吴会贤、林惠娟（女）

晓塘乡1人：黄兴常

黄避岙乡1人：沈广西

茅洋乡1人：练云源（女）

高塘岛乡2人：陈芳英（女）、潘正来

驻象山部队0人

县一至六届人民代表安排数一览表

表3-2-2　　　　单位：人

届别	召开时间	代表人数	其中			人民委员会人数	其中		
			中共党员	非党劳动人民	民主人士		中共党员	非党劳动人民	民主人士
1	1955.07	188	—	—	4	17	10	3	4
2	1957.03	281	125	134	22	19	10	3	6
3	1958.06	282	167	93	22	21	11	3	7
4	1962.08	295	161	105	29	25	13	2	10
5	1963.12	345	182	126	37	25	13	3	9
6	1966.05	351	182	136	33	25	13	4	8

推荐安排县政协委员　（1955.07—2011.12）

党外副主席

陈兆皋　县政协第二届委员会副主席，1932年1月生，象山晓塘乡中岙村人。无党派人士，高中文化。详见《人物》。

陈继武　县政协二、三、四届委员会副主席，1942年10月生，福建省福州市人。无党派人士，大学文化。详见《人物》。

盛明山　县政协三、四、五、六届委员会副主席，1940年3月生，宁波市海曙区人。无

党派人士，大学文化，高级工程师。详见《人物》。

曹明霖 县政协第四届委员会副主席，1941 年 7 月生，象山丹城人。无党派人士，大学文化，高级工程师。详见《人物》。

郑瞻德 县政协第五、六届委员会副主席，1947 年 4 月生，象山丹城人。无党派人士，大学文化，工程师。详见《人物》。

董也琴 女，曾用名董莲芬，县政协第五届委员会副主席，1951 年 4 月生，象山丹城人。无党派人士，大专文化，会计师。详见《人物》。

陈德安 县政协第五、六届委员会副主席，1942 年 2 月生，宁波市镇海区庄市人。无党派人士，大学文化，中学高级教师。详见《人物》。

历届主席、副主席、秘书长、常委和委员名录

县政协一届委员会 （1960. 02—1961. 09） 1960 年 1 月，经中共宁波地委批准，中共象山县委决定成立中国人民政治协商会议象山县委员会。2 月 2 日至 5 日，县政协一届一次会议在宁海城关镇召开，出席委员 93 人。选举产生县政协一届常务委员会委员 29 人，其中主席 1 人、副主席 4 人。

主　席：冯书法

副主席：张玉田、樊心慧、陈星、应可铭

秘书长：樊心慧（兼）

常　委：张振清、李森、周娟文（女）、陈开芳、田云芳、干霖、戴秀廷、范杰、吕嘻嘻（女）、盛君章、潘铭恩、徐文铎、朱成贤、尤小根、陈福年、黄瑛、吴祥霖、鲍善、童岳川、杨青山、王伯宪、龚国辉、吴祖凤、林秀英（女）

委　员：(党外政协委员不详)

中国共产党 9 人：冯书法、张玉田、樊心慧、高林山、李森、张振清、赵曰贵、李长江、于佑之

总工会 4 人：陈开芳、林四美（女）、赵启官、钱久茂

共青团 3 人：王存连、田云芳、董春妹（女）

妇　联 3 人：周娟文（女）、周银凤（女）、徐春芳（女）

农业界 4 人：刘修本、尤小根、严增土、袁将望

工商界 7 人：应可铭、王伯宪、林正汉、徐文铎、潘铭恩、蒋行浩、陈福年

科技界 4 人：陈星、干霖、林文、杨清山

教育界 7 人：戴秀廷、朱成贤、李月锵、胡孝心、胡日耀、鲍善、谢景利

医卫界 6 人：王成和、叶文彩（女）、沈斌铨、龚式照、盛君章、郑鼻峰

新闻界 1 人：钱志清

文艺界 3 人：吕嘻嘻（女）、袁雪芳（女）、董伟君（女）

归国华侨界 2 人：林秀英（女）、顾人麟

宗教界2人：吴祥霖、释谛训

特邀界39人：丁恩举、于祥志、应中钰、童鸿琮、范杰、杨毅、何大元、释修康（女）、吴祖凤、吴松贵、周润宝、周高椿、金秀荷（女）、林祥琮、龚国辉、俞松轩、陈兆皋、柴连湘、黄瑛、高元英（女）、康月桂、陆昌法、童遵锵、童岳川、童泽欧、舒裴俨、杨文咏、杨先达、杨池远、释传常、赵惠卿、潘荣文、蔡瑞钟、钱绍旋、钱坚白、蒋味卿、魏文烈、郑相通

县政协二届委员会 （1984.08—1987.05）1984年8月23日至27日，县政协二届一次会议在丹城召开，出席委员100人。选举产生县政协二届委员会常务委员会委员19人，其中主席1人、副主席4人、秘书长1人。1986年4月，二届三次会议补选林祥生为二届委员会主席。

主　席：董鹤鸣、林祥生

副主席：沈允法、许祖黄、陈兆皋、陈继武

秘书长：孙祥富

常　委：王性成、冯象贤、孙务文、许常明、沈吉太、陈梅芳（女）、徐金木、袁继尧、盛明山、程云臻、励洁瑗（女）、娄月娥（女）、黎绍彬

委　员：

中国共产党7人：孙务文、孙祥富、沈允法、欧吉庆、程云臻、黄群生、董鹤鸣

党外人士69人：

工会2人：黄瑾瑾（女）、章才富

共青团0人

县妇联2人：徐国华（女）、章美玉（女）

经济界4人：许常明、陈福年、郑月定、嵇培庆

文艺界2人：陈继武、陈梅芳（女）

科技界14人：王性成、毛一飞、华锦耀、沈吉太、陈太和、陈达昌、陈承季、林启庆、金自勉、赵金生、盛明山、黄仁颖、曹明霖、楼时光

农渔业界2人：尹英贤、郑兆竹

乡镇企业界4人：夏德林、潘仁安、潘惠堂、薛延年

教育界10人：冯象贤、刘式桓、何元均、沈允绵、陈汉鸿、郑必铮、赵以庄（女）、娄月娥（女）、顾海润

体育界3人：史美明、郑祥法、武祥枢

医卫界4人：许祖黄、周蘅（女）、徐寿昌、蒋宗木

宗教界3人：释可成、史悠生、励洁瑗（女）

社会福利界0人

少数民族界1人：蓝宗花

归侨、侨眷4人：王德贤、陈兆皋、欧世琰、黎绍彬

台属台胞界4人：李瑛瑛（女）、袁继尧、阎克勤、戴茂

特邀界10人：王家秀（女）、尹瑞芳（女）、吕嘻嘻（女）、郑鼻峰、陈斌灵、陈少连、徐祝三（女）、徐文铎、顾勉、潘铭恩

1986年4月，增补章胜福（共青团）、翁惠卿（女，妇联）、孙文魁、林荷萍（女，工商界）、陈祥根（台属）、黄斌盛（宗教）、顾庆照（特邀）、林祥生（中共）

县政协三届委员会 （1987.05—1990.04） 1987年5月3日至8日，县政协三届一次会议在丹城召开，出席委员129人。选举产生县政协三届委员会常务委员会委员22人，其中主席1人、副主席3人、秘书长1人。

主　席：林祥生

副主席：沈允法、陈继武、盛明山

秘书长：任慕熙

常　委：王性成、毛道明、释可成、许常明、何元均、沈吉太、陈文浩、陈梅芳（女）、周成元、娄月娥（女）、袁继尧、曹明霖、黄斌盛、张幼帆、蒋明木、蔡东根、黎绍彬

委　员：

中国共产党9人：任慕熙、沈允法、何能溥、陆传明、林祥生、欧吉庆、金良明、张幼帆、韩国明

党外人士77人：

总工会1人：黄瑾瑾（女）

共青团0人

妇联1人：裴桃娥（女）

科技界11人：王勇、陈太和、陈文浩、陈伯伦、林启庆、周成元、赵金生、盛明山、曹明霖、蔡东根、楼时光

教育界7人：王瑞年（女）、刘益清（女）、何元均、陈显庭、郑必铮、娄月娥（女）、梁圣赛（女）

文艺界2人：何紫英（女）、陈继武

社会科学界0人

体育界3人：史美明、郑祥法、武祥枢

新闻界0人

农业界6人：李竹法、陈庆伦、林如定、蒋明木、詹良法、潘仁安

医卫界5人：周蘅（女）、徐寿昌、屠规岳、蒋宗木、裘鹤勇

工商界12人：王性林、孙文魁、许常明、卢国平、林荷萍（女）、陈祥根、张也民（女）、赵栋、黄斌盛、童鑫、董国诚、嵇培庆

社会福利界0人

归侨侨眷界7人：何文炯、李昌泉、林庠妹（女）、郑美莲（女）、欧世琰、郑菊英（女）、黎绍彬

少数民族界1人：蓝宗花

宗教界5人：释可成、史悠生、释修康（女）、周椒妹（女）、鲍圣光

特邀界16人：尹瑞芳（女）、吕嘻嘻（女）、忙靖常、李瑛瑛（女）、陈少连、陈斌灵、金乃二、柯国安、徐祝三（女）、袁继尧、顾庆照、蒋大宝（女）、盛智煜（女）、赖在根、潘三尊、戴茂

1987年7月，增补林志龙（社科）

1988年2月，增补陈达昌（科技）、叶贤根（科技）、史俊琪（工商）、朱彩娣（女，特邀）

1989年3月，增补郭加宁（科技）

县政协四届委员会 （1990.05—1993.03） 1990年5月21日至25日，县政协四届一次会议在丹城召开，出席委员135人。选举产生县政协四届委员会常务委员会委员23人，其中主席1人、副主席4人、秘书长1人。

主　席：欧绪坤

副主席：濮振华、陈继武、盛明山、曹明霖

秘书长：任慕熙

常　委：毛道明、许常明、陈伯伦、袁继尧、蔡东根

委　员：

中国共产党10人：任慕熙、何能溥、沈允法、张幼帆、张殿远、欧吉庆、金良明、欧绪坤、俞斌兆、濮振华

党外人士86人：

总工会4人：叶普存、陈谦、章亚梅（女）、黄瑾瑾（女）

共青团1人：施秀玲（女）

妇联2人：串玲（女）、黄霞云（女）

工商界13人：马名华、王性林、许常明、李平、林利兴、林荷萍（女）、陈祥根、张也民（女）、赵栋、童鑫、蒋梅梅（女）、潘明亚、嵇培庆

文艺界2人：邓德荣、陈继武

科技界11人：王勇、叶贤根、陈达昌、陈太和、周成元、赵金生、郭加宁、盛明山、曹明霖、蔡东根、楼时光

社会科学界0人

农业界9人：李竹法、张德洲、金祥康、陈庆伦、林如定、郑慈发、黄家世、蒋明木、潘仁安

教育界8人：何元均、陈显庭、陈嫦娥（女）、杨文云（女）、金秉达、赵养青（女）、商汝平、梁圣赛（女）

体育界3人：史美明、郑祥法、武祥枢

新闻界0人

医卫界5人：周蘅（女）、徐寿昌、屠规岳、蒋宗木、裘鹤勇

社会福利界1人：杨国藩

宗教界5人：释可成、史悠生、释修康（女）、周椒妹（女）、鲍圣光

归侨侨眷界8人：尹礼宗、何文炯、李昌泉、林庠妹（女）、欧世琰、郑美莲（女）、郑菊英（女）、黎绍彬

少数民族界1人：蓝宗花

特邀界13人：尹瑞芳（女）、忙靖常、吕嘻嘻（女）、李昌宝、陈少连、柯国安、徐祝三（女）、袁继尧、顾庆照、盛智煜（女）、赖在根、蒋大宝（女）、潘三尊

1990年11月，增补盛繁国（特邀）、肖亚萍（女，特邀）、林升夫（特邀）、郑瞻德（科技）

1991年3月，增补郑明增（特邀）、陈建瑜（共青团）、陈建国（特邀）

县政协五届委员会　（1993. 03—1998. 02）　1993年3月7日至11日，县政协五届一次会议在丹城召开，出席委员152名。选举产生县政协五届委员会常务委员会委员27人，其中主席1人、副主席4人、秘书长1人。1996年3月12日，县政协五届四次会议，补选王同元为县政协五届委员会主席，增选陈世灿、王丰乐、陈德安为县政协五届委员会副主席，史笔贤、励茂平、杨根飞、洪永明、鲍圣光为县政协五届常务委员会委员。1996年12月，增补沈佳雨为县政协五届委员会常务委员会委员。

主　席：王庆祥、王同元

副主席：俞斌兆、盛明山、郑瞻德、董也琴（女）、陈世灿、王丰乐、陈德安

秘书长：邱凯旋

常　委：王性成、毛道明、尹礼宗、邓德荣、释可成、史京阳、叶崇国、肖沛旺、陈建瑜、何元均、林荷萍（女）、赵光辉、赵养青（女）、郦伟山、俞仁仁、袁继尧、黄家世、黄根宝、蒋秀英（女）、蒋明木、蔡东根

1994年1月，补选戴文辉

1995年1月，补选林庠妹、蒋元骥、蒋善定

1996年3月，补选史笔贤、励茂平、杨根飞、洪永明、鲍圣光

1996年12月，补选沈佳雨

委　员：

中国共产党14人：王庆祥、任慕熙、刘梦忠、严玉璞、邱凯旋、李旺兴、吴安定、金良明、欧吉庆、俞斌兆、翁惠卿（女）、徐建新、郦伟山、奚常云

党外人士90人：

总工会4人：王建平（女）、陈谦、郑尚龙、章亚梅（女）

共青团3人：郁晓霞（女）、胡宝法、俞振浩

妇联2人：王霞云（女）、串玲（女）

工商界11人：叶鹤鸣、史建定、庄西春、许常明、陈贞龙、肖沛旺、林荷萍（女）、郑瞻德、俞铭峰、徐兴龙、蒋元骥

科技界4人：吴伟豪、周成元、胡全清、蔡东根

侨联界8人：尹礼宗、王永国、何文炯、李昌泉、张小林、欧世琰、林庠妹（女）、郑菊英（女）

文艺界2人：邓德荣、肖亚萍（女）

科学技术界11人：尤旭良、孙国萍（女）、李秀春（女）、陈太和、陈兴根、林冬家、赵金生、袁寿年、顾福平、盛明山、戴东行

社会科学界1人：赵光辉

农业界8人：张德洲、陈庆伦、周洪、周禄定、黄家世、黄根宝、蒋明木、蔡柏村

经济界8人：叶普存、牟金卫、郑振才、俞仁仁、蒋梅梅（女）、董旦、董也琴（女）、戴玲菊（女）

教育界7人：何元均、李祥荣、洪兰梅（女）、赵养青（女）、商汝平、梁圣赛（女）、葛美章（女）

体育界2人：史美明、武祥枢

新闻界0人

医卫界4人：陈爱菊（女）、周学群（女）、屠规岳、蒋宗木

社会福利界1人：杨国藩

宗教界5人：释可成、史悠生、释修康（女）、周椒妹（女）、鲍圣光

少数民族界2人：孙桂琴（女）、蓝宗花

特邀界7人：陈祥根、周明辉、胡荣成、袁继尧、顾庆照、蒋杏卿（女）、潘三尊

1993年8月，增补许土根（中共）、张才国（中共）、童承龙（经济），12月，增补戴文辉（共青团）

1994年11月，增补何良（中共）、张昌贵（中共）、陈雪晶（女，中共）、洪永明（工商）、董根友（文艺）、杨根飞（社科）、蒋光明（农业）、白国荣（经济）、林如鹏（经济）、喻宗达（经济）、谢根法（经济）、周培章（新闻）、史笔贤（特邀）、尹礼豹（港澳）、夏秀君（女，港澳）、奚际林（港澳）、潘银国（港澳）

1995年6月，增补马祖权（农业）

1996年1月，增补柯建国（特邀）、范良江（特邀）、卢敏（特邀）、章志鸿（特邀）、周善西（特邀）、郑慈松（特邀）、王士存（经济）、周友田（经济）、蔡林荣（工商）、李碧和（农业）、陆传国（科技）、释莲智（宗教）

1996年3月，增补王同元（中共）、陈世灿（中共）、王丰乐（中共）、陈德安（教育）、俞爱文（女，妇联）、金珊（女，社科）、励茂平（农业）、周辞美（经济）、林毅（特邀）

1996年12月，增补沈佳雨（中共）、金剑良（中共）、张敏（特邀）、孙小雄（特邀）、马阿项（特邀）

县政协六届委员会 （1998.02—2003.01） 1998年2月15日至18日，县政协六届一次会议在丹城召开，出席委员170名。选举产生县政协六届委员会常务委员33人，其中主席1

人、副主席5人、秘书长1人。翌年1月28日，县政协六届二次会议同意陈爱武（女）辞去六届常务委员会委员，增选张荣飞（女）、林冰、谭惠廷为六届常务委员会委员。2000年1月，增补陆传明为县政协六届委员会副主席。2001年1月18日，县政协六届四次会议增选吴安定为县政协六届委员会副主席，赖明和为县政协六届委员会秘书长。2002年1月24日，县政协六届五次会议增选陈仁海为县政协六届委员会常务委员会委员。

主　席：张雪明

副主席：陈世灿、盛明山、沈佳雨、郑瞻德、陈德安、陆传明、吴安定

秘书长：邱凯旋、赖明和

常　委：毛道明、邓德荣、尹礼宗、叶崇国、史京阳、史笔贤、冯全立、吕其明、杨根飞、励茂平、何永林、陈爱武（女）、林胜利、金珊（女）、周禄定、周辞美、俞仁仁、俞爱文（女）、释莲智、莫幽康、徐梅文、韩利诚、蒋善定、赖伟杰、鲍圣光、潘国昌、张荣飞（女）、林冰、谭惠廷、陈仁海

委　员：

中国共产党16人：王丰乐、许土根、李旺兴、沈佳雨、邱凯旋、何永林、张才国、张启章、张雪明、陈世灿、陈炳荣、陈雪晶（女）、杨雄波（女）、金剑良、莫幽康、黄燕（女）

党外人士102人：

总工会4人：王建平（女）、郑尚龙、周松青、章亚梅（女）

共青团3人：陈益洪、林冰、罗海斌

妇联3人：王西亚（女）、张荷莲（女）、姚亚彩（女）

工商界12人：王嗣芬（女）、史建定、肖沛旺、串玲（女）、吴国兴、余云兴、郑瞻德、林岳定、孟根利、俞华富、徐兴龙、蒋元骥

科技界5人：应鸿雁、郑敏、周来浩、徐梅文、楼时光

侨联界5人：尹礼宗、何文炯、张小林、林庠妹（女）、顾文斌

科学技术界8人：王徐涛、尤旭良、冯全立、叶建伟、励海云、陆传国、袁寿年、盛明山

社会科学界2人：杨根飞、金珊（女）

农业界9人：王立平、李碧和、励茂平、杨世苗、林胜利、周禄定、徐政梁、蒋光明、潘国昌

经济界14人：方高波、应菊丽（女）、吴碧波（女）、陈忠、杨子健、林栩、周财洋、周辞美、俞仁仁、徐小平（女）、赖伟杰、谭惠廷、蔡正伟、戴玲菊（女）

教育界7人：励珅娥（女）、吴珍（女）、陈小平、陈德安、林幼芬（女）、韩利诚、虞小亚（女）

文体界5人：邓德荣、史美明、张德和、陈才康、董根友

新闻界1人：余志刚

医卫界4人：周学群（女）、郭峻（女）、黄亚萍（女）、屠规岳

社会福利界1人：杨国藩

民族宗教界6人：孙桂琴（女）、释莲智、黄方正、黄爱珠（女）、释唯达（女）、鲍圣光

特邀界14人：马阿项、尹礼豹、史笔贤、江秋根、朱鹏飞、李祥荣、陈祥根、胡荣成、胡增辉、夏秀君（女）、奚际林、赖在绍、潘三尊、潘银国

1998年5月，增补胡才登（特邀）；10月，增补金定方（特邀）、邵建平（特邀）

1999年1月，增补林升夫（中共）、林崇国（特邀）、夏志忠（经济）、张荣飞（女，共青团）、周先也（经济）、刘友娥（女，农业）；9月，增补贺威平（中共）、董强友（经济）、杨伟仁（科技）、李美球（女，经济）；12月，增补陆传明（中共）、楼永珍（特邀）

2000年7月，增补史青莲（女，经济）、吕伟宏（经济）、吴灵通（经济）；10月，增补蒋亮（教育）、赖明和（中共）；12月，增补吴安定（中共）、蔡建鹤（中共）、毛德民（科技）、朱财旭（经济）、肖亚萍（女，文化）、虞和定（工商）、何琪（工商）

2001年2月，增补洪霞（女，特邀）；7月，增补董连胜（特邀）、陈小浦（特邀）、蔡东波（特邀）、李佳翔（特邀）、严慧英（女，特邀）；11月，增补倪伟珍（科协）、陈仁海（中共）、任先顺（特邀）、包春成（特邀）、张洪成（特邀）、张庸（特邀）、顾产安（特邀）

2002年4月，增补黄桃女（女，总工会）

县政协七届委员会　（2003.02—2007.01）

2003年2月19日至23日，县政协七届一次会议在丹城东谷湖宾馆召开，选举产生县政协七届委员会常务委员36人，其中主席1人、副主席5人、秘书长1人。2004年12月10日，县政协七届常委会同意张荣飞（女）、鲍将军辞去七届常务委员会委员。2005年10月13日，同意金珊（女）辞去七届常务委员会委员。2006年5月23日，同意韩利诚、钱皆兵、周学群（女）辞去七届常务委员会委员。

主　席：张雪明

副主席：陆传明、李阿会、沈佳雨、吴安定、郑瞻德

秘书长：赖明和

常　委：吕伟宏、刘启卫、杨雄波（女）、励茂平、余志刚、应惠娟（女）、蒋建忠、张荣飞（女）、陈仁海、林栩、金珊（女）、周学群（女）、郑仁能、郑盈（女）、胡建萍（女）、释莲智、钱皆兵、倪伟珍、奚海宏、黄伟光、黄桃女（女）、蒋善定、韩利诚、傅金国、赖伟杰、鲍将军、谭惠廷、潘三尊、潘国昌

委　员：

中国共产党18人：毛德民、朱永平、朱财旭、李先锋、李阿会、吴安定、应惠娟（女）、沈佳雨、张雪明、陆传明、陈仁海、陈世灿、陈雪晶（女）、林毅、林升夫、范良江、贺威平、赖明和

党外人士119人：

总工会5人：王良成、何志奇、郑文涌、萧方忠、魏荣良

共青团4人：叶志远、应东旭、张益帆、周开全

妇联4人：周美华（女）、姚莲芳（女）、姚爱莲（女）、戴云燕（女）

工商联16人：石永生、吕伟宏、吴灵通、何也辉、陆华良、陈国安、林冰、周晨光、周敏峰、郑瞻德、俞华富、夏志中、徐兴龙、董永富、赖云来、蔡成苗

县科协5人：应鸿雁、陈红发、钱建林、倪伟珍、蒋建忠

侨联界4人：何文炯、陈竹青、陈良种、黄瑾瑾（女）

文艺界5人：张明珠、陈才康、陈素芸（女）、郑宝根、韩利诚

科学技术界12人：王徐涛、叶建伟、施良才、励海云、邱尧治、张崇文、周财洋、胡家锡、贺华盛、徐小平（女）、赖旭春、谭惠廷

社会科学界2人：金珊（女）、章国锋

农林渔业界11人：冯宗和、吕彤、励茂平、林百合、郑仁能、郑明土、俞照正、奚海宏、韩近海、谢永成、潘国昌

教育界9人：王文伟、李月菁（女）、陈红飞（女）、陈德安、周学明、郑敏、胡建萍（女）、徐惠波（女）、舒静（女）

新闻界2人：余志刚、靳树山

医卫界7人：朱春芬（女）、朱爱春（女）、张礼才、周学群（女）、夏贵华、夏家昌、鲍亚萍（女）

社会福利、保障界2人：王成萍（女）、杨国藩

民族宗教界7人：王海明（女，壮族）、刘楠楠（女，满族）、释莲智、释唯达（女）、黄伟光、黄爱珠（女）、潘安平

经济界15人：叶再府、史松才、齐明春、杨玲娜（女）、吴碧波（女）、俞富存、应菊丽（女）、林栩、姚茂国、钱雄、韩峰、谢光辉、赖伟杰、赖朝晖、鲍将军

特邀界10人：王嗣芬（女）、朱岩平、陈孝林、林吉祥、林建会、奚际林、潘三尊、潘文戈（女）、潘银国、马阿项

县政协八届委员会　（2007.02—2012.02）

2007年2月4日至8日，县政协八届一次会议在丹城黄金海岸大酒店召开。选举产生县政协八届委员会常务委员40人，其中主席1人、副主席5人、秘书长1人。2008年1月4日，同意张良才、董共茂辞去八届常务委员会委员，1月25日，政协象山县第八届委员会第二次会议选举白国璋为象山县政协主席，增补蒋凌燕（女）为八届常务委员会委员。2010年1月18日，同意钮晶莹辞去八届常务委员会委员。

主　席：张良才

副主席：陆传明、吴安定、周平飞、赖明和、胡建萍（女）

秘书长：张　敏

常　委：王海娟（女）、方忠仁、吕伟宏、朱爱春（女）、励茂平、吴碧波（女）、应东旭、张明珠、张爱民、陈子敏、陈红飞（女）、陈明吉、周兴初、郑仁能、郑根土、胡庆彪、胡家锡、钮晶莹（女）、施良才、释莲智、倪伟珍、徐辉、徐小平（女）、黄才林、黄伟光、董共茂、蒋建忠、蒋善定、傅金国、谢台田、赖伟杰、谭惠廷、潘国昌

委　员：

中国共产党18人：张雪明、吴安定、陆传明、毛德民、赖明和、周兴初、谢台田、黄才林、张良才、周平飞、张敏、林毅、陈胜跃、郑辉、范保华、石岳吉、陈卫国、胡阿潮

党外人士120人：

无党派人士7人：张明珠、王文伟、欧夏雨、谭惠廷、蒋曼儒、钮晶莹（女）、吴宇俊（女）

总工会5人：叶再府、陈亚娟（女）、曹新梅（女）、陈永伟、陈鲁群（女）

妇联5人：李淑一（女）、杨盛昂（女）、林凌云（女）、林雪丽（女）、钱益益（女）

共青团5人：张益帆、奚时宜、吴琦、张增明、卢峰

工商联15人：徐兴龙、石永生、吴灵通、周晨光、吕伟宏、陈迈、蔡成苗、励茂平、胡振宇、张春富、陈再宏、徐贤国、林仲胤、夏志中、郑瞻德

科协6人：应鸿雁、钱建林、吴珍（女）、蒋建忠、陈子敏、王亚琴（女）

侨联界4人：陈竹青、郎旺位、王一鸣、陈华海

文艺和新闻出版界6人：周秉益、陈财康、郑宝根、沈伟恩、郑根土、柯娜（女）

科技界11人：叶建伟、施良才、吴碧波（女）、赖旭春、韩峰、周财洋、杨宝金、黄劲松、邱尧治、项宗英（女）、廖宗光

农业界11人：周开全、吕彤、江财国、潘国昌、张立宏、郑仁能、张志恩、胡亚云（女）、金国平、刘长军、张宏女（女）

教育界10人：史丹丹（女）、李月菁（女）、陈红飞（女）、周学明（女）、徐惠波（女）、舒静（女）、徐亚青（女）、郑敏、虞亚凤（女）、吴伶俐（女）

医卫界6人：朱爱春（女）、张礼才、李永华（女）、李淑著（女）、朱春芬（女）、冯嘉臣

社科、福利、保障界0人

民族宗教界7人：王海明（女）、郑燕女（女）、释莲智、释唯达（女）、黄伟光、潘安平、黄爱珠（女）

经济界12人：沈明校、徐辉、胡家锡、王久松、齐明春、周旭静（女）、赖云来、李卫林、张茂、徐永安、乐伟康、钱雄

特别邀请人士11人：胡建萍（女）、倪伟珍、黄莹（女）、陈孝林、林吉祥、林建会、应东旭、沈亚威、潘银国、林栩、马阿项

县政协九届委员会　（2012. 02—）

2012年2月11日至15日，县政协九届一次会议在丹城黄金海岸大酒店召开。选举产生县政协九届委员会常务委员46人，其中主席1人、副主席5人、秘书长1人。2013年1月6日，县九届政协常委会第五次会议同意贺永定辞去九届常务委员会委员，增补赖海平为九届常务委员会委员。

中国人民政治协商会议象山县第九届委员会第一次会议，2012年2月15日上午，选举产

生政协象山县第九届委员会主席、副主席、秘书长、常务委员。

主　席：白国璋

副主席：吴安定、欧亚群（女）、周平飞、赖明和、胡建萍（女）

秘书长：陈秀慧

常　委（按姓氏笔画为序）：叶维琴（女）、史静波（女）、吕彤、吕伟宏、朱夕映（女）、朱爱春（女）、杨盛昂（女）、吴碧波（女）、沈铖、张庸、张志恩、张荣国、张晓虹、陈子敏、陈红飞（女）、陈明吉、周礼胜、周姣华（女）、郑根土、赵菊香（女）、胡庆彪、胡家锡、俞欢欢（女）、贺永定、释莲智、倪伟珍、徐辉、徐小平（女）、徐永安、翁华清、翁雅丹（女）、黄才林、黄庆宏、董传铭、傅金国、谢台田、谭惠廷、潘安平、潘国昌

委　员：

中国共产党18人：白国璋、冯颖（女）、许平平、吴安定、沈颖洪、张庸、张日成、陈秀慧、林平安、范保华、欧亚群（女）、周平飞、郑辉、翁华清、黄才林、董传铭、谢台田、赖明和

党外人士135人：

无党派人士7人：田领土、杨盛昂（女）、范旭东、周姣华（女）、黄刚、赖伟杰、谭惠廷

总工会7人：马至聪、马美云（女）、伊兴国、叶再府、严文国、陈鲁群（女）、翁雅丹(女)

妇联5人：杨盛苑（女）、林凌云（女）、周旭静（女）、钟亚春（女）、鲍斐丹（女）

共青团6人：卢峰、朱红曙（女）、吴晓琦、张益帆、陈俊（女）、陈渊

工商联19人：王齐培、仇建文、石永生、吕伟宏、伊专、杨有福、李卫林、沈启苗、张岳斌、张春富、张增明、陆华良、郑再德、周开春、胡赟、施定威、徐贤国、谢光辉、戴福青

科技协会6人：丁祺（女）、刘长军、吴鸿良、陈子敏（女）、周虹（女）、姚辉

侨联界7人：方国良、沈铖、陈竹青、陈华海、郑颖（女）、郎旺位、钱豪

文艺和新闻出版界8人：杨惠芳（女）、李素琴（女）、张明珠、周秉益、郑根土、郑善爱、洪佩平、蒋曼儒

科技界14人：石浩耀、朱文荣、刘国辉、肖学明、吴碧波（女）、陈雷光、施轶晖、倪伟珍、徐永安、梁涛、韩峰、韩昌茂、董腾、赖旭春

农业界7人：王明华、吕彤、许善平、张立宏、张志恩、郑爱芬（女）、黄庆宏

教育界11人：王文伟、白雪艳（女）、阮银娥（女）、李彩琴（女）、吴攀、吴兴平、吴伶俐（女）、陈红飞（女）、徐亚青（女）、徐惠波（女）、屠金梅（女）

医卫界7人：马绪巍、朱夕映（女）、朱春芬（女）、朱爱春（女）、李永华（女）、李淑著（女）、张荣国

社会科学、福利、保障界（7人）：王益敏（女）、叶维琴（女）、陈道欢、郑德仁、徐小平（女）、黄恩荣、章国锋

民族宗教界7人：何文轩（女）、郑燕女（女）、释莲智、释惟慈、潘汉军、潘安平、张建国

经济界11人：丁亚国、方晓强、吴海鹰（女）、陈小方、陈行全、项伟方、胡家锡、袁锦英（女）、倪哉林、徐辉、黄晓丽（女）

特邀界10人：史静波（女）、汤碧燕（女）、沈亚威、陈孝林、陈继跃、林吉祥、林志芳、胡建萍（女）、潘国昌、潘银国

第三节　民主党派

民主党派，指在中国大陆的中华人民共和国政党，除执政党中国共产党以外的8个参政党的统称。县民主党派组织3个：中国民主同盟象山总支部委员会（以下简称民盟象山总支）、中国民主促进会象山支部委员会（以下简称民进象山支部）、中国农工民主党象山县支部委员会（以下简称农工党象山支部）。无党派人士是多党合作的重要组成部分。发挥无党派人士作用是坚持和完善中国共产党领导的多党合作必然要求。

中国民主同盟象山总支部委员会

中国民主同盟（以下简称民盟），于民国30年（1941）3月19日在重庆成立，主要由从事文化教育以及科学技术工作高中级知识分子组成，具有政治联盟特点、致力于社会主义事业政党。主要创始人为张澜、沈钧儒、黄炎培、章伯钧等。

一届民盟支部　中国民主同盟宁波市象山县支部委员会（以下简称民盟象山支部），于1999年11月30日，在丹城象山宾馆召开成立大会。民盟省主委、省人大常委会副主任孙优贤、民盟市委会副主委周秋龙、县委书记王同元出席会议并讲话，县政协副主席、县委统战部部长沈佳雨主持会议。选举周辞美、赵光辉、韩利诚3人为第一届民盟支部委员，主委周辞美，组织委员赵光辉，宣传委员韩利诚；会议通过《民盟象山支部章程》《民盟象山支部决议》。翌年2月22日，召开支部委员会成立大会。民盟盟员7人。

二届民盟支部　2004年10月19日，民盟象山支部在西周华翔山庄召开第二次盟员大会。民盟市委副主委周秋龙、民盟市委组织部部长陈化贤，县委常委、统战部部长欧亚群，副部长陈雪晶出席会议。会议由民盟市委会办公室副主任赵光辉主持。会议选举韩利诚、周敏峰、周良华、王雨芬、丁祺5人为二届支部委员，主任委员韩利诚，副主任委员周敏峰，组织委员周良华，宣传委员王雨芬，联络委员丁祺。民盟盟员15人。

2006年8月16日，民盟支部全体会议在象山三中召开。县委常委、统战部部长欧亚群、副部长张爱民出席会议。会议由县民盟支部主委韩利诚主持。会议通过2005年支部工作报告。21名盟员选举产生民盟象山支委新组成人员，会议增选胡建萍为支部委员。支部分工：主委

胡建萍，副主委周敏峰，组织委员周良华，宣传委员王雨芬，联络委员丁祺；会议修改通过《章程》《决议》。民盟盟员26人。

2008年1月18日下午，民盟支部在象山港国际大酒店召开全体盟员会议暨迎新联谊会。民盟市委会秘书长赵光辉、宣传处张冬青，县委统战部部务会议成员许曙敏出席会议。会议由民盟象山支部组织委员周良华主持。会议听取胡建萍主委所作民盟象山支部2007年工作总结和2008年工作思路。赵光辉代表民盟宁波市委会到会表示祝贺并讲话。他对民盟象山支部自1999年成立至今的发展及2007年工作表示肯定，并对民盟象山支部今后工作重心提出要求与建议：深入学习贯彻中共十七大和民盟十大精神；切实提高参政议政水平；继续做好社会服务工作；大力推进自身建设。许曙敏代表县委统战部讲话。会议修改通过《章程》《决议》。民盟盟员23人。

三届民盟支部 2008年12月26日，象山民盟支部委员会在海景大酒店锦绣厅召开第三次盟员大会。民盟市委副主委潘一红，县委副书记黄志明，县委常委、统战部部长黄敏求，县人大常委会副主任包祖行、副县长俞骏、县政协副主席陆传明出席会议。民盟象山支部全体盟员以及市各县（市、区）民盟组织代表参加会议。会议听取胡建萍主委代表象山支部二届民盟工作报告和三届民盟工作思路；选举产生第三届民盟象山支部委员会班子成员，胡建萍任主委，周敏峰任副主委，蒋建忠、丁祺、王雨芬、史丹丹任委员。民盟象山支部依托自身优势，立足本职岗位，促进岗位建功立业，并不断增强参政党意识，积极参政议政，开展社会服务工作，为县域经济社会发展作出贡献。

民盟市委副主委潘一红，县委副书记黄志明，县委常委、统战部部长黄敏求讲话，肯定和评价民盟象山支部工作，并要求广大盟员继续充分发挥民主党派在民主决策、民主管理和民主监督中积极作用，牢固树立政治意识、大局意识和责任意识，围绕中共象山县委、县政府中心工作，积极参政议政，发挥自身优势，团结带领全体成员和所联系的群众，群策群力，为象山县经济社会建设做出更大贡献。会议修改通过《章程》《决议》。民盟盟员30人。

四届民盟总支部 2011年6月28日上午，民盟象山县支部在象山港国际大酒店召开第四次盟员大会暨总支部成立大会。市委统战部常务副部长杨志强，民盟市委副主任潘一红，县委书记李关定，县委常委、统战部部长黄敏求，县政协副主席、民盟象山支部主委胡建萍出席会议。县人大常委会副主任叶富兴、副县长孙小雄及宁海县副县长、民盟宁海县总支部主委尤永成到会祝贺。出席盟员41名。会议听取胡建萍主委所作民盟象山支部第三届委员会工作报告；选举产生四届民盟支部暨一届民盟总支部委员，胡建萍任总支委员会主委，副主委周敏峰、徐辉，委员蒋建忠、王雨芬、丁祺、史丹丹。总支部下辖支部3个：教育支部主委陈列，委员邵丹玮、陈荣；文卫支部主委陆振一，委员马绪巍、黄恩荣；经济支部主委夏伟奇，委员朱夕映、陈喜燕。会议修改通过《章程》《决议》。民盟盟员44人。

职　能

（1）组织盟员学习政治理论，学习时事政策，学习民盟章程和民盟历史；（2）传达并贯彻上级组织的决议、决定，根据上级组织的工作部署，围绕所在单位的中心任务，推荐组织活动；（3）围绕县委、县政府的中心任务，开展调查研究、参政议政、民主监督、服务社会等活动；（4）反映盟员对象山县大政方针以及所在单位工作的意见和建议，发挥民主监督作用；（5）培养推荐民盟的后备干部，关心盟员的工作、学习和生活，开展思想政治工作，推动盟员做好本职工作，组织盟员参加面向社会的活动；（6）维护和执行民盟的纪律，讨论对盟员的奖励和处分；（7）加强同上级组织和周边县市区其他民盟组织的联系。

工作 活动

自身建设 2004年，民盟象山支部先后组织全体盟员学习中共十六届四中、市第十次党代会精神和县委《关于进一步做好培养选拔非中共党员干部工作的实施意见》文件等，加大社情民意收集力度，开展与浙江大学民盟玉泉支部和上海作协等单位联谊交流，不断提高盟员理论素养与业务能力。同时，积极开展盟员发展工作，至年末计有盟员14人。2006年8月，民盟象山支部传达、学习中央第十二次统战工作会议精神，邀请县委党校副校长朱小敏作中共十六届六中全会专题报告，学习民盟市第十二次代表大会精神，提出“明确任务、提高参政议政能力、争取岗位建功”要求。尽量使民盟自身组织做到思想统一，以科学发展观为统领，围绕经济社会发展大局，发挥参政党应有作用。2007年，民盟象山支部认真学习中共十七大精神，全面加强民盟自身建设和履行参政党职能，完成全年各项任务。2011年，10月，20名盟员参加统战部组织为期3天“提高党外人士和群团干部综合素质培训”；11月，19名盟员参加象山县社会主义学院成立仪式暨为期1天培训学习，市委统战部副部长杨志强作《党外代表干部建设》报告；12月，邀请象山县委党校副校长朱小敏为全体盟员指导学习胡锦涛总书记在中共十八大《坚定不移沿着中国特色社会主义道路前进，为全面建成小康社会而奋斗》报告。

参政议政 2004年，在县政协全会和市人大、政协会议上，盟员通过会前深入走访调查，盟员周敏峰提交《关于尽快统一劳动法规兼顾争议双方合法权益的议案》、盟员周良华提交《对建设学习型社会的几点感想》等15件提案、议案，在县政协“生态大县建设调研”中，韩利诚负责“生态文化建设”支课题调研与市民盟《加快农村社会主义事业发展，促进农村社会全面进步》市级课题调研中“文化事业发展”支课题调研；蒋建忠参与“生态型城市建设”课题调研；在县委统战部召开非共产党员人士调研成果交流会上，周良华作《我县旅游业基本情况及对旅游事业教育培训的几点建议》发言，韩利诚作《文化如何推进我县经济跨越式发展》发言，并有《中日义务教育之比较》（考察报告）发表于宁波市盟刊。2012年，3月，3名盟员参加市政府工作报告征求意见座谈会与市人民法院工作报告征求意见座谈会；11月，7名盟员参加由县纪委和县委统战部“党外代表人士廉情问询会”，提出意见建议受到较高评价；12月，3名盟员参加统战部社会各界人士十八大精神学习会，部长黄敏求高度评价他们发言。是月，2名盟员参加市纪委关于象山县党风廉政建设座谈会，为进一步促进县党风廉政建设献计献策。

岗位建功 2004年，盟员被评为省级先进1人，县级各类先进3人，在全国核心期刊、省市级刊物上发表论文、文艺作品21篇，其中韩高琦12篇，并出版诗集《鱼腥草》1部。周良华4篇，潘有祥《自学物理实验》获省高考交流论文二等奖。韩利诚《象山海洋文化的现状及开发面面观》获全国政协教科文卫体委员会、全国政协《纵横》杂志调查报告评比二等奖，周良华被浙师大人文学院聘请为兼职教授，韩利诚被评为优秀盟员。2007年，象山支部被民盟市委评为上年度盟务先进集体，盟员杨存国、邵丹玮被评为优秀盟员。林娅入选“2012年全国教书育人楷模先进事迹报告团”，在人民大会堂受到中共中央政治局常委李长春，中央政治局委员、国务委员刘延东亲切接见。是年，多次在国家级、省级德育培训与省内外兄弟学校进行讲座，听众累计达2万人次，成为《象山工运》杂志封面人物，并被《光明日报》《教育日报》等多家媒体多次专题报道。赖赛飞撰写散文集《春日读秋词》获冰心散文奖；盛红获省优秀消化专科医师称号，并入选市拔尖和领军人才培养工程第二层次培养人员；王爱菊获省基层征兵优秀工作者；朱红曙获2012年省中小学生暑期“四个一”社会实践活动先进个人；陈淑芳获市十佳农业科技工作者、市双学双比女能手；史丹丹获市事业家庭兼顾型先进个人，2011学年县先进校长；陈列获2011学年县园丁奖；樊亚芬获2011学年县优秀校长；陈荣、朱红曙、鲍斐丹等获2011学年县优秀教师或德育工作者。林亚晋升为主任医师；马绪巍晋升为主任中医师。2012年陈淑芳于国家级刊物等发表论文12篇，其中《猪呼吸道疾病的综合防控》获全国农业科技论文一等奖，2篇被北大图书馆收藏；朱红曙撰写《音色模拟，通往音乐世界的另一座桥》获市音乐论文比赛一等奖、省三等奖；鲍斐丹撰写《让集体舞与晨间操“玩”美融合》获中国基础教育研究所举办的全国基础教育学术评比一等奖，撰写《幼儿园快乐体操园本课程》获市第三批优秀校本课程等。

组织发展 2006年，发展新盟员6人，为教育和卫生系统，新拓展行业领域，提高学历层次。其中，2人为硕士学位，1人为中学高级职称正科级干部，3名为主任医师。民盟象山支部人员增加至22人。由于人事调动，8月增选胡建萍为支部委员并担任主委。为加强民盟队伍建设，更好地为象山经济社会服务，竭力做好与地方党委、各盟员所在单位的中共党支部和系统党委联系衔接，推荐县市两级人大代表和政协委员，在县委统战部的重视下，推荐盟员10人，为他们提供参政议政舞台。2007年，发展盟员4人，象山支部盟员计26人。2011年6月至2012年12月，共吸收盟员8人。其中，全国德育工作先进个人1名，高级工程师2人，高级工艺美术师1人，经济师1人，律师1人，副主任医师1人，企业家1人。民盟象山支部委员会经11年发展，已升总支，盟员49人，下设教育、文化卫生、经济科技3个支部。其中，副高以上29人，博士研究生1人，硕士研究生9人。省人大代表1人，市人大代表3人，市政协委员2人。

民盟象山总支部成立 2011年6月28日上午，中国民主同盟象山县总支部成立大会在象山港国际大酒店召开。市委统战部常务副部长杨志强、民盟市委副主任潘一红，县委书记李关定，县委常委、统战部部长黄敏求，县政协副主席、民盟象山支部主委胡建萍出席会议。宁海县副县长、民盟宁海县总支部主委尤永成，县人大常委会副主任叶富兴、副县长孙小雄到会祝贺。会议听取胡建萍所作民盟象山支部第三届委员会工作报告，选举产生民盟象山总支部委员会第一届委员。胡建萍当选为总支委员会主委。

后备干部 徐辉担任浙（象山石浦）台经贸合作区管委会招商局局长兼象山招商局副局长，陈淑芳担任县畜牧兽医总站站长，丁祺担任象山农业银行金曙支行副行长并主持工作，李新华担任石浦金星学校副校长；鲍斐丹担任象山滨海幼儿园副园长。2名盟员成为县近期县管后备干部。

考察交流 2012年3月30日，胡建萍主委带领民盟县总支部全体盟员赴宁波华翔集团和宁波美术馆参观考察，民盟市委专职副主委潘一红、秘书长陈化贤、组宣部部长张冬青等应邀参加。7月，省政协民盟界别组到象山调研“海洋经济发展与海洋人才建设情况”，民盟象山总支委参与座谈与调研。是月，7名盟员参加县政协组织海南海洋经济建设考察活动。其中：蒋建忠参加市政协人资环境委考察东北与市政协科技、教育组共同组织“宁波市智慧城管与环境质量视察”，市政协科技、民盟组共同组织“宁波市地质灾害与抗震防震视察”等；史丹丹参加县政协教育界别组“城乡教育均衡化考察”、县市政协委员视察象山港大桥通车前期准备工作；黄恩荣参加石浦政协联络委视察10次；丁祺参加县政协组织“海葵”台风后海洋养殖产业与三联花卉种植业视察等。提升民盟象山总支委调研视野与水平。

社会服务 盟员陈淑芳参与结对帮助，并义务为海岛、山区养殖户开展技术服务；盟员蒋建忠参与县内各类建设工程方案规划设计评审40余场次，主持与参与县内各类技术咨询和方案论证60余场次，主持组织县住宅工程质量通病控制技术措施培训班3次；盟员励玲响应百川公益发起捐助活动，还参加县慈善总会组织单亲儿童结对子活动，并多次走访产业区落户企业；盟员邵丹玮多次赴象山中学、象山二中、西周中学参加县高考指导小组调研与指导；盟员陆振一、马绪巍、盛红等多次参与义诊。

中国民主促进会象山支部委员会

工作 活动

学习培训 2013年6月，副主委宋厘国参加省社会主义学院参政议政骨干培训班，总结会上代表学员在班上发言。7月，主委王安静、副主委宋厘国等参加市委会组织的新会员入职培训，并在培训班中分别担任班长、副班长。9—10月，主委王安静参加省社会主义学院党外中青年干部培训班学习，被评为优秀学员。2014年5月26—30日，副主委宋厘国参加市委统战部复旦大学民主党派骨干研修班学习。6月30日至7月3日，副主委杨盛昂等5人参加市社会主义学院新会员培训班。

开展“象山民进海岛行”活动 2013年4月，组织中小学教师20名到高塘岛乡，通过结对帮教、专题讲座、课堂示范等形式，发挥会员队伍中各学科名师的示范引领作用，帮扶送教。5月，会员王群在其母校石浦金星学校创办“王群篆刻班”，共有学员40余名，推进农村学校艺术教育。

交流考察 2013年9月24日，民进省委会调研处发起的民进界别省政协委员到象山考察。

10月24日，民进市老主委陈守义到象山考察。2014年24日，杭州市政协副主席、民进杭州市委会主委赵光育等25人，到象山县支部委员陈再宏的宁波戴维医疗器械有限公司参观考察。2014年1月6—8日，主委王安静领支部11名会员赴丽水学习九三学社丽水市委党派建设工作先进经验。

调研课题被为市委会评优秀课题 2013年，调研课题《促进行业协会参与职业教育的对策研究》被市委会评为优秀课题。2014年12月1日，完成市委会调研课题《关于宁波影视文化产业区创国家级文化产业示范区的调研报告》并上报。

举行“父亲联盟行动”启动仪式 2014年6月15日，象山县支部在海韵幼儿园举行“父亲联盟行动”启动仪式。丹城中学、丹城二小、丹城四小、城南学校、石浦小学、海韵幼儿园、石浦中心幼儿园、西周中心幼儿园8所首批实验学校校长、分管副校长与76名首批志愿者和全体会员参加。12月3日，“父亲联盟行动”校园开讲在文峰学校举行，主委王安静作《〈红楼梦〉与家庭教育》主题报告。

中国民主促进会象山县支部委员会酝酿筹备于2012年，正式成立于翌年4月11日。至2014年会员14人。主委王安静，副主委杨盛昂、宋厘国，委员陈再宏、陈红飞、洪佩平，会员王群、杨惠芳、虞亚凤、解爱静、欧赛萍、朱文荣、吴春妍、潘琼。

中国农工民主党象山县支部委员会

工作 活动

学习培训 2013年11月16—17日，为加强新党员对农工党史的了解，增进新成员之间的交流和互动，支部9名新成员和1名预备成员由支部主委钮晶莹带领，赴广东惠州农工党创始人邓演达先生故居参观学习。2014年，支部采用辅导与自学相结合，组织党员开展《农工党历史概述》《多党合作和政治协商的理论与实践》等理论学习；输送党员3名参加农工党宁波市委新成员培训班学习。

祭扫宋无畏烈士墓 2013年4月12日，农工党宁波市委会组织各支部主委20人到象山丹西街道白石村，祭扫农工党党员宋无畏烈士墓。祭扫者表示，发扬先烈光荣传统，发挥党派特色，为宁波象山发展贡献力量。

开展“名医直通车”活动 2014年4月，象山支部在妇幼保健院首次开展“名医直通车”活动。邀请浙江省儿童医院副院长、儿童内分泌专家傅君芬教授及团队开展“关注儿童生长发育偏异”专题讲座，并在县妇幼保健站坐诊，为儿童矮小症、性早熟等内分泌相关疾病咨询、诊治。共义诊近70名儿童病人。

参政议政 2014年，象山县支部县政协委员提交社情民意12份、提案议案3篇，支部成员在《前进论坛》《宁波农工党》《象山统战》等刊物、工作通讯上发表稿件20余篇。

组织建设 2014年，考察后备对象10名，发展新党员3名。

中国农工民主党象山县支部委员会酝酿筹备于2012年，成立于翌年4月11日。至2014

年党员12名。主委钮晶莹，副主委朱爱春，委员陈云峰、黄胜、吴益燕，党员刘波、林珊珊、张方富、周慧娅、应慧敏、王晓、史月仙。

第四节　无党派人士工作

《中共中央关于进一步加强中国共产党领导的多党合作和政治协商制度建设的意见》指出：无党派人士是指没有参加任何党派、对社会有积极贡献和一定影响的人士，其主体是知识分子。无党派人士始终是统一战线重要工作对象；无党派人士工作，始终是统一战线工作的一个重要领域。建立健全无党派人士工作机制，发挥无党派人士“参政议政、民主监督”职能，是党委统战部门重要工作。

无党派人士是以知识分子为主体的群体，具有人才济济、智力密集特点和优势。县委统战部非常重视无党派人士工作，多次组织力量，调查全县无党派人士情况，积极做好无党派人士政治安排、实职安排，切实发挥无党派人士知识层次高、社会影响广、发挥作用大以及位置超脱、了解民情、社会责任感强的优势和作用。2009年，根据新世纪新阶段的新要求，遵循上级统战部门部署，成立“象山县党外知识分子联谊会”。

县党外知识分子联谊会

2009年1月5日，县党外知识分子联谊会（以下简称县知联会）成立。县委常委、统战部部长黄敏求，县政府副县长王安静，市委统战部处长郑海林等出席会议并讲话，部分县级单位政工负责人、镇乡（街道）统战委员应邀参加。县委统战部副部长林平安主持会议。选举产生联谊会第一届理事会会长、副会长、秘书长和理事，会长王安静，副会长叶建伟等5人，理事9人；通过《章程》《决议》。

首届联谊会会员57人，县委统战部分管领导和有关科室负责人被安排为会员。会员有市管、县管无党派领导干部，担任县级以上人大代表或政协委员无党派人士，无党派县管后备干部，镇乡（街道）、企事业单位党委、党组推荐，筹备组成员推荐。会员入会先由本人填写会员登记表，提交个人申请书，经所在单位盖章同意，由县委统战部审核确定。会员具有较广泛代表性和较高知识层次，涉及经济界、科教文卫、金融、信息行业、社会中介组织、党政机关等多个领域。其中，研究生3名，占6%；大学学历44名，占77%；高级职称14名，占26.3%。平均年龄35.1岁，具一定人才整体优势。

第一届理事会

会　长：王安静（女）

副会长：叶建伟、朱爱春（女）、许曙敏（中共）、励茂平、张明珠、莫俶茜（女）、蒋　亮

秘书长：董　欢（中共）

理　事：史久浩、任海彬、陈红飞（女）、周姣华（女）、俞莉（女）、倪伟珍、赖伟杰、潘国昌

职　能

（1）通过联谊会这个载体和工作抓手，进一步加强与促进全县各界知识分子特别是无党派知识分子的联系、交流；（2）贯彻落实党的知识分子工作方针、政策；（3）发现、培养和举荐优秀党外代表人物；（4）反映象山县党外知识分子的意见和要求，架起党和政府联系的桥梁；（5）构建党外知识分子参政议政、建言献策和聚集人才的有效平台；（6）教育和引导会员以及所联系的无党派人士为建设和谐新象山献计出力。

工作　活动

成立联谊会　2009 年 1 月 5 日，县党外知识分子联谊会成立，会议选举产生联谊会第一届理事会会长、副会长、秘书长和理事。王安静为县党外知识分子联谊会首届会长，叶建伟、朱爱春、许曙敏（中共）、励茂平、张明珠、莫淑茜、蒋亮为副会长，董欢（中共）为秘书长。

联络联谊　2009 年 5 月 28 日，县知联会会长、副县长王安静偕会员 50 余人参加新桥高湾枇杷采摘活动。会员们听取新桥镇领导和高湾村干部介绍休闲观光农业，会员们对新桥镇今后的旅游经济发展发表意见与建议。

组织调研　2009 年 10 月 23 日下午，县知联会全体会员、统战部领导共 60 人参加象山港大桥考察调研活动。会员们听取大桥指挥部领导和有关工程技术人员介绍。2010 年 5 月 13 日，知联会会员参加县影视城二期工程调研活动。

举办新春团拜会　2010 年 1 月 31 日，召开县知联会在海景大酒店锦绣厅召开新春团拜会。会长王安静通报全年工作情况和 2011 年工作思路，县委常委、统战部部长黄敏求讲话。会后，县知联会全体成员、县委统战部领导、县民盟支部领导参加新春联欢活动。黄敏求、王安静和县政协副主席胡建萍表演节目，会员们也各自展示才艺。

岗位建功　2011 年 8 月 10 日，知联会会员、县林特技术推广中心高级农艺师陈子敏，获 2010 年度省知联会“建功立业、建言献策”先进个人。

学习培训　2010 年 10 月 28 日，全县党外代表人士素质提升专题培训班举办，知联会会员 4 人参加，为期 2 天。2011 年 6 月 15 日，全县党外代表人士和群团干部执行力建设专题研讨班举办，知联会会员 15 人参加，为期 2 天半。

服务社会　2011 年 5 月 8 日，知联会会员、专家参与县红十字会“2011 年红十字博爱周”义诊活动。2012 年 6 月 16 日，市、县知联会开展“三下乡”活动暨知联“同心”服务民生行动启动仪式在鹤浦镇卫生院举行。市委统战部副部长俞小勋，市知联会会长、市卫生局副局长、李惠利医院院长周建庆为“宁波市知联会同心服务基地”揭牌，宣告全市六大“同心”

行动启动。县委常委、统战部部长黄敏求，县知联会会长、副县长王安静等参加。2012 年，市、县知联会还在鹤浦卫生院等地开展送医疗、送科技、送法律为主要内容的“三下乡”活动。市、县知联会 30 余名医疗、农业科技、法律专家为海岛广大居民提供义诊、免费咨询等服务。

第四章　涉台事务

海峡两岸人员往来和经济、文化等各领域交流迅速发展，衍生大量有关政治、经济、社会、文化、法律等方面涉台事务，推动两岸事务性、经济性商谈。随着香港和澳门相继回归，在一个中国原则下持续发展与台湾民间经济、文化联系，提上议事日程。改革开放后，历届县委、县政府按照中央的统一部署，有效地领导、组织有关部门认真开展台胞接待、交流交往、涉台经贸、招商引资、对台宣传等工作，为祖国和平统一大业作出成绩。

象山为全省对台工作重点县之一，去台人数位居宁波市各县（市）区之首。1949 年，象山籍人士居住台湾（含在台湾出生）约 2900 人。其中，民国 34 年（1945）日本投降后，受国民政府派遣赴台接管 36 人；中华人民共和国成立前后，去台党、政、军界人士 477 人，普通民众 664 人。1955 年 2 月，随国民党军撤退去台石浦镇渔山岛村全体村民（含檀头山、石浦等地渔民）487 人。改革开放后，随着两岸形势与政策发展变化，从台湾直接或经第三地绕道回乡定居台胞 74 人，象山籍女性先后出嫁于台湾 95 人，台湾籍女性嫁到象山 2 人。截至 2012 年，全县台属 5514 户、19300 余人，分住于县内各地，以县中心城区、石浦、鹤浦三地居多。

第一节　台胞接待

中华人民共和国成立后，海峡两岸处于封闭、隔绝与敌对状态。台胞接待工作始于 20 世纪 70 年代。初始阶段，象山接待台湾渔民工作人员从有关部门抽调，对台工作办公室组织实施。随着接待工作进入常态化，经省政府批准，1978 年 10 月，在丹城东谷湖成立浙江省象山县台湾渔民接待站。为全国最早建立台湾渔民接待机构之一。1981 年 10 月，转设于象山石浦渔港招待所内。1985 年 2 月，改名为浙江省象山县石浦台湾同胞接待站（以下简称台胞站）。是年 3 月，省台办和县政府共同出资建造集接待、办公、食宿、阅览及娱乐为一体综合大楼于石浦延昌。众多台胞（包括探亲观光者）到站食宿购物，阅览娱乐，为他们营造家的氛围架起--座血脉相连、情感相依之桥梁。

海上台胞接待

台湾渔业发达，渔轮众多，仅基隆、苏澳、野柳三地常年在内地近海捕鱼就达 1500 艘。以往众多台轮每遇台风或意外事故只能舍近就远，或冒险返台，或到日本、韩国等地避风求助，途中船翻人亡事故时有发生。自从有内地同胞热情接待和周到服务，大批台轮为躲避台风或有需求，就纷纷到大陆港口。尤其石浦港，群岛环绕天然屏障，五门出入方便，港外浪高流急，港内风平浪静，是大陆沿海得天独厚避风良港。每年夏秋两季受台风影响，进入石浦港台轮成群结队、络绎不绝。中界山锚地常有几百艘台轮下锚停泊，入夜船灯齐放，俨然一座海上不夜城。台风间隙成百上千台湾渔民上岸办事购物、就餐投宿、观光娱乐，又成石浦别具一格风景。

1971年冬，石浦军民在渔山列岛外海域，成功抢救一艘因失去动力，漂流3天3夜台湾渔轮和10名台湾渔民。此为中华人民共和国成立后象山接待第一艘台湾地区渔轮。自此，象山台湾渔民接待工作正式拉开序幕。渔民接待分无偿服务和有偿服务两个阶段。20世纪70年代末至1988年上半年，为无偿服务阶段，即为台轮免费提供生产、生活所必需油料、蔬菜、粮食、淡水、药品等物资和修理、抢险及组织渔民外出观光旅游。1988年下半年始，台轮各种物资补给及修理、抢险，台湾渔民问医治病等费用，按市场价收取。县政府先后指定台轮避风锚地3处，专用停泊码头2座。

1982年始，每年均有成百上千艘台轮、成千上万名台湾渔民云集石浦港。1987年7月下旬，受7号台风影响，365艘台轮近4000名台湾渔民涌向石浦港避风，进港台轮与台湾渔民分别占全省72%、全国40%。是年，达1821艘次、15555人次。由于每年都有大批台轮进港避风，接待任务繁重，石浦台胞站、县台办全力以赴，昼夜工作，县委统战部、县政协机关、市台办均派人进驻石浦，协助接待部门开展工作。海内外媒体争先恐后、纷至沓来，《人民日报》《光明日报》，台湾媒体和港澳地区及新加坡、菲律宾等华人报纸均作大量报道，并配发评论。大批台轮涌进石浦港，不仅引起社会各界和新闻媒体广泛关注，更引起两岸高层高度重视。台湾渔民与大陆民众，特别是与各级政府官员接触，不断触及台湾当局长期坚持与大陆实行“三不政策”（不接触、不谈判、不妥协）底线，迫使当局对台轮进出大陆港口采取默认态度，即“不报不过问，不举报不追究”。随着形势快速发展和各方巨大压力，于1986年台风季节来临之前，台湾当局作出“非人力所能抗拒原因，准许台轮进入大陆港口避风求助”决定，随后又通过《台湾居民赴大陆探亲条例》。有台湾渔民自称是“开启两岸关系发展大门的先行者及推动者”。

自1971年至2012年，象山累计接待台湾渔轮12747艘次，渔民84636人次，为台湾基隆、苏澳、高雄等七个港口修理五种型号各类船只1678艘次，属于重大项目和紧急抢修就达630艘次；治病3499人次，其中住院和重伤病177人次；输出对台渔业劳务1921艘次、8752人次；贸易297艘次；发放书刊151925份册；为台轮补给油料6000吨、淡水21000吨，各种食品物资补给更是不可计数。接待总量仍居全国各口岸之首。凡来过大陆台轮几乎都到过石浦港，凡到过石浦港台湾渔民几乎都到过台胞站，凡到过台胞站台湾渔民几乎都接受过接待和服务。拉近与台湾渔民之间距离，增进了解，建立感情。

陆上台胞接待

广大台胞特别是大陆籍台胞要求返乡探亲、祭祖、寻找亲友或与家人团聚心情和愿望一直十分迫切，但1986年前始终不能如愿。少数有家眷却在台未再婚单身台胞甘愿舍去一切，冒着风险，冲破阻力，通过第三地绕道入境，经大陆有关方面批准回乡定居，与家人团聚。至1987年年初，先后回乡定居者有金仁田、金乃二等11人。他们的到来，引起当地政府及社会各方关注，接待陆上台胞工作也由此启动。出于对台胞利益安全考虑，时接待方式类同台湾渔民，处于保密状态。同时，为避免受接待对象产生不必要误解，接待单位多以民间组织名义出现，工作人员也以象山县台属台胞联谊会成员身份出面接待。探亲台胞受台湾当局“三不政策”影响，在与接待工作人员接触时，特别小心翼翼，双方交流只谈家庭、生活习俗等，不涉及政治等方面敏感话题。随着改革开放步伐加快和台海形势发展变化，以及第一代去台人员年龄不断增长，大陆籍台胞要求返乡呼声日益强烈。1987年10月15日，台湾当局迫于广大民众和社会舆论强大压力，宣布是年11月2日始，允许除现役军人和公职人员以外台湾居民，可经第三地转赴大陆探亲。（按：在台湾当局宣布台胞赴大陆探亲实施细则前一天，国务院有关部门负责人发表谈话，欢迎台湾当局开放台胞赴大陆探亲，保证来去自由，尽力提供方便和照顾。是月16日，国务院办公厅又公布有关接待办法。从此，海峡两岸同胞近38年隔绝状态终于打破。）

祖国大陆大门一经开启，盼望已久大陆籍台胞纷纷提出申请返乡探亲。象山去台人数多，申请者亦多，陆上台胞接待成为涉台部门主要任务。接待台胞由原来秘密转为公开，改变过去常以晚上时间悄悄接待的形式。截至2012年年末，仅受到过县台办、台联会接待返乡台胞就有1800余人次。其中，74名经审批回乡定居台胞，人均受接待次数不下3次，重点对象如陈增溥、陈器、贺定元、魏和中、周乃武、李国成、杜贤达等先生于20世纪90年代每两年返乡1次，每次均受到热情接待。通过多次沟通交流，不断加深了解，促进互信。1987年年初，未经台湾当局许可擅自回乡定居者，原在台的所有待遇彻底中止，年迈回家又无任何经济来源，生活上只能依靠家人供养。定居地政府给予适当生活补助，年人均补444元。后逐年调整，至2012年，年人均补助生活费增至3600元。

台胞团组接待

1979年元旦，全国人大常委会发表《告台湾同胞书》，呼吁海峡两岸“相互之间完全应当发展贸易，互通有无，进行经济交流”。1981年9月，叶剑英发表九条对台方针政策时，“欢迎台湾工商界人士回祖国大陆投资，兴办各种经济事业，保证其合法权益和利润”。国务院有关部门相应采取一系列推动两岸经济关系发展措施。在大陆对台方针政策感召下，台商开始关注和寻找在大陆的商机，特别是1987年11月后，两岸经贸关系随之迅速发展。台湾厂商到大陆考察市场和资源情况，使贸易与投资机会相对增加，商务接触活动日益频繁。随着两岸经贸关系发展，特别是第一波台商赴大陆投资高潮到来，台湾经贸考察团也纷纷入境考察。象山虽处东部沿海，与台湾隔海相望，却未迎来一个台湾团组，直至1990年年初，以王雄夫为团长的台北市宁波同乡会参访团到象山，向有关组织捐赠残疾人轮椅85把，县台属台胞联谊会出面热情接待。此为象山自1949年后接待海峡彼岸——台湾宝岛第一个团组。时隔2年，即从1992年始，先后接待台湾基隆市、高雄市、宜兰县等渔业协会代表团。象山接待台湾经贸交流团起始于新世纪初期。2001年6月，由台东县商会理事、上海浩海鲜食品公司董事长陈辉福一行24人，应邀参加宁波服装节后到象山考察。是年7月，以宝丽金珠宝集团总裁陈瑞林为团长的台湾珠宝同业公会一行23人，专程考察象山，为建立珠宝首饰生产加工基地选址。21世纪以来的10多年，随着象山投资软环境不断改善和招商引资工作力度加大，特别是浙（象山石浦）台经贸合作区建设，吸引众多台商组团到象山实地考察，投资兴业。经贸团组在象山考察，不仅得到涉台部门及联系单位热情接待，县委、县政府主要领导也亲力亲为，参与接待工作。至2012年年末，象山累计接待台湾经贸考察、文化交流、农（渔）业合作等各类团组 45 个、880 余人次。

第二节　台胞服务

祖籍大陆常年在海上生产作业或是久别家乡首次探亲台胞，多少会有这样那样需求与困难，甚至生命攸关突发事件，急需有关部门鼎力相助。作为主管部门台办，只要台胞求助，总是想其所想、急其所急，千方百计帮助解决，不断赢得信任与赞誉。

为台胞治病修船

石浦港修船条件好、技术好、服务好，在台湾渔民中有口皆碑。40 年中凡船体破损、设备损坏，平均每年到石浦修理台轮 40 余艘，20 世纪八九十年代高峰期，每年达七八十艘。1987 年，最多高达 1821 艘次。每艘台轮少则 10 余工时，多达上千工时。县涉台部门组织协调象山（石浦）船厂、有关修理单位及个人主动、上门服务，或顶着炎炎夏日，或冒着狂风暴雨，常常不分昼夜、加班加点抢修，深得台湾渔民称赞。

石浦台胞红十字医院（前身系象山第二人民医院，也是全国唯一主要为台湾渔民服务而命名医院），凡遇有台胞就医，开通绿色通道，简化手续、优先接诊、优先住院，还常年预留设施最好病房，指派医术精湛医护人员服务台胞。在台轮滞港期间对于不方便上岸看病台胞，医护人员就背着药箱，冒着风浪到锚地巡诊。平均每年医治伤病台胞 80 余人次，1991 年达 132 人次。台胞医院不仅为救治众多台胞伤病而受到好评，也为两岸基层医术业务交流做很多工作。2000 年 12 月 15 日，国台办主任陈云林到台胞站考察，指名去石浦台胞医院，并当场答应赠拨救护车一辆。

突发事件处置

20 世纪 80 年代后，台胞站每年都会遇到并处置数次诸如船只触礁、起火遇险，人员伤病、落海，海事纠纷、治安案件等涉台突发事件，至 2012 年共处置重大并在当地社会与台湾渔民中有着较大影响者 42 起，除“隆安 3 号”大副受重伤和“福宝 326 号”船长吴永发遭遇交通事故经抢救无效死亡外，其他均得到妥善、圆满处理，两岸同胞和媒体都给予报道。1990 年 12 月 8 日深夜，台轮“隆安 1 号”因导航仪故障于渔山列岛触礁，船体严重倾斜，船舱大量进水，9 名渔民无法自救，船长黄加兴发红色信号弹求救。途经该海域“浙象渔 4027 号”船获悉后立即前去营救。涉台部门获悉后，立刻组织人员，深夜租用大马力船只，与武警县边防、渔政部门人员一起，连夜赶往出事地点。在“浙象渔 4027 号”等 3 艘大陆渔船大力协助下，终于在 9 日上午 8 时许把台轮拖离暗礁。尔后又把台轮拖进石浦港修复、补给，4 天后重返海上作业。

联谊联欢

为增加内地与台湾两岸同胞的接触、沟通机会，以增进彼此间了解与友谊，也为常年在海上捕鱼作业渔民活跃气氛、丰富生活，在县委统战部的指导下，在县文化界、文艺界等众多部门的大力支持和参与下，县台办经常举行联谊会、茶话会、中秋晚会及文体比赛等各种活动，组织台胞踊跃参加当地“元宵灯会”“三月三·踏沙滩”“中国开渔节”等民俗活动，使广大台胞充分感受到家温暖和手足之情。台胞参与各种联谊活动近200次、3200人次。要使广大台胞真正地改变观念、心向祖国，为他们提供全面、高效、优质服务，为台胞多做好事、多办实事，成为当时台胞接待站一项重要工作。两岸寻亲活动是从海上开始，也在台湾渔民中率先进行。当“可以乘船去大陆找亲人”的消息在台湾民众中悄悄传开，不仅渔民亦有岛内其他民众改换身份，申办渔民证纷纷到大陆寻找亲人。在有关部门和人士大力支持配合下，经过台胞接待站不断地努力，为台胞找到或联系上51名亲人，转信转物253件，办理与亲人通话610余次。

组织观光

不少台湾渔民因职业关系曾漂洋过海到过世界不少国家领略异国风光，唯独没有到过仅一水之隔又是自己祖国的大陆一游。初来乍到，一切是那么陌生和好奇，一切是那么神秘和向往，台轮在港内滞留期间，台湾渔民想深入内地饱览祖国山水风光，感受中华民族灿烂文化愿望十分迫切。县台胞站因势利导，精心组织，安排车辆，全程陪同，尽一切可能满足台胞的要求。至2012年，共组织台胞到县外奉化溪口、宁波、杭州、上海、苏州、南京、北京、桂林等地旅游观光达170批次、643人次，组织在县内旅游观光不计其数。广大台胞既为祖国大陆悠久历史、地大物博、人杰地灵、发展迅速而感叹，他们说的最多的一句话是：百问不如一见。

第三节　对台宣传

向台胞、台属宣传党的对台方针政策及祖国大陆改革开放所取得伟大成就与日新月异变化，是涉台部门义不容辞职责、长期坚持的一项任务。县台办、台联会、石浦台胞站通过各种途径，利用各种手段，采取各种方式宣传。

面对面宣传

向台胞台属开展面对面宣传，寓于接待交流工作全过程。20世纪80年代后期，台湾当局允许“大陆老兵”返乡探亲，涉台工作人员在接待他们时，双方谈论最多是婚姻家庭、生活习俗、个人情趣及经历等内容，一般不涉及政治等敏感性话题。随着时间推移及两岸关系不断改善，返乡探亲台胞与接待工作人员交谈过程中，思想顾虑逐渐减少，特别是多次入境返乡台胞，敢于公开谈论台湾局势等，接待人员因势利导，向他们宣传介绍中央对台政策主张、国家法律法规及祖国大陆改革开放带来社会事业、人民生活、经济建设巨大变化，组织他们到有代表性旅游景点、重大工程项目建设现场参观考察，使他们亲眼看见家乡发展前景。

书籍（资料）发送

广大台胞特别是初次返乡台胞、台湾渔民渴望多了解祖国大陆，考虑到口头宣传局限性，接待工作人员从“海风”“华艺”等出版社、各级政府有关单位搜集各类图书、刊物、画册、书籍等免费赠送。这些书刊资料图文并茂，质量精美，内容丰富，有宣传党的对台政策，有刊印国家法律法规，有介绍祖国大陆人文地理及家乡发展变化。在当时的历史条件下，台湾当局认为大陆书刊是禁书，台湾民众则认为是宝书，特别在大陆去台人群中深受欢迎。在石浦台胞站，专门设立图书室供台湾渔民上岸阅览，只要喜欢无偿提供。台湾渔轮进港，每艘发送两袋经预先搭配分装好书籍（资料），一船不漏。应特定对象要求，工作人员精心挑选、保质保量、专门包装，以便他们带入岛内，不断为他们的“家庭图书室”增添新内容。30 余年，累计向台胞（渔民）发送各类书籍（资料）15800 余份（册、本）。

报刊宣传报道

利用中国开渔节平台，邀请海内外新闻媒体采访报道开渔节各项活动及象山各大主要旅游景点。从第十届中国开渔节始，县台办先后邀请台湾媒体，如“水产电子报”“中国时报”“联合报”“经济日报”与大陆《两岸关系》《台湾工作通讯》《东南商报》以及新华社驻香港《中国市场》等报纸杂志社记者到县采访中国开渔节开幕仪式、妈祖如意省亲迎亲、开船仪式等各项活动。“水产电子报”“中国时报”“联合报”相继以整版篇幅系统报道中国开渔节盛况。

广播电视播报

2006 年至 2008 年中国开渔节期间，连续邀请台湾东森电视台、三立电视股份有限公司、年代电视台与中央电视台、中央人民广播电台、中国华艺广播公司等新闻单位拍摄开渔节实况，各新闻媒体纷纷作报道，特别是东森电视台通过国际卫星向台湾及东南亚地区滚动播放开渔节各项活动全过程与象山、台东两地人民共度中秋佳节文艺节目表演实况，中央电视台也在《海峡两岸》栏目中播出开渔节主要活动场景，三立电视有限公司将开渔节实况与象山影视城、石浦老街、松兰山旅游景点制作成短片向台湾民众展示。

新辟展示中心

2012 年，县政府投资 500 万元，于石浦海峡广场主楼三楼设“海峡两岸交流基地”展示中心，通过图、文、视屏、实物等方式分“血脉渊源”“台胞之家”“大事回眸”“如意妈祖信俗”“渔文化交流”“结对交流”“经贸合作”“领导关怀”八大板块，展示中华人民共和国成立后特别是改革开放后象山涉台工作发展与成果，成为象台文化核心交流区与对台展示、宣传、教育新平台。（按：至2014年，共接待游客46批、3500余人次，其中台胞1000人次。）

开展涉台教育

举办涉台知识讲座，提高领导干部涉台工作能力。2005年至2012年，县每年举办涉台知识讲座或两岸关系发展及台湾形势报告会，先后邀请中央人民政府驻香港特别行政区联络办公室处长仇长根、上海台湾研究所常务副所长严安林、国台办海研中心兼职研究员李涛、宁波大学原校务部主任贺秉元等台湾问题研究专家，到象山向县委理论中心组成员作台海形势报告，分析台湾局势走向，解读中央对台方针政策主张，阐述两岸关系发展前景。增强领导干部涉台知识，开阔领导干部视野。

制作涉台知识图版，丰富广大民众涉台知识。2007年，县台办精心制作25块涉台知识宣传图版，分“台湾历史”“党的对台政策主张”“涉台法律法规”“象山对台工作”四部分。是年8月始，先后进机关、学校、企业、社区、公园、广场进行为期5个月的巡回展出，吸引大量干部群众、教师学生驻足观看。

台情调研

县台办、台胞站，利用台胞接待有利条件，及时了解各种信息与动态，共搜集上报各类信息材料480余篇（条），绝大多数被上级有关部门录用。其中，被中央各部门录用40篇（条），如“台十万渔民将上街大游行”“警惕台对我心战策反新动向”“台加紧实施佳山计划”“台湾渔轮为躲避日方追查悬挂五星红旗”等，分别被中共中央办公厅、国务院办公厅、中央军委办公厅和国务院台办录用，为上级领导和部门决策和政策制定及时提供参考依据。台胞接待站多次被评为省、市统战和对台系统先进工作站、接待宣传工作先进单位，1989年10月，获中央宣传部对外宣传“银鸽奖”。翌年11月，被省军区确定为象山县海防管理先进示范点。先后受到检查指导、考察慰问的中央政治局原常委、原政法委书记罗干与国台办主任陈云林、副总参谋长徐惠滋、省委书记李泽民等领导肯定与赞扬。

经涉台工作人员的坚持不懈努力，象山对台宣传工作取得较好成绩，30余年来，连续被市、省乃至国台办评为先进单位。

第四节　经贸合作

两岸同胞同宗同文，两岸经济在资源、技术、市场、人力等许多方面存在互补关系，极具合作条件。自1949年至1978年，由于台海地区激烈军事对峙，两岸经贸往来基本中断，仅大陆中药材等少数几种台湾不可替代或无法生产必需品经香港转口到台湾，且数量甚微。1979年，随着两岸关系缓和，两岸经贸关系始发展。1985年3月，县成立华源对台贸易公司（以下简称华源公司），隶属于县委统战部。1988年5月，与县劳务公司合并，保留原名称，改属于县外经委管理。2000年，公司转制。

对台小额贸易

华源公司运作10余年，贸易额320余万美元。由于台湾当局始终未开放两岸直接贸易，禁止渔船货物交流，公司经营业务长期处于单向（只出不进）、单一（水产品）、量小（每航次标的10万美元以内）状态。2000年，象台贸易中断。2004年12月，海峡公司获得对台小额贸易经营权。翌年4月，成立象山台港水产贸易有限公司（以下简称台港公司）。下半年，县委、县政府组织相关人员先后两次到舟山沈家门和玉环、椒江等地专题考察当地对台小额贸易经营情况后，决定把县对台小额贸易经营权落户到象山海峡经济技术合作有限公司。是年12月，县成立象山华隆对外经贸合作有限公司（以下简称华隆公司）。2006年年初，县委、县政府再次组团赴福建马尾、厦门、上海等地考察调研，取经学习。联合国检、海关、边防等部门先后采取“码头停靠零收费、零等待服务”“开通绿色通道”、改进对台小额贸易企业外汇核销管理制度，准许个人外汇划入公司核销、简化通关程序等措施，航运班次从每周1个航次争取到2个航次，营造发展对台小额贸易良好氛围。是年，小额贸易快速发展，全年成交量为750吨，成交额达182万美元，分别比2005年增加3.5倍、2.3倍。2007年9月，国家商务部、海关总署办公厅联合发文明确石浦为全国5个对台小额贸易新政试点口岸之一，为加速发展象台小额贸易提供良好外部环境。截至12月5日，小额贸易成交量2531吨，成交额665万美元，同比增长328%与380%。2010年4月20日，台湾“顺通号”商船装载33箱、133吨机电产品从台湾台中港报关出港，经金门转至石浦。石浦港迎来首批台湾进口贸易，从此突破象山长期只出不进单向对台小额贸易格局。是年，对台进口贸易3批次、500余吨散装产品，交易额350余万美元。

对台劳务输出

台湾海岸线达1600余公里，渔业发达、技术先进，渔货年产量超过130万吨，但从事捕捞人员短缺。雇用菲律宾、越南、泰国等输出劳务，因语言、习俗不同，工资、手续等方面问题，始终难以拓展，大陆沿海渔民众多，劳力资源富余。1988年夏，县成立象山对外经济技术劳务合作公司（以下简称劳务公司），公司成立后立即与对台、边防、安全、乡镇等部门一起，在全县范围内宣传发动，报名登记、政审挑选、办证注册、教育培训输台劳务人员。1988年8月4日，与台轮“国兴2号”开始劳务合作。1995年3月，于台胞接待站挂牌成立“象山海峡经济技术合作有限公司”（以下简称海峡公司），拓展两岸劳务合作业务。截至2002年2月，国家六部、委、办下发全面暂停输台渔工通知止，两家公司共与1921艘次台轮展开劳务合作，输出渔工8752人次，创汇680万美元。两岸劳务有效合作不仅解决岛内渔工短缺困境，给长期不景气台湾渔业增加活力，还缓解了县内渔业劳动力剩余压力，增加了渔民经济收入。

大活动平台招商

利用浙洽会、开渔节招商平台，邀请台北市商业公会、台湾旅行商会、台湾青创总会、宁波市与东莞市台资企业协会、台湾铭钟集团、台东县政府先后组团到象山考察服装生产、水产品加工、现代农业、物资流通、石斑鱼暂养等合作事宜。经多方努力，台资企业陆续落户象山。台湾“星期九”休闲农庄集团与象山三联农业公司签约5000万元，与泗洲头合资打造两岸农业合作“试验田”；台湾宝碟软件科技公司投资300万美元，于晓塘乡设厂从事IT制造业务；台湾精品农业园金兰农业发展有限公司投资250万美元，于晓塘乡租赁土地6.7公顷，设立精致农业兰花基地；台湾华陆集团与象山龙氏渔业公司签约建立农渔业产品交易集散中心。特别在创建浙（象山）台经贸合作区工作推动下，涉台部门为企业对外开展交流交往牵线搭桥、创造条件，提供政策咨询。是年，台湾商品购物中心在丹城、石浦开设店面3个，专售食品、烟酒、化妆品、小五金等台湾原产地商品；促成台湾协畅企业落户石浦海峡广场，总投资3000万元开设“台湾小吃一条街”，专营卤肉饭、担仔面等台湾风味特色小吃。宁波台恒水产有限公司与台湾德河海洋生技股份有限公司，合建华东地区台湾石斑鱼暂养中转基地，总投资1.5亿元，用地面积10.73公顷，建成工厂化养殖厂房与暂养设施、海水净化系统、1000吨级专用码头、冷藏库、综合配套等设施一体化养殖基地，年销售台湾石斑鱼10亿余元。

营造投资好环境

遵照县委“一线工作法”要求，配合企业开展创业创新推进月活动，县台办先后出台“机关干部联系重点台资企业”与“进企入户服务”措施，帮助企业和台商解决实际困难，努力营造良好的投资环境。调研中发现，象山的台资企业或多或少存在着劳资纠纷及台商就医、子女就学、企业招工等诸多困难和实际问题。县台办对此疏理、分析，并根据工作难度大小、轻重缓急，分案到人，限期解决。先后为宁波龙泰有限公司从贵州、四川、青海、甘肃、陕西等地招收工人700人次；为3名台商子女解决进入象山学校就读；成功调处某公司有意拖欠并克扣员工奖励工资所引发劳资纠纷；联系中国农业银行象山支行等金融单位，帮助企业融资3500万元；指派石浦台胞站职工进驻台港公司，协助企业开展上下联络、相互沟通、业务数据统计、台情调研等项工作。解决企业燃眉之急，解决部分台商后顾之忧，安心象山工作，开始“以台引台”。截至2011年12月31日，象山台资企业22家，总投资11007.59万美元，注册资本6576万美元，合同外资5242万美元，实际利用外资5190万美元。其中，2家企业根据市场变化和自身发展需要增资1010万美元。

环境好，台商乐回报。宁波正源电力有限公司出资90万元设立“正源阳光慈善基金”，资助贫困学生就学；宁波威霖公司主动捐款30余万元，支援四川汶川地震灾区；其他台资企业也积极赞助所在地的养老院、学校、村道改造，累计捐资达80余万元。台资企业设立和发展，缓解当地就业压力，带动本地企业管理创新，促进地方税金收入，为象山经济发展与社会稳定作出贡献。

第五章　侨务与港澳事务

侨务与港澳事务工作是党和国家一项长期重要工作。20世纪70年代末至80年代初，县政府侨务办公室、县归国华侨联合会相继成立，象山侨务工作始经常性开展。保护华侨、归侨和侨眷正当权益，并最广泛地团结他们为促进祖国经济建设，实现统一大业，扩大对外影响和发展同各国人民团结友好而奋斗。

第一节 代表会议

1980年12月，县归国华侨联合会筹备委员会成立。1981年11月，县归国华侨联合会（以下简称县侨联）正式成立。至2012年，县侨联共召开8次代表会议。

历次代表会议

第一次代表会议 1980年12月6日至9日，在丹城县府招待所召开。出席代表36人。会议听取县委宣传部副部长程云臻时政报告；通过关于成立县归国华侨联谊会筹委会决议；成立县归国华侨联合会筹备委员会，委员11人。主任1人，副主任2人。

第二次代表会议 1981年11月26日至29日，在丹城县府招待所召开。出席代表72人。会议听取县委宣传部副部长程云臻时政报告；审议通过筹委会主任孙务文工作报告，通过《章程》《决议》；成立县归国华侨联合会，委员11人。主任1人，副主任2人，聘名誉主席1人。

第三次代表会议 1984年11月27日至29日，在丹城县府招待所召开。出席代表100人。会议听取县委宣传部副部长孙务文与统战干事欧吉庆时政报告，审议通过二届委员会主任陈兆皋工作报告，修订通过《章程》《决议》；选举产生第三届侨联委员会，委员17人。主任改称主席，主席1人，副主席2人，聘名誉主席1人。

第四次代表会议 1988年1月9日至10日，在丹城供销大厦会议室召开。出席代表82人。会议听取县政协副主席、县委统战部部长沈允法时政报告；审议通过三届委员会主席陈兆皋工作报告，修订通过《章程》《决议》；选举产生第四届侨联委员会，委员17人。主席1人，副主席2人，副秘书长1人，聘名誉主席1人。

第五次代表会议 1991年4月22日至24日，在丹城镇礼堂召开。会议听取县委统战部部长俞斌兆时政报告；审议通过四届委员会主席陈兆皋工作报告，修订通过《章程》《决议》；选举产生第五届县侨联委员会，委员17人。主席1人，副主席3人，秘书长1人，副秘书长1人，聘名誉主席、顾问各1人。

第六次代表会议 1996年6月10日至11日，在丹城象山大酒店（县供销大厦）召开。出席代表100余人。会议听取县政协副主席、县委统战部部长沈佳雨时政报告；审议通过五届委员会主席陈兆皋《团结务实、开拓进取，为象山的改革开放和经济建设作出新贡献》报告，修订通过《章程》《决议》；选举产生第六届侨联委员会，委员19人。主席1人，副主席2人，聘名誉主席、顾问各1人。

第七次代表会议 2002年10月14日至16日，在象山宾馆召开。出席代表91人。会议听取县政协副主席、县委统战部部长吴安定时政报告，审议通过六届委员会主席俞明振作《发挥优势、形成合力，努力开创象山县侨务工作新局面》工作报告，修订通过《章程》《决议》；选举产生第七届侨联委员会，委员 19 人。主席 1 人，副主席 2 人，不再聘名誉主席、顾问。

第八次代表会议 2007 年 11 月 29 日至 12 月 1 日，在象山宾馆召开。出席代表 91 人。市侨联党组书记、副主席毛伟达致贺词，县委书记周江勇讲话。审议通过七届委员会主席张爱民《聚侨心、促和谐，为我县经济建设社会发展作出新贡献》工作报告，修订通过《章程》《决议》；选举产生第八届侨联委员会，委员 19 人。主席 1 人，副主席 2 人。

第一届委员会 （1980. 12. 06—1981. 11）

主　任：孙务文

副主任：陈兆皋、尹礼宗

委　员：陈文浩、欧世琰、陈美华（女）、黎绍彬、王根才、蔡昌祥、吴祖标、吴云堂

第二届委员会 （1981. 11—1984. 11）

主　任：陈兆皋

副主任：尹礼宗、黎绍彬

委　员：陈文浩、王根才、欧世琰、吴云堂、陈美华（女）、王桂英（女）、李世声、周珊顺、蔡昌祥、吴祖标

第三届委员会 （1984. 11—1988. 01）

名誉主席：王家福

主　席：陈兆皋

副主席：尹礼宗（当年 12 月任专职副主席）、黎绍彬、尹国花（女）

委　员：王根才、王德贤、张万良、李湘莲（女）、沈显荣、陈文浩、陈美华（女）、林庠妹（女）、欧世琰、夏光祥、谢祖家、蔡昌祥

第四届委员会 （1988. 01—1991. 04）

名誉主席：王家福

主　席：陈兆皋

副主席：尹礼宗、黎绍彬

副秘书长：夏乃平（兼）

委　员：夏乃平、尹国花（女）、王德贤、何文炯、李妙林、李昌泉、李湘莲（女）、沈显荣、陈文浩、张彩仙（女）、林庠妹（女）、欧世琰、郑美莲（女）、夏光祥

第五届委员会 （1991. 04—1996. 06）

名誉主席：王家福

主　席：陈兆皋

副主席：尹礼宗、林庠妹（女）、黎绍彬

秘书长：尹礼宗（兼）

委　员：纪山青、何文炯、张小林、李妙林、李昌泉、李湘莲（女）、陈文浩、欧世琰、金志华、郑美莲（女）、夏乃平、夏光祥、蔡爱芳（女）

第六届委员会 （1996. 06—2002. 10）

名誉主席：陈兆皋

名誉顾问：黎绍彬

主　席：俞明振（兼）

副主席：尹礼宗（1996.07—2002.03）、林庠妹（女）（兼）

秘书长：尹礼宗（兼）

委　员：王永国、何文炯、李昌泉、吴善良、陈文浩、张小林、张彩仙（女）、金志华、欧世琰、周海仁、郎德敏、徐伟丰、夏光祥、黄美德、龚胜利、蔡爱芳（女）

第七届委员会　（2002.10—2007.11）

主　席：陈雪晶（2006年7月止）、张爱民（2006年7月起）

副主席：张继锋（2002.10—2007.06）、刘启卫

秘书长：蔡爱芳（女）

副秘书长：李淑贞（女）

委　员：王伟亚（女）、吴善良、何文炯、吴跃玲（女）、张小林、陈良种、郑立、范彩芳（女）、金志华、周敏华、胡玲英（女）、骆季刚、钱坤、奚旦云（女）、韩巍

第八届委员会　（2007.11—2013.03）

主　席：张爱民（2011.02止）、翁华清（2011.02起）

副主席：潘丁红（女）（2007.11—2009.06）、刘启卫

沈颖洪（2009.06—2011.09）

郑颖（女）（2011.09—）

秘书长：李淑贞（女）

委　员：王一鸣、王志赳、朱吉华、张小林、余跃玲（女）、郑成、郑志荣、金志华、林峰、范彩芳（女）、骆季刚、胡玲英（女）、奚旦云（女）、钱坤、潘海军

第二节　联络联谊

县侨办、侨联成立后，切实发挥侨优势，坚持以亲情、乡情、友情为纽带，以血缘、地缘、业缘为基础，采取多种形式开展联络联谊工作，切实涵养侨务资源。利用中秋、春节等传统节日，向海外侨胞及其国内亲属寄赠贺卡、慰问走访、开展座谈；把海外侨胞及侨团请进来到象山参观考察，主动走出去参与海外各种社团文化联谊活动，大力宣传象山改革开放和现代化建设取得的成就，促进海内外交流与合作，增进乡情和乡谊，服务经济繁荣和发展。

走访接待

1985年，东京华侨总会常务理事王家福受省侨办邀请回国观光，县长郑友庆到宁波会见王家福和留日浙江同乡会一行6人。县侨联聘请王家福为名誉主席。

1990年至1997年，接待回乡探亲、考察洽谈、投资捐赠的港澳同胞200余批、600余人

次。1998年，接待美国、日本、印尼、澳大利亚、新加坡等国家和中国香港地区到象山考察人士27批、75人次。是年，县侨办、侨联于春节期间向马来西亚三江公所、留日浙江同乡会、全美华侨总商会、香港甬港联谊会、香港上海总会、新加坡三江公所等侨团侨领敬赠贺卡150份。接待香港宁波同乡会、甬港联谊会秘书长郑介初，旅港宁波同乡会副会长范思舜、商学鸣、金维明和省政协港澳委员李孙文英等一行6人。宁波国际服装节期间，留日浙江同乡会成立30周年庆典在宁波举行，侨办去信祝贺，并接待东京华侨总会理事、留日浙江同乡会常务理事王忠根等人士。

1999年，根据国家主席江泽民重要指示和全国侨务工作会议精神，县侨办制定“加强联络、开拓渠道、注重服务、发挥优势”为工作指导原则，建立侨务工作政务公开制度，突出重点，加强新移民和留学人士工作，接待来自美国、日本、印尼、澳大利亚、意大利、瑞士、新加坡等国家和中国香港地区侨胞35批、89人次。2000年11月10日至12日，日本爱媛县吉田町町长清家文男率访问团一行17人，到象山举行建立友好关系10周年纪念活动。是年，接待海外侨胞49批、98人次，其中留学人员18人。2001年，接待、联络海外侨胞、港澳同胞及海外留学人员56批、134人，其中接待留学人员26人次。成功引介加拿大籍学生到华夏令营1批、16人次，重点接待海外华侨华人社团、企业30家，重点人物23名。向外输送留学人员12名。

2002年，2月，县侨办侨联组织人员赴上海等地拜访著名爱国侨胞王家福之子王国勋、香港锦锋公司（小蝶化妆品）董事长赵小蝶夫妇等10余名侨界知名人士及融信国际（意大利）上海代表处负责人、新世界数码基地有限公司技术中心总经理张晓波先生等；5月，巴中商会中国部主管蒋之淳到象山考察；9月，开渔节期间，经日中友好经济交流协会副理事长袁闵钢牵线搭桥，以日本田中义昭会长为团长的31位日本客商到象山考察水产品加工企业。经旅日人士沈浩、陈金娟引荐，大福冈县农业会议常任议员、大刀洗町农业委员会会长神代园二郎先生、日本健兴通商株式会社社长傅健兴先生到象山考察农业生产基地及相关企业，并提出合作意向。是年，接待到象山考察海外华侨和留学生38批、115人次。2003年，接待海外华侨华人、留学人员36批、127人次。走访上海、宁波等地象山籍侨界知名人士及县内侨眷侨属70人次，向海内外寄发联谊贺卡、信函230余份。2004年，接待华侨华人、留学人员47批、180人次，走访慰问县内及上海、宁波等地象山籍侨界知名人士、侨眷60人次，发送电子邮件1100封，向海内外寄发联谊贺卡385封，开展各类涉侨活动15次。是年，葡萄牙华侨华人协会会长陈源清夫妇到象山探亲及经贸考察；邀请巴西某商会会长蒋之谆参加浙洽会；赴甬拜会留日华侨浙江同乡会会长张珑堂和财团法人、宁波旅日同乡会常务理事傅健兴。组织开展“走百家”活动，走访82家重点留学人员亲属、归侨、侨资企业，6名华侨和留学人员携家眷回访县侨办。2005年，接待海外华侨华人、港澳同胞13批、110人次，发送电子邮件1600封。是年3月，发送国家主席胡锦涛会见全国侨务工作会议代表时重要讲话、国务委员唐家璇会议讲话精神与海外侨胞、留学人员，并向海外学子宣传《中华人民共和国反分裂国家法》。2006年，接待海外华侨华人、港澳同胞、留学人员25批、200人次，发送电子邮件1150封。是年中秋节，向海外留学人员发送《致象山籍留学人员一封信》。

2007年，“五一”期间，接待香港甬港联名誉会长、渥太华皮草行董事长陈志耀先生到象山考察；6月，接待美国海陆国际集团董事长陆连国先生、韩国中华民间交流协会副会长张基训先生一行，到象山考察南方水产食品有限公司；8月，接待回象探亲上海世贸中心协会和上海国际商会副会长、能达（香港）控股公司总裁徐能。2012年，6月8日，接待世界中华宁波总商会副会长、香港建业五金塑胶有限公司董事长孙启烈带领的访问团一行20人到象山考察；9月23日，县侨联承办宁波市第八届留学人才科技项目与民营企业洽谈会象山创业行暨国内科技项目对接会，接待51名不同国家和地区的参会海外留学人员。2008年至2012年，接待、走访海外华侨华人、港澳同胞和留学人员154批、930人次，各类考察团组24个。走访、慰问县内侨眷和象山籍侨界知名人士730人次。

交流合作

1991年，配合外经贸委等部门，邀请30余名“三胞”（海外侨胞、港澳同胞、台湾同胞）举办清明节“三胞”联谊活动。

1997年，香港回归，中央电视台、香港凤凰中文台，把“亚洲飞人”柯受良飞越黄河作为“迎九七回归”第一个大型活动予以报道，县侨办、台办等单位组成10人家乡应援团，赴黄河壶口实地为柯受良助威。是年8月7日，县政府邀请柯受良回乡考察访问。1999年，澳门回归，县侨办、侨联开展宣传澳门基本法、走访澳门同胞亲属的活动，向基层侨务工作者、侨务骨干及县领导寄发基本法小册子等澳门回归有关宣传资料300余份。县剪纸艺术家谢才华为庆祝澳门回归祖国，创作百幅“喜喜”迎澳门回归50米剪纸长卷，委托市侨办转赠澳门庆回归筹委会，为市海外联制作送澳门回归礼品。

2002年，邀请旅法博士、法国国家科研中心终身科学家黄萌珥与县人民医院交流血液病方面病理治疗。是年，编写《海外象山学子》一书并举行首发仪式，收录象山籍海外获硕士以上学位留学人员100余名、照片150余帧。2003年6月，“象山侨务网”正式开通，系统介绍县侨务工作动态、社会经济发展动态、象山籍海外人员典型事例、招商项目、投资环境、投资政策及侨务政策服务等，提供在线咨询。进一步推动县电子侨务工作的开展，为实现县侨务工作跨地域交流和合作、促进侨务资源共享搭建新载体。在“双纪念”活动中，3名象山籍留学人员在宁波发展论坛上作经济、环保演讲，为宁波发展献计献策。是年，开展“致海外留学人员及港澳同胞一封信”活动，向海外侨胞发送《致在外象山留学人员的一封信》，动员留学人员积极为家乡建设献计献策，为象山县经济建设、社会发展服务。2004年，组织10名海外博士参加市海外博士故乡行活动，达成水产品贸易5项。组织部分侨眷和留学生家属参观考察乌沙山电厂。在《今日象山》开辟“海外巾帼”专栏，宣传15名象山籍留学女硕士、女博士优秀事迹。2005年4月，《今日象山》开辟“海外象山青年学子”专栏，介绍10名象山籍海外留学生优秀事迹。响应省侨联、省留联会开展“为国教子、以德育人”“双十佳”评选活动，郑尚根家庭当选“十佳家庭”，郎祖谋获“十佳家长”入围奖。组织参加市侨联第五届“侨联杯”暨“文化交流年”活动文艺会演，留德学子林绮演唱《中国大舞台》获银奖第一名。

2007年，在北京、上海召开象山籍归国人士新春团拜会，县四套班子领导与归国人士代表开展面对面交流。象山籍归国人士新春团拜会活动至2010年连续开展4年。为给回乡象山籍代表人士提供交流合作平台，2008年始，于春节期间举行回乡象山籍代表人士新春酒会，共叙乡情乡谊，共话家乡发展。活动连续开展5年，参会人数逐年增加，至2012年达70余人。2009年春节，在杭州举办象山籍归国人士新春团拜会。“十一”前夕，协助杭州宁波经济建设促进会举办庆祝新中国成立60周年暨2009年中秋联谊会。参加市委统战部组团赴香港出席庆典活动，拜访香港甬港联谊会，与部分在港象山籍人士取得联系。2010年，英籍华人、博士后、英国布尔顿大学教授骆季奎担任市侨联在英国海外华人学者联系工作站负责人。开渔节期间，县侨界参与承办首届“象山人与象山经济”大会，130余名海内外象山籍代表人士和各界精英应邀出席。2011年4月9日至10日，拜访在沪重点联系对象赵小蝶、徐能、吴云等人士，举行在沪象山籍归国人士联谊活动。是年10月23日，在香港成立香港象山联谊会。2012年，6月，赴上海拜访象山籍在沪重点联系对象徐能、吴云等人士，开展在沪象山籍归国人士联谊活动；中秋期间，开展中秋茶话会；10月，组织侨界代表参观游览横店影视城。

2009年7月，11名县海外学子入编《宁波海外学子》续集。策划“迎国庆”侨界人物系列宣传报道，象山电视台、《今日象山》、中国象山港网站报道热心公益的港胞陈志耀、回乡创业留学生代表王一鸣、林海挺。是年12月22日，《今日象山》以“我是象山人”为题，以整版篇幅专题报道县侨务部门对外联络联谊工作。2010年9月，由县委统战部牵头，县侨办、县档案局配合共同编纂的《海内外象山人》第一辑出版，30余名海外华人、华侨入选。2012年3月，推荐10名优秀象山籍海外学子入编《宁波海外学子》第三集。

开展海内外象山籍人士系列采访活动

在外象山籍人士中，拥有一批雄厚资本实力的成功创业者，且海外归国创业者占据重要比例。他们艰苦创业，克勤克俭，爱国爱乡，造福桑梓，事业有成而不忘报效家乡，是社会建设的重要力量和资源宝库。为广泛宣传他们奋发有为精神和卓越不凡事迹，加强联络联谊，增进乡情乡谊，树立海外象山籍人士自主创业、回报家乡的典型，引导更多在外象山籍人士以不同方式关心、支持家乡发展，合力建设更加美好的新象山。2011年1月，县侨办联合县委宣传部、县新闻办、县新闻中心、县广播电视台、象山港网站等单位组成采访团，历时2年，先后5次分赴环渤海湾、长三角、珠三角等地区，开展“海内外象山人”系列采访活动，并在县内各大新闻媒体开设“天南地北象山人”专题、专栏，在重要版面重要位置，推出19名系列人物长篇通讯、系列访谈和深度报道。

2011年1月，采访上海小蝶化妆品股份有限公司总经理赵小蝶女士；5月12日至16日，赴深圳、佛山、南海、东莞、惠州等地采访深圳市建筑设计研究院副总工程师郑伟国博士、深圳市英达精密模具有限公司董事长胡英锡、东莞市宏财实业投资有限公司董事长沈小才、佛山万阳家具有限公司董事长郑亮、惠州市惠阳矩宝实业有限公司董事长杨建军、浙江华天电源科技有限公司总经理陈华海等象山籍人士；7月23日，赴上海采访上海丰收日（集团）有限公司董事长吴云，一兆韦德（上海）健身管理有限公司董事会主席金宇晴，法籍华人、法雷奥集团上海分公司总经理董定国。10月，赴北京采访。采访之余，就近开展联络联谊工作，与80名象山籍海外侨胞、留学归国创业人士座谈交流，共叙乡情乡谊，广泛听取他们对象山县域经济转型发展的意见和建议。

第三节　引智引资

随着改革开放的不断深入，侨务政策进一步落实，海外侨胞、港澳同胞、留学人员回乡投资兴业热情不断提高。县侨务部门切实发挥桥梁纽带作用，坚持运用国内、海外“两个平台”，发挥智力、财力“两种资源”优势，采取“以侨引侨、以侨引外”等措施，开展招商引资、招贤引智工作，助力经济社会转型跨越发展。

引进海外高层次人才

高层次人才是经济社会建设重要力量与宝贵财富。县侨务部门发挥侨优势，积极开展海外高层次人才引荐工作。2000年10月，由澳大利亚浙江同乡会会长姚亦仕陪同，澳大利亚悉尼美威英语学院负责人到滨海学校考察，双方洽谈师生交流，建立校际关系等事宜。10月24日，加拿大南希、凯拜尔国际学院董事长高登一行到象山滨海学校考察，洽谈聘请外籍教师、两地师生交流协作等事项，签订有关协议。2004年，引进留澳博士潘仁湖创办宁波澳博环保科技有限公司，其“自然脉冲式低速栓流气力输送装置（系统）开发”项目被列入市创业资金项目（科技创新环境与条件建设类），并获得市2004年度第四批科技项目经费20万元。2005年，留英博士王一鸣回乡创业，落户象山科技孵化中心，并获市科技创新资金补助30万元。是年12月，成立宁波锦浪新能源科技有限公司。2008年6月，引荐留日硕士朱文荣，成立旭文海藻有限公司，从事浒苔休闲食品产品开发加工。朱文荣已先后入选省“千人计划”、市“3315计划”创业人才、省“151”人才培养工程、创新人才推进计划。王一鸣于2009年入选浙江省首批“百人计划”，2010年入选第三批国家“千人计划”，获聘国务院特聘专家。2011年，英国布尔顿大学终身教授骆季奎作为国家“千人计划”引进教授，担任浙江大学信电系微电子与光电子所所长。2011年，引进留美博士潘承志，成立裕兰信息科技有限公司，从事图像识别智能驾驶信息系统研发，于2012年入选省“千人计划”人才，其团队获宁波市“3315”创业创新团队；引进留英博士沈铖，成立宁波磐锦机械制造有限公司，其个人获市“3315计划”创业人才。至2012年，全县有国家“千人计划”2个，省“千人计划”2人，市“3315”创业创新团队1个，个人2个。

引进资金项目

1955年2月23日，国务院发布《关于贯彻保护侨汇政策的命令》，提出侨汇是侨眷合法收入，保护侨汇政策是国家长远政策。1956年，县创侨汇26432元。20世纪80年代，随着改革开放扩大和侨务政策落实，侨汇增长迅速，对外经贸合作不断加强，引进涉侨资金项目逐渐增多。1981年11月，海外侨胞回国、回乡探亲定居不断增加，侨汇大幅度增加。共计汇入613笔，计币214575元。1990年，为对外协作牵线5次，侨汇总数达120.5万元。

1991年，落实项目投资及捐资意向4个，配合市侨办接待香港宁波同乡会人士。1992年，接待回乡考察投资环境和洽谈贸易等项目人士8批次，象山籍港胞怡丰公司董事长潘银国先生投资90万港元，在家乡合资兴办皮革制品公司。1993年，引进外资项目3项，协议利用外资131万美元。印尼华侨樊恭熛先生回乡兴办象联化工有限公司、在北京投资设厂，后又携其侄女一起在宁波投资70余万美元合资设立房地产开发公司。在港属史悠生动员下，其香港亲属周建泉先生回乡投资51万美元，建立宁波安年制衣有限公司。旅居意大利米兰中区华侨协会副会长、欧亚贸易进出口公司董事长项祝光先生，投资10万美元兴建宁波欧亚制衣有限公司。1994年12月中旬，县侨办邀请21名外商参加深圳——象山经贸洽谈会，洽谈签约项目8项，总投资4203万美元，协议利用外资3086万美元，外贸成交额2102万美元。兴办两家侨属企业，高塘岛乡10名归侨、侨眷和回乡定居人士兴办县侨兴海产养殖场，集资12万元，其中侨汇投资4万元。侨属个体联合经营专业户、重点户30余户，主要是养兔、养鸭、养殖珍珠、承包柑橘、砖瓦和开办家庭工厂等。

2001年，经侨务部门牵线搭桥引进外资合作项目4项，签订合同2项，合同利用外资251万美元，达成合作意向项目2个，跟踪联络项目3个，引进并成功进行针织、工艺品、电子配件等贸易客商4批、21人次，贸易额220万美元。2002—2007年，共引进侨资企业1家、港资企业4家、侨港资企业总投资为5715.58万美元，注册资金3342.34万美元，合同利用外资3342.34万美元，实际到位外资3209.34万美元。

2011年，经港胞赵小蝶女士牵线，上海世茂集团正式落户象山大目湾新城。是年，留美博士潘承志带领博士创业团队研发“图像识别智能驾驶信息系统”项目落实象山科技创业园，成立裕兰信息科技有限公司。侨资企业宁波美亚光电科技有限公司成立，首期总投资超亿元。2012年9月23日，成功承办市第八届留学人才科技项目与民营企业洽谈会象山创业行暨国内科技项目对接会，51名海外留学人员携60余个项目，与县内100余家民营企业洽谈，4个项目签署合作意向书，10余个项目达成合作意向。在港胞范忠伟的牵线下，香港赛帆集团签约在象山投资建设国际创业园；留澳博士潘仁湖及其团队落实投资意向，在象山注册成立宁波澳博环保科技有限公司。

搭建创业服务平台

为加强象山籍归国人士联系，更好地服务海外高层次人才回乡创业，2004年，在北京、上海分别成立北京（象山）归国人士联谊会、上海（象山）归国人士联谊会。2006年1月15日，北京象山籍归国人士组织开展谋家乡发展座谈会，建立海外人士建言献策定期联系制度等。充分发挥联谊会作用，引导留学人员回乡创业。2007年，进一步完善象山籍海外高层次人才意见建议征求机制，动员归国人士为家乡发展献计献策，全年共向象山籍海外高层人才征求意见建议3次。是年，开展侨资企业服务月活动，助企解困2起。帮助锦浪新能源科技有限公司落实土地2.7公顷，并推荐王一鸣博士赴杭州参加“2007相聚长三角——海外人才为国服务博士团活动周”活动。2008年，走访县内侨（留）、港资企业，登记建档。组织侨界政协委员视察企业，倾听意见建议。开展“帮企业、鼓干劲、破难题、促发展”活动，帮助锦浪新能源落实银行贷款1500万元、南星针织顺利通过新厂房验收。浙洽会期间，组织8家企业赴甬参加企业对接活动。浙江华天电源科技有限公司、宁波启新针织面料有限公司获评2007年度浙江省优秀侨资企业。是年，县海外留学人员回乡创业服务联谊会成立，王一鸣担任会长。2009年，开展侨、港资企业及留学生创业企业专题调研，及时向上级部门反馈。帮助锦浪新能源解决产能扩大场地需求；帮助南星针织落实银行抵押贷款800万元；帮助华天电源订单产品顺利出口。浙洽会期间，组织21家企业参加宁波市“海外华侨华人专业人士创业发展洽谈会”，达成合作意向4个。宁波锦浪新能源科技有限公司总经理王一鸣入选浙江省首批“百人计划”。

2010年，开展“侨（港）资企业服务月”活动，深入8家企业走访座谈，解困3家。宁波锦浪新能源科技有限公司总经理王一鸣入选第三批国家“千人计划”，获聘国务院特聘专家。2011年，开展为侨（留）资企业转型升级服务活动，成立调研组，建立侨务干部与企业一对一联系制度，收集企业建议11条。11月8日至11日，宁波锦浪新能源科技有限公司承办的国际电工委员会（IEC）“小型风力发电设备世界标准”制定会议在象山港国际大酒店举行。是年，锦浪公司被评选为市产批企业技术创新团队。2012年，开展“进侨企、破难题、助发展——外贸企业服务月”活动，走访全县20余家侨（港）资企业、留学人员企业与2个联系村。留美博士潘承志团队入选市首批“3315”高端创业创新团队，获500万元创业创新资助；留英博士沈铖、留日博士朱文荣获“3315”特别资助人才，分别获100万元创业创新资助。潘承志、朱文荣入选“省千人计划”。

第四节　侨胞服务

“以人为本，为侨服务”是侨务工作宗旨。为使党的侨务方针政策、涉侨法律法规为广大归侨、侨眷及海外侨胞所了解，县侨务部门开展多形式活动，向社会各界广泛宣传《中华人民共和国归侨侨眷权益保护法》及《浙江省实施办法》。积极引导基层侨联组织创建侨法宣传角。

关注侨界民生，加大爱侨、护侨力度，在侨界群众中开展“献爱心、暖侨心”活动，切实帮助广大归侨、侨眷解决实际困难和问题。每年春节、中秋节期间，对重点、困难归侨侨眷开展走访慰问活动，并送上慰问品、慰问金。运用法律手段，维护侨界人士合法权益，按照中央、省、市有关文件精神做好侨务政策落实工作，帮助海外侨胞、归侨、侨眷解决经济纠纷，帮助办理出国探亲、回国定居等相关手续，处理各种涉侨事务。2011年，成立象山县法律援助中心县侨办侨联工作站，依法护侨能力得到明显提升。

落实侨务政策

根据“一视同仁，不得歧视，根据特点，适当照顾”侨务工作方针，县侨办切实帮助华侨、归侨、侨眷解决实际困难。

1954年4月，妥善安置回乡定居的印尼华侨林秀英一家6人，为中华人民共和国成立后首批回象山定居华侨。1960年3月，发行浙江省颁发侨汇物资供应券（“文化大革命”中一度被取消），向归侨侨眷优待供应猪肉、糖、蛋、粮油、棉布等紧俏商品。

1978年，中共十一届三中全会后，于“文化大革命”中被查抄财物13户华侨、侨眷，有历史遗留私房（101间、3025平方米）17户华侨、侨眷全部落实政策。1986年，全县落实华侨土改私房政策基本结束，计华侨业主8户，建筑面积3300.8平方米。

1995年，接待来访40余人次，处理来信18件。主要办理、解决升学读书、劳动就业、调动工作、自费出国留学、购房建房、房屋损害赔偿、介绍婚姻对象、家庭纠纷调解、看病就医、借贷款寻找投资合作伙伴、介绍出口产品、提供信息及落实侨务政策等。

2008年，妥善处理涉侨信访2件；与西周镇政府协调，帮助旅美华侨伊云波解决西周镇伊家村房产置换一事；帮助旅美华侨沈子寅解决儿子入读幼儿园事宜；就上海世贸中心协会和上海国际商会副会长、能达（香港）控股有限公司总裁徐能祖坟保护一事与墙头镇政府协调。2009年，共办理身份证明14人次，受理涉侨来信来访9件。2010年5月，帮助旅日华侨王根财先生办理出生日期变更，并帮助其领回2万元余征地补偿款。是年，接待办理各类信访14件（次）。2011年3月，帮助解决旅美华人肖福来与他人民间借贷25万元经济纠纷；4月21日，成立象山县法律援助中心县侨办、侨联工作站，组建由侨务干部、专职律师等人员组成的法律咨询组织。是年，接待来访15次，受理来信3件。2012年，帮助留美博士沈子寅解决小儿子入学难题，帮助侨眷胡善勤协调处理购回祖屋事宜，帮助空巢老人李幽云协调廉租房申请等。

侨法宣传

为深入贯彻《中华人民共和国归侨侨眷权益保护法》及《浙江省实施办法》；县侨务部门广泛深入开展侨法宣传，每年组织召开座谈会、报告会、文艺宣传等活动，向社会各界宣传各类涉侨法规。引导基层侨联组织创建侨法宣传角，每年向侨界群众分发、赠送涉侨法律法规宣传画册。1997年2月下旬，举办学习香港基本法讲座；5月中旬，召开迎回归三胞亲属座谈会，随后又举办香港回归图片展。是年，侨务部门以香港回归祖国为主题，编印《香港回归辅导报告》《迎香港回归问答》《香港回归宣传提纲》《基本法100问》等资料及《香港基本法》小册子，供侨界人士、乡镇分管领导及有关部门宣传学习。

自2001年12月4日确定为全国法制宣传日始，县侨务部门常联合相关部门，积极开展侨法宣传活动。2004年5月14日，在县人民广场举办侨务图片展览和政策咨询活动，发放侨务政策宣传资料、《中华人民共和国归侨侨眷权益保护法》160余份，50余人参加咨询活动。2007年，深化“侨法”宣传教育活动，宣传《浙江省华侨权益保障暂行规定》，使广大华侨、归侨侨眷和留学人员亲属加深对“侨法”理解，以法律武器维护自己合法权益。2010年，在《中华人民共和国归侨侨眷权益保护法》（以下简称《侨法》）颁布二十周年全国第十个“12

·4”法制宣传日之际，为进一步提高公民的法律意识，引导归侨侨眷自觉运用法律武器维护自身合法权益，县侨务部门于12月4日，举办法律知识现场有奖问答，展出侨法知识展板，发放侨法宣传资料，开展法律咨询，表演侨法知识节目。并参加由市侨办、市侨联共同主办，致公党和11个县市（区）侨办侨联协办广场宣传活动。通过多种形式向归侨、侨眷和各界群众宣传《侨法》，提高广大群众对《侨法》重要性的认识，营造普法的浓厚氛围，更好地凝聚侨心、汇集侨智、发挥侨力，推进构建和谐社会。

2012年，利用侨情调查契机，以“侨法促侨界更和谐”为主题，开展“六五”普法侨法知识进社区、进楼组、进家庭宣传活动。侨情调查所到之处及时向归侨、侨眷和社区居民发放侨务工作方针政策、法律法规及侨法知识读本，使他们在家就能了解到最新的侨法知识，做到侨情调查到哪里，侨法知识宣传到那里，群众问题解答到那里。是年，石浦荔港社区被授予国侨办“侨法宣传角”称号。

服务侨界民生

县侨务部门每年开展走访慰问送温暖活动和为侨留资企业服务月活动，及时为他们排忧解难。1998年5月，印尼发生反华骚乱，县侨务部门致电慰问印尼华侨凌带娣、尹礼钢、樊恭熛等及其在国内亲属。2009年，5月，甲型H1N1流感肆虐期间，在象山侨网上发布《给象山籍海外侨胞的一份问候信》；6月，接待旅法华侨黄安娜女士查找原始资料，办理户籍证明；11月，帮助西周镇陈增奇发文《关于帮忙寻找沈银娣女士的函》至香港甬港联谊会，寻找其港籍伯母钱素琴失散多年亲生女儿。2011年，在日本“3·11”地震发生后，县侨务部门第一时间多渠道联系和慰问县旅日华侨华人、留学人员及其家属，了解受灾情况。在利比亚安全局势发生重大变化、新西兰发生严重地震时，及时与在利比亚、新西兰的象山籍侨胞做好信息沟通，关注生命财产安全情况。2012年8月，11号台风“海葵”登陆象山，侨务部门群发防台短信、电话联系、走访重点人员和空巢老人，帮助侨界群众做好防台准备工作，并看望慰问丹东、丹西、石浦、西周等地受灾较重侨眷家庭9户。帮助留美博士沈子寅解决小儿子入学难题，帮助侨眷胡善勤协调处理购回祖屋事宜，帮助空巢老人李幽云协调廉住房申请等。

参政议政

县侨联是人民政协的组成单位，参与国家大政方针政策及政治、经济、文化和社会生活中重要问题政治协商，发挥民主监督作用，参政议政，为党委政府民主科学决策提供参考。县侨联协助党委政府开展侨界人士政治安排，推荐优秀侨界代表人士。至2012年，经县侨联推荐，报县委统战部、县政协党组同意，全县共政治安排侨界人士57人。

1960年，县归侨侨眷林秀英、顾人麟2人，出席县政协一届委员会一次会议。

1984年，县归侨侨眷王德贤、陈兆皋、欧世琰、黎绍彬4人，出席县政协二届委员会一次会议。1987年，协商推荐王德贤、何文炯、李昌泉、林庠妹、郑美莲、欧世琰、郑菊英、黎绍彬8名，为县政协三届委员会侨联界别组委员。1990年，协商推荐尹礼宗、何文炯、李昌泉、林庠妹、欧世琰、郑美莲、郑菊英、黎绍彬8名，为县政协四届委员会侨联界别组委员。

1993年，协商推荐尹礼宗、王永国、何文炯、李昌泉、张小林、欧世琰、林庠妹、郑菊英8名为县政协第五届委员会侨联界别组委员。尹礼豹、夏秀君、奚际林、潘银国为县政协港澳委员。1998年，协商推荐尹礼宗、何文炯、张小林、林庠妹、顾文斌、蔡爱芳6名，为县政协六届委员会侨联界别组委员。尹礼豹、夏秀君、奚际林、潘银国为县政协港澳委员。

2003年，经县侨联提名协商推荐，报县委统战部、县政协党组同意，刘启卫、刘志坚、何文炯、陈竹青、陈种良、黄瑾瑾6名，为县政协第七届委员会侨联界别组委员。奚际林、潘银国为县政协港澳委员。2007年，协商推荐张爱民、刘启卫、刘志坚、陈竹青、郎旺位、王一鸣、陈华海7名，为县政协八届委员会侨联界别组委员。潘银国为县政协港澳委员。

2012年，协商推荐方国良、刘启卫、沈铖、陈竹青、陈华海、郑颖、郎旺位、钱豪8名，为县政协九届委员会侨联界别组委员。潘银国、汤碧燕为县政协港澳委员。

县侨联牢牢把握团结、民主两大主题，坚持以“致力发展，关注民生，履职为民”为主线和服务大局、建言献策的总体思路，充分发挥政协侨联界别组委员的智慧和力量，组织委员认真开展各项活动，紧密围绕政府关心、侨界关注的热点、难点问题，深入开展调查研究，积极建言献策。1984年至2012年，县政协九届一次会议，侨联界别组委员共提交提案131件，提高提案质量，做到有针对性、有操作性，及时反映侨界声音、为侨界建设服务，侨联界别的多件提案被列为重点提案，受到县领导高度关注和肯定。其中：2008年，王一鸣委员撰写《关于促进留学生人才回乡创业，把世界上最新技术最优产品引进象山的建议》提案，被县政协评为年度优秀提案；2011年，张爱民、刘启卫委员撰写《关于尽快设立我县留学人员创业园的建议》提案，被省侨联评为优秀提案。

第五节　捐赠助困

爱国爱乡是海外侨胞与港澳同胞的优良传统，报效桑梓也是他们的共同心愿。象山籍海外侨胞与港澳同胞的时刻关心、支持家乡发展，无私贡献力量。改革开放以来，随侨务政策进一步落实，他们纷纷回乡捐资助学、扶贫助困、助推新农村建设。县侨务部门认真贯彻有关任务政策和法律法规，切实加强捐赠管理，充分发挥捐赠项目效益。据不完全统计，自1980年始至2012年共引进捐赠项目134个，资金1993余万元。

捐助文教卫生

1990年3月22日，港胞王玉珍女士向昌国初中赠款2000元，向昌国小学赠款500元。1993年6月19日，香胞沈炳麟捐资10万元兴建新桥山海小学“恩美楼”教学楼协议书在上海签订。1994年6月14日，港胞赵安中捐赠象山二中35万元“林杏琴教学楼”举行捐资仪式。1995年1月7日，香港大业织造厂有限公司董事长沈炳麟代表胡兆康（澳门同胞）到象山高塘岛乡中学考察，决定捐资14万建造“庆恩楼”。1995年1月18日，香港同胞陈志耀、夏秀君夫妇，捐赠4万元，用于建立象山中学乐队，同时赠送民政局残疾人助步器2台。1995年8月6日，沈炳麟先生捐资10.56万元建造高塘林港小学教学楼协议在上海签订，并资助高塘岛乡12名贫困学生1300余元。1999年9月15日，香港联谊会副会长陈志耀、秘书长郑介初和宁波甬港联谊会常务副会长张建明等，参加由香港甬港联谊会捐资20万元建造昌国卫生院“甬港联谊门诊楼”落成典礼。2000年，美国共和党国家委员会委员、美国全美舞蹈公司董事长姜光平博士向宁波大学、天一阁和县图书馆、象一中、象二中等赠送《写心集》一书，并在象二中设立“姜梅坞、陈娩荪奖学金”。首次发放10名学生，每名学生300元。2000年5月，为纪念姜梅坞（姜光平之父）办学之功，象山二中将一新落成学生宿舍命名为“姜梅坞学生公寓”。

2001年、2002年，每年发放“姜梅坞、陈娩荪奖学金”4000元。2003年至2008年，每年发放“姜梅坞、陈娩荪奖学金”5000元。2009年至2012年，每年发放“姜梅坞、陈娩荪奖学金”8000元。留美博士林国本夫妇在上海交大设立以其父母命名“林华衮、姜树桢助学金”，奖励每年从象山考入上海交大优秀清寒本科新生1名，奖金金额为5000元。2005年4月25日，在高塘学校举行高塘学校“育名楼”落成典礼。“育名楼”是由香港实业家叶杰全经市委统战部引荐到象山助学，捐资45万元助建。5月23日，何震逸捐资30万元助建定塘镇大塘小学“陈月庭（何震逸夫人）综合楼”举行隆重落成典礼。8月，郎旺凯先生、林国本等发起倡议，设立“象山籍海外学子助学金”。2006年，4月17日，由县侨办引荐邹星炳捐资30万元助建晓塘乡中心校“捷达综合楼”落成。是年，“象山籍海外学子助学金”首次发放（吴斌、陈磊2006年始每人每年捐赠3000元，助象山中学优秀贫困学生）。2007年，由港胞陈志耀捐款20万元助建涂茨镇中心小学综合楼竣工启用。2009年，美国加利福尼亚华人社团“圣裕中华文化协会建华社”出资6000美元资助鹤浦中心小学“金祖鑫建华图书馆”开馆。

扶贫救灾

1989年3月7日，澳门同胞胡兆康、冯志坚、孙昌平受香港沈炳麟委托到茅洋察看捐建蛎港桥事宜，商定捐资14.75万元重建。

1997年1月24日至31日，侨办分别赴上海、宁波、杭州慰问重点侨胞、侨眷及捐资代理人30余人，慰问县重点侨属及困难户、留学生亲属近20户，发放困难补助费近千元。“8·18”台灾后，香港同胞和社团捐款670万元，修造12所中小学校舍、2所卫生院、2座桥梁和2条海塘大坝。8月20日至25日，县侨办、侨联向近百名象山籍旅外乡亲通报“8·18”灾情。旅外人士捐资计350万元。历时两个多月，举办香港回归图片巡回展，“桑梓情深”版块体现香港同胞关心家乡建设及兴办公益事业业绩。1998年，向全县21户困难和受灾归侨、侨眷发放补助费8000余元。

2002年8月，5名秋季考入大学、高中贫困学子获香港联谊会“家乡慈善基金”每人1500元资助。9月，县侨务部门慰问贫困归侨，分别向周珊顺、凌文清送去市侨办给予贫困归侨补助款各1300元。2003年1月20日，经市甬港联牵线，香港启发制衣有限公司总裁、香港甬港联谊会副会长徐鸣鹤向东陈、茅洋等8个镇乡41个困难户捐扶贫帮困资金16400元。2007年春节前夕，收到香港甬港联谊会5.1万元善款，慰问全县8个镇乡、街道近百户困难家庭。香港甬港联“家乡慈善基金”发放助学捐款1.1万元，“象山籍海外学子助学金”新增捐款1.31万元，资助9名困难学子。2008年春节前，香港甬港联谊会副会长邹星炳先生、吴剑鸣女士捐助14万元慰问款，发放至全县15个镇乡、街道148户困难家庭。“家乡慈善基金”“象山籍海外学子助学金”提供1.9万元助学金，资助11名贫困学生。2009年，引进邹星炳、港胞徐日光春节慰问款5.25万元，发放至14个镇乡、街道87户困难家庭；“象山籍海外学子助学金”向2名象山中学贫困新生发放助学金6000元；香港甬港联“家乡慈善基金”向4名贫困学生发放助学金9000元。2010年，香港甬港联谊会和港胞周鸣山、周树中捐赠春节慰问款3万元，发放到县内10个镇乡、街道46户贫困家庭；“象山籍海外学子助学金”、香港甬港联“家乡慈善基金”向5名象山中学贫困新生发放助学金1.2万元；旅美华侨鲍永玉夫妇向县慈善总会捐款5000元。

2011年，引进香港甬港联谊会和港胞周鸣山、周树中春节慰问款3万元，发放至县内10个镇乡、街道45户贫困家庭。2012年，引进香港甬港联谊会和港胞周鸣山、周树中春节慰问款3万元，发放到全县40余户困难家庭。

资助农村建设

1987年4月18日，旅日华侨王家福引进先进紫菜加工设备一套。1989年6月20日，美籍华人、世界著名水稻专家欧世璜教授赠送给县侨办一套其学术著作《水稻病虫害》（英文版）。1990年，港胞朱茂松向县残疾人福利会捐资1000元港币，为东澄河路建设赠5000元港币。

2007年，香港甬港联谊会捐资15万元助建泗洲头镇苏岙村老年活动中心。2008年，村又引进捐赠资金30余万元。深入开展“侨爱工程——万侨助万村活动”，香港安泰集团主席黄庆苗、宁波正源电力有限公司董事长王传麟各出资15万元，助建泗洲头镇苏岙村老年活动中心于10月落成。创裕制衣、华天电源两家侨（留）资企业投入15万元，分别结对丹西街道珠水溪村、北门村，开展村容村貌整治。2009年11月，香港甬港联谊会副会长、香港江兴国际投资有限公司董事长江兴浩向樊岙村捐资25万元，用于新农村建设。是年，香港甬港联谊会名誉会长陈志耀捐资30万元助建西周镇文岙村休闲广场项目；副会长江兴浩捐资25万元援建鹤浦镇樊岙村农民文化中心；郎旺凯向大徐镇敬老院捐资6.1万元用于设备添置。2010年，港胞奚际林出资30万元帮助新桥镇上七里村改造自来水、生活污水工程。县侨联帮助泗洲头镇上马岙村引进新农村建设资金10万元。

2011年2月17日，江兴浩到鹤浦镇樊岙村，参观新建成的农民文化中心。2012年，港胞江黎鋆捐资25万元支持泗洲头镇墩岙塘村文体活动中心建设。

象山海外侨胞、港台同胞捐赠一览表

表5-5-1

捐赠人	居住地	捐赠时间	受赠单位	捐赠名称	金额（元）
沈琦	香港	1986.04	丹城二中	皇冠轿车1辆	20000
潘学黎	香港	1988	象山中学	樊氏奖学基金	22000
王玉珍（女）	香港	1988—1992	昌国学校、敬老院	捐赠款	6000
姜光平	美国	1988	县政府	捐助《象山县志》出版	1100
		2000—2012	象山二中	“姜梅坞、陈婉苏奖学金”	69000
陈志耀	香港	1989.01	补助西周文岙村火灾户	捐赠款	20000
		1991.11	象山中学	助建“夏金生图书馆”	230000
		1992.08	县聋哑学校	捐赠校服	6000
		1993	象山中学	奖励高师预备班师生	16000
		1994.02	县聋哑学校	捐赠款	2600
		1995.01	象山中学	助学校乐队购置乐器	40000
		1997.08	象山县政府	“8·18”台灾救灾款	20000
		2006.02	涂茨中心校	助建“陈志耀综合楼”	200000
		2009.05	西周文岙村	助建休闲广场	300000
沈炳麟	香港	1989.03	茅洋乡	建造“顺德桥”	147500
		1990.04	石浦檀头山初中	助建“庆同教学楼”	60000
		1991.06	定塘中娄初中	助建“庆同教学楼”	113400
		1993.06	新桥山海小学	助建“恩美楼”	100000
		1995.04	高塘初中	助建“庆恩楼”	140000
		1995.08	高塘林港小学	助建教学楼	105600
		1995.08	高塘学生12人	资助贫困生	1300
朱茂松	香港	1990.01	县民政局	残疾人福利基金会	2000
		1990.07	县民政局	残疾人福利基金会	1000
		1990.07	丹城镇政府	修东塘山路	5000
		1991.05	县聋哑学校	缝纫机40台	4100
		1992.04	县聋哑学校	购钢琴、录像机	10000
		1992.10	县聋哑学校	助建综合楼10万港币	90000

续表5-5-1

捐赠人	居住地	捐赠时间	受赠单位	捐赠名称	金额（元）
潘银国	香港	1990.08	县侨联	丰田克来西轿车1辆	28000
		2007	贫困学子	助学金	2000
		2008	贫困学子	助学金	2000
陈采栋	香港	1991	昌国学校	捐赠款	3000
李士龙	香港	1991.04	丹城镇政府	修造丹城北山路	20000
周永练	香港	1992	县聋哑学校、幼儿园	布料、儿童玩具	10000
张炳昌 闻儒根	香港	1992	象山中学	25英寸彩电1台	5000
林云凯	香港	1993	晓塘乡敬老院	别克轿车1辆	160000
张炳昌	香港	1993	县聋哑学校	小电风扇60台	4000
李植裕	香港	1993.11	县聋哑学校	捐赠款	1000
杨松令	香港	1993.11	县中医院	GKD-1电脑综合治疗仪1台	3000
赵亨龙 赵亨文	香港	1994.04	鹤浦中学	助建“林杏琴教学楼”	350000
		1995.03	墙头下沙小学	助建“林杏琴教学楼”	200000
赵安中 赵亨龙 赵亨文	香港	1994.06	象山二中	助建“林杏琴教学楼”	350000
		1994.11	泗洲头中学	助建“林杏琴教学楼”	180000
赵安中	香港	1995.05	涂茨毛湾小学	助建“林杏琴教学楼”	150000
		1995.11	晓塘中心校	助建“林杏琴教学楼”	400000
		1997.06	黄避岙中心小学	助建“林杏琴教学楼”	200000
		1998.03	贤庠中心校	助建“林杏琴教学楼”	200000
		1999.10	高塘中心校	助建“林杏琴教学楼”	200000

续表5-5-1

捐赠人	居住地	捐赠时间	受赠单位	捐赠名称	金额（元）
香港甬港联谊会	香港	1997.11	定塘中心校	助建教学楼	200000
		1998.02	鹤浦中心校	助建教学楼	200000
		1998	昌国卫生院	助建“甬港联谊门诊楼”	200000
		2002.08	贫困学子5人	家乡慈善基金	7500
		2007	慰问困难群众	慰问款	51000
		2007	茅洋乡茅洋村	修建水利设施	100000
		2007	贫困学子	家乡慈善基金	11000
		2008	贫困学子	家乡慈善基金	11000
		2009	贫困学子	家乡慈善基金	9000
		2010	贫困学子	家乡慈善基金	12000
		2011	贫困学子	家乡慈善基金	10000
		2012	贫困学子	家乡慈善基金	10000
何震逸	香港	1997	定塘大塘小学	助建“陈月庭综合楼”	300000
陈廷骅	香港	1997.08	涂茨中心校	助建教学楼	225000
		1998.02	鹤浦小网巾小学	助建教学楼	200000
邵逸夫	香港	1997.09	金星小学	助建教学楼	500000
		1997.09	定塘逸夫小学	助建教学楼	100000
		1997.11	晓塘白玉湾小学	助建教学楼	100000
		1997.11	黄避岙白屿小学	助建教学楼	100000
		1998.04	泗洲头墩岙塘小学	助建教学楼	100000

续表5-5-1

捐赠人	居住地	捐赠时间	受赠单位	捐赠名称	金额（元）
王传麟	香港	1999.01	爵溪镇	海塘建设	20000
		2002.08	爵溪镇	道路建设	30000
		2003.05	象山慈善总会	抗击“非典”捐款	100000
		2005.11	象山慈善总会	敬老院慰问款	30000
		2006.08	象山慈善总会	敬老院慰问款	11399
		2007.05	象山慈善总会	慈善捐款	303230
		2007	泗洲头镇苏岙村	助建老年活动中心	150000
		2008.01	象山慈善总会	冠名基金	300000
		2008.05	象山慈善总会	慈善捐款	106448
		2009.06	象山慈善总会	慈善捐款	302600
		2010.05	象山慈善总会	慈善捐款	300000
		2010.08	象山爵溪红十字会	慈善捐款	50000
		2010.10	象山慈善总会	慈善捐款	12631
		2011.05	象山慈善总会	慈善捐款	302698
		2012	象山慈善总会	冠名基金	300000
徐鸣鹤	香港	2003	41户贫困户	慰问款	16400
香港宁波同乡会	香港	2004	西周中学	助建教学楼	200000
叶杰全	香港	2004	高塘学校	助建“育名楼”	450000
邹星炳	香港	2005	晓塘中心校	助建“捷达楼”	300000
郎旺凯	北京	2006	贫困学子	象山籍海外学子助学金	10000
		2006	文峰学校	交换式电子白板	25000
		2009	大徐镇敬老院	添置设施	61000
黄庆苗	香港	2007	泗洲头镇苏岙村	组建老年活动中心	150000
留企创裕制衣、华天电源	象山	2008	丹西街道珠水溪村、北门村	新农村建设	150000
奚际林	香港	2008	新桥镇上七里村	改造自来水、生活污水工程。	300000

续表5-5-1

捐赠人	居住地	捐赠时间	受赠单位	捐赠名称	金额（元）
香港甬港联谊会及邹星炳、吴剑鸣	香港	2008	困难群众	慰问款	140000
香港甬港联谊会及邹星炳、徐日光	香港	2009	困难群众	慰问款	52500
江兴浩	香港	2009	鹤浦镇樊岙村	助建农民文化中心	250000
徐　能	上海	2009	墙头镇	助建农民会所	200000
鲍永玉夫妇	美国	2010	象山慈善总会	青海玉树地震救灾款	5000
潘银国 汤碧燕（女）	香港	2012	县红十字会	香港政协委员应急救助基金	5110
江黎鋆	香港	2012	泗洲头镇墩岙塘村	助建文体活动中心	250000
香港甬港联谊会及周鸣山、周树中	香港	2010	困难群众	慰问款	30000
		2011	困难群众	慰问款	30000
		2012	困难群众	慰问款	30000

第六章　宗教事务

宗教，作为一种社会现象，在中国流传的主要有五种：佛教、道教、伊斯兰教、天主教和基督教，除伊斯兰教外，均伴随象山社会发展和人民生活而流传、演变。象山今有佛教、基督教、天主教三大宗教，3个宗教团体，即县佛教协会、县基督教“两会”（县基督教协会和县基督教“三自”爱国运动委员会）和县天主教爱国会筹备小组。经批准登记开放、修持的宗教活动场所186处。宗教教职人员350余人，参加正常宗教活动的基督教信徒2.2万余人，天主教信徒700余人。

宗教事务，即为保障公民宗教信仰自由，维护宗教和睦与社会和谐；规范宗教，依法负责有关行政管理工作；听取宗教团体、宗教活动场所和信教公民意见，协调宗教行政事务性管理工作。人民政府专门设立宗教事务部门依法对涉及国家利益和社会公共利益宗教事务进行行政管理。

宗教事务工作部门在县委、县政府的领导下，以毛泽东思想、邓小平理论、“三个代表”重要思想、科学发展观和党的全会精神为指导，认真贯彻落实党的宗教政策，依法加强对宗教事务的管理，围绕中心，突出重点，讲求实效，争创特色，努力开创宗教工作新局面，为构建和谐象山提供良好社会环境。

第一节 佛 教

佛教在象山历史久长，影响深远，名刹林立，高僧辈出。自南朝宋元嘉二年（425），僧凤跃于蓬莱山之象鼻山西麓，傍溪结茅，创“凤跃院”［北宋治平二年（1065）改赐“等慈禅寺”，俗称西寺］始，至唐末宋初，已有等慈、涌泉（宋治平二年改赐“普明讲寺”额）、常乐、蓬莱、宝梵、灵岩等21座著名的禅、律宗寺院。宋代，佛教更是兴盛，名僧迭出。象邑陈氏子虚堂智愚，出家修行70载，为南宋理宗、度宗之皈依师；灵岩禅院住持兀庵普宁，于南宋景定元年（1260）东渡日本，是日本禅宗“宗觉派”之开创者。元明两代，更是高僧济济，象籍有善来、妙源、竺仙、梵琦、法衡等，外邑驻象的有昙噩、福报、大观、云外等，声名鹊起，蜚声海内外。竺仙赴日弘法，创立“竺仙派”，为日本禅宗二十四派之一；法衡焚化后得舍利子，轰动一时。民国期间，象山佛教发展较快，全县有寺庵约800处，几成佛国，为历代之最。民国35年（1946）11月，县佛教支会成立。

中华人民共和国成立后，各寺庵当地乡政府予以保护、管理。土地改革时，宗教活动暂停，全县僧尼参加土改，农禅并举，不少僧尼还俗成家或年老离寺。至1955年，全县仅240名僧尼（尼104人），寺庵144处。

“文化大革命”期间，正常的宗教活动被强行禁止，僧人被遣散或还俗；佛像被毁，殿宇相继被一些单位占用；名胜古迹毁坏殆尽，珍藏文物损失惨重，属宗教团体寺庵房产由房管部门代为管理。

中共十一届三中全会后，宗教信仰自由政策得以落实，佛教活动逐渐恢复。1987年，等慈禅寺被省政府批准为宗教活动场所，为县内首座开放寺院。1986年9月，县佛教协会成立。1992年，贯彻省政府第25号令《浙江省宗教活动管理规定》，经申报审核，批准109处寺庵依法登记，宗教活动场所即开放寺院增至10处、保留寺庵99处，僧尼180人（尼59人）。2002年，全县依法登记寺庵129处，宗教活动场所（开放寺院）15处，僧尼219人（尼57人）。2012年，全县依法登记寺庵130处，宗教活动场所（开放寺院）53处，僧尼325人（尼40人）。

宝梵讲寺（东寺）

丹东街道东澄河路82号。清雍正《浙江通志》列教院之一。宁波市级重点寺院。宋建隆二年（961）建，名东禅院，俗称“东寺”。治平二年（1065）改赐今额。政和间（1111—1118），天台宗“真懿大师”、象山籍僧德臻驻锡，募建轮藏，始于建炎元年（1127），绍兴四年（1134）落成，“得经五百函以实之”，成名刹。明永乐七年（1409）重修，后为住僧所败。嘉靖二十五年（1546），邑令蒋三才拆建县治仪门，毁寺。清乾隆十九年（1754），郡守胡邦佑令张肇扬清理居民占地，僧支云重建大殿。然二十一年（1756），邑令曹鋆又毁之。嘉庆十八年（1813），僧尔贤募资重建。民国6年（1917），僧传田重修。民国县佛教会两届会址均设于此。1956年，修康尼师等移住，创办针织厂以生产自养。后部分殿宇被村民、企业占用。1958年，修康与众僧尼开办“草袋厂”。1992年，列佛教活动场所。1993年始，修康率众尼修，并新建大殿、东厢楼、斋堂、祖师堂等。2005年，尼达照主持。2007年10月，建西厢楼。2012年11月，重修大殿、金刚殿。与象鼻山西之等慈禅寺合称为“象之两目”。

紫云庵

丹东街道梅溪范呑山。始建年代不详。清光绪二年（1876）重建。1955年，玉皇殿并地楼5间被村民拆去。20世纪80年代重修。1991年，尼萃月又修，并新造砖混结构的斋堂、东厢楼。2004年2月，建大殿、两厢楼。2006年10月完竣。

龙泉庵

丹东街道叶岭坑。梁氏始建于清乾隆年间。20世纪80年代，建大殿、厢房。90年代，僧萃杏与徒宝卫先后重建、新建前后大殿等。2004年2月，募建念佛堂、两厢楼。是年8月完竣。

瑞龙寺

丹东街道河东村瑞龙山麓，寺以山名。宋宝庆《四明志》列甲乙律院之二。北宋乾德四年（966），僧曰蔡建。民国《象山县志》（点校本）称“日蔡”，误。熙宁元年（1068）加赐“寿圣”二字。南宋绍兴三十二年（1162）改赐“瑞龙广福院”额。元大德间礼请“佛真文懿禅师”昙噩驻锡。殿广僧众，盛极一时。入清式微。嘉庆间，延常乐寺广悦为住持。后其徒德悟主寺募修，殿宇遂新。宣统三年（1911），僧明耀重修。徒传常于民国6年（1917）又修。日军入侵，无僧居住。民国后期僧萃成等修持。土地改革时部分殿宇析为民居。1956年，第12号台风时损。1958年后陆续拆迁，至80年代仅存大殿数楹。1991年后，僧了根、莲德建观音殿、西厢楼、东厢楼、斋堂等。1996年始，僧提觉主持，大兴琳宇。2002年，拆建圆通殿、两厢楼。2007年，9月建念佛堂，12月建“安乐宫”。2008年，建大殿并文殊普贤阁。2011年后，建钟鼓楼、天王殿等。

香谷庵

丹东街道梅溪村。始建于清崇德元年（1636）。清光绪二十二年（1896），尼成寿修。2002年，尼克静募化拆建大殿并两厢房、斋堂。翌年完竣。

延寿庵

丹东街道岙里村。始建于明。清乾隆《象山县志》载，僧续龄修。清光绪十五年（1889），尼古清等募建。1984年始，尼萃月、克桂、克慈修。2009年4月，建大殿。2010年12月，克桂建地藏殿。2011年6月，又建西厢房。

支提庵

丹东街道岙里村金钟山西麓。始建年代不详。清咸丰年间（1851—1861）重修。民国11年（1922），僧英法又修。1990年后，僧萃华修建。2006年12月，建大殿。2009年8月，建观音殿。

山田庵

丹东街道河东村钟灵山上，又名钟灵庵、散田庵。原瑞龙寺住持习静之所。进士、国子监学正、天台一峰齐其仪始建于清光绪八年（1882）。清宣统元年（1909），僧传授修。1956年，僧达高大修。2002年，僧则圆与徒慧法拆建大殿、厢房。翌年完竣，建斋堂。

等慈禅寺（西寺）

丹西街道凤跃路5号，初名凤跃院。清雍正《浙江通志》列禅院之一。市级重点寺院。南朝宋元嘉二年（425）创建，北宋治平二年（1065）改赐今额，俗名“西寺”。明洪武二十四年（1391）立为“丛林”，嘉靖四年（1525）重建，后圮。清乾隆三十四年（1769），僧会司支云重建，历3年成。又僧等缘建厢楼。清乾隆五十四年（1789），僧南乔重修。光绪十一年（1885），县令邹文沅、僧守福修。民国7年（1918）僧传常、9年师明耀又建地楼、大悲阁厢。民国12年，僧明耀率徒传常重建大殿并西廊。时以金刚殿、大雄宝殿和玉佛殿为中轴线，布列东西偏殿、方丈室、藏经室、寮房等，周围高墙。平面布局呈长方形。殿内石金柱刻前清进士、县人陈畬，民国象山县知事李芳撰题之联语。因与宝梵讲寺分居象鼻山东西两侧，有“象之两目”之说。1984年6月，公布为县级重点文物保护单位。1987年始，释可成住持率众重修并扩建殿宇。先后重建、新建天王殿、药王殿、玉佛殿、地藏殿、大殿、斋堂、东西厢房、宾客楼及碑廊、放生池等。2010年后，又建藏经楼、拆建药王殿、僧寮等。

飞泉禅寺

丹西街道白石村白蟹潭山上，又名白蟹潭庵。始建年代不详。清康熙初，僧普周复于庵旁跨泉建殿，曰“飞泉”。乾隆三十八年（1773），里人募化重建。1989年，焚毁。是年，僧英悟重建佛殿并西厢房。又于1993年，建观音阁。2008年，僧仁奇拆建大殿、念佛堂、东厢房、山门。2012年11月，建观音阁。

普福庵

丹西街道珠水溪村黄土岭。始建于唐天祐元年（904）。旧有山门、前后殿、两厢房30余间，呈“日”字形布局。前殿中供真武帝，真武殿前置戏台。20世纪中叶，先后被村民、企业占用，一度废败。2000年后，僧证道重建、新建山门、前殿、大殿、地藏殿及两厢楼等。2007年9月，建北厢房。

西坛庵

丹西街道西丹路20号，一名地藏殿。里人、善男吴道椒始建于清嘉庆十年（1805），周大鲲助田。清道光、光绪重修。1992年始，僧克安、尼振明、僧提良修建。2005年2月，建大殿、右厢房。2006年9月，建左厢楼、斋堂。

福庆庵

丹西街道杨蓬岙村。始建于清光绪间（1875—1908）。民国34年（1945）重建佛殿。1983年，僧光益、尼舒灵重建殿宇30余间。2006年，僧振源拆建大殿、地藏殿。2007年11月，建观音阁。2009年12月，建东厢房。

灵泉庵

丹西街道三岔路村柴岙。清光绪九年（1883）建。民国末，尼英诵主持。1982年始，僧英岳、萃永修建。2007年，建大殿。翌年完竣。有古碑3方。

竺灵庵

丹西街道三岔路村竺家山，原系竺氏家庵。始建年代不详。清嘉庆二十一年（1816）重建。20世纪80年代，信女竹秀莲重建。2000年，僧振通拆建地藏殿、厢房、大殿。2006年，建西方三圣殿、东方三圣殿、金刚殿。翌年10月完竣。

弥陀净寺

爵溪街道白沙湾龙春山麓。始建年代不详。市级重点寺院。清道光七年（1827）重建。

同治十年（1871），常住得乡绅赵开有资助重修。时有天王殿、大殿、观音殿及厢房、大斋堂等。1953年，为村小学校舍。“文化大革命”间被黄沙加工厂占用。1978年，僧德空主持。1987年，礼请天台国清寺象山籍僧莲智主持。1990年至1992年新建斋堂，拆建东西厢楼。1994年始，先后拆建山门、天王殿、大雄宝殿，新建伽蓝（赵五娘）殿。2003年7月，新建大殿，1年后竣工。2008年，建砖混结构佛像珍藏馆。国务院总理原朱镕基，全国政协原副主席、中国佛教协会会长赵朴初题有匾额。

玉泉庵

爵溪街道后山，俗称“上庵”。始建于明代。1987年焚毁。1989年，僧克方重建大殿及两厢楼。又于1995年，筑钟楼。2003年，徒振慧新建大殿。2007年建山门。翌年，拆建祖师堂。

蓬莱庵

爵溪街道后山，俗称“下庵”。始建于明嘉靖年间。清道光八年（1828）十一月，住僧募修。民国27年（1938），僧英毓主持大修佛殿，廊檐石柱刻楹联，梁枋饰挂件。1995年，尼永悟、永明又修，并新建砖混结构两厢楼。2008年，僧安伟主持。2009年，建新大殿。翌年完竣。

聚福庵

爵溪街道后山，又名如福庵，俗称“中庵”。始建于民国初，一正两横。土改时析为民居。1994年，僧若性自爵溪六村迁建于此。2007年，拆扩建大殿、两厢楼。2008年，建斋堂、客堂。

三官堂

石浦镇六村，旧所城内后山，初名三官殿。僧印善始建于明嘉靖二十二年（1543）。清道光八年（1828）拆建为一正两横。光绪八年（1882），尼若法建殿前地楼。1991年，尼灵顺修。1997年，尼修慧建玉佛殿及两厢楼。2006年9月，拆建三官殿、天王殿，改朝向为南。

药师庵

石浦镇东门岛城隍庙内。明初设昌国卫于此时，与庙同建。清道光十三年（1833）修。民国2年（1913）又修。20世纪中叶后，与庙同为东门渔业队仓库。1982年，僧萃定修缮。1988年，僧了清建砖混结构两厢楼。2004年，建大雄宝殿。

上清凉庵

石浦镇后岗山，俗称“上清凉”。始建于清咸丰年间（1851—1861）。20世纪80年代，僧振贤重建佛殿及半山画亭。1994年，僧月常募建两厢楼。2001年，僧其常主持，重建佛殿、伽蓝殿及厢房等。2007年，募筑文（昌）清（凉）简易沙石公路。翌年，建圆通殿。2012

年，建地藏殿。

海明庵

石浦镇南向村，初名下里庵，俗名“南向庵”。尼了净始建于清嘉庆二年（1797）。咸丰年间重修。20世纪中叶，一正两横三合式殿宇，村占田大部。1991年，僧允安主持修缮，并重建圆通殿及东西厢楼。1993年后，又连年兴建大殿、天王殿及斋堂、厢房、山门、天王殿等。2009年11月，建厢楼。

西龙庵

石浦镇玉女山。始建于清同治二年（1863）。民国17年（1928），僧从友大修，一正两横三合式殿宇。正殿石柱，名人撰书，廊檐丹墀，古朴整洁。20世纪80年代僧式道修。1994年，僧月栖造东院砖混结构厢楼，后又修。2012年9月，始建大殿。

渔师禅寺

石浦镇渔港路二湾森林公园。2001年，县政府批准建造。2006年，僧莲国募建大雄宝殿。2010年4月，建大殿。2011年9月，建渔师殿、两厢房。渔师殿鱼骨作大梁。

原渔师庙建于清代，在沿港路三湾路廊北百米处。每年农历四月二十二日，成群海豚嬉闹于三湾庙前，民曰“拜渔师”。所谓“三湾观鱼”与“金山望月，铜瓦看潮，二湾扬帆”，向为县南胜境之一。20世纪中叶被拆除。

天门庵

石浦镇昌国大明山上，一作大门庵。林史氏始建于清道光十年（1830）。光绪十四年（1888）僧隆清重修。民国36年（1947），僧达高募修。后僧萃兴重建大殿。20世纪80年代后，僧月弘率徒可法募建圆通殿、厢楼，并筑7级石浮图一座。2006年，建西厢楼。翌年，可法主持，拆建地藏殿、大雄宝殿。2008年，建圆通殿、两厢房。

福庆庵

石浦镇十二村。始建于清代。1998年，僧圣空拆建大殿。2008年11月，改建厢房。

观音堂

石浦镇十二村。尼贤宗始建于民国7年（1918）。土地改革时，殿宇大多析为民居。1979年，贤宗圆寂后徒孙金玉英主持。2012年9月重修。

龙圣庵

石浦镇七村北门后山，俗名“下清凉”。始建于清嘉庆年间（1796—1820）。清同治六年

（1867）修。2001年，尼修华拆建、新建大殿、厢房等。2007年，僧达兴修，建祖师堂。

静修庵

石浦镇七村北门后山，又称佛子井庵。始建于清顺治三年（1646）。1998年，石浦洞关善男董永泉筑地楼。2003年始，拆建佛殿、新建厢楼等。2007年5月，建斋堂。

护龙庵

石浦镇五爱村，又名龙德庵。始建于清咸丰三年（1853）。1958年，改作生产大队食堂。后析为民居。1996年，尼克华与徒振定拆建。2007年4月，振定建大殿。2008年，建西厢楼。

王清庵

石浦镇东门村泗洲路。始建年代不详。明永乐十三年（1415），闽人修建。清嘉庆十五年（1810）重修。20世纪中叶，与庙同为渔业队仓库，后为电厂、民居。1988年，僧妙华修。1997年，僧妙中主持。

庆云庵

石浦镇马峙村。始建于清咸丰五年（1855）。1988年，尼振青主持。损于1997年“8·18”台灾，是年修建。2002年，僧莲智助建大殿。后僧月求建两厢楼等。2006年10月，建金刚殿。2007年6月，建斋堂。2012年9月，斋堂升楼。

西福庵

石浦镇半岭，俗名“西庵”。始建于清道光十二年（1832）。20世纪四五十年代，僧华云主持。1956年被村占用。1993年，僧化来主持并修。1997年，于山门外建楼房1幢。

永清庵

石浦镇蓝家村。始建于清。土改一度析为民居。1993年失火焚毁。是年，尼智定、了相建佛殿及两厢楼。2004年，尼了空主持。

白云庵

石浦镇蒋家湾村山上。始建于清乾隆年间（1736—1795）。清光绪十六年（1890）修。1994年，信女王彩娣建观音阁、厢楼等。2005年，僧文勇筑盘山公路。

天王寺

石浦大金山。始建于清。1996年，里人于旧址建佛殿、东厢楼。2001年，僧悟能扩建东厢楼，并于2007年率徒心海建地藏殿、钟楼、斋堂等。2008年6月，建西厢房、斋堂。2008

年11月，建钟楼。

福寿庵

石浦镇横路桥村田下岭。始建于清同治四年（1865）。清光绪三十一年（1905）修，时殿宇9间。20世纪80年代善信修。2004年，僧智良主持。2006年9月，建大殿、两厢楼。12月完竣。2010年，建地藏殿、天王殿、香客楼。

北瑞庵

石浦镇昌国二村。始建年代不详。清雍正九年（1731）住僧修建。20世纪僧萃福、可本修持。1995年始，僧则钦主持拆建大殿等。

皇城禅寺

石浦镇昌国缸瓯山南麓。1995年，僧萃兴募建地藏殿及东厢楼、寮房等。1998年始，信女傅爱凤修持。2010年9月，建西厢楼。

清福庵

西周镇蒙顶山上，又名宝福庵，俗称“大茅蓬”。僧无为始建于清嘉庆五年（1800）。后圮。1990年，尼修常结茅栖居。1993年，募建大殿3间。翌年，于大殿两首增建阁楼。20世纪末，又建东西厢楼。2004年，僧悟示主持，建寮房。翌年，建厢楼。2006年，建“望朔楼”，又筑山路，并摩崖石刻10处。

紫云禅寺

西周镇蔡家田村白岩山上，为智门禅寺之支庵。始建于南宋淳祐三年（1243），早系史弥久状元夫人史顾氏之坟庄屋。清雍正年间（1723—1735），智门禅寺住持释一柱修。道光七年（1827），僧太常、德同重建。1960年始，僧若正主持修缮。2000年，僧唯圆拆建西后厢房。翌年，拆建大雄宝殿。2002年，又拆建两厢楼，并建东后厢房。2012年，僧果福主持。

宝福寺

西周镇蒙顶山东峦朱岗。僧仁茂始建于清道光二十一年（1841）。光绪二十年（1894）修，“公社化”时辟为畜牧、蘑菇场。1965年，天台山僧显定修持。1994年，募建前殿。翌年，与徒了忠造两厢楼。2002年，新建天王殿。2005年，释了忠重修大殿。

五峰庵

西周镇陈隘村五雷山北麓。庵前并立有5座山峰，故名五峰庵，俗名“西庵”。里人、善男陈德性始建于清顺治八年（1651），并捐田招僧体俊主持。20世纪50年代辟为蚕场。1990

年始，僧菩达主持，先后募建大殿、厢楼等。2003年，徒提清主持，拆建地藏殿。2004年、2005年建洪福殿、大悲阁。2009年11月，建圆通殿。2011年11月，建大殿。

紫微庵

西周镇上张村五雷山东麓，初名八宝庵，较五峰庵东，俗称“东庵”。陈隘村善男陈氏之女始建于清初。重建于清乾隆九年（1744）。20世纪中叶僧谛罗主持。1984年，僧了法修建大悲阁。2002年，僧正修建厢楼。2004年，僧门生主持，于翌年拆建大雄宝殿，新建念佛堂。2006年，建地藏殿（楼）、斋堂。2008年，拆建观音阁（楼）。

思孝庵

西周镇金龟山南麓。始建于元代，系西瀛周氏后裔二世祖守孝之草庐，故名思孝庵。“公社化”时办钢铁厂，后作西周中学校舍。1996年，改向朝南，拆建大雄宝殿、东西厢楼及山门。僧广宏、唯圆、性文，尼谛清、谛明、心瑞先后主持。

承龙庵

西周镇毛竹山。陈氏母始建于明万历二十三年（1595）。清嘉庆五年（1800）重建。嘉庆十九年（1814），建厢房等。1991年，僧英理拆建大殿及两厢楼。1998年，徒萃照尼师主持。2012年9月，建地藏殿。

天定庵

西周镇杭头村大岭丛南麓，俗名“杭头庵”。居士应宗义始建于明洪武三年（1370）。清雍正元年（1723）扩建。乾隆元年（1736），僧谷安重修。嘉庆二十一年（1816），应氏二妇募修。民国初尼音相修持。民国35年（1946）后，尼若德主持、修缮。1990年始，尼若德、唯达率众募化重建。2000年，唯达主持，筑路围墙，又建念佛堂、寮房。2006年9月，建厢房。2009年11月，建客堂。2011年12月，建斋堂。2007年7月，释若慧尼师圆寂，火化后于烟灰中得舍利子。翌年6月，傍庵筑舍利塔一座。

报恩庵

西周镇杰岙村开口岩。始建于清乾隆二十五年（1760）。20世纪中叶，僧谛亮主持。1956年，12号台风殿宇毁半。人民公社化时辟为畜牧场。后圮。1980年，尼修常重建。1994年，僧了静拆建大殿。2002年，僧菩达建东厢楼。2004年，拆建两厢楼、南楼、山门，建祖师堂。2006年，建斋堂。

凤南庵

西周镇伊家村乌岩山。始建年代不详。清咸丰九年（1859），尼能德重建。1998年，僧万培主持并修。2003年，建斋堂。2012年12月，僧法智主持并建大殿。

镇禅庵

西周镇蒙顶山，又称蒙顶庵，俗称“小茅蓬”。始建于宋代（960—1279）。民国25年（1936）僧功宝修。20世纪70年代末，僧显定重建大殿。1994年，尼谛定拆建大殿、两厢房。2001年，拆建东院阁楼。2009年12月，尼妙音重建大殿。翌年完竣。

天寿寺

西周镇蒙顶山天池旁。始建于唐代（618—907）。南宋改建，赐“天寿寺”额。明立“丛林”。清康熙四十六年（1707），僧月斋修。光绪间设坛开戒。民国32年（1943），僧功梅修建。2004年，僧悟示主持。日僧几度朝拜，有古匾“海上奇观”等3块。2011年，僧门杰主持。

白云庵

西周镇大坑村太平山。始建于清初。民国时圮。1992年，僧月净建佛殿，翌年失火焚毁。1997年，善男郑世郎重建佛殿。2000年，僧华藏建两厢房等。2006年，僧了妙主持。2009年，僧照室主持，建斋堂。

碧泉庵

西周镇车岭路1号。僧印转始建于清同治十三年（1874）。土改时僧克常主持。20世纪五六十年代，村占用办橡胶厂。1997年，尼了富、振觉修建。2005年10月，尼振觉建大殿、厢房。2005年12月，建武圣殿。2006年2月，建地藏殿。

腾云庵

西周镇岙岭顶。始建于清道光三十年（1850）。20世纪80年代，里人重建。2002年，僧月郎建斋堂、寮房。2008年，僧慈春主持。2012年8月，建新大殿。

永福庵

西周镇文岙村大坑山。始建于清嘉庆五年（1800）。20世纪中叶，乡里信女修。1990年，善信重修。1993年，善男夏荣伦等建东厢楼。2000年僧显学主持。2009年5月，建新大殿。2010年8月，建斋堂、地藏殿。

乐善庵

西周镇车岭顶。始建于明末。1995年，信女张彩娣重建。1999年，尼妙德主持，平屋6间升楼。2008年，僧华德主持。

芦山庵

西周镇田岙村芦山，一名白云庵。始建于民国24年（1935）。尼觉信主持。20世纪80年代建寮房，1995年建右厢楼。2000年，僧式定主持重建大殿。2008年12月，建地藏殿。2011年9月，建左厢楼。

龙华庵

西周镇牌头村铁炉坑，一名白龙庵。始建年代不详。清嘉庆间（1796—1820）僧道全修。1992年，僧悟能拆建大殿、厢房、斋堂。翌年，僧提慧建厢房。2009年8月，僧提高建东厢房。

田湾庵

西周镇柴溪村大岗山田湾，庵以湾名。始建于清道光八年（1828）。民国时废。1990年，信女吴杏女等修持，建佛殿。又于1999年，拆建佛殿，并新建两厢楼、祖师堂、斋堂等。2003年，尼智法主持，建佛殿等。2008年，建水泥盘山车路。2010年8月，修大殿、两厢楼。2011年11月，建斋堂。

保安洞

鹤浦镇黄金坦村。始建于清咸丰七年（1857）。峭壁有洞，以洞名。初创时洞旁建3层楼2幢6间。后圮。1998年始，善男叶启忠先后于洞下方建殿宇7间、傍洞建半悬式佛殿2层楼3幢6间。

法云古洞

鹤浦镇樊岙村石屋山。清光绪十三年（1887），僧俗于石洞口依山构筑。20世纪80年代，僧振吉修，并建砖混平台屋2间。90年代初，僧白明主持。1993年后，僧悟能率众修殿宇、筑山路、布电线。1996年，建大殿。2010年8月，建斋堂。

福田庵

鹤浦镇樊岙村雉鸡山头。建于元末。20世纪80年代，郑钦式等修持。1994年，僧维通主持。2001年，与徒可东修，并建左厢楼及盘山简易公路、半山画亭一座等。翌年，建斋堂。2008年，僧可东主持，拆建大殿。翌年完竣。

余庆寺

鹤浦镇凤凰山村。始建于清同治八年（1869）。1989年，里人修建。2000年，僧显杰主持。2004年后，僧了心建祖师堂、伽蓝殿。2011年7月，建大殿。2011年11月，建地藏殿。2012年8月，建斋堂、厢房。

安乐庵

鹤浦镇门扇后。始建年代不详。里人修于1992年，后又于1999年拆建殿宇及山门。2004年，僧可静拆建右厢房。2011年12月，建厢楼、斋堂。

报德寺

贤庠镇着衣亭村。清光绪三十四年（1908）僧济定建，名报德庵。民国间尼式慧主持。20世纪50年代初，设过乡公所，东厢房析为民居。“文化大革命”期间，佛殿与东厢房被大队红卫兵拆去。1992年，尼远莲募建大殿，并修西厢房。2005年，僧常旸建东厢楼。翌年，新建大殿、地藏殿。2007年9月，建斋堂。2008年9月，建天王殿、西厢楼。2012年12月，建讲经堂。

常乐寺

贤庠镇下寺前村北山南麓。清《浙江通志》列禅院之四。唐乾宁中（896）明州刺史黄晟建。系黄氏香火寺。宋乾德二年（964），赐名“宝庆院”。嘉祐八年（1063），邑令陈君玠易为十方之院，招僧道相、文应主持。治平二年（1065）改“常乐院”额。后圮。明永乐四年（1406）重建。清顺治初毁于火，康熙八年（1669）又重建，并设黄晟神位。清康熙间（1662—1722），延僧如思等复建法堂。乾隆间（1736—1795）僧会司文明重建。嘉庆元年（1796），令叶和侃、黄氏祠裔延僧广悦主持修缮，并修黄太傅祠。民国18年（1929）仅1僧，寺内兴办“黄氏私立常乐小学”。未几改名“林溪乡常乐代中心国民学校”。1950年，小学外迁，除佛殿外析为民居，随之部分拆去。20世纪60年代初，殿宇作为麻纺厂车间。1969年，车间失火，佛殿等焚毁。80年代初，里人重建大殿5间。1990年，僧克义、印祥修建，1996年，僧宏杨建佛殿。1998年，僧萃贤又修。越二年，重建大殿、西厢楼。2008年，僧萃莲主持拆建圆通殿、东厢楼。2009年6月，建斋堂。

龙角寺

贤庠镇溪沿大山，初名云峰寺，俗称“小灵峰”。僧金赤（施鳞琪）创建于南朝梁武帝间（502—557）。唐末僧佛陀修建。南宋乾道间（1165—1173）僧益康修。绍熙（1190—1194）僧顺燕又修。清嘉庆元年（1796），僧普仔募修。后徒丹青改其名为龙角寺。咸丰五年（1855），僧和生更名为小灵峰寺。民国20年（1931），僧小者募修。至民国末年，僧撮来主持，仅存四合院式殿宇1座。20世纪50年代，由善信居住，并一度辟为茶场。1991年，僧明友主持修缮，并募建三圣殿（楼）。旋又募筑盘山简易车路5公里。1992年，准复称龙角寺。1994年后，复建香客楼、大殿与天王殿。1998年，居士舒绍章代管。后僧宗泰主持。2006年，僧证慧主持重修。2011年11月，建西厢房。2012年8月，建斋堂。

大悲禅寺

贤庠镇岙里弄村，初名大悲庵。原址贤庠马岙仙岩岭外，始建于明洪熙元年（1425），民国元年（1912）迁至现址。土改时，横厢析为民居，余由村占用。1980年，盲僧克修募修。1992年8月，僧君剑修，并建西厢房、祖师堂。1995年，新建观音殿。2001年，僧德敬主持，4月新建寮房，10月建天王殿。2002年，5月拆建西厢楼、寮房，8月又建寮房。是年，准称大悲禅寺。2003年11月始，建大殿、山门、斋堂、碑廊及放生池等。2009年11月，建地藏殿。2010年8月，建客堂、万佛殿。

梵教庵

贤庠镇溪沿下庄村。始建于北宋太平兴国间（976—983）。晚唐明州刺史黄晟衍脉之香火庵。1956年12号台风，圮。1984年，乡里善信于旧址北首建佛殿。1986年后，僧萃觉与徒克仁重建。2011年9月，僧振法建大殿。2012年4月，建厢房、斋堂。

元津庵

贤庠镇西山下村，又名回龙庵。始建于清咸丰十年（1860）。光绪末年后，僧启常修持。1988年始，尼谛诚重建。2012年10月，建三层厢楼。

碧桃庵

贤庠镇珠溪羊中岙。始建于清光绪间（1875—1908）。民国末废。20世纪80年代，信女孙福寿等重建。1990年，僧维通建寮房。1992年，僧白光主持，拆建楼房，又于1998年拆扩建大殿。2000年，僧慈雨主持。

福庆庵

贤庠镇着衣亭村，俗称“半山庵”。始建于民国间（1912—1949），殿宇仅4间。1991年始，僧了亮、照永、了清及益定建佛殿、厢房、山门等。属报德寺辖管。僧常旸于2009年至2012年先后建造圆通殿、念佛堂、客堂及厢房。

福成庵

贤庠镇沈家洋村大坪头。始建于清末。民国末，殿宇10余间。“文化大革命”时毁。1998年始，僧维通、本义重建。2008年，僧中兵主持。2007年12月，建大殿。2009年11月，建东厢房。

大雷禅寺

墙头镇朱家村大雷山北麓。明嘉靖间智门寺僧建，初名大雷庵，又称“大雷庄”。清康熙四十五年（1706）重建。雍正十二年（1734），平庄亲王赐今额。道光二年（1822），智门寺僧瀛川重修。民国4年（1915），僧功莲又修。后功莲被日军杀害，遂衰。土地改革时半数殿宇析为民居。1986年，盲僧智觉主持，逐年修缮，香火复盛。2007年11月，建成圆通宝殿、斋堂、山门等，周围高墙。2010年10月，建斋堂。

云门庵

墙头镇洋北村郑行山西麓。南宋绍兴三年（1133）建。至民国末，殿宇一正两横又寮房6间。土地改革时部分殿宇析为民居。人民公社化时，辟为畜牧场、蘑菇场。1974年，被村沙发厂占用。1991年，僧印祥修缮，并建韦驮殿。1996年，僧延明等修。2002年，僧妙月主持，拆建天王殿、西厢楼等。2006年9月，重建大殿，翌年10月完竣。2012年，建圆通殿。

智门禅寺

墙头镇舫前村白岩山东麓。清《浙江通志》列禅院之三。始建于五代后周显德四年(957)，初名保安院。北宋治平二年（1065），赐“智门禅寺”额。南宋嘉定六年（1213）住僧师哲得史越王府助银兴修。明洪武二十四年（1391），立为“丛林”。嘉靖二十八年（1549）重建。清乾隆、道光间先后又修，寺内创设宿驿。时殿宇近百间，僧人众多，有“千僧院”之说。为象邑十八大名寺之一。宋、明两代名僧迭出。民国时，住僧毁戒，遂败。至民国末年，寺僧仅英德等数人，僧二房析为民居。1954年，辟为国营苗圃（后改为林场、林区）。1976年后，办过宁波师专班、小学。是年，僧二房焚毁。1980年，茶厂占用。20世纪80年代始，僧俗多次着手重建，均未成。2002年，住僧清修与照灯、照德重建大殿。2005年始，僧中麟先后建天王殿、观音殿、念佛堂、东厢楼、药师殿、地藏殿等。旧有黄庭坚所书苏轼前后《赤壁赋》宋碑，惜已佚。传南宋丞相、鄞人史弥远曾寓此读书，卒后寺内供其神位。

洞岩庵

墙头镇方家岙村大雷山西麓，又名洞岩禅院。始建于清光绪二十二年（1896）。殿宇10余间。1991年始，僧慧照、萃明先后修建。2007年，僧智斌主持。2008年11月，建地藏殿、厢房。2010年4月，拆扩建大殿。

镇海庵

墙头镇墙头村海山屿。始建于清初，殿宇13间。1987年，僧月净购房3间。1996年，僧照耀主持，建雷公殿。2007年后，又建厢楼、斋堂。

慈云庵

墙头镇墙头村沙山冈，俗称“赖家庵”。始建于清顺治间（1644—1661），殿宇5间。土改后，僧化传修持，并于1994年建寮房。1997年，僧振才主持，建水泥桥1座。2008年6月，僧融浩主持，建西厢房，又于2010年9月，建大殿。

紫福庵

墙头镇雷港村玉山，清乾隆二十七年（1762），僧文弘建，初创时殿宇9间。20世纪70年代末修。1998年始，僧白玉建佛殿等。2006年，僧演慧主持。2009年12月，建西厢房。2012年12月，建大殿。

龙溪庵

墙头镇蔡家岙村龙虎山。始建于年代不详。清咸丰十一年（1861），尼能贵重建。1988年，僧莲贵修。2000年始，僧若园修建。2006年6月，建西厢房。2007年，僧安心拆建大殿，翌年竣工。

灵岩寺

泗洲头镇峙前村灵岩山南麓。清雍正《浙江通志》列禅院之八。北宋太平兴国二年（977），僧智瑫创建。熙宁元年（1068），加赐“寿圣”二字。南宋绍兴三十二年（1162），改赐“灵岩广福院”额。淳祐间（1241—1252），杨岐派著名禅僧兀庵普宁驻锡。元代曹洞宗著名禅僧云外亦于此弘法。明中叶，天台宗第二十七世法嗣乘起修缮殿宇凡百余间，有“千僧过堂”之盛。后式微。清光绪间（1875—1908）大修。抗战时，住持可友被日军杀害，僧散寺败。土地改革，除两殿外余析为民居，并随之拆去。“合作化”时，辟为畜牧场。1956年12号台风，两殿坍塌。1984年，僧英悟从邻近拆得三官殿，重建佛殿。1993年始，僧萃志、照宣建寮房、新建斋堂、佛殿等。2007年12月始，僧照音主持，先后建两厢房、斋堂等。《禅林珠玑》载，明初大和尚恕中无愠禅师，出世该寺。相传，被赵匡胤封为“天下第二寺”。

灵静庵

泗洲头镇峙后村灵岩山。始建年代不详。清嘉庆三年（1798）重修。光绪间（1875—1908）又修。民国后尼成忠修。2000年后，僧广宏、允德、华源先后修建玉皇殿、观音殿、厢房等。殿内外石柱刻有多副精妙古楹联。

仁济庵

泗洲头镇路西跳岭上。始建于清中叶。民国6年（1917）修，时有殿宇楼、平25间。1958年，公社、生产大队占用。1964年始，僧达峰主持，并于1985年重建西厢房。2001年始，僧则广拆扩建大殿、寮房等。2008年，僧中峰主持。

永镇庵

泗洲头镇杨大场村。始建于清光绪二十四年（1898）。清宣统元年（1912），尼功静重建。1983年里人修。2008年，僧体强主持，并助建东岳宫。2012年，建新大殿。

清隐庵

泗洲头镇何婆岭村仰天湖。始建于清乾隆间（1736—1795）。20世纪40年代末至80年代，僧正根主持。2001年，僧月道主持，并修建。2006年11月，建斋堂、左后厢房。2011年，建祖师堂。2012年，建大斋堂、拆建左后厢楼。

仙灵庵

定塘镇新岙村灵岩山。始建于明下叶。清乾隆间（1736—1795）圮。道光末年乡里善信募修。光绪二年（1876）僧寂妙重修。20世纪40年代至80年代，一尼师主持。后善男俞宝常、俞官超修持、修缮。2012年，僧用慧主持，始修盘山公路。

经藏庵

定塘镇上岙村。始建于清光绪十年（1884）。民国32年（1943），尼显道重建。20世纪90年代，尼照慧建东厢房并修佛殿。后于2006年至2007年，建新大殿、西厢房、斋堂。

斜山庵

定塘镇田洋湖村。建于清乾隆十三年（1748）。民国末，尼音志主持。土地改革时，厢楼及部分殿宇析为民居，后被住户拆去。1956年，12号台风时毁。1992年，僧宏光重建东厢房并改坐向。1998年始，建大殿、山门、三圣殿等。2005年8月，建经堂、斋堂。2010年僧可宇主持。

法王寺（上院）

涂茨镇珠岩山峰下西南。宋建隆二年（961）建，初名石岩庵，后改称法云庵。清乾隆《象山县志》：僧明宇修。顺治十年（1653），僧明寅重修。宣统元年（1909），僧功仁筑石屋3间，并修。民国14年（1925），住僧修。人民公社化时，被林场占用。1989年始，僧慧通修，并新建简易房。2001年，僧达文主持，建大殿、斋堂等。

普陀禅寺

涂茨镇中堡村西牛山东麓，初名观音堂，后称观音殿，俗名"小普陀"。始建于唐贞观元年（627）。清嘉庆十八年（1813）重修，改名普渡庵。20世纪50年代初，析为民居。"公社化"时，辟为畜场、茶场。1992年，僧了慧主持，得信女赵月英等支持，于1999年后重建大殿、厢楼、圆通殿、斋堂等。2007年12月，僧达正得信女赵月英等支持建地藏殿，又于2009年10月，建天王殿。

玉泉讲寺

涂茨镇玉泉山下，寺以山名。清《浙江通志》列教院之三。宋乾德二年（964）建。熙宁元年（1068）加赐“寿圣”二字。绍兴三十二年（1162）改赐“玉泉广福院”。明初焚毁。1996年，僧证音于遗址蚕山南易地新建大殿。继而征地劈山，新建天王殿、两厢楼、斋堂、药师殿、山门、钟鼓楼、寮房等。2005年，释惟慈（证音）、仁道建安养楼、临终堂。2006年，天王殿、大殿、藏经殿（楼）三大殿奠基。2007年9月上梁，翌年竣工。2011年，建钟鼓楼。翌年，建山门。全国政协原副主席、中国佛教协会会长赵朴初题有匾额。

关于明初玉泉寺焚毁一事，有通倭说、误烧说等传说。

集福庵

涂茨镇下陈村，俗名“西山庵”。始建年代不详。20世纪50年代析为民居，毁于“文化大革命”。1991年，乡里善信于旧址建殿宇7间。1993年，尼则薇修建。2003年，僧达安主持，建祖师堂。2004年6月，建左厢楼。2005年12月，建右厢楼。翌年7月完竣。

万善庵

大徐镇泥塘村官山东麓。僧轰岳、轰贤始建于宋代。清光绪七年（1881），僧同兴修。民国19年（1930）后，僧成云与徒谛员修持。20世纪50年代，部分殿宇析为民居。毁于“文革”。1987年，僧克修、若念拆建大殿。翌年，僧若念修建两厢房。2008年，僧华杰奠基新大殿。2009年，僧允兴主建大殿。2010年，建地藏殿等。

福庆禅寺

大徐镇大一村西山东麓，初名福庆庵，俗名“西山殿”。始建于清道光四年（1824）。民国间刘嘉会改为十方院。20世纪中叶尼演悟主持。60年代，公社玻璃厂占用。1971年失火焚毁。1984年，尼演悟重建大殿。1994年始，僧克定拆建大殿、厢楼、药师殿、斋堂。2006年4月，准称今名。2007年2月，徒振兴新建大殿。翌年9月竣工。

东瀛庵

大徐镇杉木洋村干岭头。始建于明代中叶，系大徐村徐姓始祖徐旃衍脉杉木洋徐氏之香火庵。20世纪50年代，尼谛祥修持。“文化大革命”期间学校占用，后被大队拆去建校舍。1980年，僧克修建佛殿、两厢楼等。2008年，拆建大殿、斋堂。

荷花庵

大徐镇陈山村陈山。始建于清同治七年（1868）。民国9年（1920），尼萃香募修。20世纪50年代，僧谛定修持。80年代大修，并建两廂房。1998年，僧然康主持，砌围墙，修山路。

集云庵

大徐镇下岙村。始建于清末。土地改革后，僧果晖修持。2000年始，僧果吉主持。2005

年，建大殿、东厢楼等。2008 年 9 月，建祖师堂。2011 年 12 月，建山门。

化山庵

大徐镇章家弄村。始建于清康熙四十八年（1709）。1991 年始，僧了清重建。2003 年，僧达祖主持。2006 年，僧安荣主持，并于 2009 年，建观音殿。2012 年，僧妙圆主持。

清延庵

大徐镇水流桥村。僧普延与徒通元始建于清乾隆五年（1740）。清光绪十年（1884），僧文相修。后废。1983 年，尼显富重修。1993 年，显富与徒了慈建大殿。2001 年，尼了慈建东西厢楼。

茶亭庵

大徐镇梅洋村樟树岭，俗称“樟树岭庵”。始建于民国年间（1912—1949）。20 世纪 50 年代后，信女王全友修持。1994 年，信女李国梅拆建大殿、斋堂、两厢房。2008 年 4 月，拆建东西厢楼。11 月完竣，又拆建大殿。翌年 9 月完竣。

法王寺（下院）

大徐镇珠山西麓，又名法云庵，俗称“下院”。始建于宋建隆二年（961）。在珠山顶者称上院。清宣统元年（1909）僧功仁重建。1994 年始，僧克修等又重建。2006 年，僧传辉主持，建东厢房。

双龙庵

新桥镇高湾村，俗称“双坑庵”。清乾隆《象山县志》载：僧广照修。民国 10 年（1921），僧式仁建地楼。民国 21 年，僧正全拆建后殿并两厢房。民国 36 年，正全与徒可成拆建佛殿。1951 年，殿宇大都析为民居。1987 年焚毁。1988 年后，僧可成重建。1999 年始，可成与徒孙又新建三圣殿、地藏殿、天王殿、圆通殿等。2007 年，僧华清建西厢楼。

回龙禅寺

新桥镇山根村五狮山箭岭，初名回龙庵。昔有 4 姑娘修行、往生、瘗骨于此，故俗名“师姑基庵”。始建年代不详。清光绪元年（1875）修建。民国 20 年（1931）重修，殿分前后，前为玉皇殿，后殿中供佛像。2002 年，僧了文募建佛殿。2003 年后，僧瑞斌建东厢楼、斋堂、地藏殿，又建西厢楼、拆建玉皇殿、新建观音殿。2004 年，准称今名。

灵佑禅寺

新桥镇关头村纱帽山南麓。始建于南宋，为鄞县迁徙新桥关头史氏所筑，系关头史氏香火庵。清雍正三年（1725）关头俗家史姓僧心观与弟岳忆、心礼修庵置产。乾隆末年被住僧所败。

后信士恩贡槐公等共相筹划，僧能彩、必慈先后主持。咸丰、同治间又被住僧败之，僧式仁、正传先后主持。道光十九年（1839）重修，更名集福寺。后圮。民国24年（1935）九月，乡民自发筹资千余金整修。20世纪50年代初，为乡邻孩童识字与土改工作队场所。人民公社化时，辟为畜牧场。至80年代仅存佛殿数楹。1992年，住僧萃智募化拆建大殿、厢房。1998年，僧式清、萃智于原址西首，历2年兴建大殿、藏经殿。21世纪初又新建法华楼、四合式西厢楼。2007年4月，准称今名。2009年11月始，建斋堂、观音堂、东厢楼、药师殿、祖师殿。

安基山庵

新桥镇外岙村，又名白云庵。始建于民国期间。20世纪50年代，僧永和修持。1993年，尼萃智重建。2008年，僧万富建两厢楼、斋堂。

荷花庵

新桥镇石柱里村廿亩田。始建年代不详。清光绪三十二年（1906）重修。1956年，僧英尚修持。2001年，信女徐阿花建东厢房。2006年，建大殿、西厢房、斋堂。

中龙庵

新桥镇山根村五狮山，又名中庵。原系回龙庵庄屋。始建于民国年间（1912—1949）。20世纪90年代，僧广培、果贤先后修建。2009年11月，果贤建观音殿。2011年12月，建天王殿。

西方庵

新桥镇海台村铁炉坑。始建年代不详。清康、乾间僧献朝修。嘉庆二十年（1815），僧日明又修。20世纪40至80年代，僧达峰主持。后僧则钦、尼萃妙主持。2003年，僧果巨建三圣殿、斋堂。2008年10月，建金刚殿。2012年，僧克华主持。

法云庵

东陈南堡黄村，俗名“朱家岙庵”。民国9年（1920）重修。20世纪中叶被拆，70年代末重建。1991年建东厢房。1997年，建西厢房及山门、围墙。2000年始，僧果巨重修，并先后建祖师堂、斋堂、观音殿、两厢楼、大殿等。

保宁讲寺

东陈乡马岗村。清《浙江通志》列教院之二。旧名保宁院，后周显德五年（958）置。宋熙宁元年（1068）加赐“寿圣”二字，绍兴三十二年（1162）改赐“保宁广福院”额。民国末存大殿、两厢房、观音阁，由爵溪二信女修持。20世纪五六十年代辟为社队畜牧场。1964年，大殿被拆除。“文化大革命”期间，樟岙红卫兵拆观音阁。1993年，里人重建观音阁。1995年始，僧月定先后建斋堂、厢楼、大殿、斋堂。

衍庆禅寺

东陈乡西山村，初名衍庆庵，亦名谢圣殿。始建于明下叶。清乾隆《象山县志》：僧澄道修。清道光三年（1823）僧支秀重建，1989年尼达云修佛殿。1998年，僧延慧建西厢房。2006年，建斋堂、东厢房。2011年，建三官殿。2012年10月，准称今名。

万寿庵

东陈乡南盘村。始建年代不详。清乾隆十二年（1747）僧觉明修。民国末僧新明主持。20世纪90年代初僧迷度主持。90年代，僧萃刚、现成重建。2006年11月，现成建经堂。翌年6月完竣。

南山庵

东陈乡马岗村，初名翠微庵。信士王继贤始建于清乾隆四年（1739），僧永攀主持。民国29年（1940）尼修定修持。20世纪90年代，尼修定重建佛殿、厢房等。2010年8月，修定与僧月明建山门。翌年，又两厢房升楼。2012年3月，僧月明主持。

灵佑庵

东陈乡松岙村，又称灵寿庵。始建于民国17年（1928）。1979年始，尼维净、僧悟常先后修建。

宝山庵

晓塘乡中央站村。建于明代，清嘉庆十年（1805），僧观一修，后顾裕福等又修。民国时期及中华人民共和国成立后曾设过乡公所。“文化大革命”期间，悉数被生产大队拆除。1993年，改向建佛殿，并建南首厢房。1994年，僧普高翻升厢房。2013年，僧允照主持。

太平庵

晓塘乡鹤洋村思娘岙。始建年代不详。民国末，僧功宝修持。1956年，12号台风中毁。1984年始，僧振学建佛殿、厢房等。2008年，僧果定建大殿。

石笋庵

晓塘乡美石村。始建于清道光十三年（1833）。20世纪80年代末，尼则青重建。1996年始，乡里善信拆建佛殿、厢房。2011年，僧月德主持。

回龙庵

晓塘乡黄埠村。始建于清嘉庆四年（1799）。民国末仅存佛殿二间半。1982年后，善男阿三建东楼1幢2间。1993年后，尼照慧建两厢房并佛殿2间。2010年11月，建厢房、念佛堂。2012 年 10 月，建大殿。

白岩庵

晓塘乡中岙村，庵以岩名。始建年代不详。民国末殿宇 7 间。20 世纪四五十年代僧宝伟修持。后里人管理。1986 年，僧克彦修建。1993 年，信士陈海寿修持，并于 2000 年翻建楼房 1 间。

宝峰庵

晓塘乡黄埠村，又名宝丰庵。始建年代不详。清光绪九年（1883）重修。民国末殿宇 22 间，尼达性主持。“文化大革命”间拆除。1983 年始，乡里善信修建。

翠罗庵

茅洋乡徐家岙村。清道光三年（1823）建。土地改革时，殿宇析为民居，后被住户悉数拆除。20 世纪 80 年代初，里人重建大殿 5 间。90 年代中，僧修法先后募建两厢房、大殿。1998 年，拆旧大殿，新建山门及斋堂等。1999 年建天王殿，2008 年拆扩建。2009 年 10 月，建金刚殿。

瑞峰庵

茅洋乡断坑村，俗名“前庵”“外庵”“小灵峰”。始建年代不详。清光绪九年（1883），僧信富修建。毁于 1956 年 12 号台风。1988 年始，僧式广等重建。

龙山庵

茅洋乡大地园村。始建于清下叶。民国间（1912—1949）尼德圆主持。1988 年始，僧允如得善信史小花等支持重建。2008 年，僧安明主持。2009 年 10 月，建新大殿。2012 年 4 月，建东厢。

翠花庵

茅洋乡胡家村白岩山。始建于明嘉靖十二年（1533）。清康熙间（1662—1722）重建。1983 年始，僧允德、可威、允亮先后修建。

护境寺

黄避岙乡大林村白象山南麓。清雍正《浙江通志》列禅院之七。曾为宁波天童寺支院。始建于东汉，原名游仙庵，因主持僧游仙得名。吴越时，因护民不愿迁徙，被官兵焚毁，唯存观音殿。北宋建隆二年（961）重建。仁宗年间（1023—1056），赐建上下牌坊，并改名广福院。熙宁二年加赐“寿圣”二字。南宋绍兴三十二年（1162），改赐“护境广福院”额。明嘉靖三十八年（1559）重修。清香火甚旺，时得海外善信朝拜。民国末式微。土地改革时，厢、寮房析为民居。1956 年 12 号台风中毁。1994 年，信士杨子相购民宅筹复。1998 年，里人于原址重建大殿。1999 年，僧益民主持。2001 年，重建东厢楼、地藏殿。2006 年，建千佛殿。原有南宋高宗御碑、护境寺唐碑、护境寺重修记碑等多方，均佚。

西洋庵

黄避岙乡大林村。始建年代不详。清嘉庆五年（1800）修建，光绪年间（1875—1908）重修。民国末年尼安定主持。1986 年，信女张根娣修。1991 年始，尼达亮主持，先后建东厢房、佛殿等。

紫林庵

高塘岛杏八村箬鱼山峦。始建于清光绪二十年（1894），一正两厢。民国末式微。20 世纪八九十年代信女林秀妹、黄玉英等修缮。2000 年，僧法伟募建东厢楼。2003 年，僧克吉重修。2008 年 8 月，建长生堂、厢房、新大殿。

发生庵

高塘岛花岙大佛头山。始建于明崇祯十七年（1644）。民国末仅依山“一”字形殿宇数楹。1992 年，僧允兴修。1998 年，僧华根重建。

旁系张苍水抗清营垒遗址。

附： 古刹钩沉

普明院

在丹城黄土岭东田横山南麓。清雍正《浙江通志》列甲乙律院之一。梁天监二年（503）置，名涌泉院。北宋治平二年（1065），改赐“普明广福院”额。南宋庆元六年（1200），临济宗杨岐派著名禅僧虚堂智愚披剃于释师蕴座下。明永乐七年（1409）重建。嘉靖三十七年（1558）重修。清乾隆时，僧会司伟震修。20 世纪 50 年代，废。1990 年始，村民在遗址旁募建。宋御史、鄞人王庭秀撰有《普明律寺方丈记》。

蓬莱禅寺

位于茅洋乡虎头山南麓。清《浙江通志》列禅院之六。后汉乾祐元年（948）建（一说建于梁龙德二年），名蓬莱院。宋治平二年（1065），令林旦命释永净主院事，并修建。宋熙宁元年（1068），加赐“寿圣”二字。绍兴三十二年（1162），改赐“蓬莱山广福院”额。清乾隆十四年（1749），僧支云重建。嘉庆二十年（1815），僧道川重修。“文化大革命”间失火，仅存大雄宝殿，余殆尽。1997 年，释瑞言募修。2011 年，释慧圆主持。宋刘渭撰有《蓬莱山寿圣禅院记》，碑佚文存。大殿于 2014 年列为县文保点。

延寿禅寺

在大徐镇新罗岙村，瑞云峰下。清《浙江通志》列禅院之二。旧名龙寿院（一作瑞云院)。五代后汉乾祐二年(949)置。北宋治平二年(1065),改赐“延寿禅寺”额。后圮。明成化年间,僧德师重建。嘉靖三十七年(1558)重修。清乾隆《象山县志》载:寺有凭虚阁,应云鹭有诗。道光县志云:寺有宋代石碑亭二。倪象占《蓬山清话》云:王象之《舆地记胜》所云龙寿院碑已不可得,今寺也不支,唯大殿诸磉大如三石甏者尚存数枚,及宋时度敕尚刻诸壁。碑分三列:一列淳祐八年(1248)六月日,太傅右丞相兼枢密使越国公(郑清之)府申文;二列同年七月日,行在尚书礼部符;三列同年八月日,庆元府给据,并言瑞云山延寿功德禅寺专充太师益国公(郑清之父郑若冲)香火寺。明洪武十年(1377)四月,万寿禅寺住持清浚撰《延寿禅寺历代兴建碑》,教谕、县人蒋景高书,知县刘思齐篆额。后毁。清道光元年(1821),僧永明修。拆于20世纪50年代末(建水库)。2002年,僧了清于遗址东募建大殿及东厢房。清县人钱沃臣《蓬岛樵歌》注:县北瑞云山之麓延寿寺有铜巨钟,击之声闻数十里。清道光《象山县志》:明成化三年(1467),铸延寿寺钟,悬于佛殿左偏。大十围,高九尺有咫。住持相延呼为庆历钟。上镌:“佛日增辉,法轮常转,皇图永固,帝道遐昌”16字。

新安禅寺

在定塘镇沙地村。清《浙江通志》列为甲乙律院之三。旧名新安院,建于五代后周广顺三年(953)。相传其后十年所建之太平寺及石浦江心寺,均归其统属。清嘉庆二十四年(1819)重修。后废。今仅存重建殿宇数楹及断垣残壁、天井石板。寺后卧龙山,有“龙头”“龙耳”“龙舌”“龙尾”等惟妙惟肖。左龙眼井,已填没。民间传有江西人到新安寺破风水,在卧龙山龙头处安铁链、筑石墙,镇锁卧龙,不使出王。

伍师院

在五狮山南麓。清《浙江通志》列甲乙律院之四。建于五代后周广顺三年(953),传有五师修道于此,因名。后圮,明永乐二十一年(1423)重建。后又废。遗址尚存。殿前遗清乾隆四十五年(1780)莲花七佛出食台(施生台)一柱。近年,村民募建后殿。

太平禅寺

在定塘镇田洋湖村。清《浙江通志》列禅院之五。宋建隆三年(962)置。熙宁元年(1068)赐“太平广福院”额。永乐间重建。清乾隆五十三年(1788)又重建。后废。1975年折建为中学校舍。(按:1997年7月撤并。昔传太平寺僧众若满百名,要出一僧王。建寺千年,最多仅99名,满百必死一僧。据此,在港胞沈炳麟捐资所建的庆同楼落成时,有人撰联云:“太平寺千秋未出一个僧王,庆同楼三春定育无数栋梁。”宋,县人俞观能撰有《太平禅寺佛殿记》,碑佚文存。)

仙岩禅寺

在贤庠镇马岙村。清《浙江通志》列禅院之九。旧名仙岩院,建于宋乾德二年(964)。熙宁初加赐“寿圣”二字。绍兴三十二年(1162),赐“仙岩禅寺”额。明嘉靖废。清乾隆时,僧挟山修。道光间又修。20世纪50年代折毁,今无存。

永明禅寺

在墙头镇下塔岭村。建于元至元二十四年(1287)。清雍正时,僧道立修。乾隆年间僧汉宇重修。20世纪50年代拆毁，今无存。

福聚教寺

俗称“王寺”，在梅溪王宇山。元至大三年（1310）［按：《象山县志（1985）》作元（后）至元二年（1336），误］邑人倪宏道建，后废。清同治十年（1871），里人邱全坤掘土得一莲花施食台柱，因捐建。光绪十五年（1889），尼法莲募修。20世纪50年代拆建为校舍，今无存。清道光十二年（1832），程璋撰碑记，碑存县文管会。

石屋禅林

清乾隆《象山县志》载：在县西二里大炼丹山之半，令吴学周建，僧惟镜修。清道光《象山县志》：清乾隆五十一年（1786），僧大彻重修。清县人钱沃臣《蓬岛樵歌》注：明万历初，僧大光于石屋后土中得片石，有“大光道场”四字，邑令倪甫英筑禅屋5间，令吴学周复建阁，翼以亭榭。毁于“文化大革命”期间。20世纪90年代，有僧俗募建殿宇。乾隆壬子守备陈广宁偕钱泳（梅溪）题以八景，摩崖云：雨香庵、听秋室、眠云坞、招鹤峰、洗心池、指迷石、流华涧、移情台，各系以诗。民国《象山县志》：明万历三十六年（1608），吏部右侍郎、鄞周应宾撰《重建丹山石屋记》，林芝书，邵景尧篆额。清道光间，宁波府学教授冯登府有《游象山石屋记》。民国时，章鋆亦撰有《游石屋记》。1990年8月，石屋洞摩崖石刻公布为县级风景名胜保护单位。

部分年份象山县佛教僧尼、寺庵一览表

表6-1-1

类别 数量 年份	僧（人）	尼（人）	合计（人）	寺庵（处）	备　注
1949	256	213	469	343	1.1949年僧尼、寺庵数不含南田区；2. 僧尼包括沙弥、沙弥尼
1955	136	104	240	144	
1985	68	59	127	70	
1992	121	59	180	109	
2002	162	57	219	129	
2008	328	42	370	130	
2012	285	40	325	130	

第二节　道　教

道教在象山源远流长，秦时即于蓬莱山建立首座道观。隋唐后，道观时兴时圮。虽较佛教先鞭630年传入象山，总不如其兴盛，道观少而小，道士亦不众，最终走向衰落。中华人民共和国成立后，象山惟墙头（全真派）、泗洲头（正一派）等少数乡镇有道士活动，20 世纪 50 年代末绝迹。2008 年 11 月，陈垚廷到江西龙虎山受符箓。复有正一派道士 1 人。2012 年，全县正一派道士 2 人。是年，蓬莱观（徐福博物馆）重建。

栖霞观

县治西北蓬莱山南麓，旧名蓬莱观。传秦徐福、梁陶弘景皆隐迹于此。隋大业元年（605）废。唐天宝十三年（754），台州刺史袁仲宣重建。大中元年（847），县令杨弘正禀告于明州（今宁波）刺史李敬方重修。孙谏卿撰记，云："在昔隋朝尝遭毁，盖建于梁，毁于隋，复建于唐耳。"宋治平二年（1065），改赐今额。淳熙末，道士迁观于山之西。后圮。嘉定十三年（1220），道士张太原（雍正县志作张文原）、王虚璧相继于旧址重建。规模、形制不详。明嘉靖三十二年（1553）筑城，知县毛德京徙之城内下旧址 20 步，应道信重建。一正两横，三合院式殿宇 11 间。清雍正五年（1727）栖霞观改为关帝庙，俗称"丹山庙"。民国 4 年（1915），政事堂礼制馆通行各地合祀关（羽）、岳（飞），改为关岳庙。民国 33 年 10 月，象山县立初级中学建立（象山中学前身），部分作校舍。1958 年，毁像。20 世纪 70 年代，拆建为教师宿舍。1997 年，陈垚廷道丈与信众发心筹备。2008 年，于蓬山头征地筹建。2012 年，蓬莱观（徐福博物馆）主体工程完竣。原有宋王钦若《宋陶真人灵验记》碑，后佚。清倪文堃撰有《重修陶真人祠记》。清乾隆《象山县志》案：南宋绍兴十三年（1143），郡守莫将祷雨于望春山崇道观有验，请象山蓬莱观额，从之，遂以名其额，而额移于鄞县。

大瀛海道院

元至元二十七年（1290），爵溪人王一真在金钟山北麓结茅为庐，祀真武神。购搜"大瀛海"三字，悬挂于草庐，虔心修道。不久迁至爵溪南门，道院扩大。大德十一年（1307），天台崇道观道士吕虚夷到此与王一真同修。后道院左首建牌坊，坊上"大瀛海道院"五字由樟岙秀才鲍谦书写。台门正书"大瀛海道院"、背"天上玉京"系东陈清光绪进士陈畬于民国 16 年（1927）题写。

道院共 5 殿：真武大殿 5 间，哼哈殿（中为山门）、阎王殿、三官殿与关帝殿各 3 间。另，经堂、斋堂各 3 间，居室 2 间。大殿中供真武大帝，脚踏龟、蛇，旁列周公、桃花女，远为 24 孝（宿）。祖师堂 5 间供奉王一真祖师像。殿宇共 30 余间。爵溪道教兴于元代，盛于明代。知名者有爵溪王道士、梅溪马道士，传说能用宝剑令牌收妖于罐内。正月初九玉皇大帝赦罪，可请符箓 3000 只。三月初三真武诞辰，在十字街心戏亭演戏 5 天。明末清初道教渐衰，大瀛海道院败落。民国 3 年（1914），道院改作区立爵溪初级小学。1950 年后，为爵溪镇中心小学。1957 年，拆院改建校舍。

大瀛海道院碑，元延祐六年（1319），由集贤直学士吴澄撰文、翰林院学士赵孟頫书丹、集贤直学士袁桷篆额。至治二年（1322），石碑落成。一方现存县文管会，另两方下落不明。

保安洞

鹤浦镇黄金坦村狮子岩下。峭壁有洞，以洞名之。传昔有道士修持于此。清咸丰七年

（1857），于洞口依岩凿壁建3层楼2幢6间。清光绪间（1875—1908）道士扎盘修持。继而道姑修持。后改佛院，称保安洞庵。

乌糯坪道观

墙头镇大雷山顶岩洞旁。道观建造年代、毁于何时与规模形制无考。20世纪50年代初尚有全真派道士在此岩洞修持，旁有一小屋。不数年道士自焚羽化。后无继者。

另，20世纪50年代尚有道士在县内活动，但居何观、庵或住家不详。

第三节 天主教

清光绪二十年（1894），绍兴籍传教士卢伯禄受浙江教区（甬）第五任代牧主教赵保禄（Daui Murie Reynoud）指派到象山石浦、丹城、鹤浦、高塘一带传教，天主教首传象山。赵保禄于石浦二湾头处建造天主教公所，为象山首座天主教堂。民国4年（1915），卢伯禄奉命于县城建天主教堂。尔后，先后于鹤浦、小鱼山、湾塘、高塘和西周、南庄、海塘设立天主教堂。至1949年，象山有天主教堂1处、公所7处、教徒1258人、神甫1人、司事13人，隶属于宁波教区。

中华人民共和国成立初期，披着天主教外衣的“圣母军”渗入象山县，旋被取缔。此后，因象山地处浙东沿海、军事前哨及其他原因，公开的8处宗教活动堂所几近停止，仅剩200名信徒，活动分散转入“地下”。

1978年，中共十一届三中全会后，宗教信仰自由政策重新得以贯彻落实，随改革开放深入，开放天主教，活动转入正常。1985年，全县聚会堂所5处、教徒455人，分布于鹤浦、樊岙、高塘、西周及石浦等地。

1989年8月5日，县天主教爱国会筹备小组成立。县内天主教活动走上爱国爱教，依法活动，与社会主义社会相适应康庄道路。2002年，聚会堂所恢复至8处，神甫1人，信徒（含慕道友）800人。2012年，聚会堂所8处，神甫1人，信徒700人。

丹城教堂

丹西街道百花路。2002年，易地新建。圣殿坐北朝南，殿门3洞，拱形，中大旁小，旁门上各横书“仁爱”“忠信”，门间罗马柱。中门上直书“天主堂”三字。北首简易水泥屋4间。整体建筑平面呈“T”字形。堂主保为诸圣，每年11月1日均举行隆重聚会，以示庆祝。

原堂于民国4年（1915），绍兴籍传教士卢伯禄在城西南秧田头购地创建。20世纪50年代，先后由部队、小学、文教印刷厂使用。

石浦教堂

石浦金山路葛峙山。2007年易地新建。圣殿坐南朝北，哥特式“岗”字形内凹门面。殿门3洞，拱形，“人”字形顶上置十字架。两侧透空拱形塔，置十字架。门厅台阶直上圣殿，下架空层。东首建筑平面呈“［”形附属房。绛红色墙面，门窗转角勾勒的白线。

清光绪二十九年（1903），浙江教区代牧主教赵保禄与绍兴籍传教士卢伯禄于石浦二湾头购地所建，初名石浦天主教公所。中华人民共和国成立初，由海军部队使用。后被拆。1996年，教会购石浦碗行街28号原镇政府办公楼作为活动场所。2005年，出售拆建为“港城沧桑”纪念馆后建于现址。

鱼山教堂

鹤浦镇鱼山村。清光绪二十九年（1903），由传教士卢伯禄购地建造。木结构，平瓦房。2003年修建，加筑拱形殿门3洞，门内廊庑。中门上直书“天主堂”三字，二层上筑方形尖塔，顶置十字架。1996年，于教堂东首新建两层砖混结构办公、生活用房。

民国37年（1948），司事黄文华在教堂内办小学，招收教徒子女与贫苦子弟入学。

吉港教堂

鹤浦镇吉港村。清光绪三十三年（1907），传教士卢伯禄购地建造。坐南朝北，木结构、平瓦房。“凸”字形门面，拱形门3洞，中门上直书“天主堂”三字，再上安铜钟，顶置十字架。左首附属房。民国与中华人民共和国成立后多次修缮。圣殿于2012年按原样拆扩建，砖混结构。

西周教堂

西周镇南山路21号。1995年易地新建。坐南朝北，殿外加筑门亭，上建方形尖塔，顶置十字架。砖混结构，楼上圣堂，楼下生活用房。

高塘教堂

高塘岛乡一村。1994年拆建。坐南朝北。楼上圣堂，下为办公、生活用房。门面4层，外凸，拱形大门，阳台上又辟拱形门。第三层直书“天主堂”三字。第四层钟楼，外围栏，攒尖顶，上置十字架。

教会于民国21年（1932），购地主庄屋“胡家庄”为教堂。1970年被拆除。1991年，教会购高塘一村原生产队仓房作聚会场所。

螺蛳礁祈祷所

鹤浦镇里湾村，又称里湾祈祷所。民国中后期有教徒在家聚会。1990年始，教会假黄道友住宅作聚会场所。

珠溪祈祷所

贤庠镇珠溪三村。民国后期有少数教徒在家聚会。1978年始，教徒们假章仁生住宅作聚会场所。

部分年份象山天主教信徒、圣职人员、堂所一览表

表 6-3-1

年份	信徒（人）	神甫（人）	司事、修士（人）	堂所（处）	备注
1949	1258	1	13	8	1. 信徒数含慕道友； 2. 堂所包括借用民宅； 3. 中华人民共和国成立后一度堂所关闭
1954	200	—	—	8	
1985	455	1	1（修士）	5	
1992	550	1	2（修女）	9	
2002	800	1	2（修士）	8	
2006	800	1	2（修士）	8	
2008	800	2	—	8	
2012	700	1	—	8	

第四节　基 督 教

清咸丰十年（1860），宁波段塘基督教信徒范三多为避兵燹，辗转到石浦定居，基督教首传象山。光绪元年（1875），宁波“偕我公会”（基督教之一分支）差派英国传教士燕乐拔（Swal Low）到象山丹城施医传教，在东街黄家桥设立教堂，为基督教传入象山后首创教堂。此后，由于其为外来文化，县人不易接受，直至民国25年（1936），七八十年间，虽也设立一些教堂，但发展步履艰难，信徒比例数甚低。

民国23年（1934），教徒史悠卿回石浦行医，见信徒灵性淡漠，遂于民国26年春，邀宁波牧师华世斌及助手王见真到石浦主领“奋兴会”7天，信奉耶稣者骤增。到1949年，全县共有堂所27座，信徒（含慕道友）增至2000余人。

新中国的诞生，为中国基督教会摆脱西方控制，走上独立自主、自办教会的道路创造条件。象山基督教也顺应历史潮流，响应中国基督教领袖吴耀宗等发起的“三自”（自治、自养、自传）革新爱国运动。石浦教会筹办纺织厂，走自养道路；新桥教会成立“三自”爱国革新小组。

土地改革时，基督教堂所部分关闭、占用，少数教牧人员相继外流传道，或转业谋生。教会公开活动一度停止，后大多转入家庭聚会。

1966年，“文化大革命”开始，基督教徒受到不公正的待遇，聚会几乎绝迹，不少教堂房屋被占用，有的被拆毁。

1978 年后，党的宗教信仰自由政策逐步落实，各地基督教徒逐渐恢复公开聚会。1982 年 12 月，正式成立“象山县基督教‘三自’爱国运动委员会”（以下简称“三自会”）。1985 年始，教堂产权陆续归还教会所有。1997 年 5 月，象山县基督教协会成立。2002 年，堂所增至 38 座，信徒增至 1.2 万人。至 2012 年，堂所增至 47 所，牧师 9 人，教师 9 人，长老 9 人，信徒 1.9 万人。

丹城教堂

丹西街道西谷路 88—90 号。教堂坐西朝东，新古典主义方舟式建筑。十字架置于后端。大堂 2 层，上为圣殿，内置月台，可供 2000 人聚会，下设副殿及膳厅、机房、车库等。2007 年 1 月拆建，2009 年完竣。原房于 1999 年购自象山县第一汽车运输公司。

清光绪三十四年（1908），英国传教士燕乐拔（Swal low）在县城黄家桥创建。1988 年，教会易地于西门狮山路新建教堂。1999 年，教堂改作丹城教会“安乐之家”。

大碶头教堂

丹东街道后洋工业园区内。2000 年迁建。大堂坐西朝东 1 层，内置月台，门面 5 层呈“岗”字形高尖顶。附属房内设灵修室、办公室、文体室及膳厅等。2006 年，购教堂前厂房 1200 平方米。2011 年，建综合大楼 2300 平方米。

原教堂在大碶头村，建于 1987 年。

下余教堂

丹东街道下余村。1993 年，建布道所 2 间。2006 年迁建。大堂坐西朝东 1 层，内置月台，门面呈“合”字形高尖顶。2012 年，建附属房 5 间、167 平方米。

1982 年，假吴桂花（女）家聚会。

南庄福音堂

丹西街道六升村。1956 年，始有聚会场所。“文化大革命”时关闭。1992 年，恢复聚会。1996 年，购相邻民宅拆扩建而成。大堂坐北朝南 2 层，门面 2 层。2008 年，县政府同意批准征杂地 8000 平方米，易地新建教堂与县基督教“两会”办公楼。

爵溪教堂

爵溪西门杏林路 31 号。1988 年迁建。大堂坐东朝西 2 层，门面 2 层呈“合”字形。2000 年至 2001 年，教会先后购入相邻旧厂房 36 间，占地 3450 平方米。

民国 23 年（1944），教会在苏前街创建教堂。

公屿教堂

爵溪公屿村。1994 年下半年始建，翌年 2 月完竣开堂。大堂坐西朝东 1 层，门面 2 层呈

“门”字形。20世纪80年代，教会购民宅作聚会场所。

石浦灵潮堂

位于石浦凤栖路193号。迁建于2002年4月。大堂阶梯式东南朝向1层，内置月台2层，座位1800余个。东首与大堂连体四方形塔式8层楼1座，为办公培训综合大楼。大堂西、北首系膳厅及附属房。

民国3年（1914），在南关桥购地新建教堂，名灵潮。1987年，迁建于半岭村。

坦塘教堂

石浦镇坦塘村。教堂创建于民国11年（1922），时4间平瓦房。1997年，被台灾所损。翌年拆建。大堂坐西朝东1层，门面2层呈梅花拱形。2009年，于教堂门楼旁建附属楼一幢。

昌国教堂

石浦镇昌国东门外小山东麓。创建于1993年，坐北朝南，大堂7间，附属房7间。1998年，大堂翻建为2层楼，门面2层。2002年始，附属房升楼。

20世纪40年代，假俞尚勤家聚会。

荔港灵光堂（延昌教堂）

2005年11月，教会购买石浦塘头港前进锁厂厂房。是年末装修改为教堂。2009年，购教堂旁象山铸造总厂5600平方米土地，以备建堂与绿化。

金星教堂

石浦镇平阳厂村蜘蛛山街。1998年，教会购原石浦供销社仓库改作聚会场所。2007年5月拆建，12月竣工。大堂坐北朝南2层，门面5层，塔式。

文岙教堂

西周镇文岙村沙岗。坐北朝南，1990年5月新建。1993年，2间附属房翻建楼房。1998年10月，大堂升为2层楼，门面3层。

1983年，教会购民宅聚会。

莲花教堂

西周镇莲花村。原大堂砖木结构平瓦房4间，1988年12月建。2012年5月，易地新建，门面呈“肖”字形5层高尖顶（翌年10月完竣）。

民国中后期，教会购民宅聚会。

西周教堂

西周镇八村。创建于1996年。大堂坐西朝东3层，门面3层，平台式。2001年，建附属房。2009年建办公培训综合大楼。

民国中后期，信徒租赁西周酒厂余房聚会。

儒雅洋教堂

西周镇儒雅洋村。大堂砖木结构平瓦房4间，坐东北朝西南，2010年新建。1989年12月，教会于儒雅洋村购房聚会。1991年租民宅聚会。2004年7月，购民房作聚会场所。

下沈教堂

西周镇下沈村里汰塘。1998年，购下沈供销社里汰塘原仓房作教堂，2007年拆建。大堂坐西朝东3层，门面5层，塔式。

民国19年（1930），由英国传教士出银购下沈直街民宅作教堂。1992年，教会在直街附近购民房聚会。

四都教堂

鹤浦四都街，旧称南田堂。2000年，拆建砖混结构2层楼房，门面3层，呈“门”字形。2007年，又购原供销社营业用房。

清光绪三十四年（1908），齐毓鑫、顾道原等于四都购地创建。

鹤浦灵声堂

鹤浦镇二村。大堂坐东朝西2层，内置月台。门面4层，呈“肖”字形。拆建于2007年10月，翌年末竣工。

创建于清宣统元年（1909）。

马小坦教堂

鹤浦镇马小坦村。大重坐西朝东2层。2002年教会购房聚会。2008年10月，拆建为楼房，翌年上半年竣工，门面3层，呈“岗”字形。

岑晁教堂

贤庠镇岑晁村龙山路3号。1993年，教会先后购得岑西村胡家山什地，建砖混结构大堂4间，附属房4间。2000年8月，大堂、附属房均翻建为2层楼，门面2层。

民国30年（1941）农历五月，于岑晁碶西山购地创建。

墙头教堂

舫前唐家岭沙塘。大堂坐西朝东2层，门面6层，呈“合”字形。2008年1月易地新建，12月落成。

清光绪二十九年（1903）二月，宁波英国差会以白银96两在墙头购地7分创建。

塔岭福音堂

墙头亭溪塔岭村。大堂坐西朝东2层，门面3层，呈“肖”字形。1995年建，历2年完竣。2002年建附属楼一幢。

泗洲头教堂

泗洲头镇泗洲头村。1999年，教会购厂房。2层，上聚会，下餐厅。另有2层附属房1座。

1991年，教会购工程办公房聚会。

苏岙教堂

泗洲头镇苏岙村。1997年建，大堂坐北朝南2层，门面3层，呈“冂”字形。

20世纪20年代，于张知昌奉献一楼房聚会。1990年，教会购民宅聚会。

大塘教堂

定塘镇中站村。1990年，教会购旧厂房6间改建而成。1999年，教会又购入仓房经装修改作大堂，2012年拆扩建，大堂2层，门面6层，呈内凹“岗”字形高尖顶。余屋为大塘敬老院、教会膳厅等。

清光绪二十九年（1903），盛承谟等建教堂于红庙旁。民国23年（1934），教会得英国传教士汤灵生资助于村外又建教堂。

田洋湖教堂

定塘镇田洋湖村六市山。1988年新建，坐东朝西2层。1993年后，扩建附属房楼5幢10间。2012年拆附属房，依山建大堂3层，一层2间，二层3间，三层5间，门面5层，呈“肖”字形高尖顶。原大堂改作附属房。

始建于民国37年（1948）。

定塘教堂

定塘镇隔岸村。1989年，教徒奉献平房并4间667平方米什地作为教会聚会场所。1991年定山区委购地调换新建大堂，砖混简易平顶房6间，附属房2间。1997年，建楼房2幢4

间。2000年，大堂翻建为2层楼，门面3层呈“岗”字形。

周岙教堂

定塘镇周岙村。1999年，始有信徒在家聚会。教会正筹建教堂。

中坭教堂

定塘镇中坭村。2001年，教会购厂食堂平房聚会。2012年，易地新建2层，大堂坐东朝西，门面4层，呈“肖”字形。

涂茨教堂

涂茨镇涂茨村黄泥塘山上。大堂坐东朝西，门面3层呈“门”字形，1998年拆建。2008年于大堂东首建附属房1幢3间2层楼。

民国元年（1912）农历四月，英国传教士海和德于涂茨营房下村黄泥塘山上，购地3亩零5厘创建。

钱仓教堂

涂茨镇钱仓村。1986年春，教会购原部队旧营房聚会。2001年4月，又购二手原部队旧营房作附属房。2009年4月拆建。大堂坐北朝南3层，门面4层，呈“岗”字形。旁建2层综合楼1幢。

民国11年（1922），教会在崔家岙购地创教堂。

大徐福音堂

大徐镇东郊路63号。1996年10月迁建，城堡式造型。大堂坐东朝西2层，门面3层。2010年于大堂东首建附属房1幢9间2层楼。

民国21年（1932）农历五月，赵明光、钱昌林等在大徐村创教堂。1956年第12号台风时毁。1987年，教会购入乡政府原办公用房聚会。1996年迁建。

新桥晨光堂

新桥镇新桥村。1993年拆建，大堂坐东朝西3层，门面3层，呈“肖”字形。1996年后，教会先后购入供销社营业用房、原县科委板材厂厂房、住户民宅等。

创建于清光绪二十六年（1900）。光绪三十二年（1906），被西乡张小金聚众捣毁。后重建。1986年，教堂归还教会，恢复聚会。

山根教堂

新桥镇山根村。清光绪末年始有家庭聚会。1997年，教会购入供销社营业用房改作教堂。

东溪教堂

新桥镇东溪村。2005 年，东溪村村民励加兴捐献平瓦房 3 间作聚会场所。2008 年于村上台头建 2 层楼，上办公等，下聚会。2011 年 2 月 12 日，落成聚会。

沙岗教堂

东陈乡沙岗村。创建于 1991 年，坐西朝东。1996 年，大堂翻建为 2 层楼，门面 2 层，呈“岗”字形，并翻平屋为楼。

樟岙教堂

东陈乡樟岙村。1999 年 5 月，易地重建。大堂坐西朝东 2 层，门面 3 层，平面布局呈“工”字形。2008 年，建附属楼。

1986 年教会购民宅聚会。

东陈教堂

东陈乡东陈村。1989 年，教会购生产大队旧仓房聚会。2004 年 3 月拆建完竣。大堂坐东朝西 2 层，门面 3 层，呈“门”字形。

松岙教堂

东陈乡松岙村。1979 年购民房聚会，拆建于 1996 年 6 月。大堂坐东朝西 2 层，门面 2 层，呈“会”字形。

旦门教堂

东陈乡旦仁 262 号。1996 年始，教会购民宅聚会，2010 年拆扩建。大堂坐北朝南 2 层，门面 6 层，钟楼式。

岳头教堂

东陈乡岳头村。2003 年 12 月，教会购岳头村废弃米厂等，拆建于 2004 年。大堂坐北朝南 2 层，门面 5 层，钟楼式。后又建“安乐之家”。2009 年，填河塘新建大堂，原大堂作餐厅。

晓塘教堂

晓塘乡胡家屿村。1987 年与 1990 年，先后购原生产大队仓房聚会。大堂坐东朝西 2 层，门面 3 层，呈“岗”字形。拆建于 1994 年 8 月，翻建于 2005 年上半年。

月楼岙教堂

晓塘乡月楼岙村口。1995 年 4 月，购入原县二轻公司厂房聚会。2002 年 12 月，拆建完竣，大堂坐西朝东，门面4层，呈“肖”字形。

白玉湾福音堂

晓塘乡白玉湾村。1996年12月，教会购入原生产大队仓房聚会，2001年拆建，大堂坐西朝东2层，门面3层，钟楼式。2005年，扩建附属楼1幢。

礁头教堂

晓塘乡美礁碶村。2003年，教会购晓塘双峰罐头厂厂房8间聚会。

茅洋教堂

茅洋乡金山头村下缸厂。大堂坐西朝东1层，内置月台，门面5层，呈“岗”字形。2006年，易地新建。

1991年于庙山村购民宅作聚会场所。

高塘教堂

高塘岛乡杏十三村。原假私房聚会。1990年，教会购原高塘小学校舍聚会。2002年9月拆建，翌年4月完竣。大堂坐东朝西2层，门面3层，平台式。2011年，扩建附属楼1幢。

部分年份象山县基督教信徒、圣职人员、堂所一览表

表6-4-1

年份＼数量＼类别	信徒（人）	牧师（人）	教师（人）	长老（人）	堂所（处）	备注
1949	2619	4	4	—	22	1. 信徒数含慕道友； 2. 堂所包括借用民宅； 3. 中华人民共和国成立后一度堂所关闭
1954	2768	—	—	—	27	
1985	7000	—	—	5	15	
1992	8500	—	1	10	36	
2002	12000	3	8	13	38	
2006	13700	6	8	10	38	
2008	16700	9	7	10	45	
2012	19000	9	9	9	45	

附：东正教

东正教，即正教，与罗马公教（天主教）、新教（也称抗议宗、抗罗宗）为基督教三大派别之一。又因它流行于罗马帝国东部希腊语地区的教会发展而来，故亦称希腊正教。

清咸丰八年（1858）5月，中俄《天津条约》签订，俄传教士在中国获自由居住、自由建教堂与自由传教等特权。光（绪）、宣（统）间，在上海闸北谋生的县人吴加祥、冯玉莲夫妇加入东正教。民国2年（1913），吴加祥夫妇受上海东正教教会指派，回原籍石浦传教，在城头顶设立祈祷所。未几迁城下文澜桥附近聚会，悬“大俄东正教”木牌，教徒40余人。民国5年（1916），俄籍神甫抵石浦主持教徒洗礼仪式，并创办小学。教徒人数增加。翌年，俄国爆发“十月革命”，石浦祈祷所津贴断绝，活动遂止。民国25年（1936），上海东正教恢复活动，吴加祥在石浦城隍庙东首家中设祈祷所继续传教。民国30年（1941），日军侵占石浦，祈祷所聚会停止。翌年，吴加祥病故，部分教徒入天主教、基督教，后无继者。

第五节　事务管理

依法管理宗教事务，是国家行使依法治国方略的必然要求，是政府管理社会事务的重要职责，其要旨是：保护合法，制止非法，抵御渗透，打击犯罪。依法管理，就是要切实保障宗教信仰自由，保障正常宗教活动有序进行，引导宗教与社会主义社会相适应。自20世纪80年代，特别是90年代始，象山贯彻宗教信仰自由政策，教育培训；保护宗教界合法权益；合理安排宗教活动场所，依法审批登记；完善各宗教团体、寺庵教堂规章制度；抵御渗透，取缔邪教组织及制止非法活动等展开工作，取得成绩，多次被评为市基层宗教工作先进单位，1994年列省先进。象山基督教会为社会稳定和经济建设服务的事迹全国基督教“两会”主办的《天风》杂志刊登。

教育培训

学习贯彻宗教政策、法规、规章是开展宗教事务工作的前提。在教育培训中，一抓宗教工作干部队伍教育培训。自1990年始，先后有25名县、镇（乡）宗教工作干部送中央、省、市党校社会主义学院培训。在统战（宗教）工作年会、季会中，以会代训，宣讲宗教理论、方针、政策、法规、规章及宗教基础知识，发放《宗教法规规章选编》《宗教工作手册》等书刊150册及2万余字学习参考资料160份，使他们提高思想认识、理论政策水平，增强依法管理能力。二抓宗教教职人员、宗教界人士培训。12年来，先后送30余人次赴市委党校社会主义学院学习；结合形势、工作实际，每年召集两次学习宗教政策、法规、规章和政治时事；支持各宗教团体开办培训班，县基督教两会已办各种培训班20期、千余人次受到培训，县佛教协会办当家师、青年僧材班等6期，180余人次受到培训。天主教每月一天的读经班已坚持7年。1998年，象山荣获宁波市宗教法律法规知识竞赛第一名。选送青年信徒赴省神学院、金陵神学院就读、进修21人，佛学院（苑）深造8人，宁波市基督教培训中心就读15人。通过深造、培训，使宗教教职人员、宗教界人士爱国爱教思想加强，政治、业务素质提升，管理能力提高，带领信徒群众建设社会主义两个文明积极性得以激发。

保护合法

保护合法，是宗教工作“十六字”方针的第一句话，宗教团体和信教群众权益与活动，凡是合法、正当的，都应维护。落实宗教房产政策，归还被侵占宗教房产，从20世纪80年代以来达150余处、3万平方米。石浦天主教450平方米房产，中华人民共和国成立后一直由海军部队使用，房子大多被拆建，教会于1989年就提出产权所有。县政府职能部门与部队、县天主教爱国会（筹）先后4次商讨解决办法，于1994年春，按政策由部队与地方政府共拨款3万元予以经济补偿，并为信徒群众安排新活动场所。由于利益驱动，宗教活动场所合法权益时受侵害。1992年，东乡、南乡个别村向所在地寺庵收“管理费”“赞助费”；1994年、1995年先后有2名信女进香拜佛病死于寺院，死者方要僧人承担丧葬费；1999年，新桥山根基督教堂旁一村民借故阻挠教堂砌围墙、院门；寺院财物遭毁损等十余宗侵权行为，县政府有关职能部门与镇乡政府依法处理，保护宗教界合法权益。2001年6月上午，几名社会青年在玉泉寺敲打法器，不听劝阻与僧人发生争执。中午，这几名社会青年叫上数人进寺吵闹，损坏财物，伤及僧人。县民宗局、公安局与当地派出所调查取证，支持当地政府作出调解意见：主要责任在社会青年方，责令其书面检讨，并赔偿僧人医疗费等5000元。后兑现，双方无异议。

保护合法，还体现在对宗教界内部一些非法活动、违法行为的制止与处理。丹城基督教会11名信徒非法成立堂管小组，擅收奉献款，吵闹于教堂。1992年6月14日，县基督教三自会开除2名肇事信徒出教会，并解散其组织。寺庵未批先建（修）、少批多建的情况时有发生，仅1993年就有3例，被政府有关职能部门制止，完备手续后才准施工。2001年，辽宁“自由传道人”于凤英等通过个人关系到墙头基督教堂“讲道”，被县民宗局、县基督教三自会制止。翌日，于凤英等人被当地派出所依法驱逐。由于政府依法保护合法，制止非法，象山宗教界纯洁性、稳定性得以维护。

依法登记

合理安排宗教活动场所，依规章登记，是依法加强对宗教事务管理的基础。省府〔1992〕25号令《浙江省宗教活动管理规定》颁布后，象山成立县领导小组，召开各乡镇、县直机关负责人会议，部署工作，并下发文件、宣传资料与登记表。接着县民宗办又在各宗教团体会议上动员布置。根据佛教界实际情况，支持县佛协抽调僧尼组成7个工作小组，采取分片包干办法，协助镇乡政府指导各寺庵办理登记手续。镇乡政府在寺庵教堂登记申请表上，按登记要求审核后上报县府。最后县人民政府审批。经批准：佛教等慈禅寺等15处、天主教鱼山教堂等9处、基督教丹城教堂等36处为宗教活动场所（开放寺院、教堂）。另，94处寺庵为修持场所，4处因条件未成熟暂缓登记，4处不符合25号令不予登记。历时半年，完成全县寺庵教堂的登记发证工作。由于领导重视，部署周密，发挥宗教界人士积极性，登记过程平稳顺利，教内外群众赞同，方法与体会在《浙江宗教工作》1993年第2期撰文介绍。通过登记，摸清全县三大教信徒、房产等底数，佛教僧尼（含沙弥、沙弥尼）180人，房产29170平方米；天主教信徒（含慕道友）500人，房产800平方米；基督教信徒（含慕道友）8500人，房产6050平方米。

1994年，国务院144号、145号令颁布，全县宗教界学习贯彻，后对宗教活动场所、佛教修持场所作调整，佛教新增普陀庵、永清庵、保宁讲寺、云门庵等为保留场所，基督教新增塔岭教堂为宗教活动场所，天主教撤延昌祈祷所信徒并入石浦教堂聚会。

制定规章

依法管理，是制度管理。规章制度是广义的法。县宗教事务工作部门与各宗教团体重视规章制度建设。县民族宗教办公室成立之初，按照中发〔1983〕19号文件精神，制定《象山县僧尼坚决制止迷信活动公约》与《关于落实宗教政策问题的意见》，为新成立的宗教团体与信教群众开展正常宗教活动提供初步依据。1982年，县基督教三自会、县佛教协会先后成立，各自制定《章程》及寺庵教堂的《管理细则》《财务制度》等。1992年浙江省人民政府第25号令，1994年国务院144、145号令，1997年《宁波市宗教活动场所管理办法》、2005年《宗教事务条例》、2006年《浙江省宗教事务条例》相继出台，县民宗办根据以上法规、规章等提出学习贯彻意见，且协助各宗教团体与寺庵教堂修订、完善《章程》及《管理细则》《财务制度》《学习制度》《会议制度》等近10种规章制度，与法规、规章等装框一并上墙。为政府职能部门依法行政，宗教团体与寺庵教堂管理组织依法民主管理，信教群众依法活动，提供可具操作性、切实可行的依据。

取缔邪教

邪教，即伪宗教、极端教派。中华人民共和国成立初，象山打击取缔一贯道、同善社、无为教等反动会道门。1983年8月，全县成立宗教工作领导小组，抽调85名干部开展打击取缔“呼喊派”邪教组织斗争。经3个月工作，受蒙骗群众退出“呼喊派”组织。逮捕首要分子6人。1992年上半年，全县进行为期一个月打击取缔“呼喊派”专项斗争，通过排摸、发动、教育、揭露、登记、取缔等，取得效果。依法拘捕3名为首分子。县民宗办《发现一处，打击一处，教育一片，巩固一地》调研文章，在《宁波统战》通讯全文刊登，其做法与体会受到国家宗教局领导肯定。

“法轮功”邪教组织于1994年传入象山，佛教界少数僧尼曾习练此功。随着“法轮功”

邪教组织的本性暴露，县民宗局与县佛教协会对他们进行帮助教育，并于1999年7月16日，召集有关僧尼就制止邪教“法轮功”练习问题座谈教育。通过学习文件精神、新闻媒体上揭批邪教“法轮功”危害社会的文章，提高思想认识，上缴邪教“法轮功”书籍6本、音像制品10盘。

第七章　县工商联（商会）

1957年6月，县工商联自正式成立后，坚持党在社会主义初级阶段的基本路线和纲领，坚持公有制为主体、多种所有制经济共同发展的基本经济制度，坚持“一国两制”基本方针作为政治方向。履行统一战线人民团体和民间商会职能，团结、帮助、引导、教育、服务会员，拥护中国共产党领导，走中国特色社会主义道路，促进非公有制经济发展，为社会主义物质、政治和精神文明协调发展，实现“统一祖国、振兴中华”贡献力量。

第一节　代表会议

1950年10月，丹城城区工商界人士徐文铎等38人发起，于11月12日成立象山县城区筹备委员会，代替县旧商会、同业公会。下设协商委员会、税务委员会、整理委员会。1953年6月，保留城区委员会（筹），成立县工商联筹备委员会。1957年6月，县工商联委员会正式成立，至2009年8月，共召开9次会员代表大会。

历次筹备、代表会议

一次筹备会议　1950年11月12日，在丹城召开。成立县城区工商业联合会筹备委员会。城区工商联筹备会由丹城城区烟纸业、百货业、棉布业、杂货业、碾米（包括布厂）业、理发业、人民银行、电信公司等22个同业公会发起。票选筹备委员15人，主任委员赵永建。下设学习、税务、协商与整理工作委员会4个。

二次筹备会议　1953年6月，在丹城召开。根据省委统战部关于改组工商联工作指示，成立县工商业联合会筹备委员会。票选筹委员16人，主任委员徐文铎，副主任委员于华杰。

第一次代表大会　1957年6月17日至20日，在丹城镇礼堂召开。历时4天。应出席代表105人，实到93人，参加选举90人。其中，各区镇乡工商业界代表86人，实到75人；国营企业、合作社产生代表12人，实到11人；特邀代表（县委统战部、县人民委员会、县商业局等）7人，实到6人。邀请列席嘉宾有省工商联、定海县工商联与县工会、团县委、县妇联负责人等。大会主席团主席徐文铎致开幕词，省工商联执委张赓堂、县工会陈开芳致贺词，县委副书记宋其茂作政治形势报告，县人民委员会刘子宝作县工商联筹备会工作报告；审议通过《象山县工商业联合会组织细则》《县工商联经费统筹支办法》《1957年经费收支预算报告》《提案审查报告》《财务审查报告》等事项；选举产生由27人组成县工商联一届执行委员会。一届一次全体会议选出常务委员4人，正主任委员徐文铎、副主任委员刘子宝、王松舟、潘铭恩。下设学习、增产节约、财务福利与丹城工作委员会4个。

第二次代表大会　1959年8月23日至26日，在宁海沥洋镇礼堂召开（时宁、象两县合并）。历时4天。99名原象山县工商联代表出席会议。会议贯彻省工商联二次会员代表大会精神；学习中共八届八中全会公报，听取县委领导报告；加强私方人员团结、教育、改造工作。

选举产生由51人组成县工商联第二届执行委员会；二届一次全体会议选出常务委员、正副主任委员。下设办事处丹城、石浦、西周、城关、长街与黄坛6个。

第三次代表大会 1962年4月29日至5月3日，在丹城镇礼堂召开（宁、象两县恢复建制）。历时5天。推荐代表161人，正式代表125人，实到代表90人。代表结构：国营系统代表21人，占16.8%；供销社系统代表29人，占23.3%；合作商店系统代表51人，占40.9%；合作小组系统代表2人，占1.6%；家属代表8人，占6.4%；特邀代表7人，占5.6%。县妇联、供销社、商业局负责人列席会议。省工商联向大会致贺电，全县各地各行业向大会提交贺信、喜报及决心书。县委宣传部副部长程云臻作政治报告，徐文铎作工商联换届工作报告。会议通过政治形势报告学习，全体到会代表提高觉悟，增加信心，鼓足干劲，增产节约，为社会主义建设作出更多贡献；到会代表通过县工商联三年工作报告；选举产生由31人组成三届执行委员会，三届一次执委会议选举正副主任委员等人选。下设学习、增产节约与家属工作委员会3个。

第四次代表大会 1988年9月22日至24日，在丹城县政府招待所召开。历时3天。代表147人，老会员（即原工商业者）61人，占全体代表41%；新会员（企业会员）83人。其中，工业企业48人，商业企业33人，个体私营业1人，金融系统1人，党政机关代表3人。会议贯彻党的改革开放政策，团结、组织与推动原工商业者、新会员为改革开放、建设社会主义物质文明和精神文明服务。县委统战部副部长欧吉庆首先在县工商联第四次会员代表大会上作筹备工作报告。工商联筹备工作领导小组副组长许常明致新会员欢迎词，县政协副主席、县委统战部部长沈允法致开幕词，市工商联副主委张祥奇等致贺词；县委常委、副县长欧绪坤作题为《认清形势，开拓前进，为象山的经济振兴作贡献》报告。选举产生27名委员组成县工商联四届执行委员会。四届一次全体执委会议选举产生常务委员、秘书长、正副主任委员。

第五次代表大会暨县商会成立大会 1991年6月3日至5日，在丹城镇政府礼堂召开。历时3天。250名代表出席会议。县委书记邵孝杰等县四套班子主要领导出席会议开幕式和闭幕式，市工商联与有关兄弟县（市）区工商联领导到会祝贺，上海徐汇区，浙江岱山、慈溪、椒江，江苏南京、六合，辽宁大连等工商联，台北象山同乡会等致电庆贺。县委副书记陈凤姣作政治报告，何永林作四届执委会工作报告，象山沪港轻工总厂厂长干才足、县物资供销公司经理冯宗南等10名企业会员作经营管理经验交流发言。副县长包国民、县委统战部部长俞斌兆闭幕式上分别讲话。会议号召进一步解放思想，转变观念，加快改革开放和经济建设步伐，为改革开放和经济建设服务。会议审议通过县工商联四届执委会工作报告与大会决议。县工商联和县商会实行两块牌子一套班子。选举产生县工商联五届执行委员会暨商会理事会，五届一次执委（理事）会议选举产生常务委员、正副主任委员（会长）。闭幕式上，县委书记邵孝杰与副县长包国民向新当选会长授予“象山县商会”牌子。

第六次代表大会 1994年7月11日至12日，在象山剧院召开，历时2天。出席代表200人。县委副书记何康根致开幕辞，郑瞻德作五届执委会工作报告，县政协副主席、县委统战部部长俞斌兆闭幕式上讲话。县委副书记何康根，县委常委、组织部部长胡锡海，县人大常委会副主任徐明奎、曹明霖，县政府副县长王仁洲，县政协副主席董也琴（女）等出席大会开幕式与闭幕式。会议贯彻中央〔1991〕15号文件精神，进一步发挥工商联统战性、经济性、民间性独特优势，探索非公有制经济人士思想政治工作路子，服务会员，开展对外经济联系，努力发挥工商联（商会）组织在党和政府联系非公有制经济人士桥梁与助手作用。会议根据中华全国工商联章程，会内职务称谓统一为会长、副会长。选举产生县工商联（商会）第六届执行委员会暨商会理事会，六届一次执委（理事）会议选举产生常务委员、秘书长、正副会长。聘请县委副书记何康根等4人名誉会长、蒋保民等2人名誉副会长。

第七次代表大会 1999年6月22日至23日，在丹城镇政府礼堂召开。时间2天。出席代表200人。市工商联会长陈豹年到会祝贺并讲话，县委副书记张雪明致开幕辞，县妇联主席蒋秀英代表群团致贺词，郑瞻德作工作报告。县政协副主席、县委统战部部长沈佳雨闭幕式上讲话。县委书记王同元等四套班子主要领导出席大会开幕式与闭幕式。会议学习贯彻中共十五大和中共宁波市第九次代表大会精神，树立目标、研究部署今后五年工作任务，肩负起鼓励、引导非公有制经济健康发展和非公有制经济人士健康成长历史使命。广泛团结工商业界人士，在跨世纪进程中，开创社会主义民间商会新局面，为把象山县建设成为现代化滨海城市作出贡献。大会审议通过《关于县工商联（商会）第六届执委会工作报告的决议》，宣读《给老同志的致敬信》。选举产生县工商业联合会（总商会）七届执行委员会暨县总商会理事会，七届一次执委（理事）会议选举常务委员、秘书长、正副会长，聘请名誉正副会长与顾问。

第八次代表大会 2004年6月30日至7月1日，在象山宾馆聚贤厅召开。历时2天。出席代表198名。市人大常委会副主任、市工商联会长陈豹年，县委副书记徐才印，县人大常委会副主任俞明振，县政府副县长白国璋，县政协副主席陆传明，县委常委、组织部部长黄志明，县委常委、统战部部长欧亚群等到会祝贺；市各县（市）区工商联，全县各镇乡（街道）宣传统战委员，民盟象山支部，县总工会、县团委、县妇联、县科协、县侨联、县残联、县文联、县台联负责人应邀参加开幕与闭幕式。县工商联党组副书记黄桃女主持开幕式，党组成员刘保致开幕辞，县委副书记徐才印代表县委、县政府致贺词，县总工会主席林胜国代表人民团体致辞，县委统战部副部长、县工商联党组书记、县工商联七届副会长徐小华作七届执委会工作报告。县委常委、统战部部长欧亚群闭幕式上讲话。会议号召工商联组织和全体会员，注重理论学习，不断提高开拓创新能力；围绕发展第一要务，进一步发挥工商联的桥梁和助手作用；坚持以人为本，引导非公有制经济人士争做优秀的社会主义建设者；加强自身建设，努力增强工商联凝聚力和向心力。选举产生县工商联（总商会）第八届执行委员会。八届一次执委（理事）会议选举产生常务委员、秘书长、正副会长，聘请名誉会长。

第九次代表大会 2009年8月5日至6日，在松兰山黄金海岸大酒店召开。历时2天。出席代表230人。县委书记周江勇，县委副书记、县长李关定，县人大常委会主任徐才印，县政协主席白国璋，县委常委林雅莲、黄敏求，市委统战部副部长、市工商联党组书记余海大莅会，周江勇、余海大、黄敏求分别在开幕式与闭幕式上讲话。县总工会代表工青妇等人民团体向大会祝贺，励茂平作八届执委会工作报告。会议围绕全县工作大局，扎实推进组织建设、基础建设、能力建设和队伍建设，开创桥海时代工商联（商会）工作新局面。选举产生县工商联（商会）第九届执行委员会（理事会），九届一次全体执委（理事）会议分别选举产生工商联常务委员、秘书长、正副主席与县商会正副会长，聘请县商会名誉正副会长与顾问。

2010 年 3 月 17 日，县工商联（商会）九届三次主席会议、九届第二次执委（理事）会议决定增选 1 名常委、6 名执委（理事）。

2011 年 4 月 29 日，县工商联（商会）九届第三次执委（理事）会议增选 5 名县工商联副主席、11 名县商会副会长、20 名县工商联常务委员暨县商会常务理事和 37 名县工商联执委暨县商会理事。

筹备委员会

城区工商联筹备委员会　（1950. 10—1953. 06）

主任委员：赵永建

副主任委员：徐文铎、高德泉

常务委员：俞开韶、俞松轩、钱绍璇

筹备委员：15 人

县工商联筹备委员会　（1953. 06—1957. 06）

主任委员：徐文铎

副主任委员：于华杰

筹备委员：16 人

历届工商联执行委员

第一届执行委员会　（1957. 06—1959. 08）

主任委员：徐文铎

副主任委员：刘子宝、王松舟、潘铭恩

主任秘书：周友端

常务委员：黄永瑞、董英华、林宝玉、张玉芳（女）

执行委员：18 人

第二届执行委员会　（1959. 08—1962. 04）

主任委员：胡满金

副主任委员：应中钰、徐文铎（象山）、王松舟（象山）、林重阳、胡普运、应可铭

常务委员：杨毅、张自来、尹秀美（女）、仇若玲（女）、潘铭恩、黄永瑞、董继贤、石金荣

执行委员：37 人

第三届执行委员会 （1962.04—1988.09）

主任委员：徐文铎

副主任委员：娄妙瑞、王松舟、潘铭恩、石金荣、仇云婷（女）

常务委员：5人

主任秘书：徐成洪（1964.03免）、俞鸿迪（1964.03增补）

执行委员：20人

第四届执行委员会 （1988.09—1991.06）

主任委员：王阿洪（1990.08免）

副主任委员：许常明、刘翔发、何永林、周信宝

秘书长：何永林（兼）

常务委员：杜竹轩、郑友庆、黄永瑞、陈福华

执行委员：16人

第五届执行委员会（理事会） （1991.06—1994.07）

主任委员（会长）：何永林（1992.11任副主任委员、副会长）、郑瞻德（1992.12任）

副主任委员（副会长）：王才积（1993.02免）、许常明、徐建新、刘翔发

秘书长：王才积（兼，1993.02免）

常务委员：王克家、冯宗南、李平、张照银、周金梅、钱家常、赖申五、赖爱莲（女）、干才足、王核清

执行委员：20人

第六届执行委员会（理事会） （1994.07—1999.06）

名誉会长：何康根、奚际斌、俞斌兆、樊恭嫖

名誉副会长：蒋保民、许常明

名誉顾问：潘银国（香港怡丰公司董事长）、肖吉星（美国奇艺公司董事长）

特约顾问：欧吉庆、翁承浓、朱成海、林祥生、常松茂、金良明、钱振林

会　长：郑瞻德

副会长：何永林（1997.11免）、周信仁、李旺兴、洪永明、蒋元骥、王克家、薛先豪（1997.11任）

秘书长：韩国明

常务委员：韩国明、冯宗南、李平、肖沛旺、周金梅、林荷萍（女）、胡荣成、徐兴龙、梅世良、虞玲梅（女）

执行委员（理事）：22人

第七届执行委员会（理事会） （1999.06—2004.06）

名誉副会长：王克家

顾　问：洪永明、周金梅、李平、丁丹峰、鲍贤、孙庆禄

会　长：郑瞻德

副会长：薛先豪（2002.03 免）、周信仁、李旺兴、蒋保民、周辞美（2001.06 免）、陈照、卢国平、冯宗南、周青法、周敏峰（2001.06 增补）、徐小华（2002.03 任）

秘书长：韩国明

常务委员：韩国明、王性林、吕伟宏、孙昌贵、张金文、张德和、周先也、林冰、林荷萍（女）、贺华源、俞华富、夏志中、梅鑫、林华（2002.05 增补）

执行委员（理事）：24 人

第八届执行委员会（理事会） （2004.06—2009.08）

名誉会长：郑瞻德

会　长：徐小华（2006.06 免）、励茂平（2006.12 任）

副会长：黄桃女（女，2006.12 免）、刘保、蒋善定、周敏峰、卢国平、陈照、王星平、施元直、谢定飞、赖朝晖、吴灵通、周青法、林平安（2006.06 任，2009.03 免）、黄君芬（女，2006.06 任）、周礼胜（2009.03 任）

秘书长：韩国明（2004.06—2009.06）

常务委员：韩国明、林华、郑宏舫、贺华盛、张承志、石维坚、王核清、黄德贤、陈再（女，2005 止）、叶再府、夏志中、俞华富、王士存、吕伟宏、石永生、张金文、方仕民、张德华、朱旌铭、伊兰芬（女）、张永、余云兴、何琪、沈永平、周渭明、徐文品（张德华起 9 人为 2008.03 增补）

执行委员：33 人

第九届执行委员会（理事会） （2009.08—）

主　席：励茂平

副主席：周礼胜、刘保、黄君芬（女）、蒋善定、周敏峰、陈照、王星平、施元直、谢定飞、赖朝晖、吴灵通、李红蓥、周渭明、石维坚、吴敏、施文娟（女）、洪松茂、张承志、陆永备、尹方达、郑建花（洪松茂起 5 人为 2011.04 增补）

副会长：周礼胜、刘保、黄君芬（女）、干国成、王核清、卢锋、励小伟、吴永叶、吴寿国、陈海林、胡全福、胡英锡、黄兆飞、蒋善文（干国成起 11 人为 2011.04 增补）

秘书长：沈盛

常委暨常务理事：石永生、吕伟宏、朱旌铭、江财国、许宝国、孙全福、余云兴、沈永平、张永、张金文（2011.04 免）、张岳斌、张增明、张德华、姜天文、贺秀女（女）、夏志中、徐根兴、高国杰、黄安全、戴远光、魏荣良、柴常国、王一鸣、王正国、王利成、王齐培、仇建文、励和军、吴根富、沈小才、陆文光、周开春（免）、曹孟建、谢光辉、赖伟进、鲍志昌（柴常国起 15 人为 2011.04 增补）、张春富、陈行全、施良木、徐贤国、董腾、史海军、刘告生、张塞霞（女）、陈再宏、何莹萍（女）（张春富起 10 人为 2012.04 增补）

执委暨商会理事：37 人

第二节 参政议政

工商联系政协重要界别之一，参与国家大政方针及政治、经济、社会生活中重要问题政治协商、发挥民主监督作用，积极参政议政，协助县委、县委统战部搞好工商界政治安排，组织原工商业者和非公有制经济人士参政议政，建言立论、献计献策，为党委政府民主科学决策提供参考。

政治安排

中华人民共和国成立初，主要协助党委、政府开展人民委员会代表和委员人选政治安排。私营工商业社会主义改造后，量才录用民族资本家、原工商业者，安排担任工商企业正、副实职。改革开放后党和政府更加重视发挥非公有制经济代表人士作用，被安排人数日益增多。至2012年，经县工商联推荐全县政治安排非公有制经济人士260余人。

协商推荐县政协委员 1984年，县政协组织恢复，委员会界别分经济界和乡镇企业界，部分原工商业者、个体劳动者为经济界和特邀界。推荐原工商业者许常明、陈福年、徐文铎、潘铭恩，个体劳动者林荷萍，企业界乐家凯、刘象荣、郑月定、稽培庆为县政协第二届委员、常务委员。委员会委员109人。

1987年5月，协商安排王性林等17名企业界和原工商业者为委员。县政协三届委员会由129名委员组成。

1990年5月，恢复工商联界别，推荐安排马名华等16名为县政协四届工商联界别委员。县政协四届委员会委员135人。任期1990年5月至1993年3月。

1993年1月，经县工商联协商推荐，确定史建定等13名为县政协第五届工商联界别委员。1994年11月17日，增补洪永明（工商联界别）、林如鹏（经济界别）为政协委员。任期1993年3月至1998年1月。

1997年12月，经县工商联协商推荐，报县委统战部与县政协党组同意，安排冯宗南等15名为县政协六届工商联界别委员。2000年7月31日，增补史青莲、吕伟宏、吴灵通为县政协六届委员（工商联界别）。2000年12月27日增补虞和定、何琪为县政协六届委员（工商联界别）。至此，县政协本届工商联界别委员为21名。县政协六届委员会由170名委员组成。任期1998年1月至2003年2月。

2002年12月，经县工商联协商推荐，报县委统战部、县政协党组同意，石永生等21名为县政协七届工商联界别委员。县政协七届委员会由183名委员组成。任期为2003年2月至2007年2月。七届县政协工商联界别委员结构变化。界别人数占县政协委员总数比恢复时四届下降2个百分点。工商联界别委员所在企业经济成分发生变化，在21名委员中，县工商联机关干部1名，股份制企业2名，有限责任公司8名，私营企业8名，个体工商业户2名（含工商联基层组织代表1名）。非公有制经济代表人士成为主体。

2006年12月，经县工商联协商推荐，报县委统战部、县政协党组同意，干国成等21名为县政协八届工商联界别委员。县政协八届委员会由212名委员组成。任期2007年2月至2012年1月。

2011年12月，经县工商联协商推荐，报县委统战部、县政协党组同意，干国成等21名为县政协九届工商联界别委员。县政协九届委员会由228名委员组成。任期翌年1月始。

推荐各级人大代表候选人 1954年7月，推荐原工商业者徐文铎、石金荣、王松舟为县一届人民代表大会代表候选人，并当选正式代表。任期1954年7月至1957年3月。

1957年3月，推荐原工商业者徐文铎、黄永瑞、李淑容、石金荣、王松舟、周华寿、潘铭恩为县第二届人民代表大会代表候选人，并当选正式代表。任期1957年3月至1958年6月。

1958年6月，推荐原工商业者徐文铎、王松舟、黄永瑞、潘铭恩为县第三届人民代表大会代表候选人，并当选正式代表。任期1958年6月至1962年8月。

1962年8月，推荐原工商业者徐文铎、王松舟、黄永瑞为县第四届人民代表大会代表候选人，并当选正式代表。任期1962年8月至1963年12月。

1963年12月，推荐原工商业者徐文铎、石金荣、俞松轩、王松舟、潘铭恩、陈福年、周润宝为县五届人民代表大会代表候选人，并当选正式代表。任期1963年12月至1964年4月。

1966年4月，推荐原工商业者徐文铎、石金荣、俞松轩、孙惠源、黄永瑞、王松舟、潘铭恩、陈福年为县六届人民代表大会代表候选人，并当选正式代表。任期1966年4月起至“文化大革命”初期。

1978年12月，推荐原工商业者徐文铎、孙惠源、王松舟、潘铭恩为县八届人民代表大会代表候选人，并当选正式代表。任期1978年12月至1981年1月。

1984年8月，推荐原工商业者纪山青、柳康济、王克家为县十届人民代表大会代表候选人，并当选正式代表。任期1984年8月至1987年5月。

1987年5月，推荐原工商业者王克家、柳康济为县十一届人民代表大会代表候选人，并当选正式代表。任期1987年5月至1990年5月。

1990年5月，推荐原工商业者王克家为县十二届人民代表大会代表候选人，并当选正式代表。任期1990年5月至1993年3月。

1993年3月，推荐原工商业者王克家为县十三届人民代表大会代表候选人，并当选为正式代表。任期1993年3月至1998年2月。

1998年2月，县十四届人民代表大会始，人民代表大会代表对象从原工商业者转变为企业代表。县工商联不再推荐代表候选人。进入各级人大常委会组成人员，由县工商联牵头19个有关部门和单位共同商议。

推荐安排各级工商联执常委 县级工商联执常委。1950年11月12日，县城区工商业联合会筹备委员会成立。推选徐文铎、俞开韶、俞松轩、俞宗兰、金七桐、钱绍璇、姜运枢、朱光沛、胡积厚为筹备委员，郎权平、吴财信为候补委员。1951 年末，推选杨英夫、黄永瑞为筹委会委员，并安排一批在筹备委下设机构学习委员会、税务委员会、协商委员会、整理委员会，任主任委员、副主任委员与常务委员。

1957 年 6 月，县工商联正式成立。一届执行委员会由 27 人组成，推选安排私方、资方人员 18 名，占组成人员 66.66%。其中，1 名主任委员，2 名副主任委员，2 名常务委员，13 名执行委员。1958 年 8 月，县工商联二届执行委员会由 51 名委员组成，推选原工商业者、工商联基层组织负责人 17 名为执行委员。其中，2 名为副主任委员，3 名常务委员。1962 年 4 月，县工商联三届执行委员会由 31 名委员组成，推选原工商业者和公私合营企业、合作商店负责人 22 名为执行委员，占执委会班子成员 70.96%。其中，1 名为主任委员，4 名为副主任委员，2 名常务委员。1988 年 9 月，县工商联四届执行委员会由 27 人组成，4 人为县级部门负责人兼职，19 名为国营、集体、乡镇企业负责人，4 名为原工商业者。其中，1 名为副主任委员，1 名为常务委员，2 名为执行委员。1991 年 6 月，县工商联（商会）第五届执行委员会由 33 名委员组成，推选 29 名各行各业代表为执委会组成人员。1992 年 8 月，贯彻中共中央批转统战部《关于工商联若干问题的请示》的通知中发〔1991〕15 号文件后，个私等非公有制经济会员成为会员主体，调整县工商联五届执委会组成人员，免去公有制企业 1 名常务委员和 3 名执行委员职务，增补 3 名非公有制经济代表人士为常务委员，6 名为执行委员。五届执行委员规模从换届时 33 人，增至 39 人。1994 年 7 月，县工商联六届执行委员会（商会）由 39 名委员组成，4 名为县工商联机关和县级有关部门负责人，35 名各行业企业代表与个体工商户代表。其中，2 名安排为副会长。企业代表占执委班子成员 89.4%。1999 年 6 月，县工商联七届执行委员会（总商会）由 46 名委员组成，推选非公有制经济代表人士 40 名进入执行委员会班子。其中，6 名为副会长。2004 年 6 月，县工商联八届执行委员会由 63 名委员组成，经党委部门提名的 5 名县工商联机关专职干部外，推荐安排 58 名非公有制经济代表人士组成。其中，企业家兼职副会长（副主席）10 名。2008 年 3 月，安排增补县工商联常务委员 10 名，执行委员 19 名。2009 年 8 月，县工商联九届执行委员会（商会）由 95 人组成，推荐安排 87 名非公有制经济代表人士进入执委会班子，并另选 5 名非公有制经济人士为县商会副会长。2010 年 3 月、2011 年 4 月，县工商联九届班子成员先后 2 次增补，至 2012 年 12 月，147 名非公有制经济人士进入县工商联领导班子。其中，17 名安排为县工商联副主席，13 名安排为县商会副会长，3 名安排为县工商联副秘书长。

省、市级工商联执常委。1959 年至 1993 年 9 月，推选安排潘铭恩为省工商联二、三、四、五届执行委员。1989 年 2 月，推选原工商业者、县工商联副主任委员许常明，安排为市工商联九届执委会执行委员。1992 年 12 月，分别推荐私营企业主欧如福、孟根利为市十届执行委员会常务委员、执行委员。1997 年 4 月，推选孟根利为市工商联第十一届执委会常务委员，俞华富、史建定、徐兴龙为市工商联十一届执委会委员。2001 年 12 月，推荐陈照为市工商联十二届执委会副会长，施元直、俞华富为市工商联十二届执委会执委。2006 年，推荐陈照、蒋善定、王核清、吕伟宏、欧爱国、余云兴为市工商联十三届执行委员会班子成员。其中，陈照为副会长，并当选为省工商联执委会常务委员，蒋善定、王核清为市工商联十三届执委会常务委员。2011年，推荐李红壶、陈照、周渭明、胡全福、吕伟宏、陈凯、谢光辉、仇建文、夏志中、蒋承志等为市工商十四届执行委员会成员。其中，李红壶为副主席，陈照为副会长，周渭明、胡全福为常务委员。

委员提案

中国共产党提出"长期共存，互相监督，肝胆相照，荣辱与共"16字方针，是党与各民主党派和工商联共同遵循的行为准则。新中国成立后，县工商联一直履行政治协商、民主监督职能并把政协提案工作视为体现工商界人士的普遍愿望和要求的主要形式，每年组织工商联界别政协委员围绕县委、县政府中心任务和企业界关注的问题进行视察，认真酝酿准备大会期间提交的提案，努力提高委员提案时效性、针对性和可操作性。

提案工作是县工商联团体、工商联界别政协委员代表本团体成员向政府反映诉求、履行职能、发挥作用主要途径。基本做法：围绕县委、县政府重点工作、实事工程提出合理、科学的建议、意见和要求；针对经济发展和改革开放的难点献计献策；关注人民群众普遍关心热点和焦点问题下情上传。自1991年县政协四届二次会议至2012年九届一次会议止，县工商联团体和县工商联界别委员共提交提案246件。其中，团体提交提案31件。

工商联团体和界别委员提案数一览表

表7-2-1

年　度	届　　次	提案数（件）	其中团体提案（件）
1991	四届二次大会	16	6
1992	四届三次大会	12	6
1993	五届一次大会	12	0
1994	五届二次大会	20	4
1995	五届三次大会	3	0
1996	五届四次大会	11	0
1997	五届五次大会	11	5
1998	六届一次大会	5	1
1999	六届二次大会	6	0
2000	六届三次大会	6	1
2003	七届一次大会	9	1
2004	七届二次大会	12	3
2005	七届三次大会	15	1

续表7-2-1

年　度	届　次	提案数（件）	其中团体提案（件）
2006	七届四次大会	12	0
2007	八届一次大会	13	0
2009	八届三次大会	14	0
2010	八届四次大会	32	0
2011	八届五次大会	10	2
2012	九届一次大会	27	1

参政议政专题发言　县工商联在县政协历次全体委员会议或常委会上先后作13次参政议政专题发言，建言立论、献计献策。

1990年，县政协四届一次大会上，县工商联作《关于当前市场肉食经营状况的建议》专题发言。会后县政府分管副县长组织有关负责人去外地学习考察，并作出全县生猪统一屠宰分户经营决定。1991年，县政协四届二次大会上县工商联作《关于有计划培养一批涉外经济工作人员，以适应我县发展外向型经济》专题发言。是年，县政府责成职技校开设外经贸专业班。1994年，县工商联在县政协五届二次大会上作《以民营经济为先导，推进行业管理》专题发言，呼吁打破部门界限与经济成分，建立和健全经济性行业组织，推进行业自律，打造行业团队精神，促进经济秩序有序化。

2002年，县工商联针对县行业协会组织现状，在县政协六届五次大会上，作《"入世"要求政群分离，加快行业中介组织的再造》专题发言，提出三点建议：行业协会作用不可小觑，广大企业尤其中小企业呼唤行业组织建立；要改变县行业协会现状，必须贯彻党中央提出"政群分离"方针；完善工商联、协会与商会职能，充分发挥其积极作用。2004年，县政协七届二次大会上县工商联作《理顺关系，明确职责，发挥工商联应有作用》专题发言。县府办发文要求各镇乡（街道）政府（办事处）涉及经济工作会议请当地商会列席会议。2009年，县政协八届三次大会上县工商联作《整顿规范民间资本市场，进一步促进有序、健康发展》专题发言。关注中小企业发展，提出发展民营金融机构和非金融组织；规避民间资金投资风险和缓解中小企业融资难；筹建金融行业商会，协助金融监管部门加强监督和监管民间借贷活动；改善民间借贷外部环境4点建议意见。县委政策研究室《调研与决策》采用。2012年，县工商联在县政协九届一次大会上作《发挥优势，集约增效，着力提升象山模具产业发展水平》发言。象山模具行业，截至2011年，全县共有模具加工企业和加工点181家，其中，登记注册的企业120家，个体加工户20家，当年完成工业总产值是15亿元，工业销售10.8亿元，利税1.6亿元，从业人员约8000个。产品有汽车、船用发动机缸体、缸盖等与电动机壳体、水泵、阀体等铸造。模具产量比重位居全国各县市（区）第一，质量处于国内领先水平。剖析模具行业发展制约因素、存在问题，主要表现在：产业布局不合理，生产呈弱化态势；生产设备落后，缺乏人才支撑；行业分工不明晰，缺少公共服务平台；企业资金紧张，政策扶助有待进一步加强。向政府提出4点建议：创新发展管理模式，合理布局产业规划；搭建公共服务平台，推动企业协作发展；加大政策扶助力度，提升企业发展速度；发挥行业协会（商会）作用，强化行业整体优势。县长叶剑鸣批示：“关于提升我县模具业发展建议非常有针对性和可操作性，请作研究。”同时提出“我县模具业提升发展的具体思路和措施，适时进行研究作出相关政策措施予以推进”。

调查研究

县工商联根据各个时期党委、政府工作任务与目标，筛选调研课题，组织人力，深入企业，贴近实际开展调查，邀请专业人士或部门领导研究对策，先后形成36份书面调研报告和考察报告，提出130余条意见与建议，多数得到当地党委、政府及其有关部门采纳。

1989年11月，县工商联组织驻会干部，深入全县个体私营工业企业，形成《我县私营企业现状、打算和我们的建议》调研报告。1990年4月11日，县工商联调查县流通领域，形成《关于当前市场肉食经营状况调查与建议》《采取倾斜政策的措施，帮助我县主体商业走出困境》2篇调研报告。

1991年10月，县工商联组织部分工商联执常委赴上海南市区、徐汇区工商联考察商务、会务，形成《赴上海南市区、徐汇区工商联考察报告》。是年10月，牵头组织县级有关单位，走访全县镇乡政府与县级有关部门，形成《关于我县非公有制经济情况的调查报告》，并以县委办公室名义上报市委办公厅。1993年，县工商联形成调研报告3篇，即《关于文昌街小商品市场的党员教育和党建工作的调查报告》《民间商会在社会主义市场经济中的优势与作用》与《关于对台码头停泊大吨位轮船作业的情况的调查报告》。其中，反映文昌街小商品市场党员和党建工作调研报告，县委组织部批复同意县工商联建议意见，建立小商品市场党支部，并委托县工商联党组代管。1994年12月，县工商联形成《减少折腾，促进我县非公有制经济发展驶上快车道》调研报告。1997年12月，县工商联通过调研全县个体私营等非公有制经济人士思想政治工作状况，形成《关于做好对非公有制经济领域里精神文明建设的几点思考》的报告。翌年，县委率先在全省县级党委首家出台下发《关于加强非公有制经济人士思想政治工作的意见》文件，明确对非公有制经济人士开展思想政治工作指导思想，目的要求，内容、途径与方法。1999年，县工商联通过组建县宾馆娱乐行业协会，形成《关于组建宾馆娱乐行业协会的几点启示》调研报告。省工商联《浙江工商》第173期刊载。

2002年，根据县委办调研课题，县工商联和县经济发展局共同调研，完成《关于加大我县工商业经营管理人才队伍建设整合力度的思考》调研报告。荣获省工商联调研成果三等奖。2003年，县工商联针对企业呼声，调查县职业教育，形成《关于我县职业教育与企业所需人才的调查报告》。2005年8月，县工商联通过调查全县120余家中小企业，形成《关于我县中小企业发展的调查报告》。均被县委政策研究室《调研与决策》刊载。2006年，县工商联形成《力推“村企联姻”，共建社会主义新农村》与《县工商联发动民营企业开展“三联”活动的调研报告》2篇。2007年，县工商联形成《关于启动筹建象山商会大厦的调查报告》《关于当前我县非公企业劳动用工问题情况的调查报告》《加强干部队伍作风建设，构建和谐干群关系》与《关于象山企业在津（天津）创业情况调查报告》4篇。其中，启动筹建商会大厦与象山企业在津创业2篇调研报告，县委书记周江勇批示并责成有关部门对报告中提出意见建议专题研究，组织实施。2008年，县工商联形成《当前我县民营企业劳动关系所面临的新问题及建议》《关于筹建上海象山商会的调研报告》与《创新体制、凝心聚力，扎实做好新的社会阶层人士统战工作的调研报告》3篇。2009年，县工商联形成《整顿和规范民间资本市场，促进有序健康发展》与《加强指导，规范运作，着力发挥基层商会互助资金会的作用》2篇调研报告。均刊载县委政研室《调研与决策》中。2010年，县工商联形成《发挥商会互助资金会作用，进一步缓解中小企业融资难》与《审时度势、加强指导，积极推进基层商会党组织的建设》2篇调研报告。分别在县委政研室《调研与决策》和市工商联会刊刊载。

2011年，县工商联形成《破解企业劳动用工问题的调查与建议》《加强非公经济组织党建工作，进一步夯实非公有制经济发展基础》与《非公经济组织党建领导体制和工作机制问题研究》3篇，并被上级工商联刊物刊载。2012年9月7日，县工商联和县商贸局联合召开商贸服务业发展恳谈会，通过20多名商贸企业会员的会前调查和会上建言献策，县工商联在9月18日形成4个方面11条书面建议和意见。9月21日，副县长邱金岳批示：“要求县商贸、规划、城管、人社及政府部门高度重要工商联反映的意见建议，有的应给予及时解决，有的提出具体方案供县政府协调解决。”2012年，县工商联深入调查形成调查报告3篇，其中周黎彦《关于象山民营企业经营者传承与交接的思考》，获是年度市工商联优秀调研成果一等奖。《深入推进非公企业创先争优活动的思考》于是年12月，获县党建论文评比优秀奖。

第三节　教育培训

遵照党中央“团结、帮助、引导、教育”工作方针，加强和改进非公有制经济人士思想政治工作，县工商联召开常执委会议，开展主题教育、评先创优、建立网站、编发会刊信息、举办讲座或培训班等，组织非公有制经济人士学习、贯彻党和国家方针政策、法律法规，交流经营技能，以促进非公有制经济健康发展和非公有制经济人士健康成长。

时政教育

学习贯彻各级统战工作会议精神　1990年，党中央召开全国统战工作会议，江泽民总书记在会上发表重要讲话。接着，省、市、县委也相继召开统战工作会议。县工商联分层次传达会议精神，组织机关干部和会员学习。企业会员结合自己生产与经营实际学习，老会员分丹城、石浦二学习小组，结合历史与现实组织学习。通过学习，进一步理解统战工作的重要性，老会员表示，要自觉地发挥余热，为改革开放和“四化”建设服务。

1991年7月，中共中央批转中央统战部《关于工商联若干问题的请示》（中发〔1991〕15号文件）的通知下发。1992年年初，省委、市委分别提出贯彻中发〔1991〕15号文件实施意见。为实现工商联的性质从倾斜于经济性向统战性转变，工作对象从公有制经济向非公有制经济成分转变，工作内容从软任务向硬任务转变，县委决定于1992年6月上旬至8月上旬，在全市率先开展实施工商联职能调整试点工作。县委、县政府分管领导多次商量、部署和主持召开有关部门负责人参加协调会、全县统战工作例会、专项工作会议，学习传达中央15号文件，统一思想认识，支持工商联调整职能，推动县非公有制经济发展提高。县委副书记陈凤姣挂帅，抽调县委办公室、县委统战部、县工商联共19人，组成工作班子。市工商联党组副书记、副主任委员方维尧等4人到象山协助县委坐镇指导试点工作。全县19个乡镇划分为4片，工作组成员分片包干。工作组进驻各镇乡后，配合当地党委、政府，先党内后党外分层次召开传达贯彻中央15号文件精神会议；工作人员上门走访非公有制经济企业，摸清非公有制企业底数和非公有制经济代表人士思想状况。8月15日上午，县工商联在丹城镇大会堂举行“迎新大会”。省工商联党组书记、省工商联副主任委员陈君埔，省工商联秘书长汤为平，市委统战部副部长郑文昌、市工商联党组副书记方维尧、市工商联副主任委员陈春芳，县政协主席欧绪坤、县委副书记陈凤姣、县人大常委会副主任徐明奎、县委统战部部长俞斌兆等领导出席大会。陈凤姣发表讲话，同仁堂大药房业主孙文魁、象山麦芽有限公司董事长葛渭康分别代表新老会员发言。会后向新会员颁发《象山县工商联会员入会批准证书》与《象山县工商联会员证》。

学习贯彻中共十五大会议精神 1997年，中共十五大召开，香港回归，全联八大召开。县工商联（总商会）组织全体执常委学习中共十五大文件，学习江泽民有关建立社会主义市场经济体制和发展非公有制经济重要论述。召开会长会议、常委扩大会议和非公有制经济代表人士会议，组织学习十五大文件，并邀请县委党校老师辅导讲课，加深对“市场经济”“非公有制经济”等论述理解。同时利用《象山工商信息》选登十五大文件和江泽民总书记报告，向全体会员进行宣传。11月，召开执委（扩大）会议，吸收会员中积极分子，组织学习中共中央、国务院致全国工商联八大贺词。通过学习，广大非公有制企业会员受到鼓舞和振奋，认识到非公有制经济在市场经济中地位与作用。

社会主义荣辱观教育 2006年春，中共中央总书记胡锦涛发表社会主义荣辱观重要讲话。是年8月，县工商联组织全县非公有制经济人士开展社会主义荣辱观教育活动，全面推进非公有制经济人士思想道德建设，积极引导教育广大非公有制经济人士树立社会主义荣辱观。活动要求，一是深入开展学习，增强荣辱观意识。在非公有制企业党、团、工会组织中号召企业员工认真学习社会主义荣辱观，切实把“八荣八耻”作为企业文化建设重要内容。通过学习，使非公有制经济人士深刻领会“八荣八耻”重大意义与实质，牢固树立正确世界观、人生观和价值观，增强荣辱观意识。二是结合工作实际，开展荣辱观教育活动。把社会主义荣辱观教育与诚信教育结合起来，引导会员企业树立信用观、义利观和法制观；把社会主义荣辱观与争做优秀中国特色社会主义事业建设者活动结合起来，引导非公有制经济人士弘扬传统美德，热心公益事业，积极参与回报社会等光彩事业。三是加大宣传力度，渲染浓厚氛围。通过图片展、橱窗栏、座谈讨论等多种形式。广泛开展宣传教育，提高非公有制经济人士积极性，使荣辱观意识深入人心。利用象山商会会刊、网站等宣传载体，营造良好氛围。四是加强组织领导，建立长效机制。把开展社会主义荣辱观教育活动，作为当前重要政治任务，摆上议事日程，抓紧抓实，并建立完善社会主义荣辱观长效机制，把践行荣辱观情况作为非公有制经济人士评优标准，使“八荣八耻”真正成为广大非公有制经济人士新行为准则。

学习宣传中共十七大会议精神 2007年，中共十七大召开，县工商联及时作出学习贯彻部署。首先，向全体会员企业、基层商会、行业商会发出《关于认真学习宣传贯彻党的十七大精神的通知》（象工商联〔2007〕52号）。其次，于2007年11月13日，召开非公有制经济人士学习中共十七大精神报告会。主席励茂平主持报告会，副主席黄君芬传达中共十七大会议精神，县委宣传部、县委统战部有关领导到会指导。卢国平、王星平、施元直、谢定飞等48名董事长或总经理参加报告会，并在会上畅谈学习十七大精神感想和体会。会议就深入学习贯彻十七大精神提出要求：一是要全面准确、深刻领会中共十七大精神；二是要充分认识学习宣传贯彻中共十七大精神重大意义，把思想和行动统一到中共十七大精神上；三是要学以致用，确保学习宣传贯彻中共十七大精神取得实效。

科学发展观学习实践活动 2009年3月，根据县委统一部署，县工商联围绕“党员干部受教育、科学发展上水平、人民群众得实惠”总要求，以“落实科学发展观，开启桥海新时代”为主题，以“保增促调强民生，桥海兴县创优势”实践载体为统领，深入开展学习实践科学发展观活动。

深入组织学习调研。采取集中学习、专题讲座、讨论座谈、个人自学等方式，组织全县非公有制经济人士和工商联机关党员干部系统学习中共十七大精神，中央和省、市、县委领导关于学习实践科学发展观的重要讲话，以及《科学发展观学习读本》《毛泽东邓小平江泽民论科学发展观》和《科学发展观重要论述摘编》，加深理解和把握科学发展观重大意义、科学内涵、精神实质。紧密联系工商联工作实际，以“共度时艰、提振非公经济人士的创业信心指数”为主题，组织开展解放思想大讨论，进一步凝聚服务和引导民营企业科学发展共识。坚持理论联系实际优良作风，会领导分头深入30余家企业调研，了解企业生产经营中困难和问题，探讨应对国际金融危机措施和办法，并形成《优化经济发展软环境，促进非公企业又好又快发展》调研报告，供县委、县政府决策参考。

深入剖析存在问题。先后召开全县基层商会秘书长工作会议和部分企业家座谈会，向执常委企业寄发《征求意见涵》，走访部分企业，共征集贯彻落实科学发展观意见、建议36条。在广泛征求意见基础上，召开驻会领导干部专题民主生活会，班子成员深入开展批评与自我批评，查找班子及个人在思想观念、工作能力、工作作风等方面的不足，提出改进措施，并形成

《县工商联领导班子贯彻落实科学发展观分析检查报告》。同时，结合县工商联换届工作，总结过去5年工作成绩和存在问题，对照科学发展观要求，科学谋划今后一个时期工作指导思想和主要任务，为坚持“三性”统一，发挥“五大”作用，促进“两个健康”作出贡献，努力开创桥海经济新时代工商联工作新局面。

文体活动

迎春、中秋活动 2003年元月，县工商联（商会）在县信用联社九楼会议室，举办迎春茶话会。全体执常委济济一堂，回眸改革开放所取得成就，共同交流经商之道。国家一级演员董柯娣等著名越剧演员到会助兴，县委常委、统战部部长欧亚群致辞。2007、2008年中秋佳节，由县工商联主办，浙江移动公司象山分公司、海景大酒店、眼镜手机照相综合行业商会在松兰山海景大酒店先后举行协办“中秋月·海景情”“中秋月·军民情”联谊晚会。县工商联正副主席、常执委和部分会员、91683部队51分队和武警县中队官兵共聚一堂。巨鹰集团、同仁堂大药房、博绿德公司、三象不锈钢管制造公司、海景大酒店、综合行业商会等企业家与武警官兵自编自演文艺节目，现场精彩纷呈。

庆祝国庆60周年活动 2009年9月29日晚，由县商会主办，各镇乡（街道）商会和直属行业商会协办的“迎国庆、商会之夜”文艺晚会在象山文峰学校报告厅上演。县领导黄敏求、郑亚红、俞骏、吴安定，县有关部门负责人以及百余家工商联会员企业共500余名企业家和员工一起观看演出。晚会现场节目丰富多彩，墙头商会《喜庆腰鼓》、东陈商会《烟花三月》、宏润集团《醉苗乡》、合力集团《洗衣歌》、涂茨商会《太湖美》、爵溪商会《广场舞》、石浦商会《夜深沉》、西周商会《谁说女子不如男》、贤庠商会《和谐龙舞》、富红针织时装表演《青春秀》、金丰制衣《智斗》、日升集团《爱的奉献》、南方水产《滚滚长江东逝水》、东红船业《辕门外三声炮》等节目缤彩纷呈。最后，县领导与企业高管、员工一起高唱《歌唱祖国》，赢得全场观众热烈掌声。在庆祝中华人民共和国60华诞期间，各基层商会和会员企业也举行多种方式“庆国庆、迎中秋”活动。爵溪商会组织近百家企业厂长和优秀员工250余人，于9月28日晚上在松兰山黄金海岸大酒店大会堂举办联谊会，共庆中华人民共和国华诞。

县首届民营企业运动会 2008年5月18日，“迎奥运、创和谐”县首届民营企业运动会在象山体育馆开幕。市工商联副主席罗龙利，县委常委、统战部部长黄敏求，县人大常委会副主任郑亚红（女），县政府副县长俞骏，县政协副主席吴安定等领导出席。罗龙利、俞骏分别致辞，运动员和裁判员先后宣誓。县工商联主席励茂平主持。

开幕式上，全体领导、运动员、领队、教练员、裁判员和500余名观众向“5·12”四川汶川大地震遇难者默哀！

运动会共设拔河、乒乓球、羽毛球、棋类、牌类、趣味等10项竞技项目。比赛设团体冠、亚、季军和个人一、二、三等奖，颁发锦旗、证书、奖杯、奖金。全县共有230家民营企业和1500余名员工参与各项比赛活动。首先，21家230名企业员工按拔河比赛。经3个多小时拼搏，天安集团公司、象山冶金电器有限公司、宁波富宏针织有限公司代表队分别获得团体冠、亚、季军。宁波东红船舶制造有限公司代表队由驻公司俄罗斯籍工程师、船主组成，荣获“组织优胜奖”锦旗一面。至8月28日晚上，篮球比赛逐出冠、亚、季军之后，县首届民营企业运动会在灯光球场落下帷幕。在闭幕式上，12家企业获组织优胜奖。

评选学习型企业

根据象学习办〔2004〕5号《关于象山县建设学习型企业实施意见》精神，县学习型社会领导小组办公室，决定在全县范围内开展评选县学习型企业活动，并下发开展评选活动有关文件，明确评选范围、评选条件、评选办法和组织领导。

2007年6月14日，经企业自荐申报，县学习型企业评审领导小组审核，授予华翔集团股份有限公司、宁波天安（集团）股份有限公司、浙江巨鹰股份有限公司、宁波申菱电梯配件有限公司、宁波戴维医疗器械有限公司、宁波合力集团股份有限公司、宁波海达针织印染有限公司、宁波甬南针织有限公司、宁波乔明家居用品发展有限公司、浙江三浪工业股份有限公司、宁波海山纸业有限公司、宁波富宏针织有限公司、宁波立强机械有限公司等15家企业为“象山学习型企业”荣誉称号。是年6月23日，在象山剧院表彰。市工商联副主席罗龙利、县人大常委会副主任郑亚红、县政府副县长俞骏、县工商联主席励茂平等领导，为获奖企业单位颁发奖牌、证书。

主办会刊、创建网站

1990年4月，县工商联创办《象山工商信息》简报。为16开本油印，每月一期，设“政策信息”“法律法规”“经营管理”“工业生产”“商品供应”“会务动态”“专题调研”7个栏目。至1992年1月，增设“宣教提示”“领导讲话”“对外交流”3个栏目，由韩国明主笔，每期200份，发给工商联会员，并参与全国8个省市24个地（市）级和本省34个县（市）区工商联交流。2005年，会领导决定《信息》改版为《象山商会》季刊，聘请何旭为专职编辑，徐小华刊头题字，栏目设为“领导关注”“会务动态”“商会工作”“友好往来”“会员风采”“新农村建设”“简讯”等，每季1期，每期300份。赠阅范围为县工商联执常委企业，省、市工商联和县级有关部门。是年11月，《象山商会》被省工商联评为“2005年度优秀报刊”三等奖。2008年年初，《象山商会》季刊再次改版为对开四面彩色小报，仍每季1期，每期份数1000份，扩大交流范围。主编先后由党组书记林平安、周礼胜担任。出版《象山商会》小报，县工商联向市、县有关部门提交出版备案。

2007年末，县工商联委托宁波博安网络有限公司制作县工商联（总商会）网站。网址：xiangshangnb@ zjfic. org. cn，栏目有“商会概况”“商会信息平台”。励杭莺为主担任网站后台管理，保障网站的正常运行和信息的及时更新。至2012年，网站年点击率达10万人次以上。

2011年，创办《商会工作信息》简报，主要反映是工商联及基层商会工作动态和经验介绍，交流会员企业经营之道，传递党和政府的经济政策法规。每月1期。

2012年，开通“象山商会”微博，开展筹办《象山商会》双月刊工作。

为办好信息刊物、会刊、网站，开展信息交流与运作，县工商联建立信息员队伍，不定期召开会议，以会代训，提高通讯员业务能力和水平。录用稿件付给稿酬。

举办专题讲座

2001 年 10 月 20 日，县工商联邀请复旦大学教授朱强到象山作《企业如何应对我国加入 WTO 带来的机遇和挑战》知识讲座。65 家外贸企业负责人参加。2003 年 11 月 20 日，邀请上海资深咨询专家周士量主讲《企业现场管理实务和案例》讲座，全县 120 名企业总经理或主管质量生产副总参加。2005 年 7 月 4 日，特邀请省工商联副主席、华立集团董事局主席、浙江大学客座教授汪立成在象山宾馆四楼会议室作《从科学发展观到和谐企业》演讲，全县 200 名企业负责人参加。2006 年 8 月 12 日，县工商联邀请亚洲著名管理家、企业管理硕士杨台轩到象山作《企业文化与团队沟通》专题讲座，212 名企业人员参加。2007 年 6 月 22 日，县工商联在象山剧院主办“中国（象山）民营企业家高峰论坛”。出资 20 万元，邀请亚洲著名专家余世雄主讲《打造高绩效团队》。县实力型、潜力型企业负责人和县级经济管理部门、各镇乡负责人参加，副县长俞骏在论坛上致辞。是年 11 月 21 日，邀请北京从事劳动争议诉讼及劳动法律研究专家梁艳松，在象山国际大酒店二楼会议厅作《劳动合同法解读及企业应用策略》讲座，131 家企业 230 名企业负责人和人力资源部经理参加。2009 年 9 月，全县 120 名企业家集中于北黄金海岸度假村举办《企业如何选人、育人、留人、用人》培训班。

1999 年始，省、市委统战部和工商联每隔两三年在各级社会主义学院联合举办非公有制经济代表人士学习班，学习党和政府关于发展非公有制经济一系列政策法规，全县 260 名代表人士至少参加一期培训学习。

专业人才培训和技术职称评审

1993 年始，县工商联根据国家人事部、中央统战部《关于非公有制企业人员评定专业技术资格（职称）由工商联牵头管理，并纳入当地人事（职改）部门统一组织的通知》（人职发〔1993〕9 号）精神，开展全县非公有制企业人员的专业技术资格（职称）评定牵头管理工作。1995 年 12 月 5 日，县工商联牵头组织基础知识、专业知识培训，经考试合格和初级评审委员评审，夏志中等 22 名第一批非公有制经济人士，确认具工程技术机械电气专业助理工程师任职资格；14 日，由县工商联牵头组织培训、考试和经济专业初级职务评审委员会评审，确认洪永明等 19 名第一批非公有制经济人士具经济专业助理经济师、医药专业师、助理会计师等任职资格。2003 年 9 月 10 日，县人事局、县工商联根据市经委、市人事局甬经〔2003〕204 号文件通知精神，联合发出《关于做好 2003 年度工艺美术专业技术职务任职资格评审推荐工作的通知》，按有关程序开展从事工艺美术技术职务人员培训评审工作。12 月 31 日，所有申报参加培训、现场考核并经县工艺美术专业初级技术职务评审委员会评审，县人事局（象人专〔2003〕59 号）、县工商联（象工商联〔2003〕18 号）联合发文，确认叶良平等 33 人具工艺美术初级技术职务任职资格。

2005年4月15日，县工商联在县成人教育中心报告厅召开全国高、中级经营师证书颁发仪式。市人大常委会副主任、市工商联会长陈豹年，县委常委、统战部部长欧亚群，宁波皮埃尔学校校长邱永年，县工商联会长徐小华出席颁证仪式，并向131名全国高级、中级经营师颁发证书。是年5月9日至13日，县工商联在民营企业家培训基地举办TS16949质量体系标准内审员培训班，特邀德国莱茵技术（上海）有限公司专业培训师授课。培训内容：（1）ISO/TS 16949体系标准讲解；（2）企业如何建立体系过程、过程识别、实施监控及改进；（3）如何开展内审，即审核方案的制造、审核实施、审核报告编写和具体审核技巧。经过3天半培训，25人参加理论考试，17人获得德国莱茵技术公司颁发内审员资格证书，8名理论考试不合格者未获任职资格证书。

第四节　经济服务

天下商会是一家，县工商联凭借纵横组织网络优势，组织会员和非公有制经济企业，振奋精神，搞活经济，繁荣市场，交流商情，沟通网络，发展横向合作，助推象山经济发展服务。

参加（举办）交易公、家博会

参加交易会　1989年8月10日至15日，县工商联组织7家会员单位赴杭州，参加省工商联主办“华东六省一市工商联第三届商品交易会”（以下简称杭交会）。象山企业会员展出有各档猪牛皮鞋、旅游鞋、丙纶丝、针纺织品、丝绸被面等商品，现货成交额68万元。

1990年5月31日，县工商联组织宁波食品设备制造总厂与县和丰纱厂、毛纺总厂、丝织厂、羽绒厂、远航石油站、石浦鞋厂7家企业11名销售人员，赴福州参加“华东六省一市工商联第四届商品交易会”（以下简称榕交会），成交430万元。1992年10月，县工商联组织县丝织厂、创新针织厂赴上海南市区、徐汇区考察商务活动。活动期间，为象山组织上海滩名老店、大中型企业负责人或业务人员，与象山厂家进行工工之间、工商之间业务交流活动，创新针织厂与上海某进出口公司签订加工出口文化衫6万打合同；县丝织厂与28家服装生产、经销厂家负责人和业务人员洽谈。县丝织厂展出70余种服装面料、床上用品，与上海衬衫七厂成交现货15万元，协议1993年春季服装用料全部由县丝织厂供货，协议标的170万元；与上海宝大祥签订30台织机长期常年为宝大祥加工被面面料业务，年产值120万元。

1991年9月，县工商联组织象山口腔保健厂、石浦宏润木器厂、县工商经济开发公司3家企业8名供销人员赴济南参加“华东六省一市工商联第五届商品交易会”（以下简称鲁交会），成交83万元。并与山西、山东有关企业建立煤炭、水产品供销合作关系。1992年冬，组织象山高频瓷厂、象山布厂、县外经贸、丹城经济开发区和石浦对台贸易加工区赴北京出席全国工商联举办的“全国县（市）级经济开发区项目洽谈会”，137个国家和地区驻华商务代办或代表、60余家跨国公司驻中国地区代表出席洽谈会。象山与会代表和英国、美国、德国、法国、日本、韩国等国外交官接触、交流、互换名片。在会上，石浦对台贸易加工区管委会与一台湾客商签订200万美元水产品加工项目合作协议；象山布厂与韩国大宇集团公司投资部签订一项生产80万美元餐巾布（小毛巾）协议。1994年夏，组织象山冶金机电厂、宁波大洋袜厂、宁波华光麦芽有限公司、宁波盛和灯饰有限公司等企业负责人赴金华市参加省工商联主办“民营企业科技洽谈会”。象山与会企业与大中院校、科研单位项目对接。

2005年始，县工商联连续3年组织象山五星（集团）开发公司、宁波奇艺根雕有限公司、象山国际大酒店等63家旅游业企业会员，参加市政府和国家旅游总局主办的“中国旅游投资博览会”。2006年后，组织宁波申达轿车配件厂、宁波盛和灯饰有限公司、宁波立强机械有限公司等24家中小企业赴宁波第一、第二、第三、第四届华商科技创新合作交流会，与国外宁波籍人士接触，了解国际科技发展动态。

举办交易会 1989年12月31日至1990年1月2日，县工商联、财办共同举办1990年元旦商品交易会。县政府成立元旦商品交易会领导小组，副县长包国民任组长，陈世灿、周金发、许常明任副组长，下设办公室，何永林兼任办公室主任，办公室下分会务、联络、接待与安全保卫4组。12月31日，丹城大白象东至医药大楼、南至塔山路、西至小河头、北至老十字街口；石浦以东方红桥头为中心沿港路两侧架设366个摊位，五台宣传广播车。两地共93家会员2189个参展人员参加交易，展出商品18998种，价值1945万元，包括名特优紧俏商品237种88万元，保税让利商品947种168万元，削价处理573种61万元。当天商品成交额521.67万元，占600万元计划的86.95%。其中，零售52.78万元，占总成交额的10%。3天累计成交额944.445万元，完成交易会计划的157.4%。其中，零售额为350万元，占成交额的37%，批发额为594万元。

举办家博会 2009年10月23日至26日，经县政府批准，县总商会、规划局与象山新闻中心联合主办，由县家居商会、房地产协会与象山新闻广告发展有限公司承办县首届家博会在丹城人民广场举行。副县长俞骏出席开幕式并致辞，县家居商会会长周渭明讲话，县新闻中心主任张启章主持开幕式。首届家博会坚持“政府支持、商会主导、媒体参与、市场运作”办展方针，以“名品、专业、科技、环保、文化”为主题。3天展期成交额3000万元，其中，家居类1000万元，房产类2000万元。2010年11月，第二届家博会共设展位102个，展览面积4万平方米，涉及80余个国内外知名家居品牌和2家房地产公司开发楼盘。其中，家居类涵盖家具、地板、建材、橱柜、卫浴、电器、装饰等。7天会展，总成交额达3800余万元。其中，家居类为1400余万元，房产达成意向2400万元，客流量每天约3500人次。

2011年9月30日至10月6日，县第三届家博会在天华家具城举行。共设展位75个，展馆总面积4万平方米。展品涵盖建材、地板、家具、装饰、橱柜、家电、家居用品等多个领域，展现家居行业的最新发展成果和趋势。其中，地板类7个展位，橱柜类5个展位，家具类45个展位，装饰公司9个展位及其他展位9个。近百个品牌争奇斗妍，大自然地板、山友地板、奥雷士洁具、博洛尼装饰、欧琳橱柜、洛华隆橱柜、方太厨房、欧宜风家具、尊典家具等推出各种优惠或赠品。7天会展，总成交额为1500万元。其中，家居类为807万元，比2010年增长10%左右。其他类为693万元。房地产商未参加本届展会。尽管节日里天气阴雨连绵，客流量仍保持每天约3000人次。展会分发广告资料及环保袋2万余份。

2012年10月20日至25日，由县总商会主办，县家居商会等承办县第四届家博会暨县第六届房展会在县人民广场举行。共设72个摊位，面积6000平方米，总成交额1600万元，并达成房产买卖意向440套。

创办会员互助基金会

1993年2月，县工商联石浦镇分会根据县工商联指导意见，由分会执委发起，发动企业会员自愿入会，在市工商联系统建立起第一家“石浦镇商会融通基金会”。基金会由14家企业会员率先投入第一注基金19.5万元运营。至1996年，会员扩展至47家，基金本金增至146万元，吸收临时基金523万元，放贷周转总额2000多万元，业务收入37.3万元。其中，国有经济10家、私营29家、个体6家、中外合资企业2家。基金会内部实行民主管理，业务上委托当地城市信用社指导与办理；参加基金会企业每户交1万元，多交不限；为期3年，中途不退；会员存入基金按3‰月利率计息。贷款利息按对象分两个层次，基金会会员在规定额度内月息为11.1‰，超额部分按15‰收取。基金会设理事会，推选卢国平为理事长、陈云勤为副理事长，董万永、寿春潮、吴永尧、梅世良、杨贵法为理事，负责基金会日常管理工作。1994年，市政府主编的《要事摘记》载：“象山县工商联建立石浦分会会员融通基金会。自1993年4月至10月底已有21家会员企业申请参加，先后筹资金27万元。在6个月中，累计资金周转43次107万元，为19家会员企业解决了小额短期资金。”1996年4月25日，全国工商联《中华工商时报》全面介绍石浦分会融通基金会的做法。1998年，基金会因监控不力，发生荔港、伟昌、经济开发公司3笔共356883元滞账，由于基金会属于民间互助合作行为，法律主体缺位，发生债务纠纷不能通过司法途径追债，于1998年10月，还本付息，分配红利后，停止运作。2009年12月，石浦商会重建资金会。

1995年4月15日，县商会行业融通基金会召开成立大会，讨论通过基金会章程和借贷管理办法（草案），选举产生基金会首届理事会。会址设县工商联机关内（丹城上进路19号）。基金会实行理事会理事轮流值日制度，负责审批借贷和收回。基金会在运作中由于信息不对称，发生2笔共计10万元本金和利息无法收回，为减少风险，至1999年年末，经县工商联驻会会长会议研究同意，向入会会员还本付息后撤销基金会。

2006年，大徐商会在市基层商会工作经验交流会启迪下，由张金文、陈顶岳、蔡荣林等10个企业负责人各出资10万元，建立大徐商会互助基金会，并与银行挂钩，资金规模为300万元。2010年，换届后改建资金会。

2007年，随着基层商会网络健全，县工商联（商会）把缓解企业融资难问题作为服务会员、帮扶企业重头工作，多次专题研究，先后三次组织基层商会会长或秘书长赴宁海跃龙商会以及温州、台州等地考察学习商会互助资金会运作经验。是年2月，西周商会组建企业发展互助资金会，由会长、副会长牵头发起，华翔集团首期出资100万元，副会长、常务理事、理事单位响应，资金会规模达到261万元，当年即为企业融资6800余万元。截至2012年12月，除黄避岙商会外，全县17个基层商会先后建立互助资金会，315家企业会员参与，资金规模达到4051万元，为近1734家次企业提供借贷、周转等短期融资服务，累计总额382718万元。

互助资金会组建过程中，县工商联（商会）加强指导，各基层商会根据实际情况，采取不同方式筹集资金。西周、茅洋等商会采取会员企业自愿筹集资金；晓塘商会由银行贷款与企业自筹相结合，实行资金配套；新桥商会则与县中小企业信用担保中心结对，提供担保服务；墙头商会采取领导班子成员自筹资金办法。互助资金会在办理会员借贷时，简化手续，缩短时间，对符合条件的企业融资要求，快审快批，提供便捷服务。同时，注意审核借贷人资信状况、个人品性及借款用途，并适当收取手续费，坚决防范借款风险。建立资金会的基层商会都制定《企业发展互助资金会章程》与《企业发展互助资金会管理办法》，规范运作。聘请专职会计、出纳，单独建账，规范资金会运作程序，防控资金风险，确保资金会保值增值，实现会员与商会组织共赢。

会办归口管理企业

根据国务院办公厅有关规定和全国工商联第八次会员代表大会修改通过《中华全国工商业联合会章程》，工商联自办企业定为各级工商联职能之一。

自办企业 1988年初，县委统战部在筹备恢复工商联组织期间，经县政府〔1998〕43号文件批准，集股200股，集资20万元，成立董事会，注册成立股份制性质“象山县工商经济开发公司”，注册资金40万元，经营方式：批发零售。1990年度，营业总收入140万元，上缴工商税金39093.59元，资金周转率6.89次/年，公司费用率为3.1%（含上缴工商联管理费2000元）。1991年，国家加强宏观调控，治理整顿经济领域，并在全县开展社会主义教育活动。县政府决定，县工商经济开发公司转为城镇集体企业，人、财、物划归到县工商联直接管理，作为工商联会办企业。为平稳过渡，原公司股金变为债务，股东更变为公司债权人。工商联接管后进行清产核资，部分商品过期，或变质，潜在亏损约4万元，占注册资金10%。为改变原有单一副食品零售方式，经请示县委统战部同意，于1992年年初，以责任制形式将公司承包给自然人仇西根经营。其间，又有蒋志林、叶景武承包，由于3任承包人经营不善，40万元注册资金全额亏损，经县工商联会长会议研究决定，于2001年向工商行政管理部门申请注销县工商经济开发公司，公司部分债权债务通过司法诉讼由各任承包人承担，规避工商联经济风险。2007年，县工商联偿还公司所欠象山物资供销公司最后一笔债务5万元。

归口管理企业 经县政府和有关部门同意，县工商联先后挂靠、归口管理企业12家。这些企业性质为集体，经济上实行独立核算、自负盈亏、行政上隶属县工商联管理。1990年8月，经县工商联批准，开办象山工商求精模具厂，法定代表人应财世，当年投资，至年末完成产值16.24万元，上缴各种规费2.3万元。1991年9月1日，批准同意开办象山鹏程针织厂，承包者张兴良，资金自筹。是年，又开办象山工商电工工具厂。1992年8月1日，经县工商联批准同意开办利原广告设计图片社，承包人王启程。1993年，2月5日，建立宁波华能电力器材公司；5月24日，经县政府批准同意建立象山工商物资公司，原县经济协作办副总经理周玲华任法人代表，企业资金由经营者自筹，自负盈亏，两年后因亏损公司注销；4月23日，建立象山求新机械厂，法人代表郭冬永；6月17日，建立象山五星物资公司，法人代表徐惠明，企业资金由经营者自筹，自负盈亏；7月5日，建立象山伟昌冻品股份有限公司，法人代表朱伟国；7月21日，设立象山海翔经贸有限公司，法人代表邓云青；8月25日，建立象山石浦齿轮箱厂，法人代表刘国荣；8月30日，建立象山丹城糖烟酒副食品联购联销经营部，法人代表周联华；10月20日，建立象山液压启动设备厂；12月8日，开办渔港齿轮箱维修点(非一级法人)。截至1994年12月，自办（会办）归口企业13家，注册资金457.6万元，在岗职工189人，企业营业总收入948万元，实现产销同步，上缴国家税收22.14万元，企业利润33万元。为加强对会办、挂靠、归口企业管理，县工商联建立会办企业管理小组。组长郑瞻德，组员王茂松、翁维新，制定实施《象山县工商联管理会办企业实施细则》。1994年后，清本正源，与县工商联逐步脱钩，转制为个体或私营企业。归口管理企业债权债务与县工商联无涉。

建立维权服务中心

2004年7月30日，县工商联（总商会）印发象工商联〔2004〕15号《关于建立象山县工商联维权服务中心的通知》，经研究，决定成立“象山县工商联维权服务中心”。

2009年，县机构编制委员会〔2009〕30号批复《关于要求增配县工商联维权服务中心事业编制工作人员的请求》，批准设立“象山县工商联维权服务中心”，为县工商联下属事业单位，核定财政全额补助，事业编制2名。

为会员提供有关咨询 组织非公有制经济人士学习培训，帮助协调会员企业与政府部门之间关系，组织会员企业参加各类商务考察和对外联络，参与调处会员企业生产过程中所发生各类经济纠纷和劳资纠纷，维护会员企业合法权益。

维权务实 大徐镇多家企业在土地征用、房产评估、环保监督、保险赔付、各种费用交纳等方面存在争议。维权中心配合大徐商会帮助企业理顺关系，得过上级商会支持，采取法律手段，为企业排难解忧，依法保护会员合法权益。先后为会员在保险索赔、土地所有权争议、新建项目与当地村民发生纠纷等方面21件难题，得到解决。象山通用机电设备公司综合楼（塔山路与育才路交叉口西北侧）所有权与职技校发生权属纠纷，经法院判决后10年，仍未得到落实，经县工商联途径多层次疏导并多次召集双方当事人调解，学校才更正土地证上业主名字，房产权归还企业所有，公司出资12万元支持学校发展，为企业挽回近千万元损失。

第五节 联络联谊

立足国内，面向国际，加强同国内有关县（市）区工商联与境外工商社团及实业界人士友好交往，为县对外开放、企业走向国际市场服务。

横向联系

1992年年初，由象山、乐清、宁海县工商联主委提议，苍南、青田、永康、温岭、上虞、淳安县（市）工商联加盟，成立浙江省九县（市）工商联联谊会组织。开全省跨地区友好交流合作机制先例。是年9月中旬，首次省九县（市）工商联联谊会会议于乐清雁荡山举行，九县（市）工商联领导出席会议，象山工商联副主委王才积、副秘书长韩国明参加。各县（市）工商联交流会务经验，会议确定联谊会每年举行一次研讨会，成员轮流作东。第二届联谊会于1993年5月3日至5日，在象山县石浦台胞接待站举行，除青田县工商联请假外，8个联谊会成员到会。郑瞻德主委致欢迎词，县委统战部副部长欧吉庆讲话。会议结束前，县委副书记何康根、副县长奚际斌、县委办公室主任郑金平看望与会领导。会议期间，各县围绕“联谊、开拓、务实、创新”的主题，交流各自会务、商务。乐清县工商联主委施松岳作题为《要想有活力，必须增实力》发言，详细介绍乐清县工商联会办、联办、归口企业中经验与教训。温岭市工商联主委钱鑫树《浅谈工商联如何从党派式的机关型向服务型的商会转变》，永康市副主委袁南槐《发展个体私营经济应着重解决的几个问题》、象山县工商联党组书记何永林作《充分发挥基层组织作用，积极探索会务工作新路子》经验介绍。通过两天研讨会达成4项共识：（1）九县（市）区工商联在日常工作中文件、资料均要互相交换；（2）今后研讨会材料一律在会前打印成文；（3）从第三届研讨会开始，实行会务与商务相结合，理论研究与经济协作（商品交流）相结合；（4）联谊会逐步吸收其他兄弟县市工商联参加，扩大联谊会队伍。第三届联谊会按第二届会议确定于次年5月由淳安县工商联主办，象山县工商联党组书记何永林出席会议。因淳安交通不便，近半成员单位未到会。第四、五、六、七届联谊会分别在宁海、永康、温岭、苍南召开。第八届联谊会于1998年6月在上虞举行。东道主邀请部分非联谊会成员参加会议，原有各工商联主要领导变动较大，这次会议后，联谊会成员已从浙江西湖、嵊泗、黄岩延伸到广州花都区，上海松江区，江苏镇江、京口区、江宁区，江西宜丰，安徽六合县等18个县（市）区工商联，省际10县（市）联谊会改称为“长三角”联谊会，每半年召开一次会议，形式不拘。

2002年12月，浙沪23县（市）区工商联“长三角”联谊会研讨会在象山黄金海岸大酒店召开。23个县（市）区工商联领导出席会议，市人大常委会副主任、市工商联会长陈豹年，县委常委、副县长白国璋，县委常委、统战部部长欧亚群莅临会议，向与会代表赠送象山特有竹根雕艺术品和海鲜干货各1份。2005年9月，“长三角”联谊会在江苏省南京市江宁区召开，县工商联会长徐小华、副会长黄桃女、刘保出席，并在这次会议上，分别与江宁区、镇江市京口区、江西宜丰县、广州市花都区和杭州温州商会签订缔结友好商会协议。联谊会确定理事制，设立常务理事，负责联谊会有关事项。2006年末，县工商联副会长刘保、黄君芬出席黄岩区主办召开“长三角”联谊会暨合作项目推介会。2007年6月5日，励茂平会长、刘保副会长出席在江苏常州市武进区召开“长三角”工商联领导合作峰会暨企业创新论坛。武进区区长徐伟南主持会议，区委书记沈瑞卿致欢迎词，并作投资环境说明，区外经贸局作项目推介。是年11月26日，励茂平会长出席在海宁召开的“长三角”55个县（市）区联谊会。听取出席全国工商联九大代表传达工商联九大会议精神。县工商联与海宁市工商联签订友好商会协议书。

2007年5月23日至29日，应四川省武胜县工商联的邀请，会长励茂平率象山名佳针织有限公司董事长干国成、宁波立强机械有限公司总经理徐贤国、宁波盛和灯饰有限公司副总经理周晨光、象山云兴眼镜商行总经理余云兴、宁波天信工程管理有限公司总经理张素梅、象山恒泰针织厂厂长陈迈、县旅行社总经理钱慧一行17人，赴武胜商务考察。考察团抵达武胜县时，受到武胜县委、县人大、县政府、县政协主要领导热烈欢迎。在考察期间，先后参观武胜工业加工区和有关企业、职业培训学校。武胜县是四川省肉猪生产大县和淡水鱼养殖大县，劳动力富余。双方就农副产品深加工和劳务合作等项目进行洽谈，初步达成肉类加工和劳务合作意向。2008年，励茂平主席，名佳针织公司董事长干国成和宁波飞日实业有限公司技术人员再赴武胜，就肉类深加工项目论证、洽谈。其间，武胜县县长、县人大常委会主任、县纪委书记以及有关部门负责人分别到象山学习考察，追踪项目进展。年末，受国际金融危机影响，企业融资难度增大，项目暂搁置。

涉台交流合作

1990年4月7日，县工商联整合工商联会员资源，推动象（山）台（湾）经贸合作和促进祖国和平统一，建立对外联谊组。联谊组成员由县工商联四届副主委许常明、常委赖申五，会员胡荣成、张选芳、朱培秀、陈文亚、陈祥根等组成。联谊组主要任务是开展“写一信、献一策、引一项目”活动，配合县工商联接待到象山投资考察、探望象山籍台胞人士工作。是年，联谊组成员利用传统佳节，向台湾台北、宜兰、台南、高雄等县市有关商会、同业公会、同乡会及在台亲朋好友寄去象山部分“嫁接”企业名录、产品画册、对外经济合作项目名录等资料千余份，宣传介绍象山投资环境，优惠政策，并以县商会名义邀请在台人员回大陆探亲访友、观光旅游，服务桑梓。是月17日，原台北象山同乡会常务监事吴亚浓、黄纲，服装加工企业主刘文华、陈晓红，基隆渔业服务社黄振茂等一行8人应县商会邀请，在象山石浦国际劳务合作公司会议室举行“象台经贸合作”恳谈会。县商会会长何永林主持会议，副县长陈有华、县外经委副主任蔡明德出席，并向台胞介绍象山投资环境。会上达成3个合作意向：（1）在石浦加工区与会员张选芳合资创办一家电子产品加工厂，协议投资20万美元；（2）联合开发丹城房地产项目；（3）劳务合作。其中，劳务输台合作项目，由县国际劳务合作公司和基隆渔业服务社当日签订协议，约定每年县国际劳务合作公司为基隆渔业服务社输出渔业劳务200名，劳务人员报酬每人每天为98美元（约合人民币640元），并于1990年5月1日起生效。房地产项目因政策因素未签约。是年，县工商联还接待11名回乡探亲台湾同胞、2名侨胞，其中1名系原台湾海军少将参谋长、退役军官陈器（偕女婿）。1991年年初，县工商联接待台湾渔民经济考察团一行12人，商会主要领导陪同参观象山船厂与县水产供销公司、国际劳务合作公司，介绍县水产养殖和海上捕捞情况。是年3月2日，台北象山同乡会总干事杜贤达专程拜访县工商联。是月7日，台湾体育用品同业公会常务理事赖琼芬、台湾建杨钢制床业有限公司董事长何建杨，专程到县商会了解考察象山体育用品与钢质家具行业行情和投资环境。7月，接待台湾王永庆集团企业之一台湾佳兴集团公司常务理事戴云章，双方就开放石浦经济友好磋商。

涉外及涉港台交流

1992年3月末至4月初，县工商联主任委员何永林、县色织布厂厂长李信才，参加市工商联组团中越边境考察团，考察凭祥市边境贸易总公司和越南有关公司，了解越南市场对中国商品需求行情及进出口入关手续。1993年3月11日至31日，县工商联常委、县物资供销公司经理冯宗南参加全国工商联组织的赴美国考察团。在美国期间，考察亚洲商联、百万富翁俱乐部、惠普公司、可口可乐等15家公司、研究中心、科技院校，了解美国中小企业如何依存，使企业在竞争中发展壮大，以及如何将中国商品打入美国市场办法、途径。1994年1月至4月，县工商联先后接待日本、印尼等国家和中国台湾、香港地区客商8批20人次，由县工商联主要领导陪同参观考察爵溪针织企业、象山经济开发区、石浦水产品加工区和台贸市场，增进客商对象山了解。7月，经县工商联牵线搭桥，促进日本大和水产株式会社与象山荔港渔品有限公司共同投资兴办宁波瑞港水产有限公司，合资经营水产品加工、销售。双方总投资20万美元，注册资金14.2万美元，年加工水产品2200吨，85%产品销往日本及东南亚市场。县商会受中方委托，参与该项目洽谈、立项、注册登记全过程。商会热情服务，增强日方在象山投资信心，当年将宁波瑞港水产品有限公司注册资本从14.2万美元增至220万美元，并择址于中国水产城边新建厂房，引进日本水产品深加工设备，提高低档鱼类附加值。合作方日本大和水产株式会社社长宇都宫两次陪同日本大都水产集团投资公司和丰田汽车集团公司负责人到象山考察、洽谈合作意向，并促进石浦镇与日本国下田市缔结友谊镇。翌年，石浦镇委书记励志武率台贸加工区、水产加工区负责人访问日本下田市，双方就渔业大镇之间经贸合作与先进水产品加工技术交流友好商谈，达成有关合作协议。

2001年8月15日至30日，组织宁波南方养殖有限公司、宁波盛和灯饰有限公司、象山彩灯一厂，由县政协副主席、会长郑瞻德率团赴欧洲进行为期12天的商务考察，与巴黎B区达成设立象山商品销售网点意向。2003年5月至2006年11月，两次邀请美国金海湾国际集团公司董事长、美国美中商品展销公司总裁、香港美洲国际有限公司执行董事王克平到象山商务考察，双方就财务投资、象山商品在美展销事宜交换意见。2005年12月21日至31日，组织县机电通用设备有限公司董事长张金文、象山申达轿车配件厂厂长柴常国、同仁堂大药房孙文魁夫妇、宁波永丰投资公司投资人魏加叶等一行15人，由秘书长韩国明带队，考察泰国及台湾台北、台中、台东、高雄等市县工业、商业和农业企业，与有关企业进行交流，并浏览台湾名胜古迹。2006年10月中旬，会长徐小华参加市工商联组团赴非洲有关国家商务考察。2007年11月9日至20日，县工商联党组书记、副主席林平安参加市工商联组织赴德国、法国学习考察中小企业协会，了解两国协会组织机构和服务职能。2008年10月17日，副主席黄君芬参加市工商联组织赴美国商务考察团，考察有关企业。2009年10月，主席励茂平参加市工商联赴南非商务考察活动。2010年11月，党组书记、副主席周礼胜参加市工商联赴澳大利亚商务考察活动。

缔结友好商会

2004年9月，县工商联与上海松江区工商联缔结“友好商会”，至2010年10月，与全国19家有关市、县（市）区工商联、异地商会和香港、台湾2家工商社团缔结友好商会。

缔结友好商会旨在加强两地商会合作，有利发挥各自优势给力当地经济发展，有利于参与合作竞争提升本地区在经济格局中心地位。为确保两地商会的合作沿着双赢轨道前进，双方就建立友好商会事项，本着平等协商、互惠互利原则，达成若干协议。

协议基本框架内容：努力为双方会员之间和所在地之间经济合作创造条件，并不断开辟新领域；积极地向对方提供本地区经济活动动态及有关信息，为对方人员考察、项目开发、论证、招商、洽谈等活动提供方便；及时向对方提供本会会务、商务活动信息，交流会刊等资料，邀请对方参加本会重大活动；定期或不定期互访，探讨扩大合作途径，协商合作中有关问题；其他需办理事宜及时交换意见，本着友好协商原则，促进有关事宜妥善解决，使友好联谊关系不断得到巩固和发展；有效期5年，期满后双方均无异议则可顺延5年。

象山县工商联（商会）县外友好商会一览表

表7-5-1

序号	县外友好商会名称	缔结时间
1	上海市松江区工商业联合会	2004.09
2	内蒙古翁牛特旗工商业联合会	2004.12
3	香港工商业投资协会	2005.06
4	江西省鹰潭市工商业联合会	2005.08
5	江苏省南京市江宁区工商业联合会	2005.09
6	广东省广州市花都区工商业联合会	2005.09
7	江苏省镇江市京口区工商业联合会	2005.09

续表7-5-1

序号	县外友好商会名称	缔结时间
8	江西省宜丰县工商业联合会	2005.09
9	杭州市温州商会	2005.09
10	浙江省德清县工商业联合会	2006.03
11	浙江省杭州市西湖区工商业联合会	2006.03
12	四川省武胜县工商业联合会	2007.05
13	浙江省海宁县工商业联合会	2007.11
14	河南省郏县工商业联合会	2008.11
15	上海市闵行区工商业联合会	2008.05
16	贵州省黄平县工商业联合会（通讯方式签约）	2009.04
17	河南省南乐县工商业联合会	2009.12
18	台湾省高雄青年创业协会	2010.09
19	浙江省三门县工商业联合会	2010.09

第六节　基层商会

1950年11月，城区（丹城）成立工商联筹备会。石浦镇于旧商会基础上筹建工商联。爵溪、西周、南田等地也分别建立工商联筹备会。1952年8月，南堡成立工商联组织。大徐、定山、新桥、涂茨、东港、泗洲头、墙头、南庄、昌国、金星等区、乡相继建立工商联筹备会或筹备小组。1957年6月，县工商联召开第一次会员代表大会之前，有区、镇、乡工商联和丹城镇工作委员会等12个基层组织，拥有工商联会员482户，工商业户1499户。其中，厂店748户、1762人，摊贩751户、925人。私方从业人员2687人。1959年8月，象山、宁海两县合并，县工商联第二次会员代表大会决定，丹城、石浦、西周改设工商联办事处，由各办事处分辖各基层组织。

1961年10月，恢复宁海县建制，象山仍治原辖区，第三次会员代表大会召开前，泗洲头、定山、东港、西周、新桥、南堡、南田、涂茨、墙头、爵溪等改为工商联小组，为基层组织。1962年4月始，各集镇相继成立小商小贩联合会。石浦镇小商小贩联合会，主任委员周华寿，副主任委员许朝松、梅阿宝，与石浦工商联办事处合署办公；5月12日，丹城成立商贩联合会，与城区工商联办事处合署办公；8月9日，泗洲头商贩联合会成立，主任委员余礼和，副主任委员石甫生、郑友金；9月25日，南庄商贩联合会成立，主任委员朱家桢，副主任委员林家祥、吴祚孝；11月24日，南田商贩联合会成立，主任委员胡宣合，副主任委员王根福；11月25日，爵溪镇商贩联合会成立，主任委员张宝林，副主任委员方益声。各地商贩联合会内设学习、福利、财务委员会或小组。商贩联合会建立后，或与当地工商联合署办公，或独自开展工作。1968年6月，西周商贩联合会、溪口商贩联合会撤销，成立“文化大革命”领导小组。丹城、石浦、南田、定山、泗洲头、新桥、南庄、墙头、涂茨、岑晁工商联仍开展会务工作，“文化大革命”中期全部停止活动。

1988年9月，县工商联组织恢复，经县工商联四届一次常委会研究，报请县委批准，决定成立工商联石浦镇分会筹备领导小组，并于翌年12月召开石浦镇分会会员大会，正式成立县工商联石浦镇分会，选举产生分会第一届领导班子。此为全市改革开放后首个恢复乡镇工商联组织。1992年，贯彻落实中共中央〔1991〕15号文件后，县工商联根据会员队伍不断壮大实际，为更好地服务会员，决定在全县18个镇乡建立24个会员工作联络小组，作为县工商联的基层组织开展会务工作。

1997年，经县委批准，大徐、西周、墙头镇建立工商联组织。

2005年7月21日，县政府发文授权县工商联为基层商会、同业公会等社会团体业务主管单位。2008年8月14日，县委办公室下发《关于进一步加强基层商会建设的实施意见》（县委办〔2008〕114号），明确基层商会主要职能与任务；建立基层商会的条件、原则及程序。截至2012年12月，全县有10镇5乡3个街道全部建立商会，行业商会顺序推进，异地商会实现零突破。2009年3月，市工商联开展创建“五有五好”（有专职工作人员，有资料档案台账，有经费收支保障，有会刊信息简报，有社团注册登记；领导班子好，办公条件好，制度落实好，活动开展好，作用发挥好）基层商会的活动。在创建过程中，经市工商联综合考核，象山爵溪、西周商会获首批达标基层商会；丹东、丹西、南田、东陈商会和县家居商会为第二批达标基层商会，墙头、泗洲头、大徐商会和日杂百货商会为第三批达标基层商会。

丹东商会

2008年年末，丹东街道党工委、办事处按照县委办〔2008〕114号文件精神，成立丹东商会筹备领导小组，广泛发动、征集会员，并于2009年7月22日召开丹东街道第一次商会会员代表大会，丹东商会正式成立。选举产生丹东商会第一届领导班子，会长吴敏，副会长陆文光、洪松茂、杜锡仁、吴贤宝、郑再德、郑家钿、闻笑燕、张吉敏，陈金榜为秘书长。任期5年。会址丹东街道办事处院内。2009年11月23日，丹东商会一届二次理事会议上推选陆文光为商会常务副会长。2012年年末，丹东商会会员企业72家。

创设宣传平台 2010年1月，创办《丹东商会》会刊。每季度一期，已刊出3期。《丹东商会》会刊一版为要闻，以通报街道工贸工作动态为主；二版为综合新闻，报道工贸企业产销情况；三版为综合信息，介绍经济信息、涉企信息；四版为服务平台，介绍商会资讯等。会刊发至会员企业、街道各科室、各村、社区。同时，开通丹东商会网站。网站设商会简介、商会动态、商会通知、会员企业人员招聘及商会会员企业供求等八方面内容。

建立互助资金会 2009年11月23日，商会一届二次理事会议酝酿建立丹东商会互助资金会。2010年2月4日，商会一届三次理事会议决定成立互助资金会管理委员会和监事委员会，并通过《丹东商会互助资金会章程》《丹东商会互助资金会管理操作办法》。发展互助资金会会员14家。筹措互助资金2055万元。截至2012年12月，互助资金会累计提供企业借款10120万元。

开展各类服务 2010年3月，丹东商会邀请县有关部门领导培训会员企业营销负责人，培训内容各类税收政策、外贸政策以及企业与外商打交道的办法和策略等内容。是年4月16日至17日，商会组织40余名会员赴杭州解放军117医院检查身体，检查项目有30余项。同时，会员们利用体检机会，共同探讨转型升级思路，交流创业创新经验。是年6月22日至7月2日，商会组织理事和会员13名赴澳大利亚、新西兰商务考察11天。

丹西商会

2009年年初，丹西街道党工委、办事处按照县委办〔2008〕114号文件，成立丹西街道商会筹备组，着手宣传发动，吸收会员，并于7月21日，召开商会第一次会员代表大会，丹西商会正式成立。大会一致通过《丹西街道商会章程》和选举办法，选举产生31名理事组成第一届理事会，会长胡全福。任期5年。会址丹西街道办事处院内。截至2010年年末，会员企业85家。获市2009年至2011年先进基层商会。

建立会员互助资金会 2010年4月1日，丹西商会启动会员互助资金会工作，16家会员企业加入资金会，自筹资金250万元。截至2012年12月止，帮助28家会员企业解决银行倒贷、资金周转55笔，累计周转资金10970万元。根据安全、小额、短期借款原则，制定《丹西商会互助资金会章程》《丹西街道互助资金管理操作办法》，成立互助资金管理委员会和监事会。

搭建服务平台 2010年3月18日，组织全体会员参加由县劳动仲裁院院长余瑞专题培训《如何做好劳动争议预防和如何办理劳资纠纷案件》。是年5月17日，组织部分会员赴河南有关地区商务考察；10月，组织部分会员赴台湾经贸考察；12月31日，组织全体会员宁波明州医院健康体验。创办《丹西商会》会刊，每季一期，介绍会员企业及商会动态，宣传党和国家方针、政策、法律法规。

承担社会责任 自商会建立后，宏利、合力、天兴、天韵等会员企业为丹西社会福利院、各类爱心基金、贫困学生及新农村建设捐款40万元。宁波浩宇针织有限公司出资3万元建立“职工爱心互助金”，用于保障本企业职工配偶及子女学习、生活困难补助。

爵溪商会

1950年，爵溪镇成立工商联筹备会。1954年，正式成立爵溪工商业联合会。1958年，爵溪工商联归口爵溪供销社管理。1962年11月25日，成立爵溪镇商贩联合会。1966年“文化大革命”开始后，工商联组织被撤销。

1999年，经县委批准，继石浦、大徐、西周镇、墙头工商联之后，于是年9月18日召开第一次会员大会，爵溪镇工商联正式成立。首届执行委员会由16名委员组成。会长陈照。任期3年。工商联会员98人，商会办公地址设镇政府院内。

2003年10月30日，爵溪镇工商联召开第二次会员代表大会。二届执委会由18名委员组成，会长陈照。任期5年。商会会员企业增至120家。名称更改为爵溪街道商会。会址巨鹰宾馆二楼，2005年迁至街道城管大楼。

2008年11月1日，爵溪街道商会第三次会员代表大会召开。三届商会领导成员30人，会长陈照。任期5年。会址迁爵溪街道办事处院内。

服务企业 2003年，商会组织发起开展评选“十大创业新秀”活动，在商会第二届换届选举大会中表彰。2004年，推出“传、帮、带”工程。推出首批素质较高创业新秀10人，帮带对象公布后，由巨鹰集团、甬南公司、海达公司等大企业创业前辈纷纷争当导师，为企业新秀出谋划策、广开门路，这批中小企业得以健康快速发展。2005年至2009年间，商会8次组织会员企业到境内外商务考察，在全县基层商会中组织首批12名企业家去台湾考察，开展商务洽谈。2007年，商会两次组织厂长到湖南、安徽等地招聘专业人才和务工人员，并与宁波相关单位建立招聘人才和务工人员协议。2010年，组织20名企业家赴澳大利亚、新西兰等国家考察。通过到境内外考察，使企业家开阔视野，增强发展信心。成立10年间，组织职工开展20余次培训，培训人次超千人。仅2009年，举办培训班5次，参加人数达500余人次。组织开展安全生产专题培训2次，400余名企业的安全生产负责人参加培训。

组织会员健康体检 2006年始，已经连续4年分8批组织会员企业厂长（经理）健康体检。2009年，商会两次组织企业厂长赴杭州南京军区疗养院健康检查。8月70人，11月80人。2010年，两次组织企业100余人赴杭州健康体检。参加体检人员累计已达600余人次。

建立互助资金会 2009年10月，34家企业报名参加互助资金会，共自筹资金430万元，11月开始运营，至2012年年末帮助中小企业倒贷、资金周转达121次，累计金额达2.57亿元。

助推企业文化建设 一年一度爵溪文化艺术节，爵溪商会组织企业自编、自导、自演各种文艺节目，有卡拉OK比赛、知识竞赛等。宁波海达印染有限公司出资冠名的“象山海达渔鼓”参加县、市、省内外多场次表演，乃至参加2008年北京奥运会广场表演，多次获金奖。2009年新春元宵佳节，在象山港国际大酒店开展“迎新春、庆元宵”联谊活动，邀请100余家厂长经理、各单位部门负责人参加。中华人民共和国成立60周年之际，联手街道工会组织，在松兰山黄金海岸大酒店举办“庆国庆、迎中秋”企业厂长员工联谊会，近百家企业厂长和企业优秀员工250余人欢聚一堂，共同庆祝。县委常委、统战部部长黄敏求和县工商联、总工会、经贸局以及有关部门负责人参加联谊会。企业厂长和优秀员工登台联欢，一展风采，体现为企业服务宗旨，整台晚会从节目主持到演出，均由企业自编、自导、自演。

办《爵溪商会》月报 2009年，《商会简报》改为《爵溪商会》报，自4月始，每月一期。《爵溪商会》信息量大、宣传面广、图文并茂，一发行就受到各界关注和好评，发行量不断扩大，至2012年每期1000份，由邮电局发送至每家企业，同时送上级有关部门和各乡镇、街道。月报中很多内容被《今日象山》报转载。

承担社会责任 2004年5月，商会发起成立光彩基金会，得到会员企业家的大力支持，首期筹集光彩基金本金89万元。推选浙江巨鹰集团股份有限公司党委书记周金梅担任光彩基金会主任。2009年7月，《爵溪商会》报上公示，凡考上大学、家庭生活困难爵溪籍新生，可凭大学录取通知书到爵溪商会申请“助学补助金”。7名家庭贫困生得到救助13500元。每年夏季，解放军海训部队到爵溪军训，爵溪商会每年都会送去猪肉、鸡蛋、文化衫等慰问官兵。2009年夏，商会领导又上门慰问爵溪交警中队干警，并送去6000元慰问金及矿泉水等。每年中秋佳节，商会组织工作人员去爵溪敬老院看望老人，并送去中秋月饼等慰问品。每年为各村老年协会、退休老干部赠送《浙江日报》《法制报》等，同时为困难老党员送去慰问金。2009年，发放困难救助金5.35万元；2010年，发放55万元。龙溪社区一单身汉生病住院，花费几万元医疗费，生活困难，龙溪社区工作人员找到基金会，为他办理申请，得到3000元困难救助。玉泉和龙溪社区2家居民家中不慎失火，每家立即得到三四千元的困难救助。

爵溪商会，2003年、2004年，连续被市工商联、总商会评为市基层先进商会；2007年、2008年，再度被评为市基层商会先进集体；2007年，被县工商联评为宣传教育工作先进单位；2008年，被县委统战部评为先进集体；2008年、2010年，分别被县工商联、县总商会评为基层先进单位，2009年度获市工商联第一批“五有五好”达标单位。

石浦商会

1950年11月，石浦在旧商会基础上筹划成立筹备会，假“老号房”办公。1951年年初，石浦镇商会改选林周岱为理事长。会址迁至城西福田庵旧址。分设石浦城里、城外、延昌3个工商大组。1952年1月14日，成立工商联办事处，会员294人。5月，石浦镇工商联筹备委员会成立，戎伯新任主任（银行）、胡贤平（百货公司）、许尚清、汪章元、叶信礼任副主任。会址石浦宋皇庙，辖同业公会12个。6月，县工商联成立，石浦设分会。1953年4月12日，正式成立石浦镇工商业联合会，主任委员陆国忠（银行），副主任委员许尚清、王松舟。

1957年6月14日，推选王松舟（大皆春药店资方代理人）为主任委员，林宝玉、潘行潞、周华寿为副主任委员，委员27名，工作人员5名，其中潘铭恩被选为县联副主委、省联执委。工商户397户，其中，厂店174户、摊贩223户，私方从业人员845人（厂店513人、摊贩332人）。1958年10月，象山、宁海两县合并，县政府迁驻沥洋，工商联原址办公。中旬开始“政社合一”人民公社化运动。基层商会归属人民公社供销部领导。1960年，改设县工商联石浦办事处。会员821人，其中石浦镇供销部399人、公社供销部172人、合作商店13人、个体109人、工业127人。1961年，会员743人，其中国营工业25人、国营商业130人、供销社169人、合作商店226人、合作小组134人。1962年1月9日，镇各界人民代表大会通过成立摊贩协会，与工商联合署，辖合作商店18个、个体摊贩327人。4月，石浦改县工商联分会，昌国、金星建工商小组，推选王松舟为分会主任委员，陈荣甫（县社）、周华寿、陈福年为分会副主任委员。1964年增设县工商联石浦办事处。1966年，“文化大革命”开始，翌年，工商联组织撤销，活动停止。

1988 年 12 月，经县委同意重建县工商联石浦分会组织，并于当年组成县工商联石浦镇分会筹备领导小组（设于石浦镇政府内）。1989 年 9 月 19 日，县工商联石浦分会筹备领导小组召开第一次会议，审议批准新吸收企业会员 30 家、团体会员 2 家、个人会员 2 名、原工商业者 83 个，共计 117 家（个）。1989 年 12 月 21 日，县工商联石浦镇分会首次会员代表大会在石浦百货公司会议室召开。执委会由 17 人组成，主任委员赵杞范。任期 3 年。分会址人民路 84 号（原石浦工商分局）。

1992 年 12 月 22 日，县工商联石浦分会第二次会员代表大会在石浦水产公司二楼会议室举行，出席这次大会正式代表 68 人。副主委王克家作工作报告。二届执委会由 17 人组成，主任委员王克家。任期 3 年。分会址后搬至石浦镇天门路 5 号。

1995 年，石浦分会换届。石浦镇委、政府成立换届筹备领导小组，着手筹备成立镇工商联、商会工作。12 月 20 日上午，石浦镇工商联（商会）第三次会员代表大会在石浦海军俱乐部举行。出席代表 123 人。石浦分会二届会长王克家向大会作工作报告及筹备工作报告；大会选举产生由 19 人组成石浦镇工商联（商会）三届执委会既商会理事会。会长邱金岳。任期 3 年。1996 年 12 月 6 日，邱金岳因职务变动，经三届二次执委会（理事会）选举，陆军杰为石浦镇工商联（商会）会长。原县工商联石浦分会名称自行取消。按照工商联章程，主任委员改称会长。分会址石浦镇火炉头路 99 号、石浦文兰印刷厂内。

1998 年 12 月 22 日上午，石浦镇工商联（商会）第四次会员代表大会在石浦镇政府会议室举行。出席代表 74 人。石浦工商联（商会）第三届副会长卢国平作工作报告。四届执委会（理事会）由 19 名理事组成，会长卢国平。2000 年 7 月 27 日，增补宁波飞日水产实业有限公司董事长谢定飞为石浦镇工商联（商会）四届副会长。任期 5 年（后因故延退）。

2008 年 12 月 23 日，石浦镇工商联（商会）第五次会员代表大会在石浦半岛酒店召开。大会根据《中国工商业联合会章程》和上级有关规定，组织名称统一称商会。五届理事会由 35 名理事组成，会长陆永备。任期 5 年。

建立石浦商会融通基金会　1993 年 4 月 30 日，石浦分会 14 家企业会员发起，初期出资 19.5 万元，后增至 49 家、157 万元，为当地工商联会员企业解决周转资金短缺、倒贷、担保等困难，累计金额 2400 万元。“石浦商会融通基金会”为全市各县（市）区工商联首家基金会。1994 年，市政府《宁波信息参考》作专题报道。1996 年 6 月 25 日，《中华工商时报》主标题“石浦商会身手初展”，副标题“成立五个月融资 500 万”，肯定基金会。历 6 年，至 1998 年因 30 万元借款发生滞账撤销。

2009 年 6 月，石浦商会第五届理事会决定组建互助资金会，筹集本金 190 万元，8 月始运作。经近半年运作，资金会共有认缴会员 18 家，自筹资金 270 万元，周转 45 次，借贷帮扶企业 51 家，累计周转金 3412 万元。

归口管理企业　1993 年 2 月 5 日，经县工商联同意（象工商联〔1993〕3 号批复），成立宁波华能电力器材公司。1993 年，4 月 23 日，县工商联〔1993〕18 号文件批复同意建立象山求新机械厂，法定代表郭冬永；7月5日，由石浦分会牵头成立，象山冻品股份有限公司，法人代表朱伟国；是月8日，县工商联〔1993〕4号文件批复同意，设立渔港齿轮箱维修店；8月25日，县工商联〔1993〕30批复同意，建立象山石浦齿轮箱厂，法定代表刘国荣。

截至20世纪90年代中期，上述企业先后与石浦商会脱钩改制。

服务会员企业 1996年7月9日，石浦商会邀请中国水产学会水产品加工与综合利用专业委员会主任、宁波大学食品科学研究所吴汉民教授到象山石浦，为70余家120名水产冷冻厂厂长（经理）和技术人员讲解海水鱼加工。1997年5月16日，石浦商会组织水产品加工企业就水产品加工与外贸发展研讨。5月26日，举办非公有制企业质量法、计量标准化法规培训班。

2009年4月5日至9日，石浦商会组织南方水产食品有限公司参展中国西安第十三届西部投资洽谈会（以下简称西洽会）。带去东海海产及鱼糜制品等新产品，撼动西北地区不习惯海产品习俗，并拓展内销市场。4月18日至22日，再次组织南方水产食品有限公司、宁波飞日水产实业有限公司、象山宏海水产仪器有限公司、象山超星海洋生物制品有限公司、宁波戴维医疗器械有限公司5家企业参加中国天津市第十六届投资贸易洽谈会（以下简称津洽会）。2010年6月25日，石浦商会组织16名会员企业家赴越南考察。

2009年7月，商会组织常务理事、理事共30余名赴杭州健康体检。2010年6月17日，再次组织企业会员共60名去杭州体检中心进行健康体检。

承担社会责任 2009年，支持石浦镇“三月三”民俗活动，商会出资购置“笑海”节目运动衫800件，赠送活动组委会；赞助开渔节文艺晚会及花坛、彩楼捐款1万元；春节捐款制作彩船庆典1万元；为音乐家协会在石浦海军码头企业联谊文娱活动捐款5000元；为支持橘农生产，购买“爱心橘”4800元；为县慈善总会第八次“慈善一日捐”捐款5000元；2010年，商会为青海玉树地震捐赠1万元。

西周商会

1950年11月，西周成立工商联筹备会。1957年6月，正式成立工商联组织，主任委员翁义芳，副主任委员张树良、伊凤根。1959年8月，西周工商联改设工商联办事处，办事处主任翁义芳，副主任张树良。1962年4月，成立工商联小商小贩联合会。1968年6月，西周工商联组织撤销，成立西周合作商店“文化大革命”领导小组。

1997年12月26日，根据象县委〔1997〕2号文件精神，西周工商联（商会）召开改革开放后首次会员代表大会。会员45家企业出席大会，审议通过《西周镇工商联（商会）章程》与大会选举办法；选举产生11人组成第一届执委会，会长周辞美。任期3年（后因故延退）。会址华翔山庄。

2006年11月28日，召开第二次会员代表大会，重新成立西周商会。大会选举产生由19人组成二届理事会。会长周辞美，常务副会长张德华（商会法定代表人）。任期5年。至2011年5月，理事会组成人员增至25名。

2011年11月16日，第三次会员代表大会在华翔国际酒店召开。全体96家会员出席大会，审议和通过西周二届理事会工作报告和财务收支报告；选举产生32人组成三届理事会。会长周辞美，执行会长张德华。任期5年。

2008年始，会址从镇政府院内迁至西周华翔山庄。

建立互助资金会 2007年2月，西周商会18家商会理事单位筹资258万元作为资本金，发起建立企业发展互助资金会。是年，帮助35家企业，周转资金6207万元。2008年，加大运作力度，帮助企业周转资金13230万元。2009年与2010年，又帮助企业周转资金15488万元。至2012年，44家企业周转资金204次，周转金额17971万元。

开展联络和维权服务 自1998年始，商会每年组织会员企业赴外地商务考察，先后赴海南、台湾地区和日本、韩国等地，了解异地经济发展情况，学习先进企业管理经验；组织会员健康体检一次；不定期开展企业干部、外贸企业政策、经济政策解读等培训。为企业排忧解难，帮助相关企业办理土地证、房产证、落实优惠补助政策、赴外招工和引进人才、企业管理认证及专利方面申请等。商会聘请律师，帮助企业主增强法律意识，倡导企业利用法律武器积极维护自身合法权益。

建立宣传平台 2009年10月10日，创办《西周商会》会刊，重点向会员企业和全县各主要部门投送，并开通“西周商会”网站。会刊和网站主要承载宣传西周商会工作动态和发展情况主要任务。内容除企业最新产品信息、管理动态和发展情况，以及商会工作动态和未来规划，最新国家经济信息、中央和地方政府方针、政策及各类展会信息、人才交流信息和企业文化专题等等。每月一期，每期4版。2010年始，每期联合县镇各职能部门设置专版，有针对性传递各类信息。网站随时更新相关信息，起到广泛宣传作用。商会建有40人通讯员队伍，并开展定期培训。

承担社会责任 会长单位华翔集团已参与各类社会公益事业47项，累计投入资（捐）助金额达960万元。2007年，设立“华翔慈善冠名基金”600万元。2009年，又向县慈善总会捐赠善款50万元。副会长单位乔明公司设立“乔明教育基金”100万元，奖励和资助西周学校优秀学生和困难学生，参与安徽和江西两省希望小学捐助活动，受惠学生已超过15000名。值此西周镇中心小学80周年校庆活动之际，西周商会向县人民教育基金会捐助2万元；四川汶川地震后，商会捐款2万元；2010年，县“慈善一日捐”活动中，又捐款6万元。据统计，仅2010年，商会以及会员企业向县慈善总会和玉树灾区累计捐款达40万余元。

南田商会

清宣统三年（1911），南田立县，辖南田、高塘、花岙、坦塘、对面山、檀头山与南、北渔山。民国25年（1936），全县商业588户。其中，南田岛（含檀头山、高塘岛及晓塘乡部分）112户，商贸已趋繁荣。民国26年11月，成立南田县商会，选举委员9人、常委3人、主席1人、监察委员3人。会员企业87家。29年，撤南田县入三门县，改称南田区。1951年6月，成立南田区工商联筹备小组。

1952 年 7 月，南田区划归象山县。1953 年，正式成立南田工商联，主任委员杨成智，专职办事员胡朝华、朱家驹。会址鹤浦鹤四隔碶门。会员 50 家，会费 5 元至 10 元，最高 30 元。会费上缴县工商联。1956 年，南田工商联改为工商联小组，归口石浦工商联，小组长陈定夫，专职办事员朱家驹，勤什牟伯霖、吴金宝。1957 年，县工商联第一次会员代表大会后，恢复南田工商联，董根法负责，为南田供销社管理。20 世纪 60 年代末，南田工商联组织被撤销，活动停止。

2007 年 12 月 27 日，鹤浦镇商会第一次会员大会召开，商会正式成立，称南田商会。一届理事会 10 人组成，会长李红蓥。任期 5 年。商会会员 34 家。会址鹤浦镇政府院内，2009 年 1 月 3 日，迁至鹤西路 53 号。

建立友好商会 2008 年 4 月 29 日，与东陈商会缔结友好商会，并举行签字仪式。后东陈商会 17 名理事，应邀抵鹤浦参观考察南田商会会员企业。

服务会员企业 2009 年 10 月，南田商会组织会员 45 人赴杭州浙二医院健康体检。

成立互助资金会 经商会理事会议讨论决定，成立中小企业发展互助资金会。9 家企业参与互助资金会，筹集资金 250 万元。至 2012 年 12 月，累计周转资金 4801 万元。

承担社会责任 企业本着反哺社会责任心，在困难处伸出援助之手，截至 2010 年 12 月，会员企业结对助学 23 人计 1.3 万元、扶贫帮困 9.84 万元、新农村建设出资 9.6 万元，捐资县生育关怀金 29.5 万元、县教育基金 10 万元、县慈善基金 22.8 万元、乒乓协会 6.5 万元，其他公益事业 33.426 万元。会员单位浙江东红船业有限公司在县慈善总会、县人民教育基金中分别出资设立企业冠名基金。

贤庠商会

1951 年，大徐区成立工商联筹备小组。1952 年，建立大徐区工商联，会址大徐区公所。1962 年，大徐区工商联变更为岑晁工商联小组。1964 年，建立大徐区工商联。“文化大革命”期间撤销，活动停止。

2007 年 9 月 1 日，贤庠商会第一次会员大会召开，商会成立。一届理事会 20 人组成，会长沈永平。任期 5 年。会员企业 50 家。会址镇政府院内。

教育培训 自商会成立先后组织 8 次 200 人次，邀请国税、地税、劳动、经信局等顾问单位领导、专家专题培训企业家和会计。

服务会员 走访 33 家规模以上企业，会员企业共排摸出共性问题 8 个，个性问题 30 余个。针对会员企业实际情况，一厂一策，开展破解难题活动。协助党委、政府一起解决企业融资难、用工难等问题，为企业融资近 3000 万元。

建立互助资金会 2008 年 11 月，启动资金 1550 万元。至 2012 年度，为 15 家中小企业累计周转金额 1000 万元。

承担社会责任 会员企业在会长单位倡导下，自觉为“5·12”汶川地震灾区捐款 14 余万元，并在当地开展助学、助残、帮困活动。村企结对 48 家，为新农村建设捐资 40 余万元。

定塘商会

1952年，定山区所在地定塘建立定山区工商联筹备会，1957年6月，正式成立工商联。宁（海）象（山）合并时仍保留。1961年10月，定山工商联改设工商联小组。

2009年7月8日，定塘商会召开第一次会员大会，定塘商会正式成立。大会选举产生一届理事会，会长吴永叶，常务副会长吴德芳。任期5年。会员企业50家，聘工作人员1名。会址镇政府院内。

建立互助资金会 2009年9月，6家会长、副会长企业认缴资金145万元，建立商会互助资金会。当年运作26次，为11家资金短缺中小型企业，累计融资金额500万元。2012年12月，基金总额达6480万元，为32家企业解决资金12240万元。

组织会员活动 2009年9月末，与镇工、青、妇联合举办迎国庆文艺演出活动，13家会员企业参加，3家会员企业演出节目。2009年11月8日至9日，组织全体会员到杭州健康体检，并召开全体会员座谈会，征求会员企业商会工作意见建议。12月13日，邀请上海德明管理公司专家，给全体会员授课。2010年4月，组织理事以上会员到四川成都等地商务考察。

墙头商会

1951年6月，墙头成立工商联筹备会。1953年，正式成立工商联。1956年改为工商联小组。1957年，县工商联成立后，恢复墙头工商联，主任委员董英华，副主任委员吴豫生、何根生，专职办事员方明贤。

1998年6月5日，召开墙头镇工商联第一次会员大会，墙头镇工商联正式成立。大会选举产生一届执委会，会长倪伟珍。任期5年。会员企业38家。会址镇政府院内。

2001年9月23日，召开第二次会员代表大会。选举产生二届执委会，会长胡金文。任期5年。商会会员增至55家。

2007年6月15日，召开第三次会员代表大会。选举产生三届执委会，会长朱旌铭。任期5年。

2012年7月13日，召开第四次会员大会，56家会员出席会议。四届理事会由24人组成。会长朱旌铭。任期5年。

组织开展各种活动 商会成立后，每年春节组织全体会员参加春节团拜会；每年一次组织会员前往杭州117医院参加体检；组织会员企业负责人赴境内外公司参观考察洽谈，学习先进管理经验，拓展企业管理者视野；组织会员企业与城郊税务部门座谈、沟通交流，为企业与相关部门搭建交流平台。

开展各类培训活动 《中华人民共和国劳动合同法》出台，商会将法律文本印发给每家会员企业，并邀请县劳动部门负责人针对性地培训企业管理人员，后又配合县工商联组织会员企业参加专家劳动法讲座；每年开展两三次面向全体会员企业培训学习活动。2010年，组织企业法定代表人参加《企业法律风险防范》培训，组织会员企业中层管理人员参加《企业团队建设》培训。不定期邀请相关部门为企业进行安全生产、外贸政策、职工职业道德讲座等专项培训。

成立互助资金会　2007年，墙头商会第三届会员大会决定成立墙头商会互助资金会。沃力、茂宁、制阀、江南、新光、翔神、佳业、运生工贸8家会长企业无息出资，共计1360万元。主要用于墙头会员企业银行还贷、购买原材料等短期周转。根据企业经营状况、信用程度、互助资金外借金额不等，借用时间7天左右，如确有困难适当延长，最长不超过60天。资金会帮助企业提供资金累计565次、8976.7万元。

承担社会责任　2007年始，商会以资金、人力等形式资助墙头派出所组织夜巡队，开展护厂、护店、护村平安建设活动，促进墙头警企、警民合作，维护社会稳定。2008年，“5·12”汶川地震发生后，商会立即发起向灾区献爱心赈灾捐款活动，共捐款28万元。2009年，商会设立爱心基金会，每年拨出3万元至6万元爱心基金定向用于资助墙头学校困难学生或奖励优秀学生。商会自三届三次理事会议作出决定始，每年在春节前夕走访企业职工困难家庭，为每户困难家庭送上1000元慰问金和年货。

泗洲头商会

1951年，建立泗洲头镇工商联筹备会。1956年6月14日，正式成立工商联，主任委员余礼和，副主任委员陈志武，专职办事员张利本。1968年，停止活动。

2008年7月24日，泗洲头商会召开第一次会员大会暨商会成立大会。一届理事会由11名理事组成，会长张增明。任期5年。商会会员34家。会址镇政府院内。

交流考察　2010年5月，组织全体商会成员赴杭州考察，并在解放军117医院进行体检。2010年8月，组织部分理事会员赴贵州考察，了解学习当地商会管理经验，拓宽视野。

互助资金会　2010年5月7日，经第一届理事会第三次理事大会通过成立泗洲头商会互助资金会。资金会由21家会员企业自愿组成，自筹资金30.5万元，并向金融机构融资300万元，作为互助资金会运作资金。截至2012年12月，共为13家企业提供41次服务，累计周转资金2082万元。

涂茨商会

1951年，涂茨、东港先后建立工商联筹备小组。1957年6月13日，涂茨工商业联合会正式成立。主任委员涂茨合作商店经理林庆仁，副主任委员涂茨供销社经理姚振兴、大徐合作商店副经理黄纯康，专职办事员杨运生。7月1日，东港工商业联合会正式成立。主任委员东港大成糖坊贺彭圣，王宗浩为专职办事员。会员主体原工商业者。“文化大革命”初期被撤销。

2007年11月28日，涂茨镇商会召开第一次会员大会暨镇商会成立大会。39家会员企业出席会员大会。大会选举产生一届执委会，会长徐文品。任期5年。2009年6月5日，涂茨商会在象山新光大宾馆召开一届二次理事会议。会议同意徐文品等辞去会长等职务。会长孙全福。聘涂茨镇政府工办主任科员郑尚飞为名誉副会长。会址镇政府大院内。

教育引导 2009年1月22日晚，大徐、贤庠、涂茨、黄避岙4家商会在象山港国际大酒店联合举行工商界新春联谊晚会，4个乡镇商会会员和各部门领导近200人欢聚一堂，喜迎新春佳节。县政协主席白国璋，县委副书记张世方，县委常委、政法委书记金红旗等领导到会祝贺。联谊会邀请文艺工作者登台献艺。9月，商会选送项目，参与县总商会举办“商会之夜”大型文艺晚会演出；11月26日，组织宁波鑫象不锈钢制品有限公司与珠山村联合举办文化艺术节，参加者达600余人。

服务会员 2009年4月6日、22日，5月27日至6月28日，分别组织新乐、中洋二大造船厂钣金工、架子工、油漆工“应知应会和安全产生培训”150人次，成绩合格者发给各类技术职称证书。11月1日，组织全体会员赴杭州117医院进行健康体检。是年，组织规模企业去山西考察学习，并举办专业人才招聘会。

大徐商会

1997年12月19日，根据象县委〔1997〕2号文件精神，召开大徐镇工商联第一次会员大会暨成立大会。一届执委会由9人组成，会长白少艳。会员企业30家，会址镇政府院内。

2004年8月18日，大徐镇工商联（商会）召开第二次会员代表大会。二届理事会由12名理事组成，会长张金文。

2009年9月，召开第三次商会会员大会。选举产生三届理事会，会长柴常国。任期5年。会址宁波申达轿车配件厂内。

组织会员考察交流 组织职工开展安全生产、劳动合同法等培训30余次，受培训超千人次。2005年12月，组织部分企业家赴台湾商务考察。2007年至2010年间，先后4次组织企业到境内外考察，开展商务洽谈，到湖南、安徽、江西等地招聘专业人才和务工人员，并与宁波相关单位建立招聘人才和务工人员协议。2009年新春元宵佳节，联合贤庠商会、涂茨商会、黄避岙商会在象山港国际大酒店开展“迎新春团拜会”联谊活动。

服务会员 2002年始，连续8年组织厂长赴杭州、上海等地健康体检。2010年，商会组织企业厂长赴杭州疗养院健康检查，参加体检人员累计500余人次。多次组织企业家帮助会员单位就新上项目可行性初期论证。

建立互助资金会 2010年5月，18家企业报名参加互助资金会，共筹集资金102万元。6月开始运作，当年帮扶企业10家，累计周转金额1000万元。

共建社会和谐 自第二届始，组织相关企业员工建立夜间治安小分队，夜间巡逻新凉亭工业区企业周边村，风雨无阻；同时，企业出资修建新罗岙饮水库，解决当地百姓生活用水及工业企业用水之需。2009年10月，商会发起组织成立民营企业家光彩基金会，得到会员企业家大力支持，尽全力资助困难群众。2010年，共发放救助金2万元，累计发放困难救助金20万元。直接资助社会公益事业建设，总计100余万元。

新桥商会

1950年6月，新桥区成立工商联筹备小组。1957年6月，当地作坊业主和小商贩组成新桥工商业联合会，主任委员三余堂负责人陈俊清，副主任委员合作商店经理王振耀，执委李生火、励经先、奚际法、李德火，专职办事员王贞华。私营工商业社会主义改造结束，改为新桥工商联小组，并归新桥供销社管理。1968年被撤销。

2008年12月，经县社团登记机关批准同意筹建新桥商会。是年12月7日，在松兰山海景大酒店召开新桥商会第一次会员暨商会成立大会。37家会员企业出席会议。审议通过《象山县新桥商会章程》与选举办法；选举产生一届理事会，会长徐根兴。任期5年。会址镇政府院内。

2010年6月，新桥商会一届二次全体会员大会在松兰山海景大酒店召开。45家会员出席会议。会议审议通过工作报告与《企业发展互助资金会实施办法》；会议通过副会长、秘书长、理事等人事调整。

2012年3月，增选魏成国为秘书长，增补励全根等8名会员为理事。

建立资金会 经新桥商会一届一次理事会研究，决定成立新桥商会会员互助资金会。7家会员企业自筹资金50万元。至2010年年末，会员企业扩大至17家，资金扩增为200万元。截至2012年12月，为企业融通资金累计金额1250万元。

搭建联谊平台 2009年，商会分别邀请县消防大队、财税局、发改局、科技局、信用联社等部门领导先后召开“政企联动，解困突围”和“扶中小企业，共渡金融危机”为主题座谈会。会上企业摆问题，提建议要求；政府部门领导出主意，帮助企业解困突围，推动企业持续发展。同时，为会员及其他工商企业提供法律、经济技术、信息等各种咨询服务，组织培训、贸易洽谈、科技交流、产品展销等活动。

参加光彩事业 2009年，世界金融危机让不少民营中小企业陷入困境之时，新桥商会会长徐根兴提议，为“512”汶川地震灾区开展“赠衣御寒冬，爱心暖青川”活动。2009年9月13日，组织16家（20名）企业会员，携带鸿润服饰、一心针织、鸿荣制衣、华益制衣、伟益服饰、瀚润针织、风顺服饰等企业捐赠价值10余万元衣物赴四川青川重灾区慰问。其间，先后考察青川东河口地震遗址公园、乔庄镇和宁波援川指挥部，挨家挨户向灾区灾民分发衣物、羽绒被，企业家与乔庄镇山区10余名小学生结对助学，并慰问象山援川干部。

2010年2月6日，商会走访当地6户孤寡老人，送去节日问候、生活用品及慰问金。

东陈商会

1952年8月，南堡工商业联合会正式成立，主任委员孙茂树，副主任委员许福和，执委朱家桢，专职办事员屠炳海。为全县首家正式成立县工商联基层组织。1957年5月4日，南堡工商联改为工商联小组。“文化大革命”初期被撤销。

2005年12月25日，东陈商会筹备领导小组于乡政府会堂，召开第一次会员暨商会成立大会。46家会员企业出席大会。一届理事会由9人组成，会长王星平。届中增补谢再定为副会长。会址乡政府院内。

2011年2月28日，东陈商会第二次会员大会于丹城四季佳利大酒店举行。58家会员出席大会。会议审议通过会长王星平《服务转型升级，推进和谐发展，努力开创桥海时代东陈乡商会工作新局面》工作报告和副会长吴根富《财务工作报告》以及《会员会费收取标准的报告》；选举产生21名理事组成东陈乡商会二届理事会，会长王星平，执行会长吴寿国。任期5年。

教育引导 学习实践科学发展观活动，以“落实科学发展观，开启桥海时代”为主题，以“共度时艰，提振企业创业信心指数”实践载体为契机，开展解放思想大讨论，进一步凝聚服务和引导东陈乡民营企业科学发展共识，积极探索应对国际金融危机措施和办法。组织会员企业开展多形式、多层次劳动竞赛、技术比武，为企业出“金点子”等经济技术活动。并在全乡会员企业中推开团结力量为企业排忧解难，使企业员工共同在危机面前与企业同呼吸共命运。2009年“五一”期间，组织企业举办“庆五一”乒乓球、象棋、拔河等活动。

服务会员 连续4次出资组织会员200余人次，赴杭州117医院健康体检。组织企业家外出商务考察。

组织会员考察交流 2007年9月，商会组织部分理事赴新疆沙雅县考察学习，并参加宁波富红针织有限公司沙雅棉纺厂开业两周年庆典活动。2009年，先后两次组织30名会员赴台湾考察交流。

建立资金互助会 2008年1月，8家理事单位筹资465万元，建立东陈商会资金互助会。3年中，为18家企业提供30次借贷服务，累计借贷总金额1700万元。2009年，由会长会议商定，与县中小企业担保中心协商，建立互保基金团保体系，由富红、健鹰、汇龙、福达、腾云5家企业实行“捆绑”，与县中小企业担保中心共同团保，扩大会员企业融资新渠道。截至2010年年末，为家乡18家会员企业承担46次团保责任，向各商业银行贷款2995万元。组织会员企业参加广交会，以会拓市，参加展销企业出口成交额创历史新高。

建立商会信息交流平台 2009年9月至2010年12月，编发《东陈商会》会刊5期，每期200份，与有关商会交流。

承担社会责任 2006年，商会捐资2.98万元资助家乡贫困家庭；出资5万元资助县消防大队消防事业建设；富红公司王星平出资1.5万元在沙石线修建一座交通警察值勤岗亭。2008年，四川汶川发生特大地震，20余家企业和员工捐款100余万元，支援灾区同胞；佳利集团和富帆集团分别出资300万元和250万元（分5年实施），在县慈善总会设立冠名基金；东陈乡敬老院开业，各会员企业慷慨解囊，共捐资30万元，为敬老院改善硬件。在建设新农村中，会员企业积极参与，20家企业与家乡农村结对出资帮助改善村容村貌。执行会长、宁波健鹰针织有限公司董事长吴寿国，为把企业所在地旦门村建成“宁波市全面小康建设示范村”投入大量精力和财力，浇筑2700平方米混凝土进村大道，改造饮水工程，吸纳当地中年妇女就业，增加村民经济收入，为东陈乡企业支持建设新农村起到表率作用。

晓塘商会

2008年9月12日，晓塘商会召开第一次会员代表大会暨商会成立大会。一届理事会由17名理事组成，会长黄德贤。任期5年。会址晓塘乡政府院内。

组织会员考察交流 2009年3月和5月，商会组织会员到台湾和内蒙古考察，开展对外经贸交流与合作。7月，邀请台湾键峰管理技术研究院的周亮臣教授，讲授《破解利润奥妙，精细化管理决定企业成败》，30余家企业会员参加培训。2010年3月，召开工业经济暨商会工作座谈会，50多家企业及国（地）税、银行等部门领导参加。2010年4月，商会组织会员赴日本考察。

组织会员健康体检 2009年10月和11月，商会分别组织企业家和会员家属到外地健康体检。2010年6月，组织会员和会员家属到宁波体检。

建立互助基金会 2008年9月，47家会员单位自筹资金1190万元，帮助75家企业解决倒贷、担保，累计周转资金17900万元。建立以商会会长为基金会主任、11名理事为成员基金管理委员会，明确职责，实行集体议事、决策制度，每月召开常务理事例会，负责审核基金运转，规范管理程序，严格操作流程。施行资金区别管理模式，普通和专项借贷双阶分类，对于大额、超额资金借贷实行提前预约，专项申请、财会初审、理事复核、三级会审等专项借贷项目管理制度，启动额度划拨、组合授信、企业担保等程序，开展针对性资金项目服务，无缝式资金流向监管，确保基金管理严格、科学、规范。

黄避岙商会

2009年7月20日，第一次会员大会暨商会成立大会在黄避岙乡北黄金海岸大酒店召开，31家会员企业出席大会。会议审议通过《黄避岙商会章程》与大会选举办法；选举产生由11名理事组成黄避岙商会一届理事会，会长许宝国。专职办事员1名。任期5年。届中增补副会长2名。会址黄避岙乡政府院内。

商会联谊活动 2010年1月22日，黄避岙商会与大徐、贤庠、涂茨3个商会联合举办东乡片商会新春团拜会。

商会建设 2010年3月4日，商会一届第三次理事会会议，探讨关于发展企业互助资金会章程和管理办法（草案）。会上各理事单位探讨资金来源、借用次数、借用时间、借款额度、风险控制、审批程序等。认缴金额，会长副会长6万元以上，理事单位4万元以上，普通会员单位2万元以上。另，通过其他融资50万元合计120万元。

会员健康体检 2010年4月21日，在宁波新晶都酒店会议厅召开第二次全体会员大会。会议通过黄避岙商会企业发展互助资金会章程和管理方法，并成立互助资金会监理委员会和管理委员会。2010年4月21日，商会组织全体会员前往宁波健康城体检中心体检。

茅洋商会

2008年12月23日，茅洋商会召开第一次会员大会暨商会成立大会。42家会员企业出席大会。会议通过《茅洋商会章程》；选举产生由 14 名理事组成茅洋商会首届理事会，会长石维坚。任期 5 年。会址茅洋乡政府院内。

建立会员互助资金会 2012 年年末，互助资金会会员 44 家，会员自筹资金 1519 万元，服务企业 35 家，累计周转次数 82 余次，累计周转金额 9820 万元；联合县中小企业担保中心，由企业入股，建立总额 140 余万元企业互保基金，可为企业 3000 万元额度配套贷款提供担保。

服务会员 2009 年 5 月，组织商会理事成员到杭州健康体检。10 月，组织规模以上企业赴云南考察。2010 年 4 月，组织会员企业赴四川考察。

高塘岛商会

2009 年 7 月 16 日，高塘岛商会召开第一次会员暨商会成立大会。会议通过《高塘岛商会章程》与大会选举办法；选举产生由 10 名理事组成高塘岛商会首届理事会，会长戴远光。任期 5 年。届中增补理事 1 人。商会会员 32 家。会址乡政府院内。

关爱弱势群体 2010 年春节前夕，向本地 5 名尿毒症患者送去 1 万元慰问金。是年 6 月 2 日，在高塘岛乡西瓜节上，会长戴远光在瓜王义卖中，以 1 万元价格拍得“瓜王”，此款项捐给玉树地区震灾区。组织会员积极参与建设新农村，帮助“村企结对”联系村改变村容村貌，吸纳当地农民到企业就业 200 余人。

服务会员 2010 年 1 月，组织全体商会会员赴杭州考察，并在浙三医院体检。是年 5 月，组织商会理事成员赴上海考察，参观世博园区。2011 年，筹备成立互助资金会，自筹 30 万元，扩大会员融资渠道。

第七节　行业商会

改革开放，新经济体制建立，新兴行业不断发展与扩大。县工商联（商会）在新形势下，协助当地政府行业管理和服务，按照“自我管理、自我服务、自我教育、自我约束、自我发展”方针，条件成熟一家，组建一家。自 2004 年至 2012 年 12 月，共组建行业商会 6 家。

县日杂百货商会

2004 年，丹城云兴眼镜店业主余云兴、金泰手机城业主张岳斌、林开照相馆业主林红等发起，申请成立县眼镜手机照相综合行业商会。2004 年 10 月 14 日，县工商联（商会）同意建立眼镜、手机、照相综合行业商会。是年 12 月 8 日，综合行业商会第一次会员大会暨成立大会于东海明珠大酒店召开，综合行业商会正式成立。会议审议并通过《综合行业商会章程》与《大会选举办法（草案）》；选举产生 13 人组成综合行业商会一届理事会，会长余云兴。

2007 年 2 月 3 日，免去理事 5 人，增补理事 7 人，理事会成员增至 15 人，张岳斌任第一副会长。2009 年 4 月 26 日，商会会员大会免去理事 1 人，增补理事 6 人，理事会成员增至 20 人。常务副会长兼秘书长张岳斌，副会长陈委明。

2010 年 8 月 1 日，商会换届，新吸收服饰、化妆品等行业会员，手机、照相业会员退会，同时商会行业结构发生变化。8 月 2 日，县工商联批复同意变更名称为象山县日杂百货商会。2010 年 8 月 26 日，在东海明珠大酒店召开县日杂百货商会会员大会，选举产生二届理事会。会长余云兴，常务副会长张文品。任期 5 年。会址丹城天安路 1 号。

开展教育活动　组织会员学习“八荣八耻”社会主义荣辱观，在会员企业中开展文明经商、诚信服务活动。2007 年 4 月 24 日，商会组织会员赴奉化滕头和溪口学习考察。2009 年 6 月 10 日，商会组织会员赴西周乌沙山电厂学习考察。9 月 29 日，商会合唱团参加县工商联举办庆祝中华人民共和国成立 60 周年文艺晚会，表演大合唱《没有共产党就没有新中国》《歌唱祖国》。10 月 26 日，商会组织会员赴义乌小商品市场学习考察。

承担社会责任　2006 年 6 月 20 日，儒雅洋村火灾，16 户村民财产损失严重。翌日，商会组织理事带着棉被和食用油赶赴当地安抚灾民。2008 年 5 月 12 日，四川汶川发生特大地震。商会引导会员投入抗震救灾行列，会员们共捐款 5.7 万元。2008 年 11 月，爵溪海天手机城总经理付浩个人出资 2.5 万元，带领员工赴石浦慰问海训部队。《今日象山》曾作“拥军我喜欢，保家有你们”报道。2009 年 7 月 26 日，商会派出“送清凉小分队”赴武警县中队慰问子弟兵，并送上饮料和日用品。

县医药行业商会

县药品经营行业历史悠久，最早为薛诚意膏丹铺，开办于清雍正元年（1723），距今 289 年。同饮和（后改名为大皆春）开办于清末，也有上百年历史。民国时期，在石浦、丹城分别成立国药同业公会，有各同业公会管理中医药业。中华人民共和国成立后，各个药品经营企业参加公私合营，或合作商店，国药同业公会消失。

改革开放后，全县城乡非公有制药品经营行业重新出现，截至 2010 年年末，共有批发企业 2 家、生产企业 1 家、连锁企业 1 家、零售药店及连锁门店和 OTC 药店共有 109 家。

2008 年，象山养生堂药品连锁有限公司董事长姜天文、象山同仁堂大药房董事长孙文魁、象山永安大药房总经理黄昭勇、象山延昌大药房俞立民、象山益民大药房励勤 5 人在行业内倡议发起成立县医药行业商会，发展会员 62 家，涉及批发、连锁门店、零售药店，超过药店总数半数。报请县工商联（总商会）批准，经县社团登记管理机关注册。2008 年 10 月 22 日，在象山宾馆召开第一次会员代表大会。会议审议通过《象山县医药行业商会章程》；选举产生 15 人组成县医药行业商会一届理事会，会长姜天文。会址天安路 90—110 号养生堂药品连锁有限公司二楼。

开展教育活动　2009 年 9 月 24 日，与县药学会在东海明珠大酒店联合举办两场大型学术讲座。邀请宁波天一职业技术学院、市药学会临床药学主委宋前教授，宁波大学医学院急诊学教研室、附属医院急诊科主任陈志华分别就《抗菌药物合理应用》《心血管药物的应用注意事项》作专题学术报告。全县药品生产、经营、使用单位130名药学专业人员参加。11月25日，一届二次理事会议上，配合国家食品药品监督管理局集中整治非药品冒充药品行动，自查名称与药品包装相似、包装与药品包装相似、标签说明书或广告上宣称具有主治功能或药用疗效、随意添加药物成分4种冒充药品行为，无发现问题。

规范药品经营秩序 商同县中医医院、红十字台胞医院，商会成员单位员工自2009年6月始，作为年健康体检定点医院优惠体检费用，为会员企业减轻负担。2010年6月12日，根据国家和省、市有关整治违法虚假广告指示精神，发布《加强行业自律、不做违法虚假广告》倡议书，要求从当日起加强自查自纠，停止一切违法虚假广告发布和传播，得到县药监局和象山工商分局支持。

县家居商会

2009年6月4日，县家居商会第一次会员大会在松兰山海景大酒店召开。会议审议通过《象山县家具商会章程》；选举产生由21名理事组成县家居商会一届理事会，会长周渭明。2010年7月，一届二次全体会员会议，增补副会长1人、理事3人。2011年5月，一届三次全体会员会议，调整副会长、秘书长人选。商会正副会长8人，秘书长1人，常务理事4人，理事11人。任期5年。商会下设办公室，会址新华路186-1号五楼。

承担社会责任 3家会员企业与192个贫困学生及特困家庭结对子，累计资助资金7.95万元。其中，乔明家居用品发展有限公司一家就结对189人，累计金额6.75万元。乔明公司还为教育事业和新农村建设共捐款近200万元。2010年年初，会员刘光明得脑溢血重病。3月，天华家具城部分会员自发捐款1.5万元；7月7日，一届二次会员大会时专为此事又组织募捐，得8000元。两次捐款共计2.3万元。

维护权益 2009年6月下旬，一外地商家到象山举办家具产品展销会，在缺少必要手续证件、未经有关部门批准，出展销售商品以次充好、质量不合格，低档货卖高价，存在售后无法修理、无处投诉、无法退货等问题。为维护消费者权益，维护正常家居市场秩序，主动与执法部门联系沟通，经执法部门审核确定是非法展销会，及时予以阻止、查处。2010年6月，天华家具城25家会员企业与经营用房租赁方发生租赁纠纷，25家会员通过信访、找贸粮局协调、双方直接对话数十次均无果，天华家具城动用法律手段将有关会员告上法院。家居商会与总商会一道着力帮助调解，为会员企业挽回近200万元经济损失。

2009年12月31日，由会长单位与市家居商会联合在松兰山海景大酒店举办题为“创品牌，提升核心竞争力”高峰论坛，为推动县家居行业争创品牌，从理论与实践上统一思想、更明确县家具业发展方向。

举办家博会 2009年10月，举办首届家博会。展会地县人民广场，展会期3天，实现现场成交额3000万元。其中家居类为1000万元、房产2000万元，客流量每天保持1万人次左右。2010年11月，举办二届家博会，共设展位102个，展览面积4万平方米，涉及80多个国内外知名家居品牌和2家房地产公司开发楼盘。展会期7天，实现现场成交额达3800余万元。

其中，家居类为1400余万元，房产达成意向2400万元，客流量每天保持约3500人次，比首届家博会成交额增长25%。2011年9月30日至10月6日，承办县三届家博会。展会地天华家具城，设展位75个、4万平方米，成交额1500万元。其中，家居类807万元。2012年10月20日至25日，承办县四届家博会暨六届房展会。展会地县人民广场，展位72个，面积6000平方米，家居类成交额1600万元，房地产商品房达成意向440套。

县广告商会

2010年7月29日，县广告商会首次会员大会暨成立大会在松兰山海景大酒店举行。会议审议通过《象山县广告商会章程》；选举产生18名理事组成首届县广告商会理事会，会长励和军。任期5年。会址丹城新华路186-1号五楼。

服务会员　由县委宣传部、县文明办牵头墙头镇、贤庠镇、黄避岙乡、县规划局、城管局、象山工商分局等有关部门领导把象山港大桥入口至墙头镇出口路段广告标位由广告商会统一设计、规划安排；全力以赴做好县商会百年庆典活动广告工作，制作县商会成立100周年纪念画册《百年辉煌》，布置庆典场所，安排石浦环境广告等；落实象山港路等重点路段大屏幕广告设置。

县数码商会

2011年11月23日，县数码商会第一次会员代表大会在象山海洋大酒店召开。51家会员出席会议。会议一致通过《象山县数码商会章程（草案）》与大会选举办法；选举产生16人组成数码商会第一届理事会，会长董腾，执行会长李卫林、张岳斌、陆世栋、白源延。任期5年。会址新华路186-1号五楼。

县数码商会成立后，理事会制定学习、议事、财务管理等规章制度，会长、副会长具体分工负责。

县医疗器械商会

2012年10月29日，在丹城海洋酒店召开县医疗器械商会第一次会员大会，会议审议通过《象山县医疗器械商会章程》与《象山县医疗器械商会会费交纳管理方法》；选举产生一届理事会，会长陈云勤。任期5年。会址新华路186-1号五楼。

发展会员　在筹备过程中，发展吸收49家单位和个人会员。其中，制造业12家，医疗单位27家，眼镜等经营单位10家。

明确业务范围　充分发挥政府和企事业单位之间桥梁和纽带作用，开展各项行业政策法规出台调研工作；调查研究医疗器械行业发展趋势，向政府有关部门反映行业状况、问题、要求，为企业提供咨询服务；推动社会化专业协作和企业间横向联合，推广新产品、新工艺、新材料，开展科研单位与生产使用单位及企业之间技术交流活动，维护市场竞争秩序；开展国内外商会交往，参与组织展销会、展览会，组织制定行规、行约，规范企业行为，协调同行价格争议，维护行业根本利益；承办政府和企事业单位委托办理其他事项等。

第八节　异地商会

2010年，县工商联为贯彻落实省、市工商联工作目标任务与县委对接大桥转型跨越三年行动计划，以“凝聚象山商人之力量，树立象山商会之品牌，创象山人经济新辉煌”为主题，团结引导在各地象山籍非公有制经济人士健康成长，促进两地经济和社会协调发展，搭建一个有利于在外象山籍非公经济发展服务平台。至2012年，组建异地商会2家。

象山广东商会

广东系国家改革开放前沿，对外经济交往重要窗口。象山本土企业受土地、资金、科技、人才等因素制约，自20世纪80年代始，广大非公有制经济人士立足本县、对外拓展，赴广东各地投资办厂，或开店经营，或承接业务，延伸产业链；部分象山籍学子大学毕业也加入到广东创业经商，形成象山籍人士集聚地之一。

2010年10月16日，经县工商联批准，在深圳市宝利来国际大酒店召开象山广东商会首次会员代表大会暨成立大会。会议审议通过《象山广东商会章程》；选举产生由25名理事组成一届理事会，会长胡英锡。

发展会员　2009年，县工商联分别于1月、4月、6月、9月先后4次赴广东东莞、深圳、中山、佛山、花都、龙港、光明、珠海等地考察、摸底、走访企业，先后召开5次不同层面和不同形式座谈会，统一思想，形成共识。各次会议后象山籍人士分头到各地传达会议精神，宣传新时期商会性质、地位、任务和作用，介绍成立象山广东商会目的意义，使象山籍人士更加认识象山、了解象山，自愿加入商会行列。会员企业数从最初40家，增至85家。象山广东商会筹备小组成立后，加大发展会员力度，新吸收会员23家，至成立大会召开时，共发展会员108家。其中，工业企业67家，建筑业企业23家，商贸企业4家，食品加工业3家，物流、饮食3家，其他8家。

明确业务范围　根据象山县社团登记管理机关有关规定和《象山广东商会章程》有关条款，其主要职能：宣传党和国家方针、政策、法律、法规；引导会员单位诚实守信、合法经营、公平竞争；畅通会员诉求渠道，维护会员合法权益；组织会员单位间合作交流；举办或参加有关洽谈会、展览会，为会员单位提供信息、政策、法律等方面咨询服务；为象山、广东两地合作交流活动牵线搭桥。

县商会芜湖分会

为广泛地团结在安徽省芜湖象山籍企业家，利用商会平台和芜湖区位优势，开展企业间、商会与其他社团横向联系和项目合作，通过交流合作、产生对接等方式，宣传推介象山，服务招商引资，为促进象山、安徽芜湖两地经济发展。2012 年 8 月，经县工商联同意，成立县商会芜湖分会筹备小组。其主要任务是发展会员和筹备首次会员大会工作。

2012 年 11 月 13 日，于安徽省芜湖市汉爵阳明大酒店召开芜湖分会首次会员大会，30 家会员企业出席大会，选举产生芜湖分会一届理事会，会长史海军。

第九节　商会党建工作

商会党建工作始于 21 世纪 10 年代，县工商联探索商会党组织在非公有制企业党建工作中发挥作用方法和途径，扩大党在非公有制企业中组织覆盖和工作覆盖，以“商会+党组织”党建工作新模式引导基层商会加强党建工作。

建立县商会党委

2012 年 10 月 16 日，经县委批准同意，建立中共象山县总商会委员会，隶属县委“两新”工委管理，负责全县基层商会党建工作。县商会党委组成人员，党委书记：周礼胜（县委统战部副部长、县工商联党组书记），党委副书记：黄君芬（女，县工商联副主席、党组成员），党委委员：张赛霞（女，县工商联党组成员）、白少艳（丹西街道商会党委书记）、余云兴（县日杂百货商会党支部书记）。

其主要职责：（1）组织开展县工商联（商会）直属行业商会和异地商会的党建工作；（2）指导镇乡（街道）商会党组织工作；（3）协助县委“两新”工委指非公有制企业等新经济组织党建工作。

健全组织体系

2008 年 10 月，西周商会率先组建首个党总支。2011 年 6 月，茅洋商会党总支成立。是年 8 月，丹西商会党委成立，成为全市首个商会党委。至 2013 年，实现全县 18 个镇乡（街道）商会党组织全覆盖。基层商会党组织 21 家，其中行业商会党支部 3 家，已建立镇乡（街道）商会党委 1 家，党总支 13 家，党支部 4 家，拥有中共党员 811 人，入党积极分子 227 人。

开展标准化建设

2012 年 9 月，县委“两新”工委研究制定《象山县基层商会党组织标准化建设实施意见》（以下简称《意见》）。《意见》出台，使县内基层商会党组织工作逐步规范，体现加强和改进基层商会党建工作重要性和必要性。

实施基层商会党组织标准化建设主要包括：健全基层商会党组织的组织体系，构建“三位一体”组织架构，建立县商会党委，提升镇乡（街道）商会党组织规格，规范直属行业商会、异地商会党组织设置；选好配强基层商会党组织领导班子，包括县商会党委、镇乡（街道）商会党组织、直属行业（异地）商会党组织领导班子成员配备；明确基层商会党组织主要职责。

全县商会党组织一览表

表 7-9-1　　　　单位：人

商会名称	组织形式	成立时间	党员人数
丹东商会	党总支	2011.06	110
丹西商会	党委	2011.08	332
爵溪商会	党总支	2011.09	11
石浦商会	党总支	2011.09.05	15
西周商会	党总支	2008.10	104
南田商会	党总支	2011.06	3
贤庠商会	党总支	2011.06	5
定塘商会	党支部	2010.10.25	4
墙头商会	党支部	2011.06.03	12
泗洲头商会	党支部	2011.07.01	9
涂茨商会	党支部	2011.05.23	24
大徐商会	党总支	2011.06	5
新桥商会	党总支	2011.05	28
东陈商会	党总支	2010.11	107
晓塘商会	党支部	2011.08	6
黄避岙商会	党支部	2011.05	3
茅洋商会	党总支	2011.06	3
高塘岛商会	党支部	2009.07	3
县行业商会	联合党支部	2013.11.27	8
日杂百货商会	党支部	2005.12	12
家居商会	党支部	2011.06	7

第八章　民间信仰

境内除佛教、道教、天主教、基督教几大宗教之外，还有几乎无处不在以多神崇拜为基础的民间信仰。民间信仰亦称民间宗教、民俗宗教、普化宗教，是传统信仰的重要组成部分。深深扎根于民众生活之中，经过历史练沥并延续至今的有关神明、鬼魂、祖先、圣贤及天象的信仰与崇拜，有深厚广泛的群众基础，对人们的精神生活有着重要影响。象邑民间信仰现象，源自于越族好鬼神、崇祭祀文化背景，又与山隅海角环境相联系，与聚族而居、神权与族权交织传统影响相关联，更与移民文化多渠道汇集于一地情形相关。故其信仰对象，多体现山海文化、宗族文化与移民文化等特点。旧时，民间宗教多入祠庙志、祠祀志。由于民间宗教或信仰大多带有迷信成分，且信仰对象庞杂，时被历代统治者斥之为“淫祠”加以“辨风正俗”，甚至毁废。近代以降，科学日渐昌明，诸多民间信仰被淘汰消亡，部分作为民风习俗延续。中华人民共和国成立后，移风易俗，很多民间信仰随之消失。20 世纪 90 年代始，随着“求平安、保发财、祛灾、延寿”等为需求好功利思想呈现，境内乡村本已成为历史陈迹庙宇又大量涌现。民国《象山县志》按传统礼教，将官祀的祠庙、祀坛与民祀的庙宇等入“典礼考”。今从历史现象、传统文化视角将民间信仰中的祠庙，不管尚存的或已消失的均入本章，分自然、祖先、人神、灵物诸崇拜记述。

第一节　自然崇拜

自然崇拜源于原始人类对自然界日、月、星、辰、天、地、海洋、山川以及气象的不可知敬畏和迷信。直至今天，人类虽已能解释许多自然现象，但尚有不少自然现象有待探索；更多的是这种崇拜已经表现为对自然敬畏和感恩。

天

县人崇天，天、地、君、亲、师，天为第一。天有天宫，民间信奉玉皇大帝为天帝，天上有天兵、天将、天神，主宰人间社会。天又有日月星辰，雷电风雨，日——太阳称为“太阳菩萨”，不可冒犯；月——月亮称“月亮菩萨”，不可亵渎；北斗星又称北斗、魁星等，由 7 星组成，分别称阳明司命、阴精司禄、真人禄存、玄冥延寿、丹元益算、北极度厄、天关上生星君，其第 4 星为文曲星，主科甲星。又武曲星称财星，寿星称南极仙翁，岁星称太岁星君，意为“众神之首，众煞之主……不可冒犯”。祝融称火祝星君，尊为火神、水火之神、南海之神，均得恭敬。奉雷公、雷婆或雷部邓元帅为雷电神。建有多座庙宇、祭坛。主要有祀风、云、雷、雨及山川城隍之神的神祇坛，祀文昌星的文昌阁，祀天、地、人三官的三官堂、三官庙，祀北斗星君、魁星的北斗星君庙、魁阁及祀雷公、雷婆的雷公殿等 20 余处。

山　川

邑以山名。县人认为凡山凡水均有神，山有山神，水有水神，当得尊崇。泰山为五岳之尊，丹城、爵溪、石浦、昌国与下沈、南堡等建有东岳以祀之；民间常刻“泰山石敢当”于房屋墙址中，意有神山泰山之石在此，不可侵犯。县内圆峰（凤跃山）、大雷山、珠山均建有庙以祀山神，尤圆峰作为县主山，圆峰庙支庙遍及全县各镇乡，以祀圆峰大帝。水神当推龙王，龙王为司雨神，故天旱时求雨请龙王仪式十分隆重。禹治水有功，故乡间庙祀达20余处。

土　地

土地为万物之本，邑人信奉城隍、后土、土地菩萨，还信奉门神、灶神、路神、桥神。土地神信仰盛行于宋，凡城乡、住宅、园林、寺庙、山岳、道路均有土地神，俗称“土地菩萨”。土地庙多建于村头桥旁，内塑布衫草履如农家公、婆。土地神与寻常百姓最亲近，反映农业社会人们崇尚农耕之心态，庙虽矮小，但无处不有，分布于象山乡野。城隍庙源于古代水（隍）庸（城）祭祀。“城”为挖土垒筑的高墙，“隍”原来指没水的护城壕。古人认为城与护城壕、护城河均有神，于是城和隍被神化成城市的保护神。象山凡有城寨的地方均建有城隍庙，丹城城隍庙建于唐代神龙二年（706），为象山邑城城隍庙之始。门神为驱鬼辟邪，护家之神。民间多以秦琼、尉迟恭等作为守护神，间有贴钟馗者。灶神俗称“灶山菩萨”，也称“灶司菩萨”，家设神龛供于灶头烟道上方“灶山头”处，俗认为是玉皇大帝所派保护和监视该户行为之神。每年腊月廿三上天述职，家家需供果品香烛祭祀，称“祭灶”，祈求“上天讲好话，下界降吉祥”。另，路神、桥神皆由土地神衍生而出。城乡祀庙达数百余处之多。

海　洋

象邑三面临海，沿海百姓伴海而生，濒海而居。面对汪洋大海，无不生敬海、畏海、惜海、爱海之心。大海神秘，以及在与风暴浪涛搏斗中，希望各路神灵助一臂之力，祈求诸神保佑，故产生海洋崇拜。象山海洋守护神有观音、妈祖、如意、渔师、东海龙王与孔侯、陶弘景、天门都督、关帝、池府王爷、广泽尊王、保生大帝等。建各种海神庙，祭海、放海生、放水灯是象山海洋崇拜主要内容。随着科学发展、时代进步，县人对海洋崇拜有新认识与升华：海洋孕育人类生命，善待海洋就是善待人类自己；要敬畏海洋，感恩海洋，保护海洋，利用海洋，创造蓝色海洋文明。史载多海神庙，达三四十处。

第二节 灵物崇拜

古人云，万物有灵。这种万物有灵观念便产生动物、植物，甚至人造物件均会依附神灵说法。象山民间普遍信奉灵物，认为崇拜灵物会获得灵物庇护。单独塑像者较少，立祀庙者更少。

动物崇拜

民间认为动物拜月后可成精怪，故有狐狸精、黄鼠狼精等说法。有些动物与象山人生产、生活关系密切，故产生牛神崇拜（牛王、牛栏菩萨）、猪神崇拜（猪栏菩萨）、马神崇拜（马祖）、蚕神崇拜（蚕花姑娘）、蛇神崇拜（蛇神、白蛇、青蛇）、蝗虫神（蚱蜢将军）、蝙蝠神（蝙蝠将军）崇拜等。家中之蛇视为青龙，敬之为“家神”，不可伤害，否则家庭将遭受灾难。牛是农耕社会最重要生产工具，在古代农业经济中发挥重要作用。农人普遍敬牛、爱牛。旧时象山有鞭打春牛祈求一年五谷丰登习俗。四月八为牛生日，农家要让牛吃鸡蛋老酒。即使三年困难时期，老酒凭票供应（1人1月1斤），春耕时期，耕牛也可分得5斤酒票。此外还有“五通”神，又称“五圣”，是江浙一带民间重要信仰，在象山也很流行。宋洪迈《夷坚志·癸集》卷三“独脚五通”条记载：“五通”是一位神，又称“五郎”。又有人认为“五通”是五位神。象山民间认为“五通”是一种似人非人的神物。明时有“北方狐狸、南方五通”说法。象山西周地区称“五通”为“阿乌”“阿白”，传说“五通”能搬迁财物，如果“通进”，则家中会财物源源而来，“通出”则反之。

植物崇拜

植物崇拜中最常见是树崇拜。县人认为古老大树均有树神，应该得到崇敬。村庄中大树，视作风水树，是村庄“保护神”，须得保护。崇拜的树木中多系樟树。古樟树有数人合抱之粗，有些树杆有洞，可钻进数人。许多人会在树旁插香，祈求树神庇护，而且认为樟树神能治病，各地并立庙祭祀樟（章）先生。此外还有杉树、枫树等。象南石浦正月十四，受闽南风俗影响，旧时有“摇竹娘”风俗，家长领着孩子去山后竹林中，选一株合适青竹，双足并立，双手高举，扶着竹子不停摇动，孩子就能长高个子。百花也是崇拜对象，花有花神，称为“百花仙子”，农历二月二为其生日，并为花神立庙祭祀。谷物在古人心目中是个天物，出于对人类赖以生存的它的崇拜，旧时象山设社稷坛、里社、先农坛、先农殿，就含有祭五谷之神。农历八月二十四为神生日。

物神崇拜

象邑民间灵物崇拜除动、植物等自然崇拜外，尚有对人造物件幻想神的崇拜。认为它们附着神灵，并可以获得庇护，如床公床婆（床神）、扫帚太公（扫帚神）、筷子姑娘（筷子神）、屙坑姑娘（厕神）、团箕姑娘等，常有显灵之说。此外，尚有对石神之崇拜。

第三节　祖先崇拜

民间认为祖先亡故，灵魂依然存在，仍会影响到现世，继续保佑自己后代。按儒家观念，忠、孝是人类重要美德，即使对已去世先人，也要像他们在世时一样尊敬，要供奉、祭祀。祖先崇拜并非一种单纯民俗信仰，而是要日常遵守之行为准则。“生则养，死别敬祭”。人死后，其亲人必须禀告死者所在庙界神主，农历七月十五为中元节，俗称“七月半”“鬼节”，设放焰口和“做羹饭”，祭祀祖先及无主野鬼，以免其侵扰人间。旧时清明节、七月望日、十月朔日，县祭厉坛于城北郊。民国后废。

象邑祖宗崇拜，一立宗祠，二修宗谱，三祭祖宗。

立宗祠

中国漫长封建社会，形成较强宗族观念。一个村落往往是一姓或是几姓主宰，每姓多建有自己宗庙、祠堂，或庙祠合一祭祀祖先。宗庙祭先贤，祠堂祀先祖。祠堂也有宗祠、支祠和家祠之分。保存较完整有墙头欧氏宗祠、陈氏宗祠、儒雅洋何氏宗祠、月楼岙（崛坡）黄氏宗祠（1824）、黄埠潘氏宗祠（1787）、做布厂周氏宗祠（1909）、南庄杨氏宗祠、溪里方方氏宗祠、鸡鸣林氏宗祠、东溪励氏宗祠、东陈鉴池公祠等。象山祠堂历经时代风雨，毁损较多，尚存180余座。

祭祖先

《中庸十九章》云：“事死如事生，事亡如事存，孝之至也。”儒家伦理认为祭祀系一种教化方法，培养孝道途径。“生则养，死别敬享”，祭祀祖先赋于报本、追远、崇德之意义。象邑民间兴盛祭祖，分祠祭、家祭、墓祭3类。

祠祭　祭始祖及高曾祖，一年2次，或岁首年末，或清明、冬至。亦有春分、夏至、秋分、冬至4祭。族人集中于祠堂祭祀全族祖先，族长或房长为主祭人，祠祭须斋戒3日，祭前一日准备祭馔、祭品，次日开始祠祭。着祭服有定制，有爵者穿公服，致仕官、候选官、进士、举人、乡员、例员各依职穿补服、朝服、披肩，以常服奉祭者为不敬。庶人亦须洁衣，不衣冠者不得与祭。祭仪有序庄重，须宣读祭文。无故缺席者受罚。族内重大事件如关谱等祠祭益见隆重。家谱载宗祠、祠祭条规。

家祭　以家庭为单位，设祭于家中堂或敞堂，祀本家近代祖先（辞世祖父母、父母及先祖）于忌辰及清明、中元、冬至等节时。奉馔、供香点烛、酌请、跪拜、焚烧纸钱。谢年是一年中最隆重家祭，祭品用三牲，通常于子夜，祭器用祭盘（今用瓷盆）。主祭者必前一日洗手沐浴，不行房事，以见虔诚。

墓祭 俗称“上坟”“扫墓”，于清明或冬至日。先前有“前三后四”之讲究，即清明或冬至日之前3天或后4天内均可，无需择日。今已演变成“惊蛰”一过即有人上坟，过清明即结束。冬至则仅限于冬至日一天。今丹城、石浦一带兴正月初一拜坟岁。墓祭一般仪程为除草、加土、插幡，播幡俗称“插坟头宝纸”。随时代变迁如今演变为挂花篮、献花圈、花环或花束，供祭品。祭品有鱼、肉、蛋、豆腐、香干、饗餈、青菜等。亦有供糕点水果等，用酒肴，酒过三巡；坟前备香炉、烛台、上香、点烛、跪拜，祈求死者亡灵接受祭祀。坟旁左侧附祭坟头土地，用生鱼、生肉、豆腐、香干等；读祭文或致祝词，祈求保佑；烧纸钱，洒酒祭奠；燃放鞭炮，扫墓毕。2008年始，法定清明节放假一天，是日祭扫先烈、先祖成为全民活动。

立宗谱

国有国史，地方有志，家有家乘，家乘即宗谱、家谱。修家谱是中华文化重要组成部分。清康熙颁布《圣谕十六条》，庶民修族谱衍成风尚。象邑民间历有修谱之举，旧例30年续修，60年重修。修谱时请出旧谱曰“开谱”；修谱完成，曰“关谱”“圆谱”，均举行祭祀仪式。关谱仪式尤为隆重，要举行盛大庆典，新修谱放于轿上，抬轿周游村中主要巷道或周边族人村落游行，称为“行谱”。行谱后回祠堂把宗谱锁入樟木谱箱珍藏于宗祠内，甚至高搁于祠堂栋梁架上，并有族长或多人保管，不轻易示人，通常遇族中大事或六月六晾晒时方可开箱。开谱前须净手、上香，略供果品，后方可取阅。

第四节　人神崇拜

人神崇拜始于对名贤圣哲、英雄人物纪念。人演绎为神，纪念成为祭祀。

历史人物

为民治水、三过家门而不入夏禹王大禹；儒家思想创始人、至圣孔夫子；为秦始皇寻找长生不老药无着而东渡日本方士徐福（徐市）；被人们推颂为“忠”“义”第一人关云长；被秦桧以“莫须有”罪名杀害于“风波亭”“精忠报国”民族英雄岳飞；理学思想集大成者、官定必读注本与科考依据名著《四书章句集注》作者朱熹；改革漕运、改革盐政、推行“常平法”历唐代宗、德宗、顺宗、宪宗四皇帝，唐德宗后总领全国财赋，被誉为“广军国之用，未尝有搜求苛钦于民”宰相刘晏；黄天荡一役，打得金国四太子金兀术全军覆没抗金名将韩世忠；为过昭关，一夜愁白头伍子胥；中国历代奉为清官之最“包青天”包拯；坚持民族气节、陪钦宗赴金国，因坚拒不肯易汉服为金服而壮烈殉国李若水。另，从荷兰侵略者手中夺回宝岛台湾民族英雄“国姓爷”郑成功；炼丹于蓬莱山，梁武帝时人称“山中宰相”陶弘景；统一六国、“千古一帝”秦始皇等。

名贤职官

以县域为主，亦有于省、府任职者，他们为官一任，造福一方，受到百姓拥戴与纪念。考民国《象山县志》“名宦传”与“先贤传”，象山纪念历代地方职官和名贤凡70余人。如羊僎(府)、胡中丞（省）等，其中名宦祠祀“遘疾勿愈，民为脔股肉者三十人”之贤县令顾方；“板筑县城”，通西沙港利涉海者，修治西谷，以眺望苍海而相蓬莱，升迁为监察御史后弹劾贪官不止象山令林旦；有史称“象之善政，斯称最焉”之孔立；倭寇陷邑，老弱尽逃匿，其独正襟危坐，贼至被掳饮刃，骂不绝口而死之教谕蔡海；为民筑岳头、陈𡸇两塘，得田3万余亩，又浚东、中、西河，修学宫知县凌傅等。乡贤祠祀读书于蓬莱山僧庵，“至雪积于阶而不自觉”，南宋乾道二年（1166）进士及第，职台州黄岩县尉，累官至华文阁待制转大中大夫，与丘密、马大同、辛弃疾为光宗时之“四大名监司”杨王休；至正十二年（1352），收募民兵，阻河南乱兵于绿水洪十余日，力尽无援，被敌所执，不惧威胁利诱，慨然赴死之俞述祖；幼即颖异，以文行称，洪武五年（1372）膺浙江乡荐，远近学者皆贽其门樊余庆；有“舆榇自随，祖胸受箭”抗疏入谏明太祖“停祀孟子”钱唐；出使朝鲜，继又出使日本俞士吉；年未七十而须发皤然，皇帝悯之，特令致仕，公卿赋诗赠别之周宏宗；“晚筑海塘，力耕课子，优游林下，与乡人结社。坦夷和易，人称厚德”之王涣等22人。

烈士义士

倭寇登劫，乘马率部直前格战，力竭阵亡钱仓所副千户易绍宗与游仙寨百户秦彪等；既无城池之寄，又无货利之要，纯系义愤激成，率家兵偕村民挺身杀寇，壮烈献身之李家岙朱汀父子与梅溪赵乾佾；抗清英雄张苍水与自殉于淡港等处的七参军；围垦大泥塘十八先贤等等。

孝子烈女

唐懿宗初，为躲避裘甫兵伍，负母怀子奔避，后寄居清潭之侧，躬耕养母杜雍；“亲丧，哀毁骨立”“筑庐于金龟山，与墓相依”，郡守胡渠旌其庐为“思孝庐”之周鈇；事母至孝，道侧拾布袱，得粮券、白金，求其人归还之俞振纪；“父卒，刻木肖像，率妻于晨昏奉事，无异生时”之谢浩；事母至孝，母病，汤药必躬，衣不解带，后任罗山知县，“政声大著，罗山立祠祀”的陈文昌；又明嘉靖三十二年（1553），倭寇破昌国卫城，有其祖老病不能行，家人各携挈而遁，惟其负祖而行，遂同其祖俱被杀的刘晋。

传说人物

汉字创始人仓颉；传说中修道成仙葛洪葛仙翁；建筑业的祖师爷鲁班；有“八仙”中

“三戏白牡丹”吕洞宾；本为唐进士，弃官隐于象山，施药济人，卒而有灵，乡人立庙祀之姜、毛二公；沿海渔民、航运出海保护神妈祖娘娘，悼海难亡父而跳海以殉的如意娘娘；梁山伯、梅福、渔师、盐司、谢仙、孔侯、赵五娘、彭祖、陈元帅等。尚有许多有姓无名将军、元帅等。地方神祇是百姓自己塑立，表达社会一般价值取向和百姓爱憎及追求美好生活之愿望，也反映当地社会状况和历史文化传承。祠庙成为民间人神崇拜的载体。

第五节　祠　庙

象山居民大多为明清时迁入，神灵信仰呈多元化特点。较为集中供奉神灵有孔子（孔庙）、关羽与岳飞（关岳庙）、赵炳（白鹤庙）、羊僎（羊府庙）、大禹（平水庙）、文昌星君（文昌阁）、真武大帝（真武庙）、赵公元帅（玄壇庙）、天后（妈祖或“寇承御”寇珠庙、天后宫、天妃宫）、龙王等。但不同区域信仰崇拜有差异。县城多供奉历史名人、地方历代职官、乡贤有德于民的人神，如伏羲、神农、黄帝、仓颉、鲁班、姜毛二公、顾方、朱熹、钱唐、王焕、王梴、凌傅、毛德京、蒋三才等；东乡多供奉李若水、韩世忠、伍子胥、程咬金、易绍宗、黄晟、孔侯、赵五娘等；西乡多供奉谢宝、七参军、朱熹、茅山大帝、关帝、财神等；南乡多供奉祥兴帝赵昺、张苍水、胡公（则）、池府王爷、张世杰、陆秀夫、刘晏、戚继光、王将军、保生大帝等。

此外，除人神祀庙之外，民间还保留一部分对日月星辰、山川土地、动植物神灵崇拜祀庙，如马祖、牛神、百花神、枫树将军、樟先生、蝙蝠将军、蛇神（青蛇、白蛇）等。民间传说中徐福、陶弘景、彭姥、赵五娘、梁山伯也有祭祀庙宇。故祠庙众多，历代时有兴衰，很多早已废弃，今录之仅为历史记载。祠庙情况由各街道、镇乡与县志办提供。

丹东街道庙宇分布一览表

表 8-5-1

庙　名	地　址	始建年代	建筑面积（平方米）	占地面积（平方米）	祀　主	神诞日	备　注
东亭庙	起春村	不　详	1000	600	东方青帝	二月二十	—
庄穆庙	庄穆境东	唐	1600	2000	祠山大帝	二月二十	—
姜毛庙	南街西北首	不　详	1800	1300	神医姜、毛	三月十三	—
福庆庙	梅溪村南	明万历二年（1574）	1000	900	当　境	十月初十	—
大　庙	鼓吹山北	宋景德三年（1006）	900	1300	当　境	十月初四	—

续表8-5-1

庙　名	地　址	始建年代	建筑面积（平方米）	占地面积（平方米）	祀　主	神诞日	备　注
鼓吹庙	赵岙村	明末清初	1300	2000	当　境	六月二十四 八月十六	—
玉峰庙	大碶头东	唐末宋初	800	1100	当　境	四月初三	—
穆清庙	桥头胡东	清乾隆十年（1745）	650	660	当　境	八月十四	—
护峰庙	河东村东	清中期	1500	2000	大老侯王	七月初二	原建在村南，因火灾迁建
盐司庙（普济庙）	后　洋	明　初	600	1000	二老侯王	八月廿一	1950年建六联小学迁建
观嘉庙	西林村南	不　详	670	900	当　境	五月初五	—
龙王庙	上余村东	明	500	660	当　境	八月十六	—
镇海龙王庙	下余村西	明	1800	2700	锯门龙神	八月十六	—
城隍庙	寨里村北	明	800	1300	城隍老爷 戚继光、秦彪	三月十七	省重点文保单位
吉庆庙	梅岙村西	清同治	1000	1300	当境菩萨	十一月十四	—

另，规模较小者阮阡庙、泗洲堂、永福堂、白鹤庙、白马湖庙、白边庙、馒头山庙、泗洲庙、玄坛庙、嘉祥庙10处。

丹西街道庙宇分布一览表

表8-5-2

庙　名	地　址	始建年代	建筑面积（平方米）	占地面积（平方米）	祀　主	神诞日	备　注
羊府庙	西门县农机厂旧址	清乾隆三十七年（1772）重建	700	2000	羊　僎	八月廿五	圮于20世纪50年代
平水庙	西　门	宋	800	2600	大　禹	三月十三	宋作平帅庙，又称交王庙
东岳宫	西　街	宋大观年间	900	2600	东岳大帝	三月二十八	拆于50年代（建校）
樟府庙	西　门	明万历年间	1000	3300	樟先生	十一月初五	“文化大革命”时废
圆峰庙	北　门	唐	1000	6000	圆峰大帝	六月初六	1972年造水厂拆除，2005年重建

续表8-5-2

庙　名	地　址	始建年代	建筑面积（平方米）	占地面积（平方米）	祀　主	神诞日	备　注
白鹤庙	黄家塔村	宋	3000	4000	赵炳、白鹤大帝	八月十五	—
善智庙	杨家村	清雍正年间	1536	2475	杨王休锦戚将军	八月十六	1998年扩建
善智庙	洋心村	清康熙三年（1664）	1109	1280	三老侯王	八月十九	—
前溪庙	九顷村南	乾隆四十八年（1783）	400	500	当境菩萨 太保菩萨	八月十六 八月廿四	1997年重修
回龙庙	新碶头村	乾隆年间	800	900	当境菩萨	八月十四	1993年修建
圣娘庙	门前山脚	康熙年间	670	700	圣女娘娘	三月廿三	在圣娘山（玉几山）
茅山庙	鹰山下	光绪八年（1882）	600	3000	茅山大帝	六月十五	1991年重修

另，规模较小者五神庙、三官堂、关岳庙、北门行宫、百子堂、冲应真人祠、顾长官祠、王御史祠、张忠烈公祠、文昌阁、山头董村西善智庙、韩家村善智庙、何家村善智庙、近溪庙、仇家山庙、欧家庙、徐福观、姜山庙、蓬莱阁、文昌阁、龙王殿、大兴庙、五神殿、玉皇殿、回龙庙、象山庙、苏州堂、大庙、高山庙、韩家洋心庙、枫树菩萨庙、济娘庙、新娘庙、娘娘庙、善胜庙等30余处。

爵溪街道庙宇分布一览表

表8-5-3

庙　名	地　址	始建年代	建筑面积（平方米）	占地面积（平方米）	祀　主	神诞日	备　注
城隍庙	古城路	清道光十七年（1839）	500	1300	城隍菩萨等	九月十二	光绪十年重修（1884）
关帝庙	十字西街	明永乐年间（1420）	500	1000	关公等	五月三十	又称西门庙，部分改民居
龙王庙	前岙村	清光绪年间	1000	2300	龙　王	八月二十	又称普济庙

另，规模较小者东海龙王庙、它山庙、旗纛庙、夏贾庙、白鹤庙、游仙庙、嘉祥庙、彭口庙、平安庙、圆峰庙、太平庙、沐清庙、公屿行宫、财神殿、三圣殿、校场宫、清门宫、东岳宫、文昌宫、三官堂20处。

石浦镇庙宇分布一览表

表 8-5-4

庙　名	地　址	始建年代	建筑面积（平方米）	占地面积（平方米）	祀　主	神诞日	备　注
关圣殿	石浦城头顶	清咸丰间重修	800	951	关　公	五月十三	2003 年重建
三圣庙	石浦北门	明　初	600	1000	关　公	五月十三	20 世纪 90 年代重建。合祀刘晏、玄坛
关帝庙	石浦半岭	不　详	308	730	关　公	五月十三	合祀城隍、戚继光、十殿阎王
关帝庙	西边村	清光绪六年（1880）	800	1000	关　公	五月十三	两村合资重建
真武宫	石浦七村	清雍正十七年（1739）	340	400	真武大帝	三月初三	石浦各庙神以真武为上尊
真武宫	石浦南门号房	清道光年间或之前	617	335	真武大帝等	三月初三	旧时，道镇会哨于真武宫点卯，故称“号房”
宋王庙	平岩村	不　详	768	2068	南宋赵昺、宋王娘娘	三月十三、十二月初八	民国 29 年（1940）重修，2007 年扩建
宋王宫	蓝家村南	不　详	450	600	南宋赵昺附祀张世杰	三月十三	1999 年重修
宋皇宫	延昌老街	不　详	650	550	赵　昺	三月十三	附祀文天祥、陆秀夫、张世杰及戚继光
妈祖升天台	东门门头山	2001 年	80	300	妈　祖	九月初九	—
三山天后宫	延昌老街	清嘉庆九年（1804）建	2400	1600	天　后	三月二十三	1996 年重建。同祀孙思邈、北斗星君、财神、薛仁贵、文殊菩萨等
天后宫	东门岛	清嘉庆二十四年（1819）重修	500	1000	天　后	三月二十三	省文保单位
海神庙	东门门头山	2009	375	835	如　意、保生大帝、池府王爷、妈　祖	七月初六、八月二十二、三月十五、六月十八	妈祖神诞日为三月廿三，此庙不专庆，由天后宫统庆

续表8-5-4

庙　名	地　址	始建年代	建筑面积（平方米）	占地面积（平方米）	祀　主	神诞日	备　注
城隍庙	石浦所城	建于明洪武二十年(1387)	2665	2380	戚继光	六月十五	历代均有修建
城隍庙	东门岛	明洪武二十年(1387)道光十三年(1833)重修	500	600	城　隍	六月初三	1988年后多有修缮
东岳宫	阳明山庄	1993年建	350	400	东岳大帝	三月二十八	—
龙德庙	向浦村	明嘉靖三十九年(1506)	1100	2000	圆峰大帝	八月十六	附祀真武大帝、保生大帝
圆峰庙	铜钿礁	民国之前	400	400	圆峰大帝	六月初六	附祀李府王爷
圆峰庙	番头岙村	明洪武年间	900	1100	圆峰大帝	六月初六	1994年重建
王爷庙	沙塘湾村	清嘉庆八年(1803)	370	550	池、狄王爷	六月十八	2001年重修
王爷庙	后岗山	清嘉庆元年(1796)	721	781	池、温、尊三王爷	四月十六	2000年重修
大　庙	昌国西门	明	830	830	刘晏	五月十五	—
王将军庙	东门岛	明	500	1000	王刚甫	六月二十四 三月初九	—
东门庙	东门岛门头	始建于唐贞观年间	300	500	天门都督、关公等	八月初六	又称祚圣庙、天心园
渔师庙	石浦三湾	无　考	500	638	渔　师	四月二十二	三月初三，海鱼次第至庙门外水港昂首向庙扬鳍鼓鬣而过
尊　王(北镇寺)	石浦吉城	明嘉靖	200	250	广泽尊王、保安尊王	八月二十二 二月二十二	清道光间（1821—1850）重修。后又多次修缮
百花洞庙	石浦百花洞	无　考	635	635	百花娘娘	二月初二	—
梁山伯庙	葛峙山西	清光绪二十二年(1896)	80	100	梁山伯	不　详	2002年重修
冷湾庙	冷湾山嘴	旧　有	400	700	朱叶大帝	不　详	—
娘娘庙	北渔山	—	150	200	如意娘娘、池府王爷	七月初六、六月十八	1955年迁台湾富冈村。1989年重建

续表8-5-5

庙 名	地 址	始建年代	建筑面积（平方米）	占地面积（平方米）	祀 主	神诞日	备 注
金谷庙	金谷山东麓	明清间	1000	1200	圆峰大帝	六月初六	又名圆峰庙
回龙庙	寿丰村	不 详	264	666	不 详	不 详	2007年重建
赖岙庙	赖岙村	清	554	700	不 详	不 详	又名磊石头庙
下沈大庙	下沈村	清道光年间	1250	1300	不 详	不 详	—
石青庙	利山村	—	350	400	不 详	不 详	—
镇嘉庙	杰岙村	嘉庆八年（1803）	352	552	龙 王	不 详	又名龙王堂 2007年重修
东奠庙	柴溪村	明	280	412	不 详	不 详	原海头庵改建
大 庙	官山村	元 末	250	360	朱 熹	不 详	—
长岩庙	荷欣村	元 末	250	350	不 详	不 详	1976年重修
戳谷庙	田岙村	无 考	990	1230	不 详	不 详	—
婆山庙	乌沙山	—	337	361	婆山娘娘	不 详	—
行祠庙	赖家、倪家两村	—	978	881	当 境	不 详	—
田头庙	芭蕉村	—	132	168	当 境	不 详	—

另，规模较小者小将军庙、阴湖庙、玄坛庙、障湖庙、老先生庙、下境庙、龙山庙、洪福殿、龟山庙、茅山庙、灵济庙、潘埠小庙、黄前坑庙、井岙小庙、永兴庙、将军庙、蚶岙庙、潭头庙、大安庙、北斗星君、蚶岙当境庙、莲花当境庙、勤丰当境庙、蔡家田当境庙、琴诗岙当境庙、药师庙、行祠庙、五神庙、乌沙庙、镇水庙、龙亭庙、杨家山庙、西隅庙、东岙庙、东境庙、财神庙、青龙庙、界石坦庙、结连庙、洋岭岩庙、大庙、镇兴庙、青头庙、马鞍庙、真武庙、圆峰庙、何樟庙、文庙、乌屿庙、静波庙、永丰庙、南奠庙、小庙53处。

贤庠镇庙宇分布一览表

表8-5-6

庙 名	地 址	始建年代	建筑面积（平方米）	占地面积（平方米）	祀 主	神诞日	备 注
珠山庙（大）	珠山岙村西山下	唐神龙（705–707）	800	1500	珠山大帝（朱迨）	八月十四	1985年后修建
西亭庙	西下山村东	清乾隆年间	500	750	白居易	十月三十	清道光志有载，1984年复建

续表8-5-6

庙　名	地　址	始建年代	建筑面积(平方米)	占地面积(平方米)	祀　主	神诞日	备　注
圆峰庙	珠溪村	清康熙年间	250	700	圆峰大帝	六月初六	—
瞿公庙	木瓜村	清嘉庆十八年(1813)重修	600	700	瞿公老爷	三月二十七	清道光志有载，2006年重建。县文保点
张陈庙	木瓜村张陈	清雍正年间迁建	400	900	孔　侯	正月二十三	清道光志有载，原称镇海侯庙，祀童翁浦孔侯
龙山庙	龙山西北	清道光年间	700	830	李若水	九月初八	清道光志有载
西泽庙	西泽东山嘴	不　详	400	600	刘将军	八月十六	原为下西泽庙，2006年迁建
（东）王家庙	岑晁龙山东	清乾嘉年间	670	1025	韩世忠	十一月初三	2004年重建
王家庙	岑晁龙山西	清乾嘉年间1996年迁建	700	1200	韩世忠 凌　傅	十一月初二	—
理判庙	盐厂大弯山	不　详	670	800	李若水	十月初三	清道光志有载

另，规模较小者安海庙、章家墩竺山庙、马岙庙、神堂庙、镇灵庙、小蔚庙、三宝庙、江岙庙、蛟龙庙、骆家庙、朝阳庙、东碶庙、关帝庙、青莱庙、程家屿庙、土地庙、德胜庙、西通庙、龙王庙、郑共庙、珠山庙（小）、珠溪土地庙、伍山庙、羊府庙、王府庙、太平庙、包家庙、吴家庙、龙岩庙、朱家庙、礁头庙、北岙庙、塘岙竺山庙、东皋庙、小天龙庙、全庆庙等35处。

鹤浦镇庙宇分布一览表

表8-5-7

庙　名	地　址	始建年代	建筑面积(平方米)	占地面积(平方米)	祀　主	神诞日	备　注
戚继光庙	风门口庙下坑	清光绪八年(1882)	168	666	戚继光	五月二十七	1995年重建
武圣庙	大南田村	清光绪十六年(1890)	180	800	关　公	五月十三	—
白鹤庙	大南田石龙山嘴	清宣统三年(1911)	500	573	白鹤大帝	八月二十二	白鹤庙与石龙

续表8-5-7

庙　名	地　址	始建年代	建筑面积（平方米）	占地面积（平方米）	祀　主	神诞日	备　注
华山庙	马小坦马山脚	民国34年（1945）	224	335	华山娘娘	六月二十四	—
武圣庙	高坎头村边	清光绪十五年（1889）	461	493	关　公	五月十三	—
白龙庙	樊岙村龙头背白龙潭	清道光五年（1825）	348	—	白蟹龙王	六月十二	—
玄坛庙	樊岙村石门山脚	清光绪八年（1882）	277	360	玄　坛	三月十五	—
杨府庙	樊岙村溪坑头	清光绪十六年（1890）	625	767	杨精义	四月初十	—
晏公庙	大百丈村	清光绪十六年（1890）	650	500	刘　晏	五月二十七	杨府庙与之合庙祀杨精义
武圣庙	文山前村边	清光绪廿二年（1896）	288	786	关　公	五月十三	—
茅山庙	里湾村	清光绪廿九年（1903）	174	234	茅山大帝	五月二十七	重　修
保安洞	黄金坦村横坑	清咸丰七年（1857）	1162	1332	洞主娘娘	十月十七	—
杨府庙	五利村九皮桩	清光绪廿九年（1903）	200	599	杨精义	五月十八	—
武圣庙	蟹厂村蟹背脊	清光绪元年（1875）	240	1166	关　公	五月十三	2007重修
杨七圣庙	螺丝礁村里湾	清光绪廿三年（1897）	526	799	杨七大帝	四月十六	又名“大庙”
关帝庙	前龙头村岙里	清光绪九年（1883）	650	1112	关　公	五月十三	2006年重修
三官庙	前龙头村千斤岩下	清光绪十八年（1892）	288	400	三官大帝	正月十五 七月十五 十月十五	重　修
平水庙	小湾塘村	清光绪十九年（1893）	200	660	大　禹	正月二十五	重　修
武圣庙	鹤南村凤凰头	清光绪三年（1877）	387	900	关　公	五月十三	1997年重修

续表8-5-7

庙　名	地　址	始建年代	建筑面积(平方米)	占地面积(平方米)	祀　主	神诞日	备　注
真武庙	义冢山嘴	清光绪廿六年(1900)	570	713	真武大帝	三月初三	—
杨府庙	盘基山脚	清光绪元年(1875)	210	300	妈　祖	十月初八	—

另，规模较小者元帅庙、娘娘庙、白鹤庙、龙王宫、小南田关帝庙、石龙庙、南田墩武圣庙、毛竹山武圣庙、外埠头白鹤庙、川桶村关公庙、石屋小庙、南衙堂小白岩龙王庙、樊岙关岳庙、文昌庙、泗洲庙、大庙、龙头岗龙头庙、滴落水平水庙、寺基里白鹤庙、五圣庙、杨里湾白鹤庙、岱石庙、犁头巉娘娘庙、犁头巉平水庙、聋哑庙、胡公庙、张公庙、周元帅庙、白娘娘庙、五圣大帝庙、杨府庙、三官庙、汉皇庙、朱龙庙、沙头关帝庙、红娘娘庙、刘元帅庙、张苍水先生祠、龙王庙、渔师庙、杨府庙、孤坟庙、金七门娘娘宫、杨柳坑玄坛庙、杨柳坑土地庙、龙虎斗武圣庙、横坑胡公庙、小网巾胡公庙、小网巾关帝庙、白元帅庙、平水庙、峙湾庙52处。

定塘镇庙宇分布一览表

表8-5-8

庙　名	地　址	始建年代	建筑面积(平方米)	占地面积(平方米)	祀　主	神诞日	备　注
圆峰庙	方前村西	不　详	800	1000	圆峰大帝	八月十六	2003年修建
小青埠庙	小青埠村南	道光九年(1829)	400	700	五星大帝	不　详	1990年修建
小山龙庙	上营村北	不　详	700	1200	杨大人	二月十八	2005年修建
圆峰庙	沙地村	咸丰七年(1857)	670	800	圆峰大帝	八月初五	民国6年(1917)、1963年大修
圆峰庙	周岙村西	不　详	500	600	圆峰大帝	三月十四	—
靠弯庙	洋岙村东	光绪六年(1880)	350	700	关　公	五月十三日	—
葫芦门庙	葫芦门市头山嘴	清　末	560	700	圆峰大帝	九月十二	民国33年(1944)、1980年修建
金魁庙	后洋塘村西	不　详	350	400	立飞大帝	不　详	祀南田立飞大帝民国志有载
海头庙	小新城村	嘉庆年间	700	200	圆峰大帝	八月十四	2002年修建
三官庙	下营村	清	350	400	三官菩萨	一月十五	—

续表8-5-8

庙　名	地　址	始建年代	建筑面积(平方米)	占地面积(平方米)	祀　主	神诞日	备　注
平水庙	岙底村	清乾隆五十八年(1793)	250	400	大　禹	八月初三	—
灵峰庙	竿头里村	清道光癸巳年(1833)	670	1400	白鹤大帝	八月十六	—
镇龙庙	下灶村	清光绪元年(1875)	1000	1000	白鹤大帝	八月初一	—
平水庙	下灶砖瓦厂西首	不　详	1300	1300	大　禹	三月初八	—
海头庙	山灶村西	—	1300	1800	关　公	五月十三	—
关爷庙	镜家岙村	民国十二年(1923)	700	800	关　公	五月十三	—
关帝庙	下角村	清咸丰八年(1858)	500	1000	关　公	五月十三	—
白鹤庙	小太平村东	清	2700	2100	白鹤大帝	八月十三	—
白鹤庙	小湾塘村	清道光七年(1827)	1800	2000	白鹤大帝	八月十六	1994年修建
龙王庙	斜岙大湾山	清嘉庆年间	600	700	龙　王	五月初十	—
白鹤庙	田洋湖街	清嘉庆年间	700	800	白鹤大帝	八月十六	—
镇潮庙	中　站	道光五年(1825)	3000	2000	平水大帝、蚱蜢将军	五月二十七	平石、黄公岙两村各有该庙又称红人

另，规模较小者大青埠圆峰庙、龙珠山庙、洋岙村白鹤庙、五星庙、大仕庙、保安庙、后洋塘圆峰庙、天灯盏白鹤庙、竹墩庙、下营土地庙、塘头庙、镜架岙外山小庙、大王庙、白鹤庙、茅山庙、苏王庙、镇王庙、下山圆峰庙、田洋湖龙王庙、青山庙、金宝庙、金潮庙21处。

墙头镇庙宇分布一览表

表8-5-9

庙　名	地　址	始建年代	建筑面积(平方米)	占地面积(平方米)	祀　主	神诞日	备　注
灵杉庙	塔岭村	不　详	200	250	当境、土地、龙王	八月十五	传庙旁有古杉木枯而不朽
茅山庙	塔岭叶里山	不　详	180	420	茅山菩萨	六月十五	1992年修建

续表8-5-9

庙　名	地　址	始建年代	建筑面积(平方米)	占地面积(平方米)	祀　主	神诞日	备　注
洋北大庙	洋北村	不　详	440	445	当境、土地、龙王	正月十二	—
显应庙	桃　湾	不　详	200	530	当境、土地、龙王	不　详	1994年修建
董师庙	吊水岩与山根俞交界处	明万历年间	500(原) 27(今)	1330(原) 45(今)	当境、圆峰大帝	六月初六	原称董司庙 附祀神魔大帝
钟山庙	外田弄山脚	明万历年间	1200	1330	当境、土地、龙王	八月二十六	清康熙四十六年(1707)迁建岙东，1988年修建
回龙庙	周家路	清乾隆廿八年(1763)	600	700	当　境	二月初二	—
岐山庙	麻车岭西北顶端	清乾隆三年(1739)	680	1000	黄飞虎	六月初六	1958年、2005年修建
后庙	方家岙	清	480	600	当境、土地、龙王等	九月初三	—
大雷庙	墙头村东	—	639	823	当境、大雷山神	八月十二	—
应先生庙	七里亭村北	不　详	300	450	游医应先生	不　详	—
胡中丞庙	仓岙桥头	清	250	300	胡宗宪	不　详	2003年重建

另，规模较小者浜井庙、海神庙、庵前庙、五谷庙、永丰庙、永镇庙、岭头庙、土地庙、章家二庙、新丰庙、莲池庙、慈龙庙、市员庙、香槺庙、西谷（林旦）庙、五雷庙、场前庙、溪北庙、吴庄庙、发应庙、关爷殿、茅山殿、舫前圆峰庙、木朗庙、胡公殿、秦始皇庙、郑岙庙、三官堂、黄溪圆峰庙、五神庙、谢圣庙、西山庙、石锁臼庙33处。

泗洲头镇庙宇分布一览表

表8-5-10

庙　名	地　址	始建年代	建筑面积(平方米)	占地面积(平方米)	祀　主	神诞日	备　注
茅山庙	金家岙村	清道光二十八年(1848)	600	1300	茅山大帝	八月初三	2008年重修
龙宫庙	何婆岭村	清道光五年(1825)	540	700	当境、文天祥	八月十六	1982年重修

续表8-5-10

庙　名	地　址	始建年代	建筑面积（平方米）	占地面积（平方米）	祀　主	神诞日	备　注
东晖庙	张岙村	清　初	520	540	当境、谢圣	八月十六	1987年重修
翔龙庙	横埕村	不　详	180	540	白鹤大帝	十月十六	民国志为“祥龙庙”
中保庙	塘岸村	不　详	600	660	当境、白鹤大帝	八月十六	—
西洋行宫	西洋村	清	520	520	不　详	不　详	作老年活动室
金山庙	中央岙自然村	清	500	670	白鹤大帝	七月十五	—
武帝庙	泗洲头村东北	清　初	260	300	关　公	三月初三	原址在车路下
后山行宫	南岙村	不　详	530	530	不　详	不　详	1998年重建
灵感庙	里坑	清乾隆年间	210	300	护国侯王	九月十二	—
镇龙庙	虾钳山	清乾隆年间	500	1060	关　公	正月十四	2012年重建
福星庙	峙前村	清光绪年间	600	660	白鹤大帝	八月十五	—

另，规模较小者何婆岭关帝庙、包公殿、罗隐殿、青龙庙、东岳宫、上了庙、萧家天井庙、胡家天井庙、石坛庙、三湖庙、红庙、泗洲庙、仉岙庙、虎头庙、三先生小庙、西保庙、羊府庙、显圣庙、天后宫、南保庙、东保庙、风谷庙、山保庙、叶平庙、上峙后诚求庙、下峙后镇英庙、庄山庙、峁崀庙、杏树庙、洄屿庙、龙王庙、显应庙、泗洲堂、白鹤庙、新塘庙、泗洲堂、王将军庙、上马岙德胜庙、上马岙关公庙、上马岙万阳桥土地庙、忠林桥土地庙、金星庙、下马岙土地庙、蜈蚣殿、三官殿、谢圣殿、峙前土地庙、后王庙、王家朝庙、塘岸土地庙、白鹤庙、墩岙岭路廊、灵光岭蜈蚣殿、下峙后土地庙等46处。

涂茨镇庙宇分布一览表

表8-5-11

庙　名	地　址	始建年代	建筑面积（平方米）	占地面积（平方米）	祀　主	神诞日	备　注
珠山庙	珠山村	不　详	120	470	珠山大帝	二月初九	20世纪90年代重修
封境庙	下盆岙村	不　详	240	330	圆峰大帝	六月初五	1986年重修
圆峰庙	潘家坎村	明　代	610	880	郭一将军、圆峰大帝	六月初六	1985年重修
行宫庙	泊戈洋村	不　详	340	400	珠山大帝	八月十四	1994年重修

续表8-5-11

庙　名	地　址	始建年代	建筑面积（平方米）	占地面积（平方米）	祀　主	神诞日	备　注
朱爵庙	上毛湾村	民国9年（1920）	850	1300	朱爵老爷	不　详	清道光志为朱雀庙
城隍庙	钱仓村东山下	明洪武二十年（1387）	300	600	城隍、五神老爷	六月初四 六月初八 五月二十五	1994年修建
蜃楼庙	汤岙村东	明代大修	350	1000	金七将军	七月初七	2006年重修
英魁庙	黄沙村	不　详	460	1320	陈二将军	不　详	今重修
平水庙	屿岙村	清乾隆元年（1736），道光六年（1826）扩建	360	675	平水大帝	三月初八	1958年拆建为学校

另，规模较小者珠山村三官堂、小凤山圆峰庙、庵后分境庙、永丰庙、谢圣庙、洪三庙、后七埠土地庙、泗洲殿、王汪庙、广生庙、白鹤庙、万松庙、毛湾猫头嘴娘娘宫、毛湾沙头边娘娘宫、平水庙、娘娘庙、圣亭庙、仁智庙、三星殿、土地庙、钱仓庙、太保庙、百家庙、骑龙山圆峰庙、天后宫、镇安庙25处

大徐镇庙宇分布一览表

表8-5-12

庙　名	坐落地址	始建年代	建筑面积（平方米）	占地面积（平方米）	祀　主	神诞日	备　注
鹰（莺）山庙	大徐村西	明嘉靖十三年（1534）	700	1900	当境（马天龙）、财神、红黑脸将军、土地公婆	三月十八	又名“西山殿”，1974年重建
雷山殿（八保庙）	泥塘村黄狗山下	明天启七年（1627）	578	1575	当境、财神、红黑脸将军、土地、雨师、三官	正月初十	清乾隆四十六年修（1782），后改办小学，1995年复建庙
遮林庙（柘林庙）	塔幢村东青岭下	明康熙三年（1664）	650	1500	当境、文武判官、财神、土地	八月十六	1956年毁于台灾。2007年募捐重建
海潮庙	林善岙村狮子山下	清雍正年间	560	600	当境、财神、判官、土地	二月初二	1980年重修
大桥庙	铁丈岙村	清嘉庆年间	406	1425	当境、玄坛、财神	十月二十五	1956年毁于台灾，1986年重建

续表8-5-12

庙　名	坐落地址	始建年代	建筑面积(平方米)	占地面积(平方米)	祀　主	神诞日	备　注
庆丰庙	安东村东北	清乾隆年间	700	1000	当境、财神、判官、土地	三月初九	2003 年大修
海口庙	海口村西南	清光绪二十六年(1990)	390	420	当境、财神、判官、土地	八月二十八	2007 年重修

另，规模较小者考盘庙、飞岩庙、何家庙、狮子庙、禾嘉庙、镇潮庙、圆峰庙、江岙青龙庙、谷囤庙、范家山青龙庙、瀛山庙、常济庙、陈山庙、上叶庙、护境庙、当境庙、海潮元宝庙、珠山青龙庙、石井庙、陈山庙 20 处。

新桥镇庙宇分布一览表

表 8-5-13

庙　名	地　址	始建年代	建筑面积(平方米)	占地面积(平方米)	祀　主	神诞日	备　注
钟灵庙	石柱外村中	不　详	530	665	刘　晏	五月二十七	—
东史大庙	东史村口	明嘉靖年间	670	800	刘　晏	五月二十七	—
禹甸庙	老鼠桥边	不　详	1000	1330	大　禹	三月初八	—
龙王庙	石柱里白岩山峰	清光绪十三年(1874)	800	3000	龙　王	不　详	—
北山庙	石柱里村中	不　详	700	700	圆峰大帝	六月初六	—
东史庙	东史村中	清嘉庆二十二年(1817)	700	800	刘　晏	五月二十七	—
外保庙	东溪村	清道光十五年(1835)	380	520	当　境	不　详	—
里保庙	庙前杨村西	不　详	574	833	当　境	不　详	—
东岙庙	板岭村前	不　详	748	1122	当　境	不　详	—

另，规模较小者钻天峰脚圆峰庙、东狮小庙、乌江小庙、乌江土地庙、蝙蝠洞、金宝庙、黄龙庵、塔头庙、罗家庙、屿山庙、五圣庙、黄吉岙土地庙、红庙、杨福殿、洞仙庙、白查庙、关头庙、羊府庙、胡公庙、樟树庙、石柱外圆峰庙、关圣庙、永兴庙、弹涂岙庙、灵显庙、小灵下小庙、桶头庙、长弯小庙、文昌阁、白龙庵（庙）、白公子庙、永丰庙、扇将军庙、岭脚庙、后山小庙、王岙龙王庙、里江东青龙庙、里岙关帝庙、山根大庙、井宝庙、娘娘庙、三星庙、乱弹庙、七林湾青龙庙、张圆庙、张圆小庙、七林湾龙王庙、林则殿、李丰庙、

张家龙王庙、上灵岙白鹤庙、下灵岙白鹤庙、镇东庙、中央湾小庙、白岩头小庙、大庙、中央塘土地庙、外塘土地庙、永安庙、小白蛇龙王庙59处。

东陈乡庙宇分布一览表

表8-5-14

庙名	地址	始建年代	建筑面积(平方米)	占地面积(平方米)	祀主	神诞日	备注
神武陈公庙	西庄村上山脚	南宋末	1300	3000	陈元帅	七月十二	—
圆峰庙	王家榄村	清初	200	500	圆峰大帝	九月二十五	2003年修建
沙头庙	松岙村山下	清	500	1200	当境	八月二十二	—
西洋庙	松岙村	清	300	400	山神大帝	九月九	1980年修建
石梁庙	上周村	清	350	1200	当境、林大人赵大人	五月二十二	1965年新建，旧志载在下周村
三官堂	上周村	不详	250	800	三官大帝	五月二十二与石梁庙同庆	祀天官、地官、水官
东旦庙	东旦村	清	300	350	王先生	五月十七	—
谢圣殿	西山村	—	250	600	谢宝	九月初七	—
五圣庙	南堡村	清	250	400	财神	八月初三	2009年6月重建
东岳庙	南堡村	不详	500	600	东岳大帝、刘备、刘晏、玄壇	三月二十八	俗称“大庙”
永宁庙	南盘村	清乾隆五十三年(1788)	300	500	当境	五月初三	—
财宝庙	梅岭村	清	400	600	当境	八月初七	—
金宝庙	平石村	清	600	600	当境	八月十六	—
神庆庙	樟岙村	清	300	400	当境	七月初七	—
关帝庙	旦门村	咸丰二年(1852)	500	900	关公	八月十六	—
仁圣庙	旦门村	清	900	1200	白鹤大帝	八月十五	—
小娘门庙	旦门村	清	1200	1500	真武大帝	三月初三	—
北山庙	旦门村	清	800	1000	三母娘娘	四月二十八	—

另，规模较小者西庄庙、娘娘宫、海赠庙、小庙、王爷庙、龙王堂、大乐庙、永青庙、万石梁庙、既济庙、永丰庙、宏兴庙、永庆庙、白鹤庙、周程二夫子祠、石匣庙、沙头庙、东庄庙、小庙坑庙、文昌阁、杨戬庙、渔师庙、平水庙、一樟庙24处。

晓塘乡庙宇分布一览表

表 8-5-15

庙　名	地　址	始建年代	建筑面积（平方米）	占地面积（平方米）	祀　主	神诞日	备　注
圆峰庙	黄埠村	清乾隆年间	500	600	圆峰大帝	六月初六	外有石塔，相传为镇龙而置
胡公庙	黄埠岭头	清康熙初	340	700	胡公大帝	八月十三	胡公名则

另，规模较小者支坑圆峰庙、思娘岙圆峰庙、美石圆峰庙、月楼岙圆峰庙、礁头圆峰庙、励家坪圆峰庙、美石关帝庙、炮台下关帝庙、三眼碶关帝庙、做布厂关圣殿、中岙关帝庙、青龙庙、竹屿笠帽峙庙、山岙白鹤庙、岙底白鹤庙、上湾塘白鹤庙、庙山头白鹤庙、做布下白鹤庙、中岙白鹤庙、上湾庙、五圣殿、五圣庙、杨大人庙、九龙庙、宝龙庙、道头庙、岳王庙、西巉头庙、大树墩庙、千岁爷庙、三姓庙、娘娘庙、王大人庙、三公子庙 38 处。

黄避岙乡庙宇分布一览表

表 8-5-16

庙　名	地　址	始建年代	建筑面积（平方米）	占地面积（平方米）	祀　主	神诞日	备　注
庆丰庙	龙屿村	明宣德年间	300	500	当　境	十月二十二日	清康熙年间大修
公正庙	龙屿村南东山脚	1991 年	300	500	当　境	十月二十二日	—
松殿庙	骍角岙村	清乾隆年间	600	800	当　境	十月十九日	—
长兴庙	鲁家岙村	不　详	400	500	当　境	正月初八	2002 年重修
碑牌庙	兵营村北	明　代	300	400	关　公	五月十三	一石碑，仅一刻有万历四十三年（1615）字样
童翁庙	周家村	明嘉靖年间	500	270	孔　侯	九月二十九	原为同座庙宇，后分两村各造。周家村庙建于 1993 年，大斜桥村庙建于 1994 年
童翁庙	大斜桥村	明嘉靖年间	660	667	孔　侯	九月二十九	

另，规模较小者白鹤庙、黄避岙庙、高湖庙、羊府庙、孟岙树蓬庙、黄库庙、山夹岙树蓬庙、鸭屿庙、合兴庙、白屿庙、八保庙、和平庙、永丰庙、青龙庙、穿鼻庙、谢家岙庙、平水庙、上湾庙、樟树庙、大蔚庙、灵岩庙、龙王殿、关圣殿、三官殿、莲花祠 25 处。

茅洋乡庙宇分布一览表

表 8-5-17

庙 名	地 址	始建年代	建筑面积（平方米）	占地面积（平方米）	祀 主	神诞日	备 注
凤翔庙	屠家园	清嘉庆二十一年（1816）	360	450	当境、谢圣	六月初六 六月十八	—
杨家庙	杨家村东北	清乾隆年间	500	450	当境、龙王	六月初六	俗称“大庙”
关帝庙	徐家岙村北	清同治四年（1865）	360	550	关公等	五月十三	—
聚成庙	银洋村	清	250	1200	侯王大帝	正月初五	2007 年重建
永丰庙	南充村	明	500	790	当境、王将军、龙王、谢仙等	三月初三 三月十五	清道光间迁建。2009 年重修
青龙庙	溪东村	不 详	620	1600	当 境	正月十九	2004 年易地重建

另，规模较小者海头庙、太平庙、枫树将军庙、保安亭、善岙庙、塘头庙、杨家岙永丰庙、小庙、方家洋庙、永安庙、八公庙、永兴庙、余庆庙、真武殿、龙王庙、镇龙庙、南充土地堂、白岩下土地庙、屠家园将军庙、小白岩三皇堂、大地园土地庙、溪口土地庙、外岙青龙庙、下缸厂山王堂、李家弄永丰庙、关峻关帝庙、文山村太保庙、台头永宁庙、将军殿、花墙娘娘宫、土地堂、洋岙山永安庙等 36 处。

高塘岛乡庙宇分布一览表

表 8-5-18

庙 名	地 址	始建年代	建筑面积（平方米）	占地面积（平方米）	祀 主	神诞日	庙界村	备 注
镇潮庙	江南村	清光绪初	500	850	白鹤大帝	—	江南村	初称会龙庙
武圣庙	乌岩头村	清光绪三十三年（1907）	200	850	关 公	五月十三	乌岩头村	武圣大帝
武圣庙	李八村龙潭坑	不 详	200	145	关 公	五月十三	杏八村	—
定海庙	江北村杏十三	不 详	240	950	大 禹	正月二十五	江北村	—
九龙庙	中江村	清光绪十二年（1886）	720	1296	关 公	五月十三	中江村	原名关帝庙
平水庙	雉鸡山头	明 末	180	980	大 禹	正月二十五	花岙岛	—
武圣庙	珠门村	清 末	210	190	关 公	五月十三	珠门村	—

另，规模较小者龙珠玄坛庙、永康庙、小鸭嘴杨府庙、舢舨塘杨府庙、仰天塘杨府庙、林港杨府庙、娘娘庙、港口玄坛庙、五岳庙、土地庙、遗爱祠、保安寺、珠益村玄坛保安庙、余江保安庙、花岙关公庙、花岙娘娘庙、罗元娘娘庙、正东庙、渔潭老爷湾白鹤庙、珠门娘娘庙、纱帽绿白鹤庙、五圣庙22处。

第九章　少数民族

象山系少数民族散杂居地区。2011 年，全县常住定居及有户籍少数民族人口 1500 余人，占县总人口 0.283%，散居于 18 个镇乡（街道），有蒙古族、苗族、壮族、土家族等 32 个少数民族。苗族人数最多，布依族、土家族次之。围绕“共同团结奋斗、共同繁荣发展”民族工作主题，以创建促团结，强联谊聚人心，抓龙头树典型，创特色展新貌，全面营造民族团结、和谐良好氛围，为建设现代化滨海休闲城市、开创桥海新时代提供强大力量支撑。

第一节　分　布

县内少数民族，历来甚少。元时，蒙古族人任县达鲁花赤及其他官职，曾有后裔留居。清，少数满族人到县任职定居。中华人民共和国成立前，因兵事、逃荒、婚嫁入县定居。1953 年，全国第一次人口普查，境内均汉族，无少数民族。1964 年，全国第二次人口普查，少数民族 4 个、16 人。近 30 余年，少数民族多婚嫁、务工、移民、人才引进落户象山。2011 年，少数民族抽查，常住 6 个月以上 32 个、4900 余人（大多为流动人口），占县总人口的 0.924%。境内 18 个镇乡（街道），均居住少数民族同胞。

人口普查

中华人民共和国成立后，全国人口普查凡 5 次，至第二次普查象山始有少数民族。

第二次人口普查　1964 年，全国第二次人口普查，有蒙古族、回族、苗族、藏族 4 个少数民族共 16 人，占县总人口的 0.0047%。

1964 年县少数民族人口统计一览表

表 9-1-1　　　　单位：人

类别 / 镇乡	蒙古族	回族	苗族	藏族
合　计	10	3	2	1
丹城镇	—	1	—	—
晓塘公社	—	1	—	—
新桥公社	10	—	—	—
亭溪公社	—	1	—	—
南庄公社	—	—	1	—
檀头山公社	—	—	1	—
下沈公社	—	—	—	1

说明：数据由县统计局提供，下同。

第三次人口普查　1982 年，全国第三次人口普查，象山有蒙古族、回族、满族、苗族、藏族、瑶族、畲族、朝鲜族 8 个少数民族共 32 人，占全县总人口的 0.0068%。

1982 年县少数民族人口统计一览表

表 9-1-2　　　　单位：人

镇乡 \ 类别	蒙古族	回族	满族	苗族	藏族	瑶族	畲族	朝鲜
合　计	10	6	6	4	1	1	2	2
丹城镇	—	1	—	—	—	—	—	—
石浦镇	—	1	5	—	—	—	—	—
新桥公社	10	—	—	—	—	—	1	—
亭溪公社	—	1	—	—	—	—	—	—
晓塘公社	—	1	—	—	—	—	—	—
莲花公社	—	2	—	—	—	1	1	—
檀头山公社	—	—	1	1	—	—	—	—
西周公社	—	—	—	—	—	—	—	2
莲花公社	—	—	—	2	—	—	—	—
下沈公社	—	—	—	—	1	—	—	—
南庄公社	—	—	—	1	—	—	—	—

第四次人口普查　1990 年，全国第四次人口普查，象山有蒙古族、回族、藏族、维吾尔族、苗族、壮族、布依族、朝鲜族、满族、侗族、瑶族、土家族、畲族 13 个少数民族共 49 人（男 20 人、女 29 人），占总人口的 0.0098%。

1990 年县少数民族人口统计一览表

表 9-1-3　　　　单位：人

镇乡 \ 类别	蒙古族	回族	满族	苗族	藏族	瑶族	畲族	朝鲜	壮族	维吾尔族	布依族	侗族	土家族
合　计	7	7	2	5	1	1	10	4	4	1	1	1	5
丹城镇	1	—	1	—	—	—	1	4	—	—	—	—	—
爵溪镇	—	—	—	—	—	—	—	—	—	1	—	—	—
石浦镇	—	2	1	—	—	—	2	—	—	—	—	—	—
西周镇	2	4	—	2	—	1	5	—	4	—	1	—	—
鹤浦镇	—	—	—	—	—	—	—	—	—	—	—	1	—
定塘镇	—	—	—	—	—	—	1	—	—	—	—	—	—
亭溪乡	—	1	—	1	—	—	—	—	—	—	—	—	—
南庄乡	—	—	—	1	—	—	1	—	—	—	—	—	—
东港乡	1	—	—	—	—	—	—	—	—	—	—	—	—

续表9-1-3

类别 镇乡	蒙古族	回族	满族	苗族	藏族	瑶族	畲族	朝鲜	壮族	维吾尔族	布依族	侗族	土家族
新桥乡	1	—	—	—	1	—	—	—	—	—	—	—	—
高塘岛乡	2	—	—	1	—	—	—	—	—	—	—	—	2
雅林溪乡	—	—	—	—	—	—	—	—	—	—	—	—	3

第五次人口普查 2000年11月1日第五次全国人口普查调查统计，象山有蒙古族、回族、藏族、维吾尔族、苗族、彝族、壮族、布依族、朝鲜族、满族、侗族、瑶族、白族、土家族、黎族、傈僳族、畲族、水族、土族、仡佬族、纳西族21个少数民族共583人（男262人、女321人），占总人口的0.1204%。

2000年县少数民族人口统计一览表

表9-1-4　　单位：人

类别 镇乡	合计			蒙古族			回族			藏族			维吾尔族			苗族		
	人数	男	女	小计	男	女	小计	男	女	小计	男	女	小计	男	女	小计	男	女
丹城镇	95	47	48	8	4	4	2	2	—	—	—	—	—	—	—	36	20	16
石浦镇	112	61	51	13	7	6	5	2	3	—	—	—	—	—	—	22	12	10
爵溪镇	29	18	11	—	—	—	—	—	—	—	—	—	2	1	1	20	13	7
西周镇	119	65	54	3	—	3	3	2	1	3	2	1	—	—	—	10	7	3
鹤浦镇	57	7	50	1	—	1	—	—	—	—	—	—	—	—	—	11	5	6
贤庠镇	10	2	8	—	—	—	—	—	—	—	—	—	—	—	—	8	2	6
墙头镇	31	17	14	—	—	—	—	—	—	—	—	—	—	—	—	26	14	12
泗洲头镇	14	3	11	—	—	—	—	—	—	1	—	1	1	1	—	—	—	—
定塘镇	16	4	12	1	—	1	4	2	2	—	—	—	—	—	—	3	2	1
昌国镇	11	4	7	—	—	—	—	—	—	—	—	—	—	—	—	5	2	3
涂茨镇	24	15	9	1	—	1	2	1	1	—	—	—	—	—	—	7	4	3
大徐镇	4	4	—	—	—	—	—	—	—	—	—	—	—	—	—	4	4	—
新桥镇	12	2	10	1	—	1	3	2	1	—	—	—	—	—	—	1	—	1
下沈镇	3	1	2	1	—	1	—	—	—	—	—	—	—	—	—	2	1	1
东陈乡	4	—	4	—	—	—	—	—	—	—	—	—	—	—	—	1	—	1
晓塘乡	4	—	4	—	—	—	—	—	—	—	—	—	—	—	—	1	—	1
黄避岙乡	1	—	1	—	—	—	—	—	—	—	—	—	—	—	—	—	—	—
茅洋乡	11	6	5	—	—	—	1	—	1	—	—	—	—	—	—	1	1	—

续表9-1-4

类别 镇乡	合计			蒙古族			回族			藏族			维吾尔族			苗族		
	人数	男	女	小计	男	女	小计	男	女	小计	男	女	小计	男	女	小计	男	女
高塘岛乡	26	6	20	—	—	—	—	—	—	—	—	—	—	—	—	9	5	4
总计	583	262	321	29	11	18	20	11	9	4	2	2	3	2	1	167	92	75

2000年县少数民族人口统计一览表

表9-1-5　　单位：人

类别 镇乡	彝族			壮族			布依族			朝鲜族			满族			侗族		
	小计	男	女	小计	男	女	小计	男	女	小计	男	女	小计	男	女	小计	男	女
丹城镇	1	—	1	—	—	—	7	2	5	4	2	2	7	2	5	10	6	4
石浦镇	3	2	1	6	3	3	2	1	1	11	4	7	1	1	—	—	—	—
爵溪镇	—	—	—	—	—	—	4	2	2	1	1	—	—	—	—	2	1	1
西周镇	3	2	1	3	—	3	70	42	28	1	—	1	4	1	3	—	—	—
鹤浦镇	7	1	6	2	—	2	22	1	21	—	—	—	—	—	—	1	—	1
贤庠镇	—	—	—	1	—	1	—	—	—	—	—	—	1	—	1	—	—	—
墙头镇	—	—	—	1	—	1	—	—	—	—	—	—	—	—	—	—	—	—
泗洲头镇	1	—	1	7	1	6	4	1	3	—	—	—	—	—	—	—	—	—
定塘镇	—	—	—	—	—	—	4	—	4	—	—	—	—	—	—	—	—	—
昌国镇	—	—	—	—	—	—	—	—	—	—	—	—	—	—	—	—	—	—
涂茨镇	—	—	—	—	—	—	—	—	—	—	—	—	—	—	—	—	—	—
大徐镇	—	—	—	—	—	—	—	—	—	—	—	—	—	—	—	—	—	—
新桥镇	—	—	—	—	—	—	6	—	6	—	—	—	—	—	—	—	—	—
下沈镇	—	—	—	—	—	—	—	—	—	—	—	—	—	—	—	—	—	—
东陈乡	—	—	—	1	—	1	—	—	—	—	—	—	—	—	—	—	—	—
晓塘乡	—	—	—	—	—	—	—	—	—	—	—	—	—	—	—	2	—	2
黄避岙乡	—	—	—	—	—	—	—	—	—	—	—	—	—	—	—	—	—	—
茅洋乡	—	—	—	—	—	—	8	5	3	—	—	—	—	—	—	—	—	—
高塘岛乡	6	1	5	3	—	3	2	—	2	—	—	—	—	—	—	1	—	1
总计	21	6	15	24	4	20	129	54	75	17	7	10	13	4	9	16	7	9

2000 年县少数民族人口统计一览表

表 9-1-6　　　　单位：人

类别 镇乡	瑶族			白族			土家族			黎族			傈僳族			畲族		
	小计	男	女	小计	男	女	小计	男	女	小计	男	女	小计	男	女	小计	男	女
丹城镇	—	—	—	1	1	—	7	6	1	7	—	7	—	—	—	3	1	2
石浦镇	—	—	—	—	—	—	45	29	16	—	—	—	1	—	1	1	—	1
爵溪镇	—	—	—	—	—	—	—	—	—	—	—	—	—	—	—	—	—	—
西周镇	1	—	1	—	—	—	13	7	6	—	—	—	—	—	—	4	2	2
鹤浦镇	—	—	—	8	—	8	1	—	1	—	—	—	3	—	3	1	—	1
贤庠镇	—	—	—	—	—	—	—	—	—	—	—	—	—	—	—	—	—	—
墙头镇	—	—	—	—	—	—	1	1	—	—	—	—	—	—	—	3	2	1
泗洲头镇	—	—	—	—	—	—	—	—	—	—	—	—	—	—	—	—	—	—
定塘镇	—	—	—	1	—	1	1	—	1	—	—	—	—	—	—	2	—	2
昌国镇	—	—	—	—	—	—	6	2	4	—	—	—	—	—	—	—	—	—
涂茨镇	—	—	—	—	—	—	14	10	4	—	—	—	—	—	—	—	—	—
大徐镇	—	—	—	—	—	—	—	—	—	—	—	—	—	—	—	—	—	—
新桥镇	—	—	—	—	—	—	1	—	1	—	—	—	—	—	—	—	—	—
下沈镇	—	—	—	—	—	—	—	—	—	—	—	—	—	—	—	—	—	—
东陈乡	—	—	—	—	—	—	1	—	1	—	—	—	—	—	—	1	—	1
晓塘乡	—	—	—	—	—	—	1	—	1	—	—	—	—	—	—	—	—	—
黄避岙乡	—	—	—	—	—	—	1	—	1	—	—	—	—	—	—	—	—	—
茅洋乡	—	—	—	—	—	—	—	—	—	—	—	—	—	—	—	—	—	—
高塘岛乡	—	—	—	1	—	1	1	—	1	—	—	—	—	—	—	—	—	—
总计	1	—	1	11	1	10	93	55	38	7	—	7	4	—	4	15	5	10

2000 年县少数民族人口统计一览表

表 9-1-7　　　　单位：人

类别 镇乡	水族			土族			仡佬族			纳西族			其他未识别民族		
	人数	男	女	小计	男	女	小计	男	女	小计	男	女	小计	男	女
丹城镇	—	—	—	—	—	—	—	—	—	2	1	1	—	—	—
石浦镇	—	—	—	—	—	—	2	—	2	—	—	—	—	—	—
爵溪镇	—	—	—	—	—	—	—	—	—	—	—	—	—	—	—
西周镇	—	—	—	1	—	1	—	—	—	—	—	—	—	—	—
鹤浦镇	—	—	—	—	—	—	—	—	—	—	—	—	—	—	—

另，规模较小者鸡鸣岙头里关帝庙、潭地关帝庙、鸡鸣村关帝庙、镜架山关帝庙、昌国南门关帝庙、昌国东门关帝庙、下岙上关圣殿、下岙下关圣殿、武圣殿、石浦南关桥关帝庙、石龙庙、武圣庙、晓湾关圣庙、蒲湾村关圣庙、永安堂、司前武圣庙、南门村关圣庙、坦塘下村武圣庙、宫后村关帝庙、盘沙村关帝庙、大王宫村关帝庙、玄真宫、真武殿、对面山真武宫、司前村真武宫、半边山村平水庙、东门南汇平水庙、东门城隍庙西北平水庙、石浦水仙宫、檀头山平水庙、葛峙山平水庙、盐厂中心村平水庙行宫、宋王城村宋王城、阳明山庄宋皇殿、石浦西城宋王庙、下洋墩宋王庙、司前村宋王庙、玉女山妈祖庙、阳明山庄妈祖殿、檀头山长坑妈祖庙、龙圣宫、蠡蠡庙、延昌铜关天后宫、石浦天后宫、小塘庙、对面山宫前天后宫、对面山胡椒湾天后宫、蒲湾娘娘宫、檀头山勾头娘娘宫、檀头山南嘴头娘娘宫、天后宫、昌国城隍庙、昌国鹤头岭东岳宫、十皇殿、石浦半岭东岳宫、土地庙、鸡鸣村圆峰庙、镜架山圆峰庙、鹤头圆峰庙、昌国南门圆峰庙、昌国天封塔山圆峰庙、洋下山圆峰庙、女溪村圆峰庙、东门巉头圆峰庙、东门南汇圆峰庙、东门冠基山东门庙、蒋家湾圆峰庙、井水圆峰庙、低峧圆峰庙、南向圆峰庙、南向圆峰庙行馆、金鸡村圆峰庙、下洋墩圆峰庙、司前圆峰庙、司前圆峰庙行馆、铜瓦门王爷庙、鸡鸣太平庙、马盘张大人庙、王大人庙、万金娘娘庙、祖始庙、昌国东门太平庙、三王庙、平安吉庆寺、蒋家湾张大人庙、胡林庙、三圣庙、东海龙宫、九龙庙、龙圣宫、大窝青龙庙、南向娘娘庙、显灵保安庙、石浦娘娘庙、昌国五圣庙、西龙庵后王爷庙、凤凰山五圣庙、雷公山王爷庙、毛山庙、石浦文昌阁、昌国文昌阁、星塘文昌阁、鸡鸣白鹤庙、横峙白鹤庙、马峙白鹤庙、南向白鹤庙、蒋家湾玄坛庙、太湾玄坛庙、下洋墩玄坛庙、上布袋玄坛庙、上塘财文庙、三湾泗洲堂、半岭泗洲堂、冷湾泗洲堂、稻蟹庙、司前泗洲堂、左所庙、右所庙、昌国卫旗纛庙、石浦所旗纛庙、娘娘庙、东龙宫、逢春庙、它山庙、三官堂、洋山岗杨府庙、向浦杨府庙、稻桶庙、陈将军庙、嫣妈庙、保生殿、小庙、东门庙、胡公庙、十三宫、药王庙、石龙庙、白将军庙、胡公庙、东湾庙、千岁爷庙、小王千岁庙、白将军庙、虎爪头三圣庙146处。

西周镇庙宇分布一览表

表8-5-5

庙　名	地　址	始建年代	建筑面积（平方米）	占地面积（平方米）	祀　主	神诞日	备　注
镇安庙	西周镇区	宋庆元元年（1195）	450	500	当　境	不　详	又名田洋庙，民国30年（1941）被日军烧毁，后重建
显济殿	谢圣岙	宋建炎年间	525	600	谢　圣	八月十二	建水库2008年移址重建
将军庙	莲花双汪岭	清	250	不详	七参军（汪将军）	不　详	清光绪十八年（1892）重修。七参军庙之一

续表9-1-7

类别 镇乡	水族			土族			仡佬族			纳西族			其他未识别民族		
	人数	男	女	小计	男	女	小计	男	女	小计	男	女	小计	男	女
贤庠镇	—	—	—	—	—	—	—	—	—	—	—	—	—	—	—
墙头镇	—	—	—	—	—	—	—	—	—	—	—	—	—	—	—
泗洲头镇	—	—	—	—	—	—	—	—	—	—	—	—	—	—	—
定塘镇	—	—	—	—	—	—	—	—	—	—	—	—	—	—	—
昌国镇	—	—	—	—	—	—	—	—	—	—	—	—	—	—	—
涂茨镇	—	—	—	—	—	—	—	—	—	—	—	—	—	—	—
大徐镇	—	—	—	—	—	—	—	—	—	—	—	—	—	—	—
新桥镇	—	—	—	—	—	—	—	—	—	—	—	—	—	—	—
下沈镇	—	—	—	—	—	—	—	—	—	—	—	—	—	—	—
东陈乡	—	—	—	—	—	—	—	—	—	—	—	—	—	—	—
晓塘乡	—	—	—	—	—	—	—	—	—	—	—	—	—	—	—
黄避岙乡	—	—	—	—	—	—	—	—	—	—	—	—	—	—	—
茅洋乡	1	—	1	—	—	—	—	—	—	—	—	—	—	—	—
高塘岛乡	—	—	—	—	—	—	2	—	2	—	—	—	1	—	1
总计	1	—	1	1	—	1	4	—	4	2	1	1	1	—	1

抽查统计

全县少数民族群众情况抽查统计，自2006年至2012年凡3次。

第一次抽查 2006年，全县少数民族群众情况抽查统计，常住少数民族人口800余人，外来暂住少数民族人口约700人。

第二次抽查 2008年7月，全县少数民族群众情况抽查统计，新增毛南、羌、景颇、佤（居于爵溪、鹤浦）、塔塔尔族（定塘镇）、普米族（定塘镇）、达斡尔族（丹东）、拉祜族（高塘岛乡、泗洲头镇）、傣族（丹东、西周）、哈尼族（丹西）10个常住少数民族。另，在爵溪街道暂住人口登记中出现仫佬族。

第三次抽查 2011年，全县少数民族群众情况抽查统计，常住6个月以上少数民族人口4900余人，涉及32个民族成分。少数民族占全县总人口的0.924%。全县18个镇乡（街道），均有少数民族居住。人口数量，苗族最多，占全县常住少数民族人数的28%，其次是布依族22%、土家族15%；人口分布，居住西周、石浦镇占40%以上，外来暂住人口以爵溪镇为多，约占60%；在少数民族中，女性略多于男性，占58.03%。

弱势群体调查

全县弱势少数民族家庭基本情况调查，自2002年至2012年凡2次。

2002年，根据全县14个乡镇109户少数民族家庭调查数据统计，户年收入在5000元以上

35 户，占 32.1%；年收入在 3000 元至 4000 元 27 户，占 24.7%；年收入在 3000 元以下 47 户，占 43.12%。常住少数民族群众困难面较大，表现为“三低”：低收入，除少数引进专业技术人才外，85%以上少数民族家庭年均收入 5000 元及以下；低工资，居住城镇的大多从事针织、模具加工、餐饮等业打工，居住农村以务农为主；低文化，知识分子比例少，大多为初中及以下文化者。

2008 年，全县少数民族 24 个，常住少数民族群众 1300 余人。人口最多 3 个民族为苗族、布依族、土家族。常住少数民族人员除少量为引进的人才，大都为农村家庭妇女及其子女，主要从事农渔业生产，85%以上少数民族家庭年均收入 5000 元及以下。外来少数民族居住在城镇的大多从事针织业、模具加工业、商业、餐饮业，主要是以打工为主；居住在农村的以务农为主。少数民族人员知识结构呈金字塔状，知识分子比例小，大多为初中及以下文化程度。少数民族人员主要集中在鹤浦、石浦、西周以及城区，来源地大多是贵州、云南、四川、湖南、广西、内蒙古、东北等地，分布不均衡，共性情况少，个性情况多。

少数民族人员主要分为两类：一是因婚嫁、就业到象山定居；二是近年，青海、新疆等地回民到象山经商或务工。就业到象山少数民族人员基本上学历较高，自身素质也较好，主要分布行政与企事业单位。婚嫁到象山定居少数民族人员基本上分布于农村，大多数家庭在生产生活上存在较大困难：（1）生活贫困，是弱势群体之一。这些家庭本来底子薄、基础差。（2）家庭成员文化程度低，基本上没有一技之长。（3）经济观念较落后，加上没有较厚实家底，不敢冒险尝试种植、养殖业等。

第二节　事　务

改革开放后，县委、县政府为不断巩固和发展平等、团结、互助社会主义民族关系，围绕少数民族最现实、最关心、最直接问题如就业、增加收入、弱势群体、医疗教育等，想方设法，全力解决。以政策宣传、条例贯彻为先导，以经济、智力与自我“造血”扶贫为切入点，少数民族人数增长，生活水平提高，社会继续保持和谐、稳定、发展良好政治局面。

宣传教育

第二次全国人口普查后，象山县于 1992 年 6 月，召开少数民族代表座谈会，县宗教办主任盛繁国向 10 名代表宣讲党的民族政策与有关民族法律法规。后年年召开，人数增加，并由媒体报道。随着少数民族人数增长，多次在全县统战工作会上宣讲民族政策，通报全县少数民族基本情况。2003 年 3 月，《浙江省少数民族权益保障条例》施行后，首先利用《象山报》、电视等媒体宣传发动，在电视台连续播放 3 天，在《象山报》上采用问答式连续刊登《条例》内容和县内少数民族概况，并向全县副局（乡镇）级以上干部发放《条例》近 200 份。11 月 28 日，在县委统战部会议室，召开少数民族代表会议，20 名代表学习条例，听取县民宗局局长金剑良宣讲，交流心得。会后包片宣传贯彻，基本上达到深入人心、家喻户晓。此后，县民宗局每年均组织召开少数民族代表会议，传达上级少数民族工作会议精神，宣传少数民族政策法规。在县教育局举办中青年教师培训班上开展少数民族政策讲座，使教育管理后备人才了解民族工作政策。结合县党员先进性教育活动，向村主要干部开展少数民族政策宣讲，达到少数民族政策宣传全覆盖。

2004年5月，在县人民广场举行统一战线广场文化系列活动，县委统战部、县民宗局积极做好少数民族政策法规、少数民族工作宣传，在广场开展少数民族工作图片展览，展示县民族工作的基本情况，设立少数民族民族政策法规咨询摊位开展现场咨询，发放有关民族法律、法规、政策资料1000余份，吸引上万人。群众观看少数民族两个板块展览后，纷纷反映，原来象山没有少数民族，现在竟然有30余个民族近5000人口，这是改革开放带来的新情况。象山少数民族同胞能在全国、省级、市级获奖，说明少数民族人员质量提高，是象山的荣誉。

普遍救助

2002年，争取市民宗局下拨补助县少数民族特困家庭16户、6000元。2003年，争取市局下拨补助县少数民族特困家庭28户、10000元。

2004年至2006年，市民宗局每年下拨象山少数民族家庭特困户生活补助款16000元、16000元、11200元，县财政预算每年配套安排少数民族特困户生活补助20000元，补助特困户分别是103户、92户、97户。2007年始，县财政安排少数民族困难家庭补助资金，由每年20000元增至30000元，共补助困难户215户。

县民宗局积极采取措施，努力做好少数民族扶贫工作：通过走访了解，建立弱势少数民族家庭档案，确定扶贫帮困对象100余户；落实帮带措施，引导少数民族家庭调整农业产业结构，开展帮带，脱贫致富；在各镇乡（街道）“劳动就业服务中心”中建立少数民族户劳动力档案，并做到“四优先”——优先安排少数民族劳动力参加各种技能培训、优先安排农业扶贫项目、优先推荐劳动力进企业就业、优先对少数民族户实行低保；争取县财政发展资金13万元，设立专项资金，开展对少数民族户扶贫帮困工作，并要求镇乡（街道）拨出专项配套资金，对生活条件较差少数民族家庭给予经济补助。

为全面落实党的民族政策，在结合象山城乡发展实际的基础上，各级政府、机关相继制定出台相关配套政策。县民宗局联合县教育局、财政局于2003年下发《关于做好少数民族学生学杂费减免工作的通知》，少数民族学生政策优惠真正以文件形式加以确定，使少数民族学生学杂费减免规范化、程序化。县民宗局充分调研，精准统计全县少数民族学生。建立、健全全县少数民族学生情况档案，使少数民族学生都能得到政策范围内学杂费减免。2003年至2007年，全县共有26名学生受到减免，减免金额5560元。又与团县委、县妇联、慈善总会等，共同结对助学，帮助少数民族学生。

重点救助

2008年初，县民宗局干部深入各乡镇、街道，走访慰问少数民族贫困户。将市民宗局下拨与县政府配套发放少数民族专项扶持资金47万元，分别送到全县150余户少数民族困难家庭，帮助他们度过生活难关。县民宗局引导县内宗教团体开展“帮困助学、和谐社会”活动，由宗教团体募捐赞助，每学期向10户少数民族特困家庭子女送去助学金每户600元。是年8月中旬，县民族宗教局干部专程到鹤浦高坎头村，看望读小学四年级苗族小朋友，其父母均是文盲，靠种田和下小海养家糊口，家庭生活拮据。局领导代表政府送去助学慰问金，询问学习和生活情况，鼓励她勤苦求学取得更好成绩。生活在象山的蒙古族、回族、藏族等31个少数民族1500余名人，得到县委、县政府亲切关怀和大力扶持。定塘镇政府为后北村一畲族同胞家庭争取到象山县慈善总会第三期安居工程补助款6000元。另补助2400元帮助建造60平方米瓦房，解决其住房困难。

智力扶贫

2002年始，定塘镇建立贫困少数民族家庭档案，列出重点扶贫对象，为少数民族同胞脱贫致富出谋划策。引导他们因地制宜，发展蔬菜种植业，并为3名特困户进行劳动技能培训，介绍他们与蔬菜种植大户建立联系，发展农业生产。

2004年，县民宗局与工商部门一起为外来少数民族同胞开办经营实体提供方便，全县目前有清真食品餐馆6家，从业人数30余人，在工商部门登记时，县民宗局积极为他们联系，在政策法规允许范围内给予帮助。政府部门牵线搭桥，鼓励困难少数民族家庭技术脱贫，支持他们参加镇乡（街道）各项工农业生产的技术培训，并介绍他们进企业就业。针织业发达的爵溪街道、以铸造业为主要工业经济的茅洋乡等，由于这些产业部分工种对文化、技术要求不高，镇乡（街道）帮助介绍他们进企业打工。县财政设立少数民族困难补助专项资金，以扶持引导少数民族家庭发展种植、养殖业。以农业经济为特色的晓塘等镇乡，帮助他们以发展农业种植、养殖致富，晓塘乡一名苗族妇女种植5亩柑橘、葡萄取得生产效益。新桥镇一户少数民族家庭办起畜牧场，并形成一定规模。支持、帮助原来闲居在丹城的蒙古族同胞利用自住房开办理发店，成为自食其力的创业者。通过不同方法，不断增强少数民族同胞的自我“造血”功能，促进他们真正意味上脱贫致富。

移民安置

2004年始，丽水市青田县滩坑水库建设中，近500名群众陆续移居象山，其中畲族同胞30余人。为安排好他们生产生活，县政府专门在10个镇乡建造移民安置房，采取多种措施帮助他们发展水稻种植和畜牧养殖，并投入大量资金给这些移民安置房修通道路、自来水，全部完成低压输电线路改造，使落户象山的畲族移民人均收入达到当地农民水平。2006年，最后2户畲族同胞迁入晓塘乡美礁碶村。为让移民真正融入美礁碶村，住得安心、舒心，除村里挑选最佳建房用地，调剂出生产用地，统一分配给移民外，当地政府还按规定全免移民安置有关税费，免除集体分摊的义务工和劳动积累工，或“一事一议”分摊用工2年，同时移民兴办二、三产业与就业等，同等条件给予优先照顾。少数民族移民情绪稳定、安居乐业。

县职高开办“黄平班”

贵州省黔东南州黄平县是象山对口帮扶县，黄平职业教育薄弱，没有职高学校，初中生60%升入普高后，其余40%外出打工。2006年初，两县经商定，由黄平县湖里中学和象山职高联合办学，每年由湖里中学招生，挂“浙江省象山县职业高级中学黄平分校”牌子，学生先在湖里中学读一年基础课程，第二年到象山职高学习技能。象山职高向他们收取低学杂费，学生毕业时发象山职高文凭，由象山职高安排在象山就业。2006年9月，到象山读书首批28名学生中大部分是少数民族贫困生，象山职高已经联系有关单位，让这些单位替贫困生出学杂费，毕业后则到这些单位就业。是年始，县佛教协会每年结对助学10名少数民族困难学生，每学期发放助学金6000元。

至2007年9月，象山职高69名贵州学生，少数民族34人。这批少数民族寒门学子受到象山县政府各个部门、社会各界别的关注和支持。职业高级中学团委募集善款5000余元设立“黄平爱心基金”，用于困难学生的学习用具、生活用品、过年回家车旅费等。县教育局拨出专项资金2万元补助他们外出实习，购买课外学习资料、技能学习资料等。县慈善总会对他们倾斜扶贫，帮助解决生活困难。在寒假时，为他们联系勤工俭学，也为他们赚取一定生活费用。县民宗部门积极探索智力扶贫新方法，积极向市民宗局争取到1万元少数民族专项发展资金，于2007年8月16日向15名成绩优秀贵州黄平旅游、建筑班困难少数民族学生发放。在就业环节上，这些学生在学校帮助下，尚未毕业已在宁波范围内签订就业意向，2012年已经有学生工作在象山石浦半岛酒店、宁波建筑防腐公司等多家单位。

2007年10月15日，由县职业高级中学、天安集团、巨鹰集团、高塘岛乡江北村等15个县劳模集体组成的劳模协会第七活动小组，在听取“黄平班”介绍后，慷慨解囊，短时间内就筹集到3万余元教育基金，捐助县职业高级中学的“黄平班”贫困学生度过生活难关。12月18日，全县14个劳动模范集体与103名黄平学生结成助学对子。是月23日，县慈善总会从荣誉象山人——台胞王嗣芬女士侄女王霏平捐赠助学善款中，拨出1.92万元给贵州省黄平县籍在县职高就读的学生，每人一次性发放200元生活补助费。是年，争取到市民宗局下拨县少数民族发展专项资金1.7万元。

2008年，县民宗局还向县职高“黄平班”15名学习优秀的少数民族贫困学生，发放少数民族专项发展资金1万元。2008年9月17日，市民宗局副局长曹汴宏到象山调研少数民族发展专项资金申报项目基本情况，走访县职业高中，了解因东西部协作办学，到象山读职高的贵州黄平籍少数民族学生学习生活情况。曹汴宏聆听东西部学校合作办学经过，对这些学生表示关怀。他认为象山职高非常重视少数民族工作，做了许多实事，使有限资金发挥应有效益，政府将继续给予力所能及支持，为象山县协作办学智力扶贫，促进西部地区少数民族发展提供积极支持。

贯彻“三优先”政策

在安排就业、困难补助、实行低保三方面，少数民族同胞优先。西周、晓塘、泗洲头、定塘等乡镇率先实行，而后在全县各镇乡、街道推广，使少数民族困难家庭能及时得到党和政府关怀。定塘镇后北村一畲族妇女，因丈夫死后，家庭生活困难，镇政府联系县慈善总会拨款8000元，其中用于建房6000元、用于女儿读书2000元。另每学期给予补助500元，至高中毕业。每年春节前夕，县民宗局深入全县各镇乡、街道探望少数民族困难户，送去慰问金，帮助他们过好新春佳节。

县委和政府全面贯彻党的民族政策，高度重视民族工作，以科学发展观为指导，把加快少数民族群众生产生活发展，作为解决民族问题的根本途径，从而大大加快少数民族群众经济发展和社会进步。各镇乡街道、各有关部门也都从自身实际出发，采取许多相应措施，促使贯彻落实党的民族方针政策工作取得较为明显成效。

民族工作部门通过座谈会、培训会、外出考察等形式，加强培养少数民族人才，提高少数民族干部和业务技术人才整体素质。教师满族同胞何文轩，获全国“园丁奖”，职称升至中教二级，并当选县妇女联合会常委。鼓励少数民族人士积极参政议政，推荐少数民族人士担任政协委员和青年联合会代表，县政协八、九届政协委员王海明、郑燕女、何文轩均为少数民族。

针对日益增多外来少数民族人口，要解决外来少数民族生产、生活、学习等方面存在的困难，妥善处理好涉及民族方面的矛盾纠纷等，单凭民宗部门是远远不够，必须依靠部门之间协作，部门协作是做好外来少数民族工作关键。县民宗、工商、公安、卫生、劳动等部门，在做好给外来少数民族工作方面责任，切实为外来少数民族同胞创业、经商、务工提供各种便利，帮助解决少数民族在户口登记、子女入学、医疗卫生、计划生育、经营场所、房屋租赁、法律援助等方面存在的困难，并对流动经商、务工少数民族人员，适当减免有关税费，给予优惠照顾等。在具体工作中，各部门在履行各自责任的同时，相互配合，促进工作开展。

积极为外来少数民族同胞提供服务，维护其合法利益。象山清真食品餐馆始办于2001年，至2012年象山共有清真食品餐馆20余家，从业人数60余人，在工商部门登记时，县民宗局积极为他们与各部门联系，在政策法规允许的范围内给予帮助。尊重少数民族风俗习惯和宗教信仰，在政策允许范围内保障其合法权益，妥善处理外来少数民族突发事件，确保社会稳定。

注重沟通

外来少数民族与当地群众的差异主要体现在语言文化、风俗习惯和宗教信仰等方面，而这种差异在很大程度上影响着外来少数民族对当地政府的信赖程度、对当地群众的友好程度等，因此必须要加强与外来少数民族沟通交流。经过近几年的工作实践，已基本形成由县民宗干部、镇乡（街道）干部以及少数民族代表等组成联系网络，并经常性开展交流沟通，在积极帮助外来少数民族办实事、做好事、解难事的同时，认真听取他们的意见和建议，了解他们的思想动态。通过举办外来少数民族座谈会、社区居民与外来少数民族联欢会、组织相关单位走访慰问在象山少数民族学生等活动，努力营造民族一家亲的工作氛围。拉近外来少数民族与当地政府、群众之间距离，加深相互间感情，也使外来少数民族工作由复杂繁重趋向简约轻松，在处理涉及民族方面矛盾纠纷时，外来少数民族同胞能主动配合民宗干部开展工作。

第十章　统战社团

象山台胞、侨胞与港澳同胞多，宗教、民间信仰广泛，又加上工商联（商会）基层组织多，故全县统战社团多。象山统战社团组织首创于1982年12月，县基督教“三自”爱国运动委员会，至2012年，共有县基督教三自会与县基督教协会、县台联会、京沪归联会、县留联会、县留创会、香港象联会、县少联会、县青联会及徐福研究会、如意文化研究会等11个。

第一节　县台属台胞联谊会

县台属台胞联谊会（以下简称县台联会）由居住县人去台人员亲属及回乡定居台胞组成的民间联谊组织。其宗旨：坚持党的四项基本原则，高举爱国主义旗帜，坚持“和平统一、一国两制”的方针，加强海峡两岸交流交往，增进感情联络和友谊，共同为祖国和平统一大业及振兴象山经济作贡献。

台属台胞联谊会每届任期5年（第一、二届任期3年），届满选举产生会长1名，副会长、常务理事、理事若干名。

历次代表会议

第一次代表会议　1988年1月9日至10日，县台属台胞联谊会在丹城县老干部局会议室召开。出席代表81人。筹备工作组成员朱鹏飞作筹备工作报告并主持会议；县委统战部部长沈允法到会讲话；会议审议通过《章程》《决议》；选举产生首届县台联会理事会理事、常务理事、副会长、会长及秘书长、副秘书长。是年1月17日，县委统〔1988〕2号文件《关于公布县台属联谊会领导班子的名单》，县台属台胞联谊会一届理事会会长1人（暂缺），副会长2人，秘书长1人，副秘书长1人，常务理事5人，理事8人。

第二次代表会议　1991年4月22日，县台属台胞联谊会在丹城县府招待所会议室召开。会议代表95人。县委副书记陈凤姣到会讲话；副会长朱鹏飞作一届理事会工作报告；修订通过《章程》《决议》；选举产生二届理事会理事、常务理事、副会长、会长及秘书长、副秘书长。是年4月29日，县委统〔1991〕13号文件《关于象山县台属台胞联谊会第二届理事会组成人员的批复》，县台属台胞联谊会二届理事会会长李勤隆（兼），副会长2人，常务理事6人，理事10人。

第三次代表会议　1994年11月3日至4日，县台属台胞联谊会在丹城县农业局农技培训中心召开。会议代表77人。副会长朱鹏飞作工作报告；县政协副主席、县委统战部部长俞斌兆到会讲话；选举产生县台联会三届理事会理事、常务理事、会长、副会长及秘书长、副秘书长，会长马志良，副会长3人，聘任名誉会长3人。1997年1月30日，县委统〔1997〕7号文件《关于增减象山县台属台胞联谊会第三届理事会组成人员的批复》，副会长3人，常务理事7人，理事13人。聘任名誉会长3人。

第四次代表会议 1999 年 12 月 8 日，县台属台胞联谊会在丹城天安宾馆会议室召开。会议代表 91 名。会长马阿项致开幕词；副会长兼秘书长朱鹏飞作工作报告；县委副书记张雪明，县政协副主席、县委统战部部长沈佳雨讲话。副会长李永中主持会议。选举产生县四届理事会理事、常务理事、会长、副会长及秘书长、副秘书长，聘任名誉会长、副会长、顾问。

第五次代表会议 2004 年 12 月 29 日，县台属台胞联谊会在丹城象山宾馆召开。会议代表 81 名。会长马阿项致开幕词；副会长朱鹏飞作工作报告；县委副书记徐才印与县委常委、统战部部长欧亚群讲话。常务理事陈明吉主持会议。会议选举产生五届理事会理事、常务理事、会长、副会长及秘书长、副秘书长，聘任名誉会长、副会长。是年 12 月 2 日，县委干〔1999〕62 号《关于县台属台胞联谊会第四届理事会会长、副会长任职的批复》，会长姚吉权，副会长 3 人，常务理事 8 人，理事 14 人。聘任名誉会长 3 人。2005 年 1 月 12 日，县委发〔2005〕3 号《关于县台属台胞联谊会第五届理事会会长、副会长选举结果的批复》，会长 1 人，副会长 2 人，常务理事 4 人，理事 10 人。

历届理事会成员

第一届理事会 （1988. 01—1991. 04）

会　长：暂缺

副会长：袁继尧、朱鹏飞

秘书长：乐家琪

副秘书长：夏佩兰（女）

常务理事：纪三青、李昌宝、杨士广、陈文雅、胡建

理　事：8 人

第二届理事会 （1991. 04—1994. 11）

会　长：李勤隆

副会长：朱鹏飞、袁继尧

秘书长：朱鹏飞

副秘书长：乐家琪

常务理事：李昌宝、陈文雅、杨士广、胡建、夏佩兰（女）、蒋大宝（女）

理　事：10 人

第三届理事会 （1994. 11—1997. 1）

名誉会长：许常明、何敏求、钱嘉禾

会　长：马志良

副会长：朱鹏飞、袁继尧、李永中

秘书长：朱鹏飞

副秘书长：陈明吉、周丁乐

常务理事：李昌宝、张选芳、陈大年、周明辉、胡建、夏佩兰（女）、蒋大宝（女）、冯

家成（1997. 01 增补）

理　事：13 人（1997. 01 增补 1 名）

第四届理事会　（1999. 12—2004. 12）

名誉会长：陈增溥

名誉副会长：何敏求、钱家禾

顾　问：徐有馀、蒋子铨

会　长：马阿项

副会长：朱鹏飞、李永中、胡荣成

秘书长：朱鹏飞

副秘书长：陈明吉、周丁乐

常务理事：冯家成、潘三尊、蒋大宝（女）、杨维连

理　事：9 人

第五届理事会　（2004. 12—2012. 12）

名誉会长：马阿项、朱鹏飞

名誉副会长：钱家禾

会　长：姚吉权

副会长：陈明吉、闻笑燕（女）

秘书长：周丁乐

副秘书长：俞云强

常务理事：朱夕映（女）、沈亚威、林建会、董晓武

理　事：10 人

职　能

（1）依靠广大台属台胞，坚决贯彻“和平统一、一国两制”基本方针，开展多层次、多渠道、多形式的联谊活动，激发广大台属台胞的爱国热情。（2）协助台属台胞了解党和政府的对台方针政策和台湾局势，鼓励他们充分发挥聪明才智，积极参政议政，为祖国和平统一、建设中国特色社会主义多作贡献。（3）发挥乡情亲情的独特优势作用，积极推动扩大两岸各界的往来和交流合作，对到象山考察、投资、经商、旅游、探亲、祭祖、就医、求学等活动的台湾同胞，主动做好接待、服务工作。（4）发展与海外台胞、在台象山同乡会和有关民间团体的关系，相互沟通、增进共识、促进合作。（5）密切联系全县广大台属台胞，按照国家宪法、法律、法令和有关规定，切实维护他们的合法权益。协助党和政府团结和教育广大台属台胞，及时向政府和有关部门反映台属台胞的意见和诉求，真诚为台属台胞排忧解难。（6）对石浦台联分会负有指导职能。

工作　活动

1988 年 1 月，县台联会成立，通过主动服务、牵线搭桥和联络感情等措施，加强海峡两

岸民间交流交往，增进两岸人民友谊，为促进祖国和平统一大业及振兴象山经济作出积极贡献。

引导台胞台属回报桑梓 自改革开放至2012年，全县累计接受台湾同胞捐款捐物折合人民币391.8523万元。其中，象山籍台胞陈器、贺定元为报答母校，鼓励在读学生，出资15.31万元设立“象山三中绩优学生奖学基金”；台北象山同乡会理事长陈增溥先生积极倡议，同乡会部分会员和在象山定居的台胞慷慨解囊，筹集17.12万元设立“台胞台属子女奖助学基金”；黄避岙籍台胞张沛霖捐赠18万元支援家乡龙屿村自来水改造工程，出资8万元购买当地供销社房屋14间、660平方米捐赠给村老年协会作老年活动室；台北市宁波同乡会于1994年向县残联捐赠残疾人轮椅85把，价值人民币6万元；正源电力有限公司捐资15万元用于泗洲头镇苏岙新农村建设等。引导广大台属在经济发展大潮中创业创新。全县现有台属企业29家，从业人员1280人，注册资金5246万元，年缴税金2161.5万元，其中有2家被评为全省优秀台属企业。

为台胞台属排忧解难 累计接待到象山探亲、访问、旅游、考察、祭祖台胞2848人次；为台属台胞帮助寻找两岸亲人180人次；慰问困难台属台胞517人次，累计发放金额达85万余元；受理来信来访130件（次），会同和协助有关部门调处各类纠纷40余起，较好地维护台胞、台属合法权益。

加强对台重点人士联络联谊 随着两岸民间交往活动日趋频繁和两岸交流不断升温，两岸联姻结亲日趋增多。为全面准确地掌握象山涉台婚姻状况，进一步加强对涉台婚姻管理、引导，组织力量调查全县95对涉台婚姻状况，至2012年实存婚姻75对。其中，30余人加入台北象山同乡会，不断为同乡会增添新鲜血液，也为蓝营选举增加票源。加强与台北象山同乡会及台北宁波同乡会联系，累计向台北市宁波同乡会、象山同乡会发贺年卡2920张，通信1286封，通话910次，发慰问电、传真等85次。通过《宁波同乡会会刊》发表宣传改革开放以来象山日新月异变化和所取得的成就。

以落实政策促联谊 认真贯彻中央文件精神，努力落实党的对台政策，根据中共中央〔1981〕44号文件精神，在县委的统一领导下，本着实事求是的原则，深入开展调查，调阅历史档案资料，走访农会、土改时期干部，收集证言证词，对符合政策规定条件的，分别报经县、省人民政府批准，落实有关政策。经过几年努力，先后落实房产政策35户，归还房产总面积3911.57平方米，其中11户因房屋被拆或被卖转户无法归还原房，使用折价办法，现金补偿64836.30元；平反、纠正、解决各类涉台问题78件，向81名原国民党起义、投诚人员发放证书；对因海外关系被开除、下放5人重新安置工作；归还1户台属被查抄财物折价3000元；为20余名困难台胞台属发放生活补助，体现党对台胞台属的关怀。全面开展台属台胞基本情况调查，重点了解2002年后台属台胞的思想生活情况，倾听他们心声，并宣传党的对台方针政策，进一步增进感情，密切关系，引导他们发挥乡情、亲情、桥梁纽带作用，为促进祖国和平统一作贡献。

第二节　县侨界团体

县侨界团体是县侨联组织的延伸，进一步扩大统一战线队伍，拓展侨联工作新领域。县留学人员和家属联谊会（以下简称县留联会）最早成立于1996年6月，次为成立于2004年11月北京归国人士联谊会与12月上海归国人士联谊会，县留学人员回乡创业服务联谊会（以下简称县留创会）成立于2008年12月，香港象山联谊会成立于2011年11月。

县留学人员和家属联谊会

第一次代表会议　1996年6月，县出国留学人员和亲属联谊会成立大会在象山大酒店（县供销大厦）召开，与会代表78名。县委副书记张雪明讲话，县长助理吴安定、市留联会领导祝贺；会议通过《章程》《决议》；选举产生县留联会一届理事会会长1人、副会长3人、理事11人，并聘任名誉会长。

第二次代表会议　1999年11月，县出国留学人员和亲属联谊会第二次代表会议在绿叶大厦召开，与会代表68人。市侨联副主席、市留联会副会长李佐权致辞，县人大常委会副主任、侨联主席俞明振，县委统战部部长沈佳雨讲话；县留联会一届理事会会长贺师龙作工作报告；修订通过《章程》《决议》；选举产生二届理事会会长1人、副会长3人、理事15人，并聘任名誉会长、顾问。

第三次代表会议　2003年7月，象山县出国留学人员和亲属联谊会第三次代表大会召开在象山宾馆召开，与会代表92人。县委常委、统战部部长欧亚群致辞，副县长白国璋、市留联会副会长胡先元讲话；县留联会二届理事会会长贺师龙代表县留联会二届理事会作工作报告；修订通过《章程》《决议》；选举产生县留联会第三届理事会会长1人、副会长4人、理事17人。

第四次代表会议　2006年11月，象山县出国留学人员和亲属联谊会第四次代表大会在丹城天安宾馆召开，与会代表87人。市侨联党组书记、侨联副主席、市留联会会长毛伟达讲话，县委常委、统战部部长欧亚群致辞；会议审议通过三届理事会会长张继锋《牢固树立科学发展观，努力推动新时期留联工作再上新台阶》工作报告；修订通过《章程》《决议》；选举产生县留联会第四届理事会，会长1人，副会长5人，理事17人，并聘任名誉会长、顾问。

第五次代表会议　2009年11月，县留学人员和亲属第五次代表大会在象山宾馆召开，与会代表87人。市侨联党组书记、侨联副主席、市留联会会长毛伟达讲话，县委常委、统战部部长黄敏求致辞；会议审议通过沈颖洪所作的《践行科学发展观，谱写留联新篇章》工作报告；修订通过《章程》《决议》，“象山县留学人员和亲属联谊会”更名为“象山县留学人员和家属联谊会”；选举产生县留联会第五届理事会，会长1人，副会长5人，理事17人，并聘任名誉会长、顾问。

历届理事会成员

第一届理事会　（1996. 06—1999. 11）

名誉会长：张雪明、奚际斌、欧绪坤、俞明振、俞斌兆

会　长：贺师龙

副会长：刘翔发、胡廷容、张彩仙（女）

秘书长：张彩仙（女，兼）

理　事：尹礼宗、刘式本、张桅宝、李祥荣、柯国安、顾文斌、董本彦

第二届理事会　（1999. 11—2003. 07）

名誉会长：张雪明、俞明振、胡望真、沈佳雨、贺师龙

顾　问：陈雪晶（女）、刘翔发、蒋保民、董强友、任晓、郑剑豪、欧利民

会　长：贺师龙

副会长：胡廷容、张彩仙（女）、韩利诚

秘书长：张彩仙（女，兼）

理　事：尹礼宗、刘式本、刘志坚、张卫、张桅宝、李祥云、柯国安、徐萍萍（女）、顾文斌、董本彦

第三届理事会　（2003. 07—2006. 11）

名誉会长：徐才印、欧亚群（女）、俞明振、白国璋、贺师龙

顾　问：刘翔发、朱岩平、任晓、范良火、欧利民

会　长：张继锋

副会长：韩利诚、胡廷容、张彩仙（女）、刘启卫

秘书长：张彩仙（女，兼）

副秘书长：石剑、柯国安

理　事：肖善苗、吴吉火、张桅宝、陈华玲（女）、陈银花（女）、杨雄波（女）、徐萍萍（女）、顾文斌、谢秀良、谢祖英（女）

第四届理事会　（2006. 11—2009. 11）

名誉会长：欧亚群（女）、俞骏、贺师龙、陈照

顾　问：张爱民、林国本、郎旺凯、周仲飞、任晓、穆光宗、范良火、潘仁湖、韩孝清、苏亚芳（女）

会　长：张继锋（2008. 03. 14 止）、潘丁红（女，2008. 03. 14 始）

副会长：刘启卫、陈银花（女）、骆季刚、王一鸣、陈华海

秘书长：吴永建

理　事：王岳花（女）、王盛华（女）、王赛芳（女）、吴吉火、张祖协、陈华玲（女）、陈创国、林庠妹（女）、郑继魁、徐萍萍（女）

第五届理事会 （2009.11— ）

名誉会长：黄敏求、俞骏、贺师龙、陈照

顾 问：张爱民、林国本、郎旺凯、周仲飞、任晓、穆光宗、范良火、潘仁湖、韩孝清、苏亚芳（女）

会 长：沈颖洪（2012.03.23 止）、翁华清（2012.03.23 始）

副会长：刘启卫、朱吉华、骆季刚、王一鸣、陈志涛

秘书长：赵建阳（2012.03 止）、潘琼（女，2012.03 始）

理 事：王志赳、王岳花（女）、王盛华（女）、王富林、王赛芳（女）、陈创国、陈华玲（女）、陈亚鲁（女）、林庠妹（女）、林海挺、练 敏（女）、徐萍萍（女）

职 能

（1）组织留学人员、家属学习国家有关侨务和留学人员工作的政策规定，引导他们为象山“人才强县”战略服务，为象山经济社会转型升级贡献力量。（2）努力为留学人员、家属服务，积极向政府反映留学人员和家属生活、工作中遇到的困难和问题，并提供力所能及帮助。（3）加强与海外留学人员、留学人员社团联系，积极开展海外引智、引资工作和为“走出去”战略服务。对有意来象山工作、创业，开展文化、科技、经贸交流等活动的留学人员，做好牵线搭桥和接待服务工作。（4）依法维护留学人员和家属的合法权益，努力争取县政府为归国在象山工作、创业的留学人员提供政策等方面的支持。（5）组织留学人员和家属开展联络、联谊活动。（6）发挥留学人员、家属与海外侨胞，港、澳、台同胞联系广泛的优势，积极宣传“和平统一、一国两制”基本方针，为推进祖国统一大业服务。

北京与上海归国人士联谊会

2004 年 11 月 23 日，在北京成立北京（象山）归国人士联谊会。推选英国 MMD 集团东亚总裁郎旺凯为首任会长，黄敏刚任秘书长。

是年 12 月 15 日，在上海成立上海（象山）归国人士联谊会。推选法国 ALSTOM（阿尔斯通）公司上海办事处总经理林国本为首任会长，副会长周仲飞，秘书长陈平。

职 能

团结和组织在京沪创业与工作的留学人员，增进联系与友谊、促进合作与发展、提供维权与服务；为创业强县、科技兴县及促进象山经济社会发展。

县留学人员回乡创业服务联谊会

2008 年 12 月，县留学人员回乡创业服务联谊会（以下简称县留创会）成立。选举产生一届理事会。

象山留学人员回乡创业起步较晚，2003 年才引进第一家留学人员创业企业——宁波澳博

环保科技有限公司。之后，海外留学人员回乡创业人数逐年递增。至2012年，全县留学人员创业企业近30家，涉及针织、汽配、机械制造、新能源开发、对外贸易、农产品加工等。

第一届理事会 （2008— ）

顾　问：黄敏求、陈永忠、张爱民、沈颖洪、樊承年、汪成宏、王震瑛、周前勇

名誉会长：林国本、郎旺凯、刘明霞（女）、潘仁湖、包荣林

会　长：王一鸣

副会长：陈华海、张建平

秘书长：赵建阳（2012.08止）、陈灵灵（女）（2012.08始）

理　事：11人

职　能

（1）为密切留学人员与党和政府的联系，了解、反映和表达留学人员的意见和要求架构桥梁。（2）为会员事业发展提供信息咨询、交流、培训、服务与横向合作的平台。（3）组织开展联络联谊活动，增进会员间的了解和友谊。（4）发挥会员海外联系广泛的优势，积极开展对外联系，为象山引进海外智力及海外留学人员来象创业和工作提供服务。（5）发挥会员智力和技术专长，组织会员开展同象山民营企业、科研机构、学校及机关等单位和部门之间的技术交流、项目对接等互利双赢活动。（6）向海外宣传宁波、推介象山，服务象山对外开放、经济发展和社会进步。

工作　活动（参见第五章《侨务与港澳事务》）

香港象山联谊会

2011年10月23日，香港·象山联谊会成立典礼暨象山·香港投资环境推介会在香港万丽海景酒店举行。香港宁波同乡会创会会长、世界中华宁波总商会创会会长李达三，世界中华宁波总商会会长周亦卿，香港浙江同乡会会长李德麟，香港甬港联谊会会长忻元甫，中联办协调部副部长王子平，市委统战部副部长史建华等到会祝贺。县委书记李关定出席典礼并致贺词，县委常委、统战部部长黄敏求，县人民检察院检察长吕海庆，县政府党组成员、石浦镇党委书记励志纲等出席。会议制定并通过联谊会《章程》《决议》，选举理事会，聘请名誉会长。香港锦锋国际贸易有限公司董事长赵小蝶女士当选为香港象山联谊会首届会长。首届会员60余人。

第一届理事会 （2011.10— ）

名誉会长：李达三、周亦卿、李德麟、忻元甫、杨咏曼（女）

会　长：赵小蝶（女）

副会长：徐能、吴云（女）、林洪、水耀敏、胡英锡、潘银国、汤碧艳（女）、奚锋、范忠伟

秘书长：陈兴达

职　能

团结在港象山籍人士和关心支持象山发展的香港人士；凝聚亲情、联系乡情、增进友情；依法维护在港象山籍人士与联谊会成员的合法权益，加强与家乡各个方面联系合作；促进香港长期繁荣稳定和家乡经济社会发展。

工作　活动

香港象山联谊会在全体成员的支持下得以壮大和发展，取得不少成绩。积极发挥联谊会优势，为家乡的招商引资牵线搭桥，推广家乡，宣传家乡。2011 年，赵小蝶（女）会长牵线上海世贸集团，落户象山大目湾新城；2012 年，副会长范忠伟先生牵线香港赛帆集团在象山投资国际创业园项目。

第三节　县少数民族联谊会

少数民族联谊组织是民族工作有力的辅助力量，是政府民族工作机构力量之补充。全国少数民族联谊组织于 1979 年在上海市成立。县少数民族联谊会（以下简称县民族联），成立于 1992 年 6 月，初名联谊小组。

历次代表会议

第一次代表会议　1992 年 6 月 19 日，在丹城等慈禅寺（西寺）召开。10 名代表出席会议。会议听取县民族宗教事务办公室（以下简称县民宗办）主任盛繁国讲话；通过《章程》《决议》；选举组长 1 人，组员 2 人。

第二次代表会议　1999 年 11 月 17 日，在丹城基督教堂召开。12 名代表出席会议。会议听取县委统战部副部长兼县民宗局局长金剑良讲话与民宗局副局长盛繁国民族政策宣讲；听取联谊小组副组长雷根尧关于联谊小组工作报告；修订《章程》，通过《决议》；选举组长 1 人，组员 2 人。

第三次代表会议　2007 年 1 月 25 日，在象山宾馆召开。25 名代表出席会议。会议听取县委统战部副部长兼县民宗局局长林毅讲话；听取联谊小组组长雷根尧关于联谊小组工作报告；修订《章程》，通过《决议》；选举组长 1 人，副组长 1 人，组员 8 人。

第四次代表会议　2012 年 7 月 18 日，在象山宾馆召开。62 名代表出席会议。会议听取县委统战部副部长、县民宗局局长张日成讲话；听取联谊小组副组长何文轩关于联谊小组工作报告；修订《章程》，通过关于正式成立象山县少数民族联谊会等决议；选举会长 1 人，副会长

3人，理事9人。

首个乡镇少数民族联谊小组——晓塘乡少数民族联谊小组，成立于2011年11月8日。

历届理事会（小组）

第一届少联小组　（1992.06—1999.12）

组　长：兰宗花

副组长：雷根尧（1993.11）

组　员：孙桂琴（女）、金星根

第二届少联小组　（1999.12—2006）

组　长：雷根尧

组　员：孙桂琴（女，2002.11止）、金志华、王海明（女，2002.11止）

第三届少联小组　（2007.02—2012.07）

组　长：王海明（女）

副组长：何文轩（女）

组　员：金志华、郑燕女（女）、黄开强、陶英娣（女）、李萍（女）、杨占民、茶光菊（女）、廖丽萍（女）

第四届少联会　（2012.07—　）

会　长：郑燕女（女）

副会长：何文轩（女）、茶光菊（女）、黄开强

理　事：向铁钢、李萍（女）、杨占民、张建斌、罗莉（女）、罗旋（女）、赵丽丽（女）、陶英娣（女）、廖丽萍（女）

职　能

（1）组织会员学习法律法规、时事政治和党的民族工作方针政策。（2）组织开展形式多样、内容健康的联谊、联络活动，加强会员的交流和学习，畅通会员利益诉求，建言献策和思想交流的渠道。（3）组织会员积极配合有关部门，开展学术报告、技术交流、咨询等服务活动，提高少数民族群众的科技、文化素质，促进民族经济和社会事业的全面协调可持续发展。（4）开展与上级及兄弟县（市、区）民族工作部门及少数民族联谊组织的联系交流，提高民族工作能力。（5）听取和反映有关人士对民族工作的意见和建议。（6）维护本会会员的合法权益。

工作　活动

成立联谊会组织　2012年5月22日，象民宗〔2012〕7号文件批准同意筹建“象山县少数民族联谊会”；6月26日，象民政〔2012〕55号文件批准同意“象山县少数民族联谊会”组织设立申请。7月18日，县少数民族联谊会成立大会，会议公布首届62名会员代表名单；

审议并通过县少数民族联谊会章程和选举办法；选举产生县少数民族联谊会首届理事会理事13名；选举郑燕女为会长，何文轩、茶光菊、黄开强为副会长，罗旋为秘书长。并建立健全分支机构，联谊会将全县按地域分为5个片区，少数民族联谊会理事担任片长。少数民族同胞有困难需求可直接联系每个片区片长，片长负责第一时间将信息上报。近乎网格化联谊方式，化解少数民族因居住乡镇偏远地区，办事难、问询无门之尴尬。通过开展各种丰富多彩、富有民族特色活动，增进各民族会员之间沟通和交流，营造镇乡级农村民族团结温馨小家。联谊会工作片成为县少数民族联谊会联系基层少数民族桥梁和纽带。另，指导协助条件成熟镇乡、街道（晓塘、西周、石浦等）成立少数民族联谊小组。是年11月，晓塘乡成立少数民族联谊小组。酝酿筹建晓塘乡西边塘村挂牌“少数民族媳妇联谊之家”与西周大唐电厂挂牌“民族职工书屋”。

参与民族团结创建 自1992年始，每年召开至少一次少数民族代表人士学习会。随着象山少数民族常住人口增加，代表人士学习会人数从10名增至2012年20余名。会议基本内容：听取时政报告、党和国家民族工作方针、政策及中央民族工作会议精神；年度少数民族工作总结，讨论安排新年度工作活动。

2011年，象山被确定为创建市民族团结进步示范试点县之一。在创建活动中，联谊会会员积极响应，配合县民宗局做好民族关系监测评价处置工作，部分会员加入民族关系监测评价处置信息员、协调员和专家顾问队伍，成为协调处理民族关系又一支重要力量。联谊会会员协助县民宗局加强对外地到象山经商少数民族管理，维护他们合法权益。联谊会会员通过与外来经商的少数民族特别是维吾尔族、回族等接触和交流，了解动态，把握情况。开展散杂居少数民族调研，协助县民宗局开展在象务工穆斯林人员生产经营基本情况调研，以及婚嫁到象山少数民族妇女生活生产状况等方面调研，并形成调研报告。

联谊会会员配合“象山民族和睦邻里节”“少数民族文化艺术节”等重大活动，开展民族团结进步会务工作，做好开展联络、后勤等，着力营造散杂居少数民族相互团结友爱的浓厚情谊和民族特色，推进象山创建省民族团结进步示范县工作。

举办象山民族和睦邻里节 联谊会自2007年始，连续6年举办“象山民族和睦邻里节”，以传承和弘扬民族文化，积极推进少数民族内外团结和少数民族散杂居地区经济社会事业发展。邻里节节目逐年增多，内容逐年丰富，形式逐年多样，特色逐年鲜明，唱歌跳舞，技艺大赛，语言翻译，参观游览，参加人数从百十人增至2012年的300余人，邻村参观的汉族同胞也达数百人。2012年7月28日上午，县第六届民族和睦邻里节开幕式在晓塘乡白玉湾村生态农业观光园举行。市县有关领导与少数民族、汉族同胞先后近千人参加，开幕式上市民宗局副局长李伟波将“市民族团结进步示范点”牌匾授予晓塘乡。同日，“和信杯”首届全县少数民族运动会在晓塘乡西边塘村举行。全县18个镇乡、街道20个代表队（晓塘乡3个）60余名少数民族运动员，穿戴着风采各异民族服饰，参与射箭等5个项目角逐。民族和睦邻里节还有“相聚白玉湾，共叙民族情”，少数民族代表“畅游晓塘·品摘葡萄”等系列活动。民族和睦邻里节已经成为象山促进民族团结进步亮丽品牌，成为象山少数民族同胞“唱大戏”平台，引导少数民族同胞互帮互助，共同致富，也引导本地群众与少数民族同胞相互理解、尊重、帮助，激发少数民族同胞融入象山、建设新象山热情。

助推少数民族扶贫创业致富 2007年始，民族联通过与县委农办合作，每年获赠农村种植业杂志期刊10份，发放给创业发展少数民族家庭。在民族联鼓励和当地农业指导站帮助下，晓塘乡苗族女同胞蒋跃英种植柑橘、彝族女同胞茶光菊种植葡萄、壮族女同胞王天飞养殖青蟹先后获得成功；支持、帮助丹城蒙古族同胞励先妹利用自家房子开理发店。牵线搭桥，介绍少数民族同胞进企业就业20余人。

会员单位晓塘和信制药药业有限公司，是县民族团结进步创建活动进企业示范点。和信药业在发展同时，积极参与扶贫济困、捐资助学、传播健康等社会公益活动。2009年始，公司先后向晓塘贫困少数民族家庭、少数民族学生、各地震灾区等，捐助善款累计达5万元以上。在企业周边村建立中草药基地，累计帮助少数民族脱贫15人，安置外来少数民族员工和婚嫁到晓塘少数民族媳妇40余人。

2010年，定塘镇建立贫困少数民族家庭档案，列出重点扶贫对象，为少数民族同胞脱贫致富出谋划策。引导他们因地制宜，发展蔬菜种植业，并为3名特困户培训劳动技能，介绍他们与蔬菜种植大户建立联系，发展农业生产。为定塘后北村畲族同胞雷美华家争取到县慈善总会第三期安居工程补助款6000元。另，镇政府补助2400元。

2011年，在高塘岛乡，联谊会与乡政府协作，通过助力结对，建立完善“强手拉弱手”结对帮扶机制，开展3户种植、滩涂养殖农业致富能手牵手4户困难少数民族家庭结对帮扶。使这些少数民族家庭，还掌握特色农业生产专门技术，增加年收入，改善生活条件。帮助农村贫寒少数民族家庭联系小额贷款、提供先进技术，鼓励少数民族群众发展规模种植养殖业；针对少数民族群众文化层次不高、办事多头奔忙等实际困难，发放“爱心帮扶联系卡”，为他们提供农房抵押贷款、就业务工、扶贫帮困相关联系电话等方面信息。

扶贫助困与公益慈善活动 2012年2月27日上午，晓塘乡少数民族联谊会组长茶光菊带领近20名联谊会成员，前往黄埠支坑村牟友顺家，看望慰问她病中丈夫，鼓励她树立生活信心，并送上大家的捐款。牟友顺一边拭泪一边说：“看到你们来看望，我真的很感动，我真没想到出门在外也有那么多关心我的人。”牟友顺是贵州仡佬族人，10余年前嫁到支坑村，是个地道的农民，平时以打工维持生计。6年前，潘康立患高血压、肾结石，失去做强劳力的能力。一个家的重担就落在弱小的牟友顺身上，仅靠一年2万元左右的打工收入，维持生计。晓塘乡少数民族联谊小组组长茶光菊获悉此事后，主动联系少数民族老乡看望慰问、捐款捐物。茶光菊说：“我们捐这点钱也帮不了太大的忙，只是希望能给牟友顺带来精神上的支持，坚强渡过难关。”

附： **晓塘乡少数民族联谊小组**

2011年11月8日，晓塘乡首次少数民族代表会议在乡政府会议室召开。18名代表，代表全乡10个少数民族、30余名常住人口出席会议。会议听取乡党委宣传委员、乡政府社会事业副乡长林朝强讲话与筹委小组筹备工作报告；通过《章程》《决议》；推选茶光菊为组长，牟家顺、王天飞、李红为副组长，组员18名。

第四节 县宗教团体

宗教团体是指在国家宪法和法律保护下，独立地组织宗教活动，办理教务，开办宗教院校，培养年轻宗教职员机构。民国时期，象山仅佛教协会、基督教象山与石浦二教区及佛教城隍庙幼稚园。改革开放后，象山先后产生县佛教协会、县基督教三自爱国会与协会、县天主教爱国会筹备小组，带领各自信徒高举“爱国”“爱教”两面旗帜，为建设现代化社会主义和谐新象山作出贡献。

县佛教协会

县佛教协会筹建于1986年2月，成立于是年9月。1986年2月24日，县佛教徒代表会议召开，成立县佛教协会筹备委员会，推选等慈禅寺住持释可成、宝梵讲寺住持释修康负责筹建工作。

历次代表会议

第一次代表会议 1986年9月25日，在丹城县政府招待所召开。60余名佛教徒代表出席会议。大会听取县委统战部副部长欧吉庆讲话，筹委会主任释可成筹备工作报告；通过《章程》《决议》；选举等慈禅寺住持释可成为会长，宝梵讲寺住持释修康为副会长，常务理事3名，理事4名；礼聘国清寺知客师、象山籍僧释若观为名誉会长。会址：等慈禅寺内。

第二次代表会议 1991年2月26日，在等慈禅寺召开。64名僧尼、居士代表出席会议。大会听取县民宗办主任盛繁国讲话，县佛协一届理事会会长释可成工作报告；修订《章程》，通过《决议》；选举会长1名，副会长2名，理事6名（释唯满圆寂后释则钦补入）；礼聘宁海云竹寺住持释若观为名誉会长。会址：等慈禅寺内。

第三次代表会议 1996年12月20日，在等慈禅寺召开。105名僧尼、居士代表出席会议。大会听取县民宗办主任盛繁国讲话，县佛协二届理事会会长释可成工作报告；修订《章程》，通过《决议》；选举会长1人，副会长2人，理事6人；礼聘名誉会长2人。会址：等慈禅寺内。

第四次代表会议 2002年4月22日至23日，在等慈禅寺召开。123名僧尼、居士代表出席会议。大会听取县委统战部副部长金剑良讲话，县佛协三届理事会会长释莲智工作报告；修订《章程》，通过《决议》；选举会长1人，副会长3人，理事7人；礼聘名誉会长2人。会址：等慈禅寺内。

第五次代表会议 2006年6月13日至14日，在爵溪弥陀净寺召开。107名僧尼、居士代表出席会议。大会听取县委常委、统战部部长欧亚群讲话，县佛协四届理事会会长释莲智工作报告；修订《章程》，通过《决议》；选举会长1名，副会长3名，理事5名。礼聘名誉会长1人、鄞州区金峨禅寺住持释慧明为名誉理事。会址：丹城西街80-2号。2007年8月16日，经过县佛协会理事会议全体理事同意，增补玉泉讲寺主持释证音、瑞龙寺监院释果圆为县佛协五届理事会理事。理事会11名理事拥有大专以上文凭3人，平均年龄由四届时65岁下降至41岁。

第六次代表会议 2011年12月16日，在象山宾馆召开。111名僧尼、居士代表出席会议。大会听取县委常委、统战部部长黄敏求讲话，县佛协五届理事会会长工作报告；修订《章程》，通过《决议》；选举会长1人，副会长3人，理事7人。礼聘理事会顾问4人。会址：丹城后堂街19-5号。

历届县佛教协会理事会

第一届佛教协会理事会 （1986.9—1991.2）

名誉会长：释若观

会　长：释可成

副会长：释修康（女）

常务理事：释则钦、释则广、释萃月（女）

理　事：释克慧、释式清、释唯达（女）、周艳传（女）

第二届佛教协会理事会 （1991.2—1996.12）

名誉会长：释若观

会　长：释可成

副会长：释克慧、释修康（女）

理　事：释唯满、释则广、释莲智、释若念、释唯达（女）、王彩娥（女）

第三届佛教协会理事会 （1996.12—2002.4）

名誉会长：释若观、释可成

会　长：释莲智

副会长：释克慧、释修康（女）

理　事：释可成、释若念、释则广、释萃月、释唯达（女）、王彩娥（女）

第四届佛教协会理事会 （2002.4—2006.6）

名誉会长：释可成、释修康（女）

会　长：释莲智

副会长：释唯达、释照力、释慧明

理　事：释式清、释清修、释证音、释果贤、释克定、释性文（女）、王彩娥（女）

第五届佛教协会理事会 （2006.6—2011.12）

顾　问：释可成、释慧明

会　长：释莲智

副会长：释照力、释式清、释唯达（女）

理　事：释空和、释达照（女）、释悟示、释悟能、王彩娥（女）、释证音（增补）、释果圆（增补）

第六届佛教协会理事会　（2011.12—）

顾　问：释可成、释唯达、释悟能、王彩娥（女）

会　长：释莲智

副会长：释照力、释式清、释惟慈（证音）

秘书长：释惟慈（兼）

理　事：释空和、释达照（女）、释悟示、释果圆、释门杰、释克明（女）、谢开定

副秘书长：释果圆、释证慧、释中峰

职　能

（1）遵守国家宪法和法律、法规及政策的规定，协助政府贯彻落实宗教信仰自由政策，维护佛教团体、佛教活动场所及佛教自养服务事业的合法权益。（2）组织和推动全县佛教徒进行爱国主义、社会主义和法律法规政策的学习与教育，引导全县佛教徒爱国爱教、恪守戒律、遵纪守法。（3）建立健全佛教有关规章制度，加强信仰建设、道风建设、教制建设、人才建设和组织建设。指导、督促各佛教场所完善自我管理，严肃清规戒律，开展正常法务活动；引导居士正信正行，维持三宝；引导佛教界参与社会公益慈善事业，造福社会、利益人群。（4）加强佛教文化艺术交流和学术研究，组织开展各类正常、合法的友好交流交往活动，做好文物古迹与非物质文化遗产保护工作。（5）贯彻执行中国佛教协会、浙江省佛教协会和宁波市佛教协会的章程、决议和相关的教务。编印象山县佛教协会会刊，增进佛教界的团结。

工作　活动

贯彻宗教法规　1992年，省政府25号令《浙江省宗教活动管理规定》颁布实施，县佛教协会组织全县僧尼学习后，首先在理事所在寺庵完成登记申报试点工作。接着各寺庵登记申报。县佛教协会根据点多、线长、面广、交通不便的实际，将佛教界理事等分成7个小组，采取分片包干、责任到组办法，协助乡镇政府开展寺庵填表登记工作。上高山，下海岛，不怕日晒雨淋，圆满地完成全县109座佛教活动、保留场所登记工作任务。翌年6月6日，县佛教界颁发宗教活动场所登记证大会在等慈禅寺召开，诸山长老、各寺庵负责人、居士代表共125人参加会议。县委统战部与县民宗办领导欧吉庆、盛繁国莅会讲话，并代表政府为全县15座佛教活动场所、94座佛教修持道场颁发证书。最后，县佛教协会会长释可成总结报告。整个登记工作受到市县有关部门领导的好评，一些经验做法在《浙江宗教工作》上刊登。

1997年，根据象政宗〔1997〕4号《关于宗教活动场所九六年度检查和换证工作的通知》文件要求，在全县范围内开展宗教活动场所年度检查和换证工作。8月7日，全县佛教活动场

所与保留场所登记证工作结束。

2006年7月中旬，县佛教活动场所与保留场所登记换证工作开始，9月中旬登记填报，12月全部结束。

落实宗教房产政策 贯彻落实宗教房产政策，因其历史跨度时间长、变迁转手多、档案材料缺乏及侵占单位利益驱动等，工作难度大。县佛教协会积极配合政府有关部门按照有档案按档案、无档案按“活证”及“宜粗不宜细”等办法，经几年努力，至1993年全县清退佛教团体房产20处4000余平方米。1994年，先后又落实等慈禅寺、宝梵讲寺等房产1200余平方米，使佛教团体房产政策全部落实。

时政学习 1994年，组织全县僧尼与居士代表100余人学习贯彻国务院第144号、145号令《中华人民共和国境内外国人宗教活动管理规定》和《宗教活动场所管理条例》。2001年，根据甬佛〔2001〕19号文件精神，结合年会组织县佛协理事、诸山长老学习、贯彻落实浙佛发〔2001〕07号《关于学习江泽民总书记〈在庆祝中国共产党成立八十周年大会上的讲话〉的通知》。2002年至2003年，结合县佛协四届一次代表会议，组织全县僧尼、居士代表120余人学习、贯彻全国宗教工作会议及中共十六大会议精神，走爱国爱教、与社会主义社会相适应道路。2005年，多次组织学习国务院第426号令《宗教事务条例》，力求领会意思，吃透精神，落实到宗教活动中，为社会稳定，为宗教与社会主义相适应，与时俱进，为全面建设小康社会作贡献。2010年3月22日，县佛教协会召开理事会议，传达学习2009年全国宗教工作会议精神，通报中国佛教协会第八次全国代表会议概况，并学习国家宗教局颁布《宗教活动场所财务监督管理办法（试行）》。是年8月11日，县佛教协会举行佛教界对接大桥三年行动计划学习会，县佛教协会理事及相关寺庵当家师参加。会议传达学习县委〔2010〕11号文件《中共象山县委关于实施对接大桥转型跨越三年行动计划的决定》，与会理事和寺庵负责人互相交流各自学习心得，表示要积极响应县委关于对接大桥三年行动计划的决定，发扬佛教传统、创新当代寺院管理理念、优化佛教场所布局、凸现佛教文化品位，打造各有特色与亮点和谐宗教场所、佛教文化旅游休闲活动场所，带动全县佛教界树立象山佛教新形象，为“桥海时代”象山经济社会发展贡献力量。县委统战部副部长、县民族宗教局局长翁华清参加会议并讲话。

考察学习 2009年9月24日，县佛教协会组织理事、青年骨干僧尼，在奉化溪口紫荆花宾馆召开爱国主义教育动员会，会上县委统战部副部长、县民宗局局长翁华清作爱国主义教育动员讲话，副局长吴光曙传达学习中共十七届四中全会公报精神，组织讨论佛协下一步工作计划。会后，全体人员参观蒋氏故居，参学雪窦寺。是年11月14日至18日，县佛教协会组织各佛协理事、部分较大寺院负责人一行18人赴三亚、琼海等地参观考察。考察团参访三亚南山寺、南山海上观音圣像，还在南山寺放生海洋动物，参观琼海市红色娘子军纪念馆，游览三亚市南国海滩风景、兴隆市热带植物观光园。2012年4月12日至13日，佛协理事、骨干僧尼等23人，赴绍兴学习考察，访问大香林禅寺监院昌融（象山籍）、柯岩普照寺住持振吉（象山籍），考察绍兴市炉峰禅寺管理。

讲经培训 2001年8月13日，县佛教协会首期寺庵负责人培训班在爵溪弥陀寺举办，学员16人，为期4天。培训班以“做一个新时期的好当家”为主题，县民宗局、公安局政保科领导向培训人员讲授党和国家的宗教政策法规、国际国内形势、象山近几年经济建设成就及全县宗教界情况，市佛协会长怡藏法师、慧明法师，县佛教协会会长莲智法师，讲授如何规范寺庵内部管理等课程。2002年8月3日，县佛教协会在弥陀寺举办第二期寺庵当家师培训班。共55人参加，为期5天。2003年7月24日，第三期全县佛教寺庵当家师培训班在弥陀寺举办。共70人参加，为期5天。2005年5月25日，县佛教协会在弥陀寺举办第四期寺庵当家师培训班。共70人参加，为期3天。2006年9月27日，县佛教协会于新桥灵佑禅寺举办寺庵当家师培训班，共58人参加，为期3天。2009年12月7日至8日，县佛教协会组织在墙头智门禅寺举办首届讲经法会，邀请宁海县云栖寺住持、原普陀山佛学院教务长修定法师和智门禅寺住持空和法师主讲，30余名县内佛教界教职人员和120余名县内外的信众参加，县民宗局领导到会讲话。是年6月11日至13日，由县民宗局主办、县佛教协会承办县首届佛教界中青年教职人员培训班在墙头镇智门禅寺举办。县佛教协会理事、部分寺庵中青年骨干教职人员34人参加。县委常委、县委统战部部长黄敏求出席会议并讲话。6月13日，召开全县佛教工作会议，与会人员认真学习《宗教活动场所财务监督管理办法》及《象山县宗教活动场所档案管理实施意见》，提出2010年开创“和谐寺观教堂”活动要求。2010年12月16日，县佛教协会主办“象山县首届大型弘法讲经法会”在象山剧场举行，中国佛学院副院长向学法师、教授可潜法师应象山佛教协会邀请，分别主讲《佛教的因果思想》《寺院布局的智慧》。市民宗局副局长徐松庆和县委统战部副部长、县民宗局局长翁华清到会讲话。全县各地信众近千人参加。2012年2月14日，县佛教协会2012年度讲经交流会在新桥镇灵佑禅寺举行。县佛教协会正副会长、理事，50余个佛教活动场所负责人、信众120余人参加交流会。会长莲智与副会长照力、式清、惟慈4人讲解《金刚般若波罗蜜经》《般若波罗蜜多心经》。

慈善救灾 自县佛教协会成立至2012年，全县寺庵救灾助困、资助教育、修桥铺路等社会公益善款约320万元。资助各地敬老院1万元。

修桥铺路。全县广大佛教界僧尼，为改善寺庵交通状况，利于周围村民出入方便，各寺庵僧尼资助驻地社会合计206万元。

资助贫困生。灵佑寺式清、弥陀寺莲智、玉泉寺惟慈、瑞龙寺提觉、理事王彩娥等资助贫困学生求学90余万元。

救助灾区。1997年，为抗洪救灾、支援灾区人民重建家园，16所寺庵捐款15150元，第二次12所寺庵又捐款7380元，两次计22530元。2004年9月，接市佛协通知，开展“情系民族兄弟、为灾区重建作贡献”活动，玉泉寺等10所寺庵捐款1万元；12月，接省佛协“关于印度尼西亚苏门答腊岛地震、海啸灾难受害者举行消灾法会的通知”，弥陀寺等17所寺庵捐款11050元。2008年，四川汶川大地震，5月15日，县佛教协会带头捐款2万元。5月17日，墙头镇云门寺住持释妙月法师等2人捐款18000元，租卡车一辆满载方便面、卫生用品、水果及象山企业捐赠2000件衣物，赴四川都江堰救灾。向灾区总计捐款3万元、实物5万元。自5

月18日起，弥陀净寺、智门禅寺、集福寺等9所寺庵、500余僧尼相继举行“消灾祈福法会”、放生仪式，哀悼地震死难同胞。各寺庵信士弟子踊跃捐款捐物。2010年，各寺庵自发为甘肃玉树地震受灾举行消灾祈福法会，并为灾区人民募捐11万元。

为西部献爱心活动。2002年10月，等慈禅寺等8所寺庵捐助26000元。2004年2月，瑞龙寺等4所寺庵捐助1万元。

拥军服务。2006年夏，解放军某部到象山海训，县佛教协会响应县委、县政府号召，认真配合地方党委政府，组织有关寺院僧众做好拥军服务工作。县佛教协会会长、弥陀寺住持莲智法师率僧众腾房净室为海训部队1000余名官兵解决食宿场地，除保留本寺佛事、生活必需用房外，其余2000余平方米房子均无偿提供给部队使用。海训部队为感谢弥陀净寺特赠匾：“铭记僧人热心帮助，感谢寺院大力支持。”2007年、2012年，又腾出寺院内最好房屋给海训部队。夏季水源紧缺，寺院为保障海训部队用水供应，开启自备备旱水库，向官兵全日供应。玉泉寺僧众在县佛教协会理事、住持惟慈法师率领下，每有海训部队在附近训练，均要前去慰问，并赠送消暑物品。海训部队赠锦旗：“爱国爱民，拥政拥军”与“拥军爱国，构建和谐”。

县天主教爱国会（筹）

县天主教爱国会筹备小组［以下简称“爱国会（筹）”］，成立于1989年8月5日。9名代表听取县委统战部、县民宗办负责人讲话，推选天主教爱国会（筹）成员4名，组长周椒妹，组员吴山、袁德声、张保禄。拟订爱国会（筹）宗旨任务、规章制度等。1994年，组长黄爱珠，组员吴山、张保禄。2012年，组长潘汉军，组员李卫联、张保禄、黄爱珠、黄斌盛、邱以勤。

职　能

（1）热爱社会主义祖国，团结广大教友，遵守国家的宪法、法律、法规和政策，发挥天主教自身优势，为建设现代化新象山贡献力量。（2）发挥广大信教群众与政府之间的桥梁和纽带作用，协助政府贯彻落实宗教政策，维护教会的合法权益。（3）坚持独立自主自办教会原则，积极与社会主义社会相适应。（4）鼓励教友为社会公益事业献爱心，积极开展社会服务，兴办社会公益事业，协助教会搞好自养事业。（5）开展与各地教会的友好交往，维护社会和谐。（6）加强同县内各堂点的指导联系，开展调查研究，积极向有关部门反映社情、教情、民意，提出意见和建议。

工作　活动

协助政府落实党宗教政策　中共十一届三中国全会召开后不久，周椒妹等信徒协助政府调查取证于1949年被错判的黄文华与1958年被错判的教师吴山。黄文华于1986年昭雪；吴山于1987年平反恢复公职，并于1997年，受聘任高塘岛乡“共青希望小学”辅导员。

1989年8月，县天主教爱国会筹备小组［以下简称“爱国会（筹）”］成立，即组织信徒先后恢复鱼山、石浦、高塘、丹城等教会正常宗教活动。是年始，爱国会（筹）负责协同配合政策落实房产政策。先后落实小鱼山天主堂、吉港天主堂、高塘胡家庄公所、石浦天主堂、丹城秧田头天主堂等房产政策，或归还，或经济补偿，或同意教堂择地建造新堂。其中，小鱼山、吉港天主堂归还房产，高塘胡家庄公所与石浦、丹城秧田头天主堂经济补偿后择地新建。

学习培训　（1）县培训。利用县年终工作例会、宗教界人士交流会等时机，学习贯彻国务院、浙江省宗教事务条例，组织天主教爱国会（筹）小组成员学习党的有关宗教方针、政策与理论。自2006年至2012年，县天主教爱国（筹）于每年10月举办全县信徒《圣经》学习班，邀请省、市天主教爱国会神甫辅导、授课。各堂也成立学《圣经》小组、唱经班等，组织信徒避静神功、教友联谊会与传道员培训、教会要理培训等活动。另，县天主教爱国会（筹）小组成员于1992年6月10日参加全县宗教活动场所登记发证工作大会，1995年8月24日参加全县宗教界纪念抗战胜利五十周年大会，2000年10月3日参加全县宗教界人士揭露梵蒂冈对近百年在中国“殉道”的百名传道人封圣阴谋座谈会等。（2）市培训。1995年8月中旬，县天主教爱国会（筹）小组长黄爱珠参加市社会主义学院培训。为期7天。1999年10月5日至9日，县天主教爱国会（筹）小组成员施维贤、黄爱珠（女）等赴甬参加市社会主义学院培训。2010年10月11日，县天主教爱国会（筹）小组成员7人参加市天主教堂委成员培训班，学习“法治社会中的宗教信仰”“浙江经济运行情况与特点”等。（3）省培训。2011年4月，县天主教爱国会（筹）小组长、神甫潘汉军参加省“宗教教职人员认定备和宗教活动场所财务监督管理”两项专项工作培训。县天主教爱国会（筹）小组长、神甫潘汉军与组员、神甫李卫联参加省天主教爱国会组织修道夏令营活动。

先进场所创建活动　市先进场所始于1997年，时称“五好场所”。县天主教爱国会（筹）小组积极响应，指派组员到各堂所，传达精神，制订争创措施。各堂所信徒努力实践。1999年，鱼山教堂被评为首批市级“五好”场所，石浦教堂被评为县级“五好”场所，并一直保持。2009年，丹城教堂、吉港教堂被评为第一批市“平安宗教场所”。此后，石浦教堂与高塘教堂、西周教堂于2011年被评为市“平安宗教场所”。丹城教堂、吉港教堂在2010年被评为省“和谐寺观教堂达标场所”。通过参与和谐寺观教堂创建活动，天主教活动场所的爱国爱教传统更加发扬光大，规章制度更加完善健全，教风教貌更加端正庄严，知法守法更加深入人心，抵御渗透更加牢固有力，教堂更加安全整洁，服务社会更加主动自觉，教内外关系更加和谐。

组织祭扫革命烈士陵园　1994年至2003年，每年清明节前后，县天主教筹备小组负责人黄爱珠等带领鱼山、高塘、石浦、吉港等天主教堂所信徒及子女数十人，风雨无阻，举着红旗，抬着花圈，手拈白花，敲着锣鼓，唱着《团结就是力量》，到高塘岛乌龟山烈士陵园祭扫革命烈士。他们缅怀烈士们革命事迹，回顾改革开放大好形势，表示要像革命先烈一样热爱祖国，热爱人民，无私奉献。同时，教育下一代要向先烈学习，读好书，学好本领，长大建设祖国。最后，他们以天主教特有的仪式向烈士们致敬，为烈士英灵祷告，为祖国繁荣祷告，并清扫陵园，直至中午。他们的行动受到社会广泛好评。

参与社会公益。在四川汶川地震、甘肃舟曲泥石流、青海玉树地震赈灾救难活动中，及时号召全县各教会在礼拜聚会中为灾区人民祈祷，先后为3个受灾地区捐献善款共计3.7万元。每年重阳节前后爱国会（筹）负责人等组织人员带着礼品赴有关镇乡，看望和慰问敬老院老人。春节期间，组织信徒，专程探望教会所在地一些教内外年老、孤寡、患病者，表达对他们的关爱。

县基督教“两会”

县基督教“三自”爱国运动委员会（以下简称县三自会），筹建于1981年12月，成立于翌年12月；县基督教协会成立于1997年5月（以下简称县基协）。县基督教三自会与协会合称县基督教“两会”。

历次代表会议

第一次代表会 1982年12月15日至17日，在（丹城）县政府招待所召开。28名代表听取县委统战部副部长孙务文、干事欧吉庆讲话；讨论制定《象山县基督教徒守则》，通过县基督教三自爱国运动委员会《章程》《决议》，成立县基督教三自爱国运动委员会。民主选举产生县基督教三自爱国运动委员会第一届理事会。主席励洁瑗，副主席史悠生，秘书长朱舫。常委5人，委员9人。

第二次代表会议 1986年4月1日至2日，在丹城黄家桥老教堂召开。36名代表听取县委统战部副部长孙务文、干事何永林讲话；讨论通过三自会工作报告；修改通过三自会《决议》《章程》；制定堂所《财务管理制度》《三自会会议议事规则》等；民主选举县基督教三自爱国运动委员会二届理事会。主席史悠生，副主席鲍圣光（兼秘书长）、邵升康、黄烈明（鲍圣光分管自治工作，邵升康分管自养工作，黄烈明分管自传工作）。常委9人，委员15人。

第三次代表会议 1989年11月25日至26日，在丹城教堂召开。60名代表听取县委统战部副部长欧吉庆、县民宗办副主任李勤隆讲话；审议通过三自会工作报告；修改通过三自会《决议》《章程》，修改规章制度；民主选举县基督教三届三自爱国运动委员会理事会。主席史悠生，副主席鲍圣光（兼秘书长）、黄烈明（兼副秘书长）。常委9人，委员16人。

第四次代表会议 1993年4月23日至25日，在丹城教堂召开，87名代表听取县民宗办主任盛繁国讲话；审议通过常委会工作报告；修改通过《决议》《章程》，修改、新增规章制度；民主选举县基督教第四届三自爱国运动委员会理事会。名誉主席史悠生，主席黄烈明，副主席鲍圣光（兼秘书长）、黄伟光。常委9名，委员30名。

第五次代表会议暨象山县基督教协会成立大会 1997年5月12日至15日，在丹城教堂召开，95名代表听取县委统战部副部长、县民宗局局长金剑良讲话；审议并通过四届常委会工作报告；修改并通过《决议》《章程》，修改、完善规章制度；民主选举县基督教五届三自爱国运动委员会与县基督教协会一届委员会理事会。三自会名誉主席史悠生，主席黄烈明，副主席黄方正、鲍圣光（兼秘书长）。协会会长黄方正，副会长黄烈明、鲍圣光（兼总干事）、黄伟光。设两会办公室，主任潘安平，顾问邵升康、史兆松。两会常委15人，委员43人。

第六次（县基协第二次）代表会议 2001年5月15日至17日，在丹城教堂召开。103名代表听取县委统战部副部长、县民宗局局长金剑良讲话；审议通过上届两会常委会的工作报告；修改通过“两会”《章程》《决议》；民主选举基督教三自会六届委员会与基督教协会二届委员会理事会。三自会主席盛明山，副主席黄伟光，秘书长史奇妙。协会会长黄伟光，副会长盛明山、史奇妙，总干事潘安平。两会顾问史悠生、黄烈明、黄方正。两会常委19人，委员46人。

第七次（县基协第三次）代表会议 2006年5月16日至18日，在丹城教堂召开，99名代表听取县委统战部副部长、县民宗局局长林毅讲话；审议通过上届两会常委会的工作报告；修改通过“两会”《章程》《决议》；民主选举基督教三自会七届委员会与基督教协会三届委员会理事会。三自会主席盛明山，副主席黄伟光、史奇妙、张建国，秘书长史奇妙（兼）。协会会长黄伟光，副会长盛明山、潘安平，总干事潘安平（兼）。两会顾问史悠生、黄烈明、黄方正。两会常委19人，委员55人。

第八次（县基协第四次）代表会议 2011年3月9日至11日，在丹城教堂召开，119名代表听取县委统战部副部长、县民宗局局长周礼胜讲话；审议通过上届两会常委会的工作报告；修改通过“两会”《章程》《决议》，民主选举基督教三自会八届委员会与基督教协会四届委员会理事会。三自会主席盛明山，副主席黄伟光、史奇妙、张建国，秘书长史奇妙（兼）。协会会长黄伟光，副会长盛明山、潘安平，总干事潘安平（兼）。两会顾问史悠生、黄烈明、黄方正。两会常委19人，委员67人。

历届县基督教“两会”

第一届三自会 （1982.12.17—1986.4）

主　席：励洁瑗（女）

副主席：史悠生

秘书长：朱舫

常委5人：（按姓氏笔画为序，下同）

史悠生、朱舫、邵升康、励洁瑗（女）、杨大芳

委　员：9人

第二届三自会 （1986.04—1989.11）

主　席：史悠生

副主席：鲍圣光、邵升康、黄烈明

秘书长：鲍圣光（兼）

常委9名：史悠生、齐小彩（女）、邵升康、肖善郎、杨大芳、黄伟光、黄烈明、钱志信、鲍圣光

委　员：15人

第三届三自会　（1989. 11—1993. 04）

主　席：史悠生

副主席：鲍圣光、黄烈明

秘书长：鲍圣光（兼）

常委9人：史悠生、齐小彩（女）、邵升康、郑蓉花（女）、周先航、黄伟光、黄烈明、钱志信、鲍圣光

委　员：17人

第四届三自会　（1993. 4—1997. 5）

名誉主席：史悠生

主　席：黄烈明

副主席：鲍圣光、黄伟光

秘书长：鲍圣光（兼）

常委9人：齐小彩（女）、邵升康、陈罗以（女）、郑蓉花（女）、周先航、黄伟光、黄烈明、鲍圣光、潘安平

委　员：30人

第五届三自会　（1997. 5—2001. 5）

基协第一届委员会

名誉主席：史悠生

主　席：黄烈明

副主席：黄方正、鲍圣光

秘书长：鲍圣光（兼）

副秘书长：潘安平

会　长：黄方正

副会长：黄烈明、鲍圣光、黄伟光

总干事：鲍圣光（兼）

副总干事：周晓明

两会办公室

主　任：潘安平

顾　问：邵升康、史兆松

两会常委15人：方洪全、史奇妙、齐小彩（女）、吴惠民、陈罗以（女）、周先航、周晓明、郑蓉花（女）、俞菊英（女）、徐伟振、黄方正、黄伟光、黄烈明、鲍圣光、潘安平

两会委员：43人

第六届三自会　（2001. 5—2006. 5）

基协第二届委员会

主　席：盛明山

副主席：黄伟光

秘书长：史奇妙

副秘书长：周晓明、张建国

会　长：黄伟光

副会长：盛明山、史奇妙

总干事：潘安平

副总干事：吴惠民、史旭东

两会顾问：史悠生、黄烈明、黄方正

两会常委 20 人：史旭东、史奇妙、伊亚梅（女）、齐小彩（女）、林安慰、陈罗以（女）、郑蓉花（女）、周晓明、吴惠民、张建国、俞菊英（女）、徐伟振、翁承诚、盛明山、黄林赛（女）、黄伟光、夏雪美（女）、董君玉（女）、潘安平、洪美飞（女，增补）

两会委员：50 人

第七届三自会　（2006. 5—2011. 3）

基协第三届委员会

主　席：盛明山

副主席：黄伟光、史奇妙、张建国

秘书长：史奇妙

副秘书长：周晓明、黄林赛（女）、史娟（女）

会　长：黄伟光

副会长：盛明山、潘安平、史旭东

总干事：潘安平

副总干事：吴惠民、鲍春晓、周文飞

两会顾问：史悠生、黄烈明、黄方正

两会常委 19 人：史娟（女）、史旭东、史奇妙、吕玲女（女）、吴惠民、张建国、周文飞（女）、周孝明、郑蓉花（女）、洪美飞（女）、俞菊英（女）、徐伟振、翁承诚、黄伟光、黄林赛（女）、盛明山、董君玉（女）、鲍春晓（女）、潘安平

两会委员：55 人

第八届三自会　（2011. 3—）

基协第四届委员会

主　席：史奇妙

副主席：潘安平、张建国、鲍春晓

秘书长：张建国

副秘书长：史娟（女）、周孝明、王伟宏

会　长：潘安平

副会长：史奇妙、史旭东、鲍宏亮

总干事：史旭东

副总干事：黄林赛、傅感恩、钱华来

两会顾问：史悠生、黄烈明、黄方正、盛明山

两会常委21人：徐振丹、冯素娜（女）、翁承诚、史奇妙、潘安平、张建国、黄伟光、鲍春晓（女）、钱华来、蒋爱献（女）、周文飞（女）、吕灵女（女）、周孝明、史旭东、薛世易、鲍宏亮、洪美飞（女）、鲍以撒、陈爱原、吴惠民（增补）、王伟宏（增补）

两会委员：67人

职　能

三自会　（1）团结全县基督徒热爱祖国，遵守国家宪法、法律、法规和政策。（2）坚持自治、自养、自传，独立自主、自办教会的方针，保卫和发展三自爱国运动的成果。（3）协助党和政府贯彻落实宗教信仰自由政策，维护教会合法权益。（4）维护国家稳定，为社会主义物质文明、精神文明和政治文明建设，为实现祖国统一，社会和谐，为开展国际友好交往与维护世界和平而贡献力量。（5）按有关规定筹备申报设立教堂、处所。（6）制订教会管理的规章制度，适时总结更新，并督促全县各教会执行，提高教会管理水平。（7）本会与象山县基督教协会是分工合作关系，配合与协助“象山基协”的工作，通常以“象山两会”的名义召开联席会议。（8）研究探讨“三自”的新情况，新课题；探索和解决本会委员共同关心的实际问题，增强本会的凝聚力。

协　会　（1）推进象山县基督教神学教育和教会人才培训。（2）推荐教牧人员按立圣职，认定本县基督教教牧人员、义工传道人员资格。（3）协调本县教会按信仰习惯开展各种聚会活动。（4）介绍和组织交流各教会在传道、牧养和管理方面的经验，探索建立促使教牧队伍稳定和提高的保障制度。（5）开展与县外教会间的友好交往和联系，沟通情况、交流经验。（6）本会与象山县基督教三自爱国运动委员会是分工合作关系，配合与协助“象山三自”做好本县基督教的各项事工。（7）本会在教务工作上争取全国及省、市基督教协会的支持和指导，促进信仰素质的提高。

工作　活动

协助政府落实党的宗教政策　1981年12月，县基督教“三自”爱国运动委员会成立，组织信徒恢复正常的宗教活动。调查取证，提供证据，协助政府平反20世纪五六十年代信徒周先航等冤假错案。长老周先航曾被错判劳改，1988年6月，县人民法院公开宣布予以平反。鲍圣光长老因坚持信仰，被定为“内控分子”，内迁宁海任教。80年代调回后，被推选为县政协委员。励洁瑷、邵升康、史兆松、黄烈明等教师也因信仰缘故，被打成“右派”或停止任教，均得到平反或恢复教职。随着错案和不公正问题彻底纠正，消除广大信徒对党和政府的疑虑，激发信徒爱国受教的热情，积极投身于社会主义各项建设。

1987年后，“三自”会负责同工配合政府开始落实教产，原被占用教堂开始陆续归还，有

些被拆教堂得到经济补偿，同意教会择地建造新堂，新堂建设的审批土地，报批手续都得到县委统战部、县民宗办和有关部门支持。东陈教会，在建造教堂时个别群众无理取闹，建堂工作受到严重干扰，停顿数年，经济损失惨重。县委统战部、县民宗办与当地政府，为维护法律尊严，保护教会合法权益，通过耐心细致与调解工作，排除阻力，使教堂顺利竣工。经过政府的关怀和支持，县内合法基督教聚会场所至2012年计48处。政府还安排县基督教“两会”主要负责人，担任县人大代表与县政协委员，政治地位大为提高。

指导堂所各项建设 象山基督教始传于清光绪元年（1875），至中华人民共和国成立初期教堂27所，信徒2000人。土地改革时期，由于象山地处东海前哨，教会停止聚会，教堂移作他用。20世纪80年代后，教会恢复聚会常假信徒家庭举行，随着宗教房产政策深入落实，一批被占用的教堂归还教会。同时，政府同意批建新教堂，至2012年新建教堂40所，别致多样，实用美观。教堂硬件建设日新月异，制度建设也不断完善。教会民主办教，改变家长式、一言堂管理模式。全县45个教堂，在县基督教“两会”的指导下，制定并上墙公布各项管理制度。各地堂委通常4年换届一次，至时“两会”委派一两名常委到堂所指导换届选举工作。堂委选举按堂委组建办法，实行民主选举。堂委新陈代谢，知识、年龄、层次更加优化。

提高传道人素质 20世纪80年代，教会恢复聚会后，面临第一件事就是有羊无牧，教会只有靠一班热心信徒，担负起建设教会、栽培信徒重任。这批信徒，虽然热心教会，但缺乏圣经的装备和神学造诣，对教会的长远发展会有一定的影响。1982年，“两会”为培养义工作为工作的重中之重。聘请市基督教会德高望重的牧长，在励洁媛家堂檐、天井首次举办义工培训班，后来每年举办，至2012年已举办26期。2008年，又创办圣经培训中心，培养基层教会的义工100余人。经过多期培训，义工素质大为提高，成为教会骨干。

1988年，浙江神学院开办，象山教会选送青年信徒前去深造，至2012年培养神学本科、神学专科、圣经专科、神学进修，圣经专业培训达40余人，浙江神学院短期培训有40余人。这批经神学深造信徒，大多在教会里专职事奉，有的已经按立了圣职。教职队伍已发展至45人，其中，牧师12人，教师9人，长老10人，认定传道义工139人。

培养信徒素质 至2012年，全县基督教“两会”信徒约有2万人。一些新加入教会信徒，均有心灵的需求，其中有的是因家中遭难、身体有病的难民，有的是迷入歧途的浪子。教会不但关怀他们身心健康，更重视他们的信仰素质。“两会”在信徒的灵性栽培上，注重讲台供应，统一安排全县主日讲道圣工。各堂培灵聚会基本上每年举办一两次，在邀请讲员时又严格把关，既考虑栽培信徒灵命需要，提高信徒信仰素质，又防止片面盲目追求，杜绝异端渗透。为丰富信徒灵性生活，2004年“两会”推行圣经函授课程，一大批年轻信徒灵性得到栽培，生命成长逐渐成为教会的骨干。

通过各种形式宗教活动，信仰素质得到提高。他们认识基督徒本分，懂得人生价值和意义，不但明白信仰真理，而且还懂得一个基督徒应该是一个遵纪守法公民，更懂得非以役人、乃役与人的经训，积极参与社会服务，弘扬信徒公德，构建和谐社会。

参与社会公益事业 发扬基督爱心，关心弱势群体。教会对弱势群体非常关注，当某些家庭发生疾病、灾难时，信徒会去关心他们，帮助他们渡过难关。大塘刘仁斌老师遗孀身患绝症卧床，无人照料，大塘教会轮流派人服侍她达半年之久；定塘教会服侍瘫痪卧床五保户信徒，组织52名信徒，分26班日夜轮流服侍达2年之久；鸡鸣退伍军人穆金桂，妻亡身残，属特困户，2005年又肾脏萎缩，信徒为他捐款数万元抢救；东陈皇甫来英姐妹主动服侍五包户，受到当地政府和百姓好评。教会、信徒在助医、救灾、帮困等方面都很踊跃。

响应政府号召，支助各地灾区。当政府发出号召或某些地区发生灾难时，信众都会乐意捐助，如西部大开发、“桑美”台灾、汶川地震，乐意捐款达70余万元。还为江西革命老区送去一大卡车衣服，为云南泸水县送去近200吨服装，光运费支出就逾30万元，得到当地民政部门称赞。

分担社会责任，创办安乐之家。城乡有老人因儿女不在身边，非常孤独。教会为社会分担责任，主动在大塘、丹城、岳头、亭溪办起安乐之家，收费低廉，服务周到，得到社会肯定。每年老年节，“两会”号召各教会举行敬老活动，并组织人员慰问安乐之家老年信徒。2004年，“两会”特别为丹城、大塘两所安乐之家举行创办五周年庆典活动。2005年，又为安乐之家每名信徒送上被套一条，表示教会关爱，以此带动全县各教会敬老工作。

积极投入社会实践，作光作盐。为支持城镇建设，石浦教会投入53万元，买下石浦原消防队拆除的土地，与石浦镇政府共建休闲场地和绿化带；配合镇政府新建沿港广场，同意适当补偿，拆除7间教会在横塘岸街面房子。1997年，“8·18”台灾，大塘灾情特别严重，为解大塘人民缺水困难，田洋湖教会雇用拖拉机送水数日；黄方正牧师通过全国基督教“两会”与爱德基金会联系，援助数十万元安装引水工程和建造金星小学。2012年3月，爵溪教会首次组织10余名信徒献血，献血量计4000毫升。周先航长老是种粮大户，年年多卖粮卖好粮给粮站。1988年，当选为西周镇人大代表。1990年，当选为县十二届人大代表。1999年，被评为西周镇出售爱国粮光荣大户。师范毕业生林安慰因在表中填上“相信耶稣”，被剥夺教师分配权。1962年为民办教师，1978年后才正式转为公办。在20余年的任教中，他兢兢业业，任劳任怨，先后5次被评为县先进工作者、先进班主任，获市宗教界积极分子、省“春蚕奖”。

第五节　县青年联合会

团浙联《关于加强我省青年统战工作的意见》〔1987〕26号强调指出：“青年统战工作是党的统战工作重要组成部分，广大用户社会主义的劳动青年和赞成祖国统一的爱国青年既是现阶段我国青年统一战线的对象，又是推动青年主义四化建设和实现祖国统一的依靠力量。”并指出：“青年联合会是我国青年统一战线的重要群众组织，根据全国青联的要求，地级市以上的城市一般应建立青联组织。”“确因工作需要的县级市也可以建立青年联合会”。县青年联合会筹备于1994年4月，正式成立于是年5月。青年联合会是共产党领导下基本人民团体之一，是以中国共产主义青年团为核心力量的各青年团体联合组织，是全国各族各界青年广泛的爱国统一战线组织。

历次代表会议

第一次代表会议 1994年5月4日，在丹城象山宾馆召开。大会应到代表106人，实到代表74人。团县委书记姚晓东主持会议，并作时政报告。团市委副书记、市青联主席马东辉，县委副书记何康根出席会议并讲话。根据县青联筹备委员会提名，大会通过充分酝酿和协商，选举县青联一届常务委员17人、委员90人，主席姚晓东，副主席戴文辉等4人。县青联一届委员会设会员团体界、政法行政界、财贸金融界、经济企业界、农林牧渔界、科教文卫界、少台侨宗界7个界别。

第二次代表会议 1997年4月27日，在丹城象山宾馆召开。大会应到代表106人，实到代表84人。团县委书记戴文辉主持会议，并代表一届青联常委会作工作报告。团市委副书记、市青联主席马晓晖，县委副书记郑金平出席会议并讲话。根据县青联筹备委员会提名，大会通过充分酝酿和协商，选举县青联二届常务委员16人、委员96人，主席戴文辉，副主席蒋善定等4人。县青联二届委员会设会员团体界、政法行政界、财贸金融界、经济企业界、农林牧渔界、科教文卫界、少台侨宗界7个界别。

第三次代表会议 2000年6月17日，在丹城东谷湖宾馆召开。大会应到代表106人，实到代表88人。团县委书记张有为主持会议，并作《高举旗帜，求实创新，团结带领全县青年为象山提前基本实现现代化贡献青春》工作报告，团市委副书记、市青联主席马东辉，县委副书记张雪明出席会议并讲话。根据县青联筹备委员会提名，大会通过充分酝酿与协商，大会选举县青年联合会三届常务委员21人、委员101人，主席张有为，副主席张荣飞等4人。县青联三届委员会设会员团体界、政法行政界、财贸金融界、经济企业界、农林牧渔界、科教文卫界、少台侨宗界7个界别。

第四次代表大会 2003年6月26日至27日，在丹城象山宾馆召开。大会应到代表108人，实到代表90人。团县委书记陈东主持会议，并代表县青联三届常委会作《实践“三个代表”重要思想，坚持爱国进步创新，团结带领青年为象山全面建设小康社会而努力》工作报告，团市委副书记、市青年联合会主席陈国军，县委副书记徐才印出席会议并讲话。大会选举县青年联合会第四届常务委员26人、委员108人，主席陈东，副主席张荣飞等6人。

第五次代表大会 2006年10月25日至26日，在丹城象山宾馆召开。大会应到代表116人，实到代表86人。团县委书记娄海东主持会议，并代表县青年联合会作《汇聚青年力量，实践象山精神，为加快建设现代化新象山贡献青春与力量》工作报告。团市委副书记、市青联主席黄焕利，县委书记周江勇出席会议并讲话。大会选举象山县青年联合会第五届常务委员会委员27人、委员116人，主席娄海东，副主席蒋凌燕等8人。

第六次代表大会 2010年3月11日至12日，在丹城象山宾馆召开。大会应到代表128人，实到代表104人。团县委书记蒋凌燕主持会议，并代表县青联五届常委会作《凝聚青年才俊，谱写青春业绩，为全面开启桥海新时代贡献力量》工作报告。市青联主席杨勇、县委书记李关定出席会议并讲话。大会选举县青年联合会六届常务委员35人、委员128人，主席蒋凌燕，副主席董盛益等10人。

历届县青联会成员

第一届委员 （1994.05—1997.04）

主　席：姚晓东（1994.05—1997.04）

副主席：戴文辉、蒋善定、张世方、林巧红（女）

常务委员：沈贤松、陈晖（女）、张世方、张伦娟（女）、邵升红（女）、邵建华、郑世伟、欧世意、欧建康、林巧红（女）、金良、周志平、周志坚、姚晓东、蒋善定、蒋雄斌、戴文辉

委　员：90人

第二届委员 （1997.04—2000.06）

主　席：戴文辉（1997.04—2000.06）

副主席：蒋善定、陈爱武（女）、章程、周文通

常务委员：朱伟钢、吴才惠、吴建凯、张承志、陈益洪、邵升红（女）、邵叶茂、郑岳夫、茅晓玲（女）、林岳定、周敏峰、洪贤兴、陶廷龙、章国海、蔡国民、蔡银连

委　员：96人

第三届委员 （2000.06—2003.06）

主　席：张有为（2000.06—2002.11）、陈东（2002.11—2003.06）

副主席：张荣飞（女）、周文、陈永忠、周敏峰

常务委员：张有为、张荣飞（女）、周文、陈永忠、周敏峰、孙雄、张承志、陈忠、陈定义、陈建平、陈胜跃、陈益洪、邱林海、邵叶茂、林冰、林红（女）、郑岳夫、洪贤兴、陶廷龙、章国海、蒋善文

委　员：101人

第四届委员 （2003.06—2006.10）

主　席：陈东（2003.06—2006.06）、娄海东（2006.06—2006.10）

副主席：张荣飞（女）、孙国夫、陈柳松、张承志、郑敏、叶国营

常务委员：叶国莹、朱佩龙、孙国夫、孙曙光、吴启超、应旭东、张永、张承志、张荣飞（女）、张益帆、陈东、陈忠、陈再宏、陈柳松、陈胜跃、陈益鸿、邵叶茂、林冰、林红（女）、欧夏雨、郑敏、郑仁能、俞富存、蒋杰峰、曾伟标、鲍将军

委　员：108人

第五届委员 （2006.10—2009.03）

主　席：娄海东（2006.10—2009.03）

副主席：蒋凌燕（女）、吴志辉、孙曙光、郑敏、陈海林、郑建范、郑恩益、谢光辉

常务委员：王一鸣、冯颖、任贤峰、孙曙光、纪云飞、吴志辉、张永、张伟民、张益帆、

杨祥之、杨盛昂（女）、邵叶茂、陈渊、陈再宏、陈海林、陈益鸿、周建华、周渭明、郑敏、郑仁能、郑建范、郑恩益、金宇、俞富存、姜天文、娄海东、蒋杰峰、蒋凌燕（女）、谢光辉

委　员：116 人

第六届委员　（2009. 03—）

主　席：蒋凌燕（女，2009. 03—2012. 03）、董盛益（2012. 03—）

副主席：董盛益、吴晓、郑敏、郑建范、郑恩益、谢光辉、周渭明、张蕴（女）、乐可峰、吴宇俊

常务委员：史云彩（女）、乐可峰、许曙敏、纪云飞、李红宗、杨盛昂（女）、吴晓、吴宇俊、吴松林、张永、张蕴（女）、张茂豪、张增明、陈渊、周姣华（女）、周渭明、郑敏、郑世敏、郑建范、郑恩益、胡世来、胡向阳、胡振宇、俞安君、姜天文、徐树国、奚时宜、翁凌展、董柯渊、董盛益、蒋杰峰、蒋建忠、蒋凌燕（女）、谢宏、谢光辉

委　员：128 人

职　能

（1）广泛团结各界青年，汇聚全县青年力量，努力实践象山精神。（2）高举爱国主义和社会主义旗帜，以邓小平理论、“三个代表”重要思想、科学发展观武装青年。（3）最广泛地代表和维护全县青年的合法权益。（4）引导青年积极健康地参与社会活动，努力为各界青年健康成长、激发成才服务。（5）加强同台湾、港澳青年及国外青年侨胞的联系和团结，发展同世界各国青年的联系和友谊。（6）积极为象山经济建设和社会各项事业发展、不断增强党执政的青年群众基础作出新贡献。

工作活动

宣传教育　1994 年，开展《爱国主义实施纲要》学习活动，提高广大青年爱国主义觉悟，使社会主义精神文明建设再上新台阶。1997 年，确定每年 4 月为“爱国主义教育月”，并开展 18 周岁青年国旗下成人宣誓仪式，鼓励青年勤勉自律，奋发有为。2007 年始，县青联配合团县委开展首届十大“青年卫士”、第七届十大“杰出/优秀青年”、十大“新象山（外来）青年”等评比活动，激励、引导青年人才在各自岗位上建功立业，并不断创新形式，广泛选拔人才。是年，张志青被评为省优秀农村青年。2008 年，县青联委员钱豪被推选为全国团十六大代表，参加 2008 年 6 月召开共青团第十六次全国代表大会。2009 年，县青联推荐王俊杰、王一鸣分别获宁波青年企业家管理创新奖以及提名奖；县青联推荐 8 名青年创业典型参加“浙江创业项目评比大赛”，并获 1 金、1 银、3 个优秀奖。2010 年，广泛开展学习张瑜舍己救人先进事迹活动，授予张瑜“象山县舍己救人好青年”荣誉称号，召开全县团组织座谈会学习张瑜精神；2011 年，联合县经信局、人社局开展“十大杰出青年企业家”评选工作，授予马至聪等 10 人为县“十大杰出青年企业家”称号，授予朱文荣等 5 人为县“十大杰出青年企业家”提名奖称号，并举行“海洋时代青年做什么”主题讨论活动，在青年中营造浓厚桥海时

代创业创新氛围。

技能培训 1997年，举办知识竞赛，进行干部职业道德建设大讨论；开展“知我象山、爱我中华”“庆五四·迎回归”系列纪念活动和“百年恩来”座谈会。2000年，开展纪念杨白100周年诞辰以及学习殷夫、贺圣威、吴烨烈士事迹活动，激发青年爱国热情；开展青年科技创新创效活动，引导青年发奋进取；培植青年典型，举荐优秀人才，增强青联组织服务功能。2003年，学习贯彻中共十六大精神，开展为象山提前实现现代化再立新功活动，举办绿色证书培训、农民大专班、职业技术培训班48期，培训农民3150人次；加强青少年“四五”普法教育和“五五”普法研究，新增省级“优秀青少年维权岗”2家。新增国家级“青年文明号”1家、市级3家。2008年，制订《关爱留守未成年人工作计划》，在18个镇乡、街道成立服务站；与番头小学、半河农民工子弟学校开展“手拉手”弱势群体帮扶活动，送学习用品和慰问金。“1+1”爱心助学结对130人，发放助学款3万元。至2012年，举办实用技术培训465期，企业后备人才培训25期，受训人员2万余人次。协助团县委开展助学帮困、青少年维权、青年志愿者行动、青年文化活动、“青年文明号”、青年人才开发活动。

“青年文明号”创建 1994年始，在全县实施创建“青年文明号”活动。1995年，创县级“青年文明号”20家、市级3家。1996年，制定《象山县“青年文明号”试行办法》，在全县105家单位（集体）开展创建活动。1997年，180家单位（集体）、2500余人参加活动，共创县级“青年文明号”单位45家，市（省）级11家。1999年，13个行业系统、190家集体3000余人参与创建活动，丹城派出所等13家单位新获县“青年文明号”称号，丹城交警中队等6家单位获市“青年文明号”称号，国税爵溪分局创全国“青年文明号”，爵溪镇镇前街获全国首批“青年文明一条街”称号。2002年6月，市“青年文明号”创建现场会在象山召开，推动全县创建活动的深入发展。至2012年，全县拥有“青年文明号”国家级4家、省级18家、市级85家、县级381家。

爱心救助 县青联不断深化象山青少年助困品牌，服务青少年成长成才。2010年，在委员们鼎力支持下，成立县“青少年育才发展基金”，基金已资助低收入青少年1000余人次，发放助学金50余万元；举行“关怀5+1”关爱留守未成年人启动仪式、象山低收入农户青少年关爱行动推进会、“关爱服刑人员未成年子女”调研等系列物质帮助、精神关爱活动；同时，组织委员积极参与为新农村建设捐献图书1万册等公益活动，树立青联组织良好社会形象。2012年，台风“海葵”过后，得团市委支持动员各级团组织和县青联，开展创业青年灾后救助帮扶工作，累计受惠弱势青少年群体4200余人，发放资金逾240万元。截至2012年，共结对中、小学生、农民工子女，资助贫困大学生2436人次，发放助学款50万元；建立青年志愿者服务站155个，注册志愿者2万人；组建大学生实践小分队30支、550余人次，成功帮扶1.5万余名青少年。

友好交往 县青联从多角度、多渠道为委员提供切实服务，使各位委员对青联感情日益加深，组织凝聚力、感召力不断增强。一是不断丰富活动内容。结合中国传统节日，2006年，举办“青联有约”迎新春联欢酒会，营造热烈浓厚节日氛围；结合生态县建设，组织开展县青联委员参观考察县污水处理厂；结合体育强县创建，组织开展青联委员冬季长跑活动；结合文明城市创建，县青联向全县青少年发出文明创建的倡议书。此外，开展委员生日联谊、中欧学院青年企业家学员参观考察和互动联谊活动，赴杭州参加企业家管理培训，赴广西、新疆与外地青联组织交流等活动，使委员们在学习、考察、交流中进一步增进了友谊，增强了青联组织的凝聚力。二是积极推动界别自转。坚持“主席联系，常委带头，组长负责”制度，加强指导各界别组工作，充分发挥各界别组优势，引导、鼓励各界别组以独立、联合等形式开展活动。2012 年，县青联成功接待美国青年领导者代表团、天津蓟县青联代表团一行，带领青联委员赴杭州湾新区考察，为青年促进经济文化交流奠定基础。

附 1：象山县徐福研究会

象山县徐福研究会于 2007 年 11 月 18 日，在县文广新局会议室召开成立会议。代表 22 人。县委常委、宣传部部长洪贤兴出席并讲话，选举研究会一届会员 19 人。其中，会长洪贤兴 1 人，副会长吴开方（常务，后伊珍林）、蒋皓、任先顺、奚永成、何元均（兼秘书长）、张利民 6 人。聘顾问王庆祥、史奇山、林志龙 3 人。县文广新局局长吴开方主持会议。

研究会二届会员会议于 2010 年 4 月 28 日在国际大酒店召开。会员 88 名。县委书记李关定、中国徐福会副会长张良群、县政协主席白国璋、副县长王安静等出席，李关定、张良群讲话；副秘书长盛鑫夫作一届研究会工作报告；审议通过有关《章程》《决议》；推选研究会理事 77 人。会长黄敏求，副会长任先顺（常务）、何元均、林志龙、张利民、郑辉、吴开方、范良江、陈建瑜、石初光、胡铮、蒋皓、李为国、盛鑫夫（兼秘书长）13 人。聘名誉会长金红旗、白国璋 2 人，顾问张良群、王庆祥、洪贤兴 3 人。县委常委、统战部部长黄敏求，县文广新局局长任先顺先后主持会议。

传徐福系率三千童男女乘楼船为秦始皇到海外三神山寻觅长生不老之药，曾登陆象山的方士。

附 2：石浦如意文化联谊会

石浦如意文化联谊会于 2012 年 9 月 13 日，在石浦渔港大酒店召开成立会议。代表 100 余名。县台湾事务办公室副主任史静波、县文广新局副局长吴健、石浦镇委宣传委员董柯渊出席并讲话；县民政局副局长蒋善智宣读县民政局关于同意成立象山县石浦如意文化联谊会批文；审议通过联谊会《章程》《决议》等；选举联谊会一届理事 21 人。会长韩素莲，副会长董永泉、陈和平、李安国 3 人。聘名誉会长陈云方、陈昌福、柯受雄、侯志友 4 人，顾问史亚萍、盛繁国、解亚萍、朱永林、吴蒙蒙 5 人。朱永林主持会议。

传如意娘娘与妈祖、瑶池娘娘为三姐妹，是维系台湾台东县富冈村（“小石浦村”）与大陆石浦同胞关系的海神。

附 3：黄埔军校宁波同学会象山小组

黄埔军官学校，简称“黄埔军校”。民国 13 年（1924）6 月 16 日，孙中山先生在中国共产党和苏联的帮助下创办的国共合作的军事学校，旨在培养中国革命高级军事人才，以适应国民革命的需要。孙中山任校总理，校长蒋中正，党代表廖仲恺，副校长李济深。教育长为胡谦、邓演达等。政治部主任先后为戴季陶、周恩来等。黄埔军校共办 23 期，毕业生（包括分校、训练班）共 23 万余人。

象山籍黄埔同学入载《黄埔军校同学录》等者凡 40 人。据 1978 年调查，在象山有 11 名黄埔军校（分校、训练班）同学。1993 年 5 月 26 日，在县委统战部会议室召开黄埔军校宁波同学会象山小组成立会议，共有 8 名组员，7 名同学参加会议。县委统战部副部长欧吉庆传达上级有关文件并讲话；与会人员讨论发言；会议通过《章程》及小组活动安排，推选顾庆昭为组长。翌年，7 名同学参加纪念黄埔军校建校 70 周年活动。象山小组第二任组长为胡增辉，第三任组长顾勉。至 2009 年 6 月走访，象山黄埔军校同学仅 4 人：顾庆昭，民国 6 年（1917）生，东溪井头人，黄埔军校 14 期。周兆珣，民国 8 年（1919）生，丹城北门人，黄埔军校 18 期。姜洪林，民国 9 年（1920）生，丹城羊巷街人，黄埔军校（西安七分校）18 期。顾勉，民国 10 年（1921）生，东溪井头人，顾庆昭胞弟，黄埔军校 21 期。至 2012 年，仅周兆珣健在，余作故。黄埔军校宁波同学会象山小组完成使命。

黄埔军校宁波同学会象山小组情况一览表

表 10-5-1

姓　名	在校名	籍　贯	出生年月	期别、兵科	原通讯地址
顾庆昭	顾文都	浙江象山	1917.12	14 期炮兵队	象山县西周镇新屋村
胡增辉	—	浙江象山	1921.09	17 期步兵队	象山县丹城镇东街 6 弄 6 号
朱忠范	—	浙江象山	1919.02	17 期步兵队	象山县贤庠贤庠村
宋增喜	扬　文	浙江象山	1914.10	17 期工兵队	象山县南庄乡洋心村
陈斌灵	—	浙江象山	1915.12	18 期步兵队	象山县石浦镇七村
顾　勉	—	浙江象山	1921.01	21 期炮兵队	象山县石浦镇中央塘村
葛天权	—	上海	1929.05	22 期步兵队	象山县制药厂
章思通	—	浙江象山	1914.03	8 期军训班	象山县石浦渔港中路 23 号

第十一章　统战文化

文化是软实力、原动力，广义说是人类社会发展、物质与精神活动的历史总汇，是一地域文明最广泛的反映和历史积累。统战文化以大团结、大联合为主题，以求同、和谐为基础，源于中国传统文化，有广泛的统战性、鲜明政治性和发展时代性等特点。新时期是以“和”为核心，“团结、合作、互助、关爱、和谐”为基本准则，民族团结文化、炎黄同根文化、党派合作文化、宗教和顺文化和工商企业文化等为基本内容，求同存异，体谅包容，争取人心，凝聚力量，构筑和谐共融、团结友善生产生活环境，为建设社会主义和中华民族的伟大复兴提供智力支持和精神力量。象山统战文化始于中华人民共和国成立初配合土地改革、剿匪、抗美援朝等的文化宣传工作，后一度趋弱；兴于改革开放，尤21世纪中华伟大复兴。本章主要记录统战中台、侨、少数民族、宗教、工商联及民间信仰等领域中狭义文化。

第一节　涉台文化

象山是省对台工作重点县，在台人数居市各县（市）区首位。通过涉台文化交流，挖掘两岸文化融通性，坚持文化交流提升两岸认同感与亲和力。20世纪70年代末，海峡两岸处对立状态。至80年代初，象（山）台（湾）文化交流活动开展，县涉台部门会同县政协机关、文化界、文艺界及当地政府，有计划、有组织地开展对台文化交流活动，参与人数增多，规模扩大，档次提升，形式多样，内容渐丰。参与活动有台轮渔民、石浦地区及相邻乡镇回乡定居台胞、县籍重点台属、当地居民、县文化、文艺界工作人员。规模一两百人，常选在元宵、端午、中秋等传统节日举行。内容有歌咏比赛、舞蹈表演、书法演示、观看影视、外出观光旅游等。形式有茶话会、聚餐会、座谈会、联谊联欢会等。

涉台艺文

书　籍　2010年8月，县台办彩色画册《祖脉》，由上海美术出版社出版发行。内容丰富，132帧照片辅以3.5千文字。2011年始编，成于2013年。县档案局《两岸石浦人》，由中国文化出版社出版发行。内容翔实，以8万文字辅以92帧照片，为《祖脉》姐妹书。全面详尽记述台东县富冈新村（小石浦村）与象山石浦渔山村同根同脉缘由、现状和发展，为中华人民共和国成立后象山首部涉台画册与书籍。

诗　词

金缕曲·盼团圆

盛繁国

共谱同宗画。本一家，几多世纪，过了海峡。纵有水隔三百里，白帆东风长驾。己丑年，吴钩一划。闪电鸣雷起风暴，更惊涛噬舟如香荚。来往絕，鬼人骂。

一统之声响天下。告同胞，春风几度，花雨几洒。蒋公应怜花草苦，勒转台澎金马。国共和，惟此为大。同除消弥天尘埃，长空明，万里现虹霞。大团圆，泪与话。

（1983年夏）

舅父米寿感怀

——步舅父何志浩原韵

朱鹏飞

报国肝胆足此生，从戎主政大勋成。
峥嵘岁月望中逝，舒展秦云峡上横。
胡马嘶风怀旧地，回乡扫墓盼同行。
读诗掩卷渭阳曲，暮暮朝朝未了情。

（1991年）

附：原玉

八十八感怀

何志浩

八十八年虚此生，学书学剑两无成。
蹉跎岁月垂垂老，仰望云天渐渐横。
报国从军虽尽力，还乡祭祖未随行。
我甥寄我一包土，总觉亲情最有情。

（1991年）

统一篇

何敏求

万事悠悠统一先，神州十亿梦魂牵。同根连理亲和力，一脉相承兄弟骈。
雪耻比肩驱日寇，竞雄互补着先鞭。欣逢大地回春候，好挂云帆济巨川。
叶九条兮江八条，沟通心曲再诚邀。事关统一情宜洽，根出炎黄瑟易调。
瑞霭凝祥腾海峡，红梅吐蕊焕春朝。千秋大业同心举，彩绘神州巨匠描。

（1995年）

喜闻台湾成立海和会

何敏求

花开并蒂根连理，一脉相承华夏魂。
千载同期尧舜业，群情共仰汉唐尊。
齐心谋国全民愿，团结图强万马奔。
大势所趋分久合，旌旗一片到金门。

（1998年春）

闻台湾辜振甫将访

何敏求

骨肉分离半纪情，此身归属应分明。
春云乍展晴明色，樽酒当期玉帛盟。
多极瀛寰频逐利，故园风土重推诚。
合分大势衡全局，海峡庆云冉冉升。

（1998年秋）

七绝·宝岛台湾五咏

何敏求

樟脑清芬誉海赢，蔗糖翼比古巴名。
根同连理民勤朴，闽浙藩篱海上屏。
义不帝清赤胆忠，深谋运略郑成功。
台澎壮士奇猷献，蔽日艨艟指向东。
马关苛约震台民，遍地义旗拒帝秦。
唐走刘孤援不继，炎黄血泪洒龙津。
台湾航舰太平湖，超霸妄兴如意图。
导弹花开东海浪，煌煌公报杜觊觎。
炎黄血统齿唇行，岂容台独逞猖狂。
神州十亿庄严誓，保我主权卫我疆。

（1998年）

中秋寄亚辉台北

何敏求

盛世文人意兴饶，金秋八月桂香飘。清宵碧引乡思远，沧海潮随客望遥。
秋水长天同一色，诗情豪气尚三邀。吞杯莫误团圆月，留得清辉两岸娇。
月到中秋分外清，天高气爽皎然明。清辉泻地形随影，桂魄悬空影逐形。
海峡波涛肠断曲，平生琴剑白头赢。拳装少女当成长，雏凤应胜老凤声。

（1998年）

诉衷情·盼统一

何敏求

合分大势不须猜，细就八条裁。亟盼金瓯无缺，岁月白驹催。
当机断，度量恢，赋归来。炎黄十亿，共庆团圆，绽焕红梅。

（1998年）

江炳坤率团来访　（一章）

王德威

五十六年前巨变，九州今日好山川。
金瓯有缺民心系，宝岛分离魂梦牵。
炳坤初访开端好，连战将来继着鞭。
但愿春风吹两岸，坚冰融化艳阳天。

（2000.09）

破冰吟

钱德馨

历史掀开新一章，破冰之旅不寻常。
山高难挡潮流急，海阔怎超情谊长。
民族振兴和独贵，弟兄团结合俱昌。
坦诚相见何嫌晚，爱我中华竹帛香。

（2000.09）

百岁人瑞

——贺舅父何志浩

朱鹏飞

蒙山毓玉耀文星，空陋书香硕德馨。
百岁人瑞松鹤颂，思亲最是渭阳情。

（2002 年）

陆上度中秋

1985 年中秋节，在台胞接待站五楼会议室“欢度国庆暨中秋佳节茶话会”横额下，围坐着台湾苏澳港“大丰荣 16 号”船员、回乡定居台胞和象山各条战线台属代表，共庆 36 周年国庆及中秋佳节。桌上摆放鲜花、月饼、水果。县政协主席董鹤鸣出席并讲话，阐述中国共产党和平解决台湾问题四个基本观点和新中国 36 周年取得伟大成就，宣讲《中共中央关于制定国民经济和社会发展第七个五年计划的建议》，希望广大台属、台湾同胞、海外侨胞为“统一祖国、振兴中华”贡献力量。回乡定居台胞李建中通报好消息：“在当地政府的大力支持下，我与金乃尔、李昌宝（均定居台胞）3 人组织起 5 户台属、侨眷承包 320 亩海水鱼塘，筹集 10 余万元兴办‘侨兴海产养殖场’。年初投入 40 万尾鲻鱼苗，目前长势喜人，预计年底收回投资有余。我等壮志：铁扫帚扫去千年穷气，金钉耙耙进五路财神；政策落实得人心欢乐，科学养殖富千家万户！”博得在座船员热烈鼓掌。党中央描绘强国富民蓝图，城乡居民生活不断改善，抚今追昔，更加激起怀亲情思。县政协委员、台属代表朱鹏飞与县人大代表、台属联络员黄立猷即席赋诗，讴歌同胞手足情。台湾渔民纷纷表示：像这样的茶话会很好，既能与大陆同胞一起品茶聊天、相互交流，又能了解祖国大陆社会发展概况，作为我们长年累月在海上生产作业的渔民，很愿意参加。茶话会由县政协副主席、对台工作组副组长、县委统战部部长沈允法主持。按：为兼顾台湾渔民切身利益，最初开展对台文化交流活动通常在秘密状态下进行，即使活动结束，也不声张、不宣传、不登报。

1986年9月中旬，17号强台风到来之时，正是中秋佳节之际。9月17日晚，在县政协、县委统战部和县对台办指导下，石浦台胞站、石浦镇团委和文化馆组织当地百余名爱好文艺活动群众与台湾基隆港渔民一起欢度中秋佳节。渔港招待所餐厅装扮一新，县政协主席林祥生、副主席沈允法到会。沈允法代表县政协向两岸同胞到来表示欢迎，祝节日快乐。歌曲《龙的传人》在两岸同胞激起共鸣。当大陆姑娘唱起台湾歌曲《阿里山姑娘》，在座的台湾渔民报以热烈的掌声。年过半百台湾渔民潘石卿情不自禁地离席合着歌的节拍，独自起舞。一曲终了，掌声雷动，喝彩四起。台湾渔民苏国彰抢猜谜语时，奖得一支小巧玲珑圆珠笔，高兴地说："我把它带回去，永生留念。"晚会进入高潮时，台上台下两岸同胞互邀歌伴、舞伴，尽情歌唱、欢跳，沉浸无比快乐之中。晚会最后，两岸同胞围坐一起，边尝月饼，边谈团圆。

1987年9月8日上午始，受十二号台风影响，264艘台轮、3243名台湾渔民争相驶入石浦港避风、求助，县委书记黄兴国，县政协主席林祥生，县委副书记、县对台工作组组长吴才增等领导亲临一线指挥抗台，顶风冒雨前往台轮锚地登轮慰问。12日晚，县台办在石浦台胞站举行"海峡两岸同胞文艺联欢晚会"。250名台湾渔民与60余名大陆同胞同聚一堂，23名台湾同胞登台演唱民族传统歌曲。笑声、掌声、喝彩声此起彼伏，一张张笑脸在照相机、摄像机镜头前呈现。"金庆隆"船长简清荣动情说："各位大陆同胞，我是台湾渔民，首先感谢石浦台胞站热情接待和周到服务。晚上我能在这里参加海峡两岸同胞联欢会非常激动，要为完成祖国统一的神圣事业而努力！"赢得在场两岸同胞热烈掌声。按：1987年10月14日，台湾当局迫于国际舆论及岛内民众压力，准许台湾地区民众赴大陆探亲。那些背井离乡近40年的大陆籍游子、退伍老兵欢呼雀跃、奔走相告，怀着热切的心情期待与家人早日团聚。随着探亲热潮到来，观光热、小额贸易热、招收劳务（船工）热也随之出现。为两岸文化交流活动提供便利条件。

海上度中秋

1989年9月14日，一年一度中秋佳节。一改往年在陆上举行对台文化交流活动做法，选择在台轮上进行。下午3时许，县政协主席林祥生带领，县政协、县委统战部、县台办、县文联机关35人联欢队伍，携带月饼、水果登轮慰问，在码头、台轮开展联欢活动。象山书法、篆刻高手作品吸引台湾渔民纷纷索要。活动结束时，尚无尽兴渔民邀请工作人员登轮赏月。工作人员再度登上台轮，好客台湾渔民早已精心准备多道海鲜佳肴。两岸同胞围坐甲板上，边赏月、边品菜、边喝酒、边聊天，其乐融融。"茂林"11号船员说："中秋之夜难得与大陆兄弟团聚，今天要感谢老天爷作美，让我们团圆一起。"台湾渔民李德男说："我已经在石浦度过好几个中秋节，难为你们台胞站的人，每逢中秋放弃与家人团聚机会，与我们渔民共度。”“长荣”号船长情不自禁地高声朗诵“抬头望明月，低头思故乡”诗句。

20世纪90年代初，台湾地区渔业结构调整，大批台湾渔民转产转业，近海作业生产的渔船锐减，进石浦港避风求助台轮逐年减少，大陆方与台湾渔民联谊联欢等文化交流活动频率降低。后因与陆上台胞交往日益频繁，对台文化交流借助历届中国开渔节，进行一系列像妈祖信俗文化交流、两岸同胞中秋联谊晚会等活动。

象台共襄中秋晚会

中秋团圆夜，明月共潮生；同饮开渔酒，共叙两岸情。2008年9月14日，第十一届中国（象山）开渔节开幕之日，恰逢一年一度传统中秋佳节，在石浦皇城沙滩，台东县以小石浦村村民为主近200名台胞到象山，共同举行两地同胞中秋联谊晚会。台东县副县长彭德成及政府各界代表、议长李锦慧及议员、渔业协会代表出席。随婉转悠扬晚会序曲缓缓响起，几十名少年合唱队员踏着银色月光列队缓步行进，《月圆的时候你来》温馨歌声牵引出人们思绪，随着那诗一般流淌的乐章，倾诉着两岸同胞相思之情。台东县阿美族蓝星文化艺术团展示台湾少数民族歌舞文化之美：色彩亮丽的民族服饰，开朗灿烂的美丽笑容，生机盎然的活泼舞姿，舞出台湾少数民族热情、纯朴、好客的生活与文化。故乡的山，故乡的海，故乡的情，永远抹不去心头对故乡的思念，这里是我们共有的家，这里有我们共同的梦，这里有我们永远的名字——象山。两岸象山籍演艺明星陆续登台，台湾艺人、“亚洲飞人”柯受良大儿子柯有伦，著名越剧演员、“梅花奖”得主董柯娣，实力新人组合“兄弟联”，少女组合“冰清玉洁”……倾情演绎相思之情、团圆之意。

元宵灯会

1986年2月23日，距离石浦十华里昌国乡举行元宵灯会，石浦台胞站组织台湾渔民观赏。晚7时许，昌国三里长街，万人空巷，灯火辉煌，长街成流动灯河，十分壮观。前去观赏台湾渔民均首次亲历大陆元宵灯会，面对此情此景，兴高采烈，一致称赞：大陆农村元宵灯会热闹，有气势。灯的式样多样且制作精美，内容丰富多彩，在台湾是看不到的。2个小时后灯会结束，渔民们仍沉浸在欢乐的场景中，久久不愿离去。春寒料峭的元宵之夜，穿着单薄的台湾渔民却感到“心热乎乎的”。大陆农村元宵灯会给他们留下深沉思索和美好回忆。

如意省亲

2007年7月29日，“亚洲飞人”柯受良之父、小石浦村妈祖庙主任委员柯位林率54名台胞，敬奉台湾如意娘娘小塑身首次回故里渔山岛娘娘庙祈福祭祖。是年9月14日，正值象山举办第十届中国开渔节，40名小石浦村代表，再次护送如意娘娘到石浦东门岛妈祖庙（天后宫）做客、省亲，举行盛大两岸娘娘渔港巡安活动，互赠锦旗，共祈两岸和平与发展。此后，每届中国开渔节均举行两岸如意信俗省亲迎亲仪式系列活动。2011年，第十四届中国开渔节，台东海神庙如意娘娘分身“落户”石浦东门海神庙。随如意娘娘“定居”石浦，2012年第十五届中国开渔节，小石浦村代表团一行再次敬奉如意娘娘小塑身回乡，与东门海神庙如意娘娘同驻东门岛妈祖庙（天后宫）省亲、做客。

赴台根雕展

2006年，通过市县联动组团，赴台东县开展“根雕艺术展览会”，吸引3万余名台湾同胞参观。展览期间，象山籍台胞主动赶赴现场任讲解员，有的甚至现场认起亲戚，还有不少两岸艺术家结为朋友，情景感人。通过根雕文化展示，借势宣传象山经济和社会文化发展，加强“两岸一家亲”深厚情谊。

象台文化交流座谈会

为加强浙台两地文化艺术交流，增进了解和互信，2006年9月15日下午，在象山德和根艺美术馆举行“象山台东文化交流座谈会”。副县长戴瑜、县台办有关领导、民间剪纸大师谢才华、台东县议会副议长饶庆铃、在象山的台资企业代表和台东第一狮子会会长史永康、台东大学学者、台东市有关议员参加。副县长戴瑜介绍象山的基本情况和海洋文化、县域特色效益农业、建筑业、海洋旅游业、象山海鲜。民间剪纸大师谢才华当场表演剪纸艺术，全场连声惊叹和热烈掌声。两岸同胞纷纷表示，文化界人士应该促进炎黄“根”文化传承发展，向全世界华人宣传这一文化精髓。交流座谈后，彼此赠送纪念匾额。

台东两交流团访问象山

2007年9月13日第十届中国开渔节，台东县副县长彭德成率团到象山，交流文化、经贸。10月26日，台东县议长李锦慧一行21人应邀到象山交流考察。两交流团在象山期间，与县主要领导探讨象山、台东两地文化、经贸交流，考察游览中国渔村、石浦老街等旅游景点，推动象台两地文化、经贸合作。

2008年9月13日至20日，议长李锦慧、副县长彭德成为团长台东县议会、政府文体交流考察团参访象山，成员有政府、议会人士代表30人、小石浦村村民代表100人、演艺人员20名及县渔业协会代表、台湾东森、三立、年代等新闻媒体随行记者共208人。先后参加开渔节开幕式、祭海仪式、开船仪式，参与“‘明月共潮生’，象山·台东两地中秋联谊晚会”，举行“象山县与台东县建立交流合作关系备忘录通过仪式暨象山·台东海洋环境保护交流会”“象山·台东妈祖如意迎亲省亲仪式”等。与县四套班子领导多次交流。台东交流团到象山访问交流，顺利通过“象山·台东双方交流合作备忘录”，成功举办“象山·台东海洋环境保护交流会”、“象山·台东中秋联谊晚会”与隆重举行“妈祖、如意迎亲省亲仪式”。市委副书记郭正伟、市台办主任何一江分别接见交流团成员代表。

第二节　涉侨文化

象山港澳同胞、海外侨胞虽无台胞人数多，随改革开放人数增加，且层次高，学有所成高学历者渐多。通过“香港回归”“涉侨艺文”“文艺演出”“参观游览”等交流活动，打统战文化牌，培育炎黄“根”文化、与侨的同根认知，促进改革开放、科学发展。

港澳回归

1997年香港回归、1999年澳门回归，县委统战部、县侨办作为特大政治任务，编印资料，开办讲座、图片展览，应援“飞人”，呈献剪纸作品等，迎接港澳回归。

编印资料　县侨务部门编印《香港回归辅导报告》《迎香港回归问答》《香港回归宣传提纲》《香港基本法100问》等资料及《香港基本法》小册子各1000本，供侨界人士、乡镇分管领导及有关部门宣传学习。1999年，澳门回归，县侨办、侨联开展宣传《澳门基本法》、走访澳门同胞亲属活动；向基层侨务工作者、侨务骨干及县领导寄发《澳门基本法》等有关澳门回归宣传资料各300余份。电视、报刊等新闻媒介开辟专栏，刊登宣传有关香港、澳门问题知识。

开办讲座　1997年2月下旬，县委统战部、县侨办在象山宾馆举办县侨联委员、留联会成员、侨界政协委员等40余人参加学习《香港基本法》讲座，县委统战部副部长、县侨办主任陈雪晶就香港回归有关问题及《香港基本法》作辅导报告。5月中旬，在象山宾馆召开迎香港回归三胞亲属座谈会，30余名与会者畅谈香港回归，洗雪百年耻辱重大意义，研讨香港回归前后基层侨务工作。1999年10月，县委统战部、县侨办在象山宾馆举办县侨联委员、留联会成员、侨界政协委员等40余人参加学习《澳门基本法》讲座，县委统战部副部长、县侨办主任陈雪晶就澳门回归有关问题及基本法作辅导报告。

图片展览　县委统战部与县侨办等部门配合，举办香港回归图片展览，80余张图片、60块板面。其中，设计“桑梓情深”版面4块，记述香港同胞关心家乡建设、兴办公益事业业绩。1997年5月始至6月，历时2个月，在乡镇、工矿企业、学校、山区海岛巡回展出，起到良好的宣传效果。

应援“飞人”　参加柯受良先生“迎回归·九七飞越黄河”活动。中央电视台、香港凤凰中文台，把“亚洲飞人”柯受良飞越黄河作为“迎九七回归”首个大型活动。作为柯受良家乡人代表，6月1日，县侨办与县台办等单位组成10人家乡应援团，挂近5米横幅1条，赴黄河壶口实地为柯受良飞越黄河助威，为喜迎香港回归祝福。

涉侨艺文

诗　词

鹧鸪天·香港回归感赋

何元均

举世同迎港九归，五星旗下紫荆开。
深铭割地丧权恨，怎忘离娘失子悲。
多少事，碎心扉，升平岂可忘险危？
百年国耻未全雪，尚有妖魔燃死灰。

说明：闻一多先生曾于1926年作《七子之歌》，将被列强所侵占的七块国土（香港、九龙、澳门、台湾等）喻为祖国7个儿子。

(1997.04)

喜迎香港回归

丘　成

屈辱蒙羞百载艰，任人宰割任熬煎。
狮怀北穗三元里，鲤斥西戎不列颠。
坠溷明珠还桂浦，连城完璧复华天。
扬眉吐气炎黄胄，当护金瓯亿万年。

(1997.04)

香港回归有感

许祖培

火炮开海禁，洋钟迷宫帏。
碧血染华夏，铁蹄碎京畿。
版图百年缺，疆土一朝归。
忠魂地下知，今夕应嘘唏。

(1997.07)

澳门回归　（一章）

王德威

一声妈港痛肝肠，三百年来悲恨长。
躯体纵然离祖国，丹心怎不恋家乡。
亲情何日曾忘却，骨肉岂能分雁行。
得返故园寻旧梦，牵衣孺子唤亲娘。

(2000.01)

喜吟澳门回归　（二章）

钱德馨

春满神州燕子归，寰球瞩目日生辉。
濠江欢舞长江笑，屈辱洗清扬国威。
风雨沧桑四百年，欣看今日月重圆。
伶仃洋侧珠江畔，万顷清波托玉莲。

（2000. 01）

澳门回归感赋

张剑英

帝愦民穷失澳门，濠江血泪系英魂。
朝昏难免山河碎，邦弱招来悍敌侵。
多少抗夷忠烈士，长眠地下总伤神。
国强今日庆归复，终以欢颜清辱痕。

（2000. 01）

书刊　美术

书　籍　2002年11月，县侨办编写《海外象山学子》内部印行，并于11月26日在象山宾馆举行首发式。7.8万字，150余帧大小照片，介绍象山籍132名海外学子简历、学术著作、科研成果、家庭概况。省委常委、市委书记黄兴国题写书名，县委书记肖培生作序。县侨办、县档案馆联合编印《象山籍人士在国内外（1989—2008）》系列丛书，2008年已出版第七卷，共31万字，介绍700余名象山籍在国内外人士，其中海外学子、华侨140名。2007年，11名优秀象山籍海外学子推荐入编《宁波海外学子》第一集。2009年7月，11名象山县海外学子入编《宁波海外学子》续集。2010年9月，县委统战部牵头，县侨办、档案局编纂《海内外象山人》第一辑出版，30余名海外华人、华侨入选。2012年3月，10名优秀象山籍海外学子推荐入编《宁波海外学子》第三集。

报　刊　2005年4月20日，县侨办和县新闻中心联合于“五四”青年节期间，在《今日象山》开辟“海外象山青年学子”专栏，介绍10名象山籍海外青年学子，展示新一代象山海外学子风采。编印《象山留联简报》“海外青年学子风采”专辑，以信件和电子邮件形式发送与留学人员及其亲属。是年12月22日，《今日象山》以“我是象山人”为题，以整版篇幅专题报道县侨务部门对外联络联谊工作。

剪　纸　象山中国民间工艺美术家谢才华精心构思、细心创作长50米、宽0.8米的《百年璧玉归今朝》吉祥剪纸作品，于1997年6月20日送呈省人民政府，由省外事办公室转赠香港特别行政区行政长官董建华。1999年，为庆祝澳门回归，又创作百幅“喜喜”迎澳门回归50米剪纸长卷，于10月委托市侨办转赠澳门庆回归筹委会，作为市海外联送澳门回归礼品。

文艺演出

侨联组建以中老年侨眷妇女居多的志愿者文艺队，参加文化、公益宣传。每次活动得到镇、结对村侨眷支持鼓励。2006年2月11日下午，在丹东街道文峰社区休闲公园，6名俄罗斯居民、100余名社区统战人士和300余名社区居民参加闹元宵游园活动。社区居委会、各界人士联谊会小组组织非公有制经济人士大学生、侨胞眷属与文峰社区腰鼓队队员同台献艺。发放统战知识资料，穿插统战知识抢答，受社区统战人士及居民欢迎。2010年3月，石浦侨联送戏曲到镇敬老院，为90余名入住老人自编自演20余个戏曲节目。石浦镇敬老院院长王根娣、老人林阿青等说："想不到侨联会介有心忖着阿拉在角落头的老年人。"10月，为庆祝第二十三届老人节，加强与新农村业余文化交流，石浦侨联组织50多名侨属文艺骨干赴石浦镇下金鸡村，与村20余名文艺骨干联袂表演《夕阳红》《看看石浦新面貌》《沙漠王子》等越剧折子戏、舞蹈节目。2011年4月，县第十三届"三月三·踏沙滩"活动在千米皇城沙滩举行。石浦镇侨属穿节日盛装，载歌载舞与游客欢庆民俗文化节"三月三"。6月，石浦镇侨联组织20名石浦侨属骨干赴金星蜘蛛山街金星敬老院上门服务、送温暖。侨属带4台血压计帮助老人测血压，3名理发师带理发工具，为老人洗发、刮胡子、理发，送牛奶、饼干、糖果等。10月，石浦镇上金鸡村欢声笑语，500余名村民老少相聚村古庙戏台前，欢迎石浦镇侨联文艺队30余名业余演员献艺送欢乐。利用上午空隙时间，与村民百余人举行重阳节体验海防文化遗址——烽火台攀登比赛。

参观游园

基层侨联为凝聚和团结侨界眷属，密切联系交流，增进情谊，共促侨界和谐，考察学习交流。2012年6月22日，丹东街道侨联组织10余名侨眷老人开展"杨梅自摘游"活动。观山景、访果农、摘杨梅、品甜果，充满郊游欢乐气氛。

第三节　宗教文化

宗教文化有宗教政治、哲学、伦理、建筑、文艺、胜地、礼仪等。作为统战文化组成部分的宗教和顺文化，中华人民共和国成立后一度趋衰。改革开放，尤20世纪90年代始，继承弘扬宗教和顺文化。宗教文化中政治、哲学、伦理、建筑等在宗教章节中略有记述，现将宗教文化中现代艺文，分出版（印行）书目、碑记、诗词、楹联选录于下。

有关宗教的出版（印行）书目一览表

表 11-3-1

序号	书名	类别	作者	出版时间	备注
1	《“海邑望刹”智门禅寺》	志书	王庆祥	2002.12	内部印行
2	《等慈禅寺》	画册	林云等	2003.05	内部印行
3	《赵五娘》	连环画	谢孝国	2004.12	西泠印社出版社
4	《象山县宗教志》	志书	盛繁国	2005.06	内部印行
5	《象山县民族宗教要录》	志书	国　盛	2008.01	内部印行
6	《赵五娘传》	连环画	汤兆科	2009.06	内部印行
7	《等慈禅寺志》	志书	圣　凡	2009.07	内部印行
8	《徐福东渡研究概述》	志书	盛鑫夫	2012.06	宁波出版社
9	《唐明州象山县蓬莱观碑文考释》	志书	王庆祥	2012.09	宁波出版社

碑　记

天定庵记

天定庵，俗称“杭头庵”，坐落于下沈乡杭头大岭丛南麓。明洪武三年（1370），居士应宗义创。清雍正元年（1723）扩建，乾隆元年（1736）僧谷安重修。嘉庆二十一年（1816）应氏二妇募化修葺，后圮。1990年始，僧尼俗众、香港檀信合力修复，佛殿、祖师堂、寮房、山门等凡20余间，焕然一新。主事释唯达。农禅并举，谨守戒律，众尼和合；善男信女，络绎不绝，香火复盛。1993年，经县人民政府批准列为佛教活动场所。勒之于石，流芳千古，永惠后世。是为记。（1994.07　圣凡撰）

等慈禅寺记

等慈禅寺，初名凤跃院，南朝宋元嘉二年（425）僧凤跃创。上倚象山，下临凤溪，近瞩平畴，远眺瀛海。宋治平间，赐“等慈禅寺”额。与宝梵讲寺布列象鼻山东西两侧，有“象之双目”之谓，俗称“西寺”。明洪武际，立为“丛林”。自是法雨普洒，光被四表，蔚为大观。明嘉靖四年（1525）重建。清乾隆间，僧会司支云、南乔相继修葺。光绪十一年（1885），知县邹文沅、僧守福复修。民国始，明耀、传常师徒醵资扩建，殿宇奕然一新。后迭遭厄运，累年失修，破败不堪。迨1984年，列县级文保单位。越三年，省政府批准为宗教活动场所，蔚然复兴。可公成师住持，征地20亩，大兴琳宇。筑大雄、玉佛、地藏、药王诸殿与钟鼓、宾客楼及碑廊、放生池、净心亭，修天王、圆通殿、厢房等，历20年终成规模。及入山门，释殿恢弘，梵相庄严，僧伽仪穆，檀越崇敬，钟鼓阵阵，梵呗声声。回望四周，翠岫环立，长涧南泻，修篁泱泱，林木欣欣，瑞雲凌虚。诚灵山圣地，雷音萧寺，妙法耿光，先师遗尘，爰集于斯。千年梵宫，浙东名刹，伟矣哉！是为记。（2006.09　林云、圣凡撰）

大悲禅寺记

大悲禅寺位于马岙仙岩岭外，初名大悲庵。建于明洪熙元年（1425）。2002年，更为现名。民国元年（1912），迁建于岙里弄仙岩山东麓，枕山面东，一正一横计7间。时距仙岩禅寺、古道废弃久矣。20世纪中叶，析横厢为民居，正5间村用之。1980年，盲僧克修募葺，信女李贺氏代管，香火复燃。1992年，僧君剑修，并建观音殿等，气象初显。新世纪元年，延僧德敬续法支撑。德敬好道场，驻锡即谋划兴复，或托钵，或借贷，或法事，所得即置琳宇。六年间竣成大雄宝殿、天王殿、地藏殿、山门、厢楼、斋堂、碑廊及放生池等，广逾15亩。释殿媲彤廷，金身尤庄严，香霭袅袅，梵呗声声，小招提竟成大萧寺！沙门云弘法有三：讲经，自修，辟道场。讲经代佛宣言，自修趺坐入定，固非易焉，而辟道场者尤为难事，非谙缘法者不可，非熟人情者不能，非蕴精进者不为，况区区六载乎？德敬住持腿残躄，虽无腓胫剥肤之劳，然废寝忘食、累病卧榻而奋勇图事之举檀越目睹也。勒之于石，传之来者。是为记。（2007.01　凡国撰）

重建玉泉讲寺记

象邑东乡少祖山珠山东麓之玉泉讲寺，寺以山名。宋乾德二年（964）创，熙宁元年（1068）加赐“寿圣”二字，绍兴三十二年（1162）改赐“玉泉广福院”。明列象山十八大寺院之一，然败亦是朝，竟焚为平地。600年蚕山失色，不见佛光。夫法轮常转，欣逢盛世，国兴佛兴。1996年，僧惟慈梦兆祖师驻玉泉山，于遗址蚕山南易地新建佛殿。时始，征地辟山，僧人俗众，不避寒暑，勇猛精进，先后新建天王殿、厢楼、斋堂、药师殿、山门等，初具规模。2002年，经政府批准为宗教活动场所。继而又筑毘卢殿、藏经楼、钟鼓楼等。殿宇建筑凡15幢、160间，面积2万平方米，占地近10万平方米。小沙弥也成就了大比丘。梵宫恢弘，梵相庄严，金碧辉煌；几砚精严，经藏光彩，翰墨飘香；僧伽慈悲，法音广播，远近向慕。勒之于石，流芳千古。是为记。（2012.09　国盛撰）

瑞龙寺记

瑞龙寺于北宋乾德四年（966）僧曰蔡创建，坐落于丹东瑞龙山麓，寺以山名。熙宁元年（1068）加赐“寿圣”二字。南宋绍兴三十二年（1162）改赐“瑞龙广福院”额。元大德间礼请“佛真懿禅师”“噩上人”昙噩驻锡，殿广僧众，名重一时。明亦盛，为象山十八大寺院之一，素有“河东八百兵，瑞龙一千僧”之说。入清式微，元气不复；民国倭掠，僧逸寺废。两代虽有修缮，总现衰相，僧宝匿踪。国难法难，佛光黯淡。后经土改析产，台风侵袭，住户拆迁，至七八十年代仅存佛殿数楹，三宝难觅。然法轮常转，1991年，信众延天台山僧莲德法师主持。翌年，列县十五大开放寺院之一。1996年，德师举荐提觉法师主寺。觉师不负众望，谋划兴复，至2012年，新建殿宇凡百余间5000平方米，占地50000平方米。殿宇弘，宝像妙，僧伽仪，善信进香礼佛，公众观赏怡心，四季络绎不绝，诚国兴法兴也。勒之于石，永昭后世。是为记。（2012.10　圣凡撰）

蓬莱观记

象山古蓬莱观，初址治西南二百五十步蓬莱山下。据唐蓬莱观碑，当建于秦。齐人徐福为始皇帝泛沧海访神仙之术，游止于此，因建此观。隋平陈之年，遭毁平。唐肃宗至德元、二年间，临海郡守袁仲宣请于朝而复置之。数十年后至唐宣宗大中元年（847），弘农杨弘正来令象山。时蓬莱观已没於草莱，仅存破败之孤殿，因告於明州刺史陇西李敬方而大新之。明年六月功毕，乃他山凿石立碑以记之，乡贡进士金陵孙谏卿为撰《唐明州象山县蓬莱观碑铭并叙》。历五代至宋治平二年，改赐《栖霞观》额。绍兴十三年，知明州莫将奏请移其废额置鄞县广德湖望春山之道院。淳熙末，道士选观於蓬莱山之西。嘉定十三年，道士张文原於旧址重建，元季复圮於风雨。明洪武元年，道士王虚璧重建。嘉靖三十二年，筑象山县城，知县毛德京徙观於城内，下旧址二十步，应道信重建。久复圮。清雍正五年，即其前殿故址建关帝庙。自此观废岁三百年矣。今逢盛世，国运昌隆，黎民安泰。邑陈垚廷道长乃思重建此邑内名迹蓬莱观。以易扬道，服务社会。因灵验异常，誉播境内外及京沪港澳台等地，数十年间，道长日夜奔波，不敢怠惰，终得政府立项，各方鼎助，乃择地蓬莱山西之蓬山头建观。己丑八月十一日道长绍真人徐福立壇祭天开山，此日天降甘霖，神人共贺。历三年功成，辛卯十一月十一日荣行庆典，此日祥雾周匝，瑞光普照。徐福遗观为象山人文之始，今得以重建，实乃象山文化与宗教界之盛事，是为记。（2011.11　张慕祖撰）

诗　词

游竺灵庵　（二首）

郑鼻峰

约期同玩小山庵，舁人深林老不渐。
翘首且看新建筑，高堂矗立佛陀龛。
相扶周匝绕墙行，院外蔬留一地平。
饮水全凭长管滴，日常生活尽幽情。

（1990 年秋）

咏等慈禅寺

浪淘沙

王德威

山上凤翔鸣，
涧水澄清，
茂林修竹绿莹莹，
古刹黄墙相衬映，
萧寺钟声。
刘宋始经营，

殿宇初成。
治平赐额等慈名,
九百年来兴废骤,
今日升平。

(2005年秋)

山静林幽护等慈

何敏求

古刹千年史迹崇,清溪曲折护琳宫。
雕梁画栋连绵起,杰阁层楼气势雄。
照影澄潭能洗性,豁眸海日参禅宗。
隔林鱼馨悠然响,妙悟清心警世钟。

(2005年秋)

静影沉璧三境

何元均

一境

何事细流聚碧波?为酬明月旧情多。
每逢三五团圆夜,玉影临池拥姮娥。

二境

寺前山月映清波,苍狗白云变幻多。
眼下分明存玉璧,晚风过处失嫦娥。

三境

三千弱水起银波,月影天光禅趣多。
谁道池中余一物?从来色相出心魔。

(2005年秋)

游丹城西寺

如梦令

吴国华

殿宇重修重造,
菩萨新容新貌。
一语问如来,

可记当年横扫？
休笑，休笑，
殿外一声知了。

（2005年秋）

圆峰日出

林志龙

红日出东山，丹霞染群峦。
飞芒跃天际，闪烁沸瀛海。
古寺拥翠秀，高树藏蓬莱。
一泓凤跃水，飘溅出溪来。

（2005年秋）

西山红橘

七　律

张善心

后皇嘉树生南国，屈子诗章尽矢忠。
今日西山万株橘，前人辛苦十年功。
诱虫灯闪连星汉，引蝶花馨逐谷风。
最是金秋临佛境，隔溪指看绿添红。

（2005年秋）

凤桥观鱼

七　律

薛炳元

山谷清幽晨雾柔，苍松翠竹拥梵楼。
等慈寺外凤桥卧，凤跃溪中小鱼游。
鱼虾相谐和乐美，游人嬉戏食饵投。
晨钟暮鼓梵音里，感化生灵同气求。

（2005年秋）

修篁撩月

葛渭康

月上圆峰初，古寺一望舒。

清风澜绿浪，修篁撩蟾蜍。
寺边竹下蹊，信步参禅机。
举头望明月，倾耳听菩提。
淡月挂虚空，山寺响晨钟。
朦胧幽篁里，宿鸟梦犹浓。

（2005 年秋）

龙泉吐珠

邵　鹏

丁丑重修玉佛殿，梵宫动处龙醒眼。
忍见凡骨苦浊世，肯将珠涎清大千。
绿树高低隐古寺，灵液细长走丹田。
参破生死乾坤小，一杯几人能忘年。

（2005 年夏）

游瑞龙寺

永遇乐

何元均

山似苍龙，蟠踞东海，嘘云笼雾。
幽谷伽蓝，上人昙噩，逸事藏妙语。
笑傲王侯，偶遗墨韵，赢得名留千古。
想当年，众生竞趋，步云中仙桥路。
沧桑历尽，烟尘过后，兰若能存几许？
有幸恰逢，中洲盛日，又睹新梵宇。
华堂高阁，琉璃重影，幻出芳菲无数。
吟朋约，经楼论赋，平添意趣。

（2008 年秋）

华光阁

七绝

王德威

华光小阁室方丈，金像尊严绝尘缘。
四壁光明莹镜里，大千世界佛无边。

（2008 年秋）

游瑞龙寺感念昙噩上人

白仙散人

城中喧嚣不堪闻，还向深山扣佛门。
藏经楼头观海口，放生池畔问迷津。
浮烟温温恒河梦，芳草萋萋昙噩坟。
和尚好诗传汗竹，侯王举荆岂可寻。

（2008 年秋）

戏与噩上人对话

（依原韵）

钱德馨

高僧底事礼侯王，悟彻自轻名利场。
闯道谁知遭杖责，笑他不识御炉香。

（2008 年秋）

瑞龙寺笔会

王德威

6 月 19 日，诗社在瑞龙寺举行笔会，研讨词的写作。命我作写作技巧方面发言，然后进行讨论。会后，寺僧素斋招待。归作五律一首记事抒怀。

才拙应藏拙，身闲不觉闲。
作诗新意少，觅句构思难。
古寺风光好，吟朋高论欢。
瑞龙开笔会，鄙语汗羞颜。

（2008 年秋）

访瑞龙寺

许祖培

驱车城廓外，群贤访仙迹。
翠竹掩禅房，曲径连村陌。
斑驳上人碑，沉吟诗僧魄。
菩提隔嚣尘，且为沙门客。

（2008 年秋）

瑞龙寺

许 纲

瑞龙名古刹，钟鼓越千年。
数度兴衰变，诗僧故事传。

（2008 年秋）

瑞龙寺忆旧

何敏求

古刹千年仰瑞龙，青山捧出梵王宫。
高僧县噩名传世，泠讽达官诗作钟。
自昔清修明佛学，而今眩目著奢风。
六根也受辉煌染，何日果成四大空？

（2008 年秋）

题瑞龙寺

永遇乐（步何公原韵）

冯宗孝

寺号瑞龙，山封翠竹，谷笼薄雾。
佛殿骚朋相聚，佳节何公释《论语》。
伟哉孔圣，名冠诸子，儒学名垂千古。
自战国秦汉至今日，代代青云路。
今朝领略何公新注，原韵雅音如许。
子路也亡，颜回也死，神州百载开新宇。
缄言重读，篇章有限，至理内存无数。
可叹我胸无点墨，也添意趣。

（2008 年秋）

瑞龙寺笔会

临江仙

何元均

三访瑞龙情意切，论诗再借梵宫。
重阳相约诣河东。禅堂浮曙色，林翠洗心胸。
明月清风随处有，禅心诗意融通。
平平淡淡自从容。天然雕饰去，清水出芙蓉。

（2010 年秋）

庚寅重阳访瑞龙寺

张善心

江南九月动金风，染得秋林彩数重。
今日登高过佛寺，瑞龙迎客碧山冲。

（2010 年秋）

三游瑞龙寺

临江仙（步何元均社长原韵）

冯宗孝

诗友重逢情切切，又登古刹梵宫。
白头犹唱大江东，瑞龙山色好，雅韵涤心胸。
香火缭绕车马集，寺前大道难通。
如来高坐露金容，众生悟释理，出浴水芙蓉。

（2010 年秋）

昙噩上人

水调歌头

吴国华

自幼通经史，长大入空门。博览群经佛典，大乘悟精深。
宇宙真空幻有，世界无常无我，万象似烟云。
奉旨赴京国，说法诵经文。
论文采，追屈宋，世咸尊。
当年乞韵船尾，诗压众骚人。
敢对王侯不拜，偏叫达官愧谢，千载话奇闻。
绝偈瑞龙寺，归去一翻身。

（2010 年秋）

游瑞龙寺

顾海润

瑞龙古刹踞河东，金碧辉煌气势宏。
昙噩上人遗范在，佛门洁处世风清。

（2010 年秋）

游瑞龙寺

蒋文森

烟岚缥缈绿成荫，寻访瑞龙野趣浓。
宝殿凌云楼栉比，青山抱寺势峥嵘。
香烟袅袅沁心肺，钟磬幽幽隔世尘。
抛却身边烦扰事，人生难得乐天真。

（2010年秋）

瑞龙律院

张　帆

瑞光祥霭暮山中，龙隐幽潭水一泓。
律寂青檐禅冷月，院闲香桂思秋风。

（2010年秋）

佛阁瑞龙幽

卜算子

朱南方

佛阁瑞龙幽，禅语期参透。山水宫商自满庭，阵阵梵音厚。
重九笔会游，与会皆为友。应是人生隽永多，处处藏优秀。

（2010年秋）

忆游瑞龙寺

林志龙

习习清风千树翠，崇岭殿阁展新颜。
浮云片片出深谷，古迹斑斑卧野山。
僧友沏茶情自切，禅堂坐览意弥闲。
寻看柏井泉流涌，西下斜阳人未还。

（2010年秋）

庚寅重九再访瑞龙寺

钱德馨

天造青山绿满冈，嵯峨殿阁此间藏。
仙桥似月云中坠，怪石如鹰谷顶昂。
招鹤林高鸥鹭集，放生池浅鳖鱼翔。
龙潭柏井流光远，记否袈裟惹御香。（2010年秋）

重阳再访瑞龙寺

叶敏杰

古诗访僧翁，秋山路几重。
云浮尘界远，境冷色相空。
龟鳖池中乐，鲲鹏海角通。
悠悠闻晚磬，禅唱漾清风。

（2010 年秋）

游瑞龙寺感怀

杨霞霖

重阳陪妻访禅院，修炼禅堂拜噩昙。
宝殿巍巍金壁灿，梵宫阵阵磬钟宣。
惟心净土何时悟，自性弥陀不用参。
欲问噩公碑记事，白云芳草尽玄关。

（2010 年秋）

重阳访瑞龙寺

孙济堂

沧桑世事废更兴，古刹重闻念诵声。
暮鼓晨钟香雾袅，善男信女祷求诚。
一千僧众曾弘法，二十诗朋今抒情。
喜看瑞龙常绕柱，劝君切莫点龙睛。

（2010 年秋）

五龙绕瑞龙

朱华庭

五龙两列拥瑞龙，梵宇重修气势宏。
殿阁重重方参尽，又闻后客滞河东。

（2010 年秋）

重阳瑞龙寺笔会

王德威

古刹瑞龙三度游，骚人雅集意方遒。
二昙驻锡百年事，诗友登堂共唱酬。

年近九旬应服老，身经百劫已无愁。
闲来独处唯吟咏，佳节重阳胜会幽。

（2010年秋）

瑞龙寺复兴

夏乃平

坐东朝西形胜好，环山绕水梵宫深。
传常前面明星耀，安乐后头朗月升。
败败兴兴兴又败，生生灭灭灭即生。
欲解寺院千载迷，但看石栏井上痕。

（2010年秋）

瑞龙寺

杨杰明

邑东十五里，有寺名瑞龙。山仗寺显赫，寺因山得名。
五代始建寺，曰蔡水利兴。瑞龙广福院，南宋改赐名。
后值元大德，驻锡噩上人。自幼晓经史，博古并通今。
直至洪武初，说法召入京。高僧既得道，士夫咸相尊。
回眸人生路，高僧种夙因。皮囊有或无，块然如一物。
毗卢已踏破，淡然翻身去。身后留衣钵，不乏有高徒。
无论驱倭寇，还是逐鞑虏。后辈各方丈，香火不绝炉。
改革开放后，提觉忙不休。四处筹乐助，寺院屡扩修。
歇山云龙顶，梁枋彩玺鞣。琉璃映松柏，彩光耀瞳眸。
善男信女众，禅房梵音稠。佛光照大地，江山固千秋。

（2010年秋）

瑞龙寺重阳雅聚

葛渭康

瑞临三宝殿，龙在水云间。山耸俯沧海，梵宫邑治南。
宝刹历年久，近山天益青。仙踪大圣石，不见古时僧。
悠悠古上人，道骨折西风。佛教相如海，黄荆二十声。
红炉一点雪，黄河六月冰。有求皆是苦，闻道涤尘心。
山巅存燧堠，遥想古人过，岁月匆匆去，兴亡一曲歌。
今岁秋风早，花黄枫叶红。当家和尚雅，品茗说禅宗。

（2010年秋）

庚寅秋瑞笔会感赋

张德和

偷闲几度登瑞龙，气象每看各不同。
昔日寒风期破庙，如今红日护梵宫。
有求香客许愿宏，无冠诗人唱大风。
唯我胸空无滴墨，聊将直节立山中。

（2010 年秋）

楹　联

治平赐等慈，洪武立丛林，千载沧桑，佛光重放，宝刹于今成胜迹；
翠岫呈伏象，碧溪鸣凤跃，四时烟霭，禅意更添，梵声起处涤尘心。

等慈禅寺山门　1991 年吴国华撰陈先弟书

潺潺石中流，溪声便是广长舌；
嵺嵺天外青，山色岂非清净身。

等慈禅寺玉佛殿　1997 年吴国华集句包根祥书

种因得果，知因果竖穷三际，千古圆满唯佛法；
由业生力，依业力横遍十方，六根清净是禅心。

等慈禅寺玉佛殿　1997 年王德威撰翁再忠书

倚千丈危岩，悯世态形相，醒似梦梦似醒，安得菩提离苦海；
临一方弱水，着天光云影，色即空空即色，但依般若证真知。

等慈禅寺玉佛殿　1997 年何元均撰杨霞霖书

象负慈云，时来香雨滋灵草；
凤鸣吉语，每化清泉润福田。

等慈禅寺大殿　1997 年缙云施子江撰书

众生纷攘，轮回六道，见万般因果；
菩萨慈悲，普济三世，成无量功德。

等慈禅寺地藏殿　1997 年张善心撰翁再忠书

戒行精进虚怀应似寺前竹，
坐禅入定静性当如亭外松。

等慈禅寺净心亭　1997年杨杰明撰苦石老人书

倚象邑数峰、凤溪九曲，岁岁年年看瑞霭祥云护佛境；
奉释家三宝、莲座一尊，朝朝暮暮听金钟玉磬证禅心。

等慈禅寺大雄宝殿　1999年张善心撰陈先弟书

佛门龙象，众僧罗拜面如来；
禅林懿范，梵音唱出山头月。

等慈禅寺圆通殿　2002年住持可成集句赵云龙书

忱四明之余脉，却邀信女善男长膜拜；
度凡心以慈航，莫为虚名微利苦蝇营。

等慈禅寺大殿　2002年杨霞霖书

等觉参禅解脱红尘烦恼，
慈航普渡常怜孽海众生。

等慈禅寺大殿　2002年王德威撰杨霞霖书

弘法有十宗大旨皆求自性，
归元无二道众生共奉我佛。

宝梵讲寺大殿　1997年张善心撰朱自清书

善恶从心辨是非，孝善意即恶谋不起；
正邪自古同冰炭，守正宗则邪念皆消。

瑞龙寺天王殿　己丑（2009）夏胡永革书

大肚能容，广种善根超色相；
慈颜常笑，漫游华海指迷津。

瑞龙寺天王殿　己丑（2009）赵云龙书

殿守雄奇，金容宝相，威严肃穆；
天王神勇，劝善罚恶，护法利生。

瑞龙寺天王殿　己丑（2009）春张卓撰并书

国泰民安，咸沾法喜扬胜迹，
风调雨顺，共沐佛光焕新姿。

瑞龙寺大雄宝殿　乙酉（2005）冬鸣惠书

眉心舒展，展开乌云即自在；
面目含笑，笑破天空本如来。

瑞龙寺大雄宝殿　乙酉（2005）冬何永斌书

入真实慧，永无烦恼，思惭耻心藏护善根；
得清净命，不矫威仪，证无上法究竟清净。

瑞龙寺大雄宝殿　乙酉（2005）冬王冬龄书

宝殿重辉，法雨频施沢天下；
经声觉路，佛乘广演渡众生。

瑞龙寺大雄宝殿　乙酉（2005）菊月杨霞霖书

松声竹声钟声鼓声，声声声皆自在；
山色水色晨色暮色，色色色尽虚空。

瑞龙寺大雄宝殿　丙戌年（2006）吴山明书

方便随喜而变化，利乐平等无冤亲；
善巧常乐已正念，百福妙相具庄严。

瑞龙寺大雄宝殿　乙酉年（2005）冬至刘江书

瑞霭祥云，丽水佳山，神龙长护如来地；
宝寺梵声，法灯佛影，俗客顿生清净心。

瑞龙寺大雄宝殿　丙戌年（2006）戈华撰包根祥书

勤行精进无懈怠，永离尘秽竞清净；
恒守正念不间断，常乐柔和充法喜。

瑞龙寺大雄宝殿　佛历2550年（2007）俞德明书

佛殿辉煌，气象新古刹随缘顺变；
道场兴盛，慧光照瑞龙弘法利生。

瑞龙寺大雄宝殿　丙戌年（2006）戈华撰张明珠书

佛在心中，法海慈航堪易渡；
善行脚下，灵山慧路不难攀。

瑞龙寺大雄宝殿　乙酉（2005）冬薛炳元书

心中有佛，自应众生皆平等；
色即是空，何业宝相独庄严。

瑞龙寺大雄宝殿　乙酉（2005）冬炼焦书

磬韵悠扬，但使千秋留净土；
梵音缭绕，愿无一物染真身。

瑞龙寺大雄宝殿　乙酉（2005）冬建永书

佛门清净，为弟子行当方正；
菩萨慈悲，济众生自有圆通。

瑞龙寺圆通宝殿　癸未（2003）秋张善心撰朱自清书

茫茫苦海，慈海普度，欲登彼岸休造孽；
攘攘大千，觉户敞开，整证菩提在修心。

瑞龙寺圆通宝殿　癸未（2003）秋张德和撰陈先弟书

碧野青山，修竹茂林，紫光恒照瑞龙寺；
晨钟暮鼓，呗声佛影，法雨普明浴客心。

瑞龙寺圆通宝殿　癸未（2003）秋戈华撰翁再忠书

文殿钟令，紫霞玉阙，九州佛国千秋瑞；
龙山毓秀，禅心福地，五彩珠帘百过殊。

瑞龙寺文殊阁　己丑（2009）吕茂盛书

何须舍妄与求真，歇下狂心识主人；
生死涅槃同一梦，山河大地法王身。

智门禅寺大雄宝殿

业障且奈何，幸得恒修戒定慧；
佛法无多子，但能横扫贪瞋痴。

智门禅寺观音殿

佛法超三界非色非空，
道场遍十方无人无我。

灵佑禅寺大雄宝殿　戊子（2008）春夏荆山书

释迦拈花，迦叶微笑传圣教；
光明普照，普利十方诸世间。

灵佑禅寺大雄宝殿　郭存魁书

佛土庄严，当以虚空而求实相；
自性清净，本无贤圣安有凡夫。

灵佑禅寺大雄宝殿　蛟川王素平书

法本无生，果能自性自度皆成正觉，
空不异色，若见诸相非相即见如来。

灵佑禅寺大雄宝殿　2011年1月王素平书

观天地万物虚幻变化之无常，
学圣贤修心养性成佛之精神。

灵佑禅寺大雄宝殿　丙寅（1986）九月夏荆山书

觉路广开兮，度无量无数无边众生；
迷途知返兮，愿大雄大力大慈诸佛。

灵佑禅寺大雄宝殿　壬辰（2012）秋胡忠

妙相圆融遍圣刹无求不应，
悲心恳切度群生有感皆通。

灵佑禅寺大雄宝殿　2008年9月王素平书

真诚清净平等正觉慈悲，
看破放下自在随缘念佛。

灵佑禅寺藏经殿　释净空书

十方同聚会个个学无为，
此是选佛场心空及弟归。

灵佑禅寺禅堂　庚寅年（2010）五月五日夏荆山书

香阁峙中流万众恒河自在，
慈灯悬彼岸千年般若常明。

宝梵讲寺大殿　1997 年宁波市佛协会长、雪窦寺住持怡藏撰奉化李纯华书

宝筏慈航普渡众生离苦海，
梵音佛旨长宣般若证菩提。

宝梵讲寺大殿　1997 年何敏求撰翁再忠书

塔上落日，梅溪古道，沙溪岩畔闻钟鼓窥谷忘返；
幽刹晓风，西潭残月，紫竹林中传经文望峰息心。

紫云庵大殿　1993 年葛渭康撰翁再忠、赵云龙书

清风竹林即雕梁，
黄素淡饭胜玉露。

紫云庵斋堂　2002 年童世圣撰并书

尘劫历一千余年，重复旧观幸有名贤来作主；
诗人题二十八字，长留胜迹可知佳句不须多。

支提庵佛殿　1994 年余述根补壁

鹫嶺云开，空界自成清净地；
龙潭月皓，圆光常现妙明心。

三官堂庵玉佛殿　1997 年华侨马顺舟助

石对金山静坐古佛，
背依后岗光浮菩提。

龙圣庵大殿　辛巳（2001）夏史久月书

荔港起白云宛如灵鹫现佛身，
金山闻钟鼓应是世尊转法轮。

西福庵佛殿　1999 年柯受田、朱友再撰　僧惜蚁（化来）书

佛国三千金世界，
天宫百万玉楼台。

药师庵佛殿　1993 年佚名

雨花沾被祇园树，
梵呗响彻极乐天。

王清庵佛殿 戊寅年（1998）蛟川张翼飞书

业债缠众生，低眉菩萨悲六道；
妖气障慧日，怒目金刚降四魔。

弥陀净寺天王殿 1998年戈华撰翁再忠书

峦嶂叠翠兴寺竟成自然，
白龙古迹应时显灵安帮。

龙华庵佛殿 甲戌年（1994）小洞老人书

灵岩下古刹磬钟警卧龙，
秀峙前倒流泉瀑引飞凤。

灵岩寺佛殿 2000年住僧萃志撰翁再忠书

峙圪灵岩熠熠佛光耀古寺，
泉鸣幽谷悠悠素帛飘龙潭。

灵岩寺佛殿 2000年倪水汶撰陈先弟书

妙相庄严，花雨曼陀分橘彩；
珠山耸翠，香焚宝篆霭慈云。

法王寺（下院）大殿 2000年吾省敬书

法华兴天地同流咸沾荫庇，
王天皆仙山共祝永荐馨香。

法王寺（下院）大殿 2000年郭声祐敬书

清众蒙恩施千香，
净意纳福受百味。

玉泉讲寺斋堂 1998年住僧惟慈撰

西洋畴上古庵更兴，
凤凰山下新钟长鸣。

西洋庵佛殿 1999年林国良撰并书

慈云化法雨，广洒大地缘润净土；
禅经涵佛理，遍喻世间忏悟众生。

护境寺大殿　庚辰年（2000）菊月柔刚敬撰

第四节　工商企业文化

工商企业文化是民营企业家在改革开放大潮中逐步发展、创造的文明成果，推动企业前进的力量，是缤纷多彩的统战文化奇葩。形式多样、内容丰富、主题鲜明、企业文化，在不断提升企业核心竞争力同时，通过物资交流会、文艺演出、体育竞技、荟萃企业精神，创办报刊，折射、展示象山企业家与劳动者创业胆魄、敬业精神、人文情怀、义利荣辱价值观，非物质财富和时代风貌，彪炳青史。

物资交流大会

1952年6月24日至27日，根据中央1951年发出的“开展物资交流，活跃城乡经济，恢复工农业生产”指示，县城区工商联（筹）协助县财贸委员会在丹城首次召开“象山县城乡物资交流大会”。以工商界代表室内开会交流为主要形式，以“宣传政策、互通状况、相互交流、解决问题”为内容，采取“会议动员，协商订货，现场交流，现货和期货交流相结合”办法。出席代表73人，列席38人（工商界人士），4天签署成交合同132笔、协议11笔，成额46512元。是年10月中旬，县城工商联（筹）协助县政府在丹城举办“象山县秋季物资交流大会”。工商界齐发动，扎彩牌楼，搭帐篷，插彩旗，拉横额，国营、集体、私营商业，工农业等各方代表参加。会前，派专人到周边县集镇张贴海报，招徕三门、宁海、奉化、鄞县、新昌，舟山沈家门、桃花、六横等地数以万计客商到象山交流。组委会组织秧歌队、腰鼓队与鼓乐队巡街演出，增强大会气氛。货品主要是农业生产用具、家具、衣服、鞋帽及畜禽、农副产品、生活日用品等。据不完全统计，此次交易额20余万元，其中，供销社系统期、现货购销额11.85万元，百货公司零售额1.11万元。城乡物资交流大会促进农副业生产，活跃城乡交流，便利群众生产、生活，汇拢资金，增加税收。尔后，开交流大会成常态化，每年冬季在镇、区轮流或年年举办。会期短则三五天，长则7天。1955年12月24日，石浦工商联协助政府部门举办物资交流大会，历时7天。参加交易8个行业、30家企业，摊贩6个行业、82人。吸引宁海、奉化，尚有舟山、三门、椒江等地商贩，驾船而至，日达上万人次。后交流大会称商品展销会，于“文化大革命”终止。改革开放后，展销会大兴，今大多为外地商贾组团到象山，租场地展销。

文艺演出

1991年6月5日，在县工商联五届换届大会计票期间，能歌善舞会员主动为代表表演歌舞。2003年1月，县工商联在县信用社九楼多功能厅举办迎春茶话会，邀请国家一级演员象山籍董柯娣等著名越剧演员，为工商联执常委表演越剧折子戏。2007年、2008年中秋节，先后举办“中秋月·海景情”“中秋月·军民情”联谊会，巨鹰集团、博禄德公司、同仁堂大药房等企业家自编自导自演“三只小熊”“太极武术”“环保时装秀”“探戈”等歌舞节目。2004年5月14日，在统一战线大型广场系列活动中，县工商联在人民广场举行“再创辉煌”非公有制企业文艺晚会。17家民营企业演出文艺节目中，天安集团、巨鹰集团、甬南公司组织100名员工登台合唱厂歌和《歌唱祖国》，合力集团、石浦商会等选送演出20余个节目，4000名企业员工代表及市民驻足观看。2009年5月25日，浙江佳利集团有限公司举办首届企业文化节。是年9月29日，县工商联（商会）假文峰学校报告厅举办“迎国庆·商会之夜”文艺晚会。墙头商会选送《喜庆腰鼓》，敲响广大非公有制经济人士喜迎国庆之情，涂茨商会《太湖美》、贤庠商会《和谐龙舞》、宏润集团《醉苗乡》、合力集团《洗衣歌》、富宏针织公司《青春秀》、日升集团《爱的奉献》，满怀激情庆祝共和国华诞。

诗　词

七律·丙子迎春

葛渭康

古国生机欣向荣，神州无处不春风。
震天锣鼓声情壮，曜日红旗意气雄。
锦绣前程看领导，巍峨大厦防蛀虫。
含忠履洁人无敌，万里江山永不穷。

（1996.02）

七律·县工商联中秋联谊感赋

葛渭康

滔滔商海浪横流，桂子飘香又一秋。
极目市场舒老眼，劈肩风雨立潮头。
胸中意气贯虹霓，心底豪情冲斗牛。
拼搏人生连国运，男儿至此应无羞。

（2007.11）

快板词·再铸辉煌

县工商联

东海潮涌连天碧
改革开放是金潮
民营经济展新貌

象山处处山海绿
曾经是沧海，如今变桑田
如今忆往昔，往昔歌一曲
山海阻隔路崎岖
信息闭塞难发展
象山儿女有志气
艰苦卓绝寻出路
泥瓦匠，闯上海
山村办起针织厂
觅商机
万水千山只等闲
嗨！开放政策暖人心
象山人，心儿插翅膀
星星之火可燎原
半岛热土生机旺
民营经济齐开花
天南地北传佳话
(唱)
嗨——
多少种田的泥腿子
拿起手机开起小车
多自豪——
鲁班奖，闪闪发金光
建筑能人建功立业大上海
针织城里机声响
国际市场美名扬
巨鹰上天在飞翔
宏利东风和甬南
全国民营会员500强
电工城里灯火亮
重科技，天安兴
神五上天出了力
汽车城，华翔挥出大手笔
立足象山向未来
冲击世界大市场

还有呵——
电梯好配件
申菱来出产
合力模具是专家
永成酒业美名扬
工商联，是桥梁
今年“七一”换了届
新班子
雷厉风行魅力大
团结奋进决心强
真诚服务筑平台
牵线搭桥是红娘
工商联工作很重要
外引内联、招商引资
参政议政、维权服务
教育引导、调查研究
以人为本、自身建设
上上下下内内外外都重要
工商联是咱贴心人
厂长经理连声夸
企业发展指方向
光彩事业放光彩
振兴地方经济有责任
致富思源富而思进来引导
社会的责任，也要来承当
企业家，工商户
积极纳税不落后
城镇里，乡村中
扶贫帮困献爱心
大西北，去投资
追求企业新发展
共同富裕作出新贡献
(唱)
海天一色东海岸
象山半岛日月长

民营经济放光芒
光荣事业创辉煌
工商联，非公人士贴心人
厂长经理都信任
是桥梁，是纽带
是组织，是家园
常来常往常沟通
结下了深情厚谊不解缘
新时代，新希望
非公人士立大志
争做优秀建设者
民营经济创辉煌
一家人
携手阔步奔前程
象山半岛涌金潮
同心同德再创辉煌新美景
同心同德再创辉煌！

说明：邀海韵幼儿园教师演出，2014年10月，参加市首届民营企业文艺会演，获优秀演出奖、先进组织奖。

诗朗诵·金色的桥梁

县工商联

桥——
是一个多么古老的字眼，
编织着一个又一个美丽而神奇的传说。
桥——
是一张多么靓丽的名片，
引领多少世人走过一个又一个的艰难险阻。
桥——
是一曲多么动人的旋律，
使多少个梦幻和希冀变成了优美的乐章。
一桥飞架南北，
天堑变通途。
桥，是雄伟的象征，
桥，是力量的体现。

桥，是联系的纽带，
桥，是友谊的使者。
工商联就是桥的化身，
工商联就是一座金色的桥梁。
它印证了中国工商业界的历史足迹，
它铭刻着中国民营企业的时代沧桑，
从大上海的崛起到香港的繁华，
从中国第一家火柴厂到中国的第一个商业社团。
精神不竭，生命常青——
这就是宁波商会和他溶铸成的“宁波帮”。
宁波商会百年不衰，宁波商会百年辉煌，
这是宁波人的精神，
这是宁波人的骄傲。
春潮滚滚波涛涌，
大地茫茫万物新，
欢歌笑语颂商会，
金色桥梁闪银光。
爱国、诚信、敬业、拼搏，
是宁波工商人的人格魅力。
开拓、创新、奉献、奋进，
是宁波工商人的时代特征。
改革春风，吹遍神州，
祖国大地，经济腾飞，
民营经济，蓬勃发展，
民营企业，如日中天。
工商联啊！
统战性、经济性、民间性，是你的生命。
参政议政、服务经济、光彩事业，是你力量的源泉。
你是联合非公经济人士的桥梁和纽带。
你是管理非公经济的得力助手。
贯彻党和国家的方针政策，是你的神圣使命，
引领会员弘扬中华民族传统美德，是你的光荣职责
这是一个春暖花开的季节，
这是一个改革开放的年代。
东海之滨日月生辉，象山港畔春潮涌动。

近年来，象山工商联一班人，
在党和上级工商联的领导下，
履行职责服务经济走在前列，
开展“三百”活动，创新工作思路取得辉煌业绩
走访企业、征求意见、调查研究，
诚办实事结出丰硕成果。
做好“联”字文章，架起金色的桥梁。
上下联——
把党的方针政策，县委县府的重大决策，
及时传达到民营企业中去，
把会员企业的信息和建议传递上来，
充分发挥非公人士参政议政建言献策的作用。
内外联——
打破传统的工作方式，
全面实施“走出去”战略，
与国内外经济发达及港澳台地区商会缔结友好关系，
建立合作伙伴、搭建经济交流平台。
纵横联——
构建和谐社会面向现实和未来，
与金融、劳动、土地、税务、政法等部门紧密配合广泛协作，
切实转变工作作风，发挥党员先锋模范作用，
为非公经济发展创造良好的服务环境。
象山工商联，巧走“联”字子，激活全盘棋。
联——
就是发挥了桥梁的作用
联——
沟筑了历史和现实通途
联——
架起了未来和希望轻舟，
用科学的发展观来实现我们崇高的使命和金色的梦想。
看，
神州大地又迎来了祥和的春天。
听，
“十一五”规划的进军号角已经吹响，
全市工商联的同仁们，

唱起来吧，舞起来吧，画起来吧，

联起来吧，干起来吧！

因为我们是神州大地的一座金色的桥梁！

说明：2006年2月11日，在全市工商联系统工作人员新春联谊会上，象山选送“诗音画”节目。在古筝伴奏下，会长徐小华泼墨作画“百花图”，副会长刘保朗诵。博得掌声、喝彩。县工商联集体创作。

体育竞技

1978年6月，石浦商会为迎香港回归，组织会员举办“戴维杯”乒乓球比赛。2008年5月18日至8月28日，县工商联组织企业举办“‘迎奥运·创和谐’首届民营企业运动会”，设拔河、乒乓球、羽毛球、篮球、棋牌等竞技项目10项。每项设团体冠、亚、季军和个人一、二、三等奖。203家民营企业、1500余名体育爱好者参加，推动工商业界体育运动。

企业精神

企业精神乃是企业文化的重要内容，是企业管理层和员工秉承之价值观。民营企业家们“海纳百川·勇立潮头”，根据自身实际，大胆探索、实践，形成各具特色企业精神、宗旨和理念。

天安集团股份有限公司企业精神：“居安思危·奋力拼搏”；宁波华翔集团股份有限公司的企业精神：“实干兴业·荣辱与共”；浙江巨鹰集团股份有限公司的企业精神：“开拓奋进·精益求精”和“诚信卓越·团结协作”；宁波正业控股集团有限公司企业精神、宁波富帆集团有限公司企业精神、宁波合力集团股份有限公司企业精神：“和衷共济，自强不息，务真笃行，力志卓越”，企业理念：“以顾客为中心”，企业价值观：“诚信、奋进、创新、责任、奉献”；龙元集团公司企业精神：“奉献、务实、诚信、奋进”；浙江东红船业有限公司企业精神：“开拓创新，与时俱进”，企业宗旨：“诚信务实，精益求精”，企业理念：“科学管理，持续发展，为社会担责任，为船东创价值，为员工谋幸福，为股东增效益”；壹美集团有限公司企业精神：“尊崇智慧，追求卓越”；日升集团有限公司企业精神：“进取不懈，成功尽学”，企业理念：“以客户为中心，以服务为宗旨”；宁波浩宇针织有限公司企业精神：“团结拼搏，尽忠职守，迎难而上，创造完美”，企业宗旨：“为社会、为员工谋幸福生活”；宏润建设集团企业精神：“团结求实，开拓创新，拼搏奉献，争创一流”，企业理念：“今天的质量，明天的市场”；浙江恒宇控股（集团）有限公司企业精神：“持之以恒谋发展，追求卓越创辉煌”；象山港市电力燃料有限公司企业精神：“诚信经营，品质服务，拓展市场”；宁波永正海运有限公司企业精神：“立足国内，放眼世界”；浙江佳利投资集团有限公司企业精神：“团结、诚信、创新、卓越”，企业宗旨：“以诚为本，信誉至上”；浙江建安实业集团股份有限公司企业精神：“以建筑为主业、以质量为导向、以诚信为根本、以科学为动力”；象山名佳针纺织有限公司企业宗旨：“以诚取信、以质为本”；深圳市英达精密模具有限公司企业理念：“诚信经营、客户至上、财富共赢、贡献社会”；世纪华丰控股有限公司企业宗旨：“信誉至上、诚信为先、品牌第一、质量为本”；宁波海达针织印染有限公司企业精神：“自强不息、开拓创新、与时俱进、艰苦创业”，公司宗旨：“科学发展、以人为本、人才兴厂、质量兴厂、科技兴厂、信誉兴厂”；华锦建设集团股份有限公司企业精神：“以社会为己任、以企业为本位、创诚信满意服务、铸造华锦百年丰碑”；宁波海润制衣有限公司企业精神：“海纳百川、润泽东方”；宁波申达机械有限公司企业精神：“质量求精、产品求新、供需共赢”；宁波鸿润服饰有限公司企业精神：“以科学求发展、以质量求市场、以管理求效益、以人才求生存”；象山三禾装饰工程有限公司企业精神：“团结、进取、务实、创新”；宁波康达电子有限公司的理念：“客户的满意就是我最大的愿望”。

企业报刊

企业宣传工具，一在企业醒目位置设立黑板报，宣传党的方针、政策、国家和政府法律法规；表彰好人好事、当月员工冒尖业绩；普及科技知识等。二是创办企业内刊。版幅53.8厘米×38.5厘米，四面对折，图文并茂，刊期视内容而定。栏目设置大致是要闻（公司会议、决策、重大活动）、综合（企业业绩、重大项目实施）、员工学习、评论、文艺（副刊）和广告。承载栏目，每期略有增减，名称时有变动，所载内容性质不变。特点是不遗余力包装公司、推销产品、维护企业合法权益。赠阅范围即企业主管部门单位、业务协作单位、企业内部各科室。截至2014年年末，县工商联（商会）收到赠阅企业彩报有东风针织总厂、天安集团股份有限公司、华翔集团股份有限公司、巨鹰集团股份有限公司、龙元集团公司、象山公路运输有限公司等10余家。

第五节　民间信仰文化

境内民间信仰广泛，庙宇众多，遍及城乡。庙神生、忌日之时，庙多组织酬神，俗称“庙会”。规模大小不一，有的庙会组织游行，称“行会”。融崇拜、娱乐、交易于一体，系民间以敬神所组织自娱自乐吉庆活动。中华人民共和国成立后，提倡科学，破除迷信，庙会活动式微。20世纪80年代改革开放后，尤保护非物质文化遗产，各地适度组织传统庙会，以此为平台，传承非物质文化，弘扬民族团结、同胞亲情文化。从祭祀性转向娱乐性，成民众喜闻乐见文化活动。著名者有丹城圆峰庙、姜毛庙，东陈神武坊，大塘镇潮庙，石浦城隍庙等庙会与石浦妈祖、如意等庙会。

圆峰庙迎神赛会

圆峰为象山主山，因主山形圆，故名。旧志载：庙在县治西北一百四十步，称圆峰庙。始于唐代，为象邑最早古庙之一。受百姓敬奉和朝廷的封敕，累封灵泽、孚佑、昭贶、显济侯。南宋建炎四年（1130），有旨赐“昭应庙”额。圆峰庙支庙遍及县内各乡镇，达46处之多，庙数为县内之最。每年六月初七日为圆峰大帝寿诞之日，旧时早两日即举办庙会。初五清晨，圆峰大帝坐像前供奉五谷、六畜、糕点、水果、酒菜。吉时一到，请“关公”领众兵将上台，挥舞青龙偃月刀，盘绕舞台，驱邪降魔，称“扫台”。祈求新台永固，合境平安。下午迎神赛会，抬出圆峰大帝行神像巡安，旗锣开道，鼓乐伴奏，百姓焚香恭敬送迎。队伍由北门行宫下，过后堂街县府门前南下，往西大街至西桥头北上北山路回圆峰庙，行神归殿。晚餐设庆丰宴，赴席者络绎不绝，盛况空前。晚组织社戏，以“六月六”寓含“六六顺”之意。邀请剧团登台演出，连演三天三夜，至初七日圆满。

姜毛庙庙会

姜毛庙位于丹城南街北段。清雍正《象山县志》载：“南市中二神，姜姓、毛姓古传为唐进士，弃官隐此，施药济人，卒而有灵，乃立庙祀焉。”姜毛庙庙产殷实，祀田广沃。农历三月十一日至廿七日为姜、毛两公祀期，旧时必兴社戏庙会。十一日夜为“陪生”期，十二日晨，姜、毛两公神像请至南门行宫“看戏”，至廿七日，抬回姜毛庙大殿安座。是日，举行盛大迎神赛会，为庙会高潮，全镇各境协办，游行队伍有灯彩、孩童装扮各种戏文抬阁、扮成“八仙过海”“唐僧取经”等造型高跷表演。锣鼓、盾牌、旗幡开道，后随“细十番”“大十番”或“龙灯甩”锣鼓、吹奏乐队。从庙旁羊行街开发，向南境，绕东境，经庄穆境，过县堂前，入北境，往西境，复回羊行街散会，俗称“羊行街双转会”。五境万人空巷。

神武坊陈元帅巡安行道会

神武陈公庙位于今东陈乡，又名灵济庙、陈元帅庙，祀宋丞相陈宜中从子（排行十五，名失传）。传宋理宗时，屡立大功，为大元帅。德祐中，陈宜中、陈元帅拥立益王赵昰及赵昺抗击元军，赵昰死后，又奉赵昺（祥兴帝）继续抗元。乘船南退福建，途经象山金井湾（今金井头），陈元帅忽得暴疾，不能随行，向祥兴帝叩头长恸曰：“臣死当为厉鬼杀贼……”遂卒。葬姆岭南麓。不久元兵追来，陈元帅显灵，率领阴兵打着帅旗，布列海岸。元兵见状，不敢登岸，百姓感其保境安民，立庙祀之。明嘉靖三十八年（1559），海道谭纶征倭抵象，又得陈元帅助，大胜之。谭纶见庙，知是神助，捐资重修陈元帅庙，并题书“神武”，建石牌坊，故有“神武坊”之称。旧时，当地百姓于陈元帅生日七月十二前3天，即农历七月初九，举办颂扬陈元帅功德和庆贺寿诞巡安行道会。是日，周边各村人（初为东陈、沙岗、马岗、海墩、岳头、北山下6村共祀，又称“六保庙”。后岳头村扩大分出2保，大塔、西庄2保加入，而海墩保退出，改称“八保庙”。近年外东岙村加入，9村共祀。）队伍从神武坊始发，依次北山下、岳头、东陈、大塔、西庄、洋里、沙岗、马岗、外东岙返回。沿途男女老少数以千计，手奉清香，头顶烈日，虔诚恭候，各村彩旗飘扬，锣鼓喧天。农户用早稻米做灰汁团、麦馃，发大糕、馒头摆放村口或家门，供“行道会”队伍经过时随意取食。各村摆设香案供桌，陈元帅神像进村，信众礼拜祈求。旧时“行道会”旗锣开道，四条扬绳牵引帅旗前行，盾牌、彩旗队伍随后。陈元帅神像坐五彩亭轿内，化妆戏班演员随行表演，锣鼓乐队伴奏，队伍二三百人。七月十一日，在神武坊办“庆丰万民宴”。东陈鉴池公祠（新祠堂）演社戏三天三夜或五天五夜与施放七月半太平焰口后，活动结束。

镇潮庙会

俗称“红庙庙会”。镇潮庙位于大塘，清嘉庆五年（1800）由张贤均、黄衍美、辛茂荣等18位先贤合股围垦大泥塘，沧海变桑田，荒涂成绿洲。为纪念十八先贤围海功绩，清道光五年（1825）建镇潮庙，供平水大帝（夏禹）与十八先贤长生位。后从宁波三北请来刘猛将军塑像，灭蝗保丰收。农历五月二十七为刘猛将军诞期，组织红庙庙会。自五月二十六至五月二十八日，历时3天。五月二十六日演社戏，四亲六眷早上至中午赶到大塘参加庙会，五渡口总计来客不下千人。家家发麦糕、做馒头、买小菜，招待亲朋好友。旧时，五月廿七日早晨，敲锣打鼓，吹喇叭，放鞭炮，恭请平水大帝、刘猛将军出神龛，洗脸换衣，加披风，插雉翎，在庙前道地举行祭祀仪式，两张八仙桌供猪、羊、鱼、面、点心等八荤八素，焚香点烛参拜，宣读祭文。祭祀完毕，行会开始。道旗、旗锣开道，40个青壮年高抬平水大帝、刘猛将军与十八先贤长生位，后随道士、4个戴红黑帽人出巡。帅旗、罗伞、彩旗紧随其后，又锣鼓队、腰鼓队、龙灯队等。自庙东向南至礁横、金牛江、蒲白墩、英山、西洋塘、叶口山、宁波站、胜利、小花港、漕后、中站绕行一周回庙。村村设祭坛，队伍每村必祭祀。下午三时巡游结束，神像从中门入庙安座。庙会有刘猛将军出巡，称“蚱蜢会”，庙会间户户做麦糕，又戏称“麦糕会”。

石浦城隍庙迎神赛会

明石浦建前、后千户所，西隅有城隍庙，前殿祀城隍，莫姓。相传为莫怀古（明贤臣王忬之化名）替死之管家莫成。附祀戚继光、财神。后殿祀道光年间捕海盗殉难之石浦守备（一说昌石营都司）刘朝元等。旧时，每年六月初六举办迎神赛会。先于五月晦日（农历五月三十日），演戏达旦。城隍神与戚少保是夕降座，名曰“落殿”。石浦城乡妇女，盈千累百，在庙坐夜，名曰“贺寿”。六月初一，以椅轿抬戚少保像，巡行四处，仪卫甚盛，名曰“扫街”。初二、初三、四日，乡人入城，拜神许愿。邻境宁海及南田多梯航而来，男女老少，成群结队，尚有披发摄裙，披枷带锁，身穿囚衣，背插斩牌者，名曰“做犯人”。城隍庙前鬻拳者、卖药者、吹箫者、喧百戏者，聒耳眩目，摩肩接踵。初五、初六为迎神赛会之期。初五，往盐仓前（今延昌）迎赛，城隍神不出庙；初六日，在石浦迎赛，城隍、戚老爷二神俱出。赛会按成规，东南西北四境分别会合办理，下午二三时出巡，先各色仪仗队伍，罗伞旗幡，盾牌执事，威仪非凡。仪仗之后，紧跟号称“百将军”“卫队”，手执兵器，威风凛凛。然后八抬大轿，抬出城隍菩萨，陪同出巡的戚继光将军，俗称“戚老爷”，银冠蟒袍。抬轿者白衫红裤，先一日斋戒沐浴，跟班随后，随时替换休息。队中有判官、无常、神将、皂隶、刀斧手等，更有香亭、高跷、抬阁、沙船，鼓乐穿插。游行队伍从城内到城外，举城若狂，观者似潮。

弥陀寺赵五娘殿守夜会

爵溪赵五娘殿，祀赵五娘。相传赵五娘千里寻夫到爵溪，丈夫蔡伯喈贪图荣华，抛妻别子，忘恩负义，入赘牛相府。赵氏悲愤交集，在龙春山顶左脚一蹬大青石，留下脚印，冒出一股青烟，化作如意祥云托起赵五娘升天。后人崇敬赵五娘，称大青石为“升天石”，称高岭为“赵五娘岭”，岭下弥陀寺内建起赵五娘殿。五娘升天之日八月初三，八月初二，县内与鄞州、宁海、奉化、舟山等地信徒到赵五娘殿坐夜，均女性，秉香烛，烧香跪拜、许愿、祈祷，分糖果糕点结缘，为赵五娘升天守夜，初三早晨逐渐散去，称赵五娘殿坐夜会。参与坐夜人远路者八月初一赶到，八月初二聚集游客一、二万人。赵五娘殿周围人山人海，商摊密布，间有唱戏、杂耍，俨然成贸易集市和文化活动盛会，此俗沿袭数百年不衰。20世纪80年代后，赵五娘殿重行修建，影响日渐扩大，守夜者年年万人以上。

黄土岭普福庵（真武殿）“三月三”庙会

黄土岭真武殿，又称玄真宫，在丹西街道珠水溪村，祀真武大帝。民间相传真武大帝为汉光武帝刘秀，每年农历三月三，为真武大帝寿诞。旧时，县及台州、宁海、奉化等地信奉者赴黄土岭庙会，在黄土岭古樟下水月井喝圣水，且盛装回家饮用，说能消除百病。是日，庙内供奉祭品，和尚做道场，焚香点烛，演社戏，少则三天三夜，多则五天五夜、十天十夜，善男信女远道而来，成百上千。庙会期间，举行盘龙赛会、民俗表演。真武殿前设宴庆贺，普福庵内香客云集。

谢圣忝显济庙“八保”会

西周谢圣忝显济庙祀宋谢宝。谢宝，西乡乌岩村人。相传降生时有金光烛堂异样。天旱，偶与群儿嬉，束刍龙祈雨，雨即至。以刍龙放溪上，触石而没成深潭。尝与人耘田，所耘处有云气复其上。邑苦旱，令召宝，使祈雨，多灵验。宋元祐间，事闻于朝，赐以金帛，不受，惟求东摄潭居住，后多显迹。邑人皆称谢仙。金兵南侵，追高宗至明州象山海上，危急之中，见一位老人手执大旗，上书“谢”字，指挥兵马杀敌，金兵败退。皇上访知谢宝阴助，立庙祭祀，称谢圣殿。时始，谢圣殿举行“八保”庙会，即伊家2保、蔡家2保、陈隘1保、湖边2保、潘埠1保，共8保，设柱首。伊家为总柱，其余各村小柱，柱首掌管收支账目，每年八月初四演戏，1保1天，共演8天，至八月十二日夜止。1956年“八一”台灾，殿宇俱毁，后重建。上张村加入“八保”庙会，演戏2天。时6村演菩萨戏10天。旧时，八保庙会盛大，戏演到哪村，菩萨抬到那村。出村与进村路上红毡铺地，十来个信女轮番铺毡。“肃静”“回避”牌开道，黄罗伞、大旗引路，旗下扛大刀武士，紧跟两面旗锣。谢圣菩萨坐四人抬轿内，紧跟旌旗队，迎风招展。信徒双手捧长香，乐队吹打，锣鼓喧天，鞭炮齐鸣。所到村庄均置高桌，放祭品，道士主持迎神。进村祠堂，谢圣菩萨坐当中，村人上供祭品，焚香点烛，虔心跪拜。八月二十日早上，谢圣菩萨归殿。傍晚，各村信徒为谢圣菩萨陪生。

钱仓城隍庙太平会

明钱仓为千户所城，城隍名宋兼青，山东人，生辰六月初八。旧时，每逢六月初七下午，周边村庄善男信女到城隍庙烧香陪生。七月十五，城隍老爷出殿巡行保太平，城隍庙会称“太平会”。是日，行会队伍由龙旗开路，60余面大小彩旗紧随其后。铜锤、画戟、拳笔、“花扁担”队伍顺次行进。随后“肃静”“回避”，旗牌兵身着红褂，头包红巾，手提单刀，簇拥其后。开锣喝道，摇旗呐喊。紧接4人抬城隍老爷大轿，上张橙黄色罗伞两顶，旁卫巨扇，周围数人护卫，沿村穿巷，按一定线路出巡所城，沿途百姓焚香迎候。绕行后供西城门地主庙广场，上半夜施放太平焰口，超度众生。焰口圆满，抬城隍回殿安座。

大珠山庙五境庙会

珠山为县东乡少祖山。庙以山名，有三：一在贤庠镇珠山岙村，称大珠山庙；二在贤庠镇珠溪村，称小珠山庙；另在涂茨镇珠山脚村。均祀珠山大帝朱迨。大小珠山庙均建于唐神龙年间（704-705）。珠山岙大珠山庙为五境主庙。五境者即大老境（马岙、塘岙）、新老境（路下庄、张家岙）、龙王境（碶头陈、山下孙）、沿海庙境（珠山岙、着衣亭）、谢金兴境（沈家洋、大岙）。五月初五端午日为珠山大帝诞辰。旧时，前一日晚，信众虔备五牲福礼、香烛，进庙坐夜，称“陪生”。上半夜，焚香秉烛，焰口施食。子时，功德圆满，燃放爆竹。下半夜，善信坐夜。翌日，坐夜者到庙前毛竹林攀竹枝回家，传此竹枝打猪猪会大，调教小孩小孩会乖。八月十四日傍晚行会，抬五境庙中大帝塑像先到着衣亭亭子前相会，排好顺序，再到大珠山庙，后出巡五境各村；大旗引路，锣鼓开道，彩旗簇拥，乐队吹打，游行者手举火把，浩浩荡荡。青年人争抬大帝座轿，以期好运。沿途观者如堵，村口均有焚香迎候者。至是日深夜圆满结束。行会后去大珠山庙殿中安座。何时迎回安座则由境下首事公商定。

妈祖庙（天后宫）会

妈祖庙亦称天后宫、天后娘娘庙、圣母娘娘庙等，象邑自北至南有屿岙、毛湾、蛟龙柴岙、延昌、石浦东关、东门岛、泗洲头、蟹钳涂、南田金漆门与花岙等16处之多。其中，东门岛妈祖庙规模最大，历史最长，建筑最宏，庙会最盛。“文化大革命”期间庙会转入“地下”。

开洋庙会　农历三月廿三日，为妈祖诞辰，系东门岛渔民扬帆出海、北上岱衢洋捕洋山黄鱼启程日。出海前，举办祭海神妈祖庙会，保平安丰收，成渔村一大盛事。自十五日始，拜祭天后妈祖，备三牲福礼，虔诚祈祷。上供选涨潮时分，期财源随潮滚滚而来。供品陈设殿前天井东西两侧，各置八仙桌一张，猪、羊各一，供天地神祇。大殿中堂放八仙桌两张，列鸡、肉、鱼、蛋、豆腐五大盘，也有六大盘乃至八大盘，供品放红漆祭盘中，五果、点心用中小祭盘。吉时到，红烛高烧，主祭长元（船主）上香献爵，跪拜，虔诚祝祷，毕，退立。众船上伙计跪拜如仪。礼成，请“菩萨”上渔船，由长元手捧红漆大桶盘，置神像其上，也有于妈祖神明前求得令箭一支，以代神像，插四角香袋上，两旁列侍千里眼、顺风耳，香烛悉备。出殿时，代舵（二肩）撑黑布伞护顶，三肩提灯笼前导，众船员持香随后，恭请菩萨神龛安座后，顶礼而退。引路灯笼挂在船头，以驱邪保平安。午后始演戏，日夜连台，戏团远请自新昌、嵊县、台州临海等地。演戏5至10天不等，号“出洋戏”。通常演出戏目有《桃园三结义》《薛仁贵征东》《赵子龙长坂坡救主》《薛平贵回朝》及《追鱼》《五女拜寿》等，禁演《狸猫换太子》。开演前，派一小乐队到岛上4庙，恭请老东门城隍庙城隍老爷、王将军庙王刚甫巡检将军、关圣殿关老爷及西边土地庙土地神等诸菩萨光临，一人手捧大红祭盘，供清香三支，把代表各庙菩萨令箭插于四角香袋上。4庙菩萨皆到，放鞭炮3声，加演一出《八仙过海》或《皇母娘娘做寿》《魁星点状元》戏，“开锣戏”（加演戏）精彩时，长元抛赏包。庙会期间，村民招亲致友，宾朋盈门，一衣带水石浦、延昌、昌国卫、番头岙亲友也渡海而至。人山人海，人流如潮，天后宫前水泄不通。

天后宫祭祀妈祖与日夜连台庙戏，一片欢乐祥和。廿三日趁吉时，北上岱衢洋。也有携家带口去岱山，船埠人头攒动，祝福送行出海亲人。锣鼓声、鞭炮声震耳欲聋，开船号子声中渔船鼓棹扬帆。

谢洋庙会　洋山黄鱼汛，于夏历六月二十日结束，东门渔船从岱山返航。天后宫热闹非凡，演戏庆丰收，平安归来，称“谢洋戏”或“还愿戏”。高产渔船出钱包演，盛时连演七天七夜。戏台挂“神人共乐”横额，庙里挂灯结彩，供奉三牲福礼。所请戏班有宁海平调、绍兴高腔、嵊县越剧班。第一场好戏开锣，必至4庙，恭请菩萨（由庙令箭代）。加演一出《蟠桃大会》，抛赏包，戏班子引以为荣，观众皆大欢喜。为争取荣誉，各渔船主选聘名戏班，以博欢心。

渔民把鱼汛丰收平安，归功天后妈祖庇佑。夏历六月二十三日，在天后宫举行隆重谢洋祭妈祖典礼。在妈祖娘娘神明前，奉上供品。长元（船主）上香献爵，众伙计跪拜，虔诚还愿，感谢保佑。

2003年六月二十三日，正值伏季休渔之际，由东门渔村老协会组织，得“飞日”水产及“国龙”“福兴”“大洋”“兴海”等冷冻厂与“飞翔”“银昌”跨国营销运输船及各渔轮老大等资助，首次恢复举办“千人谢洋妈祖赛会”。是日，天刚发亮，正是涨潮时分，良辰吉时，在天后宫大殿礼拜天后妈祖。备三牲福礼，殿前天井东西两侧，各置八仙桌一张，供猪、羊各一，敬天地神祇。大殿中堂放八仙桌两张，供鸡、肉、鱼、蛋、豆腐、面等八大盘。鞭炮3声，由岛上行政首领宣布谢洋妈祖赛会开始，先举行祭妈祖典礼，带头船奚老大、洪老大点亮大红烛。主祭长老、东大村陈老会长、东三村冯老会长身穿笼裤，上香献爵，跪拜，虔诚祝祷，毕，退立。众渔船老大，跪拜如仪。善男信女，上香跪拜。天后宫红烛高烧，烟火袅袅。9时，恭奉天后妈祖出巡，谢洋妈祖赛会推向高潮。船伙组成庞大队伍，选壮汉一人，手执大旗为前导，随之号锣、牌灯两对，二人抬鼓亭与乐队。后一条翻滚长龙、两面绿色清道旗，天后端坐大轿，慈容华贵，万众瞩目。大轿由八个壮汉舁行，选父母双全青年，先一日斋戒沐浴，且两套班子，以轮流替换。圣驾过后，尚有小轿一乘，上置炉香，是为香亭。随后，乡里长老、各渔船老大、船伙及还愿善男信女，护驾仪仗多人，手持各式武器，号称“护驾百将”。殿以表演队伍，邀请延昌马灯、昌国抬阁、番头细十番、金架山舞龙等娱乐节目。东门鱼灯队前导，黄鱼灯、带鱼灯、鲳鱼灯与蟹灯、虾灯千姿百态，色彩缤纷。随后马灯队，马头用篾丝扎成，外裱彩绸，紧系腰间，扮演《穆桂英挂帅》角色。后又一乐队，胡琴、管箫、横笛、唢呐等，称“细十番”，恍如百鸟鸣春，别有一番韵味。随后抬阁，上置道具，男女儿童扮演戏中人物，憨态可掬。三只抬阁分别扮演《八仙过海》人物，皆民间喜闻乐见。赛会队伍自天后宫出发，沿直街路、横街路，到西边、东边二敬老院操场，稍作停留，各支队伍作三五分钟表演，围观者人山人海，人头攒动，喝彩声此起彼伏。

妈祖金身绕东门岛石浦港海上巡游，赛会气氛更热烈。钢质渔船 9 艘，载着妈祖金身及护驾队、表演队，从东门渔村码头起航，经东门港下湾门水道珍珠岛，到水产城码头，沿途汽渡、渔政、一冷、海军、石浦渔队等码头，出铜瓦门水道，进门头水道返回，历时 90 分钟。石浦港岸边驻足观者不计其数，不少等候港岸边善男信女放鞭炮、挥彩旗，打着“传承妈祖文化，弘扬民族精神”横额，以示接驾。渔轮悬挂“妈祖精神代代相传”“海洋生命的摇篮”“善待海洋就是善待人类自己”“保平安促发展”等条幅，注入保护海洋、感恩大海理念，展示现代渔民时代风貌，为谢洋妈祖赛会增添新含义。中午 12 时，在天后宫举行千人素餐庙宴 108 桌。相互祝福，气氛欢乐。不少外地客人说，如此盛大民间民俗文化活动实属罕见。

如意庙会

如意庙亦称海神庙、如意娘娘庙等。旧仅渔山一座，今有东门海神庙、渔山如意娘娘庙。

传几百年前，福建兴化人到渔山渔场捕鱼，常有台州黄岩人临岛铲淡菜。一日，有采贝人落崖身亡。其女从家乡赶来，得知其父身亡确切地点之后，便纵身跃入海中。众人大惊，但见该女投身处浮上一块木板。人们为其孝道感动，以木板雕塑少女像，制龛供奉，建庙祭祀，称如意娘娘庙，亦叫海神庙。

相传如意娘娘升天后与妈祖娘娘、瑶池金母结成三姐妹，妈祖为大姐，如意为二妹，瑶池是小妹。数百年来，如意娘娘成为渔山岛渔民的海上保护神。逢渔民出海捕鱼前均举行“开洋”仪式，捕鱼回家举行“谢洋”仪式，保佑平安、丰收。“文化大革命”期间庙会转入“地下”。

1955 年 2 月，国民党军队从浙东大陈岛、渔山岛一带撤退，将大陈岛居民 14000 余人、渔山岛居民 487 人迁去台湾。渔山岛居民撤离前，把如意娘娘塑身装箱带去台湾。士兵阻拦之时，柯位林向上岛巡视的“国防会议副秘书长”蒋经国求助。蒋说：“可以，可以。带上，带上。”如意娘娘塑身得以跨越海峡到台湾。若干年后，去台湾渔山人，建设台东富冈新村建海神庙，安置如意娘娘塑身。以旧民俗方式，每年农历正月十五、六月十八、七月初六定为如意信俗三大节日。富冈新村人在台湾祈祷如意，保佑百姓讨海平安，生活安康。因念故土，富冈新村渐被众人爱称“小石浦”。

2003 年 9 月，“亚洲第一飞人”柯受良率台东县富冈新村（小石浦村）村民代表 10 余人，赴渔山岛祭祖、祭庙。

2007年7月27日，阔别50余年如意娘娘终于第一次踏上回乡认亲路。是日，柯受良之父柯位林率长子柯受球、四子柯受雄等小石浦村回乡祭祖团54人，奉持如意娘娘小塑身从台湾转香港飞抵宁波，至渔山岛省亲，与村民一起，举行盛大祈福祭典活动。台湾庙会阵头八家将、令旗队、锣鼓队、七星镇、八卦镇等民俗表演队参加，盛况感人。拉开海峡两岸“如意娘娘”省亲迎亲仪式序幕。是年9月14日，正值象山举办第十届中国开渔节，40名小石浦代表护送如意娘娘举行迎亲省亲活动。迎亲省亲队伍由小石浦村代表队、象山东门代表队、沙塘湾村代表队、渔山村代表队、尊王宫代表队组成。仪式按传统方式进行：村口接驾，步行进村，村中路祭，列队进庙，司仪念唱，众人祭拜。如意娘娘端坐妈祖娘娘旁，庙祭开始后，双方代表互赠匾额与旌旗，小石浦海神庙赠送东门妈祖庙“安澜赐福”旌旗，东门妈祖庙回赠“百世蒙庥”旌旗，双方合照留念。是晚，在灯火通明石浦渔港，举行两岸娘娘巡安大会，盛况空前。渔家认为如意娘娘、妈祖娘娘同为海神，在神界也姐妹一家。如意娘娘以妹妹身份，进驻东门岛妈祖庙作客、省亲，参加第十届开渔节有关活动，历时3天。此后，如意娘娘省亲、迎亲仪式成为中国开渔节保留活动项目。

2008年6月，“石浦富冈如意信俗”公布列入第二批国家级非物质文化遗产名录，是目前国家“非物质文化遗产名录”唯一包涵海峡两岸民俗文化遗产。是年9月，县政府举办第十一届中国开渔节，恰逢中秋节。台东、象山两地决定让如意娘娘沿当年去台湾海上之路“回家”。适逢第13号强台风“森拉克”，影响台湾和大陆东南沿海，如意娘娘小塑身与台东县副县长彭德成、议长李锦慧率领150人省亲团，有惊无险平安抵达象山，在中秋佳节共叙骨肉亲情。“如意娘娘”省亲迎亲活动，促进两岸石浦人民间交流，成为象山与台东两县政府间交流纽带。在县台办努力下，象山与台东县正式缔结为友好县。

2009年9月，台东县政府代表团和小石浦村民敬奉海神庙如意娘娘及分身，再赴象山省亲。翌年9月，如意娘娘分身正式在东门岛门头山海神庙安座，永播慈爱，庇佑两岸。

石浦富冈如意信俗及迎亲习俗是传统与现代相融合交汇形成地方性、区域性信仰习俗与寻根习俗，具有重大历史与现实意义。

第六节　少数民族文化

境内属市少数民族散杂居住地之一，在县常住定居少数民族人口约1500人，涉及32个民族成分，散居于18个镇乡、街道，多婚嫁妇女和引进医务、教职人员、工程师等，以苗族为多，约占县少数民族人口的45%，布依族和土家族次之。为数不多，但独特民俗文化，带来新文化元素，会聚民族团结文化。

和睦邻里节

2006年11月8日，“象山县第一届民族和睦邻里节”在晓塘乡举行。结合市民族团结进步宣传月活动，市、县与晓塘乡政府三级联动，突出“民族情、邻里亲”主题，主打民族和睦牌。晓塘乡聚居苗族、彝族等10个民族近30名群众，为少数民族主要聚居镇乡，扶持少数民族创业致富走在全县前列。县民宗局与乡政府领导为少数民族创业致富先进代表授奖，召开少数民族代表座谈会，观摩少数民族文化宣传长廊，进行“你我相牵，携手致富”少数民族创业致富结对仪式，签订结对协议书。连续6年举办象山民族和睦邻里节，传承和弘扬民族文化，推进少数民族团结和少数民族散杂居地区经济社会事业发展。

基地授牌

2011年11月8日上午，第五届“民族情、邻里亲，共建和美新晓塘”为主题民族和睦邻里节在晓塘乡西边塘村白玉湾四季果园举行。包括“晓塘乡第五届民族和睦邻里节开幕式暨少数民族创业致富基地授牌仪式”“晓塘乡首届少数民族联谊小组成立暨‘民族一家亲’座谈会”“‘你我相牵，携手致富’少数民族创业致富结对仪式”“观摩民族文化宣传长廊和少数民族创业致富基地”。县委常委、统战部部长黄敏求给致富基地授牌。县人大常委会副主任郑亚红、副县长林荣根、县政协副主席吴安定及市民宗局相关领导出席。授牌后，安排少数民族舞蹈表演、民族知识有奖问答，突出民族团结主题，引导群众理解、尊重、帮助少数民族同胞，激发少数民族同胞热情，融入晓塘、建设晓塘。

民族风情

境内少数民族32个，占全国少数民族总数近六成。汇聚多数民族的语言、衣着、歌舞与美食。

语言翻译　中国56个民族，除回族、满族外，其他少数民族大多使用一两种或以上民族语言，凡8个语系逾80种。第二届邻里节始，民族风情展示增加“语言翻译”节目。有自说自译，自说他译；有苗族语言译成普通话后再译成壮族语言；有普通话译成藏或朝鲜语；有将象山方言与某少数民族语言互译。内容多日常生活生产、礼貌问候语。年轻妇女圆润甜美嗓音、独特民族发音，犹如百灵般悦耳，引发阵阵掌声。

服饰展示　少数民族平日尽管衣着已本地化，逢邻里节等节庆，必穿民族盛装。自第一届邻里节始，民族风情展示即有“民族服装”节目。蒙古族、藏族、回族、苗族、朝鲜族、傣族等近20个少数民族服装展示女演员先后上台，或逐个自我介绍民族与衣着，或排成一列由主持人逐一介绍，猫步、摆臂、侧身、亮相，模特动作尽管稚嫩，但展示真诚。蒙古族长袍袍身宽大，长袖，多红、黄、深蓝色，红、蓝色头帕缠头，玛瑙、珊瑚、碧玉等装饰下垂发梢。藏族长袍宽腰、大襟、肥大。内多穿红、绿等色彩鲜艳衬衣，衣领外翻，长袖平时卷起，舞蹈时放下，舒展飘逸。金宝顶帽金银丝绣织图案，阳光下闪闪发光。回族服饰主要标志头部，男戴白圆帽，青年女子冬披红、绿或蓝色头巾（夏则薄纱巾），穿绣鞋，戴耳环。朝鲜族女装短衣长裙，料多丝绸，短衣有白长带于右肩下着蝴蝶结，长裙多长皱褶，腰间细褶，宽松飘逸。喜白色浅色，以示清洁、干净、朴素、大方，自古有“白衣民族”之称。傣族女装上着各色紧身内衣，下穿彩色长统裙，银腰带，色彩艳丽。服饰展示一个接一个，掌声一阵接一阵，当介绍56个民族中服饰最为华丽、号称“中华文化奇葩”——苗族服饰时，面对头戴垂旒花帽，下穿百褶裙，前后有围腰，自上而下多银饰、苗绣、蜡染，花枝招展般苗族妇女，台下掌声雷动，人们啧啧称奇，大呼过瘾，说：“少数民族服饰赛过花，真是‘五十六个民族，五十六朵花’！”

歌舞展示 少数民族同胞素有能歌善舞之称，唱歌与跳舞是他们生活一部分。2006年，第一届邻里节始，歌舞展示成为不可或缺保留节目，苗族、壮族、藏族、蒙古族、朝鲜族、维吾尔族、彝族等10个少数民族上台表演歌舞。苗族、壮族的婉约，藏族、蒙古族的豪放，维吾尔族的欢快，朝鲜族的飘逸，彝族的娟秀，给观众留下深刻印象。当《北京的金山上》《逛新城》《金珠玛米亚克西》《扇子舞》《洗衣歌》等歌舞上演时，激起观众共鸣，既唱又舞，演成欢乐海洋。

民族美食 2011年，第五届邻里节始，苗族、壮族、土家族、仡佬族等10余个少数民族姐妹展示拿手民族特色菜。苗族油粑粑由大米大豆调浆，成型后炸制，又名饵糕、“油城儿”，圆圆黄黄，香香脆脆，酸辣其味；壮族桂花糕用糯米粉桂花糖调配蒸制，雪糕红缀，香香甜甜，糯糯绵绵；土家族麻辣豆腐用精制豆腐加上好辣子、胡椒等勾芡，白红相间，入口即化，麻辣了嘴，舒坦了心；仡佬族腊肉，由上等猪肉于腊月用果木等风干熏制，如玉似英，不腻不韧，肉味果香。吸引邻里百姓品尝，赞不绝口，说：“这些家乡常见食材到了这些姐妹手中就不一样，真是饮食一文化了。”

“和信杯”运动会

2012年7月28日，“和信杯”县首届少数民族运动会在晓塘乡西边塘村举行。县民宗局、晓塘乡政府主办。全县18个镇乡、街道20个代表队60余名少数民族运动员穿戴本民族服装，参与射箭、螃蟹赛跑、投球小背篓、三人小拔河、三人四足走5个大项比赛。虽有名次，不重名次，重在参与，重在欢乐，场内外常常掌声雷动，欢呼声四起，一派和乐景象。

第十二章　机关党群组织

机关党群组织指县委统战部机关党支部、县台办与台胞接待站党支部、县工商联（商会）党支部和统战部、县台办与台胞接待站、县工商联（商会）诸工会及县委统战部机关妇委会等。虽属统战系统机关党群组织，但该组织中党支部、工会、妇委会等非具统战性，故其职能、工作活动未记述，为保存资料，仅记组织机构。

第一节 党组织

县委统战部机关党支部

1984 年 2 月，经县直机关党委批准，成立县委统战部机关党支部。首届党支部委员会，支部书记沈允法，支部委员 2 名。1998 年 10 月 16 日，第三届支部委员 3 名。2008 年，第五届支部委员 4 名。2011 年，党支部设副书记，支部委员 3 名。至 2012 年，部机关党支部委员会历 6 届。

历届部机关党支部委员一览表

表 12-1-1

届别	时　　间	支部书记	委　　员	备　注
1	1984.02—1990.02	沈允法	欧吉庆　何永林	—
2	1990.02—1998.10	欧吉庆	严玉璞　何永林　董本彦	—
3	1998.10—2004.02	陈雪晶（女）	盛繁国　马阿项　陈　琴（女）	—
4	2004.02—2007.06	张继锋	许曙敏　石　剑　陈立红（女）	张继锋调去县政协，许曙敏代理
5	2008.02—2011.12	许曙敏	李淑贞（女）　张赛霞（女） 张华行　董　欢	—
6	2011.12—	沈颖洪	张赛霞（副书记）　董　欢 李淑贞（女）　张华行	—

县台湾事务办公室党支部

1999 年 7 月，县台湾事务办公室机构单设，党小组归属县委统战部机关党支部。2002 年 7 月 18 日，县台湾事务办公室成立机关党支部。首届党支部委员会，支部书记张爱民，委员 2 名。至 2012 年 12 月，机关党支部历 3 届。

县台湾事务办公室党支部委员一览表

表 12-1-2

届别	时间	支部书记	委员
1	2002.07—2005.01	张爱民	马阿项　姚吉权
2	2005.01—2009.12	马阿项	余跃玲（女）　李永中
3	2009.12—	董旭东	余跃玲（女）　周丁乐

石浦台胞接待站党支部

1984 年 7 月，石浦台胞接待站成立，初名台湾渔民接待站。翌年 2 月，改为今名。首届党支部委员会，支部书记李永中，委员 2 名。至 2012 年，站党支部委员会历 10 届。

石浦台胞接待站党支部委员一览表

表 12-1-3

届别	时间	支部书记	委员
1	1984.08—1989.05	李永军	张彩虹　陈海卿
2	1989.05—1992.08	黎小芳	张彩虹　翁维新
3	1992.08—1997.11	张彩虹	许卫君　戴先兵
4	1997.11—1999.11	戴先兵	胡文林　许品芳
5	1999.11—2001.11	许卫君	胡文林　许品芳
6	2001.11—2003.11	许卫君	胡文林　许品芳
7	2003.11—2005.11	许卫君	胡文林　许品芳
8	2005.11—2008.08	胡文林	许卫君　许品芳
9	2008.08—2012.10	许卫君	戴先兵　许品芳
10	2012.10—	许卫君	戴先兵　胡文林

县工商联（商会）机关党支部

1991 年 6 月 20 日，县工商联（商会）机关党支部成立。支部书记何永林，无委员。此前因党员少，组织关系挂靠县委统战部党支部。3 届后党支部始有支委。至 2012 年，县工商联（商会）党支部委员会历 6 届。

县工商联（商会）机关党支部委员一览

表 12-1-4

届别	时　　间	支部书记	委　　员
1	1991.06—1994.04	何永林	—
2	1994.04—2000.08	何永林　王才积（1993.01 任）	—
3	2000.08—2007.04	周信仁	邱惠琴（女）
4	2007.04—2009.02	刘　保	—
5	2009.02—	高国杰	叶　晶（女）　夏喜燕（女）

第二节　工　会

县委统战部机关工会组织

1993 年 4 月 14 日，经县总工会批准，县委统战部机关工会工作委员会成立。首届主席干仇祥，副主席 1 名，委员 2 名。三届始不设副主席，委员 3 名。五届委员 2 名。至 2012 年，部机关工会历 5 届。

统战部机关工会成员一览表

表 12-2-1

届别	时　　间	主　　席	委　　员	备　注
1	1993.04—1999.12	干仇祥　韩国明（副）	余跃玲（女）　盛足芬	—
2	1999.12—2004.02	张彩洪　韩国明（副）	董本彦　李淑贞（女）	—
3	2004.02—2008.02	许成德	李淑珍（女）　励朝铭　董　欢	—
4	2008.02—2011.12	潘丁红（女，2009.06 止）	李淑贞（女）励朝铭　陈灵灵（女）	2009.12 主席沈颖洪
5	2011.12—	沈颖洪	吴永建　陈灵灵（女）	—

县台湾事务办公室工会小组

1993 年 4 月 14 日，县委统战部工会成立，县台湾事务办公室全员加入。1999 年 7 月，县台湾事务办公室机构单设，办公室全员挂靠县委统战部机关工会。2003 年 3 月 31 日，县台湾事务办公室工会小组成立，挂靠象山县直机关工会。

石浦台胞站工会

石浦台胞接待站工会成立于 1993 年 8 月。首届主席许卫君，成员 3 名。二、三届成员 2 名。至 2012 年，站工会组织历 3 届。

石浦台胞站工会成员一览表

表 12-2-2

届别	时间	主席	成员
1	1993.08—1997.10	许卫君	郑世国　郭丽娜（女）　王世望
2	1997.10—2006.05	王世望	叶荣昌　林志跃
3	2006.05—	叶荣昌	郭丽娜（女）　聂　红（女）

县工商联机关工会

2004 年 9 月 9 日，经县直机关工会工作委员会同意，县工商联机关工会单独设立。此前，县工商联机关全体干部职工入县委统战部机关工会组织。经县工商联机关全体工会会员大会选举，产生主席 1 人、经审员 1 人，刘保为首任主席，邱惠琴为经审员。2012 年 12 月 3 日，换届选举产生主席 1 人、委员 2 人、经审员 1 人。至是年，县工商联机关工会组织历 3 届。

县工商联机关工会成员一览表

表 12-2-3

届别	时间	主席	成员
1	2004.09	刘　保	邱惠琴经审员
2	2009.10.17	刘　保	邱惠琴经审员
3	2012.12.03	刘　保	叶　晶（女）组织委员　周黎彦财务委员　石　蓉（女）经审员

第三节　妇委会

2008 年 11 月 10 日，随着统战部女干部、职工增多，为保障妇女权益，经县妇联批准，县委统战部机关妇女工作委员会（以下简称妇委会）成立，无正主任，副主任陈灵灵，委员 2 人。2011 年 12 月 30 日，妇委会改选，主任陈灵灵，委员 2 名。至 2012 年，县委统战部机关妇委会组织历 2 届。该组织统战系统仅部妇委会一个。

统战部机关妇委会成员一览表

表 12-3-1

届别	时间	主任	委员	备注
1	2008.11.10—2011.12.30	陈灵灵（副主任）（女）	李淑贞（女）　胡　怡（女）	—
2	2011.12.30—	陈灵灵（女）	李淑贞（女）　胡　怡（女）	—

第十三章 人 物

在县委领导下，于中华人民共和国成立前后、社会主义建设时期，涌现众多统战人物。本章设“传略”“简介”与“名录”3节，依故世先后录已故统战部主要领导与民主党派、无党派、台侨、工商、民宗等重要人物；“简介”“名录”录在世上述人物，按出生先后为序。

第一节 传 略

部领导

孙务文 （1927.06—1993.05） 安徽省怀宁县人。民国36年（1947）9月入伍，翌年2月加入中国共产党。至1955年11月，历任3纵8师22团2营战士、副班长、班长、副排长、排长、连指导员等。1955年11月至1958年6月，先后入汉口、南昌步兵学校学习。1958年6月至1965年9月，历任宁波军分区92团连指导员、营教导员、舰艇大队政治委员等职。1965年9月，任象山县人武部副政治委员。“文化大革命”中参加“三支两军”工作，历任县革委会党核心小组成员、县委常委、县革委会保卫组组长等职。在部队期间，立二等功1次、三等功5次。1979年11月，转业后任县委宣传部副部长、统战部副部长等职。贯彻落实党的统一战线与侨务、对台、工商联、民族宗教政策，拨乱反正，纠错平反。1979年4月至1981年4月，兼任县革命委员会侨务办公室主任。1985年5月，县委统战部离休，享受县处级待遇。1993年5月病逝。

俞斌兆 （1937.11—1999.09） 曾名俞哉根，舟山普陀县人。中国共产党党员，大专文化。1960年3月，宁波师院数学科毕业，转浙江大学工程物理系核物理专业进修。11月，宁波专区工业科学研究所工作。1961年1月，宁波工学院工作，任校党委办公室秘书。1961年4月，省委党校哲学、政治经济学读书班学习。翌年8月，宁波地委精简办、专署文教卫生办公室工作。1963年2月，象山县委办公室工作。1964年2月，任“四清”社教工作队组长、队长。1970年9月，任县内务办公室负责人。1971年3月，任泗洲头公社党委书记、革委会主任。1976年12月，任丹城镇党委书记。1989年11月，任县委统战部部长、县第四届政协常委。1991年6月，宁波市政协九届、十届委员会委员。1993年3月，当选县政协五届委员会副主席。任县委统战部部长、县政协副主席期间，致力祖国统一大业，广泛联系党外人士、港澳台同胞，促进经济建设。1997年11月退休，1999年9月病逝。

方芳云 （1920.03—2003.09） 鄞县白岙乡四明山人。民国34年（1945）1月，加入中国共产党。7月，参加鄞县武陵乡民运工作，任民兵大队长。10月，任浙东游击纵队三支队特务连战士。12月，入第三野战军一纵一师教导团学习。民国36年（1947）1月至1949年10月，任三野一纵后勤部工作队员、一纵先遣一支队警卫连指导员。1949年10月至1952年7月，任浙江省杭州市军管会职工部组长、绍兴县柯桥区禹会乡乡长与东浦区公安特派员兼分庭副审判长、绍兴地委纪委会检查员，浙江“革大”学员。1952 年 7 月，调象山县人民法院工作。翌年 4 月，任县渔业指挥部办公室副主任。6 月，任县农林科副科长。8 月，任县委统战部统战员。1954 年 5 月，任南田区委书记。1955 年 6 月任县委委员、统战部副部长。1956 年 9 月，任丹城镇委书记。翌年 4 月，任县监委会副书记。1958 年 11 月，任县委委员、南田区委书记。1959 年 11 月，任县委委员、县委渔业部部长。1961 年 10 月，任县委常委、农工部部长。1962 年 6 月，任中共南田区委书记。1970 年 11 月至 1979 年 10 月，任丹城酒厂党支部书记，1979 年 10 月退休。1981 年 4 月，改离休，享受县处级待遇。

程云臻　（1926. 06—2006. 09）　安吉县安城蓝田村人。1949 年 10 月，参加安吉县委工作队。翌年 5 月，在安吉县递铺区工作。1951 年 2 月，任安吉银行农贷员。9 月，参加临安地委干校镇反学习。11 月，在临安地委干校工作。1953 年 3 月，在定海团县委工作，11 月任定海县磐峙区团委副书记。翌年 4 月，加入中国共产党。8 月，任定海盐仓区副区长。1956 年 6 月，任共青团象山县委书记。1958 年 11 月，任县文卫部副部长。1959 年 4 月，任县委宣传部副部长。1961 年 10 月至 1962 年 6 月，兼任县委统战部副部长。1970 年 8 月，任爵溪公社党委书记。1973 年 1 月，任西周区委书记。1978 年 3 月，任县委宣传部副部长。翌年，兼管统战部工作，带领干部，深入基层，落实政策，拨乱反正，成绩显著。1987 年 8 月退休。曾任县计生协会副会长，后在退管会帮助工作。

樊心慧　（1930. 01—2007. 09）　字敬之，贤庠镇青莱村人。中共党员，初中文化。1950 年 10 月，任青莱乡农会主任，参加土改。翌年 5 月，赴宁波地委干校学习，结业后在大徐区委工作。是年 12 月，任青年团石浦区委书记。1952 年 12 月，任县委宣传部干事。1955 年 5 月，任县委宣传部副部长。9 月，入省委党校附设速成中学。1958 年 10 月，宁海县并入象山，任县委常委、宣传部部长兼统战部部长。1960 年 1 月，筹建象山县政协。2 月，在县政协一届一次会议，当选县政协一届委员会副主席兼秘书长。翌年 10 月，宁、象分县，一届政协随之中止。任宁海县深圳特区区委书记、宁海县城关镇党委书记、县委宣传部负责人。1976 年 1 月，调回象山。次年 6 月，任县农办主任，7 月任县委副书记兼革委会副主任，兼任象山中学校长。1981 年 1 月，任县委副书记，兼县人大常委会主任、党组书记。翌年 7 月，兼任县委政法委书记。1984 后 8 月至 1990 年 5 月，任县人大常委会主任、党组书记。省第六、七届人民代表大会代表，县第一、二、五至十一次党代会代表，一届县委委员，二届县委常委，四、五届县委常委、副书记。宁海县三届县委常委、四届县委委员。县八至十三届人代会代表，县第九、十、十一届人大常委会主任、党组书记。1990 年 9 月退休后，任县关工委主任，被评为 2000 年度全国关心下一代工作先进个人。2007 年 9 月病逝。

陆国忠　（1932. 05—2012. 06）　余姚市横河乡人。1949 年 11 月参加工作，1954 年 11 月入党。1949 年 11 月，任余姚人民银行办事员。1951 年 3 月，调任至象山，历任县人民银行办事员、县人民银行石浦营业所代主任、县人民银行农金股股长、县人民银行石浦营业所主任、县人民银行副行长等职。1956 年 2 月，任中共象山县委办公室秘书。1956 年 6 月至 1961 年 10 月，任中共象山县委办公室副主任。1961 年 10 月，任中共象山县林海公社党委书记。

1970年5月，任中共象山县高塘公社党委书记、革委会主任。1972年11月，任中共象山县石浦区委书记。1977年6月，任中共象山县委常委、宣传部部长。翌年8月，兼任县委统战部部长。主持贯彻落实县委关于党的统一战线与侨务、对台、工商联、民族宗教政策，拨乱反正，纠错平反，做了大量工作。1981年4月，调任中共鄞县县委常委、宣传部部长。翌年12月，任中共鄞县县委常委、组织部部长。1985年8月，任鄞县人大常委会副主任。1987年5月，任鄞县政协副主席。1993年5月退休，2012年6月病逝。

民主党派　无党派

俞世清　（1877—1954）　字怀白，昌国人。父母早亡，出身贫寒。及长，为生活计，与友人经营石浦大皆春中药铺，自学医道药理，乐善好施。对贫病无力延医买药者，每亲至其家诊治，并免费施药。喜交游，与东门任筱和兄弟及医界丁洪雷、忙兰生等友善。某年象南大塘干旱，时疫流行，死者百计。与人发起募捐赈灾，集资施粥。中年时，曾合营昌国沙头窑厂，兼以教书为生。平生善书法，尤工隶书，临摹唐宋拓帖，甚见功力。昌国、石浦一带凡中堂、屏风、楹联、墓碑、店铺招牌、祠堂匾额等，多出其手。今石浦三湾路廊尚存其“去去就来”“坐坐也好”等石刻。平素居家简朴，不慕名利，常以“勤、俭”二字教育儿孙。乡里有婚丧喜庆，常邀其主事，为邻里排难解纷，无以推却。曾书联称：“居之安，屋何妨古；和为贵，家自然昌。”民国元年（1912）至民国3年（1914），选为县议会议员。1954年，出席第一届人民代表大会。

董梦蛟　（1882—1956）　原名瑞珍，学名威，号梦蛟，昌国卫人。从小读书。及长，从事鱼货推销营生，在宁波、上海等地交游甚广。辛亥革命前夕，追随陈其美等民主革命人士，加入中国同盟会，奔走在沪杭之间，联络党人，图谋反清义举。武昌起义胜利，沪杭纷起响应，奉沪军都督陈其美指派，于1911年11月3日与王金发、蒋介石、王文清、张伯岐、孙贯生、蒋著卿等同率敢死队百余人，赴杭参加光复杭州之役。4日晚至5日凌晨，在炸弹队临时指挥官蒋介石的指挥下，率第三先锋敢死队与张伯岐的第一、第二队，会同杭州新军二标三营第一路官兵攻陷浙江巡抚署，俘获巡抚增韫。杭州光复后，回沪参与组织江浙联军进攻南京事宜，随部参加作战。南京临时政府成立后，参与反对袁世凯的“二次革命”斗争。失败后，潜回家乡，即遭浙江军政府通缉逮捕。在狱3年释归，赋闲家居。抗战间，石浦沦陷，日伪欲利用其之声望，多方拉拢，不为所动，避居宁海乡下。中华人民共和国成立前后，蛰居故乡，顺时应势，顾全大局。善书法，人称其书“矫若游龙”。

励润生　（1915—1963）　象山东溪人。民国27年（1938），毕业于北洋工学院矿冶系。民国30年，赴美国求学，入柯州矿学院，得硕士学位。先后任美国蔼纳康大铜矿业公司、凯纳柯特铜公司雷矿山工程师兼工务室主任。后归国，就职于国民政府资源委员会。1949年年初，资源委员会撤往台湾，励润生拒绝去台，留守上海。中华人民共和国成立，任华东工业部矿业处计划组长。不久，任中央财委计划局重工业处二级工程师。后任云南有色金属管理局、云南铜矿公司及东川矿务局副总工程师。东川市第三届人大代表。1958年，被错划为“右派”，下放冶金工校教书。1962 年，由周恩来总理过问，摘掉“右派”帽子。翌年 8 月，参加冶金部专家工作组，赴云南检查矿务，在东川意外跌伤。中央卫生部联系飞机送北京治疗，临飞前，因输液药物过敏，于是年 9 月去世。1979 年 6 月，中共东川市委为其平反。

萧　辅　（1905—1968）　字匡廷、参卿，号三生，涂茨镇萧家村人。民国 18 年（1929），南京金陵大学农学院毕业，专攻农艺，获农学士。民国 22 年 6 月赴美留学，入明尼苏达州立大学攻读植物育种学，获硕士学位。翌年 8 月回国，历任国立浙江大学农学院农艺系主任、省立棉业改良场场长、广西大学农学院农艺系主任。1952 年后，任浙江农学院教务长、副院长、浙江农业大学副校长，九三学社杭州分社副主任委员兼宣传部长。毕生从事植物育种学、遗传学、棉作学、生物统计学之教学与研究，学宗摩尔根学派，精研遗传理论，深研米丘林学说。曾任中国作物改良学会理事、浙江农学会理事长。著有《棉株性状之遗传》《米丘林路线的作物有性杂交选种法》《植物界异花授精和自觉受精的效果》《洋麻的感光性问题》等多篇学术论文。省第三届人大代表，全国第四届政协委员。

励乃骥　（1897—1969）　谱名先渊，字善湛、潭深，号德人，东溪人。以优异成绩，肄业于北洋大学特别班，旋改采矿冶金。民国 9 年（1920），转北京大学毕业。先后任中学教员、省教育厅视学、科员。曾组织暑期回乡联谊会及癸亥俱乐部。民国 15 年，2 月在杭州加入国民党，3 月入孙文主义学会。是年冬，在革命形势影响下，追随革命，任联络工作，奔走于苏、闽、沪、杭，为北伐军护送饷银 10 万元。因夏超兵败，蔡元培、马叙伦先生遭军阀孙传芳通缉，陪同蔡元培、马叙伦避难至象山。翌年，北伐军进驻浙江，蔡元培任中央政治会议浙江分会主席，委其为秘书长兼任宁波市党部执委、市政府参事，主持清校事宜。将已列入黑名单的中共党员学生，借开除为民，促其及早离校，暗为保护。民国 20 年暑假，提出辞职，去上海就任私立澄中中学校长。民国 23 年，应宁益银团之邀，协办长兴煤矿，初掌总务，后任总经理。翌年，2 月，应马叙伦之邀北上，任北京故宫博物院总务科长；5 月，声明脱离国民党。北平沦陷，返里任象山安定中学教务主任。后受聘为私立立三中学常务董事兼校长。民国 28 年，8 月，赴重庆任故宫博物院科长；9 月，奉行政院派赴苏举办莫斯科中国艺术展览会，考察文化事业，受聘为苏联鉴别古物专员。民国 34 年 1 月，任中国文化服务社出版部主任。抗战胜利，任北京故宫博物院南京分院院长。中华人民共和国成立后，应马叙伦先生之邀赴沪，任教于上海中学、新沪中学。1962 年退职后，受聘为上海文史馆馆员。擅长考古、文物鉴定。1969 年 2 月病逝。著有《世界代数学》《新嘉量》《释庣》《九代算经园田注释》等。

史企文　（1896—1978）　新桥黄公岙人。象山小学、宁波中学毕业后，于民国 4 年（1915），赴杭州省立工业学校（浙江省立工业专科学校）机械科学习。民国 9 年，在杭州武林铁工厂实习，后任分厂主任。民国 19 年，在河南华县兵工厂任技术员。民国 25 年 8 月，赴南京白水桥研究所任技术员。民国 26 年至民国 35 年，在重庆二十兵工厂任所主任。其间，于民国 29 年年初加入国民党，是年 5 月脱离。民国 34 年抗战胜利，翌年 2 月，以民国政府台湾接收团成员身份赴台，并任台湾钢铁机械公司工程师兼第八机械厂厂长。民国 36 年 8 月，回上海任交通部上海钢铁配件厂正工程师兼副厂长。1950 年 9 月，赴太原重型机器厂任三级工程师。1957年，被错打成“右派”。翌年3月，被开除公职。1970年，下放至宁波机械厂，任安全技术顾问，历3年。1978年5月12日逝世，享年82岁。是月，“右派”摘帽平反。

赵文光 （1904—1982） 字燕孙，化名郁恭，丹城西门人。民国14年（1925），加入共青团。翌年春，转为中共党员。曾任中共宁波地委农运委员、中共慈溪县委书记。民国16年10月，中共浙江省委领导浙东武装暴动，在慈溪组织农民武装积极响应；11月，浙东武装暴动失败后遭国民党通缉，被捕于奉化。民国21年11月，因病保释出狱，脱党，入教育界。民国24年，协助吴烨创办培本小学。抗日战争期间，曾投身抗日救国宣传活动。解放战争时期，曾任国民党象山县政府社会科科员、指导员等职。中华人民共和国成立后曾一度在小学任教。1957年，被定为“叛徒”“反革命”，长期在生产队监管劳动，至1981年平反。

萧永康 （1935—1983） 萧辅之子，毕业于浙江大学，专攻内燃机专业。曾任浙江农业大学讲师，试制成功东方红—12型船式拖拉机，获省优秀科研成果奖。撰有《手扶拖拉机结构原理》《驾驶与机械常识》等书。曾任中国农机学会机耕船学科组领导成员，省第五届政协副秘书长。

金　瀚 （1896—1989） 谱名莊，号霞浦，晓塘人。早年就读石浦敬业高等小学堂。民国元年（1912），入宁波效实中学。民国3年就读北京大学化学系，获理学学士学位。民国8年，赴美国留学，就读缅因州大学造纸系。民国11年毕业，获造纸专业硕士学位。同年，在美国一造纸公司实习，旋任助理工程师。民国14年，为美国乾色穆艾造纸公司工程师。民国16年回国，投身造纸工业建设。翌年起，先后参与柳州造纸厂、温州新闻纸厂、沈阳东北造纸厂、温州温溪造纸厂筹建工作。民国27年，赴英国、瑞典和德国考察造纸工业，洽购设备。民国33年，发起成立中国纸业股份有限公司，任总经理，在四川宜宾安阜乡、岷江北岸鸳洲坝建厂。民国35年6月，造出中国第一张百分之百机械木浆生产新闻纸。至是年11月，日产新闻纸10吨。1950年，任宜宾造纸厂经理、第二经理兼总工程师。1953年，任福建省工业厅一〇二工地总工程师，兼中央轻工业部造纸设计院上海分院项目总工程师。1958年，厂建成投产首任总工程师。攻克马尾松磨木浆新闻纸生产难关，于1966年全国推广应用。曾任福建省政协常委，第二、三届全国人大代表。1985年，被授予中国造纸学会名誉理事长。

苏本善 （1909—1994） 字德隆，湖南省湘潭市人。民国17年（1928）毕业于南京黄埔军校第六期步兵科，历任国民党第六军排长、连长、副营长、参谋、上校参议，晋升至少将。民国30年7月至民国34年3月，任象山县县长、三象地区指挥部指挥。坚持抗日，反对投降，在极其艰苦的条件下坚守象山西乡。民国30年12月中旬，日军400余人进攻丹城，黄土岭一线守军与之激战6小时后，敌军窜入白石，苏本善至城南督令各线协同反攻，敌不支败退。民国33年5月初，得悉汪伪第十师师长谢文达到象山，4日晚，苏率象山自卫二大队、定海自卫一大队，奔袭县城，捣毁伪三十九团团部和伪县政府，谢文达越窗逃离。抗战期间，创办定象两县联立中学（今象山中学前身）。抗战胜利后，辞官回湘。后被湖南省政府主席程潜任命为湖南省财政厅厅长。1949年8月，参加程潜领导的湖南起义。中华人民共和国成立后，曾任湖南省政协常委等职。

包 毅 （1912. 01—2010. 12） 上海市川沙县人。民革舟山市一届主任委员，政协舟山市一届、二届常委。民国21年（1932），财政部松江税警官佐教练所进修，后历任税警某队队长、一等少校区佐、少校总队附、参谋、科长、第57军联络参谋、参谋处中校科长、上校处长、少将、参谋长、兴化县县长、自卫总队长等职。民国34年冬退役，后即申请复职。翌年，任两浙局税警科管理股长、课长。民国37年11月，接受中共上海局地下党组织任务，策划浙江税警部队起义。1949年7月，任税警杭州分局稽征科科长、驻石浦玉泉两浙盐务税警总队副总队长。是月9日，包毅率部宣布起义，派出税警特遣队迎接解放大军进入石浦城区，为和平解放石浦作出贡献。是年10月，调任宁波分局石浦玉泉中心所军事代表组军代表，接管玉泉盐场。1950年，舟山解放，调舟山第五分局任职。1959年春，任职于舟山专署工业局。1966年6月，参加社会主义教育运动工作队。是年冬起，下放盐科所、定海盐业站、岱山青合点等接受劳动教育12年。1978年，从原舟山地区盐业局局长退休。1983年改为离休。

台侨胞（属）

徐培根 （1897. 12—1991. 02） 系殷夫（徐白）胞兄，字石诚，大徐人。上将，国民党员。毕业于保定陆军军官学校第三期、陆军大学第六期、德国参谋大学。初任排、连、营长。曾参加辛亥九月十四日杭州光复之战与历次浙江保卫战。民国14年（1925）后，任陈仪部第一师第一团团长、第八十五师参谋长、中央陆军军官学校军官教育总队长。民国20年，任第五参谋处处长，参加淞沪抗战。民国22年4月17日，任参谋本部第二厅厅长。是年7月10日，任航空署署长，提出“空军建设三年计划”、策划空军与防空设置方案。民国23年6月5日，任军事委员会空军事务处处长。翌年，任兵工署机械司司长，修建长江沿岸及东南沿海要塞。后任军官训练团教育委员会委员并代总教官。民国31年，任驻美军事代表团参谋长。民国32年，任陆军大学教育长，兼管校务长达9年。民国34年6月28日，晋中将。民国37年3月，当选第一届国民大会代表。去台湾后，1952年2月起，任“国防研究院”教育长。是年，任“国防部”作战参谋长。1954年7月，升陆军二级上将、副参谋总长，8月，任国防大学校长。1955年9月，再任副参谋总长。1956年，任国防大学校长。1957年，调任“国防部”常务次长。1961年，任“总统府战略顾问委员会”战略顾问。1972年6月任“国防研究院”副主任。1986年，任“光复大陆设计委员会”顾问。1991年2月8日，逝世于台北，终年94岁。曾被聘为中国国民党第十一至十三届中央评议委员。著有《太公六韬》《中国古代战法之研究》《现代战术》等。

杨维连 （1921—2003） 法名释慧道，祖籍绍兴，出生于杭州。民国25年（1936）省立高中肄业。翌年，考入省长途电话局，任象山电话局话务员。后考入陆军军官学校与军官外语学校。民国32年赴缅甸雪包、密支那抗击日军。曾任胡宗南机要秘书。朝鲜战争中，任联合国军翻译。1959年，退役从教。1979年，应美国旧金山佛教法界大学之聘，任讲师。耳濡目染，睹朝鲜战争之惨烈，慨人生之苦，善根渐萌，始信佛教，1981年，依台北普济寺住持性海。翌年，掌华宇出版社总编职，10年间，编译出版英文《六祖坛经》《大悲陀罗尼经》

《般若波罗蜜多心经》《佛说阿弥陀经》等佛经，《中英文常用佛学名词》《在家学佛宝典》《台湾佛教寺庙名册》及徐培根《佛学纲要》等著作，为佛教传播做出贡献。1991 年，回大陆与发妻黄雁云复婚。1993 年，促成台北普济寺住持性海访问象山等慈禅寺，为等慈禅寺、宝梵讲寺、紫云庵等募捐折合人民币 15 万余元。1995 年，定居于丹城。其岳父与徐培根世交，在台时与徐关系甚密。2003 年去世，世寿 83 岁。黄雁云象山珠溪人，婚于民国 35 年(1946)，育有 1 子，1959 年夭殇。杨维连在韩国时娶朴正熙族妹为妻，生有 2 子。

柯受良　（1953. 02—2003. 12）　绰号“小黑”，1953 年生，石浦镇沙塘湾人。影视艺人、“亚洲第一飞人”、中国开渔节形象大使、“宁波帮”杰出文化名人。3 岁举家被迁往台湾台东县。1966 年，初中辍学捕鱼。3 年后，只身一人到台北闯天下。翌年，被电影明星学校录取，并首次参加特技演出，从此步入文艺界。黑脸、大眼、板寸头小黑，研习表演、驾车、武术、音乐、导演，5 年后“出山”，一鸣惊人。1975 年，获台湾摩托车障碍赛冠军。1977 年，进香港影视圈，任武术特技指导、惊险片演员与导演。参演与武术特技指导电影有《最佳拍档》《龙兄虎弟》《快餐车》等，执导《壮志豪情》《芝士火腿》《飞越生死线》等，首部个人电视连续剧《飞越万缕情》，发行个人闽南语唱片《正港男儿》、个人普通话大碟《再次征服》。在《壮志豪情》特技演出中称为“柯大胆”的小黑哥，1986 年在南斯拉夫驾跑车飞越六车道高速公路（75 米），震惊欧洲车坛。翌年，驾摩托车飞越素称“死亡谷”台湾桃园海湖大峡谷。后在香港驾跑车飞越宽 100 米码头、70 米双向高速公路。1992 年，为中国体育基金会筹款，在北京金山岭驾摩托车飞越长城（38 米），成为第一人，载入《健力士世界纪录大全》。1997 年，为迎香港回归，驾跑车成功飞越 55 米宽的黄河壶口瀑布，获“亚洲第一飞人”称号。1999 年，为新加坡仁善医院筹款，驾车飞越新加坡体育馆。新世纪 2 年，岁已半百柯受良出征雪域高原、世界屋脊，驾车飞越布达拉宫广场。2003 年，出任“中国开渔节”形象大使。是年 12 月，病逝于上海，享年 50 岁。2004 年 4 月 21 日，柯受良银幕绝唱《兄弟》在象山剧院首映。年末，县人民政府在石浦筹划兴建柯受良纪念馆，陈列柯受良遗物汽车 2 辆、摩托车 11 辆、执导参演 599 盒影视拷贝及字画、海报宣传照、明星纪念卡、纪念工艺品、剧照服饰与生活用品等 780 余件。

何敏求　（1915—2006）　谱名明柔，儒雅洋人。民国 19 年（1930），入省立第四中学，民国 26 年考入中央大学地质系。翌年随校内迁重庆，民国 28 年秋大病，回家休养。民国 29 年春，被选为儒蕉乡乡长。值连年歉收，乃平粜家藏积谷，力请县府划拨储存本乡之稻谷 2 万斤，与乡民截获私运出海番薯丝万余斤，解饥民燃眉之急。民国 30 年 8 月，辞去乡长职务，回校复学。毕业后返乡，应“定象联中”之聘，任教地理。民国 33 年年末，校改名“象山县立初级中学”。翌年 7 月，接任校长，迁校儒雅洋家祠“承志堂”为校舍。日本投降后，民国 35 年春，再迁丹城。是年，选为县参议会副议长，任国民党县党部书记长。民国 36 年春夏，因痛疾时弊，辞去校长及所兼各职，迁居宁波，任教于效实中学等。中华人民共和国成立后，悉数奉献家产，土地改革时被评为“开明地主”。1951 年，受审查并服刑。1976 年，特赦回宁波工作，被民革吸收为成员。退休后羁于乡情，先后在石浦及丹城各中学代课，后定居丹城。1984年，应聘编纂《象山县志》《象山县地名志》，余暇中缩编台湾版《中国历代战争史》，题名《中国历代战争史简编》，受旅台乡贤军事理论家徐培根赞赏。蒋纬国作序，称全书“以简驭繁，文约名炼，能不失原著精神”。1993年3月在台北出版。1992年，象山缨溪诗社成立，为名誉社长，其诗作《敏求诗抄》由县政协文史委辑集印行。2001年年初，以耄耋之年，参与校点民国《象山县志》，查证据典，去讹存真，弘扬乡邦文化，嘉惠后学。身居象山，关心国家，常有诗文发表于彼岸报刊，拥护“一国两制”，坚决反对“台独”。受民革宁波市委“民革荣誉老人”称号。

何志浩　（1905.01—2007.08）　原名养浩，谱名本吾，字精一，儒雅洋村人。中将，国民党员。幼好学，天性淳厚。小学毕业后就读于宁波省立高级工业学校艺徒班，半工半读。民国13年（1924）南赴广东。民国15年毕业于黄埔军校第四期。是年，参加国民革命军第二师北伐，南昌战役，机智勇敢，率先登城，坠而受伤。“四·一二”政变，继之“清党”，以“共产党嫌疑”被禁闭在南京监狱。民国17年夏，获释后偕妻何陈氏回故乡。翌年，保送国立中央大学专修政治经济。是年11月，任国民党国民军事训练委员会主任委员。民国21年，任南京训练总监部主任，上校衔。民国26年，相继入陆军步兵学校、陆军大学、陆军参谋大学、国防大学进修，革命实践研究院结业。民国26年，“七七”战启后，任金陵师管区司令，兼南京警备司令部高级参谋及首都义勇国民兵总队长。民国27年2月，任第一军政治部主任。民国30年，任国民兵司司长。民国32年8月，任征补司长兼军政部补充空运指挥。翌年，偕左叔平赴印度，民国32年9月，任兵役署副署长。抗战期间，担任军委会国际问题研究所顾问、侍从室机要组组长、联勤总部通讯署技术组组长。民国34年2月，授陆军少将。民国35年后，任国防部第一厅副厅长等职。曾任浙江绥靖总司令部中将副司令。1949年，到台湾。曾任国民党第二十五师师长、总政治部政战计划委员会主任委员、台湾当局领导人办公室中将参议、文艺协会理事、民族舞蹈协会理事长等职。1967年，退役后受聘为中国文化大学教授。著有《国防与兵役论集》《国民军事教育论集》《民族复兴之路》等71种。2007年8月3日，病逝台北市立仁医院，享年104岁。

袁继尧　（1929—2013）　石浦镇人。7岁就读石浦斐迪小学、昌国小学，毕业后入象山县补习中学（初中）。日军入侵，随教书父亲逃亡，先后就读省立绍爽中学、上海私立中正中学与复兴中学、杭州私立惠兰中学。毕业后，入石浦金大商行任职员。民国38年，执教石浦斐迪小学。2年后，任金星中心小学校长。1957年，执教象山初级中学（象二中）。1962年，任昌国中学教导主任至退休。认真施教，为人师表，深受师生好评。1988年，选任象山县台胞台属联谊会副会长。其间，协助政府贯彻、落实党的涉台政策，宣传联络台胞、台属，为象山涉台工作做出贡献。市第二届政协委员，县第二、三、四政协常委。

王家福　（1917—1992.01）　墙头镇白墩村人。10岁丧父，家境贫寒，13岁过继予镇海叔父王其荣当儿子，民国20年（1931）开始在宁波、上海等地开始了学徒生涯，而后行商。民国37年（1948）经香港东渡日本，1952年定居日本，开设面馆，1965年在东京开设浜园饭店。王家福先生在日本华侨中有较高信誉，他致力于华侨社团工作，热心为当地华侨服务、为发展华侨经济服务。1959 年，被选为日本东京华侨总会理事。1962 年，当选为常务理事。1968 年，与浙江同仁发起成立留日华侨浙江同乡会，曾被选为副议长、副会长、会长，日本华侨互助合作理事长、名誉理事长。王家福一生不忘自己是中国人，坚决不入日本国籍，并为维护中华人民共和国的声誉和祖国统一而坚持不懈。在中日尚未建交时，他热情接待我国访日人士。中日建交后，他更为两国交流尽心竭力。1981 年 11 月，第三届世界杯女子排球赛在日本大阪举行，他与好友蔡世金为女排做大衣、买球鞋，不惜重金购买门票赠送当地华侨观看中国女排比赛，带领浙江同乡会成员为中国女排呐喊助威。热爱故乡，关心家乡建设。是年，为发展家乡白墩村海运事业，捐资 1.8 万美元，又捐赠 5400 元修理白墩小学。后又多次赠送彩电、树种与鱼网、食品加工样品等。1983 年，为建设县图书馆阅览楼赠款 2 万美元，并先后 3 次向县图书馆捐赠图书。1985 年，为使侨胞探亲方便，向县侨务部门赠送五十铃面包车 1 辆，又赠送宁波市妇儿医院医疗车 1 辆；先后赠款 18 万元，设立象山县“王家福奖学基金会”。1988 年 7 月 30 日，宁波市遭受台风、洪灾，他即发动留日浙江同乡会会员向宁波赠送救灾款 184 万日元；帮助象山鹤浦小学建造“侨光教育楼”。历任象山县侨联第三、四、五届委员会名誉主席。1992 年 1 月，在日本东京去世，骨灰安放于上海。子女继承遗志，捐赠 100 万日元充实“王家福奖学基金”。

欧世璜 （1912—2001） 墙头镇墙头村人。12 岁，毕业于果育小学，入定海中学，被誉为“数学大王”。翌年，越级入宁波四明中学，毕业后入沪江大学。一年后，转入中央大学，以植物病理学为专业。毕业后入中央研究院，兼“中大”助教。民国 33 年冬，参加中国“仁社”。翌年春，获哲学博士学位。应中央农业实验所沈德翰先生之邀返中农所工作。10 年后，应国际粮农组织之聘，赴伊拉克及泰国工作，先后任联合国驻该两国农业官员等职。1961 年，应邀任菲律宾国际稻米研究所植物病理系主任，至 1978 年退休，其间，历访欧、非、美洲诸国研究稻病，3 次主持国际稻病会议。退休后，受聘美国威斯康星大学教授。美国、菲律宾等国植物病理学会推举其为杰出病理学者，荣获美国植物病理学人奖，为中国第一人。著《稻作病害》一书，在英国出版后一时流传世界各国，被誉为“稻病圣经”。又 150 余篇论文发表于国际各科学杂志。1984 年，定居于美国。1985 年，任亚洲蔬菜研究中心董事。国际稻米研究呕心沥血，功绩卓著。

樊恭熛 （1924—2009） 贤庠镇青莱村人。20 世纪 40 年代早期，入北洋大学北平部（北京工业大学工学院前身）就读，民国 35 年（1946）至民国 36 年（1947）因病回家休养。不久开设大同化工有限公司，任董事长兼总经理。后又在香港设立大联化工有限公司，任董事长、化学工程师。1987 年，樊氏家族将当地政府落实侨房政策资金作象山中学的奖学基金，定名“樊氏奖学基金会”，由其嫂与其本人 2 次捐资充实基金。1990 年，捐资建造青莱小学。1992 年，捐资助建珠溪至乌屿山乡道。1988 年，与珠溪乡（今属贤庠镇）工业办公室合资在珠溪开办宁波象联化工有限公司，任董事长兼总经理。1993 年，任宁波市海外交流协会理事。翌年，任县总商会顾问。

陈志耀 （1929—2014） 出生于镇海，早年在镇海新仓小学读书，毕业后至上海读中学，因家境贫困辍学。民国 34 年（1945），到东北吉林当学徒，4 年后回上海在一家毛毯厂当伙计。1949 年，随毛毯厂老板去香港谋生。1951 年，转学皮毛加工技术。1956 年，独立从事皮毛加工。1960 年，创办渥太华皮草公司，在欧美及日本等地设分公司。1979 年，与广东省畜产公司合资联办皮毛加工企业万谊公司。80 年代初，在镇海开办皮毛加工企业。1992 年，在镇海建立渥太华（宁波）皮毛有限公司。1982 年 3 月香港举办第一届国际皮毛展览会始，历任展览会会长、顾问。先后担任渥太华皮草行东主、广东皮毛制品有限公司副董事长、渥太华（宁波）皮毛有限公司董事长，并任香港皮毛厂商联会主席、香港甬港联谊会副会长等。秉承崇教兴学和造福桑梓情怀，1989 年后，先后捐资兴建以他岳父（象山西周文岙村人）名字命名象山中学夏金生图书馆、涂茨中心校陈志耀综合楼、西周文岙村休闲广场等计人民币 83.46 万元。2014 年 2 月于香港逝世。

工 商

许承勋 （1874.10—1949） 原名承富，字传贵，别名梅舫，天台县义里人。清晚期迁居象山，在丹城西街开设源丰布店、裕丰南货店。清宣统二年（1910），县设工商会，县公署委其为首任总理。晚年参与民国县政府整饬城区市容，划分莱行、粮行、竹木行、柴行等，划段就市。

周大烈 （1888—1950） 字汉屏，丹城人。少有志，得乡贤资助，游学四方。民国 13 年（1924），毕业于保定军官学校第三期。曾任东三省铁路护路军总司令部副官、黑龙江省公署咨议官，后赴广东参加北伐军，任连长。民国 16 年北伐军进入宁波后，任宁波防守司令部少将参议、江北警察署署长及江北义警队队长。时《时事公报》以直言时弊遭封闭，周为此尽力斡旋，使该报得以复刊。后弃政经商，创办宁象轮船公司，行驶象山至宁波，并兼航镇海、定海，抗战时为防堵敌舰进甬，宁象两轮沉入镇海大浃江口。其间，任经理进入轮船业同业公会，任主席委员和宁波商会常务委员，又任宁波中国通商银行经理、宁波冷藏公司董事长、太丰麦粉厂董事长、象山县银行董事、省临时参议员等职。后任鄞县参议会议长。民国 28 年（1939）出任宁波商会主席。西安事变前夕，钱业界青年范雨锋等 10 余人，因研读毛泽东著作等书刊被捕，拘于警局，时称“宁波七君子事件”。经周大烈、俞佐宸等营救，仅范一人送苏州反省院，余皆获释。民国 30 年（1941）4 月，宁波沦陷前夕，周大烈先期离甬赴香港。太平洋战事爆发后，再转往桂林。后知宁波国民党军政机关均内迁宁海，乃由陆道辗转至宁海定居。平生关怀桑梓，赈济灾荒，排难解纷，平息斗殴，济贫救急，不遗余力。民国 37 年（1948），当选为国民党全国“立法”委员。中华人民共和国成立后，协同组织“宁波地方公益协进会”，维持社会秩序。曾任宁波冷藏公司经理，1950 年近年关时，老板挟资潜逃，工人哗然，周大烈许 3 日后答复。后感难有作为，将失信于人，遂在冷库内服毒自尽，年 62 岁。公司为其治丧，出殡时，宁波街上诸多店铺关门，送丧者纷至沓来，道路为之阻塞。

桑宝章 （1884—1951） 谱名学礼，以字行世，慈溪人。十一二岁经亲友介绍到丹城在镇海周氏隆润南货店当学徒，3 年满师留店，后被业主委任经理，赠予若干股份与不动产，成为隆润股东之一。经数年悉心经营，隆润跻身城中大店号之列。工商界颇有名望。20世纪20年代初，当选县商会会长。民国14年（1925）2月4日，推选为县国民会议促进会经济股主任、会计主任等职。春夏之交，号召工商界同仁并以商会决议形式，一律停止配购英（国）日（本）货物和钞票入市，以声讨震惊中外“五卅”惨案。民国16年春，孙传芳部溃兵窜至境内，临危受命至彭姥岭外与溃兵谈判，阻止入城，筹款发给遣散费，县城免遭骚扰。后委任丹城镇长，未接任而免职。民国26年当选县商会主席。抗日战争爆发，发动工商界捐款捐物，支援前线，购买救国公债，慰问抗日将士家属，协助政府处理城区遭日机轰炸善后事宜。民国28年秋，奉县政府令，以大商号资产抵押，印发分、角、元“代用券”“临时券”等商会票，以抑制日币渗入与解决市面法币辅币紧缺。民国31年，丹城沦陷，县商会外迁，忍辱负重，孤身留城。日军企图染指县商会，其连夜出走，翻山越岭长途跋涉回慈北东埠头老家隐居。民国32年11月25日，再次委任为丹城镇镇长。在20余年任职期间，参与反帝爱国运动，创办商团，维护工商界利益，为民众谋福祉。艰苦朴素，曾着补丁衣衫出入县政府公干，在商界传为美谈；热心社会公益事业，济贫救急、赈济工人，捐资并劝募创办县公立医院，整饬市场市容，发展民族工商业，不遗余力。

应可铭　（1904—1993）　宁海城关镇人。1955年3月，推荐为宁海县工商联代表，当选第一届工商联执委。1958年，宁海县并入象山县，任象山县工商业联合会副主席。1960年2月，当选政协象山县第一届委员会副主席。翌年10月，宁、象分县，第一届政协随之中止。1993年5月，病逝宁海。

周振德　（1896—1974）　字孟达，天台人。清末迁居石浦，在新道头开设大成行乾泰钱庄。热心地方公益，调解民间纠纷。民国25年（1936）5月，任石浦商会常务委员兼经济科主任。民国28年10月，为镇商会代理主席。翌年，石浦商会改组任会长。民国35年3月，任镇商会理事长。在任期间，倡建消防设施“三义井”火警钟楼、救火会，组织实施印制“商会票”。历任浙江省商会联合会候补理事，平粜委员会副主任、县参议员，斐迪小学董事长、象山银行董事、县戒烟会经济干事、县第一区调解委员。中华人民共和国成立初，只身避居沪上，数年后回象。

徐文铎　（1906—1987）　又名遵、九骏，丹城人，小学文化。1950年11月，任象山县城区工商联筹备委员会副主任委员。1953年6月，任县工商联筹备会主任委员。1955年，任丹城镇工商联主任委员。是年11月、1957年3月、1958年6月、1962年8月、1963年12月、1966年4月，当选县第一、二、三、四、五、六届人民委员会委员。1957年7月1日，当选县工商联第一届执行委员会主任委员。1959年，当选副主任委员。1962年，当选县工商联第三届主任委员。

许常明　（1920.02—2001.10）　天台县人，居住丹城羊行街，高中学历。民国36年（1947）11月，任民国浙江省政府浙东行署科员、缙云县民政科科长、景宁县政府主任秘书。1956年7月，许源丰南北货铺参加公私合营。1961年，历任县糖烟酒菜公司新建商店、副食品贸易中心营业员、业务员、副主任、副经理。1984年始，担任县第二、三、四届政协常委、五届政协委员。1984 年、1986 年，获宁波市劳动模范。1988 年 9 月，当选县工商联四届副主任委员。1991 年，当选县工商联（商会）第五届副主任委员。1994 年，聘任为县工商联（商会）第六届名誉副会长。

潘铭恩　（1912—1985）　昌国人。少时离家至石浦经商，生意日隆。中华人民共和国成立后，拥护共产党和社会主义。抗美援朝时，捐款 1600 元（第一套人民币），购买胜利折实公债 1200 元。1956 年，拥护“赎买”政策，参加公私合营。是年 7 月，选为县工商联副主任委员。“文化大革命”中受冲击，1978 年后平反、落实政策。历任县第一、二、三、四、五、六、八届人大代表，第五届县人民委员会委员，县第一、二届政协委员，省工商联第一、二、三、四届执委。

文教卫

刘雪航　（1893—1976）　名积劢，号谒士，字雪航，后以字行世，夏雨岙人。民国 2 年（1913），肄业于杭州私立中医专科学校，回乡从中医郑杰甫实习。曾任定海、上海、慈溪等地小学教员、校医及校长，后为上海叶氏崇义公所施医部中医师，参加上海中医学会。抗战期间，回乡设诊所，于组织中医学会、编辑医刊，多所尽力。后任中德医院副院长。中华人民共和国成立后，历任象城联合诊所、丹城中西医联合诊所负责人，兼象山中学校医及教员。1959 年，任职县人民医院中医师。擅湿温麻疹、痢疾及妇科。多次被评为先进工作者，历任第一至六届县人民代表、县人民委员会委员。著有《临床医案》二卷。

傅规清　（1889—1979）　贤庠乌屿山村人。清光绪二十九年（1903），赴杭州师范求学。毕业后，任杭州、湖州、孝丰、宁波等地小学教师。民国元年（1912）至民国 4 年（1915），得著名人士张葆灵、孙莘野等人热情支持，在宁波创办崇本私立女子小学。民国 9 年，奉县知事刘蔚仁之命，回象山创办县立女子完全小学。家长多不愿送女孩上学，她登门劝导，免收学费，发给家境贫寒者纸、笔、墨、砚。办学经费不足，利用课余假日编织绒线衣、画扇面、床额等出售，变卖首饰，用于助学。学生从初时数十人，民国 13 年增至 200 余人。是年冬，正值大革命酝酿时期，象山地下党负责人贺威圣邀同石愈白、干翔青等到象山作促成国民会议宣传。傅规清协助组织学生唱歌演出。以改造社会、解放妇女为己任，组织妇女协会，创办妇女夜校，宣传男女平等、婚姻自由，发动妇女剪发放足，废止童养媳。至民国 16 年，培养象山第一代知识女性，为 20 世纪 20 年代县妇女解放运动奠定基础。是年。去舫前，旋至镇海任教。得著名史学家陈汉章先生引荐，先后任中央大学史学系助理、文学系与文史组员等职。民国 21 年，英、日、法、俄 4 国炮轰南京下关，回乡避难。校方以返校逾期，强行停职。后转至鄞县女中和小学代课。中华人民共和国成立后虽年逾六旬，仍热心公益，资助平民夜校，亲往授课。抗美援朝运动中，参加义卖，踊跃捐献。“文化大革命”中遭迫害。

张　侃（1920. 3—1981. 04）　黄避岙乡龙屿村人。无党派人士，大学文化。民国 23 年（1934），始达小学毕业，考入浙江省立宁波中学。日军侵华，国土沦丧，立志做有为青年，发愤学习，品尝兼优，积极参加校内各种抗日救亡活动；每逢暑期回家，热心为同村少年补习文化，激励少年笃志好学，奋发向上。民国30年，高中毕业，家父失业，先于第三战区经济委员会湖墩合作社任会计，后调广丰军三分校合作社工作。翌年春夏际，日寇进犯，即随分校合作社撤离福建，考入东南联大先修班公费就读。民国32年，由东南联大报送入国立英士大学法学院政治系。就读期间，积极参加进步学生运动。民国34年冬，与同学黄旭等发起组织“民主学社”，以研究学术、联络感情、团结公众、促进中国民主政治实现为宗旨，为积极发展“民主学社”学员，策动学生上街游行，反对校长贪污渎职行径，奔走于各院系之间，深得同学尊敬。民国36年，“英大”毕业受聘奉化中学任教，后任教导主任。工作勤奋，思想进步，接触地下共产党组织，掩护地下党员，常与进步青年交往，宣传共产党的主张，动员胞弟和男女青年投身革命。1950年2月，由宁波专署文教科委派，到象山接任县中，任校务委员会副主任，后任副校长，主持日常工作。时象山解放不久，为建立教学新秩序，他事必躬亲，组织教师学政治，参加教学实践，致力校园改造，扩建体育场地，学校面貌迅速改观。还带领师生积极参加土改、抗美援朝等宣传活动。因辛劳过度，得肺结核咯血，后期又患脊椎骨髓炎，虽体力不支，仍终日不辍，直到卧病不起，还心系学校工作。他常说“寸阴难留，愿为党的教育事业竭驽骀之力”。1953年，因病被辞，贫病交加，晚景殊困。县第一、二届各界人民代表会议代表、筹委会委员。

卢鸣治　（1910—1985）　原名卢昌球，又名卢长缪，原籍温岭太湖寺前，国画家。民国21年（1932），就学上海美术专科学校艺术系。一年后就读上海新华艺术专科学校国画系。毕业后历任舟山、温岭新河育青、仙居民生、温岭授智、德明等中学美术教师与温岭粮歧政科调查员、北盐场盐民教育馆主任、小学校长等职。民国24年8月，在南京举办画展，声誉鹊起。是年，加入中国美术会，尔后入“墨社”，任温岭台风书画社副社长。中华人民共和国成立后，先后执教黄岩灵石、泽国与宁海正学、长洋等中学。1960年，调入象山第一中学。从事教育与绘画创作，培养多名艺术人才。曾任象山丹山书画会副会长，省市美术家协会会员。象山县第四、五、六届人大代表，多届县政协委员。擅花卉，画风承吴昌硕，不乏自身特色。印有画册，已少见。

叶荣彪　（1928—1990）　涂茨镇人。2岁双目失明，19岁起分别拜傅天龙、王阿根学唱曲艺。后串村走户演唱，受尽辛酸、欺凌。中华人民共和国成立后，配合部队剿匪，向群众演唱《击毙小雄鸡》《敲锣打鼓送军粮》等曲目，鼓舞人民斗志。1951年，被评为县宣传模范。翌年上半年，参加县文化馆举办的盲艺人培训班。7月，县曲艺协会成立，被推选为第一届曲艺工作者协会主任。在此后的土改、抗美援朝、镇反、互助合作运动中，积极配合党的中心工作，创作《送军粮》《军民鱼水情》等曲目。不顾体弱多病，上山村、下海岛、赶田头、奔会场，宣传英雄人物及劳动模范的先进事迹。1955年，与郑秀月合编的《歌唱徐金木》在参加舟山地区文艺会演中获创作、演出双奖。1958年，在出席省曲艺工作者代表大会后，与县内艺人一起赴溪口进行宣传演出，7天时间演出47场，受教育者达3000余人次。1961年，参加省文化局和中国戏剧家协会浙江分会联合举办“传统节目会演”，其曲目《秀娣闯海》获演唱奖。从艺40年，5次评为县级先进工作者和模范，4次获地区奖，2次评为省先进工作者。县第四届人大代表、县残疾人代表大会第一届代表、市残疾人代表大会第一届代表。

高妙兰 （1901—1995） 一名阿兰，东陈王家榄村人。生于嘉兴吴江平望村。本姓王，后因母改嫁同村高忠良，遂改姓。15岁随父母回迁象山王家榄，其时学习剪纸绣花，制作布彩家什，手艺精湛，有“剪花阿兰”之美名。17岁结婚后，连遭厄运，丈夫子女皆亡，生活艰难，仅凭年轻时所学手艺赚薄钱度日。中华人民共和国成立后，高妙兰彻底翻了身，她学文化，爱劳动，以满腔热情歌颂共产党、毛主席。1957年，精心制作了一套布彩戏人寄给北京党中央、毛主席，得到中央办公厅的回信。后高的剪纸作品相继在报纸上发表，同时开始农民画创作。1958至1964年，先后创作农民画和剪纸作品2000余幅，40余家报纸杂志发表作品200余幅。1964年、1988年两次在杭州举办个人画展。一生创作剪纸作品和农民画3000余幅，系名副其实的高产画家。1958年、1969年，先后出席宁波专区、浙江省文教系统社会主义积极分子代表大会，受奖励。1993年，被省文化厅命名为“浙江省民间艺术家”。省第三届、四届政协委员，中国美术家协会浙江分会第一届、二届理事会理事，省文艺界联合会第二届委员会委员。

沈仁淦 （1925—2000） 奉化市裘村人。无党派人士，高中文凭。民国34年7月，毕业于宁海中学。翌年2月至1950年1月，任奉化中学教员、教务员。象山县人民政府成立后，于1950年2月，受宁波专署文教科委派，随同张侃、王书佐接管象山县立初级中学（今象山中学前身）。1956年9月至1969年9月，任象山中学教导主任。1972年4月至1981年8月，任县工农兵学校、县教师进修学校教导主任、副校长。1981年9月至1985年12月，任象山一中（今象山中学）副校长。1985年退休。1957年3月至1987年5月，先后当选县第二至十届人民代表大会代表、大会主席团成员，县第十届人代会主席团常务主席；当选县第二至六届人民委员会委员，县革委会委员，县第九届、十届人大常委会副主任。省第四届、五届政协委员。终生从事教育事业，长期担任教导主任和学校行政工作，并兼任数学教学。他治学严谨，诲人不倦，兢兢业业，任劳任怨，在全县教学界颇有威望，受到同事交口赞誉、学生衷心敬佩。

郑鼻峰 （1900—2003） 名安国，字子恕，丹城半河村人。7岁读书，26岁跟宁波范文甫习医，后又在上海汪洋医学讲习所学习西医2年。民国19年（1930），获中医师资格。此后在上海、天津、北京、汉口等地行医。民国26年，郑鼻峰返乡为邻里义诊，组织成立象山中医学会，被推选为常务理事长，主编《象山医刊》。翌年，组建中德医院，被推为院长。民国30年，宁波、石浦等地沦陷，尽力为伤病员疗伤、治病。翌年，瘟疫流行，被推为临时医院义务院长。中华人民共和国成立后，参加卫生工作者协会，赴爵溪、墙头、泗洲头救治麻疹病人。1952年春，在南庄区联合诊所负责预防和医疗工作，自费购置医疗药械，免费为贫病者诊治。1956年，“八一”台灾后，率诊所医务人员携带药箱，连续3天下乡，诊治600余人。1972年，县开办工农兵技校，设中西医医务班，被聘为教师。1982年退休，返聘行医10年。1992年回家后，为上门病员看病。博学多才，1992年，《缨溪诗社》成立时被聘为顾问。1994年，县文史委从所存600余首诗词中精选360余首，出版《鼻峰诗选》。一生从医，医德高尚，受人爱戴。县第一至四届人民代表，县第一至三届政协委员。

陈少连 （1913. 03—2006. 06） 谱名庆莲，字民逸，出生于东陈望族。无党派人士，大学文化。县人大第二、三、四、五、六、八届代表，县政协第二、三、四届委员，县工程学会顾问。14岁入宁波商校。民国19年（1930）9月，考入上海大学附中，毕业后入杭州之江大学。民国25年，退学并转读上海光华大学土木系。民国29年，应墙头立三中学聘请，任数理教员。民国30年，日军占领石浦，墙头等地被炸，立山中学从墙头迁去丹山小学补课1月，后于民国31年1月，又迁至珠溪常乐小学。是年，再迁至着衣亭珠山学堂。民国33年下半年任教务长，翌年接任教导主任。后又迁往墙头、石浦。为“教育救国”理想，克服无数困难，与师生8年中5迁校址，自编教材，筹划食宿，上讲台是老师，下课堂为工友，为学生为学校，可谓竭尽心力。1957年，任县第一初级中学副校长。1958年10月，调任象山中学副校长（主持工作）至“文化大革命”。长期担任数学、物理教学，每上讲台，概念阐述，条理清晰，演算板书，一目了然。三年困难时期，学生弃学甚多，遂率教师深入乡村做动生工作，并时常接济贫困老师与学生，而自己生活却十分俭朴，长年一双黄胶鞋；冬天的“当家衣”是一件破了衣领、袖子的中山装纱卡棉袄。“文化大革命”期间，红卫兵“横扫四旧”，面对被抄的老家，他仅淡淡地一句：“身外之物，自己的学生抄比别人抄好。”一度被关进“牛棚”，仅给20元月薪，可他仍惦念着学校、学生，对教师与身边的人说：“学生年少，要注意他们的安全。”1969年7月他被平反，先后执教于大徐、儒雅洋、东溪中学。1979年11月退休后，又被东溪中学恳留6年。执教40余年，为发展象山教育，培养人才作出重大贡献。发挥自己土木工程之专长，为家乡的水利、交通工程建设同样作出了贡献。

少数民族

雷根尧 （1936. 08—2006） 畲族，宁海水车乡马婆园村人。8岁上学，成绩优良，高小时任儿童团长。1949年下半年，与人捉得匪首吴才相，受区委表彰，奖战利品日军指挥刀一把。1952年9月，加入共青团，10月参加供销合作社工作。1953年，被评为一等工作模范。翌年，评为二等工作模范。1954年，加入中国共产党。1955年至1958年，连续4年评为先进工作者。后任宁海一市公社、象山石浦公社党委秘书，南田区委秘书、负责人之一。1969年，任县“革委会”生产指挥组副组长。1971年至1976年，任昌国公社党委书记。1980年始，担任县盐业公司经理部经理、新桥盐务所长等职。1996年8月退休。县第一届少数民族联谊小组副组长，第二届少数民族联谊小组长。

宗教（佛教、天主教、基督教）

释传常 （1882—1966） 俗名汪诚德、汪小杏，丹城人。私塾4年后，赴南庄富家放牛、做长工。20岁入河东瑞龙寺，奉明耀为师。历五六载，等慈禅寺、瑞龙寺及县庙尽归其持理。积十余年，财用裕如，寺庙拥有各处田地千亩、房舍200余间及布庄染坊等。民国23年（1934），开办佛教孤儿院，先后收容孤儿600余人。设小学一所，训养至十六七岁出院，资助聪慧者上大学。民国30年疫病流行，约同萧伯元，聘医务人员10名，开设临时时疫医院，患者获救颇多。民国36年夏大旱，独资掘井两口，供众汲水。翌年3月，被选为县佛教会监事长。1951年，捐钱1亿元（第一套人民币）资助国家抗美援朝。任县第一至六届人民代表、县人委常务委员，县政协第一届委员。

释英高　（1906—1967）　天台宗僧，台州黄岩人氏。8岁随人到象山依丹城宝梵讲寺住持传田，旋就读县治小学堂。及长，至宁波观宗寺弘法社习内明，亲近天台宗名宿谛闲。学成后返象，历住宝梵讲寺、白岩山紫云庵、西坛庵、东岳宫、如迦庵。民国35年（1946），县佛教会成立，被选为第一届理事长。瘦小聪明，潇洒倜傥，不持荤戒，信缘广泛。喜书法，冻蝇小字工整如铅印。1967年圆寂。

释静慧　（1916—2001.12）　单字宽，俗名楼明达，小名根发。石浦人。少小有善行，初小辍学后即入玉女山西龙庵。14岁投苏州八塔寺，礼黄岩多福寺从参法师座下披剃。16岁受具足戒于天台山国清讲寺，亲近天台宗名宿静权，受其亲炙，并随侍协助创建天台宗佛学研究社。1956年负笈京华，入中国佛学院深造。翌年，回国清寺刻苦研修天台教观，并历任副讲、主讲、修持股股长、首座等职。讷于言，慎于事，好梵呗唱念，精水陆仪规。曾誓愿与六道众生结香烟缘，每晚设放蒙山施食，长年不辍。虔诚礼诵，阐讲《妙法莲华经》《楞严经》《地藏经》《阿弥陀经》等佛门典籍。教依天台，行归净土；晨昏苦切，无有懈怠；节衣缩食，普济有情；助印佛典，以启群萌。任浙江省佛教协会常务理事、名誉理事，台州市佛教协会名誉会长等。弟子有式智、式慧、式莲、式清等10余人。

附：　**浙江省佛教协会唁电**

天台山国清寺：

惊悉浙江省佛教协会第三届理事会常务理事、第四届理事会名誉理事，台州市佛教协会名誉会长、天台山国清寺首座静慧法师圆寂，不胜惋惜。静慧法师学修双馨，身体力行，渡众十万，弘法利生，为我省佛教界之楷模。望国清寺继承静慧老法师遗愿，严明制度，整肃道风，重振天台宗雄风。

浙江省佛教协会

2001年12月31日

释了宁　（1923—2005）　俗名金修康，丹城下余村人。7岁进丹城永福庵皈依显英尼师。翌年，就读于县立竞化小学。初小后披剃为沙弥尼。18岁于天童景德禅寺受具足戒。象山解放时，带领女僧，慰问子弟兵。抗美援朝中，倾其所有并动员俗众捐献飞机大炮。20世纪50年代，响应政府号召，组织丹城寺庵比丘尼创办针织厂，生产自养。发动僧尼创建草袋厂，使30余名僧尼顺利渡过三年困难时期。1986年9月，成立象山县佛教协会时，被选为县佛教协会副会长。1993年始，率众尼做佛事募化修葺东寺的山门、天王殿、大雄宝殿、五百罗汉堂及西厢房。后又重建造大雄宝殿及祖师堂、放生池等。曾任县妇联执委，宁波市佛教协会理事，县第五至九届人大代表，县第一、三、四、五届政协委员，宁波市第八届人大代表，县第一、二、三届佛教协会副会长、第四届名誉会长。

周贯生 （1875—1957） 又名周铁打，天主教司事，温岭玉环人。幼年入私塾，及长学医，主外科，聪慧明爽。皈依天主后，手不释圣经，晨昏苦切，稔熟教理，讲经布道具感染力，直透胸襟，象山天主教的早期传道人之一。民国21年（1932），购入胡家庄屋，满足信徒礼拜需求。短衫芒鞋，跋涉村野，常为贫苦者义诊施药，深受爱戴，是当地最具影响者之一。

黄文华 （1913—1990） 天主教司事，温州平阳人。15岁平阳小学毕业后就读宁波江北天主教修道院。18岁毕业，由教区分派至石浦天主堂协理教务。22岁，赴高塘天主教公所接替年迈周贯生任司事职。后任吉港、鱼山天主堂司事。热心传道，探访教友，风雨无阻。乐善好施，不忍孩童失学，民国37年（1948）自筹资金，借用教堂房舍创办鱼山小学，接收附近贫苦子弟入学，自任校长，自执教鞭，常将任司事津贴资助学生，己则清贫度日。1949年被错判入狱，1986年平反昭雪。

吴　山 （1918—2007.06） 县天主教爱国会（筹）成员，大学肄业。祖籍温州瑞安。12岁，随卢伯禄神父赴甬就读培德小学、类思备修院。17岁转入小修道院读书，至21岁因日军轰炸休学。次年返校，高中毕业转读大修道院，专修哲学。24岁回乡，受聘执教于鹤浦、高塘前龙头、南五、吉港、乌岩等村小学。中华人民共和国成立后转为公办教师。1958年，以“参加反革命集团罪”被判刑7年。1987年，法院甄别平反，恢复公职。1997年，受聘于高塘乡共青希望小学辅导员。县天主教爱国会筹备小组成员。

施煜芳 （生卒不详） 神学博士、教授，基督教牧师，籍贯象山。获美国神学博士回国，受聘于南京金陵神学院、成都华西神学院任教授。抗战胜利，应邀赴美任波士顿一华人教会牧师。20世纪90年代逝世于美国。夫人施云英，毕业于南京金陵女子大学，去美后参加社会活动，曾被评为加州十大杰出妇女。父施明恩，原循道公会宁波教区丹城教堂专职传道人。子，神学博士，承父业，在波士顿接任华人教会牧职。

鲍于庠 （1911—1950） 又名鲍嵩，基督教牧师，大塘小花港村人。小学毕业后务农。少小信教，23岁任大塘教会义工。求知强烈，好学不辍，得宁波循道公会赏识，不久送读于武昌华中协和神学院。刻苦学习，天资聪慧，成绩优异。毕业后，任宁波开明讲堂牧师，后任象山鹤浦、丹城教堂牧师。日军入侵，兵荒马乱，家庭经济无着，民国31年（1942）辞去牧职，回乡行医，兼做义工。石浦斐迪小学迁大塘时，受聘执教。抗战胜利，选任大塘乡乡长。1950年夏，患重病早逝。

陈新民 （1912—1952） 基督教牧师，出生于涂茨基督徒世家。初中毕业，考入宁波四明中学，因生活所迫，一年后辍学。民国22年（1933），由教会送读于武汉华中协和神学院。3年毕业后，历任宁波开明讲堂、江北堂、镇海清水浦堂等牧职。为人诚恳，干事认真，颇具领导、管理才能。1952年，病逝清水浦教堂，年仅41岁。

黄美棠 （1908—1953） 牧师，象山石浦人。祖籍黄岩，父黄桂林，系早期石浦基督教堂传道人。少小信教。宁波斐迪中学高中部毕业后，回石浦斐迪小学执教，后提任石浦基督教堂传道人。民国17年（1928），任石浦斐迪小学校长，前后22年之久。是年，按立为牧师，负责石浦教堂及石浦联区9座堂所教务。治学严谨，提倡“教育旨在养成民意”，教育者应具“忍耐、勤俭、谦和、慈爱”德行，身体力行，学子素质良好，学校在县内外颇具名声。传道勤奋，一经领单，不管路远途险，风雨无阻，步行前往。言行举止，恭敬谦卑，探访年长者，从不落座，总说：“站着好讲话。”1953年病卒。

区东盛 （1912—1967） 基督教牧师，出生于石浦基督徒世家。祖父系广东到象山当差小吏。石浦、宁波教会之斐迪小学、浙东中学完成学业后，受教区指派鄞县南乡周韩教堂专职传道。民国23年（1934），送读于武昌华中协和神学院。三年毕业，先后为涂茨、文岙、丹城、宁波江北教堂驻堂牧师。年幼失怙，与母相依为命，刻苦勤俭，聪慧明理，及长颇具管理才能，讲经布道有恩赐，受教徒拥戴。民国29年，任象山联区区长，辖东溪岭以北之丹城等10座教堂。中华人民共和国成立前夕，被选任为宁波教区主席、浙东中学董事会长。土地改革后，辞往山西太原重型机械厂谋职，政治运动中受冲击，仍不失信仰。1967年，病逝太原。

蒋禾丰 （1920—1967） 别名迦田，基督教教师。丹城人氏。从小立志事奉教会圣工，23岁得牧师鲍于庠关爱，自费就读宁波伯特利圣经学校。一年后为教会传道，后任文岙、鹤浦、奉化松岙诸教堂驻堂教师。事奉工作热心，讲道言必有中，颇得区牧、信徒好评。1953年，经教区推荐赴南京金陵协和神学院深造。翌年，分配鄞县姜村堂。1959年，因教会聚会场所合并回象。越年，经教友介绍到鄞县横溪电机厂上班。3年后，因厂方精简回到象山。无力事农，夫妻俩靠摇机面、爆米花糊口，生活艰苦，不忘聚会、传道。1967年，病卒于鄞县横溪，年48岁。

黄德堂 （1887—1981） 又名金土，五短身材，县基督教著名义务传道人。镜田乡（今定塘镇）田洋湖小湾塘村人。幼失怙，又失母爱。及长，从师学艺、开店均未果。后赴上海，幸获职业，报酬亦丰，然行迹如浪子。一日，听宋尚节博士讲道，自觉罪深孽重，遂信主。辞职回乡，终身为传道事工奔波；自编歌谣，深入浅出，无分住家、街市、村落，当众一站：“我给大家送‘哈哈’（意喜悦、福音）。”因是义工，无固定酬劳，生活清苦，无钱买鞋理发，常跣足蓬发而行，仍自得其乐。急人所急，忧人所忧，遇贫、病、灾等事，必在，足迹遍宁（海）、象（山）城乡。虔诚祷告，数十年如一日，风雨无阻，上山为民祈福，除夕之夜常去大雷山顶岩穴作禁食祷告。“文化大革命”中，备受凌辱，信仰弥坚。1981年，无疾而终，享年95岁。后人撰有《黄德堂先生见证集》《一个与神亲密交谈过的人——黄德堂先生生平》。

黄彬甫 （1895—1994） 象山基督教义务传道人，祖籍台州黄岩。少拜师学操裁缝。中华人民共和国成立后，众人改穿中山装、列宁装，行机器缝制，旧式裁缝生意清淡，遂改业货郎。51岁信奉基督，相传祷告极为灵验，凡需相助者，无论白天黑夜，风霜雨雪，路途远近，从不推辞，自称“请必到”。生性耿直，教友有错，必当面指正。常捐助教会，资助教友，“缺什么？我有。”自己却甘愿清苦。无嗣，深得信徒爱戴与崇敬，1994年百岁去世时，戴孝者60余人，送丧逾千。

鲍圣光 (1931—2001) 基督教长老，大塘小花港村人。父鲍于庠，牧师。8岁上学，随辗转传道父亲四处就读。民国37年，毕业于宁波浙东高级中学。1950年，执教于花港、晓塘、宁海黄坛小学及大塘中学等，历任教导、校长等职。少小皈依基督，1987年，按立为长老。1988年，为教会事工提前退休后，专事教会工作，率众落实政策，恢复聚会，坚持“三自”道路。1999年，克服资金等困难，率众创办大塘教会“安乐之家”，为孤寡老信徒解决后顾之忧。一生爱学习，65岁尚自费赴神学院深造。社会活动，交往广泛；讲经布道，滂沛无穷。县政协第五届委员、六届常委，县基督教三自会委员、副主席兼秘书长，县基督教协会副会长兼总干事等职。

励洁瑗 (1922—2002) 又名励仁梅，女，基督教长老。出生于东溪基督徒家庭。13岁上小学，县立初级中学肄业后，先后执教于七林湾、白石、民主、九顷等小学。1958年被错划为“中右”，下放岳井文教农场“在职”改造至1961年。后退职在家。其间，被打成“右派”，丈夫于“文化大革命”期间去世。数遭磨难，仍坚持纯正信仰。1979年，正本清源，平反纠错，享受退休待遇后，她带领教徒，坚持“三自”原则，兴建教堂，恢复聚会，贯彻党的宗教信仰自由政策。1980年，出席省基督教代表会议。1982年，县基督教“三自”爱国运动委员会第一届委员会成立，推选任主席。1984年，任县二届政协常委。二十余年来，日日为国家、百姓跪祷。

盛足风 (1914—2005) 鹤浦盛家村人。10岁，随父移居慈溪骆驼桥，就读钟毓私立小学。15岁考入宁波四明中学。23岁赴武昌华中协和神学院求学。毕业后，历任宁波江北堂、开明讲堂、象山新桥堂、宁波锡安堂、江东堂、百年堂等基督教堂坐堂牧师。“文化大革命”期间受冲击。中共十一届三中全会后，带头奉行党的宗教信仰自由政策。1980年10月，出席南京首次全国基督教代表会议。参与浙江教会重建工作，先后担任宁波、杭州、绍兴等地担任教牧人员进修班讲师、浙江神学院特邀讲师。师德高尚，国内教会颇孚人望，受海外教会敬重。1961年始，历任市基督教“两会”主席、副会长、名誉主席及省基督教三自会副主席、中国基督教“两会”委员，市政协第六、七、八、九届委员。

邵升堂 (1921—2006) 基督教牧师。出生于新桥镇东史村基督徒世家。幼年丧父，寄养大塘外祖母家，就读当地初小，转读石浦斐迪教会小学。后考取一善士唯一奖学金名额，就读宁波斐迪中学。毕业后辗转石浦、昌国、大塘等小学任教。民国35年（1946），入南京金陵神学院深造。1951年毕业后，受循道公会宁波教区差派驻丹城教堂传道。土地改革时期教堂关闭，回家务农。翌年，再度受教区差派驻鄞县茅山乡虎啸周教堂。一年后按立圣职，负责鄞奉联区教会信徒受洗与施行圣餐事工。1958年，划为“右派”，参加唐家汇生产大队劳动。1978年秋平反，任教茅山中学。1980年退休后，带领教徒贯彻党的宗教信仰自由政策，参加筹建鄞县基督教三自爱国会、协会，推选为县三自会副主席职，鄞县政协第九、十、十一、十二届政协委员。

黄开明 (1927—2009) 基督教牧师。出生于宁波开明讲堂，故名开明。石浦斐迪小学毕业后，就读宁波浙东中学。1941年秋，日寇入侵，失学回石浦，砍柴钓鱼，维持生计。

1944年，就读三门海游简师，三年后执教石浦斐迪小学等。1947年，考入杭州中国神学院。毕业后，历住杭州崇一堂、上虞丰惠堂、谢塘堂、崧厦堂等。1969年8月因错案，被上虞军管会判刑15年。1980年1月平反。祖父黄桂林，石浦教堂早期传道人。父黄美成，牧师，曾任宁波教区总干事。1982年，进修于省神学院，是年按立牧职。1983年后，任上虞基督教“两会”副主席、会长，绍兴市“两会”秘书长、会长。1990年，任上虞市政协委员。1998年，绍兴市政协委员。

第二节 简 介

部领导

张汉庭 民国19年（1930）7月出生，浙江省平湖县人。民国34年，6月加入中国共产党，7月入伍。任新四军军部机要科机要员。民国36年8月，任新四军军部驻山东渤海办事处机要员。翌年6月，任新四军军部兼山东军区司令部机要员。1949年6月，任苏南军区司令部机要员。1950年，1月任浙江省机要科机要员，9月任七兵团兼浙江军区司令部机要员。曾参加渡江战役、无锡解放战斗、定海解放战斗等，荣立三等功1次、四等功1次。1951年1月，任华东支前公路修建委员会上饶指挥所机要组组长。1952年7月至1959年3月，先后任浙江省委机要处秘书、副股长，宁波地委机要科科长、宁波地委农工部干部科科长。1959年3月至1962年6月，先后任宁波专署绍兴矿渣水泥厂党委书记、专署龙游煤矿党委副书记等职。1962年6月至1966年8月，任象山县委常委、宣传部部长兼统战部部长。“文化大革命”期间曾参加县“五七”干校学习。1970年3月，任石浦“革宣队”组长。1971年3月，任大塘港堵港指挥部党委书记兼总指挥。1973年5月，任县委常委、县“革委会”办事组组长。1976年12月，“揭批查”运动中受批判。1981年4月，在县糖烟酒业公司仓库工作。1985年6月至1990年9月，任县计划委员会副主任级巡视员。1990年9月离休，享受地专级两项待遇。

沈允法 民国23年（1934）11月生，下沈镇牌头村人。中共党员，大学文化。1963年9月，杭州大学毕业，任教石浦中学。1965年10月，调至象山中学。1969年10月，任教溪口中学，主持学校工作。1973年1月，加入中国共产党。1975年12月，带职下放，任牌头生产大队党支部书记。1978年2月，任下沈公社党委书记兼牌头生产大队党支部书记。翌年4月，任县委常委、“县革委会”常委、县委办公室主任。1981年1月，任县人民政府副县长。1984年2月，任县委统战部部长。是年8月，选为县政协二届委员会副主席。1987年5月，当选县政协三届委员会副主席。任县政协副主席、县委统战部部长期间，大批台轮避风石浦港，带领统战系统干部、职工经常昼夜工作，一些经验与做法受省委统战部领导好评。1990年6月为巡视员，1994年11月退休。曾到上海等地经商。2009年，承包20公顷柑橘地，经营两年后流转予伟佳种业科技公司。2012年，租2公顷竹林山，创办林下家禽放养基地。

沈佳雨 民国35年（1946）11月生，上虞县人。中共党员，高中文化。1965年8月，在县物资局工作。是年12月，应征入伍，先后任班长、连团支部书记。1970年2月退伍，在县石油公司、县五交化公司工作，任股长、副经理。1984年2月，任县物资局局长、党委副书记。翌年1月，任县计划委员会主任、党工委书记。1990年7月，任县外经委主任、党组书记。1993年7月，任县人民政府县长助理兼宁波市大目涂开发总公司总经理、党委书记。1996年11月，任县委统战部部长、县政协党组成员。1997年后，为宁波市政协十届、十一届委员会委员。1998年2月，当选县政协六届委员会副主席。2000年12月，任县政协六届委员会驻会副主席，分管文史资料委员会工作。2003年2月，任县政协七届委员会驻会副主席，分管经济科技和城乡资源环境委员会工作。2007年1月退休。是年7月，任县关心下一代工作委员会主任。

吴安定 1958年6月生，茅洋乡人。中共党员，大专文化。1976年2月，应征入伍，先后任83011部队译电员、参谋、股长。其间，参加对越自卫作战，受嘉奖。1985年12月，调回象山，历任县人武部军事科副科长、政工科科长、副部长。1994年12月，任县人武部党委副书记、部长。1996年4月，任县人民政府县长助理、县政府党组成员。2000年12月，任县政协六届委员会副主席、县委统战部部长。2003年2月，任县政协七届委员会驻会副主席，分管农业和农村工作委员会、文卫体委员会工作。2007年2月，任县政协八届委员会副主席，分管经济科技和城建资源环境委员会工作。2010年9月，任县政协党组副书记，分管县政协提案工作委员会。2012年2月，任县政协九届委员会副主席、党组副书记，分管政协办公室、经济科技和城建资源环境委员会工作。调研文章《对渔民转业转产的几点思考》，入选《中国当代领导干部优秀文选》。

欧亚群 女，1962年6月生，墙头镇人。中共党员，大学文化。1981年8月，宁波师专毕业后至1984年1月，先后任林海中学、丹城中学教师。1984年1月，调象山县妇联工作，任秘书、执委、常委。1989年10月，任县律师事务所律师，后任律师事务所副主任。其中1992年3月至1993年3月，到亭溪乡后并入墙头镇挂职任镇长助理。1994年3月，任县司法局党组成员、人秘科科长。1995年10月，调县人大常委会工作，任法工委副主任。翌年2月，当选人大常委会委员。1997年10月，调昌国镇工作，任镇长、镇党委书记。2000年6月，任县纪委副书记。2002年10月，当选县委常委、统战部部长。2006年12月，调任宁波市人民政府法制办副主任。2009年12月，当选县委常委、宣传部部长。2011年12月起，当选县政协党组副书记、第九届政协副主席。

张世方 1965年12月生，东陈乡松岙村人。1986年7月，浙江农业大学农机专业毕业，就职宁波食品设备制造总厂，历任助工、厂办主任、副厂长等职。1987年1月，加入中国共产党。1992年2月，任宁波不锈钢管厂厂长、书记。是年11月，任县工业公司（局）副经理、党委委员。1994年5月，兼任象山县首届青联副主席。1995年4月，兼任海光公司总经理、党总支书记，宁波食品设备制造总厂厂长。1996年3月至1998年2月，在职进修浙江大学经济学专业研究生班课程。1997年5月，任县二轻工业公司（局）副经理、党委副书记。是年11月，任县二轻工业公司（局）经理、党委书记。2000年10月，任县经委主任、党工委书记。2001年7月，任县工业园区管委会主任、党组书记，象山经济开发区管委会主任。2002年11月，任县人民政府副县长、县政府党组成员。其中2003年7月，至浙江省交通厅挂职，任建设管理处副处长。2006年，11月任县委常委，12月任县委统战部部长。2007年5月，任县委副书记（正县级），援藏任比如县委书记。2010年9月，任宁波市发展和改革委员会副主任（正局级）、党工委委员。

黄敏求 1964年1月生，鹤浦镇樊岙村人。1986年8月，杭州大学中文系中国语言文学专业毕业，就职于县计委。1987年3月，鹤浦镇政府挂职，任副镇长助理。1990年9月，县政府办公室干部，历任经济科副科长、主任助理、党组成员、副主任。1992年4月，加入中国共产党。1996年9月至2005年10月，任县统计局局长、党组书记，其中2002年3月，任县发展计划局党委副书记。2004年2月至2006年5月，浙江大学法学院政管系中外政治制度专业研究生课程进修班学习。2005年10月，任县委办公室副主任、政研室主任。2006年12月，任县委办公室主任。2007年8月，任县委常委、统战部部长。勤于调研，有多篇调研文章发表。其中，《以文化的力量拓展两岸交流平台》《象山：村务协商让“村民说事”》两篇文章分别于2008年4月、2014年6月在《中国统一战线》杂志刊登。

陈爱武 女，1966年12月生，西周镇柴溪村人。中共党员，大学学历。1988年12月，泗洲头镇干部。1990年2月，任下沈乡妇联主席。1992年1月，加入中国共产党。1994年7月始，先后任爵溪镇团委书记、妇联主席，团县委常委、青农部部长。1995年6月，任团县委副书记、党组成员。1998年10月，任县劳动局副局长、党委委员。翌年8月，中央党校函授学院本科班法律专业学习。2000年11月，任茅洋乡党委副书记、乡长。2002年8月，任茅洋乡党委书记、人大主席。2006年6月，任县委办公室副主任（正科局级）。是年12月，任县委组织部副部长。2010年，8月任石浦镇党委副书记，9月任石浦镇镇长。翌年11月，明确职级为副县级。2011年9月至12月，宁波市党校第十七期中青班学习。2015年11月，任县政府党组成员。2016年12月，任县委常委、统战部部长。

民主党派　无党派

陈兆皋 民国21年（1932）1月生，晓塘乡中岙村人。无党派人士，高中文化。1951年7月，宁波效实中学高中部毕业。任象山华溪（后岭）小学教导主任、校长。1954年8月，任南田区校副教导主任、教导主任。1963年9月，任大塘公社小学教导主任。1969年9月，下放回村任教中岙小学。1973年2月，负责大塘中学、大塘小学教务。1976年8月，任晓塘中学教师。1978年8月，任定山区校副校长兼教导主任。1981年1月，选为县第九届人大常委会委员。翌年3月，任定山区校副校长。1984年8月，当选县政协第二届委员会副主席。1987年5月，选任县第十一届人大常委会委员。1990年5月，任县第十二届人大常委会副主任。县第一届政协委员，县二至十三届人大代表，县归国华侨联合会副主席、主席，宁波市归国华侨联合会委员、常委，浙江省第六、七届人大代表。1993年退休。

盛明山 民国29年（1940）3月生，鹤浦镇盛家村人。无党派人士，大学文化，高级工程师。1964年9月，西安交通大学电机电器专业毕业后，分配北京铁道科学研究院任研究实习员。1969年4月，调入象山，任县（石浦）渔业机电厂工程师。1984年8月，任县政协第二届委员会常委。1987年5月起，任县政协第三、四届兼职副主席，五、六届专职副主席。1988年，参与基督教事奉。2001年1月退休，5月被推为县基督教第六届三自爱国会主席、第二届基督教协会副会长，12月，选为宁波市基督教第七届三自爱国会副主席。2002年3月，按立长老。

曹明霖 民国30年（1941）7月生，丹城人。无党派人士，大学文化，高级工程师。1964年9月，浙江大学数学力学系工程力学专业毕业后，分配一机部大连组合机床研究所。1976年7月，调回象山，任职县农机厂、液压气动件公司。1979年6月，任县液压气动件公司副经理。1989年10月，任县科委副主任，县第二届政协委员、三届政协常委。1990年5月，当选县政协第四届委员会副主席。1992年8月，任县科协主席。翌年3月后，任省政协第七届、八届委员，县人大第十三、十四届常委会副主任。2002年6月退休。

陈德安 民国31年（1942）2月生，宁波市镇海区庄市人。无党派人士，大学文化，中学高级教师。1964年8月，杭州大学物理系毕业，参加省委上虞、新昌社教工作团。1966年8月，分配于象山东溪中学任物理教师。1980年8月，调任县教师进修学校教师。1981年9月，调象山中学，先后任物理教师、副校长。1993年8月，任县教师进修学校校长。1995年9月，任县教委督导室主任。翌年3月，任县教委副主任。1996年3月后，任县政协第五届、六届委员会副主席。

陈继武 民国31年（1942）10月生，福建省福州市人。无党派人士，大学文化。1967年8月，浙江美术学院油画系毕业后留校。1969年10月，分配于象山大塘港工程指挥部政工组搞美术工作。1973年5月，调任县越剧团舞美设计师。1981年9月后，任县文化馆副馆长、市文联副主席。1984年8月起，任县政协第二、三、四届委员会副主席。1988年1月起，为省政协第六届委员、省文联副主席、省美协副主席。1992年2月，因工作调动，辞去县政协副主席，就任宁波市人大常委会副主任、市文联主席。

郑瞻德 民国36年（1947）4月生，丹城人。无党派人士，大学文化，工程师。1968年4月，为知识青年下放丹城镇，先后任丹城镇农机排灌站机手、象山电阻厂（工具厂）热处理工、电工。1978年3月，考入合肥工业大学，攻读材料及成形技术系锻压专业。1982年2月毕业，分配象山通用机械厂技术课，后任副厂长、工程师。1990年12月，任县政协副秘书长。1992年12月，任县工商联主任委员、会长。其间，为县人大第九、十、十一届人民代表，省第七、八届人民代表。1993年3月后，任县政协第五届、六届委员会副主席。

董也琴 女，曾用名董莲芬，1951年4月生，象山丹城人。无党派人士，大专文化，会计师。1966年7月，象山中学初中毕业。1971年5月，作知识青年下放象山林场南峰岗林区劳动。翌年8月，执教象山林场泗洲头场部职工子弟小学。1973年9月，考入省台州农校植物保护专业。1975 年 8 月，分配南庄区农技站工作。1979 年 6 月后，任县种子公司主办会计、副经理。其间，参加浙江省高教自学考试，1988 年获汉语言文学专业毕业证书。1992 年 3 月，任县审计局副局长。翌年 3 月，当选县政协第五届委员会副主席。1996 年 4 月，当选县人民政府副县长。2003 年 2 月，当选县人大常委会副主任。2011 年 4 月，明确职级为正县级。是年 6 月退休。

韩利诚 1963 年 6 月，出生于定塘镇。民盟盟员，大学文化。1984 年 8 月，浙江师范大学毕业。1984 年 9 月，任石浦中学教师、教研组副组长、年级组长。1993 年 8 月始，任县第二中学教导处副主任、主任、副校长、校长（2000 年 9 月至 11 月参加宁波市委党校非中共干部培训班学习）。是年 12 月至 2002 年 3 月，任县教委副主任。2002 年 3 月至 2006 年 4 月，先后任县文体局局长、县文广新闻出版局（体育局）局长。2005 年 10 月至 2006 年 4 月，任县文学艺术界联合会主席。2006 年 4 月至 2009 年 12 月，任宁波市文学艺术界联合会办公室调研员、宁波美术馆馆长。2007 年 5 月，任宁波市政协第十三届委员。2009 年 12 月，任宁波市文学艺术界联合会副主席兼宁波美术馆馆长。

1999 年 12 月，加入民盟。是年 12 月至 2004 年 11 月，任民盟象山支部委员。2004 年 11 月至 2006 年 9 月，任民盟象山支部主委。2006 年 10 月至 2011 年 8 月，任民盟宁波市委会委员，民盟浙江省委会文化委员会副主任、主任，民盟宁波市委会文化工作委员会主任。2007 年 7 月至 2011 年 4 月，任民盟江北区综合支部主委。2012 年 4 月，任宁波市政协第十四届常委。

胡建萍 女，1963 年 8 月，出生于贤庠镇。民盟盟员，大学文化。1986 年，浙江师范大学毕业，文学学士学位。是年，分配县高级职业中学任教。历任校团委书记、教导处副主任、负责人、副校长。2000 年 8 月，调教育局职教科。2001 年 8 月，调县纪委监察局，任监察局副局长。2003 年 1 月，调任县教育局副局长。2006 年 6 月，任政协象山县委员会教文卫和文史资料委主任。2007 年 2 月，当选县政协第八届委员会副主席。2012 年 2 月，任县政协第九届委员会副主席。

2006 年 6 月，加入民盟，9 月，任民盟象山县支部主委。2011 年 6 月，民盟象山县总支部成立。后升格民盟总支部，多次被民盟省委会和市委会评为省、市先进集体。

林 娅 女，1971 年 10 月出生于丹城，大学文化，民盟盟员。1996 年，调入县职业高级中学，历任德育课教师、班主任，德育处主任及心理咨询室主任、副校长。改革传统德育课教学模式和评价体系，提出以家庭教育为基础，以学校德育为主体，以社区德育为依托“三维一体”班级管理新格局。2001 年始，先后被评为县优秀班主任、县劳模、市优秀德育工作者和首届中小学模范班主任、省师德楷模和省职教名师，县人大代表。《光明日报》《中国青年报》《东南商报》《浙江教育报》《象山报》、象山电视台等多次报道其先进事迹。入选县名班主任讲师团成员和宁波市职业教育讲师团及宁波市德育讲师团成员。2010 年，被评为全国职业学校德育先进个人。2012 年，入选全国教书育人楷模先进事迹报告团，在人民大会堂受原中共中央政治局常委李长春与中央政治局委员、国务委员刘延东接见。30 余次受省内外邀请讲座，足迹遍及闽、粤、湘、赣、苏、川等，听众累计 2 万余人次。近 20 篇论文在国家、省、市、县级教育杂志发表或得奖。

台港侨胞（属）

朱鹏飞 民国 18 年（1929）12 月生，泗洲头镇塘岸村人。民国 38 年 7 月，毕业于宁波市第七中学（前身为宁波市大中中学），在校期间担任校学生会主席、市学生联合会常委、联络部部长。1950 年 2 月，从事小学教育工作。1952 年，因海外关系被开除公职，下放劳动。1956 年任代课教师。1986 年，9 月平反，10 月退休。1988 年 1 月，县成立台属台胞联谊会，推选为首届台联会副会长。是年 8 月，为驻会副会长，主持台联会日常工作。2004 年 12 月，县台联会第五届换届后为名誉会长，仍驻会主持工作。2006 年，被泗洲头镇政府任命为泗洲头镇老年大学常务副校长，主持老年大学和关心下一代工作。2007 年，被评为浙江省老年电大“三三”教育同期优秀学员。2009 年，被评为县关心下一代工作先进个人、老年电大优秀班干部，入宁波市退休教师《老有所为风采录》。2011 年，其所在老年大学被授予浙江老年电大市级示范教育点。县第十届、十一届人大代表，宁波市第九届、十届人大代表，县第六届政协委员。

潘三尊 民国 34 年（1945）生，晓塘乡黄埠村人。初中毕业后在家务农，后改做木匠。1982 年 11 月，县首期村镇规划培训班结业后，任后岭公社规划员兼管土地。1984 年，获宁波市规划竞赛一等奖，在全县率先完成在公社村庄测量与规划工作，被县基本建设局任命石浦、定山两区规划负责人。1989 年调鹤浦镇政府，从事城建规划与土地管理。1992 年，兼任鹤浦镇地名办公室副主任。1993 年 6 月，任县土地管理局鹤浦镇土地管理所专职土管员，1999 年 12 月，兼任县土地管理局土地监察大队队员。2005 年退休。县台联会第一、二、三、四届理事，五届常务理事。县政协第三、四、五、六届委员，七届常务委员。其间，任政协鹤浦镇联络组副组长、县政协信息员、特约撰稿人、县委特约信息员、宁波市政协象山联系点信息员等。2 篇信息被全国政协录用，多篇提案、信息和社情民意由省、市、县政协录用。

姜光平 （MARTIN CHIANG）民国 22 年（1933）11 月，出生于北京，祖籍丹城。美籍华人。美国姜氏集团董事长、总裁，美国舞蹈公司董事长和总执行官。小学就读于上海，后到台湾念中学，1952 年赴美留学，获西太平洋大学电机工程博士学位。20 世纪 60 年代，任 PRATT INSTITUTE 讲师，从事教学工作。后又先后在波音公司、LOCKHEED 飞机公司、休斯（HUGHES AIRCRAFT）飞机公司，从事设计、指导工作。名列美国最权威的《美国科学工程名人录》《世界名人录》《美国西部名人录》《美国工商管理名人录》《英国剑桥名人录》等。曾任美国共和党参议员、参议会内层小组成员、美国共和党全国大会代表。1980 年在美国 IEEE（美国最高的电机工程学会）发表《TEST PROGRAM GENERATION》。1999 年，主编《写心集》4 卷，包括姜炳璋先生手稿笔记、姜梅坞日记手稿、姜氏家谱等，现存中国国家图书馆和多个省市图书馆以及北大等大学图书馆和天一阁藏书楼等。2000 年，在象山二中设立以父母名字命名的“姜梅坞陈娩荪教育基金”，奖励优秀学生，学校将新落成学生宿舍命名

"姜梅坞学生公寓"。

王忠根　民国28年（1939）1月生，墙头镇白墩村人。1960年赴日本，在其叔父王家福的浜园饭店做厨师。1966年，自开咖啡馆、点心店，后在东京闹市区开设中华饭店。现任旅日华侨浙江同乡会常务理事，东京华侨总会理事。受王家福影响，热心家乡公益和教育事业。2005年，被县人大常委会授予"爱乡楷模"称号。

林国本　民国30年（1941）9月生，石浦镇人。1965年，在台湾大学获理学士学位，随后赴美国纽约Pratt Institrte学习，取得电脑硕士学位。1969年，在宾夕法尼亚著名计算机研发制造公司Burroughs（该公司在电脑虚拟系统居创先领导地位）任系统设计工程师。两年后，获路易安纳大学二年全额奖学金，完成博士学位。1973年，任通讯科技公司RCA Global Communication研发组组长。业余担任在美国纽约市立大学兼职教授；1977年，加入世界著名大型电脑公司CDC，后任中国总部总经理。20世纪八九十年代，相继在王安电脑公司、电脑应用系统开发公司EDS、跨国公司ABB工作，先后任中国区总经理、中国发电部总经理、亚洲区区域总监等。此后，在美国创立International Benefit Managenent Ltd.（世茂管理公司），在香港和上海分别创建PIONEER Victory Inrestment Ltd.（锐威投资公司）和Sun Bridge Consultants Ltd.（琛桥咨询公司），并任琛桥咨询（上海）有限公司董事长。1984年，首次回国后投入慈善事业，林国本夫妇在上海交通大学设立以其父母林华衮、姜树桢命名专项奖学金，资助好学上进学子。任上海象山籍归国人士联谊会会长。任美国华人美东学术联谊会会长，美国高科技学会中国区财务总监，美国归国学人联谊会北京市副会长、执行理事等。被列入1999年度美国《Who's Who in the World》名人录。

尹礼宗　印尼归侨，籍贯象山。无党派人士。民国33年（1944）4月，出生于印尼苏门答腊岛廖内省峇眼亚比镇。1954年4月，随母与堂兄尹礼虎回国定居丹城。1954年至1959年，就读于丹城小学。1965年，象山中学高中毕业后，任代课教师。1966年至1984年，为县农机厂职工。1980年，任县侨联第一届委员会副主席。1984年，调任县侨联工作，任县侨联第三届委员会专职副主席。致力侨界及祖国统一大业，广泛与海内外侨界人士、港澳同胞及亲属联系。凝聚侨心，引进侨资、人才，促进象山经济发展。市第八、九、十届人大（侨界）代表，县第十、十一届人大代表并任县人大常务委员会委员，县政协第四、五、六届政协委员及常务委员会委员。1989年，当选省侨联第四届委员会委员。1989年至1999年，当选市侨联第四、五、六届委员会委员。1995年，获省归国华侨联合会荣誉奖，授"归国奉献三十年"瓷盘奖品。1996年，两次获省归国华侨联合会颁赠的"报效桑梓奖"与"为侨奉献奖"奖章。

赵小蝶　女，锦锋国际贸易有限公司董事长，香港象山联谊会会长。1951年12月出生于上海，籍贯宁波江北。1953年回宁波，在槐树路小学、甬江中学完成学业，插队宁波农村。1979年到香港，与丈夫奚际林（象山新桥人）一起创业，经营紫砂生意，被誉为"紫砂皇后"。1993年，开始研制化妆品。1994年，在上海成立赵小蝶化妆品有限公司，以小蝶命名化妆品面市。1998年，投资3000万元在上海永嘉路建造"小蝶美艺世界"。2003年，投资2000多万元在上海奉贤建造中国美容化妆品科普馆和生活馆。2011年，当选香港象山联谊会会长。

骆季奎 1957年生，石浦镇人。1978年10月，考入哈尔滨工业大学，获学士学位。1984年4月，赴日本电气通信大学攻读应用电子研究生，得硕士学位。1989年3月、9月，先后获日本北海道大学工学博士、工程系博士后学位（研发高性能InGaAs-MESFET）。毕业后在日本HOXAN公司任研究员，负责单晶硅太阳电池规模生产工艺研发。1990年9月，赴英国威尔士大学卡迪夫学院任高级研究员，从事INP太阳电池及GaAs-MISFET器件研究。1999年8月，供职英国剑桥大学卡文迪许实验室创业公司，任研发部经理、工艺部主任、资深研究员，主管MEME和NEMS在信息领域的应用研发。2002年10月，出任英国剑桥大学工程系电子学部高级研究员，以MEMS方向学术带头人身份研发MEMS器件和系统。2007年1月始，任英国布尔顿大学CMRI研究中心教授，致力微电子器件与材料，包括研发新型薄膜材料太阳电池、微流体器件、生物传感器和芯片实验室、记忆聚合物及其医疗器件应用。2009年，入选国家千人计划，2012年任浙江大学信电系微电子与光电子所所长、教授、博士生导师。

包荣林 1963年4月生，原籍象山新桥镇。硕士，墨西哥籍华人。墨西哥东方集团有限公司总裁，墨西哥中华企业家协会主席。1985年，毕业于厦门大学，留校任教。1989年，获国家公派至墨西哥经济教育研究中心留学。1992年，获经济学硕士学位。1994年至1997年，在墨西哥自治大学教授金融、数学等课程。1994年始，在墨西哥城创办公司，从事中墨间贸易、投资及相关生产活动，为墨中两国的经贸合作、建立友好城市和友好港口以及大学间的文化教育合作交流奔走。参与筹建中南美洲“反独促统”2005年墨西哥年会暨首届美洲华人墨西哥联谊大会。2006年，在宁波经济开发区合资1000万美元，成立宁波舒博曼斯体育健身器材有限公司。2007年，应象山县政府邀请，投资成立宁波裕海生物科技有限公司，致力家乡建设。2013年，任墨西哥海外（人才）工作联络站负责人。

范良火 1963年7月生，林海乡人（现丹东街道）。1978年，考入宁波师范学院数学系。1981年毕业，先后执教东溪中学、林海中学和象山中学。1986年，考入上海华东师大数学系，攻读数学教育和数学史硕士学位。1989年毕业后，任教浙江教育学院。1993年，赴美国芝加哥大学教育系攻读博士学位，主修数学，兼修教育政策研究和社会学。2005年，兼修新加坡管理学院（现新跃大学）工商管理专业，获研究生毕业文凭。1998年，在芝加哥大学获博士学位后，应聘赴新加坡南洋理工大学国立教育学院任教数学和数学教育系任教，在研究和教学的同时，先后兼任数学教育博士专业主任、研究生教育委员会主席等、博士研究生导师。国际著名华人数学教育专家，2010年9月，赴任英国南安普顿大学终身教授。

潘仁湖 1963年7月，出生于茅洋乡。澳大利亚籍华人。福建龙净环保股份有限公司副总工程师、厦门龙净环保物料输送科技有限公司总经理。1979年，象山茅洋中学毕业后考入北京钢铁学院（现北京科技大学），毕业后留校攻读硕士学位。1986年，获该校机械工程硕士学位，留校任教。1988年，赴澳大利亚伍龙岗（Wollongong）大学留学。1992年，完成博士论文。次年，获机械工程博士学位。此后留校任教，从事科研工作。1998年，任澳大利亚纽卡素大学机械系讲师。2002年年初，辞去教职，回国加盟福建龙净环保股份有限公司，从事物料输送产品研究、开发和推广。2002年，聘为武汉化工学院兼职教授。2005年，聘为东北大学兼职教授。1992年后，成功申请13项科研基金，系国内散料气力输送及储存权威专家。曾获由澳大利亚工程师协会散料处理委员会颁发A. W. Roberts奖，2002年至2003年版科学和工程世界知名人士。现为福建龙净环保股份有限公司总经理。

郎旺凯　1963年11月生，大徐镇人。1987年，毕业于中南大学外国语学院，获英国文学学士学位。分配铁道部大连机车车辆厂技术开发中心，负责国际合作工作。1990年，加盟中美合资企业—美国辉瑞制药有限公司，任总经理助理和董事会秘书。1993年11月，以优异成绩毕业于中国——欧共体管理中心（中欧国际商学院前身），为中国最早一批MBA毕业生。毕业后，聘任华堂投资公司总经理。1996年11月，成立北京正丰凯环保技术开发有限公司。凭借优势，为7家国外公司全方位开拓中国市场，在短短几年，取得骄人业绩。2000年，赴英攻读工商管理博士。现任北京正丰凯控股集团公司董事长，英国MMD集团亚太有限公司总裁，北京英迈特矿山机械有限公司执行董事，英国AEA科技集团公司授权驻华全权代表，北京正丰嘉禾文化发展有限公司董事长，北京中威曼科技开发有限公司董事长，广西煤炭物流有限公司董事长，北京宁波商会会长。与中国扶贫基金会“新长城特困大学生自强项目”约定，每年资助5~10名贫困大学生，除带头捐助外，每年的讲课费作助学基金。

王一鸣　1981年4月生，丹城人。1998年，考入上海交通大学信息工程专业。2002年毕业后，赴英国爱丁堡大学电子工程系攻读硕士学位。一年成国际电器和电子工程师协会会员。2003年，受英国布理斯托大学邀请，投入英国大型科研项目OSIRIS（东芝欧洲通讯研究中心以及英国国家工商部联合投资额超过1.3亿元人民币）研究，为项目核心开发人员，从事第四代（4G）移动通讯AD HOC网络高性能路由协议的研究和开发。其间，获英国商务部全额奖学金，在布理斯托大学攻读博士学位。2004年，与其合作者在英国创办CUK股份责任有限公司，任首席执行官，成功开发国内首创、国际领先并网型家用屋顶小型风力发电系统。2005年年末，王一鸣毅然放弃优越的生活环境，回乡创办宁波锦浪新能源科技有限公司，任总经理。2007年，被评为“县十大经济新锐”。次年，荣获“县工业企业杰出科技人才”。2009年，入选省“百人计划”。翌年，入选国家“千人计划”，列为“4321人才工程”培养人才。

工　商

王克家　民国17年（1928）10月生，石浦镇人。石浦斐迪学校毕业。民国37年（1948）初，创办博少文具百货商店。1953年，公私合营后任石浦供销社、百货公司营业员。1957年6月，县工商联第一次会员代表大会当选执委，兼财务福利委员会副主任。1984年，任石浦第一百货商店经理。1981年，始先后获得县、市、省商业系统先进工作者。1988年9月，当选县工商联石浦镇分会（恢复）筹备领导小组副组长。翌年12月，当选石浦镇分会副主任委员。1992年12月，当选石浦镇分会主任委员（会长）。县工商联（商会）第四、五届执委会常务委员，六届副会长。1999年6月，聘任县工商联（商会）名誉副会长。县第十、十一、十二届人大代表。

蒋保民　民国25年（1936）7月出生，丹东街道人。高中学历，中共党员。宁波天安集团股份有限公司董事局主席。20世纪50年代，任代课教师。1969年，创办象山高压电器厂，后发展为宁波天安集团股份有限公司，专业从事输变电设备生产销售，国家重点高新技术企业。获县“经济发展功臣”等，原丹城镇党委委员。县第十三届、十四届、十五届人大代表，人大常委会委员，县工商联（商会）第六届副会长。2009年8月，聘任为县商会第九届名誉会长。

赖振元 民国29年（1940）生，西周赖岙村人。中共党员，高级工程师、高级经济师。龙元建设集团股份有限公司党委书记、董事长。社会兼职和荣誉：宁波市人大代表、上海市建筑业联合会副会长、中国建筑业协会副会长。自1989年受象山县政府记大功一次起，先后被评为宁波市劳动模范、浙江省劳动模范、浙江省优秀建筑企业家、上海市建设功臣、全国优秀建筑企业家等。2004年，4月30日公司发行股票，5月24日正式在上海证券交易所挂牌交易，是全国为数不多的建筑企业上市公司。2006年，获县“经济发展功臣”“第一届优秀中国特色社会主义事业建设者”等多项荣誉称号。2009年8月，聘任县商会第九届名誉会长。

周辞美 民国31年（1942）9月生，西周镇人。民盟盟员，高级经济师。华翔集团股份有限公司董事局主席。1980年11月，独资创办象山邮电器材厂，经不断转型升级，成专业从事汽车零部件及整车开发、生产、销售企业，从事房地产开发。企业上市。获县“经济发展功臣”、中国“优秀民营企业家”等多项荣誉称号。省企业发展研究会特邀会长、江西省新余市政协委员、辽宁省本溪满族自治县政协委员，市汽车零部件产业协会副会长，县汽车工业协会会长。县第九、十届人大代表，县工商联（商会）第五届副会长，西周商会第一、二届会长。2009年8月，聘任县商会第九届名誉会长。

郑宏舫 1950年11月生，定塘镇竿头村人。中共党员。在职华东师范大学经济管理专业毕业，高级经济师。宏润建设集团股份有限公司党委书记、董事长，宏润建设集团上海置业有限公司董事长、上海宏润地产有限公司副董事长兼总经理、上海科润地产开发有限公司副董事长、浙江宏润控股有限公司副董事长。社会兼职和荣誉：宁波市人大常委会委员、上海市政协委员、上海市工商联执行委员、中国土木工程学会常务理事、上海市建筑施工行业协会与上海市市政工程协会常务理事、浙江省建筑行业协会副会长等；先后被评为“县建设功臣”、上海市“建设功臣”、全国“优秀建筑企业家”、全国“关爱员工优秀民营企业家”等；2006年，县“经济发展功臣”、县“第一届优秀中国特色社会主义事业建设者”等多项荣誉称号。

卢国平 1952年10月，出生于石浦平阳厂村。中共党员。在职宁波市职工业余大学经济管理专业毕业，高级经济师。宁波万泰工业发展有限公司董事长、宁波申菱电梯配件有限公司副董事长兼总经理、党总支书记。中国电梯协会副理事长、县工商业联合会副会长，县第三届政协委员，县第十二、第十三、第十四、第十五届人大代表，第十五、第十六届人大常委会委员，中共象山县第十次党代会代表，中共宁波市第十次、第十一次党代会代表等。先后被评为全国“第四届优秀乡镇企业家”、市优秀共产党员、市劳动模范及2006年县“经济发展功臣”“第一届优秀中国特色社会主义事业建设者”等多项荣誉称号。

张承志 1962年10月出生，爵溪街道人。大专文化，EMBA研究生，中共党员，高级经济师。浙江甬南控股集团有限公司董事长。参加工作后任象山化纤针织厂维护工、车间主任。1981年应征入伍。1988年起，任宁波甬南针织有限公司副总经理、总经理、董事长，宁波甬南实业有限公司副董事长、总经理，宁波甬南投资发展有限公司总经理，象山汇鑫小额贷款有限公司董事长等。兼任宁波国际商会副会长，县慈善总会副会长、县针织行业协会副会长、县青联副主席，爵溪商会常务副会长等职。先后获象山十大科技人员、县工业企业十大企业家、县功臣企业家，县第一届、市“第二届优秀中国特色社会主义事业建设者”等荣誉称号。县第七届、八届政协委员，市第十三、十四届人大代表。2009年8月，当选县商会副会长。2011年4月，增选为县工商联第九届副主席。

励茂平 1964年2月生，新桥镇人。1985年7月，毕业于浙江水产学院，学士学位。工程师，无党派人士。1985年8月，在县水产局工作。1995年10月，任副局长。2002年3月，任县海洋与渔业局副局长，县韭山列岛省级海洋生态自然保护区管理局副局长。历任市政协第十、十一、十二届委员，县政协第六、七、八届委员、常委，市人大第十三届代表，兼任市人大象山中心组副组长。2006年12月，调任县工商联（总商会）第八届会长（主席）。2009年8月，在县工商联第九次会员代表大会上当选为县工商联第九届主席、县商会会长。2012年2月，县第十七届人大一次会议当选县人大常委会副主任。

李红鎏 1966年1月出生，象山县鹤浦镇人。中共党员，大专学历，高级经营师。东红集团有限公司董事长。2004年，创建浙江东红船业有限公司。荣获宁波市劳动模范、宁波市优秀企业家、省民营企业杰出企业家等称号。2008年，被评为县“第二届优秀中国特色社会主义事业建设者”。2012年，当选为鹤浦船舶基地党总支书记、县“两新”组织党务工作者协会会长、市“两新”组织副会长。2004年6月当选为县工商联第八届执行委员。2007年，当选为市第十三届、县第十六届人大代表。担任市企业家协会和省、市船舶协会、市渔船渔机渔具协会副会长，县船舶协会会长。2008年12月，当选县南田商会会长。2009年8月，当选为县工商业第九届副主席。2011年11月，当选市工商联第十四届副主席。

少数民族

兰宗花 畲族。民国34年（1945）4月生，温州永嘉人。1965年，海军北海舰队531部队服役。1969年，退伍回乡参加生产队劳动。1970年，上海四八〇五工厂培训。1979年至1990年，在四八一九工厂轮机民品部工作，任民品车间工会主席。1993年至1999年，任县少数民族联谊小组组长。县第二、三、四届政协委员。1994年、1995年曾两度被四八一九工厂授予优秀共产党员。任县少数民族联谊小组组长期间，为少数民族同胞交流发展做出贡献。

王海明 女，壮族。1968年12月生，广西南宁市人。1987年，考入天津轻工业学院（今天津科技大学）。1991年，无机化工系毕业，学士学位。是年，分配浙江（衢州）开关厂，任技术员。1997年，被评为工程师。翌年3月，加入九三学社。是年，应聘宁波天安集团。2002年，晋升高级工程师。参加110千伏SF6断路器攻关项目，获2002年省科技进步三等奖、市科技进步二等奖。县第二届少数民族联谊小组副组长，第三、四届少数民族联谊小组组长。

县第八届政协委员。

郑燕女 女，朝鲜族。1983年3月生，辽宁沈阳人。2005年7月，毕业于延边大学朝鲜语言文学教育专业，文学学士。2005年7月，特招到县政府外事办担任朝鲜（韩）语翻译。2008年，任县府办社会事业科副科长，县少数民族联谊小组副组长。2011年，被市外办评为市优秀外事专办员。翌年7月，在县少数民族联谊会成立大会上，当选联谊会第一届理事会会长。县府办妇委会主任，市少数民族联合会第六届常务理事，县政协第八届、九届委员，县第十四届、十五届妇代会执委。

宗教（佛教、道教、天主教、基督教）与民间信仰

释可成 字怀法，临济宗禅僧，俗名方圣福。民国4年（1915）生，太平县（今温岭）江厦乡山头村人。家境殷实，小学文化。13岁随表叔释正传至象山双龙庵，15岁剃度，16岁依绍兴戒珠寺住持正春。20岁天台高明寺受具足戒。历住双龙、仙灵、永济、玉明、江心等寺庵，主持僧。民国37年（1948），当选为第二任县佛教协会理事长。1958年，与克禅等创办六和智门纸厂。1987年始，主持丹城等慈禅寺，率众重建、新建天王殿、药王殿、玉佛殿、地藏殿、大雄宝殿及东西厢房、斋堂、宾客楼等，寺宇一新。任市佛协理事，县佛协第一、二届会长，三、四届名誉会长，五、六届顾问，县政协第四、五届委员、常委。

释克慧 又名知根，临济宗禅僧，俗名马根芳。民国18年（1929）生，丹城杨蓬岙人。少小务农。1955年，于普明寺从萃峰座下披剃。1957年，在普陀山普济寺受具足戒。历住普明寺、智门禅寺、灵泉庵、天台国清寺。曾任国清寺知产、监院、首座、都监，县佛教协会第一届理事，二、三届副会长，天台县政协第二、三、四、五届委员，县第十二届人大代表。弟子有慧明等10人，徒孙有宏明等。

释若观 又名式智，临济宗禅僧，俗名姜行全。民国20年（1931）生，丹城镇人。少放牛，及长做货郎。24岁与郑世岳（若正）住天台山上方广护法。翌年，从音仁座下披剃。26岁移住国清寺。1970年，亲近天台宗名宿静慧。1983年，于国清寺受具足戒。同年，赴五台山广宗寺受具足戒。历任国清寺行堂、知产、知客、知宾等。1989年始，住持宁海云竹寺，兴建大雄宝殿、金刚殿、东西厢房、斋堂凡40余间1500平方米。县佛教协会第一、二、三届名誉会长，曾任宁海县佛教协会理事、副会长、名誉会长。

释莲智 又名式莲，俗名石中申，民国36年（1947）生，茅洋台头村人。小学文化。26岁父亡，觉人生无常，时诵佛经，拜白岩山紫云庵若正为师。33岁，礼谒天台国清寺静慧。37岁受具足戒。后从方丈唯觉入国清寺佛学研究社习天台教观。1987年2月，应邀主持弥陀寺。率众先后重建、新建大斋堂、两厢楼、山门、天王殿、大雄宝殿、赵五娘殿等，建筑面积6000平方米，道场占地4.67万平方米。热心慈善，资助残疾人、特困生多名。县政协第六、七、八、九届常委，省佛教协会第四届理事，市佛教协会第七届常务理事，县佛教协会第三、四、五、六届会长。

释宏明 俗名俞敏，1971年11月6日生，定塘镇人。中国人文学科文学士、教育硕士

（中国语文教育）、文学硕士（文化及宗教研究）。1989年，定塘高中毕业后赴天台国清寺皈依、出家。遍访丛林古刹研修秽迹金刚法门。1993年，于广东潮州开元寺受具足戒并毕业于广东省岭东佛学院。1995年始，任广东潮安灵和禅寺知客兼维那、潮安县佛教协会常务理事、秘书长、潮州市佛教协会常务理事、开元寺后堂兼监院，岭东佛学院教务长、《人海灯》杂志主编等。1996年，明旸长老传付禅门临济正宗第四十二世、曹洞正宗第四十八世法脉。2000年，任广东珠海普陀寺监院、广东省佛教协会理事等。2001年至2009年，任上海圆明讲堂监院、华林佛学院教导长、龙华寺监院、上海市佛教协会常务理事、上海市徐汇区人大代表等。其间，2002年，应香港佛教联合会聘请常住香港，担任香港佛教僧伽学院教务长。是年，觉光长老传付传持天台教观总持第四十七世法脉。2005年，传印长老传付禅门沩仰正宗第十世法脉。是年始，任香港佛教联合会弘法工作委员会副主任，香海正觉莲社常务董事、教育推展委员会主席、学务发展总主任、香港观宗寺西堂等。2010年9月，荣膺香港观宗寺方丈，为香港回归后，由内地赴港弘法并担任香港著名佛教道场住持的首位法师。

释可潜　天台宗僧，俗名张良敏。1977年9月生，南庄小河头村人。1996年，宁波外经贸职业学校日语系毕业。出家天台国清寺，并入国清寺天台宗研习班。1997年，考取北京中国佛学院。2001年，就读该院研究生。2004年毕业，留校讲授天台学课程。2006年，由中国佛教协会派遣，访问日本净土宗佛教大学。回国不久，调任中国佛教协会会长一诚法师秘书。曾出访韩国、日本、泰国、缅甸、新加坡、斯里兰卡等国及中国港、澳、台地区。任中国佛教协会理事暨海外交流委员会委员、中国佛教协会第八届理事会会长传印法师秘书、中国佛学院教授。从事天台宗的教学与研究，发表《谛观录之初步考察》《慧思禅师之法华三昧》《试释梵文〈法华经〉中之十六三昧》《〈国清百录〉与隋炀帝杨广的关系》《天台法华三昧之研习》等论文。

释静安　1978年2月生，涂茨镇钱仓村人。1990年，钱仓小学毕业。1993年，东港中学毕业。1995年，宁波二轻中专肄业。1995年，常住绍兴香林寺出家。1997年，入闽南佛学院养正院。1999年毕业后，就读佛学院本科，毕业留校任教。2004年2月，任教务主任。2007年，兼任南普陀寺书记。2012年2月，任闽院副教务长兼教务主任。授课《遗教三经》《唯识二十颂》《摄大乘论》《唯识三十颂》《解深密经》《童蒙止观》等。

陈垚廷　谱名陈绍定，法名鼎久，道号“蓬山希夷”。民国30年（1941）生，涂茨里庵村人。1962年，象山师范毕业，弃教从工。未几，于宁波得人指点，拜师陈宏朝，受天师正一符箓道法与术数。业余潜心习道，深读周易，参访各地高道学人。2007年12月，于江西龙虎山天师府受箓为正一派道士。2008年7月，中国人民大学宗教学院道教系在职研究生班结业。近年来，多方奔走发动社会力量筹建象山徐福文化博物馆。至2012年，徐福文化博物馆主体建筑建成竣工。

周椒妹　女，民国16年（1927）出生于鹤浦吉港。父周贯生天主教司事，外科医生。吉港小学毕业后，经教会介绍就读宁波江北天主堂女堂。20世纪40年代中，支持丈夫黄文华创办鱼山小学。1949年，丈夫被错判入狱，艰辛抚养3个子女。“文化大革命”结束，协助政府贯彻落实党的宗教信仰自由政策，筹建县天主教爱国会，带领教徒，修建教堂，恢复活动。常探望、慰问贫病教友。曾任县天主教爱国会筹备小组组长，县政协第四、五届委员。

黄斌盛 1949年11月出生，鹤浦镇小鱼山村人。自学大专文化，天主教徒，宁波市凯洲实业有限公司董事长。1966年，岳浦中学初中毕业后回乡务农。未几，业针织机械修理。1982年，任县工贸针织服装总厂厂长兼董事长。翌年，任县政协常委。1994年始，任市凯洲实业有限公司董事长、宁波凯洲皇冠假日酒店董事长。任省天主教爱国会常委、经济顾问。1996年始，任市天主教爱国会副主任。2006年始，任香港凯洲国际传媒集团有限公司董事长、北京凯洲国际传媒公司董事长、TRAVELAGENT《旅行社》杂志社社长。历任市政协第九至十四届政协委员。

潘汉军 天主教主任司铎。1973年10月，出生于慈溪市长河镇大牌头村天主教徒世家。1990年，初中毕业，当地算谋职业。1993年9月，到宁波江北天主教堂学习修道。1995年9月，入上海清浦县泰来桥修道院学习。1997年9月至2003年7月，在上海松江区佘山天主教神学院就读神学大专。2003年8月，任宁波药行街天主教堂副本堂。是年10月，晋为慈溪新浦天主堂司铎（神甫）。2004年6月，任象山天主教区主任司铎（神甫）、石浦天主教堂堂管小组长。带领天主教区各教堂，创建“平安和谐宗教活动场所”，抵御境外宗教势力渗透，促进教会平安稳定。2008年、2011年，石浦天主教堂分别被评为宁波市“平安宗教活动场所”、浙江省“和谐寺观教堂”。

史悠生 基督教牧师。民国9年（1920）生，石浦镇人。父基督教传道，通中西医。母湖州仁志产科女校毕业，石浦名助产士。7岁进教会斐迪小学启蒙，14岁就读宁波斐迪中学、浙东中学高中部。民国28年（1939）日军入侵，转读天台大公中学。因三哥赴延安，涉嫌共产党家属，旋被驱逐出校，未完高中学业，回家随父学医。民国29年（1940）春，考取台州盐场公署石浦玉泉盐场督产员。1951年7月，被诬告入狱，1953年2月释放。同年，恢复私人诊所。三年后入石浦中西联合诊所任医师，1979年退休。少小信仰基督，16岁受洗礼。27岁，经石浦教会介绍赴沪就读中华神学院，两年后回乡任教会义工。1983年，按立长老。1994年，按立牧师。曾任县基督教三自会副主席、主席10年。县政协第四、五届委员。

黄方正 又名恩吾，基督教牧师。民国22年（1933）生，定塘镇小湾塘人氏。父黄德堂系著名基督教传道。读过私塾，毕业于石浦斐迪小学。期间师吴爱华习丹青。先后于中楼、新桥、丹城、涂茨、文岙等小学授音美技能课，任文岙小学校长、丹城小学三分校教导。1946年，送读武昌华中协和神学院，毕业后象山基督教联区传道。1951年，随岳父史企文赴太原重型机器厂，执教厂子弟学校，后任工会俱乐部主任、太原市美协委员。1980年退休。1985年，受聘浙江神学院教师。1989年，于南京按立为牧师。任南京市基督教三自会副主席、象山县基督教协会会长、顾问，南京市下关区政协第三届、象山县政协第六届委员。1997年“8·18”台灾后，从南京爱德基金会引资25万元救助家乡。

邵升康 基督教长老。民国13年（1924）出生于新桥镇东史村基督徒世家。3岁丧父，母为女佣，从小给富家放牛。11岁上小学，4年级即辍学务农。21岁读初中，因日军侵华，肄业于宁波浙东中学。后执教于石浦斐迪、大塘、关头、高湾等小学。中华人民共和国成立初，以货郎为生计。1958 年，任新桥东狮小学民办教师。后停教两年。1965 年复任教，至 1978 年离校。少小皈依基督，民国 29 年（1940）受洗礼，1982 年按立为长老。1985 年，与鲍圣光长老出任县基督教福音服装厂、建筑工程队负责人。曾任县基督教“三自会”委员、常委、副主席，县基督教协会顾问。县第十届人大代表。

周先航　基督教长老。民国 29 年（1940）出生于莲花湖边基督徒家庭。初小文化。民国 37 年（1948）农历九月，在文岙教堂从区东盛牧师受洗后即参加教会工作，与尹炳灵等负责西乡教会义务传道。20 世纪 50 年代初，任村长、乡人民代表。1956 年 1 月，以“披着宗教外衣进行反革命活动”等罪状，被起诉判刑 15 年。服刑期间，季度、年度嘉奖 28 次、全场通报表扬 1 次、三等功 1 次。1987 年 12 月按立为长老。翌年 6 月，县人民法院宣布平反。出席县、市各界人士“四化”建设积极分子大会，作典型发言，是莲花乡出售爱国粮光荣户，多次受表彰。西周镇第十、十一届、县第十二届人大代表。历任县基督教三自会委员、常委，基督教“两会”常委。

黄烈明　基督教牧师。民国 21 年（1932）出生于石浦基督教牧师家庭。7 岁进斐迪小学，20 岁毕业于宁波教会学校——浙东中学高中部，回石浦母校任教。一年后，调任定山区晓塘乡中心小学教导。1957 年，以教育骨干参加宁波地区干部学校培训，年末回县文教科，被打成“右派”，调至高塘小学监督任教，1962 年平反。1972 年，调回原中心小学任教导。1981 年，病退。1984 年，浙江神学院进修。1986 年始，任县基督教三自会副主席、主席、顾问，石浦教堂堂委主任，市基督教“两会”委员、常委，省基督教“两会”委员。县第十三、十四届人大代表。1994 年，按立为牧师。

黄伟光　基督教牧师。1950 年生，中楼小湾塘人。小学毕业后事农，任中楼陶器厂、玻纤厂和村会计。少小随祖上信仰基督教。1981 年，受邵升堂牧师施洗，1994 年按立为长老，2007 年晋为牧师。1978 年，任村委会委员。中楼乡、定塘镇人大代表，田洋湖教堂管理小组长、县基督教三自会第二、三届常委，第四届县基督教三自会副主席，县基督教协会第五届副会长、六届会长，市基督教协会常委。南京金陵协和神学院函授结业。

史奇妙　基督教牧师，1958 年出生于新桥关头基督教徒世家。少小信主，1980 年受洗，1997 年按立长老，2007 年晋为牧师。17 岁，初中毕业后务农，后兄妹合办企业，从事教会事奉。1990 年，举家迁入丹城，任丹城教堂堂委主任、县基督教三自会委员、常委。1999 年，获浙江省基督教“五好”信徒。2001 年，结业于金陵协和神学院圣经函授。是年，任县基督教三自会秘书长、县基督教协会副会长。2011 年，任县基督教三自会第八届主席。县第十五、十六、十七届人大代表。

潘安平　基督教牧师。1964 年出生于鹤浦黄金坦村基督教徒家庭。1981 年高中毕业后，皈依基督教。1987 年，考入浙江神学院，任学生会副主席。两年后，分配丹城教堂专职传道，任丹城教堂堂委副主任，负责教务。1991 年，按立为牧师，历任县基督教三自会委员、常委、副秘书长，县基督教协会总干事、县“两会”办公室主任等职。2002 年 10 月，经县基督教

“两会”推荐，赴浙江神学院深造。2007年，晋为牧师。2011年，任县基督教协会第四届会长。县第七、八、九届政协委员。

韩素莲 女，1952年1月17日生，石浦东门渔村人。初中文化。1992年始，主持东门岛“开洋节”“谢洋节”及东门天妃宫祭祀活动与日常管理。2003年，筹资从缅甸定制高5.2米、重30余吨汉白玉妈祖雕像安立于东门门头山，成中国开渔节祭海仪式主场地。2007年至2009年，在上级文化、涉台部门的指导下，与岛上渔村村委会共迎台湾台东县富冈村（“小石浦村”）如意娘娘等诸神像回石浦省亲。2008年6月，“石浦—富冈如意信俗”被列为国家第二批“非遗”名录。先后4次接待中日民俗专家“江南沿海渔村民俗研究考察团”，受好评。赴台湾“小石浦村”开展两岸渔俗文化交流，合资建造“海神庙”。经言传身教、不定期培训，培养传承人30余名。2012年9月，象山石浦如意文化联谊会成立，韩素莲被推选为首届会长。

第三节 名 录

表13-3-1

姓名	性别	出生时间	籍贯	文化程度	界别	备注
乐伟康	男	1957.04	贤庠	大专	工商联	宁波华锦建设有限公司董事长，县政协七、八届委员，县商会九届名誉副会长
吴灵通	男	1960	东陈	大专	工商联	宁波四季佳利大酒店有限公司董事长，县政协六至八届委员，县工商联第八、九届副会长（副主席）
蒋善文	男	1966.11	丹东	大专	工商联	宁波天安集团股份有限公司总经理，县商会九届副会长
吴永叶	男	1968.04	定塘	大专	工商联	宁波永正海运有限公司董事长兼总经理，县商会九届副会长
卢 峰	男	1979.03	石浦	大专	工商联	宁波申菱电梯配件有限公司公司总经理，县商会九届副会长
何文轩	女	1977.11	宁夏固原	大学	民族	滨海学校校务办主任，县“民族联”一届副会长
茶光菊	女	1972.07	云南凤庄	小学	民族	县“民族联”一届副会长
黄开強	男	1975.08	贵州凤冈	大专	民族	石浦镇建设局副局长，县“民族联”一届副会长

续表13-3-1

姓名	性别	出生时间	籍贯	文化程度	界别	备　注
释则钦	男	1935	新桥	初中	宗教	昌国北瑞庵住持，曾任等慈禅寺副寺、知客师，县佛协一届常务理事、县人大十一届代表
释唯达	女	1951	丹城	小学	宗教	西周天定庵住持，县佛协一至三届理事，四、五届副会长，六届顾问，县人大十三届代表，县政协六届委员
释唯觉	女	1951.09	丹城	初中	宗教	任县佛教用品经营部经理14年，为佛教“自养”、乐助作出贡献，县佛协二至五届理事、六届顾问
释了藏	女	1955	贤庠	初中	宗教	慈云庵住持、慈云佛学院院长，宁海县佛协副会长、政协委员，宁波市佛协理事
释提觉	男	1958.12	下沈	初中	宗教	丹东瑞龙寺住持，2007年获“县慈善贡献奖”
释式清	男	1960	东陈	高中	宗教	新桥灵佑禅寺住持，曾任丽水、临海市佛协副会长、嵊州、临海市政协委员，县佛协一至四届理事，五、六届副会长
释照力	男	1963.05	天台	高中	宗教	天台山佛学研究社毕业。1998年，受天台宗第46代法嗣，2001年，任等慈禅寺监院。县佛协四至六届副会长
释慧明	男	1968	东溪	大专	宗教	鄞州金峨寺住持，闽南佛学院、厦门大学中文系（大专）毕业留院任教，后任教导长。1998年，驻宁波观宗讲寺。县佛协四届副会长、五届顾问
释惟慈	男	1974.11	贤庠	大学	宗教	涂茨玉泉讲寺住持，自大社会行政管理系2014年毕业。县佛教协会六届副会长兼秘书长、县青联六届常委、县政协九届委员
陈　骥	男	1967	涂茨	大专	宗教	正一派道士，人民大学宗教学道教系2008年在职研究生班结业。自幼师父陈垚廷学术数、周易、卜筮、命理、星相及堪舆等学

附　　录

一、大事专记

私营工商业完成社会主义改造

1953年6月，新中国继完成新民主主义革命和土地制度改革后，中共中央提出过渡时期总路线、总任务，指出："中华人民共和国成立，到社会主义改造基本完成，这是一个过渡时期。"在这个过渡时期中国共产党"要在一个相当长的时期内，逐步实现国家的社会主义工业化、并逐步实现国家对农业、手工业和资本主义工商业的社会主义改造。"象山县工商业联合会筹备委员会，遵照党的总路线的要求，在中共象山县委统一部署下，联系实际，在全县工商业界中掀起一个大规模、大张旗鼓地宣传贯彻实施总路线运动，并积极配合党和政府做好各个阶段私营工商业的社会主义改造。

一、贯彻总路线，对私营工商业进行社会主义改造

1953年年末，中共象山县委、县人民政府根据上级党委政府的统一部署，按照"利用、限制、改造"的方针和"一面安排，一面改造；前进一行，改造一行"的原则，在全县范围内开展私营工商业的社会主义改造。

象山的私营工商业社会主义改造工作顺序渐进，阶段式发展。第一步：1953年12月，集中对粮食、重要工业、商业进行改造试点；第二步：1954年8月，对丹城城区百货、文具纸张、烟酒、食盐等5个私营商业改造（以下简称商改）；第三步：1956年3月，开始对全县资本主义工商业、手工业、交通运输业进行全行业社会主义改造。历时3年，至1956年第四季度，全县资本主义工商业社会主义改造任务基本完成。在改造过程中，先重要行业，后一般行业；先城镇，后农村；先个别试点，后全面普开；先教育发动，后组织实施；先低级（加工订货、经销代销）形式过渡，后全行业公私合营、合作经营，最终把生产资料私有制改变为全民所有制和集体所有制。

1956年3月12日，中共象山县委成立了于华杰为组长的象山县对资本主义工商业改造领导小组，并抽调相关部门力量，组成象山县资本主义工商业改造工作队，重点抓好丹城、石浦的改造工作，农村资本主义工商业改造工作由县级相关部门归口负责。

开展全行业改造，全县工业55家。其中：23家改造为公私合营，8户加工订货，23户为农业社改造，1户自营；全县1998户私营商业，其中：35户属于资本主义企业，4户改造为公私合营，57户改造为经代销商店，1504户改造为合作小组，369户暂不改造；国新药业均改造为国营公司或供销社商店（门市部）专柜。交通运输业：全县船只109条，其中："象南""福宝"2艘机动船（船主、船员13人）改造为公私合营运输社；88条木帆船456名船员分别改为石浦、西周、陈山3个运输合作社；19条岛屿客运（渡）船为当地农业社改造，渡口、航线不变。丹城、石浦90名货物搬运工，组成丹城、石浦镇搬运站。全县5504名手工业者，经过改造，902人组成13个高级社，2684人组成74个低级社，195人组成15个合作小组，零星流动人员未改造1724人。

二、兑现政策，力促私营工商业者自觉接受改造

象山全行业公私合营高潮过后，私营工商业的社会主义改造工作宣告基本完成。各行各业敲锣打鼓向党和政府报喜或表决心。县工商业联合会筹备委员会协助党和政府着手对公私合营和资方进行清产核资。

首先，由县工商联（筹）召开公私合营企业、合作商店职工代表大会，讲明清产核资工作的重要意义、方针、政策和做法。而后召开全体资方人员大会，组织学习有关文件、明确政策标准、目的要求和估价具体办法。提出把清产核资工作交给大家来清，是对资方的信任，鼓励他们积极为社会主义立功。其次，工商联（筹）组织相关技术力量，协助政府配合各行业进企业开展清产核资工作。

在清产核资过程中，采取由资方自估、自填、自报、自审及参与审查的方法，经政府审核批准后入账。在工作中遇到的一些问题，按照国家提出“宽”和“了”要求，即资产估价从宽处理，对企业所负债务、税收等尽量了结。

经清产核资和按资金在2000元以上、雇工2人以上的业主划为私方人员。全县划为私方人员共279人，对私方人员实行赎买政策，根据不同行业，确定不同标准的定息。限期7年，后又延长3年。通常定息标准：固定资产年利率1厘半到2厘；流动资金酒厂3厘、棉布为4厘、印刷厂4厘，国新药3厘，南北货2厘，制酱厂3厘；二项合起来约5厘。未拿定息的按“四马分肥”办法，即公私合营企业利润分配4个方面：一是税收，占35%；二是公积金，占30%；三是资方所得，占25%；四是职工福利，占10%。

做好工商业者的政治安排工作，是中国共产党对资产阶级赎买政策的继续。县工商联筹备会本着“团结、教育、改造”方针，力求达到安排公平、安排得相称、安排得关系协调，使人尽其才，教育他们尽职尽责，大胆工作。对公私合营企业的资方实职人员根据政治思想上的表现和技术特长及管理能力、生产经验等三个方面进行综合评估，提出人员安排方案，报县委、县政府批准，按职级范围，分别公布任命。1956年12月20日，县委公布了徐文铎、俞松轩、郎权平、王松舟、潘铭恩等12人为公私合营商店的经理或副经理；徐文铎、王松舟、潘铭恩安排为县人大代表、县政协委员。翌年6月，安排徐文铎为县工商联第一届执行委员会主任委员，王松舟、潘铭恩为副主任委员。

三、突出政治思想，推动改造工作不断深入

1953年6月，县工商业联合会筹备委员会刚刚成立，为使广大私营工商业者听党话、走社会主义道路，筹备委下设学习委员会，组织全体私营工商业业主，学习政治时事，学习总路线基本精神，大力推动私营工商业者听党话，走社会主义光明道路。

在开展改造各个阶段，县工商业联合会筹备委员会坚持思想教育领先，按照“全面展开、重点掌握"“背靠背三面酝酿，面对面两面协商”的方法，紧密配合党和政府做好改造思想教育工作。如丹城镇于1956年2月开展全行业改造时，县工商联组织资方人员及其家属，集中时间教育，形成资方人员互相鼓励、互相推动的氛围，引导广大工商业者自愿提出申请、接受改造。同年10月31日，县工商联（筹）在丹城镇召开私营商业代表座谈会，到会代表40人，用2天3个晚上时间，解决私营商业改造的思想态度问题，反复学习总路线，并采取邀请政府领导作报告、讲形势，指定工商联骨干典型发言，加以引导，端正学习态度，订出学习公约，把学习重点放在认清形势、掌握命运两点上，启发工商业者加深对总路线的理解，划清爱国守法与违法的界线，澄清一些混乱思想，消除广大工商业者顾虑，明确前途方向。

四、加强自我教育，巩固和扩大社会主义改造成果

1956年年末，全行业社会主义改造运动结束后，工商联原有职能发生重大变化，成为主要由原工商业者组成的以自我教育为主要作用的人民团体。

1957年2月，县工商联（筹）组织工商界人士学习毛泽东主席接见全国工商联第二次会员代表大会代表时的讲话，如何发挥工商界积极作用，为社会主义建设作贡献和“关于正确处理人民内部矛盾的问题”的重要指示；学习国务院副总理薄一波在会员代表大会上阐述党对资本主义工商业的赎买政策、定息政策及工商业者的思想改造和“摘帽子”等问题的详细说明，学习国务院副总理陈云关于商改后定息问题、小型工商业者的问题、在公私合营企业中恢复和建立企业管理委员会问题、公私共事问题的说明；学习全国工商联主席陈叔通《继续接受社会主义改造，充分发挥积极性，为祖国伟大的社会主义建设而奋斗》的工作报告，要求全县工商界联系实际，推动思想改造和经营作风的改变，以巩固改造成果。广大工商业者一致表示，在党和人民政府的领导下，进一步贯彻增产节约运动，改善经营管理，提高生产率，降低成本，减低损耗率，消灭铺张浪费和霉烂变质失窃事故。并且要坚决纠正少数工商业者偷工减料、抬高价格等不良倾向，贯彻勤俭办企业、民主办企业的工作方针，勤勤恳恳、老老实实、加倍努力，调动一切积极因素。

1960年，全国工商联第三次会员代表大会上，党中央提出，要求工商业者解决3个根本性问题：（1）大有进步，还要改造问题；（2）顾一头、一边倒问题；（3）依靠党的领导问题。为此，在全国工商界中要继续贯彻和风细雨的自我教育和自我改造的精神，采取听听、看看、想想、谈谈“神仙会”的方法。

县工商联采取分片集中传达，分点讨论，传达贯彻3个根本性问题的指示，并以长会短训和“神仙会”的形式进行。在组织工商业者学习讨论中，自始至终贯彻“三自”（自己提出问题、自己分析问题、自己解决问题）；“三不”（不抓辫子、不扣帽子、不打棍子）方针，坚持和风细雨、发扬民主，自我结合、相互漫谈，讲心里话、各抒己见，明辨是非、提高认识，达到自我教育的目的。通过“神仙会”形式的教育，多数工商业者开始从思想上接受“顾一头、一边倒”（即顾国家利益、人民利益，倒向社会主义一边），表示要一心一意接受改造，一心一意为社会主义服务，一心一意跟党走，对党的领导离不得、疑不得、假不得。

（韩国明）

取缔邪教组织“呼喊派”

“呼喊派”，是指我国极少数流亡海外，在境外敌对势力的支持和资助下，利用宗教（基督教）形式渗透到国内进行反政府活动的邪教组织。该组织由美籍华人李常受为首在美国创立。

中华人民共和国成立前，李常受打着宗教的旗号，积极配合国民党反动派在山东、上海等地大肆进行反对人民解放事业，后随国民党去台湾。1962年，李离台去美国并加入美国国籍，在南加利福尼亚州采用分裂其他教会的手段扩张自己的势力，逐步建立和发展“呼喊派”组织，并向全世界扩张。

1979年，该组织利用中国对外开放之机，在国外敌对势力支持下，鼓吹把扩展重点转向中国大陆，并以香港为基地，频繁地向内地渗透。李常受派遣其亲信和代理人，多次潜入大陆内地，筹划在一些地方发展“呼喊派”。1980年，几名骨干分子从广州运来李常受的小册子，“呼喊派”的活动在象山迅速蔓延。1982年上半年，有7名骨干先后去温州、慈溪、义乌、余姚、宁海等地参加全省性“呼喊派”会议。10月，在林海乡陆家村的一次交通聚会上，成立“象山县宗教会”，成员10人，确定每月一次会议，内容是研究“建造、巩固教会”，对抗政府，对抗“三自”，组织交通聚会。翌年，交通聚会达数百次，每次必沿途呼喊。骨干分子还利用宗教向受蒙骗群众进行宣传，策划对抗政策、法令的一系列反政府性质的活动。

1983年8月，县委、县政府建立宗教工作领导小组，县委副书记任组长，县委统战部部长、宣传部部长和县公安局局长任副组长。抽调县直机关干部11人成立办公室，区、镇乡建立相应机构，全县有85名干部专抓取缔“呼喊派”邪教组织工作。编印宣传提纲2000份，发至全县各地。8月15日，象山县人民政府颁布《关于取缔反动组织“呼喊派”的布告》2000份，并召开全县广播大会，副县长作关于取缔“呼喊派”的广播讲话。各级党组织、政府有关部门向广大干部、群众广泛宣传，召开专门会议和广播大会，编写黑板报、张贴标语口号；县广播站分五课专题编写揭批“呼喊派”的广播稿；县电影公司编印《取缔“呼喊派”宣传资料》发至各个电影队，在电影放映前用幻灯宣传。一个取缔邪教组织“呼喊派”宣传活动在全县形成，造成强大舆论。8月17日，县人民政府以〔1983〕75号文件发出《关于办理“呼喊派”聚会点负责人以上人员报到登记和举办学习班的通知》，设立两个登记处（丹城东谷湖招待所和石浦渔港招待所），确定在8月20日、21日、22日三天为报到日期，各镇、乡干部分工负责，包干到人。全县聚会点以上负责人56名如期报到，集中在东谷湖招待所分三组办学习班。采取“教育与揭露相结合，典型启发与批判揭发相结合”等方法，通过21天的学习，使聚会点负责人提高觉悟，纷纷揭露披着宗教外衣进行“呼喊派”活动的骨干分子。学习班结束后，于9月11日、10月31日，县委、县政府两次召开区、镇、乡分管取缔“呼喊派”工作的负责人会议，部署做被蒙骗参加“呼喊派”群众的团结、教育、争取工作。接着26个镇、乡均召开取缔“呼喊派”群众会议，受蒙骗群众纷纷退出“呼喊派”邪教组织。

（圣　凡）

一个不寻常的7月

1987年7月是一个不寻常的月份，4号、5号、7号三个台风相继于13号、20号、27号在台湾东南方向海域形成。受台风影响，台湾渔船被迫驶进石浦港避风，其中4号台风进港台轮331艘、2864人；5号台风340艘、2890人；7号台风385艘（边防统计数为365艘，因20艘台轮无渔民上岸）、3275人。至8月1日，除4艘需修理的台轮，其他台轮都安全返航作业或返回台湾。半个月内遭遇三个台风侵袭、逾千艘台轮、近万名台湾渔民进港避风，实属罕见。这对象山的接待能力是一次重大挑战，对涉台部门也是一次严峻的考验。象山不仅经受住了考验，而且出色地完成任务，引起了各级领导、社会各界及境内外媒体的极大关注。

一、大批台轮进港，忙煞接待工作人员

大批台轮相继进港，各涉台部门根据县对台工作小组会议精神，紧急动员，各司其职，真诚地向台湾渔民伸出援手，竭诚为台湾渔民排忧解难。短短的20天时间，修理台轮38艘；治疗伤病215人，其中医务人员到台轮停泊点巡访看病118人，台湾渔民上岸门诊86人，重伤住院治疗11人；为117艘台轮补给1200吨生活淡水；帮助联系亲戚会面5人；电话联系8人；补给烟、酒、中药材、蔬菜等生活物资价值280万元新台币、1万美元；无偿为120艘台轮提供各种蔬菜瓜果；妥善处置因船只碰撞造成的海损事故6起；抢救搁浅台轮7艘。对此，台湾渔民都感激不尽，从而增进了对祖国大陆的感情。特别是在7月14日，捷胜11号台轮因航道不熟在东门口触礁，船体严重倾斜，海面浪高风大，船员纷纷穿救生衣准备弃船逃生。当地驻军首长闻讯后，亲率拖轮，边防站、渔政、税务等部门及东门乡政府也不约而同地赶赴现场组织施救，大家齐心协力，终于将台轮拖离暗礁，避免了一起船沉人亡的重大事故。台湾渔民高呼：“我们得救了！”

二、大批台湾渔民进港，引起中央和地方各级领导的重视

7月13日，因4号台风的外围影响，来自台湾高雄、基隆、苏澳等港口的台轮331艘驶入石浦港，象山县委获悉后，县委书记黄兴国、县委常委宣传部部长陈凤姣、县委统战部部长对台工作组副组长沈允法等领导同志，立即赶赴石浦台胞接待站，组织并指挥近百名工作人员，为在港台湾渔民排忧解难和开展接待宣传工作。同时，还冒着风浪，亲自深入台轮停泊点，向台湾渔民宣传政策、解难释惑、澄清谣传，广泛征求台湾渔民的意见和建议，对他们提出的合理要求，当场交有关部门办理解决。吴才增、沈允法、任慕熙等领导应台轮船长的邀请，分别以县长、副县长、政协秘书长的名义登船接见船员，并带去象山人民对他们的问候。省台办也派出赵洪波、雷祥雄到象山指导工作，协调部门之间关系，并以普通接待工作人员身份登船做宣传调研工作。

7月20日，象山县委收到中央台办发来的传真电报，转达中央领导指示。当日，县委、县政府领导组织学习，召开涉台部门负责人会议贯彻落实。县委对台工作组回顾总结，提出改进措施。

宁波市委副书记、市长耿典华，由市委统战部副部长陈文昌，市台办主任韩永生、副主任邹维源陪同，视察台轮停泊点。听取台胞站汇报，就改善对台接待服务设施等作重要指示，近期市委、市政府作专题研究。

三、大批台轮进港，促使各涉台单位紧密配合、相互支持

台风一个接着一个，台湾渔民求助问题解决了一批又一批，有时解决一个问题往往牵动多家单位。各涉台单位在中央台办电报精神的鼓舞下，发扬不怕苦、不怕累连续作战精神，把困难留给自己，方便让给他人，特别在5号、7号台风期间，多家涉台单位在工作中做到了互谅互让、互相支持、主动配合，体现出识大体、顾大局的精神风貌。石浦造船厂、渔机厂克服生产任务重、技术力量缺、设备条件差等种种困难，抽调力量，组织临时抢修小组，赶在台风到来前，通宵达旦抢修失去动力和照明的船只，使台轮在避风期间保持良好状态，增强抗台自控能力。台风过后，他们又立即登船检查船只的动力装置等机械设备，排除故障隐患，确保台轮能及时出港。石浦沿港民用码头不多，加水量少，要向大批台轮添加淡水是接待人员头痛之事，得到上海渔轮公司高塘蛎门油库码头和海军37624部队领导的大力支援，缓解台轮加水难的矛盾。石浦商业部门积极协助华源公司做好海上有偿补给工作，石浦税务分局、渔政站、医院等单位都始终保持招之即来、来之能干的状态。

由于抗台正值高温季节，加上昼夜连续工作，导致很多负责接待工作人员病倒，有的甚至发烧39℃，仍坚持在第一线为台胞提供服务，有的拔下吊针，立即返回工作岗位继续接待工作。在各级领导重视下、经各涉台部门的紧密配合、全体接待工作人员努力奋斗，克服一个又一个困难，为台湾渔民办了许多实事，保证数名台湾渔民的人身安全，从而增进了海峡两岸人民的友谊，扩大了中国共产党在台湾人民心目中的政治影响。

（马阿项）

象山联系实际，突出重点，把25号令落到实处

1993年3月下旬，市民宗处副处长张海林等前往象山县，通过座谈、走访寺庵教堂（点）等方法，了解检查宗教活动场所登记发证工作情况。到目前为止，象山县人民政府已正式批准宗教活动场所151处。其中，佛教活动场所15处，修持场所95处；基督教堂所32处；天主教堂所9处，基本完成全县登记发证工作。在登记过程中，他们针对象山县寺庵多、分布广、情况复杂的特点，深入到各寺庵，了解掌握第一手资料，顺利完成任务并取得了一定经验。他们的做法是：

一、领导重视

县委、县政府领导多次听取县委统战部、县政府宗教办的汇报，关心指导登记发证工作。强调贯彻省政府第25号令，进行宗教活动场所登记发证工作，各级党委和政府必须抓紧抓好。

为此，县级机关抽调人员组成全县登记发证工作指导小组。由于县委、县政府领导和统战部的高度重视。召开乡镇党委会，或乡镇、村干部骨干会议，抽调人员专门成立领导小组和工作班子。乡镇干部们带着文件和25号令登高山、下海岛，走遍了自己辖区内的寺庵，进行宣传、调查。乡镇干部说：上级这么重视，我们怎能马虎。来自台湾省、现定民居在西寺的达航法师说：寺庙进行登记是应该的，解放前也有这种情况。现在台湾的寺庙也要向民政局登记，香港的寺庙也要向民政司登记。第25号令是保护我们佛教活动的法宝，只要我们遵照25号令就可以大胆地依法活动了。不少僧尼和居士反映，从来没有这么多干部到过我们这里，我们也从未学到过这么多的政策文告。

二、注重发挥佛教协会的作用

象山县宗教部门不仅重视对佛教界人士的宣传教育，而且注重调动佛教界人士的积极性，发挥佛教协会的作用。他们根据佛教活动场所历史悠久、点多面广、僧尼文化素质低，有的还是文盲等实际情况，将佛协理事、主要寺庵的僧尼、居士参与登记发证工作，划分七个指导小组，分片承包，责任到人，协助乡镇政府宣传教育、调查填表。这样做，不仅为登记工作出了力，而且在登记过程中得到了锻炼和提高了自身素质。这些从来没有受过如此重视的僧尼在工作中表现出了很高的积极性，年近70岁的县佛教协会副会长修康带着宣传资料，领着人仅用一周时间走了10个寺庵，完成了自己片内的任务。参与登记工作的僧尼说：登记发证工作这么重视，政府交给我们去办，我们要尽力办好，为建立人间净土出力。

三、分类查排，搞好登记

他们通过调查摸底，佛教有寺庵110余处具备登记条件，从寺庵规模看，除已开放的西寺、弥陀寺、东寺有一定规模外，其他寺庵规模不大，大都坐落在僻静的山岙里。从寺庵的历史看，部分比较悠久，有的建于公元四五世纪，有的是元、明朝的建筑，但多数建于清代与民国时期。从经济来源看，有的经佛事收入为主，有的以自行修持受香客供养为生计，有的农禅并重以农林生产为主要经济来源。从僧尼人数看，多则二十人，少则两三人，有的寺庵无僧尼，由居士管理。对此，他们将佛教活动场所分为两大类进行登记，一类为活动场所，分为两种情况，一种可以做大型佛事的寺庵，另一种可以做小型佛事的寺庵；二类为修持场所，主要以僧尼、居士自己修持为主。属于活动场所的，颁发省宗教局的登记证，属于修持场所的，颁发有象山县人民政府民族宗教事务办公室自制的修持场所登记证。

（摘编自宁波市政府宗教处《浙江宗教工作》1993年第2期）

洪光良博士到象山基督教教会访问

南京金陵协和神学院荣誉教授、神学博士、加拿大籍华人牧师洪光良先生，经全国和省基督教“两会”的邀请与介绍，并经省民宗委同意，于2001年2月26日到象山基督教会访问。3月7日中午离象去南京。

洪光良牧师于20世纪50年代末毕业于南京金陵协和神学院，后为继承遗产定居加拿大，牧羊华人教会。1999年，被金陵协和神学院授予荣誉教授称号。他关心祖国的现代化建设和中国基督教会的健康发展，经常把祖国现代化建设所取得的成就和宗教信仰自由的真实情况，在加拿大华人圈内和中文报刊上报道和宣传。

象山县委统战部、县民宗局领导热情接待了洪光良牧师，指派专人陪同，备车接送。洪光良牧师在象山期间，县基督教“两会”组织全县牧师、传道人、义工与他就如何坚持爱国主义、独立自主、自办教会，走“三自”道路；坚持纯正信仰，反对异端邪说等方面进行了研讨、交流；安排他走访了农村教会，并主日证道等。通过这些活动，象山教会的爱国爱教、与社会主义社会相适应的行动给洪牧师留下了深刻、良好的印象。同时，洪光良牧师的爱国主义情怀，鲜明的立场，渊博的神学知识，增添了象山教牧人员爱国爱教、走“三自”道路的信心和探求圣经道理的决心，为象山基督教会反对异端邪说，防止渗透，团结稳定，将起到积极的作用。

（圣　凡）

象山选手参加市“少联会”比赛全部获奖

2001年6月10日，宁波市少数民族联合会举行纪念中国共产党建党80周年歌舞比赛。这是市“少联会”举办的首次少数民族同胞歌舞比赛。这是市“少联会”举办的首次少数民族同胞歌舞比赛，象山县“少联组”参赛的2名选手全部获奖。丹城文峰小学的三年级朝鲜族小姑娘金晶同学，在陈老师的指导下，利用课余时间刻苦排练，仅半个月时间编排出独舞《快乐的朝鲜族小姑娘》。比赛中小金晶沉着冷静，不畏强手，动作准确流畅，在11个县市区参赛选手中脱颖而出，受到评委的一致好评，荣获二等奖，是年龄最小的一位选手。此次无级别歌舞比赛选手水平较高，有的曾在宁波市会演中得过奖，不少还是能歌善舞的幼儿园、小学教师。

（圣　凡《象山报》）

开展“光彩海岛山区行”活动

2007年夏，象山县高塘岛乡境内又一次出现干旱天气，降雨量明显地少于其他镇乡。为解决岛上居民饮用水困难，党和政府组织武警官兵昼夜不停地向岛上村村户户运送饮用水。

高塘岛乡四面环海，一桥通陆，陆域面积58.8平方公里，岛内地势平缓，无高山溪流，不但梅雨季节降水量少于其他乡镇，而且台风带来的强降雨因地势平坦等先天因素无法有效蓄水利用。常住1.2万余居民长期生活在淡水缺少的环境中。岛上居民在乡党委、政府的带领下，曾多次尝试开发地下水资源自救，可是从地下挖出来的水质含氯、氟量指标过高，不能饮用。党委政府经过多途径尝试后，决定从岛外引水。2007年，岛外引水工程已立项，工程所需资金缺口大，致使工程不能上马。此事引起了宁波市光彩事业促进会的关注。

2007年7月23日中午，曾在高塘岛乡担任过党委书记的中共宁波市委常委、市委统战部部长、市光彩事业促进会会长陈凤姣率宁波市工商联、市光彩事业促进会、象山县委统战部、县工商联相关领导和部分非公有制经济人士一行20人，冒着酷暑，实地考察高塘岛乡的旱情和居民生活用水状况，参与考察的相关领导和非公有制经济人士一致表示要为高塘岛乡岛外引水工程出一份力，为政府分忧。

8月8日，象山县委统战部、县工商联（总商会）为解决高塘岛乡岛外引水工程资金缺口，向全县非公有制经济人士发出倡议，呼吁非公有制经济人士以更积极的姿态、更热忱的情怀参与“光彩海岛山区行”活动，为乡亲献一份爱、一份关怀，做功德无量之事。8月16日，县工商联（总商会）在石浦半岛大酒店召开八届二次会长（扩大）会议，专题部署“光彩海岛山区行”活动方案，研究捐款对象范围与额度。会后，驻会会长、党组书记、副会长带领工商联机关干部分片深入各有关企业，传达贯彻八届二次会长（扩大）会议精神，发动非公有制经济人士踊跃参与海岛山区行，自觉自愿捐款献爱心。

8月29日上午，宁波市委统战部、市工商联、市光彩事业促进会，象山县委统战部、县工商联（总商会）在象山宾馆“聚贤厅”隆重举行“光彩海岛山区行”启动仪式，宁波市委常委、市委统战部部长陈凤姣，宁波市人大常委会副主任、市工商联会长崔秀玲，市工商联党组书记董伯云，象山县委副书记黄志明，县人民政府副县长陈永忠等相关领导出席启动仪式，陈凤姣、黄志明讲话。在启动仪式上，与会的非公有制企业代表主动上主席台举牌献爱心。宁波市光彩事业促进会副会长、县工商联（总商会）副会长、宁波天安集团股份有限公司总经理蒋善定首先上台亮相，宣布决定捐款人民币20万元；接着宁波市、象山县工商联（总商会）副会长、浙江巨鹰集团股份有限公司董事长陈照上台举牌决定捐款8万元；县工商联（总商会）副会长、宁波华翔集团股份有限公司总裁周敏峰，县工商联（总商会）副会长、宁波申菱电梯配件有限公司总经理卢国平，县工商联（总商会）副会长、宁波富宏针织有限公司董事长王星平，县工商联（总商会）副会长、龙元建设集团股份有限公司总经理赖朝辉，宁波戴维医疗器材有限公司董事长陈云勤，县工商联（总商会）副会长、宁波合力模具有限公司董事长施元直等各捐献人民币5万元；宁波飞日水产有限公司、宁波东红船业有限公司等17家企业和个人捐款0.5万元至2万元不等，启动仪式上共捐款77.9万元。宁波市各县市区有关非公有制经济人士纷纷伸出援手，亦为高塘岛乡岛外引水工程捐款221万元。两项捐款共计300万元。

授人玫瑰，手留余香。高塘岛乡党委、政府和岛上广大居民，饮水思源，将会永远铭记献过爱心的非公有制经济人士的善举。

（韩国明）

台东县议会、政府二团同时到访象山

2008年9月13日至20日，分别以议长李锦慧、副县长彭德成为团长的台东县议会、政府文体交流考察团同时参访象山。考察团成员有议会、政府人士代表30人；小石浦村村民代表100人；演艺人员20名及县渔业协会代表、台湾东森、三立、年代等新闻媒体随行记者共208人。考察团先后参加了开渔节的开幕式、祭海仪式和开船仪式，共同参与“明月共潮生”象山·台东两地中秋联谊晚会，共同举行象山县与台东县建立交流合作关系备忘录通过仪式暨象山·台东海洋环境保护交流会，象山·台东妈祖如意迎亲省亲仪式等。在象山期间，宁波市委副书记郭正伟、市台办主任何一江分别接见交流团成员代表，象山县四套班子领导与他们进行多次交流。

一、顺利通过象山、台东双方交流合作备忘录。 此次台东文化交流团应邀来访的主要任务之一就是通过交流，建立起今后双方在经贸、文化、旅游、农（渔）业、现代服务业等多方面的合作关系，具体合作项目包括：促进旅游交流，推介、组织本地旅行社组团赴对方地区旅游；促进经贸交流，推动两地在贸易、投资、服务业等方面的合作；促进文化交流，推动两地海洋文化以及其他具有地方特色的民间信仰文化的交流活动，推动两地教育界的交流与合作；促进农渔业交流，加强两地现代农业发展策略、经济建设的经验交流，推动农渔业品种改良技术、农渔产品加工及营销等方面的交流与合作。与此同时，双方还表示，今后将建立日常联系机制，各自指定机构负责与对方日常联系并处理具体事务。这为今后两地开展全面的互利合作迈出了坚实一步。

二、成功举办象山·台东海洋环境保护交流会。 9月15日下午，象山、台东的政府成员、渔业协会代表及专家学者济济一堂，就海洋环境保护的经验和措施、如何建立海洋经济持续发展机制等问题，进行了深入交流。专家学者、渔协代表、知名企业负责人有备而来，发言时主题突出，针对性很强。会议气氛活跃，大家发言踊跃，双方代表坦诚相见，不受拘束，畅叙欲言，提出许多新的建议和独到的见解。参加会议的两地渔业协会代表还共同宣读了保护海洋环境倡议书。

三、圆满举行了象山·台东中秋联谊晚会。 9月14日晚，来自海峡对岸台东的近200名台胞与象山渔民相聚在灯火辉煌的石浦中国渔村，共同欢度一年一度的传统中秋佳节。在歌声和笑声中，大家共叙浓浓的两岸情，同盼团圆之愿。参加晚会的台胞多数是来自与石浦渔山村民同祖同宗的台东小石浦村村民，其中包括“亚洲飞人”柯受良的家人。柯受良的父亲柯位林老先生在晚会上回忆起50年前从大陆去台湾的那一刻，深情地说：“我们把淳朴也带到了台湾，我们本来就是一家人。”台东阿美族蓝星文化艺术团向两岸观众们展示了台湾少数民族原汁原味的艺术风情：色彩亮丽的民族服饰，开朗灿烂的美丽笑容，生机盎然的活泼舞姿，舞出了台湾少数民族热情、淳朴、好客的生活与文化。两岸象山籍演艺明星也陆续登台。晚会紧扣“同盼团圆，共叙乡情”这个主题，歌曲《月圆的时候你来》，倾诉着两岸同胞共同的相思之情；歌舞《花好月圆》，营造出团圆之夜的美好意境；舞蹈《在海那边》，演绎着两岸同胞共有的文化之根；女子丝弦五重奏《春江花月夜》，让所有的思绪共寄天涯。台胞们纷纷表示：这里是我们共有的家，这里有我们共同的梦，这里有我们永远的名字——象山。

四、隆重举行妈祖如意迎亲省亲仪式。 9月14日14时30分，石浦—富冈妈祖如意信俗迎亲省亲仪式在东门岛渔村的天后宫隆重举行。迎亲省亲队伍由台东富冈新村代表团和象山东门代表队、渔业代表队、沙塘湾代表队、尊王富代表队组成，仪式按传统方式进行：村口接驾，步行进村，村中路祭，列队进庙，司仪主持，锣鼓喧天，爆竹声声。如意娘娘端坐在妈祖娘娘旁边，庙祭开始后，双方代表互赠礼匾和旌旗，司仪念唱，众人祭拜。

传说中，如意娘娘是妈祖娘娘的妹妹，姐妹俩都具有保护渔民战胜惊涛骇浪的精神力量，是不能分离的。但在1955年，国民党军队从舟山群岛退踞台湾时，将当时石浦镇渔山岛的男女老少共487人全部带去台湾。岛民离岛时也“请走”了保佑他们的如意娘娘，后在富冈（也称小石浦村）建海神庙供奉。近年来，随着交流的深入，小石浦村村民思乡心切，渴望回乡观光访亲。前两届开渔节，他们也分别派出几十人的代表来石浦参加活动、祭拜妈祖、走亲访友。这次要求来的村民太多，最后只能以每家选一名代表的方式决定。

17日上午，小石浦村村民代表集体护送如意娘娘返回离别50年的、距离石浦港26海里的渔山岛故乡。当台胞们一登陆，早就等候在海岛码头的大陆亲友一拥而上，紧紧地拥抱远道而来的亲人，一边是相互问候，一边是激动的泪水夺眶而出。这种亲情和场景简直无法用文字来表达。今年86岁高龄的台胞柯冬香女士说：“过去多少年都想回一次家看看，但没钱来不了，今天总算如愿了，我太高兴了。”柯受良的弟弟柯受雄说：“我们都是来寻根的，好多人是第一次回来，看到谁都像见到亲人似的。”几句简单而淳朴的话语表达了离家几十年台胞此时此刻复杂而又不平静的心情。

通过系列文化交流活动，促进了了解，拉近了距离，增进了友谊，建立了感情，扩大了共识。小石浦村村民表示：今后每届中国开渔节都要举行两岸如意信俗省亲迎亲仪式及石浦港“妈祖祈福巡游”活动，通过两地共同认同的文化，让两岸兄弟姐妹越走越近，越走越亲。

（2008. 09. 22 马阿项）

象山县工商联（县商会）举行百年商会庆典

2010年，适逢象山县商会诞生100周年。为回顾总结100年象山经济发展历程与历史经验，展望桥海时代象山经济社会发展宏伟蓝图与美好前景，经县工商联（县商会）第九届执委会研究，决定在年末举行百年商会庆典系列活动。

百年商会庆典活动主要分三方面：一是举办浙商论坛——走进象山；二是举行招待酒会；三是纪念大会暨文艺晚会。庆典前，县商会制作《百年商会》画册和水晶压模船形内雕“象山县商会大厦效果图”纪念品，参与活动者人手一份。县工商联、各基层商会、兼职副主席、副会长企业，县商会名誉会长、名誉副会长企业，都制作了以图为主、配以文字说明的展板。

一、浙商论坛——走进象山

2010年12月3日下午，在象山港国际大酒店国香厅举行“浙商论坛——走进象山”活动。浙江省委统战部副部长、浙江省工商联党组书记汤为平，宁波市人大常委会副主任、市工商联主席崔秀玲，宁波市委副秘书长、市委统战部部长郁伟年，象山县委常委、统战部部长黄敏求，以及各镇乡（街道）分管工业的领导，本会全体执委常委，各基层商会会长、副会长、秘书长等230人参加报告会。

论坛由县工商联、县商会主办，宁波银行象山支行协办。精确管理思想创始人、北京精确管理研究院院长栾润峰、浙江省中小企业局处长应云进分别作《精确管理与国内外经济形势》与《浙江中小企业发展的路径选择》主题报告。

县工商联副主席刘保主持活动。

二、举办招待晚宴

论坛结束后，县工商联、县商会在象山港国际大酒店“宏润厅”举办招待晚宴。浙江省工商联、宁波市委统战部、市工商联主要领导，县委、县人大、县政府、县政协有关领导和来自各地友好商会、宁波各县市（区）工商联的领导，县级机关各部门、各镇乡（街道）的领导，县工商联全体执委，各基层商会会长、原工商业者代表共350人出席招待晚宴。

县政府副县长邱金岳代表县政府致辞。他希望象山商会以商会百年庆典为新的起点，传承弘扬百年优良传统，牢牢把握发展第一要务，进一步拓展服务领域，提升服务档次，深化服务内涵，凝心聚力，创业创新，努力成为引导工商界服务大局的平台、对外交流的窗口、创业发展的阵地，为开启桥海新时代、实现象山新跨越做出更大贡献！

县工商联主席、商会会长励茂平主持招待晚宴。

百年商会庆典招待晚宴得到各基层商会和工商联全体执常委的大力资助，也得到烟台张裕葡萄酿酒有限公司的鼎力支持。

三、纪念大会和文艺晚会

2010年12月3日晚上7：18，在象山剧院举行象山县商会成立100周年纪念大会。

浙江省委统战部副部长、省工商联党组书记汤为平，宁波市人大常委会副主任、市工商联主席崔秀玲，宁波市委副秘书长、市委统战部部长郁伟年，宁波市委统战部副部长、市工商联党组书记余海大，象山县委书记李关定，象山县人大常委会主任金红旗，象山县政府副县长邱金岳，象山县政协副主席胡建萍，象山县工商联主席励茂平等出席大会，并在主席台上就座。

应邀出席纪念大会的领导还有河南南乐县委常委、统战部部长黄泽岭，嘉兴市工商联副主席孙昌佩，宁波市工商联副主席徐建初、吴德水、罗龙利，秘书长鲍建设，象山县人大常委会副主任郑亚红以及宁波各县（市）区工商联、各地友好商会的有关领导。出席纪念大会的还有县级有关部门负责人，各镇乡（街道）党（工）委书记及分管领导，县工商联全体执常委，县商会名誉会长、副会长，各基层商会负责人，县工商联历届老领导，原工商业者代表，县工商联直属会员及部分会员企业员工等共1200余人。

纪念大会上，首先由县工商联主席、县商会会长励茂平代表县工商联、县商会发言，简要回顾百年商会发展历程，总结商会发展壮大历史经验，展望新时期工商联、商会工作目标与任务。

县委书记李关定，宁波市委副秘书长、市委统战部部长郁伟年，浙江省委统战部副部长、省工商联党组书记汤为平分别在纪念大会上致辞。

李关定指出："百年历史，成就斐然。千百年来，象山人民与海为伴、以海为生，海商文化源远流长。在半殖民地、半封建的旧中国，担负振兴县域经济重任，探索实业救国图存道路的象山商会应运而生。新中国成立以后，特别是改革开放以来，一大批象山商人秉承赶潮弄海、敢为人先的拼搏精神，扬象山山海资源之优势，抢上海开发开放之先机，走特色发展之路，创造了全省乃至全国瞩目的经济成就。象商群体的成长、壮大，象山精神的孕育、传播，离不开象山商会的积极贡献。特别是近年来，商会紧紧围绕经济建设中心，创新工作思路，强化服务意识，凝聚发展信心，使商会进一步成为广大非公企业和企业家的'娘家'。实践证明，商会不愧为党和政府联系非公有制经济人士的桥梁纽带，不愧为政府管理和服务非公有制经济的得力助手。"

他强调："千载一时，时不我待。象山港大桥及接线工程将于2012年建成通车，沈海高速甬台温复线即将动工兴建，象山将一举打破交通末梢、偏僻半岛局面，进入'宁波半小时、杭州2小时、上海3小时'经济圈，一跃成为连接长三角和海西经济区、环杭州湾产业带与温台产业带的重要纽带，大桥、海洋、生态、文化等优势将全面凸显，象山将真正迎来千载难逢的黄金发展机遇期和战略突破期。"

他要求："沧海横流，挥鞭催马。全县工商界人士、广大企业家要进一步弘扬海纳百川、勇立潮头的象山精神，抢抓难得的发展机遇，积极投身'抓好千百十，开创十二五'的伟大实践，努力创造新业绩，再创新辉煌。要勇创大业，树立永不满足、永不停步的雄心壮志；要勇于创新，把创新作为企业发展的立身之本，不断提高企业的核心竞争力；要勇担社会责任，牢固树立爱岗、敬业、诚信、守法的意识，积极回报家乡，充分展示象山新时代企业家的崭新风貌。县工商联要进一步继承和发扬优良传统，把引导、服务和帮助民营企业转型升级作为今后一个时期的首要任务，为促进我县经济加快转型升级和新一代象山企业家健康成长作出更大的贡献。"

汤为平在致辞中指出："辉煌百年，历史为证。1910年，位于东海之滨象山半岛的商人们组建了象山商会，拉开了象山商会发展的序幕，也开始了百折不挠的发展。新中国成立后，在旧商会基础上，成立了象山县工商联。从新中国初期的百废待兴，到实行对资本主义工商业的社会主义改造；从贯彻落实对工商业者的和平赎买政策，到引导工商业者进行自我教育、自我改造；从党的十一届三中全会以经济建设为中心，到党的十四大确立社会主义市场经济体制；从党的十五大提出的确立多种所有制共同发展的基本经济制度，到党的十七大提出的要毫不动摇地鼓励、支持、引导非公有制经济发展，象山县工商联始终做到'坚定不移跟党走，尽心竭力为四化'，引导广大非公有制经济人士热爱国家、拥护党的领导、拥护社会主义制度、拥护改革开放政策，坚定不移地走中国特色社会主义道路，为建设和谐滨海新象山凝聚力量。特别是进入新时期，象山县工商联坚持以邓小平理论和'三个代表'重要思想为指导，牢固树立科学发展观，在象山县委和县政府的领导下，充分发挥统一战线性质的人民团体和民间商会的作用，认真履行工作职能，积极参政议政，服务会员，拓展组织；充分发挥自身优势，努力以商引商，以商会商，以商联商；突出思想政治教育，引导非公有制经济人士爱国敬业，诚信守法，致富思源，为象山经济发展和社会进步作出突出的贡献。”

她希望：“以商会百年庆典为新的、更高的起点，继承和发扬百年商会的优良传统，秉承先辈之风、勇创未来之业，以时不待我的精神，在继承中创新，在创新中发展，牢记历史使命，发挥自身优势，锐意开拓进取，为我省实现‘科学发展走在前列，惠及全省人民的小康社会全面建成’的目标而努力奋斗！谱写出无愧于先人、无愧于时代的崭新篇章！”

县委常委、统战部部长黄敏求主持大会。

当晚，在象山剧院举行象山县商会成立100周年纪念大会大型文艺晚会，以“继往开来、再铸辉煌”为主题，由县工商联、商会主办，县文化馆承办，杭州新青年歌舞团为班底，多个文艺团体和艺人的演出精彩纷呈。出席纪念大会的领导和会员企业职工代表观看了文艺节目。晚会由周小海、王博主持。

象山县商会成立100周年文艺晚会节目演出一览表

序 号	形 式	名 称	表 演 者
1	开场水鼓	《盛世鼓韵》	新青年歌舞团
2	男声小组唱	《中国龙》	屠旭东 钟波 陈忠
3	现代舞	《奋斗》	新青年歌舞团
4	女声独唱	《上海滩》	雷 睿
5	女声独唱	《凤凰展翅》	雷 睿
6	女子群舞	《水韵》	新青年歌舞团
7	滑稽魔术	《快乐十分钟》	杨 超
8	音乐快板	《百年征程铸辉煌》	象山县商会
9	男声独唱	《我的骄傲》	叶佩嘉
10	男声独唱	《奔跑》	叶佩嘉
11	新民乐演奏	《出征》	女子十二乐坊
12	戏曲清唱	《金山战鼓》选段	董柯娣
13	杂 技	《头顶圈》	杭州杂技团
14	女声独唱	《四季平安》	徐 宁
15	歌 舞	《让我们舞起来》	新青年歌舞团

在百年商会庆典期间，县工商联收到了石浦原工商业者和原小业主贺词和贵州省黄平县工商联贺信。

祝　贺

象山县商会成立百年志庆

古镇商会　　华诞百岁

历经沧桑　　遍地花开

桥纽作为　　非公增辉

老朽有感　　诚斯贺也

原工商业者98老人高杰

原小业主93老人朱武平代表

石浦全体老会员同贺

2010.10.03

（韩国明）

浙江省首个海峡两岸交流基地授牌仪式在象山县举行

2012年12月20日上午，浙江省首个海峡两岸交流基地授牌仪式在象山石浦港畔举行。中共中央台办、国务院台办主任王毅，宁波市政协主席唐一军，浙江省台办主任裘小玲，宁波市副市长洪嘉祥，国台办交流局副局长王冰，象山县四套班子领导出席授牌仪式。

授牌仪式由宁波市台办主任施金国主持。授牌仪式上，县委书记李关定介绍了海峡两岸交流基地创建情况，洪嘉祥代表市委市政府致辞，王冰宣读了国台办关于同意在浙江象山设立海峡两岸交流基地的批复文件，王毅代表中共中央台办、国务院台办正式授予象山“海峡两岸交流基地”牌匾。

在今年6月17日举行的第四届海峡两岸论坛大会上，象山县正式成为浙江省首个海峡两岸交流基地，系全国17个海峡两岸交流基地之一，成为浙（象山石浦）台交流又一张靓丽名片。

象山县是全国对台工作的重点县，与台湾地缘相近、人缘相亲，有在台象山籍同胞近2万人，其中台东县富冈新村的村民系57年前从石浦镇渔山岛迁徙过去。石浦港是全国六大中心渔港和大陆五个对台小额贸易更加开放试点口岸之一，也是长三角离台湾最近的港口，历来是台湾渔民在大陆进行避风、补给的首选港和开展两岸经贸合作的重要口岸。近年来，象山牢牢把握两岸关系和平发展主题，全方位扩大两岸基层交流，推动与台东县建立县、镇（市）、村三级交流合作体系，进而广泛拓展与台湾其他地区的基层交流，多项活动被国台办列入重点交流项目，两岸同源、两岸同根营造了信俗共祭、史料共享、两岸同祖、文化共襄的良好氛围。特别是去年以来，象山县紧紧抓住浙江海洋经济发展上升为国家战略的有利契机，全面谋划创建浙台（象山石浦）经贸合作区，为进一步深化对台交流合作搭建了新的战略平台，吸引台胞台商纷至沓来开展投资考察、观光旅游等各项活动。

洪嘉祥在授牌仪式上说，象山充分依托得天独厚的海洋资源禀赋和良好的对台交流合作基础，以申报海峡两岸交流基地为契机，扎实推进浙（象山石浦）台经贸合作区创建工作，稳步开展两岸基层民俗文化交流和农渔业、口岸贸易、海岛开发、休闲旅游等方面的合作，涉台工作走在全市前列。此次授牌，标志着对台交流合作工作进入了崭新的阶段，成为宁波多领域、多层次、全方位与台湾各界交流的重要平台。希望象山能以此为新起点，进一步发挥在两岸交流中的重要作用，打造在全国有影响力的海峡两岸交流平台。

李关定表示，象山将认真研究制定海峡两岸交流基地发展规划，明确发展目标和功能定位，进一步深化基层交流，不断拓展交流领域和渠道。同时加快建设浙（象山石浦）台经贸合作区，积极创建国家级台商投资区、对台科技交流合作基地和台湾农民创业园，全力构建两岸经贸合作的创新平台、两岸海岛开发的实践平台、两岸农渔产业的合作平台、两岸人文交流的示范平台和两岸共建共享的海港新城，积极打造海峡两岸交流基地建设示范区，为增进两岸人民福祉、推动两岸和平发展作出更大贡献。

（统战部办公室、县台办）

江兴浩先生捐资25万元助力海岛新农村建设

2011年2月17日，香港甬港联谊会副会长、香港江兴国际投资有限公司董事长江兴浩先生来到鹤浦镇樊岙村，走进了与他颇有渊源的农民文化中心。江兴浩先生来自香港，祖籍宁波，多年来一直支持家乡发展。2009年11月，他向樊岙村捐资25万元，用于该村的新农村建设。

樊岙村斥资165万元建造的农民文化中心，其中的25万元就是江兴浩先生的捐赠款。据该村负责人介绍，由于基础设施相对落后，以前村里的党员大会和村民代表大会要分批次开，而且会场地方狭窄，极为不便。在市侨办和县侨办的牵线搭桥下，江先生捐资25万元助建樊岙村农民文化中心。也正是这25万元启动资金才使樊岙村有了底气去规划大楼，直至如今农民文化中心的建成，可以说意义巨大。

该中心建筑面积800多平方米，配备村民活动室、农家书屋、远程教育播放厅等综合性服务平台，集会议、学习、便民服务、娱乐于一体，不仅结束村里大会分批开的历史，而且极大地丰富当地老百姓的文化生活，为农村经济社会发展和精神文明建设提供了相应的物质保障。

市侨办主任邹建伟，副主任刘国平，副县长林荣根，县委统战部副部长、县侨办主任翁华清，副主任沈颖洪等陪同参观农民文化中心，并向江兴浩先生颁发捐赠证书。

（象山侨网）

象籍港胞徐能捐资助学100万元

2011年4月10日，象山籍港胞徐能先生再向华东师范大学教育发展基金会“能达专项基金”捐赠100万元人民币，用于资助学校优秀教师、优秀学生和贫困学生。

徐能先生长期从事商业投资经营活动，先后创办了多家公司，并与数十家世界500强企业建立了长期良好的经营合作伙伴关系，在金融、石油、房地产、环保、化工、电子、高科技(IT)、服装等多项领域成绩卓著。他在经营理念上讲究福慧双增，追求卓越，在道德品质上讲究爱、悟、缘，说真话、办实事，以善养性，积善为缘。

他于2005年开始设立能达专项基金后，长期给学校作无偿捐助，被上海市人民政府侨务办公室授予“上海明星侨资企业”称号。2009年又在上海华东师范大学设立能达专项基金，以资助贫困学生完成学业，通过他们把爱传递给下一代。

身为象山人的他，时刻惦记家乡的发展，支持家乡的建设。2009年捐赠20万元人民币助建墙头镇敬老院和村农民会所。他说，对家乡他永远爱着，也支持着。

（象山侨网）

香港象山联谊会成立典礼暨象山·香港投资环境推介会隆重举行

2011年10月23日下午，香港象山联谊会成立典礼暨象山·香港投资环境推介会在香港万丽海景酒店举行。

香港宁波同乡会创会会长、世界中华宁波总商会创会会长李达三，世界中华宁波总商会会长周亦卿，香港浙江同乡会会长李德麟，香港甬港联谊会会长忻元甫，中联办协调部副部长王子平，市委统战部副部长史建华等到会祝贺。县委书记李关定出席典礼并致贺词，县委常委、统战部部长黄敏求，副县长陈永忠，县人民检察院检察长吕海庆，县政府党组成员、石浦镇党委书记励志纲等出席会议。

香港象山联谊会是由在港的象山籍同乡发起并自愿参加的联谊组织，旨在团结在港象山籍人士和关心支持象山发展的香港人士，凝聚亲情、联系乡情、增进友情，加强与家乡各个方面的联系合作，为促进香港的长期繁荣稳定和家乡的经济社会发展做出积极贡献。经过近一年时间的筹备，目前参加第一届联谊会的会员人数已达60余人，其人员来自香港各行各业的精英人才，且热衷于同乡会的各项活动。

成立庆典大会上，通过了联谊会章程，宣布了会长、副会长、秘书长、副秘书长和理事名单，聘请了李达三、周亦卿、李德麟、忻元甫、杨咏曼为名誉会长，香港锦锋国际贸易有限公司董事长赵小蝶女士当选为香港象山联谊会首届会长。会长赵小蝶在致辞中表示，联谊会的成立使得在港的象山籍人士有了一个共同的家，在今后的日子里，将充分发挥联谊会的功能，扩大联谊会的规模，壮大联谊会的力量，联合在港同乡，为家乡的建设尽一分力量。

象山县委书记李关定在致辞中说到，香港是象山人的重要旅居地之一，旅港同乡们在自身事业不断发展的同时，心系桑梓、情牵故里。据不完全统计，近年来广大旅港同乡累计为家乡公益事业捐赠达2000多万元，通过牵线搭桥和直接投资，成功引进港资企业90余家，总投资额6.8亿美元。仅今年1—9月，就新成立港资企业13家，总投资额达9470万美元。他指出，香港象山联谊会是在外象山人的一个重要社团组织，也是香港唯一一个联系象籍港胞的社团组织。希望香港象山联谊会秉承“爱国爱乡、敦睦乡谊、服务同乡、造福桑梓”的宗旨，切实发挥职能作用，加强在港象山人的团结与合作，致力于保持香港的长期繁荣稳定，关心支持家乡的改革发展。

随后，县委常委、统战部部长黄敏求主持举行了“象山·香港投资环境推介会”。副县长陈永忠重点介绍了象山区域特色、投资环境、产业特色，重点推介了桥海时代重大招商平台和发展规划。

出席推介会的乡贤对家乡日新月异的变化感到由衷高兴，对家乡迎来前所未有的历史性机遇充满期待，并纷纷表示积极响应家乡的召唤，常回家走走，齐心协力支持家乡大开发、大建设。

县委统战部副部长、县侨办主任、侨联主席翁华清，县委统战部副部长沈颖洪及部分乡镇部门主要负责人等出席了成立典礼暨象山·香港投资环境推介会。

（象山侨网）

小型风电设备世界标准制定会议在象山召开

——李关定到会祝贺锦浪公司承办会议并参与标准制定

2011年11月8日，为期4天的国际电工委员会（IEC）“小型风力发电设备世界标准制定会议”今天起在象山召开。昨晚，举行欢迎仪式，欢迎出席会议的国际电工委员会IEC61400-2标准协会主席戴维·夏曼，国际风能协会主席、秘书长初迪·福赛斯，中国太阳能学会风能专委会主任贺德馨等各国该领域专家。市侨办主任邹建伟、市侨联主席朱筠筠，县领导李关定、林雅莲、黄敏求、王能迭、陈永忠等出席。

国际电工委员会（IEC）成立于1906年，是世界上成立最早的非政府性国际电工标准化机构，负责起草和公布所有电工、电子和相关技术领域的国际标准。此次IEC61400-2国际标准制定会议由宁波锦浪新能源科技有限公司承办，是IEC相关会议首次在中国召开。本次会议的成员，分别来自中国、美国、英国、德国、丹麦、瑞典、西班牙等，为世界测试中心、世界协会及有关国家实验室的领导人，世界风能领军人物，及世界银行能源专家。宁波锦浪新能源科技有限公司总经理王一鸣是IEC61400-2国际标准制定委员会唯一的中国代表。

据悉，锦浪公司进入风电行业已有七年，其主导产品并网式屋顶小型风力发电系统在欧美市场占有一定的份额和影响力。下步将积极参与行业标准的制定和实施，把更加可靠、高效的风电设备贡献给各国。

在欢迎仪式上，国际风能协会主席、中国太阳能学会风能专委会主任贺德馨表示，风电资源丰富、清洁高效，是未来新能源发展的一大方向。这次小型风力发电设备国际标准制定会议在中国、在象山召开，体现了象山县委、县政府对新能源产业的高度重视，也表明象山的小型风能设备制造在国际上已有一定的影响力，将有力推动整个行业的标准建设和规范提升，对中国企业来说也是一次很好的学习、提升机会。

县委书记李关定在致辞中指出，新能源产业是21世纪的朝阳产业，体现了人类积极应对气候变化、大力发展绿色经济的决心。象山高度重视太阳能、风能等新能源产业发展，全力培育、支持锦浪等新能源企业成长壮大，预计今年新能源产值将突破20亿元、增幅高达35%。

李关定说，这次IEC国际标准制定会议在象山举办，充分表明了我县企业在分布式小型风力发电系统方面的技术水平，有助于进一步扩大象山在国际上的知名度，也意味着浙江东部重要的海洋新能源基地将加速崛起。我县将以此为契机，深入实施科教强县和人才强县战略，加快提升科技创新能力，为世界新能源产业发展作出更大的贡献。

仪式上，国际电工委员会IEC61400-2标准协会秘书长初迪·福赛斯对此次会议的召开表示祝贺，对锦浪公司在该领域的努力表示赞赏，并期待标准制定尽快出成果、为行业规范健康发展做出贡献。

（记者　方子龙）

象山墩岙塘村“何艳琼文体活动中心”落成

2012年6月13日上午，象山县泗洲头镇墩岙塘村举行“何艳琼文体活动中心”落成仪式，香港同胞、宁波市侨商会常务副会长、宁波江友电子有限公司董事长江黎鋆先生，县委常委、统战部部长黄敏求，市侨办巡视员邹建伟，市侨办副主任黄国海等出席典礼，黄国海副主任向江黎鋆先生颁发捐赠证书。

墩岙塘村地处泗洲头镇南部，农村集体经济较薄弱，基础设施建设和村民文化生活相对落后。为助推新农村建设，市侨办和县侨办积极牵线搭桥、联络海外侨胞，在市侨办的引荐下，港胞江黎鋆先生捐资25万元人民币支持墩岙塘村文体活动中心建设。该中心配备会议室、村民活动室、图书阅览室、播放厅等综合性服务平台，集村民会议、学习、文体活动等功能于一体，极大丰富了村民的文化生活。

典礼上，江黎鋆先生说：企业家做善事是一种责任。今天我要感谢村民们给了我一个做善事的机会，我很高兴。

县委常委、统战部部长黄敏求在致辞中高度赞扬江先生在开拓自己事业同时，始终奉行“发展始于创业，善行源于责任”，热心地方公益事业，积极参与助推新农村建设的善行义举。要求县侨办、泗洲头镇政府等单位要按照《浙江省华侨捐赠条例》，管理好、使用好文体活动中心，为农村两个文明建设做出应有的贡献。

县委统战部常务副部长、县侨办主任翁华清，泗洲头镇党委政府主要领导，县侨办副主任郑颖等出席落成典礼。

（象山侨网）

首届世界象商大会隆重举行

2017 年 9 月 15 日下午，“首届世界象商大会”在国际大酒店隆重举行。200 多名海内外象商代表汇聚一堂，共话桑梓之情，共谋发展大计。市委常委、统战部部长梁群出席大会并讲话。县委书记叶剑鸣在会上致辞。县委副书记、县长黄焕利主持大会。县领导金红旗、俞骏、孙小雄、刘国中、陈兴立、范焕平、陈爱武、奚海峰、陈善方、黄敏求、胡建萍、华弼天、周坚栋、石坚定、宣业靖、周平飞、励茂平，县人民检察院检察长袁学宏，浙台（象山石浦）经贸合作区管委会专职副主任张学军等出席大会。

中国工程院院士、浙江大学教授陈纯，墨西哥中华企业协会主席包荣林，英国 MMD 集团亚太区总裁朗旺凯等海内外象山籍代表人士应邀出席。

梁群对“首届世界象商大会”的召开表示热烈的祝贺，向出席大会的象山乡贤表示热烈的欢迎，向世界各地的广大象商致以诚挚问候。他说，海内外象商是“宁波帮”的重要组成部分，象商的崛起、发展和壮大，让世界认识了象山，认识了宁波。今天，象商总会的成立和“首届世界象商大会”的召开，不仅为“宁波帮”增添了新的发展活力，也必将进一步传承弘扬象商优良传统，集聚天下象商巨大能量，激励和引导全体象山人民，共同创造出无愧于先辈、无愧于时代的光辉业绩。希望广大象商大力弘扬“海纳百川、勇立潮头”的象山精神，推动事业发展蒸蒸日上；大力弘扬义利兼顾、树高不忘根的赤子精神，积极投身家乡建设；大力营造合心合力、创业创新的氛围，为海内外象商反哺家乡创造最好最优的环境。

叶剑鸣在致辞中高度肯定了广大象商在三十多年的创业创新实践中展现的自立自强、艰苦奋斗的顽强意志，追求卓越、勇立潮头的创新胆魄，重信重义、情系家乡的桑梓情怀，着重介绍了象山良好的发展机遇，优质的发展平台，深厚的发展潜力，开明的发展胸怀和宜居的发展环境。他说，当前，象山正处在振兴崛起、追赶跨越的关键时期，也为广大象商搭建了创业舞台、拓展了合作空间、提供了投资机会。希望广大象商始终不忘初心，不断追求更大发展；留住乡愁乡恋，共同参与家乡建设；关心家乡发展，努力讲好象山故事。他表示，不管广大象商身在何处，象山始终是大家最温馨的家；不管广大象商事业发展到什么阶段，象山始终是大家最坚实的后盾。县委、县政府将继续坚持亲商、安商、富商的理念，构建“亲”“清”新型政商关系，深化“最多跑一次”改革，全面优化营商环境，使象山成为优质服务的高地、要素集聚的洼地、投资创业的福地。

会上，叶剑鸣为象商总会的成立授牌，金红旗为“荣誉象山人”“爱乡楷模”颁发证书并授予奖盘，县委常委、统战部部长陈爱武（女）宣布象商总会会长、副会长名单，象商代表郎旺凯宣读了倡议书，陈纯、包荣林、张彦、朗旺凯作主旨演讲。据悉，此次世界象商大会期间，共计27个项目签约，总投资59亿元。其中，外资项目5个，投资总额1.91亿元，协议外资1.07亿美元；内资项目22个，投资总额46.7亿元。

（记者孙建军《今日象山》）

二、2013—2017年统战大事记

2013—2017年统战大事记，虽在本志下限时间之外，但成于本志书付印之前，为保存资料计，故特予收录。

2013年

〔综述〕

2013年，象山县统一战线工作认真贯彻落实中央和省委、市委关于加强党外代表人士队伍建设和县级统战工作文件精神，以夯实共同思想政治基础为核心，以加强党外代表人士队伍建设为基础，深入实施“3个‘四’”统战提升工程：（1）四项重点工作。认真贯彻落实中共十八大精神，出台《中共象山县委关于进一步加强新时期统一战线工作的意见》，加强党外代表人士队伍建设，推进民间信仰事务规范化管理。（2）四大特色品牌。拓展完善基层商会互助资金会融资服务功能，丰富民族和睦邻里节活动内涵，健全党外代表人士廉情问询长效机制，加强“海内外象山人”数据库建设，着力扩大工作影响力。（3）四大支撑平台。加快建设象山县商会大厦，打造“海峡两岸交流基地”建设示范区，充分发挥县社会主义学院教学阵地作用，构建网络统战平台，着力提升统一战线整体形象。强基础、创特色、搭平台，为奋力开创现代化滨海休闲城市建设新局面提供强大的力量支持。

〔要事记年〕

1月4日至2月5日，县侨办侨联开展2013年新春走访、慰问活动。先后走访慰问县归侨、侨眷、港属、侨（留）资企业56家，困难归侨、侨眷17家，困难弱势群体52家，共发放慰问款物近8万元。

1月9日，全县统战工作例会召开。县委常委、统战部部长黄敏求讲话。县委统战系统各部门主要负责人、各镇乡（街道）统战委员、统战部机关全体干部参加会议。

1月15日，定塘镇田洋湖基督教新堂落成庆典。

1月17日，县民宗局局长张日成与副局长许曙敏、黄兵现赴宁波参加全市民族宗教工作会议。张华行被评为市民宗系统信息工作先进个人。

是日，县侨联八届十次全委会暨县留联会五届六次理事会在象山宾馆召开。副县长陈照民，县委统战部常务副部长、县侨办主任翁华清，县侨联委员、留联会理事20余人出席会议。会议组织学习中共十八大精神，审议县侨联和留联会2012年工作总结和2013年工作任务。

2月7日，县“浙商之春”迎新、恳谈会在松兰山黄金海岸大酒店召开。县委统战部副部长、工商联党组书记周礼胜参加会议。

2月15日，涂茨基督教堂举行建堂百年庆典。

2月26日上午，县工商联主席办公会议召开。县委常委、统战部部长黄敏求宣布县工商联日常会务工作由县委统战部副部长、工商联党组书记、副主席周礼胜主持。

2月26日至3月1日，县民宗局局长张日成等赴福建厦门、莆田学习考察民间信仰活动场所管理工作。

3月6—7日，县民宗局长张日成与副局长许曙敏、黄兵现等赴天台、宁海、宁波等地看望慰问释克慧、释了藏、释慧明、黄斌盛等县外象山籍宗教界代表人士。

3月12日，副县长陈照明到瑞龙禅寺和玉泉讲寺调研宗教工作。

3月13日，市民宗局副局长顾卫卫等到象山督查贯彻落实全省民族宗教工作电视电话会议精神情况。

是日，全县统战工作会议召开。县委常委、统战部部长黄敏求作2012年工作报告，部署2013年工作任务；会议表彰先进。各镇乡（街道）统战委员、统战干事，县级有关部门政工负责人，统战系统各单位全体干部参加会议。常务副部长翁华清主持会议。

3月15日下午，《象山县工商业联合会（商会）志》在县工商联机关会议室通过评审。

3月20日，象山统一战线手机报正式创办。定于每周三下午向300余名党外代表人士及2万余名社会各界人士发送，设有“要闻速递”“他山之石”“统战小故事”“统战知识”等栏目。

3月21日，县第九次归侨侨眷代表大会召开。县委书记李关定出席会议并讲话。省侨联副主席、市侨联主席朱筠筠，县领导黄敏求、励茂平、孙小雄、胡建萍等出席。会议审议通过关于县侨联第八届委员会工作报告，关于《象山县侨联工作细则修正案》决议；选举产生县侨联第九届委员会领导班子，聘任顾问7名。

3月21日，县侨联召开九届一次常委会议。会议研究部署2013年县侨联工作。

3月23日，墙头商会成立教育基金会。

3月25日，农工党宁波市委会主委陈为能、专职副主委徐翔一行到象山商议建立农工党基层组织事宜。与县委常委、统战部部长黄敏求在象山建立基层组织交换意见；与农工党发展对象座谈交流。

4月3日，县青联开展“警（军）营文化行”活动，30名委员先后参观县“双联”中心、巡特警大队、看守所与国防培训基地等。

4月8日下午，国台办常务副主任郑立中到象山考察对台经贸合作区。走访调研海峡两岸交流基地及展示中心，听取象山经济社会发展和对台交流合作情况。省台办副主任林呈生，市委副秘书长陆志孟，市台办主任施金国、副主任吴其通，县领导李关定、黄敏求、励志纲、叶富兴等陪同。

4月10日，市工商联成立60周年暨市第四届优秀中国特色社会主义事业建设者表彰大会在宁波东部行政会议中心召开。象山李红蓥、胡全福、干国成、洪松茂4名企业家被授予“第四届宁波市优秀中国特色社会主义事业建设者”称号。

是日，全县少数民族代表人士学习会在新光大宾馆五楼会议室召开。代表20余人。县民宗局局长张日成出席并讲话，副局长黄兵现主持。

4月11日，中国民主促进会象山县支部委员会、中国农工民主党象山县支部委员会正式成立。县政府副县长王安静、县科技局局长钮晶莹分别当选主委；县委书记李关定、中国民主促进会宁波市委员会主委李太武、中国农工民主党宁波市委员会主委陈为能出席并讲话。会后，民进象山支部、农工党象山支部分别组织人员赴高塘岛乡、东陈乡开展支教下乡和义诊活动。

4月12日，全国政协副主席、全国工商联主席王钦敏到宁波调研工商联（商会）工作及民营经济发展情况。县人大常委会副主任、工商联主席励茂平赴甬参加座谈会。

4月20日，县工商联党组书记周礼胜率工商联机关党员志愿者赴茅洋乡溪东村开展“清洁乡村专项行动”活动。

4月22日，市委统战部副部长、市工商联党组书记余海大到象山调研商会党建工作。

4月26—27日，市新生代企业家培训班在宁波经管学院举办。象山石磊、施定威、樊剑、石海燕、王雪5名企业家参加。

是月，县华侨及归侨、侨眷、留学生家属自发捐款“情暖雅安”活动，共捐助现金8700元，其中华侨冯屏在法国大使馆捐5000元。

5月6日，全国非公有制经济人士理想信念教育实践活动电视电话会议召开。县委统战部副部长、工商联党组书记周礼胜、县工商联副主席刘保赴甬参加。

5月14日晚，“同心共铸中国梦”诗歌、散文朗诵会暨“同心颂·象山信合杯”全国诗歌散文大奖赛颁奖典礼在象山县广电中心演播大厅举行。中央统战部《中国统一战线》杂志社社长兼总编邢福有，市委统战部常务副部长谢群华、副部长叶剑辉，省委统战部研究室副主任姚晓江，县委常委、统战部部长黄敏求等出席并为获奖者颁奖。14个省市自治区的获奖者代表参加。

5月15日，第三届象山县优秀中国特色社会主义事业建设者表彰大会召开。王一鸣等25名非公有制经济人士获得象山县优秀中国特色社会主义事业建设者称号。县委常委、统战部部长黄敏求，县人大常委会副主任、工商联主席励茂平，县人民政府副县长陈照民，县政协副主席周平飞及有关部门负责人出席。

5月17日，新桥双龙庵举行新大雄宝殿上梁庆典。

5月18日，县民宗局全员应邀赴宁海参加浙江慈云佛学院成立揭牌仪式。

5月21日，县委统战部副部长、工商联党组书记周礼胜及部分县工商联执常委、基层商会秘书长，在象山分会场参加第二届浙商大会筹备工作暨“十万浙商进百区”活动动员部署视频会议。

5月24日，全县基本侨情调查工作动员大会召开。县基本侨情调查工作领导小组成员、各部门政工负责人和各镇乡党委（街道党工委）副书记、统战委员、统战干事等近200人参加会议。县委常委、统战部部长黄敏求、市侨办副主任黄国海出席并讲话，副县长陈照民主持会议。

5月30日至6月1日，县民宗局局长张日成与副局长许曙敏、黄兵现赴上海同济大学参加宁波市民族宗教局局长培训。县青联组织人员到定塘镇爱心阳光家园看望智障孩子，赠送生活用品、运动器具等近2000元礼品。

6月7日下午，民主党派组织发展工作座谈会召开。民盟象山总支主委胡建萍、民进象山支部主委王安静、农工党象山支部主委钮晶莹、县委统战部副部长沈颖洪和三个民主党派基层组织班子成员出席会议。县委常委、统战部部长黄敏求，市委统战部部务会议成员、党派处处长郎占领出席并讲话。县委统战部常务副部长翁华清主持会议。

6月14日，县民宗局副局长许曙敏、科长张华行赴宁波饭店参加全市民间信仰事务管理暨佛教专项工作座谈会。

6月21日，县民宗局正副局长赴北仑交流考察少数民族创新工作。

7月2日，省委副书记、省长李强批复同意象山县报批国家级浙江象山台商投资区。4日，省政府印发浙政〔2013〕35号文件，向国务院正式提交申报设立国家级浙江象山台商投资区请示。

7月4日，县党外知识分子联谊会与宁波绿苑开发有限公司举行“同心”农业服务授牌仪式。县委统战部副部长沈颖洪、县知联会常务副会长莫俶茜、知联会农业服务团负责人倪伟珍、任青良，宁波绿苑开发有限公司经理金从标出席授牌仪式。

7月5日，县人大常委会主任金红旗等赴台湾考察期间，在台北拜会国民党副主席洪秀柱。

7月6日，市、县知联会在鹤浦中心卫生院同心基地开展义诊活动。10名专家义诊，服务群众200余人次。

7月8日，省基督教两会在丹城信德堂举办的“和谐之声”圣乐晚会。市民宗局副局长顾卫卫观摩。

7月11日，市民宗局副局长李伟波等3人到象山督查宗教活动场所安全工作。听取县民宗局关于安全工作专项行动介绍，并现场检查报德寺、瑞龙寺与旦门基督教堂等宗教活动场所安全工作情况。副县长陈照民、县民宗局局长张日成等陪同。

7月18日，县工商联组织日杂百货、家居、数码、广告、医疗器械、医药等6家行业商会20名业主赴石浦镇、西周镇实地考察商业投资环境。

7月19日，县党外知识分子联谊会第二届会员大会召开。吸收会员77名。市委统战部党外知识分子处处长、市知联会秘书长郑海林，县委常委、统战部部长黄敏求，县人大常委会副主任、工商联主席励茂平等出席会议。民盟象山总支主委胡建萍，民进象山支部主委王安静，农工党象山支部副主委朱爱春等到会祝贺。县委统战部常务副部长翁华清主持会议。

7月24日，县委书记李关定考察象山商会大厦建设工程。

7月25日，县侨联九届二次常委会暨县留联会五届七次理事会召开。会议学习传达《中华人民共和国出境入境管理法》涉侨调整内容和象山县《鼓励海外高层次人才创新创业的实施意见》文件精神；通报县侨联、留联会2013年度上半年工作情况及下半年任务。

是日，全县统战工作例会召开。各镇乡（街道）创新、重点工作汇报；总结上半年全县统一战线工作情况，部署下半年工作。

7月27日上午，县第七届民族和睦邻里节开幕。市民宗局副局长李伟波及县领导白国璋、黄敏求、励茂平、邱金岳出席开幕式。

是日，县第七届民族和睦邻里节暨第八届晓塘白玉湾葡萄节在晓塘乡白玉湾生态农业观光园开幕。县政协主席白国璋宣布开幕，市民宗局副局长李伟波及县领导黄敏求、励茂平、邱金岳出席。晓塘乡茶光菊（彝族）、石浦镇宋绍兰（仡佬族）、墙头镇符蝶（黎族）荣获“县少数民族创业致富能手”称号，西周镇韩光子（朝鲜族）、爵溪街道赵久梅（布依族）荣获县“少数民族和谐闪光之星”称号，晓塘乡和信制药设备公司董事长冯艇和鹤浦超普渔具配件厂经理杨红梅（土家族）荣获“县2013年度民族团结进步贡献奖”。

7月30日，县民宗局局长张日成等赴墙头督查镇海庵雷公诞辰非通常性活动安全保障工作。

8月1日，全市各民主党派工商联无党派人士为现代化国际港口城市建设作贡献经验交流暨表彰大会中，民盟象山支部获先进集体称号。

8月6日，县工商联（商会）《象山县工商联开展“十万浙商进百区”活动实施方案》通知印发。

8月8日，市民宗局副局长顾卫卫一行3人到象山调研雅林溪教会申请批准设立宗教活动场所有关事宜。

是日，贤庠商会召开第二次会员大会。选举产生第二届理事会，理事24人，会长沈永平。

8月16日，第六次台属台胞代表大会在丹城召开，会议选举产生新一届台属台胞联谊会会长、副会长、秘书长。

8月22日，省政协副主席、省委统战部部长汤黎路，省委统战部副部长楼炳文，市委统战部常务副部长谢群华一行到象山调研统战工作。县领导李关定、白国璋、黄敏求、励茂平等陪同调研或参加座谈。

8月23日，县工商联系统宣传信息工作会议在海洋酒店召开。各基层商会、直属商会通讯员共30人参加。市工商联党组成员、秘书长傅海明应邀到会指导。

8月28日，全国政协台联界别委员到象山集体调研对台工作。

8月下旬，副县长陈照民先后走访慰问侨眷郎祖谋，回乡创业华侨王珏越，到象山创业人士、留美博士朱明甫，困难空巢归侨凌文青。县侨办副主任郑颖陪同。

9月5—7日，县民宗局全员在爵溪弥陀净寺，督查赵五娘八月初三香期大型活动安保工作。其间，香客逾2.5万人次。

9月7日，市工商联、县委统战部、县工商联共同主办“宁波民企业文化论坛走进象山”活动——“中国梦与民企责任”主题报告会在象山县图书馆举办。中央党校教授、经济学博士周天勇专题报告。县委宣传部、县经信局、县商务局、县侨办等部门负责人和县工商联执常委、基层商会理事以上企业家计140余人参加。

9月9日下午，县台湾同胞投资企业联谊会成立大会举行。县委常委、统战部部长黄敏求，市台办副主任谢再盛以及宁波市台湾同胞投资企业全体理、监事出席。

9月11日，象山县台湾同胞投资协会联谊会成立。

是日，县海外华侨华人青年代表包荣升、董定国、范忠伟、苏峰、奚锦、严秀琪、张于洋、周宸、周剑敏等人，在南苑环球酒店参加由市侨办和鄞州区政府联合举办“2013宁波世界华侨华人青年大会”，与31个国家和地区近200名海外华侨华人杰出青年代表汇聚一堂，开展经济、科技、文化等合作交流活动。荣升国际总经理包荣升获得“海外侨务大使”荣誉。会议期间，参加鄞州区投资环境推介会，实地考察宁波博物馆、创新128园区、宁波南部商务区等地。

9月13日，副县长陈照民率县民宗局、县消防大队、县住建局、县安监局等单位有关领导赴新桥、定塘和晓塘督查宗教活场所安全整治专项行动。

9月15日，第十六届中国（象山）开渔节“港台侨浙商”象山投资合作恳谈会举行。市侨办巡视员、市侨商会高级顾问邹建伟出席，县委副书记、县长叶剑鸣致欢迎辞。副县长邱金岳主持会议。

9月15—16日，县工商联组织异地商会会员20余人回乡开展投资考察交流活动。其间，广东商会、芜湖商会、杭州商会（筹）会员实地考察工业示范园区、滨海工业园、城南高新区和相关企业。

9月16日，省政协副主席、民革省委会主委、省侨联主席吴晶到象山调研。市政协副主席王建康，省侨联副主席、市侨联主席朱筠筠，县委常委、统战部部长黄敏求，县委常委、石浦镇党委书记孙小雄等陪同。

是日，市民宗局许可筹备设立象山基督教雅林溪圣恩堂（甬民宗许决〔2013〕3号）。

是日，省政协副主席、民革省委会主委、侨联主席吴晶到石浦镇调研侨联工作，并检查验收镇侨联申报省示范性基层侨联组织情况。市政协副主席王建康，市侨联主席朱筠筠，县委常委、统战部部长黄敏求，县委常委、石浦镇党委书记孙小雄，县委统战部常务副部长、侨联主席翁华清等陪同。

9月22日，县工商联（商会）与衢州市柯城区工商联（商会）缔结友好商会签字仪式在衢州举行。县人大常委会副主任、工商联主席励茂平出席。

9月26日，由中天电视、《旺报》《经济日报》《联合报》等台湾媒体组成采访团到象山采访浙台（象山石浦）经贸合作区。

9月27日，黄避岙商会成立教育基金会。

9月28日，晓塘商会召开第二次会员大会。选举产生第二届理事会，理事21人，会长黄安全。

10月11—12日晚，两岸名家名票友组成京剧演出团，分别在石浦海峡广场、象山县文化活动中心上演《贵妃醉酒》《打龙袍》《锁五龙》《四郎探母》《文姬归汉》等20个著名京剧折子戏。浙江省京剧团乐队伴奏。县领导黄敏求、罗来兴、沈红屹、励茂平、胡建萍到场观看。

10月13日，2013宁波象山（香港）投资环境推介会暨香港象山联谊会两周年庆典在香港"富豪香港酒店"举行。香港甬港联谊会会长忻元甫到会祝贺。县委副书记、县长叶剑鸣出席并讲话。县人大常委会副主任励茂平、县委统战部常务副部长、侨办主任翁华清，县招商局局长娄海东，县委统战部副部长沈颖洪等出席。县委常委、统战部部长黄敏求主持会议。象山香港引才工作联络站成立。县委统战部常务副部长、侨办主任、侨联主席翁华清为象山香港引才工作联络站授牌。香港象山联谊会副会长、秘书长陈兴达聘请为联络站站长。

10月14日，墙头云门禅寺举行观音殿落成庆典。两岸京剧票友举行走亲活动，分别在石浦、丹城演出。

10月18—22日，县第五届家博会暨第七届房展会在人民广场举行，县人大常委会副主任、工商联主席励茂平出席开幕式。

10月21日，新桥回龙禅寺举行天王殿上梁庆典。

10月25日，市民族团结进步创建活动表彰座谈会在宁波饭店召开。表彰会上，晓塘乡茶光菊荣获"宁波市第一批少数民族十佳创业致富能手"称号。丹东街道大碶头基督教堂举行"天恩"铜管乐队组建20周年庆典。

10月30日，县新生代创业联谊会成立大会在国际大酒店召开。大会选举产生第一届理事会，会长卢锋，执行会长吴晓琦，王雪副会长兼任秘书长。县委副书记、县长叶剑鸣，市委统战部副部长俞小勋，县委常委、统战部部长黄敏求，县人大常委会副主任、工商联主席励茂平，副县长陈照民，县政协副主席吴安定出席成立大会。

10月30—31日，市基督教"教风"建设研讨会在象山丹城教堂举行。市民宗局副局长顾卫卫、县民宗局局长张日成等出席并讲话。

10月30日下午，县新生代创业联谊会成立。吸收会员70名，平均年龄33.8岁。县委副书记、县长叶剑鸣，市委统战部副部长俞小勋，县委常委、统战部部长黄敏求，县人大常委会副主任励茂平，副县长陈照民，县政协副主席吴安定出席。

11月1日，象山县举办党外代表人士专题培训会。40余名侨界代表人士参加《中国梦与统一战线》和《涉侨法律法规》专题学习。县委常委、统战部部长黄敏求出席并讲话，市侨政处处长周敏华作《涉侨法律法规》专题讲座。在县社会主义学院举办全县党外代表人士专题培训班。无党派人士、侨界代表人士、宗教界代表人士计117人参加。

11月11日上午，县委组织部、县委统战部召开联席会议，听取县委组织部关于全县党外领导干部实职安排情况介绍，讨论分析《中共象山县委关于加强新形势下统一战线工作的实施意见》（代拟稿）和《县委组织部、县委统战部联席会议议事规则》。县委常委、组织部部长王能迭，县委常委、统战部部长黄敏求出席。

11月13日，经市、县侨办牵线搭桥，由浙江泰来环保科技有限公司总裁鲍海明先生捐赠25万元助建墩岙塘村“休闲公园”捐赠仪式，在泗洲头镇墩岙塘村举行。市侨办党组书记、主任陈瑜，市侨办副主任黄国海，县委常委、统战部部长黄敏求，统战部常务副部长、县侨办主任翁华清，泗洲头镇党委书记张荣飞、镇长周元能等出席仪式。

是日，县知联会在东陈文杰大白鹅养殖有限公司建立同心服务基地。

11月14日，县工商联在四季佳利大酒店召开全县基层商会互助资金会研讨会，全县18个镇乡（街道）商会会长、秘书长出席会议。邀请县财政局、县政府金融办、县人民法院、人民银行县支行、宁波银行等相关单位负责人50人参加会议。

11月16日，茅洋商会召开第二次会员大会。选举产生第二届理事会，理事24人，会长石维坚。

11月18日，县委书记李关定率团赴台湾开展经贸考察推介活动。

是日，市委统战部副部长、市工商联党组书记余海大一行7人到象山县工商联调研。

是日，市“平安和谐宗教场所创建工作”第三检查组（副处长章洪春带队）到象山对口检查“和谐寺观教堂”、星级宗教场所创建工作，实地查看丹城基督教堂、田洋湖基督教堂与飞泉庵。

11月19日，县侨办召开中共十八届三中全会精神专题学习会。县委统战部常务副部长、侨办主任翁华清，从中共十八届三中全会概况、习近平总书记工作报告主要精神、中央《决定》主要精神、习近平总书记关于《决定（讨论稿）》说明、习近平总书记在第二次全体会议上重要讲话精神5个方面，向侨办全体干部传达中共十八届三中全会精神，并部署下步学习宣传贯彻落实工作。

11月20日，南田商会召开第二次会员大会。选举产生第二届理事会，理事10人，会长李红埜。

11月21日，县党外知识分子联谊会石浦镇分会正式挂牌成立。为县首家基层知联分会。县委常委、统战部部长黄敏求，县委常委、石浦镇党委书记孙小雄，县人大常委会副主任、县知联会会长励茂平出席成立大会。

11月21—22日，县侨务部门组织部分归侨侨眷、留学人员家属、港属、侨界政协委员、侨界空巢老人等20余人前往苏州、无锡开展参观考察活动。

11月26日，西周镇第一次归侨侨眷代表大会暨侨联成立大会召开，西周镇侨联正式成立。选举产生第一届侨联委员会，首届镇侨联主席汤显文，副主席周敏华、韩光子，韩兼任秘书长。副县长陈照民到会祝贺并讲话，镇党委书记周坚栋，县委统战部常务副部长、县侨联主席翁华清等出席并讲话。

11月28日，全县佛教协会讲经法会在瑞龙寺举行。

11月29日，县基督教“两会”在松兰山黄金海岸酒店举办“2013年基督教、工商团契活动”。

是日，县留创会召开一届六次理事会暨留创人员“创业创新，梦圆家乡”座谈会。近30人参加。市侨联联络部部长寿伟民，县委统战部常务副部长、县侨办主任、侨联主席翁华清，县委人才办、县科技局、县人社局等部门相关领导出席座谈。鄞州区留创会副会长鲍晓峰、奉化市留创会副会长周辉明应邀参加。县留创会会长王一鸣主持会议。

12月6日，全县第四次党外代表人士、纪委委员廉情问询会在象山宾馆召开，县住建局、城管局等相关负责人现场接受党外代表人士和纪委委员问询，问询结束后进行满意度测评。县委常委、纪委书记李刚参加会议，县委常委、统战部部长黄敏求主持会议。

12月10日，贤庠镇第一次归侨侨眷代表大会暨侨联成立大会召开。县委常委、统战部部长黄敏求，镇党委书记石坚定、县委统战部常务副部长、县侨联主席翁华清等出席并讲话。大会选举产生贤庠镇第一届侨联委员会，主席王志赳。通过《章程》《决议》。

12月11日，县知联会与县科协、科技局、卫生局组织开展科技、文化、卫生“三下乡”活动走进茅洋乡，给当地的农民朋友送去了一场科技、文化、医疗“大餐”。

是日，释可成老和尚百岁寿诞庆典在等慈禅寺举行。省佛协副会长、市佛协会长、天童禅寺方丈诚信大和尚，天台山国清讲寺首座克慧长老，县佛协会长释莲智，鄞州区、宁海县、绍兴柯桥区佛协领导等分别为可成老和尚寿诞拈香致辞。

12月12日，县侨联九届二次全委会召开。会议传达学习中共十八届三中全会精神、第九次全国归侨侨眷代表大会精神，听取2013年县侨联工作报告。

是日，县知联会华翔集团分会举行成立大会。县委常委、统战部部长黄敏求出席并讲话，县人大常委会副主任、县知联会会长励茂平为华翔集团分会授牌，宁波劳伦斯公司总经理马至聪当选为首届分会会长。县委统战部副部长沈颖洪、西周镇党委副书记齐海燕，华翔集团董事局主席周辞美出席。

12月13日，县知联会会长励茂平率理事会成员，赴丽水莲都区老竹畲族镇黄桂村开展扶贫结对活动。县知联会成员为黄桂村如何发展集体经济，提高村民收入献计献策，为改良当地果园品种提供技术支持。在赴丽水途中，理事们还自发捐款3000元，慰问帮扶当地困难群众。

12月19日，石浦镇少数民族联谊小组成立。组长为黄开强（土家族），副组长陶英娣（满族）、宋绍兰（仡佬族）、石世云（侗族）。

12月23—25日，县民宗局分两组前往丹城基督教堂、石浦基督教堂等天主教、基督教23个重点场所督查圣诞节期间安全工作。

12月27日，县党外人士服务中心成立，并举行揭牌仪式。县委常委、统战部部长黄敏求，县人大常委会副主任、县党外知识分子联谊会会长励茂平，县人民政府副县长、民进象山支部主委王安静，县政协副主席、民盟象山总支主委胡建萍，县科技局局长、农工党象山支部主委钮晶莹共同为服务中心揭牌。

12 月 31 日，定塘中垙基督教新堂落成庆典。

是日，县民宗局被评为市民族宗教工作先进集体（甬民宗〔2013〕105 号）与市民族宗教系统安全工作先进单位（甬民宗〔2013〕107 号）。

是日，县民宗局批复县佛教协会同意丹西飞泉庵更名为象山飞泉禅寺，西周紫云庵更名为象山紫云禅寺。

是年，县工商联《发挥商会党委引领作用，大力推进基层商会党组织标准化建设》，获 2013 年度市工商联系统工作创新三等奖。

2014 年

〔综　述〕

2014 年，象山县统一战线工作部门坚持以落实中共十八大和十八届三、四中全会精神为指导，以开展党的群众路线教育实践活动为契机，积极探索新时期统一战线服务经济社会发展的途径和形式，扎实推进“三、六、五工程”。三项重点工作：开展党的群众路线教育实践活动，建议县委出台《关于加强新形势下统一战线工作的实施意见》并抓好贯彻落实，牵头推进浙商（象商）回归工作，着力在夯实基础、强化保障和服务发展上谋求新作为，切实提升统战工作执行力。六个主要抓手：通过开展统一战线庆祝中华人民共和国成立 65 周年活动，加强县党外人士服务中心建设，规范社团组织发展，加强基层组织网络建设，加强民间信仰点管理，建设象山商会大厦，发挥县社会主义学院阵地作用等六个抓手，以点带面，全面发展，切实提升统战工作影响力；五大特色平台：推进基层协商民主制度化建设，举办第八届县少数民族和睦邻里节，推广基层侨联组织个人会员制，深化对台交流交往和经贸合作，规范基层商会互助资金会，创新突破，战线特色，切实提升统战工作竞争力。突出重点，找准抓手，创出特色，扩大成效，进一步提升统一战线工作的整体水平，为加快建设现代化滨海休闲城市广泛凝智聚力。

〔要事记年〕

1 月 1 日，副县长陈照民、袁继新访问涂茨镇玉泉讲寺，县民宗局局长张日成陪同。

1 月 7 日，西周莲花基督教新堂落成庆典，县民宗局局长张日成、副局长黄兵现到场祝贺讲话。

1 月 8 日，县日杂商会成立联合工会。

1 月 11 日，香港象山联谊会赵小蝶、潘银国、陈兴达、鲍淑媛、蔡怡博、陈蒋辉等人及县侨办副主任、侨联副主席郑颖参加在深圳举行的宁波海外联谊会新春团拜会，与来自香港、澳门、台湾等地宁波乡贤欢聚一堂，畅叙乡情乡谊，共话发展大计。副市长洪嘉祥，宁波甬港联谊会会长吕国荣等出席团拜会。

1 月 12 日，县委常委、统战部部长黄敏求会见出席县政协九届三次会议的香港政协委员潘银国、汤碧燕，以及香港象山联谊会副会长胡英锡、侨界政协委员代表方国良。

1月12日，九届三次政协会议间隙，港澳政协委员潘银国、汤碧燕、胡英锡各捐赠1万元现金，侨界政协委员方国良捐赠两万元现金注入“港侨政协委员救助基金”，专项用于救助受灾、困难侨眷（港澳家属）。

1月13日下午，县委常委、统战部部长黄敏求参加九届三次政协会议工商联界别组讨论。县委统战部副部长周礼胜参加讨论。

1月15日，民盟象山总支部第一届四次会议召开。县委常委、统战部部长黄敏求，县政协副主席、民盟象山总支部主委胡建萍、民盟宁波市委会宣传部部长张冬青出席会议。

1月15—28日，县委统战部常务副部长、侨办主任、侨联主席翁华清率全体侨务干部开展2014年新春走访慰问活动。慰问县归侨、侨眷、港属、侨（留）资企业80余家，困难归侨、侨眷13家，困难弱势群体47户，共发放慰问款物近8万元。

1月21日下午，县委常委、统战部部长黄敏求，县委常委、副县长袁继新，县人大常委会副主任应伟刚等一行深入涂茨、大徐一线，走访慰问困难党员群众、农村“三老”人员、困难优抚对象、农村大病救助对象。

是日，县知联会召开二届三次会长会议。总结2013年工作，确定2014年工作思路，评选2013年度县级“知联之星”。

1月21日，县佛教协会在丹东街道宝梵讲寺举行新春茶话会，县民宗局长张日成、县佛协理事、青年骨干僧尼共21人参加。

新春前夕，市委统战部常务副部长谢群华，副部长、市工商联党组书记余海大率市“创二代”联谊会部分企业家深入鹤浦镇、高塘岛乡，开展“同心送温暖”象山海岛行慰问活动。县委常委、统战部部长黄敏求，常务副部长翁华清、副部长周礼胜陪同。共慰问困难家庭50户，发放慰问金5万元。

1月22日，市委统战部、市工商联、市光彩事业促进会联合开展“光彩爱心月　同心送温暖”象山海岛行慰问活动。

1月25日，民进象山支部召开年度会议。中国民主促进会宁波市委员会主委李太武，民进宁波市委会副主委赵夏娟，县委常委、统战部部长黄敏求，民进象山支部主委、副县长王安静出席会议。

是月，《两岸石浦人》一书由中国文化出版社正式出版。县档案局编著。

是月，省侨联八届六次全委会，县侨联被授予“浙江省侨联系统先进集体”称号。

是月，石浦镇侨联获评“省级示范性基层侨联”。

2月10日，定塘大塘基督教新堂落成庆典，县民宗局局长张日成到场祝贺讲话。

是日，县基督教“两会”在大塘基督堂举行按立牧师圣职典礼。傅感恩、张曙光、王伟宏、薛世易4人按立为教师，黄亚云、沈秀珍2人按立为长老，张建国、史旭东、吴惠民3人晋升为牧师。

是日，定塘大塘基督教新堂落成庆典。县内外基督教信徒和来宾5000余人参加落成庆典。

省基督教协会会长顾约瑟牧师、市基督协会会长高建伟牧师致辞祝贺，县委统战部副部长、县民宗局局长张日成致辞。

2月12日，县人大常委会副主任励茂平到县民宗局调研2014年度工作计划。

2月14日，副县长袁继新到县民宗局调研年度工作与民族、宗教工作现状。

2月20日，“全县工业·开放型经济暨‘浙商回归’动员大会”召开。县侨办荣获“招商引资先进小分队”和“象山县开放型经济优胜服务单位”称号。

春节前夕，市委统战部副部长俞小勋到象山慰问县党外知识分子联谊会会长、县人大常委会副主任励茂平。

2月21日，县委统战部上报的《丰富民俗文化交流形式，厚积两岸民间情感共识——象山县持续深化两岸民间文化走亲活动》和《率先推行个人会员制，提升基层侨联组织凝聚力》分别荣获2013年市统战工作创新奖一等奖和省统战工作创新奖。

2月26—28日，县侨办副主任、侨联副主席郑颖一行赴港出席甲午年春节联欢会。在港期间，拜会香港象山联谊会会长赵小蝶、副会长陈兴达，并与陈兴达副会长就象山香港引才工作站的工作情况进行了交流探讨。同时还看望在港工作学习的象山籍青年才俊。

2月27日，县委统战部启动部机关党的群众路线教育实践活动。县委常委、统战部部长黄敏求作动员讲话，县委教育实践活动第三督导组组长朱伟钢出席会议并讲话。县委统战部常务副部长翁华清主持会议。

是日，县委常委、统战部部长黄敏求和县委党的群众路线教育实践活动第三督导组成员一起，到大徐镇黄盆岙村、新罗岙村开展一线“走亲连心”调研，指导2015年县级小康示范村创建。

3月4日，县委常委、县政府副县长袁继新抵县工商联调研，并到商会大厦建设工地考察。

是日，市台办主任施金国一行到象山调研对台工作。县委常委、统战部部长黄敏求，县委常委、副县长沈红屹和副县长叶富兴陪同。

3月11日，县委常委、统战部部长黄敏求一行赴大徐镇浙东表面处理工业园开展企业走亲连心调研活动。之后，黄敏求一行到象山产业区管委会，针对企业反映园区配套不足、招工困难等专题调研。

3月12日，山西省民宗委（宗教局）副主任卫望军、太原市民宗局局长王素红一行6人到象山考察民族宗教工作。

3月13—14日，国台办人事局局长、两岸交流基金会副理事长叶锡安，国台办经济局副巡视员叶向东率省、市相关部门负责人，到象山考察2014年两岸渔业产业项目合作对接准备工作。县领导黄敏求、沈红屹、叶富兴陪同考察。

3月17日，县侨联组织新成立的西周镇侨联、贤庠镇侨联、梅园社区侨联小组一行，赴石浦镇侨联开展学习考察。

3月18日，全市统战宣传调研工作会议召开。象山县委统战部作《开办统一战线手机报专刊，搭建网络统战工作新载体》交流发言。在全市基本侨情调查工作总结会上，象山县侨办、象山丹东街道办事处、象山石浦镇人民政府荣获“全市基本侨情调查工作”先进集体，郑颖等21人获评先进个人。

3月19日，市民宗局处长葛建国、市天主教爱国会副主任黄斌盛到鹤浦调研螺蛳礁天主教堂迁建事宜。贤庠梵教庵观音殿落成并佛像开光庆典。

3月20日，县人大常委会副主任励茂平调研县少数民族工作、宗教活动场所有关情况。

3月21日，全县统战工作会议召开。各镇乡（街道）统战干事，县级有关部门政工负责人以及统战系统各单位全体干部共100余人参加。县委常委、统战部部长黄敏求总结2013年工作，部署2014年工作。县委统战部常务副部长翁华清主持会议并传达省、市统战部部长会议精神。会议表彰2013年全县统战工作各项先进。

3月26日，副县长袁继新到丹城教堂、弥陀寺调研。

3月27日，县人大常委会副主任励茂平到县基督教“两会”、丹城基督教堂、岳头基督教堂调研。

4月12日，农工党宁波市委会组织各支部主委到象山，祭扫农工党员宋无畏烈士墓。

4月17日，县侨联九届三次常委会暨县留联会五届九次理事会召开。传达学习中央《关于加强和改进新形势下侨联工作的意见》文件精神。

4月18日，县工商联组织5家直属行业商会15名企业主与县财政局、县规划局、县商务局、县人保局、县市场监督局、县城管局等6部门分管领导举行恳谈会。

4月19日，农工党象山支部在妇幼保健院首次开展“名医直通车活动”。邀请省儿童医院副院长、儿童内分泌专家傅君芬教授及团队到县妇保站义诊。民盟象山总支和县知联会在泗洲头镇卫生院建立“同心”医卫服务基地，民盟象山总支在泗洲头镇农福生猪专业合作社建立“同心”畜牧服务基地。

4月19—20日，香港甬港联谊会会长忻元甫率领“活力宁波—薪火相传”香港访问团，到象山开展家乡之旅访问考察。县政协主席白国璋会见访问团成员，县委常委、统战部部长黄敏求陪同。

4月24日，全县统一战线坚持和发展中国特色社会主义学习实践活动动员会召开。县委常委、统战部部长黄敏求，县知联会会长、县人大常委会副主任、县工商联主席励茂平，民进象山支部主委、副县长王安静，农工党象山支部主委钮晶莹，民盟象山总支副主委徐辉出席会议。各民主党员成员，工商联、无党派代表人士共130余人参加。

是日，县工商联和县国税局联合组织召开全县协税护税联盟成立大会。浙江东红船业有限公司等20家照章纳税企业被聘为协税护税联盟会员单位。

4月25日，西周镇少数民族联谊小组成立，组长杨占民（蒙古族），副组长韩光子（女，朝鲜族），组员32名。

4月26—28日，弥陀净寺开展净土宗讲经活动，邀请安徽宣城弘愿寺释智随、释灯照法师宣讲。

4月29日，市民宗局局长张慧珍到象山专项督查“三改一拆”涉及宗教和民间信仰场所违法建筑处置工作。常务副县长励志纲、民宗局局长张日成等陪同。

是日，浙江省庆祝“五一”国际劳动节暨劳动模范先进表彰会在杭州举行。民盟象山总支盟员陆振一获省劳动模范称号。

是日，县工商联九届六次执委会召开。会议总结2013年工作，部署2014年工作任务。县委常委、统战部部长黄敏求，副县长邱金岳出席会议。县人大常委会副主任、县工商联主席励茂平主持会议。

是月，县侨办侨联开展侨界投身“五水共治”活动，组织基层侨联组织开展学习，下发倡导海内外侨胞、留学人员共同投身“五水共治”倡议书，丹西街道侨眷自发为五水共治捐款7665元。6月10日，侨资企业宁波裕天海洋生物科技有限公司奠基仪式举行时，向石浦镇政府捐资50万元用于“五水共治”项目。

是月，县侨办、县工商联、县台办荣获2013年度象山县开放性经济优胜服务单位。

5月6日，鹤浦法云古洞举行新大殿落成及佛像开光庆典。

5月6—9日，县侨办侨联组织县留创会成员一行6人赴香港参加第三届甬港澳台青年华商创业创新合作论坛

5月7日，县少数民族联谊会成员10人赴宁海县委党校参加市少数民族“十佳致富能手”巡回宣讲活动。

是日，县委召开民主党派人士座谈会，听取民主党派人士对全县群众路线教育实践活动及县委常委会四套班子贯彻群众路线加强作风建设的意见建议。县委副书记、政法委书记俞骏，县委常委、统战部部长黄敏求，民盟、民进、农工党等民主党派基层组织代表参加会议。

5月8—11日，县佛教协会组织佛教中青年骨干与居士代表22人赴云南考察学习。先后访问大理崇圣寺、昆明圆通寺与云南省佛教协会、昆明市佛教协会。

5月9日，县委常委、统战部部长黄敏求赴大徐镇围绕“如何全面深入领会党的群众路线教育实践活动精神”宣讲党课。

5月15日，县民宗局局长张日成向县人大常委会37次主任办公会议汇报民族宗教工作。

5月中旬，县工商联（商会）根据省、市工商联视频会议精神，开展“象商好故事”宣传活动准备工作。8月正式启动，至年末28名优秀企业家好故事上电视、网站、地方报刊。

5月20日上午，县委常委、统战部部长黄敏求赴对口帮扶大徐镇新罗岙村开展走访慰问活动。

是日下午，省侨办主任王文娟到象山调研侨务工作。县领导李关定、黄敏求、王能选、袁继新等陪同调研或参加座谈。

5月22日，市委统战部常务副部长谢群华带领相关处室负责人到象山调研统战工作。部领导黄敏求、翁华清、张日成、沈颖洪等参加汇报及考察。

5月24日，象山商会大厦建设工程主体结构顺利结顶。县委常委、统战部部长黄敏求，县人大常委会副主任、工商联主席励茂平出席结顶仪式。

5月27—30日，由两岸交流基金会、中国水产品流通与加工协会、台湾渔会主办，2014两岸渔业产业项目合作对接会，在象山石浦召开。国务院台办副主任龚清概、两岸交流基金理事长王富卿，宁波市市长卢子跃、台湾渔会会长黄一成、中国水产流通与加工协会常务副会长兼秘书长崔和以及两岸渔业产业专家学者200余人出席会议。

5月28日上午，“2014年两岸渔业产业项目合作对接会”活动在象山举行。国台办副主任龚清概、两岸交流基金会理事长王富卿、宁波市副市长洪嘉祥等出席开幕式并致辞。县领导李关定、叶剑鸣等与两岸渔业产业专家学者、社团组织和公司负责人等200余人出席。两岸交流基金会副理事长叶锡安主持开幕式。

5月29日，市民宗局副局长顾卫卫到象山督查“三改一拆”涉及宗教违法建筑处置工作进展情况。

是月，加拿大、澳大利亚、希腊、意大利等17国浙江省海外中青年侨领考察团一行19人，由省侨办副主任徐高春陪同到象山考察。县长叶剑鸣，县委常委、统战部部长黄敏求会见考察团一行。

6月4日上午，市政协副主席、工商联主席崔秀玲到象山走访看望部分市政协委员并座谈。县委常委、统战部部长黄敏求，县人大常委会副主任、工商联主席励茂平陪同。

6月9日，欧洲华商投资考察团由市侨办副主任赵骏陪同到象山考察大目湾新城、松兰山滨海旅游度假区等地。省侨办副巡视员李培培与县领导叶剑鸣、黄敏求、沈红屹、袁继新、叶富兴等参加会见或陪同考察。

6月13日，县党外知识分子联谊会定塘镇分会召开成立大会。县委常委、统战部部长黄敏求出席并讲话，县人大常委会副主任、县知联会会长励茂平为定塘镇分会授牌。

6月15日，民主促进会象山县支部在海韵幼儿园举行“父亲联盟行动”启动仪式。“父亲联盟行动”首批8所实验学校、76名志愿者正式亮相。

6月19日，省侨办副主任王通林等到象山调研。省委驻象山督导组组长、省侨办副巡视员李培培，市侨办副主任赵骏，县领导李关定、黄敏求、袁继新会见客人或陪同调研。台湾、香港中评社组成“浙江走亲”采访团由省台办副主任陈正仁陪同到象山采风。县委常委、统战部部长黄敏求会见采访团一行。

6月26日，副县长袁继新、县民宗局局长张日成等赴宁海、奉化学习考察民间信仰、佛教活动场所管理情况，现场走访宁海广德寺与奉化岳林寺、大慈禅寺等。

是日，县侨办侨联在县委党校举办“浙江侨情与侨务工作”专题报告会。第二批党的群众路线教育实践活动省委赴象山督导组组长、省侨办副巡视员李培培作主题报告。全县各镇乡（街道）、县级各部门相关负责人，县侨办、侨联干部、基层侨务工作者、侨界人士等200余人参加。县委常委、统战部部长黄敏求主持。

6月30日，市民宗局副局长顾卫卫率市检查组到象山督导“三改一拆”涉及宗教违法建筑处置工作。

是月，县民宗局检查并指导32处佛教寺院安全管理、道风、生态寺院与宗教文化建设工作情况。

7月14日，县委常委、统战部部长黄敏求到丹东街道陆家村看望象山河路征迁工作组，听取县住建局、县重点办和丹东街道有关陆家村征迁工作汇报，座谈探讨下步加快政策处理、推进工程建设的方法和措施。

7月17日，县侨联九届三次全委会召开。会议学习传达中共中央办公厅《关于加强和改进新形势下侨联工作的意见》文件精神，回顾总结2014年上半年侨务工作，部署下半年工作重点。县委常委、统战部部长黄敏求出席会议并讲话。

7月19日，县民宗局局长张日成等赴墙头督查镇海庵雷公诞辰非通常性活动安全保障工作。参与信众约5000人。

7月23日，省民宗委副主任倪忠扬等到象山督查“三改一拆”涉及宗教违法建筑处置工作。实地查看墙头镇塔岭基督教堂、丹西街道大兴庙后听取工作汇报。县委统战部部长黄敏求、副县长袁继新、民宗局长张日成等陪同。

7月25日，县佛教协会会长释莲智等10人参加市佛协讲经法会。弥陀寺释照法《佛说弥陀经解析》获二等奖。

7月30日下午，国台办副主任叶克冬等到象山考察对台经贸工作。县领导李关定、黄敏求、沈红屹、叶富兴等陪同考察或参加相关活动。

7月31日上午，宁波海外联谊会召开六届一次理事会。市委副书记、宁波海外联谊会名誉会长余红艺出席会议并讲话。李达三、曹其镛等70余名港澳台海外嘉宾参加会议。县委常委、统战部部长黄敏求、香港象山联谊会会长赵小蝶当选理事会常务理事，象山县委统战部常务副部长、侨办主任、侨联主席翁华清，香港象山联谊会副会长兼秘书长陈兴达当选理事会理事。

是月，由日升集团有限公司出资茅洋乡溪东村举办首届文化节。

是月，天安、甬南、健鹰等企业谱写《天安之歌》《甬南之歌》《健鹰之歌》等厂歌。

8月1日，县领导李关定、沈红屹、叶富兴专程赴京拜会国台办领导，中共中央委员、国台办主任张志军，国台办副主任龚清概，两岸交流基金会理事长王富卿亲切会见。台湾农会原主委林享能、台湾总渔会会长黄一成参加拜会。

8月7日，市台办副主任江长荣率市木球协会一行到象山磋商2014“浙台”两地青年木球邀请赛举办筹备情况。县委常委、统战部部长黄敏求，县委常委、副县长沈红屹参加座谈。

8月10日，由民盟宁波市委会举办的“学盟章，读盟史”知识竞赛在鄞州区实验中学举行，全市共选派出12支代表队参与角逐，民盟象山总支部代表队获第一名。

8月11日下午，县委统战部副部长沈颖洪在县教科研中心为参加全县教育系统第四期青年干部培训班的全体学员作“基层统一战线工作”专题培训。

8月14日，县党外知识分子联谊会黄避岙乡分会正式挂牌成立。县人大常委会副主任、县工商联主席、县知联会会长励茂平出席成立大会。黄避岙乡知联分会首期共吸收会员24名。

8月16日，市知联会在鹤浦中心卫生院“同心基地”开展义诊服务活动。市知联会医卫组20名专家参加义诊。

8月20日，市民宗局副局长顾卫卫等到象山检查第二批宗教活动场所消防安全工作。先后实地查看墙头、石浦（灵潮）基督教堂及弥陀净寺、等慈禅寺、宝梵讲寺、玉泉讲寺。

8月21日，县党外知识分子联谊会泗洲头镇分会正式成立。县委常委、统战部部长黄敏求出席并讲话。

8月25—27日，县民宗局全员赴爵溪弥陀净寺，督查赵五娘八月初三香期大型活动安保工作。其间，香客约2万人。

8月26日，县委统战部副部长沈颖洪偕丹东、丹西、石浦、西周、泗洲头、茅洋等镇乡（街道）及相关社区、村干部10余人，赴余姚梁弄镇考察基层民主协商工作。

8月26—29日，县佛教协会组织释果圆、达照、中峰等9人参加市佛教中青年骨干培训班。

8月28日，象山县党外知识分子联谊会东陈乡分会正式成立。县委常委、统战部部长黄敏求，县人大常委会副主任、县知联会会长励茂平参加成立大会。

9月12日，德清县人大常委会副主任、县知联会长方芳等23名成员到象山，与象山县党外知识分子联谊会开展联谊交流活动。县人大常委会副主任、县知联会长励茂平，县委统战部副部长、县知联会副会长沈颖洪陪同。

9月17日，省委统战部民宗处调研员赵旬宝、省民宗委宗教二处副处长娄恒到象山察看丹城基督教堂。

9月18日，县民宗局长张日成偕领释莲智、史奇妙、潘安平、张建国等参加市民族宗教界代表人士季度读书会。

9月23日，县侨办侨联会同县委组织部、县人才办，在松兰山举办“海外高层次人才象山行”活动。数十名荣获“国千”“省千”称号海外高层次人才走进象山，与象山县留学回国人员代表和有关民营企业家召开“携手共进，创业创新”座谈会。市侨联副主席徐文致辞，县委常委、副县长袁继新等出席活动。

9月25日上午，象山县党外知识分子联谊会教育分会成立。县委常委、统战部部长黄敏求，县人大常委会副主任、县知联会会长励茂平出席。

是日下午，象山县新的社会阶层人士联谊会（以下简称县新联会）在象山港国际大酒店会议厅举行成立大会。县委常委、统战部部长黄敏求，县人大常委会副主任励茂平出席大会。

9月27日，县工商联在杭州市梅地亚宾馆召开杭州市象山商会成立大会。会长蒋善会，执行会长黄河，省政协原副主席、杭州市宁波商会会长张蔚文，省委统战部副部长蒋学基，县委常委、副县长袁继新，县人大常委会副主任、工商联主席励茂平，县政府副县长邱金岳，县政协副主席吴安定等出席。

是日，县工商联协同县招商局在杭州召开浙江象山投资促进（杭州）恳谈会，在杭州象山籍企业主20余名出席。

9月29日上午，县党外知识分子联谊会茅洋乡分会成立。县人大常委会副主任、县知联会会长励茂平，县委统战部副部长沈颖洪出席。

是日，宁海县民宗局局长任建平一行到象山对口检查“三改一拆”涉及宗教违法建筑处置工作有关情况。

9月30日，县民宗局局长张日成一行到奉化对口检查“三改一拆”涉及宗教违法建筑处置工作有关情况。

是月，开展“侨资企业服务月”活动，制订侨商投资企业服务月活动方案，走访宁波强盛机械模具有限公司、宁波启新针织面料有限公司、宁波加百列生物科技有限公司等20余侨（留）资企业，了解企业发展情况，收集企业反应的问题和困难，宣传并帮助企业用好我县扶持企业发展政策，征求梳理侨（留）资企业意见、建议，研究落实解决措施。

是月，开展全县侨界代表人士中秋慰问活动。向全县80余名侨界代表人士、困难归侨侨眷、空巢老人、侨（留）资企业开展中秋走亲连心，送服务寄祝福递温暖活动。

是月，石浦台湾同胞接待站干部职工分流安置工作顺利结束。18名在岗职工分别安置到石浦镇人民政府、浙台经贸合作区管委会、石浦渔港管委会、中国水产城管委会工作。

10月6日，县基督教“两会”组织鲍宏亮、王伟宏等10人参加市基督教青年同工培训班。

10月8—10日，2014年“甬台”木球文化交流暨第三届两地木球邀请赛在石浦中国渔村举行。台湾木球代表队4支与宁波木球代表队8支参赛。

10月10日，民盟浙江省委会主委成岳冲等到象山开展“坚持和发展中国特色社会主义学习实践活动”宣讲调研。民盟宁波市委会主委许亚南，专职副主委潘一红，民盟象山总支部委员会主委胡建萍，华翔集团董事局主席、盟员周辞美及民盟象山总支部委员会近20名盟员参加。

10月15日上午，国台办副主任龚清概到象山考察海峡两岸渔业合作示范区建设情况。国台办经济局副局长于红，省台办副主任林呈生、市台办副主任江长荣，县委书记李关定、副县长叶富兴等陪同。

10月17日，象山县第六届家博会在人民广场举行。县委常委、统战部部长黄敏求，县人大常委会副主任、县工商联主席励茂平出席开幕式。

10月20日，象山“盟员之家”揭牌仪式在象山县党外人士服务中心举行。民盟浙江省委会专职副主委徐向东、民盟宁波市专职副主委潘一红，中共象山县委常委、统战部部长黄敏求等领导出席揭牌仪式。揭牌仪式后，徐向东向象山“盟员之家”赠送书籍。民盟象山县总支部主委胡建萍主持。

10月23日下午，县政协社会法制和港澳台侨委员会主任陈明吉一行6人赴宁波象保合作区知情性视察。

10月24日，县委统战部会同县委宣传部、象山港网站等相关人员赴北仑、鄞州等地，学习考察网联会筹备工作。

10月26日，杭州市民宗局局长郭清晔等到象山对口检查“三改一拆”涉及宗教违法建筑处置工作有关情况。

10月28日，省天主教会在象山石浦天主教堂为刘振慧执事举行晋铎典礼。主教胡贤德主礼，宁波、上海等教区30余名神甫、20余名修女及刘振慧家属与各地教友约1000余人参加。

10月29日，台湾民主自治同盟浙江省委员会专职副主委兼秘书长陈清玲等到象山开展“加快浙台经贸合作区建设，推进对台经贸合作”专题调研。

10月30日，县委常委、统战部部长黄敏求专程赴高塘岛台湾石斑鱼精养基地调研。

11月2日，等慈禅寺主持释可成圆寂。民国4年（1915）十一月出生，僧腊88，戒腊81，世寿100岁。7日，举行追思会。

11月4日，台湾南仁湖集团高管何晓光专程再临大目湾新城，实地查看海洋生物馆项目意向建设地块。副县长叶富兴陪同考察。

11月10日，县佛协在象山港路109号展馆内举办2014年度讲经交流会，400余人参加。主讲法师绍兴龙华寺监院释了静与宁海浙江慈云佛学院教务长释法印。

11月11日，象山县商会“微商城”电商平台启动签约仪式在县科创中心举行。县人大常委会副主任、县工商联主席励茂平出席启动仪式。

11月11—12日，丹城基督教堂实施“宗教标志物整改行动”。县民宗局全员现场开展指导与安全保障工作。

11月12—14日，县委统战部组织县各民主党派基层组织班子成员、县党外知识分子联谊会理事会成员、县新的社会阶层人士联谊会班子成员、县网络界人士联谊会筹备组主要成员、各镇乡街道知联分会会长，县知联会教育分会、华翔分会会长，县少数民族联谊会会长、秘书长共38人赴上海交通大学参加全县党外代表人士专题培训班。

11月14日，新桥回龙禅寺天王殿佛像开光庆典。

11月中旬，团县委、县青联、县青少年宫代表赴贵州黔西南州义龙新区万屯镇开展结对助学活动。赠万屯中小学电脑、体育器材等教学用具，并发给20名贫困生每人助学金500元。

11月17日，为搭建海外引智引才平台，成立美国芝加哥海外（人才）工作联络站，聘请旅美中国科学家、博士胡建虹担任美国芝加哥海外（人才）工作联络站负责人。

11月25日，市民宗局副局长许伯强等到象山检查“和谐寺观教堂”（平安宗教场所）创建暨消防安全、档案管理考评有关工作。实地查看爵溪基督教堂与石浦镇福寿庵。

12月3日，县委组织部、县委统战部在县委统战部会议室召开联席会议。县委常委、统战部部长黄敏求，县委常委、组织部部长王能迭，县委组织部副部长伊珍林，县委统战部常务副部长翁华清、副部长沈颖洪，县委组织部部务会议成员、干部一科科长冯颖，两部相关科室负责人参加会议。

12月4日始，县工商联开展“象商好故事”宣传活动结束，评选出“象商好故事”28个。

12月5日，市委统战部副部长叶剑辉一行先后到象山石浦镇、西周镇就市级乡镇基层统战工作示范点建设和基层协商民主推进情况调研。县委常委、统战部部长黄敏求，县委常委、石浦镇党委书记孙小雄，西周镇党委书记周坚栋，县委统战部副部长沈颖洪等陪同调研或汇报会。

12月6日，县新联会一届二次会长会议召开，会长张西平及全体新联会班子成员参加会议。县委统战部副部长沈颖洪应邀出席。

12月9日，市民宗局处长葛建国到象山实地考察鹤浦镇螺蛳礁天主教祈祷所迁建事项。

12月10日，县纪委、县委统战部组织部分县纪委委员、党外代表人士赴茅洋乡文山村、花墙村，泗洲头镇何婆岭村，实地考察新农村建设、乡村旅游、“五水共治”等方面进展情况。

12月11日上午，首届多民族中小学生运动会在县社会职业学校举办。苗族、侗族、土家族等10个民族42名中小学生参加。县民宗局副局长黄兵现、少数民族联谊会会长郑燕女及10余名理事出席。联谊会向社会职业学校捐赠爱心款6000元。

12月12日，县第六次留学人员和家属代表大会在海洋酒店举行，全县70余名代表参加会议。省侨联副主席、市留联会会长朱筠筠到会祝贺并讲话，县委常委、统战部部长黄敏求致辞，县委常委、副县长袁继新，县人大常委会副主任励茂平，县政协副主席赖明和，县委统战部常务副部长、县侨办主任翁华清出席会议。县留联会第五届理事会会长翁华清作《汇聚人才优势，推动转型升级，为加快建设“两美”象山作出新贡献》工作报告。大会选举产生以现任县侨联副主席郑颖为会长的县留联会第六届理事会，并审议通过《象山县留学人员和家属联谊会章程（修正案）》。

12月16日，台湾高雄市15名基层里长到象山考察交流基层管理工作经验。

12月17日，高塘岛乡发生庵举行大殿上梁仪式。

12月24日，全县第五次纪委委员、党外代表人士廉情问询会召开，县农办、县风景旅游局和县水利局等相关负责人，现场接受纪委委员和党外代表人士的问询，并当场接受测评。县委常委、纪委书记李刚出席并讲话。县委常委、统战部部长黄敏求主持会议。

12月25日，朱兴宝任县民宗局局长，张日成局长职务免（县十七届人大常委会第23次会议决定）。

是日，县网络界人士联谊会（以下简称网联会）在东谷湖大酒店召开成立大会。选举会长朱建新，秘书长欧乔娜。县委常委、统战部部长黄敏求，县委常委、宣传部部长罗来兴出席大会并讲话。县人大常委会副主任、县知联会会长励茂平为县网联会授牌。

12月26日，市民宗局副局长李伟波等3人到晓塘西边塘村看望慰问茶光菊（女，彝族）。余姚市民宗局局长柳万兴一行5人到象山考察民族宗教工作。

12月30日，张日成任县工商联党组书记、县委新经济和社会组织工作委员会副书记（兼）；免去周礼胜县委统战部副部长、县工商联党组书记职务；免去刘保县工商联副主席职务，职级保留副局级。

是月，县工商联4月启动开展“象商好故事”宣传活动结束。28名优秀企业家好故事上电视台专题节目和《今日象山》报、象山港网站、县工商联网页等宣传专栏。

是年末，东风、天安、华翔、巨鹰、龙元、象运等10余家企业印发企业彩报。

2015 年

〔综述〕

2015 年，县委统战部深入贯彻中共十八届四中、五中全会和中央、省委、市委统战工作会议精神，全面贯彻落实《中国共产党统一战线工作条例》；充分发挥统一战线独特优势，突出深化改革、队伍建设、平台构建、基层基础、宣传联谊五大重点；积极推进浙商（象商）回归、基层协商民主制度健全、民间信仰活动场所整治等重点工作。进一步提升统一战线工作的整体水平，先后获得市统战工作创新奖和侨务特色引领活动二等奖。

〔要事记年〕

1 月 8 日，全县统战工作例会在东谷湖鼎悦度假酒店会议厅召开。各镇乡（街道）统战委员、统战系统各单位领导与部机关全体干部等 50 人参加。县委常委、统战部部长黄敏求出席讲话。

1 月 11 日晚，宁波海外联谊会迎春团拜会在广东深圳举行。市委副书记余红艺出席致辞。县委统战部常务副部长、侨办主任、侨联主席翁华清，香港象山联谊会会长赵小蝶，副会长潘银国、陈兴达、范忠伟，理事代表蔡怡博、叶秀琴、陈蒋辉、胡志昂等参加。

1 月 15 日，民盟象山总支在象山宾馆会议厅召开一届四次全委会。县委常委、统战部部长黄敏求出席讲话，县政协副主席、民盟象山支部主委胡建萍作工作报告。县委统战部常务副部长、县侨办主任翁华清，副部长沈颖洪出席。

1 月 17 日，市佛教协会会长释诚信、副会长徐文芳等到象山慰问县佛教界人士。

1 月 21 日，象县委统〔2015〕7 号文件聘任：吴永建为县委统战部办公室主任，励石开为县委统战部办公室副主任，董欢为县委统战部党派干部科科长，陈灵灵为县侨联秘书长，张华行为县宗教事务管理所所长，潘琼为县委统战部联络联谊科副科长，胡怡为县委统战部机关妇委会副主任，郑春苗为县党外人士服务中心副主任。

1 月 22 日上午，县侨联在海洋酒店会议厅召开九届四次全委会。县委常委、统战部部长黄敏求出席讲话，县委统战部常务副部长、县侨联主席翁华清作工作报告。县侨联副主席郑颖主持会议。

1 月 22—23 日，全县佛教寺庵负责人 130 余人安全工作培训会在象山技工学校召开。县民宗局全体干部参加，县委统战部副部长、县民宗局局长朱兴宝出席讲话。

1 月 27 日，省妇联主席劳红武到象山慰问侨眷、浙商回归代表人士王珏越的父母王西敏、段云英。市妇联主席杨小朵，县妇联主席蒋凌燕，县侨办副主任、侨联副主席郑颖陪同

1 月 30 日下午，县新的社会阶层人士联谊会会长张西平等到涂茨镇小学、幼儿园和县培智学校，为 21 名贫困学生赠送慰问金，并为培智学校捐赠 3 套湿巾机。

2 月 2 日，县委常委、统战部部长黄敏求到产业区浙东表面厂调研。统战部常务副部长、

县侨办主任翁华清，统战部副部长、工商联党组书记张日成陪同。

2月5日，副县长袁继新到墙头莲花基督教堂、智门禅寺与西周天定庵等检查安全工作。县委统战部副部长、县民宗局局长朱兴宝陪同。

2月6日，民主促进会象山支部会员在象山宾馆议政厅召开2015年度工作会议。市政协副主席、民进宁波市委会主委李太武与县委常委、统战部部长黄敏求出席讲话。副县长、民进象山县支部主委王安静主持会议。

是日，全县少数民族代表人士学习会在象山海洋酒店南海厅召开。满族、回族、壮族、朝鲜族、土家族、彝族、侗族、仡佬族、蒙古族、黎族、布依族、藏族12个少数民族20名代表参加。县委统战部副部长、县民宗局局长朱兴宝出席讲话。

2月10日，县知联会（新联会）在泗洲头镇开展科技、文化、医疗、法律“同心”服务下乡活动。县知联会常务副会长、县统计局局长莫俶茜，县委统战部副部长沈颖洪参加。

2月18—19日（除夕夜、初一），为做好“烧头香”安全工作，县委常委、县公安局局长余承嗣与县委统战部副部长、县民宗局局长朱兴宝等深入寺庵巡查。县民宗局全员、镇乡街道统战干部分片包干通宵值守、督查。

2月20日，县委、县政府在国际大酒店会议厅召开“浙商（象商）新春恳谈会”。60余名在外象商和有关嘉宾同叙乡情，共商发展大计，欢度新春佳节。县委副书记、县长叶剑鸣出席致辞。省委统战部副部长、浙江省社会主义学院常务副院长兼党组书记、象山杭州经济促进会会长蒋学基应邀参加。县委常委、统战部部长黄敏求主持会议。

2月25日，县委常委、副县长袁继新率县侨办、科技局等单位负责人到石浦镇，考察侨资企业宁波远大海洋生物科技有限公司。县委统战部常务副部长、县侨办主任翁华清陪同。

是日，县委常委、统战部部长黄敏求到大徐镇慰问干部职工。县委统战部副部长沈颖洪，县民政局、安监局主要负责人陪同。

3月7日，县网络界人士联谊会在县大桥办五楼会议室召开一届二次常务理事会议，讨论2015年网联会工作要点及近期活动安排。县委统战部副部长沈颖洪参加。

3月12日，省委赴象山整改落实督查组组长李培培、省外侨办机关党委专职副书记杨金坤等，到丹东街道塔山社区调研基层侨务工作，并考察浙江省“爱乡楷模”王传麟在象山投资企业——宁波正源电力有限公司。县委常委、统战部部长黄敏求与县委统战部常务副部长、县侨办主任翁华清等陪同。

3月13日，市民宗局副局长李伟波到象山调研少数民族有关情况。

3月18日，国台办和农业部正式批复同意在象山设立海峡两岸渔业合作示范区。此为全省首个国家级海峡两岸渔业合作示范区，也是象山建设浙（象山石浦）台经贸合作区又一新平台。

3月19日，全县统战工作会议在东谷湖鼎悦度假酒店会议厅召开。各镇乡（街道）统战委员、统战系统各单位领导、各部办委有关领导与部机关全体干部等70余人参加。县委常委、统战部部长黄敏求讲话，县人大常委会副主任、县工商联主席励茂平出席。县委统战部常务副部长、侨办主任翁华清主持会议。

3月20日，县工商联召开九届七次执委会议。县工商联执委、基层商会秘书长等100余人参加。县委常委、县委统战部部长黄敏求出席讲话，县人大常委会副主任、县工商联主席励茂平作执委会工作报告。县委统战部副部长、县工商联党组书记张日成主持会议。

3月23日，全县民间信仰场所排摸工作会议在象山宾馆议政厅召开。县委常委、统战部部长黄敏求，县委常委、副县长袁继新，县委统战部副部长、县民宗局局长朱兴宝等出席会议。

3月30日下午，县委书记叶剑鸣等到县委统战部专题调研统战工作。县委副书记、政法委书记俞骏陪同。县委常委、统战部部长黄敏求汇报统战工作情况。

4月1日，市委统战部部务会议成员、办公室主任胡金立到象山，验收西周镇创建市基层统战工作示范点。西周镇党委副书记齐海燕汇报创建工作情况。县委统战部副部长沈颖洪陪同。

4月2日，天津市台办副主任李继光一行27人，到象山实地考察海峡两岸交流基地，交流对台工作经验。

4月13日上午，高雄青年宁波参访团一行30人到象山考察。市台办副主任江长荣，县委常委、统战部部长黄敏求陪同。

4月17日，市侨联法顾委组织法律服务团到象山，与县侨联共同举行“送法律进企业”活动座谈会。市、县法律专家及县侨留资企业代表20余人参加。市侨联副主席、法顾委主任张勇军致辞。县委统战部常务副部长、侨办主任翁华清主持会议。

是日，县党外知识分子联谊会召开二届二次理事大会。县委常委、统战部部长黄敏求，县人大常委会副主任、县知联会会长励茂平出席会议。

4月24日上午，县知联会召开座谈会，专题商讨年度重点调研课题。县知联会常务副会长、县统计局长莫俶茜，县委统战部副部长、县知联会副会长沈颖洪等出席会议。

4月28日，台湾新北市乡里长参访团一行44人到象山考察交流。县浙（象山石浦）台经贸合作区、县海洋与渔业局、县台办、县渔业互保协会等相关单位领导参加座谈。

4月30日，民进宁波市委会、民进象山县支部与鹤浦中学、鹤浦镇中心小学三年结对助学签字仪式在鹤浦镇中心小学举行。民进宁波市委会主委李太武，专职副主委赵夏娟，副县长、民进象山县支部主委王安静出席讲话。

5月5日上午，市委、市政府召开全市民族工作会议暨第三次民族团结进步表彰大会。县民宗局获评市民族团结进步先进单位，县委统战部副部长张日成、晓塘乡统战委员李姣斐、县少数民族联谊会会长郑燕女被评为先进个人。省委常委、市委书记刘奇出席讲话。县委书记叶剑鸣，县委常委统战部部长黄敏求，常务副县长袁继新，统战部副部长、县民宗局局长朱兴宝等参加会议。

5月10日，台湾南投县竹山镇党部参访团一行25人到象山。先后考察象山松兰山景区、台湾三联农庄中华蝴蝶园、德和根艺馆等地。县委常委、统战部部长黄敏求、市台办副主任江长荣等陪同。

5月12日，市委统战部副部长叶剑辉，部务会议成员、巡视员王维东到象山调研统战工作。县委常委、统战部部长黄敏求陪同。

5月13—14日，省工商联副主席尹健等到象山调研民营企业“走出去”情况。县人大常委会副主任、县工商联主席励茂平，县委统战部副部长、县工商联党组书记张日成等陪同。

5月15日上午，县佛教协会举办2015年第二次学习会。县佛协理事、中青年僧尼骨干10余人参加。会议传达学习国家宗教事务局局长王作安在中国佛教协会第九次全国代表会议开幕式上的讲话与中国佛教协会会长释学诚在闭幕式上的讲话。县委统战部副部长、县民宗局局长朱兴宝出席讲话。

5月21日，国台办经济一局处长高伟等到象山调研宁波台垦实业有限公司石斑鱼项目建设发展情况。县委常委、统战部部长黄敏求陪同。

5月25日，县新媒体代表人士学习中央统战工作会议精神座谈会召开。十余名新媒体代表人士参加座谈学习。县委常委、统战部部长黄敏求出席讲话。县委统战部副部长沈颖洪主持会议。

5月26日，县委统战部就加强民间信仰事务管理召开征求意见座谈会。县委宣传部与县民宗、公安、国土、建设、农林等部门负责人参加。县委常委、统战部部长黄敏求主持会议并讲话。会议学习《浙江省人民政府办公厅关于加强民间信仰事务管理的意见》，讨论《象山县民间信仰活动场所整治实施方案（征求意见稿）》。

5月27日，民进宁波市委会、民进象山县支部与鹤浦中学、鹤浦小学开展定点结对帮扶活动（为期3年）。18位名师团成员系宁波市8所学校特级教师、名教师，分别与鹤浦中学、鹤浦小学17名徒弟结对，现场授课送教示范并分学科手把手指导。

5月29日，上海20余名在世界500强企业中任高管的华侨华人经理人到象山考察投资环境。县委常委、统战部部长黄敏求、副县长叶富兴陪同。

6月1日，象山县委统战部微信公众平台正式上线发布，名称为“象山统一战线”（微信公众号：xiangshantongzhan）。

6月2日上午，市台办主任施金国到象山调研海峡两岸渔业合作示范区建设情况。县委常委、统战部部长黄敏求、副县长叶富兴等陪同调研。

6月4日，象山县宗教活动场所首次挂牌仪式在宝梵讲寺（东西）举行。副县长周建平，县委统战部副部长、民宗局局长朱兴宝，县佛协会长释莲智出席仪式。

是日，市民宗局副局长李伟波、处长马民建、副处长郳天波等到象山晓塘调研少数民族工作。县委统战部副部长、县民宗局局长朱兴宝，副局长黄兵现陪同。

6月5日，县委统战部学习传达中央统战工作会议精神。县委常委、统战部部长黄敏求出席讲话。县委统战部常务副部长、侨办主任翁华清主持会议。

6月7日，2015宁波世界华侨华人青年大会在宁波开幕。县委统战部常务副部长、侨办主任翁华清与象山海外华侨华人青年代表奚锦、陈杏元、袁勇、纪晓东、张冲、蔡怡博、陈立飞等参加。

6月8日，在浙江省侨界青年走进县（市）区活动中，柬埔寨王国国务秘书吴明发、亚洲国际教科研集团总裁叶濰鸣等30余人，到象山实地考察大目湾新城、松兰山等。县委常委、统战部部长黄敏求会见。

6月10日上午，县委统战部在象山宾馆会议室召开全县新社会阶层代表人士座谈会。代表10人。县委常委、统战部部长黄敏求出席讲话，县委统战部副部长沈颖洪主持会议。

6月15日下午，县委常委会召开会议，传达学习习近平总书记在中央统战工作会议上的重要讲话精神，研究部署贯彻落实工作。县委书记叶剑鸣主持会议。

6月18日，县委统战部机关党支部开展“三严三实”专题党课教育。县委常委、统战部部长黄敏求主讲，县委统战部常务副部长、侨办主任翁华清主持会议。

6月19日，市民宗局长张慧珍等到象山徐福文化博物馆（蓬莱观）调研。县委统战部副部长、县民宗局局长朱兴宝陪同。

6月20日上午，民主促进会象山县支部启动主题为“在这里遇见更好的自己”的父亲联盟行动第二季活动。民进象山县支部主委、副县长王安静出席讲话。县委统战部副部长沈颖洪参加。

6月26日上午，县委统战部受县委委托，在统战部会议室召开党外人士情况通报会，传达学习中央统战工作会议和《中国共产党统一战线工作条例（试行）》精神。各民主党派基层组织班子成员、县工商联党外副主席与县知联会、县新联会、县网联会班子成员20人参加。县委常委、统战部部长黄敏求作通报。县委统战部常务副部长、侨办主任翁华清主持会议。

7月2日，省外侨办副主任陈安等到象山调研基层侨务工作。市侨办副主任陈进军，县委常委、统战部部长黄敏求、副县长叶富兴，县委统战部常务副部长、县侨办主任翁华清等陪同。

7月7日下午，县委常委、统战部部长黄敏求到石浦东门渔村，指导首届海峡两岸校园足球友谊赛筹备工作。县委统战部副部长沈颖洪、县台办主任陆新学，县委宣传部、县教育局、县体育局、石浦镇等有关负责人参加。

7月15日下午，县民主党派、无党派代表人士10余人，应县纪委邀请参观谢才华剪纸馆廉政文化教育基地、象山看守所警示教育基地，随后参加石浦渔港古城侍郎府廉政文化教育基地揭牌仪式暨象山县廉政文化教育基地开放日活动。

7月19日，县人大常委会副主任、县知联会会长励茂平，县委统战部副部长沈颖洪等参加由中国行为法学会金融法律行为研究会主办、浙江之鹰律师事务所等承办的2015上海“互联网金融与法治建设论坛”。县政府法制办主任李文宏作“我国互联网法制管理的困境与出路”与县新联会会长、浙江之鹰律师事务所主任张西平作“互联网众筹之法律思考”专题演讲。

7月20日上午，首届“石浦渔港杯”海峡两岸校园足球交流友谊赛开幕式在石浦东门渔村博澳球场举行。县委常委、统战部部长黄敏求出席开幕式并致辞，台盟中央台海出版社、台情研究会，省台盟及市台办有关领导及嘉宾参加。开幕式后，台湾台中第一高级中学代表队和县中学生足球联队、博澳足球俱乐部队等9支代表队“以球会友”展开激烈角逐。

是日下午，21名台湾台中第一高级中学学生到石浦东门渔文化艺术村体验鱼拓文化。

7月23日，全县“同心同行·共建和谐”工作会议在象山宾馆四楼聚贤厅召开。县委常委、统战部部长黄敏求，县委常委、常务副县长励志纲，各镇乡党委（街道党工委）书记、宣传统战委员，县级有关部门主要负责人参加。县委书记叶剑鸣讲话。县委副书记俞骏主持会议。

7月25日，县第九届民族和睦邻里节暨第十届西边塘葡萄节在晓塘乡白玉湾生态农业观光园开幕。县委常委、统战部部长黄敏求出席致辞，市民宗局副局长李伟波、市委统战部经济处处长、市工商联党组成员郑海林等出席开幕式。开幕仪式上，市光彩事业促进会、县委统战部、县民宗局、县商会、宁波龙泰电讯电机有限公司及叶国营、黄余足等企事业单位和个人向晓塘乡捐赠33万元，帮扶解困该乡少数民族群众。

7月28日，省委统战部机关党委专职副书记李煜蔚率省统战系统廉政故事宣讲团，到东陈樟岙才华剪纸艺术馆参观廉政教育基地。市委统战部机关党委专职副书记潘月棠、县委统战部副部长沈颖洪陪同。

8月3日，县新联会光彩基金捐款1. 5万元，助力绿丝带爱心公益伞项目，县绿丝带志愿者协会会长郑江向县新社会阶层人士联谊会会长张西平颁发捐赠证书。县委统战部副部长沈颖洪参加捐赠仪式。

8月4日上午，县侨联九届五次常委会暨县留联会六届二次理事会召开。县侨联常委、留联会理事30余人参加。县委统战部常务副部长、侨联主席翁华清作工作报告。县侨联副主席、留联会长郑颖主持会议。

8月5日，由国侨办、省外侨办主办的澳门大专学生“寻根之旅”夏令营走进象山。市侨办文宣处处长孟水苗、县委统战部常务副部长、侨办主任翁华清陪同。

8月8日，泗洲头仁济禅寺住持释中峰在雷公诞辰庙会期间举行书画作品慈善拍卖活动，共拍出自己作品30幅，筹得善款5万余元，全部用于救助泗洲头镇困难家庭。

8月12日，省政协副主席、民革省委会主委、省侨联主席吴晶到象山专题调研远洋渔业。县领导叶剑鸣、黄焕利、白国璋、黄敏求、干维岳等陪同调研或参加相关活动。

8月20日上午，市侨办主任顾正为到象山，调研市侨办结对村——泗洲头镇西洋村。市侨办机关党总支与西洋村党支部签订结对共建协议，并赠送5万元支持该村新农村建设。

8月25日至9月2日，县委统战部常务副部长、县侨办主任翁华清参加市访问团赴尼日利亚、南非交流海外侨务工作暨经贸合作。

8月27日上午，县委在县委党校召开宣传思想文化工作会议。县委书记叶剑鸣讲话；县委常委、统战部部长黄敏求介绍当前宗教工作形势和全县宗教工作基本情况，并部署“同心同行·共建和谐”、民间信仰活动场所规范整治等工作。县委副书记俞骏主持会议。

8月29日，民盟象山总支与民革上海联总支在茅洋乡爱国主义教育基地举行纪念抗战胜利70周年主题活动。上海市政协常委、民革上海市委副主委兼秘书长李栋梁，县政协副主席、民盟象山总支主委胡建萍，县政协秘书长陈秀慧、县委统战部副部长沈颖洪等参加。

是日下午，由县新社会阶层人士联谊会组织的“普法进校园公益活动”在西周中学启动。县新联会会长、浙江之鹰律师事务所主任张西平等律师，从“问题聚焦”“谁动了教师的权益”“教师的民主管理权”等方面，为西周中学120余名教师作法律知识专题讲座。

8月31日，县港侨政协委员救助基金资助鹤浦镇文山前村困难家庭杨家辉一家双胞胎女儿入大学6000元。

9月9日，在象山宾馆聚贤厅召开全县墓葬、养老机构消防安全、民间信仰场所专项整治及群租房突出问题排查整治工作会议。县委副书记俞骏出席讲话；县委常委、统战部部长黄敏求部署民间信仰活动场所整治工作。

9月12日，大生纺织（香港）有限公司董事总经理、香港浙江省同乡会联合会青委副主席包海东，台湾工商建设研究会青年团荣誉团长雷宏毅，率参加第四届甬、澳、港、台青年华商创业创新合作论坛港台客商代表，到象山考察投资环境。市侨联副主席徐文、县委统战部常务副部长、县侨办主任翁华清等陪同。

是日晚，由16名少数民族组成的文艺队代表鹤浦镇在县人民广场“第三届中国象山海洋文化夜市”活动中表演少数民族服装秀，受到广大观众欢迎和好评。

9月14日，第十八届中国开渔节首日，台湾台东县富冈新村村民护送“如意娘娘”神像回石浦省亲。

是日，象县委干〔2015〕35号文件，县委统战部副部长沈颖洪任现职期间职级为正科局级（8月28日县委常委会决定日始）。

9月17日，市侨办主任顾正为等到象山慰问困难归侨侨眷。先后慰问印尼归侨凌文青、空巢侨眷李幽云等。县委统战部常务副部长、县侨办主任翁华清陪同。

9月21—22日，县委常委、统战部部长黄敏求在杭州参加全省统战工作会议。

9月22日，县网络界人士联谊会10余名理事赴宁海开展课题调研和学习交流活动。县委统战部副部长沈颖洪、网联会会长朱建新等参加。

9月28日，县民宗局召开全县宗教事务工作会议。全县18个镇乡（街道）宗教工作人员参加会议。县委统战部副部长、县民宗局局长朱兴宝出席讲话。

是日，县新生代创业联谊会在国庆节之际开展慰问抗战老兵活动。

9月29日，县海外高层次人才联谊会在象山宾馆聚贤厅成立，会长王一鸣。该会系具县创业创新或为象山发展服务的海外高层次人才按自愿原则结成的非营利性社会团体，会员32名。

10月11日下午，2015宁波象山（香港）投资环境推介会暨香港象山联谊会4周年庆典在香港隆重举行。县委书记叶剑鸣与香港象山联谊会第三届理事会会长赵小蝶致辞；副县长邱金岳向与会嘉宾重点推介象山的海洋资源、产业特色、人居环境及投资环境情况。县委常委、统战部部长黄敏求主持会议。

10月16日，民盟象山总支部胡建萍主委带领总支部和3个支部班子成员，赴民盟镇海区总支部学习交流，并参观民盟镇海区总支部的社会服务基地。

是日，县新社会阶层人士联谊会组织部分理事，赴丽水市莲都区老竹畲族镇榴溪村慰问少数民族困难群众，为20户困难群众送上新联会光彩事业慰问金。县委统战部副部长、县民宗局局长朱兴宝，县委统战部副部长沈颖洪等参加。

10月23日下午，全县民间信仰场所规范整治现场会在定塘镇政府会议室召开。县委常委、统战部部长黄敏求部署推进全县民间信仰事务管理和民间信仰活动场所整治工作。县委统战部副部长、县民宗局局长朱兴宝主持会议。

10月26日，台北市宁波同乡会会长李汝麟一行27人到象山考察象山影视城。市台联会副会长吴其通、王旭陪同。

10月26日下午，县委副书记俞骏到丹城基督教堂调研。县委统战部副部长、县民宗局局长朱兴宝陪同。

10月28日上午，市民宗局副局长李伟波到象山墙头镇检查塔岭基督教堂、智门禅寺安全工作。县委统战部副部长、县民宗局局长朱兴宝陪同。

10月30日，宁波大学校党委委员、统战部部长邹日强到象山考察。县委常委、统战部部长黄敏求，县政协副主席、民盟象山总支主委胡建萍，县委统战部副部长沈颖洪陪同。

11月3日，县委统战部召开中共十八届五中全会会议精神学习会。县委常委、统战部部长黄敏求讲话，县委统战部常务副部长翁华清传达会议精神。

11月7日上午，县委统战部机关党支部党员志愿者到丹西街道新建社区慰问结对对象周文俊户。

11月10日上午，省委统战部副部长楼炳文到象山调研基层统战工作。市委统战部副部长胡学健，县委常委、统战部部长黄敏求，县委统战部常务副部长翁华清、副部长沈颖洪陪同。

是日（墨西哥当地时间），由墨西哥中华企业协会主办的“第四届墨西哥中国投资贸易交易会暨论坛”在墨西哥开幕。象山县组团参展交易会有戴维医疗、枫康生物、南方水产、迪凯机模、三友印染、高盛模具、和隆橱柜等8家企业。

11月13日，县政协副主席、民盟象山总支部主委胡建萍及盟员一行20余人，赴苏州参观费孝通纪念馆。

11月18日，县党外知识分子联谊会会长励茂平与宁波大学党外知识分子联谊会会长喻辉，在宁波大学签订校地合作共建框架协议。宁波大学党委委员、统战部部长邹日强，宁波大学知联会副会长刘恒武、秘书长林麒，县知联会常务副会长莫俶茜、县委统战部副部长沈颖洪等出席签约仪式。

11月20日，县委统战部副部长沈颖洪偕县网络界人士联谊会调研课题组成员，赴衢州江山市长台镇开展智慧乡村课题调研和学习交流活动。

11月23日，县民宗局组织召开基督教界人士专题学习会。基督教两会常委和各基督教场所主要负责人、专职传道员等120余人参加。县委统战部副部长、县民宗局局长朱兴宝讲话；

市民宗局宗教一处副处长金珂专题讲解基督教的历史与现状、宗教政策法律法规等。

11月25日，市人大常委会副主任邬和民等到象山调研弥陀净寺、瑞龙寺、智门禅寺等活动场所。市人大常委会民宗、侨工委主任伊敏芳，副主任唐安祥，县人大常委会副主任励茂平、县民宗局局长朱兴宝等陪同。

11月26日上午，县民宗局、县少数民族联谊会向社会职业学校捐赠助学金3000元和50余本书籍，以资鼓励优秀少数民族学生。

11月27日，农工党象山支部在贤庠镇中心卫生院建立“同心”服务基地。县人民医院、中医院的6名专家开展义诊活动；农工党象山支部向贤庠镇中心卫生院捐赠价值1.2万元血压仪8套。

是月，丹西街道侨联名誉主席、侨眷徐庄初向象山县图书馆捐赠《象山县志（2008）》基础资料、丹东街道各村民间调查资料等58篇手稿。

12月1日下午，县委统战部召开全体干部职工学习会。常务副部长翁华清传达省、市委统战工作会议精神；县委常委、统战部部长黄敏求讲话。

12月3日，鹤浦镇成立少数民族联谊小组。全镇23名少数民族代表参加会议。会议选举产生组长1名，副组长3名。

12月4日，全县统一战线理论学习会在县社会主义学院举办。县各民主党派、工商联（商会）、知联会、新联会、网联会与县民宗、侨台界等代表人士约180人参加。县委常委、统战部部长黄敏求动员讲话。

12月8日，广东省台办副主任侯振富率广州、汕头、梅州、中山4市台办及海峡两岸交流基地考察组一行10人到象山。实地参观考察浙（象山石浦）台海峡两岸交流基地，并交流创建工作经验。县委常委、统战部部长黄敏求、县台办主任陆新学等陪同。

12月9日，省侨联党组书记岑国荣到象山调研侨务工作。县领导黄焕利、黄敏求陪同或参加相关活动。县委统战部常务副部长、县侨办主任翁华清全程陪同。

12月10日，省委统战部副部长、省社院党组书记、常务副院长蒋学基等到象山调研社会主义学院建设情况。县领导叶剑鸣、黄焕利、黄敏求等陪同。县委统战部常务副部长、县社会主义学院副院长翁华清汇报社会主义学院建设、党外代表人士教育培训和2016年工作思路。

是日，为期3天的县党外代表人士专题培训班在上海交通大学正式开班。县各民主党派基层组织，县知联会、新联会、网联会常务理事及部分理事，各镇乡街道知联分会会长和教育分会会长等55名代表人士参加培训。县委统战部副部长沈颖洪出席开班仪式并作动员。

12月14日上午，县委召开党外人士座谈会征求“十三五”规划建议意见。11名县民主党派、无党派代表人士畅谈各自看法与建议。县委副书记俞骏主持并讲话，县委常委、统战部部长黄敏求出席座谈会。

12月16日上午，县召开纪委委员暨党外代表人士廉情问询会，县环保局班子成员接受问询。县委常委、统战部部长黄敏求主持，县委常委、纪委书记胡杰出席讲话。

12月23日，县委干〔2015〕44号文件，胡阿潮任县纪委派驻第五纪检组组长、县委统战部部务会议成员（兼）（12月15日县委常委会决定日始）。

12月24日，全县基层协商民主建设现场会在泗洲头镇召开。县委常委、统战部部长黄敏求，县委基层协商民主建设领导小组全体成员，各镇乡（街道）党（工）委副书记、统战委员参加。

12月31日，东陈乡第一次归侨侨眷代表大会暨侨联成立大会召开。县侨联副主席郑颖出席大会。

2016年

〔综述〕

2016年，县委统战部学习贯彻中共十八届历次全会和习近平总书记系列重要讲话精神，认真落实党中央、省委、市委和县委统战工作会议精神；积极引导统一战线着眼新常态，发挥新优势，精准补短板，展现新作为，进一步提升统战工作整体水平，先后获得全市侨务特色引领工作一等奖、全市民族宗教工作先进集体、市民族宗教系统安全工作先进单位、县平安护航G20杭州峰会先进集体等荣誉；“假僧整治”“象台两地青年交流工作”分获市统战工作实践创新成果三等奖；《基层无党派人士作用发挥的研究》与《中介组织和社会组织从业人员研究》，分获市统战理论政策研究创新成果三等奖、优秀奖。

〔要事记年〕

1月5日，象政干〔2016〕1号文件，吴志敏为县民族宗教事务局副局长；黄兵现县民族宗教事务局副局长职务免。

1月6日上午，县委常委会“三严三实”专题民主生活会征求意见座谈会在象山宾馆会议厅召开。县委副书记俞骏讲话；13名民主党派、工商联和无党派代表人士真诚地提出意见和建议。县委常委、统战部部长黄敏求主持会议。

1月7日，县侨联在海洋酒店会议厅召开九届五次全体委员会议。县委常委、统战部部长黄敏求出席并讲话；传达学习省侨联九届二次全委会和县委十三届九次全体（扩大）会议精神；县委统战部常务副部长、县侨联主席翁华清作工作报告。县侨联副主席郑颖主持会议。

1月12日下午，全县统战工作会议在东谷湖鼎悦度假酒店会议厅召开。各部门政工负责人、各镇乡（街道）统战委员30人参加。县委常委、统战部部长黄敏求出席并讲话。会议回顾总结2015年全县统战工作，安排部署2016年主要工作，测评2015年度统战工作创新奖。县委统战部常务副部长、县侨办主任翁华清主持会议。

2月1日，民进象山县支部在象山宾馆会议厅召开年度工作会议。会议总结支部2015年工作，部署支部2016年工作。市政协副主席、民进市委会主委李太武，民进市委会专职副主委赵夏娟，副县长、民进象山县支部主委王安静与县委统战部副部长沈颖洪出席会议。

2月3日上午，县委统战部机关党支部党员志愿者一行5人先后到大徐镇杉木洋村和黄盆岙村，看望慰问6名老党员和困难群众以及杉木洋村养老院的12名年迈贫困老人，向他们送去御寒棉被，并致以新春祝福。

2月18日，新春伊始，县侨办、侨联开展迎新春佳节走访慰问活动。走访慰问侨界代表人士、空巢老人、困难归侨侨眷和困难群众家庭120余户，发放慰问金、慰问品近8万元。

2月19日，县侨办被授予2015年度市侨务系统先进单位称号，获特色引领活动二等奖。

是月，《象商好故事》正式编印出版，记述32名象籍企业家创业事迹。

3月4日，县网络界人士联谊会在县高速公路指挥部5楼会议室召开一届四次常务理事会议。会议讨论《县网联会一届二次理事大会工作报告》，评选2015年度县“网联之星”5人，调整部分理事成员名单，提出《县网联会工作规则》修改建议。

3月11日下午，象山县网络界人士联谊会一届二次理事会在海洋酒店会议厅召开。学习传达习近平总书记关于“培育中国好网民”的重要指示精神；听取并审议县网联会工作报告，表彰先进；审议通过县网联会《章程》修正案，补选常务理事。

3月15日，市侨办主任顾正为等到象山走访考察侨（留）资企业。先后到宁波锦浪新能源科技有限公司、宁波裕天海洋生物科技有限公司、宁波远大海洋生物科技有限公司，实地察看企业生产经营情况，了解企业发展状况。县委常委、统战部部长黄敏求，县委统战部常务副部长、县侨办主任翁华清陪同。

3月17日，象山县新的社会阶层人士联谊会开展“奖学助学帮困”爱心公益活动，为贫困学生和品学兼优学生发放助学金、奖学金共计1.5万元，县水滴爱心慈善基金向学校捐赠1500册图书。县新联会于2016年专门设立新联光彩事业基金，已收到捐款13.5万元，向涂茨、泗洲头、培智学校等发放助学金、结对帮扶与参与绿丝带公益伞项目、慰问少数民族困难群众等活动，共支出爱心款6.5万元。

3月24日，县党外知识分子联谊会在象山宾馆会议厅召开二届五次常务理事（扩大）会议。参加会议45人。会议听取县新联会、县网联会、各镇乡街道知联分会2015年亮点工作和2016年工作安排汇报；讨论通过《县知联会二届三次理事大会工作报告》；审议《象山县党外知识分子联谊会章程（修正案）》与部分理事、副秘书长调整名单；商议设立县知联会参政议政、服务社会等5个工作委员会并明确工作职责任务；评选2015年度县“知联之星”7人。

3月25日，县少数民族联谊会在东谷湖鼎悦度假酒店会议厅召开一届四次理事会议。学习传达2016年全国人大、政协两会精神；回顾总结联谊会上阶段工作，安排部署下阶段工作。

是月，美中企业家商会会长孙文铁为团长高级代表团一行13人，到象山考察经济开发区。市侨联主席李承戌，副主席张勇军，县委常委、统战部部长黄敏求，县政府党组成员、象山经济开发区管委会主任石坚定，县委统战部常务副部长、县侨联主席翁华清陪同。

4月15日，县民宗局在县基督教培训中心举行“同心同行·共建和谐”宗教政策和形势教育学习会。近100名全县基督教中青年骨干、各教堂负责人参加。市民宗局调研员葛建国应邀作宗教理论知识和宗教政策法规专题讲座。

4月20—21日，由香港宁波同乡会会长李本俊率同乡会代表团一行90余人，到象山参观考察。县委书记叶剑鸣，县委副书记、县长黄焕利，县委常委、统战部部长黄敏求，县人大常委会副主任励茂平等会见或陪同。

4月28日，县党外知识分子联谊会召开二届三次理事大会。会议通报表彰2015年度全县党外知识分子先进集体、先进个人、“知联之星”；增补选举第二届理事会常务理事、副会长；成立县知联会参政议政、调研、社会服务等5个工作委员会。

4月29日，“习近平总书记重要讲话精神学习会暨县光彩事业促进会第一次会员大会”在海洋酒店会议厅召开。会议传达学习习近平总书记在全国政协十二届四次会议民建、工商联界委员联组会上的重要讲话精神；审议通过《象山县光彩事业促进会章程》；选举产生第一届理事会、监事会，县委常委、统战部部长黄敏求当选为第一届理事会会长。首届会员89名。

是月，省人民政府批复，象山籍港胞胡岚被授予“浙江省爱乡楷模”荣誉称号。

5月4日下午，县委召开全县统战工作会议。深入学习贯彻落实《中国共产党统一战线工作条例（试行）》和中央、省委、市委统战工作会议精神，研究部署当前和今后一个时期全县统战工作目标任务。县委书记叶剑鸣出席会议并讲话。县委组织部、县教育局、石浦镇、泗洲头镇领导大会交流发言。县委副书记俞骏主持会议。

5月6日上午，县佛教界道风整治工作会议在象山宾馆会议厅召开。传达全国宗教工作会议和习近平总书记重要讲话精神；县委常委、统战部部长黄敏求讲话；部署全县佛教场所负责人及常住僧尼教职资格身份排查工作。县公安局领导、各镇乡街道统战委员、全县佛教场所负责人共150余人参加。

5月10日上午，民盟象山县在海洋酒店会议厅召开基层委员会成立会议。民盟浙江省委会副主委、民盟宁波市委会主委、宁波广播电视大学校长许亚南，市委统战部常务副部长谢群华出席，县委书记叶剑鸣到会祝贺并讲话。民盟象山县基层委员会下设教育、文化卫生和综合（经济科技）3个支部，共有盟员62人。第一届基层委员会，主任委员胡建萍，副主任委员周敏峰、徐辉、史丹丹，委员陈列、朱夕映、陈俊、黄恩荣。

5月11日，县委统战部召开“两学一做”学习教育动员部署会。部机关全体党员、干部认真学习贯彻习近平总书记重要指示精神和县委的部署要求。

5月16日下午，县民宗局在象山宾馆会议厅举行首批民间信仰活动场所登记编号集中颁证授牌仪式。各镇乡（街道）统战委员、宗教管理员，首批纳入登记编号管理的141处场所负责人等约200人参加。省民宗委宗教三处副处长贺再军，市民宗局副局长周悦德，县委常委、统战部部长黄敏求，县委统战部副部长、县民宗局局长朱兴宝等出席颁证仪式。

5月17日下午，县知识分子联谊会与县科协、县中医药协会，组织7名医疗专家到大徐镇杉木洋村开展“健康乡村行”义诊活动。为近百名村民免费检查、诊疗及健康咨询；现场赠送价值3000余元常用药品，发放心理健康等科普读物800余本。

5月18—19日，县基督教“三自”爱国运动委员会第九次代表会议暨县基督教协会第五次代表会议召开。代表120名。县委常委、统战部部长黄敏求，县委统战部副部长、县民宗局长朱兴宝出席开幕式，市基督教“三自”爱国会主席高建伟到会祝贺。会议选举产生新一届县基督教“两会”领导班子，县基督教三自会主席史奇妙，县基督教协会会长潘安平。

5月21日，市党外知识分子联谊会组织开展的“同心”服务义诊活动在鹤浦卫生院举行。市李惠利医院、市第一医院、市中医院20名专家，为500多名海岛居民现场坐诊服务。市委统战部副部长胡学健，市知联会会长、李惠利医院院长周建庆，县委常委、统战部部长黄敏求参加活动。

5月24日，市民进学前教育研究会一行10余名学前教育专家到鹤浦镇中心幼儿园，开展教学观摩、学前教育专题座谈等教育教学活动。此为宁波市民进党学前教育研究会助学海岛第一课。

5月25日，象县委统〔2016〕14号文件，张华行为县委统战部办公室主任，县宗教事务管理所所长职务免。

5月31日下午，全国人大外事委员会副主任、全国人大常委、民革中央副主席修福金，全国政协委员、民革中央宣传部长吴先宁，江苏省政协副秘书长、民革江苏省委会副主委殷志强等到象山考察对台交流工作。市人大常委会副主任、民革宁波市委会主委王建康，县委书记叶剑鸣，县委常委、统战部部长黄敏求等陪同考察或参与相关活动。

是月，县民盟盟员、县畜牧兽医总站站长陈淑芳荣获2016年全国“五一劳动奖章”。

6月8日上午，市委统战部副部长、市民宗局局长张慧珍为组长的市委统战工作专项督查组到县，专项督查贯彻落实中央和省委、市委有关统一战线重大决策工作开展情况。县委常委、统战部部长黄敏求代表县委作专题汇报，县人大常委会副主任、工商联主席励茂平，县委办、组织部、宣传部和统战系统各单位负责人参加汇报会。

6月13日，县民宗局与县各宗教团体主要负责人在统战部会议室签署《反恐怖防范工作责任书》。《反恐怖防范工作责任书》明确各宗教团体为反恐防范工作的责任主体，要求各宗教团体势必高度重视，切实增强紧迫感、危机感和责任感，确保2016年“G20杭州峰会”期间全县宗教活动场所各项安全工作落到实处。

6月17日，由县工商联主办的“江苏象山商会成立大会暨象山投资环境推介会”在苏州举行。苏州市人大常委会原副主任金明，苏州市政府副秘书长韩卫，象山县领导黄焕利、金红旗、黄敏求、励茂平、吴安定、石坚定，以及常熟浙江商会、南通温州商会、宁波苏州促进会、象山广东商会、杭州象山商会等商会代表，与在苏州的象山籍企业家出席当天活动。成立大会选举产生第一届理事会会长、副会长、秘书长、监事会会长。

6月19日，民主促进会象山县支部“开明讲堂开讲暨父亲联盟行动第三季启动仪式”在象山书城举行。民进市委会主委、市政协副主席李太武，县委常委、统战部部长黄敏求出席。民进象山县支部主委、副县长王安静作首讲。第三季活动主题是阅读，以书为媒，以阅读为纽带，让孩子和家长共同分享多种形式的阅读过程。

6月21—22日，以“人间有情、用爱点睛、拥抱光明”为主题的“侨爱心·光明行”活动走进象山，在丹西街道新建社区、高塘岛乡江南村开展眼科义诊活动。市侨联党组书记、主席李承成，县委常委、统战部部长黄敏求，县委统战部常务副部长、县侨联主席翁华清出席。活动由中国华侨公益基金会、市侨联和县侨联主办，宁波爱尔光明眼科医院承办的一项为患有白内障的贫困群众进行的大型公益救助活动，由爱尔眼科医院提供进口折叠人工晶体，群众自费部分由中国侨基会、爱尔眼科医院共同全额承担，共义诊350人。

7月14日，石浦侨联文艺队积极参与主题为“保护幼鱼，珍爱海洋”的遵守渔业法规、保护渔业资源的宣传演出，近500名市民群众齐聚石浦镇大礼堂观看表演。

7月23日上午，县“第十届民族和睦邻里节”在晓塘乡西边塘村旅游服务中心广场开幕。晓塘乡作为县少数民族重点工作乡镇，2016年有常住少数民族人口43名，流动人口150名，涉及苗族、仡佬族、畲族、纳西族、土家族、满族等10个民族成分。西边塘村系晓塘乡民族工作联络点，设有“少数民族服务站”。

7月25日，由国侨办、省外侨办、市侨办主办，县侨办协办的2016年海外华裔青少年“中国寻根之旅”夏令营走进象山影视城，70余名来自越南、美国、西班牙、法国、加拿大等国家和中国香港地区的华裔中小学生亲身体验家乡历史人文。

是月，推进“便民利民”侨务工作改革创新项目——县侨办侨务政策咨询微信平台建成。咨询微平台依托“象山统一战线”微信公众号，通过移动申报、即时沟通、网上预审核等服务，实现“三侨生”身份认定、华侨回国定居等事项实时办理，并建立互动咨询栏目在线解答问题，更好地服务海外侨胞及侨眷。

是月，日本宁波商会在日本东京成立，象籍华侨、日本剑豪集团株式会社主席郑剑豪当选为日本宁波商会首任会长。

8月6—9日，香港象山联谊会会长赵小蝶率香港象山联谊会代表团一行20人到象山考察交流。县委书记叶剑鸣，县委常委、统战部部长黄敏求等会见全体团员。

8月10—11日，县民宗局会同各镇乡（街道）、派出所，专项检查全县宗教场所内常驻人员和外来人员登记工作落实情况。抽查场所21处，督促整改7处。

8月19日，象山上海经济建设促进会二届一次会员会议在沪召开。选举产生新一届促进会领导班子，会长宏润建设集团股份有限公司总经理尹芳达。

8月26日，县侨资企业宁波裕天海洋生物科技有限公司举行“新产品发布会暨研发中心揭幕及校企合作签约仪式”。县委书记叶剑鸣参加发布会，并会见到象山参加发布会的墨西哥驻上海总领事 Luis Arturo Puente 先生、墨西哥中华企业协会主席包荣林先生。

是月，县侨胞包荣林因对宁波市的对外交流与合作方面作出突出贡献，被市人大常委会授予“宁波市荣誉市民”称号。

9月9日，“善行象山·光彩同行”第二届光彩事业慈善义演晚会在县人民广场举行，筹集善款40余万元。

9月19日，全国政协委员、省政协副秘书长（兼）、民盟浙江省委会专职副主委徐向东率民盟浙江省委一行到象山，调研经济开发区临港装备园、沿港大中庄等区块、道人山围垦工程等，详细了解象山海洋经济发展情况。

9月22日，高塘岛乡少数民族联谊小组成立，白族妇女张利梅当选为组长。

10月13日，象县委统〔2016〕35号文件，潘琼为县委统战部联络联谊科科长，董绿野为县宗教事务管理所所长，胡怡任为县委统战部机关妇委会主任。潘琼、胡怡原职务免。

10月14日，县工商联（商会）第十次会员代表大会在国际大酒店会议厅召开。200名代表选举产生县工商联（商会）第十届执委会主席（会长）励茂平，副主席、副会长张日成等20名，秘书长叶晶；表彰县第四届优秀中国特色社会主义事业建设者22名。

10月26日，县委书记叶剑鸣在县委统战部编送的《观察与建议》第17期《农工党象山支部建议新农村建设要留点乡愁》上批示："农工党象山支部的调研针对性、指导性很强。当前我县正在大力推进'三美'建设，如何提高建设水平，彰显象山特色和个性，节约资金开支等等，需要做大量深入细致的工作，此建议请认真研究并在工作中吸纳。"

10月27日，由中国共产党宁波市委员会和中国国民党高雄市委员会共同举办的第三届"宁波·高雄双港论坛"象山分活动在石浦举行。两岸近300名志愿者参加象山分活动，并成立"宁波·高雄蓝色护海青年志愿者联队"。首批蓝色护海青年志愿者，台湾高雄有50名。

11月2日，县党外代表人士综合素质提升班在浙江大学开班，参加培训县民主党派、无党派代表人士和新的社会阶层代表人士40余人。

是日，县佛教界道风建设推进会在东谷湖鼎悦度假酒店会议厅召开。全县佛教各寺庵负责人80余名参加。

11月9日，民盟象山县基层委员会在泗洲头镇塘岸村开展"同心"帮扶活动，向"同心"基地畜牧小区捐赠5万元卫生消毒装置资金。

11月24日，象山举行纪委委员暨党外代表人士廉情问询会，问询测评县市场监督管理局班子成员。

12月22日，象山县侨办《补短板，解难题，特色引路开创社区侨务工作新局面》获2016年度市侨务工作特色引领活动一等奖。

2017年

〔综述〕

2017年，县委统战部树立"创新+落实"理念，学习贯彻落实省、市、县党代会精神，以迎接中共十九大、学习贯彻中共十九大精神为主线，以围绕象山全面融入宁波都市区和加快建设"两强两美"宁波现代化滨海城区为工作目标；充分发挥象山统一战线各项优势，全面开展各领域工作，在凝聚统战成员思想共识，汇聚港澳台海外人士力量，激发非公有制经济人士创业热情，拓展新的社会阶层人士统战工作，维护民族宗教领域和谐稳定。打造象山特色统战品牌等方面实现新突破，凸显新作为，展现新面貌，不断提升统一战线服务全县经济社会发展的水平。

〔要事记年〕

1月4日，象县委干〔2017〕1号文件，黄敏求任县人大常委会党组副书记，县委统战部部长、社会主义学院院长职务免；陈爱武任县委统战部部长、社会主义学院院长，县政府党组成员职务免（2016年12月28日，县委常委会决定日始）。

1月7日，“2017年象山县海外联谊会新春团拜会”在广东深圳举行。县委常委、统战部部长陈爱武，副县长华弼天出席会议。县委统战部常务副部长、县侨办主任、侨联主席翁华清主持会议。会后，陈爱武一行走访深圳市英达精密模具有限公司、深圳松果数码科技有限公司、深圳冠华兴电器制造有限公司等象山籍人士在深圳企业。

1月16日，民盟中央宣传部部长曲伟到县慰问民盟象山县基层委员会盟员、县畜牧兽医总站站长陈淑芳。县政协副主席、民盟象山县基层委员会主委胡建萍，县委统战部副部长沈颖洪陪同。

1月17日下午，全县镇乡（街道）统战工作会议在海洋大酒店会议厅召开。镇乡（街道）统战委员等30余人参加。县委常委、统战部部长陈爱武，县人大常委会副主任励茂平出席会议。各镇乡（街道）统战委员，汇报2016年度统战创新创优项目与2017年度工作思路；现场测评各单位2016年度统战工作及单项创新创优工作。

1月19日上午，县基督教“两会”在丹西信德堂召开2016年度工作年会。全县基督教场所负责人及专职传道员百余人参加。传达县第十四次党代会精神；回顾总结2016年县基督教工作，部署2017年基督教工作。

1月21日，县新社会阶层人士联谊会走访看望公益帮扶项目资助的19名贫困学生。在走访慰问中，理事们详细了解困难学生的家庭状况和学习情况，并给每名学生赠送慰问品及新学期书杂费800元。

1月29日，县委、县政府在国际大酒店会议厅召开在外象山籍人士新春联谊会。在外创业象山籍企业家和知名人士代表，在外宁波商会、象山商会或联谊会代表以及象商回归投资代表人士，华侨、华人及香港联谊会代表等百余人应邀共庆新春、共叙乡情、共商象山发展大计。县委副书记、县长黄焕利出席并致辞。县领导励茂平、吴安定、石坚定出席联谊会。县委常委、统战部部长陈爱武主持会议。

是月，县委常委、统战部部长陈爱武到县党外人士服务中心，走访县各民主党派基层组织和县新联会，看望民盟县委会、民进县支部、农工党县支部的班子成员与新的社会阶层代表人士，了解民主党派、县新联会工作情况，听取意见建议，并为大家送上节日问候和新春祝福。

2月7—8日，县委常委、统战部部长陈爱武到等慈禅寺（西寺）等7处佛教活动场所调研。县委统战部副部长、县民宗局局长朱兴宝陪同。

2月22日，县侨联在海洋大酒店会议厅召开九届六次全委会。县侨联副主席、秘书长、常务委员、委员等30人参加。县委常委、统战部部长陈爱武出席并讲话，县委统战部常务副部长、县侨联主席翁华清作工作报告。会议传达学习习近平总书记、李克强总理关于侨务工作的重要指示、批示，省委书记夏宝龙，省委副书记、省长车俊，省委副书记袁家军在《关于省侨联 2016 年工作总结和 2017 年工作要点的报告》上的批示；学习中国侨联九届四次全委会和省侨联九届四次全委（扩大）会议精神。

2 月 23 日，民进象山县支部在余姚召开 2017 年工作会议。民进宁波市委会主委吴国平、专职副主委徐建成，县委常委、统战部部长陈爱武，民进象山县支部主委王安静，县委统战部副部长沈颖洪出席会议。

2 月 25 日至 3 月 1 日，县委统战部常务副部长、侨办主任、侨联主席翁华清赴港参加香港甬港联谊会丁酉年春节联欢会。其间，翁华清拜访香港宁波同乡会、香港甬港联谊会等社团负责人。

2 月 27 日，市民宗局副局长周悦德到象山调研基督教私设聚会点治理、民间信仰场所规范化管理等工作。县民宗局局长朱兴宝汇报工作。

是月，县委统战部召开全县宗教领域治危拆违专项攻坚行动部署会议。18 个镇乡（街道）统战委员参加会议。县委常委、统战部部长陈爱武出席并讲话。

3 月 9 日，县党外知识分子联谊会召开二届九次常务理事（扩大）会议。县知联会常务理事会成员，县新联会、县网联会班子成员，各镇乡（街道）知联分会会长参加。会议传达学习习近平总书记在全国政协联组会上讲话精神，全国新的社会阶层人士统战工作会议和市第十三次党代会精神；听取县新联会、网联会及各知联分会 2016 年工作总结及 2017 年工作计划汇报；讨论二届四次理事会工作报告；评选 2016 年度县“知联之星”，调整部分理事成员名单。

3 月 10 日，民盟象山县基层委员会第一届第二次会议在海洋酒店会议厅召开。民盟宁波市委会专职副主委郭强，县委常委、统战部部长陈爱武，县人大常委会副主任、民盟象山县基层委员会主委胡建萍，县委统战部副部长沈颖洪出席会议。会议传达学习中共十八大六中全会和县第十四次党代会精神及民盟市委会关于开展“不忘合作初心，继续携手前进”专题教育活动实施方案；回顾总结民盟象山县基层委员会 2016 年度工作，部署安排 2017 年盟务工作；表彰各类先进。

3 月 17 日，县新社会阶层人士联谊会在县党外人士服务中心召开一届三次常务理事会议。学习传达全国新的社会阶层人士统战工作会议和市第十三次党代会精神；评选 2016 年度县“新联之星”5 人；审议并通过人事调整等相关事项。

3 月 23 日上午，县委统战部在东谷湖鼎悦度假酒店会议厅召开全县少数民族代表人士学习会议。传达学习全国人大代表、政协委员两会和市、县党代会精神。满族、回族、壮族、朝鲜族等 12 个兄弟民族的代表人士参加学习。

3 月 29 日，全国宁波商会会长联合会一行 28 人，由会长郎旺凯率领到象山考察。县委书记叶剑鸣会见考察团一行，县政协主席俞骏，县委常委、统战部部长陈爱武，县政协副主席、工商联主席励茂平等陪同考察。考察团先后实地考察象山影视城、新桥镇西班牙农庄项目地块，详细了解影视城产业发展和西班牙农庄项目地块发展规划，双方就项目开发事宜对接洽谈。

3月30日，全县统战工作会议在县社会主义学院召开。各镇乡（街道）党（工）委统战委员、统战干事，县级有关部门政工负责人，各民主党派基层组织、县统战社团负责人，统战系统各单位中层以上干部共140人参加会议。学习贯彻习近平总书记系列重要讲话精神、中央至县委关于统一战线的系列决策部署和全国、省、市统战部部长会议和市第十三次、县第十四次党代会精神；总结回顾2016年工作，安排部署2017年任务，努力推动全县统一战线工作干出新业绩，展示新形象，为建设“两强两美”宁波现代化滨海城区提供最广泛的力量支持。县委常委、统战部部长陈爱武出席并讲话，县政协副主席、工商联主席励茂平出席。

4月19日下午，市委常委、统战部部长梁群到象山调研统战工作。县委书记叶剑鸣，县委常委、统战部部长陈爱武等陪同。梁群一行先后考察半边山区块开发建设、皇冠假日酒店和宁波工人疗养院的运营情况。叶剑鸣汇报全县工作情况，陈爱武汇报近年来象山统战工作的成效和2017年统战重点特色工作的思考。

4月21日，“同心·惠民”大型社会服务活动走进象山。市民革、民盟、民建、民进、农工党、致公党和九三学社等民主党派的24名专家，向墙头镇600余名群众提供医疗、教育、文化、法律、金融和农技服务等专业咨询服务。

是日，县工商联（商会）召开十届二次执委会议。县委常委、统战部部长陈爱武出席会议。会议通报县工商联自2016年10月换届后的工作情况，部署2017年度重点工作；表彰2016年度基层商会工作先进集体和先进个人。

4月27日，县知联会二届四次暨县新联会、网联会一届三次理事会议在县社会主义学院召开。会议传达学习习近平总书记在全国政协联谊会上的讲话精神和市党代会、“两会”精神；通报表彰县“知联之星”“新联之星”“网联之星”。县委常委、统战部部长陈爱武出席并讲话，县政协副主席、县知联会会长励茂平作工作报告。县政协副主席、县知联会常务副主席莫俶茜主持会议。

是月，县委统战部召开2017年机关党风廉政建设工作会议。会议学习习近平总书记在中共十八届六中全会第二次全体会议上的讲话精神；总结、安排部机关党风廉政建设工作；举行党风廉政建设责任书签订仪式，层层签订2017年度党风廉政建设责任书。县委常委、统战部部长陈爱武参加会议并讲话。

5月4—6日，在中国民主促进会浙江省第十次代表大会上，民进象山县支部荣获2012—2016年度省先进集体。全市7个基层组织获此荣誉。

5月11日，余姚市网络界人士联谊会一行30余人到象山科技创业园，与象山县网联会开展座谈交流与联谊活动。两地网联会就如何加强网络界人士学习引领、建言献策，开展服务社会、服务会员，积极发挥联谊会作用等方面进行交流。

5月19日，县新创会赴贵州省黔西南州义龙新区德卧教育集团附属小学举行“公益捐赠仪式”。资助该校改善教学环境，帮扶贫困留守儿童，捐赠25万元。县政协主席俞骏，县委常委、统战部部长陈爱武，县政协副主席、工商联主席励茂平，象山县挂职义龙新区副主任孙国夫等出席仪式。

5月19—23日，县政协主席俞骏，县委常委、统战部部长陈爱武，县政协副主席、工商联主席励茂平围绕“浙商（象商）回归”工程赴云南、广东考察异地商会。先后走访云南宁波商会及汤臣倍健等4家象山广东商会会长企业，围绕浙商（象商）回归、创业创新基地建设等与企业家深入交流。

5月23—25日，县民宗局在宁波市社会主义学院举办以“爱国主义”教育为主题的基督教教职人员学习培训班。县基督教“两会”和各基督教场所的50余名牧师、长老、教师、专职传道人参加培训。

5月31日下午，县新的社会阶层人士联谊会在县社会职业学校举行“公益助学·情暖六一”助学仪式。“为外来随迁学子献爱心”，捐助县社会职业学校办教助学爱心款2万元。

5月下旬，台湾南投县埔里镇志工参访团一行26人到象山。参访团先后考察丹西街道北路社区、象山社会组织孵化园等，座谈交流基层管理和公益性活动情况。

是月，县侨办获评2016年度象山县开放型经济优胜服务单位。

6月2日上午，县委统战部在象山宾馆会议厅召开新的社会阶层人士统战工作联席（扩大）会议。参加会议60余人。传达贯彻全国、省、市新的社会阶层人士统战工作会议精神，研究部署象山新的社会阶层人士统战工作；审议通过《象山县新的社会阶层人士统战工作联席会议制度》。县委常委、统战部部长陈爱武出席并讲话。

6月12日下午，宁波·南投村里（社区）发展座谈会在象山半边山宁波工人疗养院召开。两地代表就各地区域优势、特色产业、本土文化、资源条件等内容座谈交流。市台办主任施金国，县委常委、统战部部长陈爱武出席会议。各县市区有关代表110余人参加。市台办副主任顾海飞主持会议。

6月16日，市民宗局副局长许伯强到象山调研佛教工作。县委常委、统战部部长陈爱武向调研组介绍2017年县民宗局开展教育引导、场所财物管理与视频安装等方面亮点工作；县委统战部副部长、县民宗局局长朱兴宝汇报象山佛教工作情况。

是日，县委常委、统战部部长陈爱武与县政协副主席欧亚群率综合指导组和县派强基小分队到墙头镇开展“大脚板走一线、小分队破难题”活动。

6月21日下午，县委常委、统战部部长陈爱武主持召开部机关理论中心组（扩大）专题学习会，学习贯彻省第十四次党代会精神，按照省、市委统战部和县委有关要求，部署贯彻落实意见。此后开展“党员活动日”活动，组织全体干部职工、退休干部31人到县家风馆、县档案局孙茂芳展览馆、县看守所廉政教育基地参观学习。

6月22—23日，县民宗局组织民宗界政协委员和县少数民族联谊会理事赴丽水龙泉和温州泰顺学习考察少数民族精准扶贫工作。

6月25日上午，民进象山县支部举行“父亲联盟行动第四季启动仪式”，此季父亲联盟行动主题是“人文”。县委常委、统战部部长陈爱武出席仪式。

6月26日，贤庠报德寺举办“慈善工作站授牌禅意茶会”，成立贤庠慈善分会报德寺慈善工作站。慈善义拍15150元，募集捐款24900元，合计40050元，向县抗癌协会、镇敬老院各捐助2万元。

6月26—30日，县党外代表人士红色主题教育培训班在江西干部学院举办。县民主党派、无党派人士和新的社会阶层代表人士30余人参加。

6月29日下午，县民宗局联合县消防大队在等慈禅寺（西寺）开展消防安全培训及演练。全县各佛教活动场所负责人及安全员共计52人参加。

是月，民进象山县支部社会服务案例《父亲联盟行动》，入选民进中央组织部《民进基层组织活动案例选编》一书。为宁波市唯一入选案例。

7月4日，县侨联九届七次常委会暨留联会六届四次理事会议在石浦裕天海洋生物科技有限公司召开。九届侨联常委、六届留联会理事、县侨联干部30余人参加。县委统战部常务副部长、县侨联主席翁华清作工作报告。县侨联副主席、留联会会长郑颖主持会议。

7月4—5日，省侨联副主席张维仁与省侨联副主席、市侨联主席李承成等到象山调研基层侨联工作。县委常委、统战部部长陈爱武会见张维仁一行，县委统战部常务副部长、县侨联主席翁华清陪同。

7月6日下午，市委统战部副部长、市民宗局局长金黎萍一行6人到象山调研民族宗教工作。县委常委、统战部部长陈爱武，县委统战部副部长、县民宗局局长朱兴宝陪同。

7月11日，全县第二批民间信仰活动场所225处颁证授牌仪式暨民间信仰安全管理工作现场会在东陈乡樟岙村文化礼堂召开。县委常委、统战部部长陈爱武出席并讲话。县委统战部副部长、县民宗局局长朱兴宝主持会议。

7月16日，在民盟浙江省省级组织成立70周年纪念大会暨浙江民盟榜样人物颁奖典礼上，象山陈淑芳荣获“浙江民盟榜样人物”称号。

7月21—22日，市少数民族发展帮扶工作交流会在象山晓塘乡召开。各区县（市）民宗局分管局长共20余人参加。市民宗局副局长李伟波，县委常委、统战部部长陈爱武出席并致辞。

7月22日，在国际大酒店会议厅召开首届世界象商大会筹备工作会议。商议大会总体方案与筹备工作。各镇乡（街道）分管工业副镇乡长和相关部门领导30人参加。县委常委、统战部部长陈爱武主持。

是日，县第十一届民族和睦邻里节暨第十二届西边塘葡萄节在晓塘乡西边塘村举行。县委常委、统战部部长陈爱武出席开幕式。活动当天，共接待游客近8000人，出售葡萄2. 8万公斤，旅游创收50余万元。

7月24—29日，由县委统战部、县委宣传部、象山新闻中心、县广播电视台等单位组成象山新闻采访团，赴在外象山籍人士集聚地区开展“海内外象山人”采访活动。

8月2日，象山举行“四海一家 · 浙港同行”——浙港青年庆祝香港回归祖国20周年交流活动。70余名香港青少年分别参观象山影视城、石浦渔港古城，感受象山影视产业的蓬勃发展、渔文化传承及发扬的独特氛围。

8月8日上午，首届世界象商大会系列活动领导小组全体会议召开。会议通报活动总体方案，进一步统一思想、明确任务，动员各级各部门抓紧行动。县委副书记、县长黄焕利指出，要振奋精神、齐心协力，积极筹备、扎实工作，确保首届世界象商大会系列活动取得圆满成功。县委常委、统战部部长陈爱武主持会议。

是日，市委统战部《统战工作简报》第19期编发《象山县做实“导、聚、联”三举措，促党外知识分子服务水平提升》信息，市委常委、统战部部长梁群在该信息上批示：“要积极推动我市党外知识分子统战工作创新发展，为‘名城名都’建设凝聚智慧力量。象山县通过‘导、聚、联’三方面举措，促进服务水平的提升，工作扎实、成效明显，值得借鉴。”

8月9日上午，台东富冈村46人到石浦东门，与当地民众共同举行如意、妈祖省亲迎亲仪式。开启8月8—13日石浦—台东富冈如意信俗10周年庆典系列活动序幕。

8月20—23日，香港大埔渔民生活改善有限责任合作社代表团22人到象山考察。县委副书记、县长黄焕利会见代表团一行。县委常委、统战部部长陈爱武参加会见。在象山期间，代表团一行先后到泗洲头镇、黄避岙乡、石浦镇等地考察渔业生产、渔民转产转业、渔业休闲旅游等，走访红升水产、象山港湾水产苗种场、石浦渔港古城、协顺海洋旅游等企业，了解象山渔业生产与渔业休闲旅游情况。

8月24日，县党外知识分子联谊会在白沙湾玫瑰园召开二届十次常务理事会议。会议学习习近平总书记“7·26”重要讲话精神和县委十四届二次全委会精神；回顾总结县知联会上半年工作，安排部署下半年任务；审议并通过《主动担当，积极作为，携手谱写现代化滨海城区建设崭新篇章——给全县党外知识分子的倡议书》。县政协副主席、知联会常务副会长莫俶茜主持会议，县委统战部副部长、知联会副会长沈颖洪出席并讲话。

8月31日，中央统战部办公厅《每日汇报》刊发县委统战部《宁波市在象山开展基层宗教活动场所规范化建设试点工作》一文。

9月5日上午，象山西坛庵在丹西街道北路社区举行“圆梦”助学金发放仪式。县委统战部副部长、县民宗局局长朱兴宝出席。丹西街道、县教育基金会、县佛教协会等相关单位领导和受助学生及社会爱心人士代表共120人参加助学金发放仪式。此次“圆梦”助学金发放活动慈善资金，由西坛庵的“慈善基金会”负责人释振善法师向爱心人士筹集，资助学生名单由象山教育基金会提供，教育基金会通过筛选、核实，最终确定家境较贫困大学新生20名。西坛庵“慈善基金会”向每个学生发放助学金5000元，合计10万元。

9月7日，象县委组干〔2017〕5号文件，张华行任县委统战部部务会议成员（8月30日县委组织部部务会议决定日始）。

9月9日，“心联三江·智汇四明”宁波市新联会进象山走一线活动在鹤浦启动。启动仪式在鹤浦镇中心卫生院举行。县委常委、统战部部长陈爱武，县政协副主席、知联会会长励茂平，市社会主义学院副院长黄峻，市知联会会长周建庆，市新联会会长何耀光，鹤浦镇党委书记张帮寸，县新联会会长张西平出席仪式。此次“心联三江·智汇四明”走进象山系列公益活动，由市委统战部、市新联会主办，县委统战部、县知联会、县新联会和鹤浦镇党委、政府承办。

9月12日，象县委干〔2017〕43号文件，石初光任县委统战部副部长（正局级），县总工会党组书记职务免；沈颖洪任县文化广电新闻出版局（体育局）党委副书记，县委统战部副部长职务免；翁华清任县总工会党组书记，县委统战部副部长、县侨办主任职务免（8月30日县委常委会决定日始）。

是日，象县委干〔2017〕49号文件，翁华清、沈颖洪县政协常委职务免；象县委干〔2017〕50号文件，翁华清县侨联主席职务免。

9月15日上午，县工商联成立60周年纪念座谈会在象山国际酒店会议室召开。会议总结60年发展成绩和经验，提出今后工作新目标和要求。市委统战部副部长、市工商联党组书记黄辉会上致辞，县委副书记、县长黄焕利出席并讲话。县委常委、统战部部长陈爱武主持会议。县领导胡建萍、石坚定、钮晶莹、励茂平，县工商联副主席、县商会副会长、全县基层商会会长、异地商会会长等共70余人参加。

是日上午，象商总会成立大会在国际大酒店宏润厅隆重举行。200余名海内外象商代表参加。县委副书记、县长黄焕利出席并致辞，县委常委、统战部部长陈爱武主持大会，县领导胡建萍、石坚定、励茂平出席大会。会议审议通过《象商总会章程》《象商总会致在外象商的倡议书》，选举产生象商总会第一届理事会班子成员。宁波华翔电子股份有限公司董事长周晓峰为象商总会会长；墨西哥中华企业协会主席包荣林、英国MMD集团亚太区总裁朗旺凯为执行会长；龙元建设集团股份有限公司总裁赖朝辉为监事长。

是日下午，“首届世界象商大会”在国际大酒店宏润厅隆重举行。200余名海内外象商代表参加。市委常委、统战部部长梁群出席讲话，县委书记叶剑鸣会上致辞。县领导金红旗、俞骏、孙小雄、刘国中、陈兴立、范焕平、陈爱武、奚海峰、陈善方、黄敏求、胡建萍、华弼天、周坚栋、石坚定、宣业靖、周平飞、励茂平，县人民检察院检察长袁学宏，浙台（象山石浦）经贸合作区管委会专职副主任张学军等出席大会。会上，叶剑鸣为象商总会授牌，金红旗为“荣誉象山人”“爱乡楷模”颁发证书、奖盘，陈爱武宣布象商总会会长、副会长名单，象商代表宣读倡议书，陈纯、包荣林、张彦、郎旺凯作主旨演讲。现场签约项目27个，总投资59亿元。县委副书记、县长黄焕利主持大会。

9月17日，以“深化农业交流合作，惠及两岸基层民众”为主题的象台精致果园交流活动在新桥镇举行。台湾农业培育专家、台中市东势区农会代表一行12人到象山开展果园农业考察交流活动。参访团一行参观晓塘湾边村柑橘基地、龙兴生态农业科技开发有限公司、象山佰季果蔬专业合作社、宁波东势农业发展有限公司，实地参观象山农业发展情况，并与当地技术人员、果蔬专家开展交流讨论。象山县林业园艺学会还与台中市东势区农会签订关于进行友好交流的协议书。

9月27日，“2017甬（宁波）港（香港）经济合作论坛开幕式暨财富甬港新机会新成长”

主论坛与香港象山联谊会“2017 国庆中秋茶话会”在香港举办。象山县大目湾金诚之星项目参加签约仪式。县委书记叶剑鸣、县委统战部常务副部长石初光等参加。

9 月 30 日，县政协办公室、县委统战部联合举办“喜迎十九大·共话新发展——2017 年象山县各界代表人士中秋茶话会”。县各民主党派基层组织、工商联负责人，无党派人士代表，台胞台属、归侨侨眷、归国留学人员、民族宗教界及非公有制经济代表人士等共 120 余人参加。县政协主席俞骏出席并致辞，县委常委、统战部部长陈爱武主持。

10 月 2 日，澳门神州妈祖文化交流协会会长关金花女士，由其丈夫县人吴合元、瑞龙寺主持释提觉等陪同，访问石浦镇东门天后宫、门头海神庙、妈祖升天台等。两日前，关金花一行到丹东街道瑞龙寺礼佛进香。

10 月 12 日，全县统战工作会议在象山宾馆会议室召开。总结交流 2017 年一至三季度工作，谋划落实第四季度工作任务，动员全县统一战线凝心聚力、奋发有为，向党的十九大献礼。县委常委、统战部部长陈爱武出席并讲话。

10 月 15 日，县委常委、统战部部长陈爱武应邀赴海盐县出席“2017 楚石禅师文化论坛”，并发表讲话。活动由海盐县天宁佛教文化基金会举办。（楚石，象山泗洲头朱氏子，明朝“第一流宗师”）

10 月 19 日，市委统战部副部长、市民宗局局长金黎萍到象山检查指导宗教活动场所安保工作。县委常委、统战部部长陈爱武，县委统战部副部长、县民宗局局长朱兴宝等陪同。

11 月 1 日，县知联会常务副会长、县政协副主席莫俶茜，率县党外知识分子联谊会理事政协委员等 10 人，赴杭州开展文化创意产业考察。

11 月 4 日，丹西街道等慈禅寺（西寺）举行开放三十周年庆典活动。市民宗局副局长周悦德出席并讲话，县委常委、统战部部长陈爱武致辞，副县长华弼天，中佛协副会长觉醒法师、湛如法师、纯一法师，省佛协会长怡藏法师，省佛协副会长光泉法师、诚信法师，市佛协副会长宗立法师等佛教界知名人士以及信众共 300 余人参加。

11 月 9 日，中国文明网公布第六届全国道德模范及提名奖获得者名单。民盟象山县基层委员会盟员、象山县畜牧兽医总站站长陈淑芳获孝老爱亲全国道德模范。

11 月 10 日，县委常委、统战部部长陈爱武会见象商总会执行会长郎旺凯等。郎旺凯汇报象商总会下阶段工作计划，并详细介绍象商回归项目新桥镇狮子山西班牙风情农旅小镇（田园综合体）进展情况。

是日，县委常委、统战部部长陈爱武赴农工党象山支部调研。农工党象山支部主委、副县长钮晶莹参与调研。听取农工党象山支部学习调研、社会服务、自身建设、参政议政情况等。

是日，丹东街道侨联、西周镇侨联在西周镇工人文化宫举行庆祝十九大联谊会。丹东街道、西周镇 60 余名归侨侨眷、留学人员家属参加。

11 月 13 日，县委常委、统战部部长陈爱武等 9 人，赴杭州市余杭区考察新的社会阶层人士统战工作。先后考察梦想小镇创业营、红色驿站、芸台书舍等，详细了解“众创同心荟”余杭模式。

11月15日，市侨办巡视员黄国海到象山调研侨务工作。县委常委、统战部部长陈爱武、统战部常务副部长石初光会见或陪同。

是日，萧山区人大常委会副主任董华恩，区委统战部副部长、区民宗局局长宣卓伦一行8人到象山考察交流宗教事务工作。县委常委、统战部部长陈爱武，统战部副部长、县民宗局局长朱兴宝陪同。

11月19日，县人大常委会副主任、民盟象山县基层委员会主委胡建萍率民盟象山县基层委员会一行30人，到县旅委智慧旅游大数据中心、黄避岙“斑斓海岸”风景线，调研象山县全域旅游示范区创建工作。

11月20日，县委书记叶剑鸣，县委副书记、县长黄焕利，县委常委、宣传部部长罗来兴等，到县畜牧兽医总站看望北京载誉归来的民盟盟员、“全国道德模范”总站长陈淑芳。

是日，县委常委、统战部部长陈爱武赴墙头镇宣讲中共十九大精神。镇党委书记石雷霆主持，墙头镇全体机关干部参加。

11月21日，象山县工商联被评为全国“五好”优秀基层工商联（发布于中华全国工商联网站）。

是日，宁波市民间信仰活动场所登记编号工作推进会在象山召开。全市各地民宗部门分管领导及相关科（处）室共30余人参加会议。市民宗局党组成员、巡视员常晓波出席会议并讲话。

11月23日，中国民主促进会象山县支部委员会第六次会员大会召开。县委书记叶剑鸣出席并讲话。民进省委会副主委、宁波市委会主委吴国平，民进宁波市委会副主委、余姚市副市长王安静等应邀出席。县领导陈爱武、胡建萍、钮晶莹、励茂平等出席。

11月26日“2017爱在益起跑·象西山水风情线”公益跑活动在西周举行，全县各民主党派和统战社团30余名统战成员和300余名市民、游客齐聚儒雅洋山区，以“你跑我捐”方式参与扶贫、贡献爱心。县政协副主席、县工商联主席励茂平参加活动。

12月1日，县少数民族联谊会第二次代表会议在海洋酒店召开。会议听取并审议通过县少数民族联谊会一届理事会工作报告，选举产生新一届理事会。县委常委、统战部部长陈爱武，副县长华弼天参加。

是日下午，县政协、县委统战部联合举办中共十九大精神专题辅导报告会。市委党校副校长、教授郑湘娟宣讲，县委常委、统战部部长陈爱武主持，县政协副主席周平飞、秘书长翁英豪等参加。

12月4日，县委统战部制订《全县统战系统学习宣传贯彻党的十九大精神行动方案》，落实学习贯彻讲深度、宣传引导求广度、服务中心强力度、凝心聚力提温度四项举措，在全县统战系统持续深入掀起学习贯彻中共十九大精神热潮，切实用中共十九大精神武装头脑、指导实践、推动工作。

是日，农工党象山县支部举行“象·健康”主题活动启动仪式暨分享茶会。农工党宁波市委会主委、市政协副主席陈为能，县委常委、统战部部长陈爱武，民盟象山县基层委员会主委、县人大常委会副主任胡建萍，农工党象山县支部主委、副县长钮晶莹，县知联会会长、县政协副主席励茂平，民进象山县支部主委杨盛昂参加活动。

12月9日，“2017年宁波象山·香港投资环境推介会暨香港·象山联谊会六周年庆典”在香港举行。县委常委、统战部部长陈爱武出席并致辞。县委统战部常务副部长石初光主持会议。

是日，香港象山联谊会在香港召开换届大会，会议选举产生以赵小蝶为会长的第四届理事会，并聘请陈秀忠、周辞美为名誉顾问。香港宁兴集团有限公司、香港甬港联谊会、兄弟县市区联谊会、香港象山联谊会会员代表等100余人参加庆典。新一届理事会产生后，迅速开展中共十九大精神学习，县委常委、统战部部长陈爱武作十九大精神宣讲。

12月16日，宁波市台湾同胞投资企业协会第九届九次理事会议在象山举行。市台企协会会长张金清主持会议，市台企协会副会长、市台办副主任陆朝晖，市台企协会秘书长、市台办经济处处长张艳玲，市台企协会理事等参加。

12月19日，县委统战部召开象山籍禅僧楚石梵琦研究工作座谈会。县委常委、统战部部长陈爱武，县委统战部副部长、县民宗局局长朱兴宝，县政协原主席王庆祥，县政协文史委、县党史办、县志办等相关人员参加。

12月20日，县委常委、统战部部长陈爱武到县新生代创业联谊会调研。县政协副主席、工商联主席励茂平，县委统战部副部长、县工商联党组书记张日成陪同。

12月22日，丹东街道瑞龙寺主持释提觉、象山县石浦镇如意文化联谊会会长韩素莲等9人，应澳门神州妈祖文化交流协会会长关金花女士邀请，赴台湾省高雄市参加佛光山佛光寺“世界神明联谊会”活动。历时3天。

12月27日，县残疾人联合会第六次代表大会在象山港国际大酒店会议室召开。市残联副理事长吴道涛与县领导陈爱武、柳建根、华弼天、莫俶茜等出席会议。会议听取并审议县残联第五届主席团工作报告；选举产生县残联第六届主席团和出席市残联第七次代表大会代表。

12月29日，县委组织部、县委统战部在组织部四楼会议室召开组、统联席工作会议。县委常委、组织部部长范焕平，县委常委、统战部部长陈爱武出席。

附：象商好故事

2014年5月中旬，县工商联（商会）根据省、市工商联视频会议精神，着手开展“象商好故事”宣传活动准备工作。讲述“象商好故事”是从全县范围内非公有制组织和非公有制经济人士包括民营企业和个体工商业户中的典型企业、优秀企业主，由各镇乡（街道）商会、行业商会、异地商会从下而上推荐产生，择优宣传。从坚定信心，攻坚克难；创业创新，转型升级；绿色生产，企业治污；关爱员工，构建和谐劳动关系；履行社会责任；热心慈善公益事业；依法诚信经营，多为社会作贡献等6个方面内容进行征集、采访和宣传。同年8月20日正式启动“象商好故事”宣传活动。县工商联党组做好牵头、协调、把关。商县新闻中心、县广播电视台、象山港网站等3家新闻媒体，组织记者、摄影人员，配合县工商联深入基层、下企业中进行采访、撰写、拍摄“象商好故事”新闻稿件、视频素材。3家主流新闻媒体专门开辟“象商好故事”宣传专栏、专题节目。至2014年12月末，28名优秀企业家好故事上电视台专题节目和《今日象山》报、象山港网站、县工商联网页的宣传专栏。周辞美、赖振元、卢国平、李红鋆4名为“甬象好故事”人物。“象商好故事”宣传活动，营造良好舆论氛围和社会环境，展示优秀企业家的良好形象和精神风貌，值得后继者汲取。这项活动将在翌年继续进行，择优推荐给市级以上新闻报刊、网站及有关工商联报纸杂志列入“浙商好故事”“甬商好故事”分级宣传，广而告之；县工商联将“象商好故事”文字、图片编纂成册，保存历史，资政治道。32个“象商好故事”是（含甬商4人）：

周辞美：老骥伏枥，志在千里

赖振元：百年龙元，万里根基

卢国平：借梯登高，永不止步

李红鋆：造船人，远洋梦

鲍志昌：企业的“亮剑”就是自主创新

柴常国：创新拓市场，转型谋发展

陈贤良：用科技打造“高端农业”

戴兴和：产品如人品

冯岳松：酒香也怕巷子深

冯宗平：象山企业圈里的军旅身姿

洪基光：企业要有人文关怀和社会责任

李卫林：企业家要承担更大的社会责任

林峰帆：脚踏实地，志存高远

林贵良：从下岗工人到民营企业家

刘文忠：三次转型，三次飞跃

芦　峰：打造不可复制的“万尚品牌”

欧曙辉：“绝地反击”闯出广阔市场

施良才：创新三十年，领航模具业发展

施文娟：一往情深，缘于“足下”

蒋保民：老骥伏枥，壮心不已

王爱敏：爱学习懂感恩的CEO

王　雪：从“富二代”到“创二代”

翁滨丹：女承父业“木兰花”

吴建国：“半路出家”的五金店老板

夏志中：思变图新，与世界强者同行

杨昌茂：稳打稳扎，让自己行得更远

伊惠娟：从细节做起，虑百年之远

张建中：逆风飞翔，乘势而上

章华灿：一人带出六个老板

周晨光：计算小成本，赢得大效益

朱旌铭：华丽转身，厚积薄发

朱照华：居安思危做企业

三、荣誉录

县委统战部集体、个人获奖名录

集 体

国 级

2003—2012年，连续10年《中国统一战线》宣传先进单位。

省 级

1994—1995年，连续2年统战工作先进单位；

1995—1997年，连续3年省统战宣传工作二等奖；

2003年，省统战宣传“精品工程”重大活动创意奖；

2006—2008年，连续3年统战宣传“精品工程”重大活动创意奖；

2008年，省统战宣传“精品工程”优秀奖。

市 级

1993—1995年，连续3年市统战工作先进集体；

2005年，市统战文化建设调研银奖；

2008年，市统战理论政策研究优秀成果奖；

2008年，市统战宣传三等奖；

2009年，市统战理论政策研究优秀成果三等奖；

2009年，市统战宣传“精品工程”优秀成果二等奖；

2010年，市统战宣传“精品工程”优秀成果一等奖；

2011年，市统战宣传优秀成果三等奖；

2012 年，市统战宣传优秀成果（宣传创意）一等奖。

个 人

欧吉庆，1996 年省统战刊物先进工作者。

县台办集体、个人获奖名录

集 体

国 级

1995 年，征订、发行《台湾工作通讯》工作全国先进单位；
2000 年，全国对台宣传工作先进单位；
2006—2011 年，连续 6 年中台办宣传局对台宣传工作先进单位。

省 级

1991 年，省对台宣传先进集体；
1996 年，省对台宣传工作先进单位；
1999 年，省涉台信息工作先进单位；
2002 年，省台办系统信息工作一等奖；
2004 年，省系统信息工作三等奖；
2008 年，省台办对台工作目标管理考核先进单位；
2007—2008 年，省对台信息工作二等奖；
2009 年，省对台信息工作先进单位三等奖；
2010 年，“唯一杯”浙台往来摄影大赛特别奖、特等奖。

市 级

1994 年，市对台宣传先进集体；
1995—1996 年，市对台宣传先进单位；
2002 年，市涉台信息工作先进单位；
2003 年，市涉台信息报送工作先进单位；
2010—2011 年，市对台信息工作先进单位。

个　人

余跃玲（女）、许卫君、胡文林、戴先兵，2011年省对台工作特别奉献奖；

周丁乐，2011年市台联工作先进个人奖。

县侨办、侨联等集体、个人获奖名录

集　体

国　级

2012年，石浦荔港社区获“全国侨法宣传角”称号。

省　级

2005年，县侨联，省侨联信息工作先进集体；

2007年，县留联会，省留联会工作先进集体；

2009年，丹东街道侨联获“省示范性基层侨联”称号；

2011年，丹东街道塔山社区获省三星级侨界之家称号。

市　级

2002年，县留联会，市先进留联会；

2003年，县留联会，市先进集体；

2004年，县侨办，市侨务宣传、信息工作先进单位荣誉；

2005年，县留联会，市留联会工作先进集体；

2005年，县侨办创设“象山籍海外学子大学生奖学金”获市侨办侨务工作创新二等奖，“在上海、北京成立归国人士联谊会”获鼓励奖；

2005年，县侨办“归国学子韩孝清荣获市杰出专家称号”获“双鹿杯”市侨界十大新事荣誉奖；

2005年，县侨联获“宁波市第五届工贸资产侨联杯”文艺会演银奖；

2006年，县侨办“象山县建立海外高层次人才意见征求机制初见成效”获侨办侨务工作创新二等奖；

2008年，县侨办“留学人员回乡创业服务联谊会工作”获市侨办创新工作三等奖；

2008年，县侨办获市侨办“侨与宁波改革开放30年”图片暨摄影比赛优秀奖；

2010年，县侨办编纂出版《海内外象山人·第一辑》获市侨务工作创新三等奖；

2010年，县侨联，市引资助业工程先进集体；

2010年，县侨联，市侨联系统信息工作优秀单位；

2010年，县留联会，市留联会工作先进集体；

2011年，县侨办，市侨办系统先进单位；

2011年，海内外象山人侨情信息管理软件开发和应用获市侨务工作创新三等奖；

2011年，县侨办获2011年度公民出国前培训系列讲座市优秀组织奖；

2011年，县侨联获市侨联“文明侨乡、和谐侨界”摄影比赛优秀组织奖；

2011年，县侨联，市侨联系统信息宣传工作先进集体；

2012年，县侨办，市侨务工作先进单位；

2012年，县侨联，市侨联系统先进单位；

2012年，“海内外象山人”系列采访活动获市侨务工作创新二等奖；

2012年，县侨联获评市侨联工作先进单位；

2012年，丹东、丹西街道与石浦镇侨联，市先进基层侨联组织；丹东街道塔山社区，市示范社区。

个 人

翁华清，2011年省侨联系统先进个人奖；

张爱民，2011年省优秀提案奖；

李淑贞（女），2011年市侨务工作先进个人奖；

翁华清，2012年度省侨联系统先进个人奖；

陈灵灵（女），2012年市侨务工作先进个人奖；

陈斌国、董永康、董惠惠（女）、林卓、陈吉明、尤赛芳（女），2012年市基层侨联工作先进个人奖；

朱吉华，2012年市留联会先进工作者奖；

徐庄初、郑美莲（女），2008年市《见证家乡的变化》《香港同胞亲属的荣与辱》获“工贸杯”侨与改革开放30周年征文比赛优秀奖。

县民宗局集体、个人获奖名录

集 体

省 级

1995年，省基层宗教工作先进单位。

市级

2003—2006年，连续4年市民族宗教工作先进集体；

2006年，市民族宗教系统安全工作达标单位；

2006年，市民族宗教工作创新奖；

2007年，“利时杯”民族知识竞赛优秀组织奖；

2008—2009年，连续2年市民族宗教系统安全工作达标单位；

2011年，市民族宗教系统安全工作先进单位；

2011年，市民族宗教工作先进集体。

个人

市级

盛足芬，2002年宁波市民宗工作先进个人；

董　欢，2004—2005年连续2年市民族宗教系统信息工作先进个人；

许成德，2006年第一届市民族团结进步模范个人；

励朝铭，2006年市民族宗教系统信息工作先进个人；

张华行，2008—2010年连续3年市民族宗教系统信息工作先进个人；

许曙敏，2011年第二届市民族团结进步模范个人；

张华行，2011—2012年连续2年市民族宗教系统信息工作先进个人；

盛繁国，2001年《关于加强与改善党对基层宗教事务工作的领导》获市民宗系统一等奖；

张日成、许曙敏（执笔）、胡怡（女），2012年《创新思路，拓展载体，大力推进民族团结和睦文化建设工作》获市民宗系统三等奖；

张华行、胡怡（女），2012年《加强县级基督教培训中心建设的实践与思考》获市民宗系统优秀奖。

县工商联（县商会）集体、个人获奖名录

单位

国级

2011年，中央统战部统战工作创新奖。

省级

2005—2009年，连续5年省工商联系统先进集体；

2012 年，省工商联系统先进集体。

市 级

1994—1997 年，连续 4 年市工商联先进集体；

2005—2007 年，连续 3 年市工商联系统先进单位；

2008 年，市光彩事业先进组织奖；

2012 年，市工商联先进集体。

四、文件存要

中共象山县委
关于坚持和完善政治协商制度
和加强统一战线工作的意见

县委〔1990〕25 号

中共中央《关于坚持和完善中国共产党领导的多党合作和政治协商制度的意见》和《关于加强统一战线工作的通知》，从战略的高度，阐述了坚持和完善共产党领导的多党合作和政治协商制度的指导思想、方针政策和基本要求，提出了在新形势下巩固和发展最广泛的爱国统一战线的基本原则和具体措施，是今后搞好政协和统战工作的纲领性文件。这两个文件的实施，对于巩固和发展爱国统一战线，反对资产阶级自由化和国际敌对势力的“和平演变”，推进社会主义民主政治建设，密切党同人民群众的联系，维护大局稳定，促进社会主义现代化建设和祖国统一大业，都将产生极其深远的影响。为了进一步贯彻落实好这两个文件，特提出如下实施意见：

一、加强对政协和统战工作的领导

各级党组织要认真学习中共中央《意见》和《通知》，广泛深入地开展统一战线理论、方针、政策的宣传教育。广大党员、干部要从战略高度来认识统一战线工作的重要性、必要性和长期性，坚定不移地贯彻政治协商制度的若干重大原则和基本准则，重视发挥党外各界人士的作用，巩固和发展最广泛的爱国统一战线。县委党校和乡镇业余党校要把统一战线理论和政策列为干部理论学习的重要内容。县委宣传部要组织新闻单位加强这方面的宣传。

各级党组织要重视统战工作。县委由一名副书记分管统战工作，县委常委会每年讨论两次统战、政协工作。县政协党组书记和县委统战部部长列席县委有关常委会议。各区镇乡党委宣传委员兼任统战委员，县级机关各部门和“三胞”眷属较多的县属企事业单位，应确定一名领导成员兼管统战工作。

县委统战部是县委主管统战工作的职能部门，要按照“了解情况，掌握政策，调整关系，安排人事”的基本职能，善于议大事，抓大事，在县委统一领导下，负起归口协商和监督检查全县统战工作的责任，切实贯彻好中共中央《意见》《通知》和党的各项统战政策，积极协助县委加强同党外各界人士的联系，特别要与党外人士较多的党组织建立每季一次的联系制度，及时听取、反馈党外人士的意见和反映，帮助解决能够解决的一些具体问题。

二、继续坚持健全党委、政府与党外人士之间的合作和协商制度

人民政协是我国政治协商的一种重要形式，是发扬社会主义民主的重要渠道。今后，凡涉及全县国计民生的重大问题，都应广泛听取各群众团体和党外各界代表人士的意见，努力做到协商在决策之前，监督在执行之中。县委、县政府同各群众团体和党外各界人士代表进行政治协商的主要内容是：全县贯彻执行中央、省、市大政方针和重大部署的措施，“两个文明”建设和民主法制建设以及治理整顿、改革开放中的重要政策措施，政府工作报告，经济与社会发展规模，县人大、县政府、县政协的主要人事安排，本县政治生活中的重大事项和群众生活中的重大问题等。

政治协商、民主监督的主要形式是：（1）县委主要领导邀请各群众团体负责人和党外各界代表人士，每年举行一至两次民主协商会，就将要提出的大政方针问题进行协商。（2）县委主要领导根据形势需要，不定期邀请在县人大、县政协等担任领导职务的党外人士，举行谈心活动，沟通思想，征求意见。（3）县委领导或委托县政协党组、县委统战部，每两月召开一次群众团体、党外人士座谈会，传达学习重要文件，通报全县重要情况，听取有关意见和建议。（4）党外人士可就全县的大政方针和两个文明建设中的重要问题，向县委提出书面建议或专题报告，也可约请县委负责人交谈。上述各种协商座谈，由县政协党组、县委统战部具体落实。对于党外人士提出的各种意见和建议，处理结果要有反馈。

县委常委、县政府副县长要同党外代表人士保持密切联系，交知心朋友，在政治上、思想上相互了解和帮助。县级机关各部门党组织和区镇乡党委的主要负责人，都要同党外人士保持密切联系，坦诚相见，广交朋友，认真听取党外人士的意见，支持他们参与本单位的民主管理和监督，发挥他们的作用。要尊重政协委员的视察、举报和参与调查活动的权利。对政协委员的提案，各级党委、政府及部门都要及时答复。

县委各有关部门要为落实中央《意见》和《通知》，积极做好工作。县委办公室要做好各方面的协调工作，及时传递和沟通县委领导与党外人士的联系，为他们知情出力提供方便。

三、积极培养和选配党外干部担任领导职务

县委组织部、统战部要重视党外干部的培养、选拔工作，认真制订选拔干部的三年规划。要保证党外人士在人大代表、常委和领导成员中占适当比例，在政协委员、常委和领导成员中占一定比例。要根据工作需要，积极选拔符合条件的党外人士担任各级政府及其部门和司法机关的领导职务。在教科文卫单位和国营企业，要大胆提拔一批政治表现好、熟悉业务、积极肯干、密切联系群众的党外知识分子担任领导职务。

选拔党外人士担任领导职务的工作，既要积极，又要坚持德才兼备的原则和干部“四化”方针。根据目前实际情况，对党外人士的年龄和任职资历的要求，可比同级中共党员干部放宽些。领导职数已满的部门，如确有合适的党外人选，可增加一个职数，按干部管理权限报批。

四、发挥党外人士在人大和政府工作中的作用

县人大及其常委会在组织视察调查时，应注意吸收人大代表中的党外人士参加。县人大党组成员应与担任人大领导职务的党外人士保持经常联系，交流思想，交换意见。

县政府召开全体会议和有关工作会议，可视需要邀请有关党外人士列席。政府及有关部门也可以就某些专题，请党外人士进行调查研究，提出建议。要加强决策前的协商，在决定某些重大政策措施之前，组织有关党外人士座谈，征求意见。

要为党外人士发挥作用努力创造条件。党员领导同志要与非党领导干部真诚地合作共事，对他们政治上信任，工作上支持，生活上关心，有关的政治待遇和生活待遇，应与党员领导干部一视同仁，使他们真正有职有权有责。在县人大、政协及县政府部门担任领导职务的党外人士要求加入中国共产党，要动员和鼓励他们至少在任期内留在党外工作，积极发挥应有的作用。个别要吸收入党的，应事先征得县委统战部和组织部同意。

五、调动一切积极因素，支持人民政协和群众团体开展以经济建设为中心的各项活动

各级党委和政府要高度重视爱国统一战线汇聚的各方面代表人士，善于运用这一优势，积极鼓励党外人士和工商联、侨联、台联以及其他群众团体、乡镇“三胞”亲属联络组负责人，参政议政，努力为他们创造必要的工作条件，使他们知情出力，发挥作用。

鼓励和支持党外人士、群众团体发挥各自优势，继续开展海外联谊活动和各种咨询及社会服务工作。各有关部门要积极给予支持，提供服务，帮助解决工作中的困难和问题。

认真做好教科文卫系统和国营企业中的党外知识分子工作，充分发挥他们的科技进步、生产经营、教书育人、文艺创作等方面的积极作用。各级党委、政府的负责同志要密切联系知识分子，倾听他们的意见、建议和呼声，认真落实各项知识分子政策，为他们施展才华创造条件。对知识分子的工作、生活以及举荐使用等方面的问题，应当继续按照党的有关政策和县委、县政府的有关规定尽心尽力地帮助解决。

要围绕当前的对外开放、发展外向型经济，重视做好侨务和对台工作。要在“三胞”中进行一次再发动，进一步激发“三胞”爱国爱乡热情；要发动侨属、台属牵线搭桥，引进外资、项目、设备和先进技术。

工商联是统一战线性质的人民团体和民间商会，要积极发挥他们在对外开放和经济建设中的作用。

县委要求县级机关各部、委、办、局和区镇乡党委在近期内对中央的《意见》《通知》作一次认真学习和讨论，并根据各自的实际作出进一步贯彻的打算和安排。县委统战部、县委办公室要进行督促检查。

（1990. 09. 03）

关于贯彻《中共中央关于加强统一战线工作的决定》的实施意见

县委〔2002〕16号

《中共中央关于加强统一战线工作的决定》从战略的高度，提出了在新形势下巩固和发展最广泛的爱国统一战线的基本原则和具体措施，是指导我们做好新世纪统战工作的纲领性文件。现结合我县实际，提出以下实施意见。

一、进一步提高对统一战线工作重要地位和作用的认识

（一）统一战线在新世纪仍然是我们党的重要法宝。在新的历史条件下，统一战线的地位和作用更加突出。实现第三步战略目标离不开统一战线，发展社会主义民主政治离不开统一战线，建设有中国特色社会主义文化离不开统一战线，实现祖国完全统一离不开统一战线。统一战线作为党的一个重要法宝，绝不能丢掉；作为党的一个政治优势，绝不能削弱；作为党的一项长期方针，绝不能动摇。各级党委要认真学习《中共中央关于加强统一战线工作的决定》，深刻领会新世纪统战工作的基本理论和方针政策，更加自觉地重视、支持和做好统战工作。

（二）加强统一战线理论方针政策的学习、宣传。要把党的统战理论和方针政策作为党委中心组学习和党员干部教育的重要内容。党校要开设统战理论课程，列为党政领导干部和后备干部的必修课。宣传和统战部门要密切配合，建立完善例会制度，共同做好统战宣传工作。各新闻单位要把统战宣传工作列入年度计划，做到经常化、制度化和规范化。充分利用报刊、广播、电视等多种手段和渠道开展统战宣传。

二、坚持和完善共产党领导的多党合作和政治协商制度

（一）继续贯彻落实中共中央关于坚持和完善共产党领导的多党合作和政治协商制度。积极推进政治协商制度化、规范化建设，坚持重大问题协商于决策之前，对改革发展的重大决策、国民经济和社会发展中长期计划、政府工作报告、重要人事安排等，都要按规定程序进行政治协商。坚持和完善县委、县政府领导与党外人士的联系交友制度，深化谈心内容，丰富交流形式。

（二）支持工商联和党外代表人士加大民主监督的力度。各级党委、政府及其工作部门和司法机关要自觉接受工商联和党外代表人士的监督。政府执法部门、与人民群众密切相关的行业单位和司法机关，要聘请党外人士担任检察员、审计员、教育督导员及行风监督员等。

（三）支持和鼓励工商联围绕我县改革开放、经济建设和社会发展中的重大问题，调查研究，献计献策。县委统战部应及时汇集与整理工商联提出的意见和建议，按职责范围报送有关部门和领导，有关部门应将处理结果及时反馈。各级党组织要重视和关心民主党派成员的思想、工作和学习等情况，为他们开展活动提供必要的条件。

三、重视发挥无党派代表人士的作用，认真做好党外知识分子工作

（一）充分发挥无党派代表人士参与政治协商、民主监督和参政议政的作用。无党派人士是我国政治生活中的一支重要力量。要邀请无党派代表人士参加党委政府召开的有关协商会、座谈会和情况通报会，进一步加强与无党派代表人士的联系和沟通，认真听取他们的意见。做好新一代无党派代表人士的培养、选拔工作，有重点地保留一批党外优秀人才作为无党派人士的骨干，切实解决新老交替问题。

（二）积极开展党外知识分子工作。各级党组织要把培养党外知识分子工作作为统一战线的基础性工作来抓。按照“培养人才、用好人才、吸引人才”的要求，努力为党外知识分子创造人尽其才、才尽其用的社会环境。党外知识分子相对集中的教育、科技、文化、卫生等部门和有关企业，要切实加强党外知识分子工作，充分发挥他们在“科教兴县”战略中的作用。要逐步把自由择业的党外知识分子纳入统战工作范围。统战部门要加强与组织、人事、宣传等部门的协作，切实履行“反映情况，掌握政策，协调关系，举荐人才”的职责，重点做好有代表性的党外知识分子工作，积极探索有效的工作机制。

四、认真贯彻落实党的民族宗教政策，进一步加强民族宗教工作

（一）巩固和发展党同宗教界的爱国统一战线。全面正确地贯彻党的宗教信仰自由政策，依法加强对宗教事务的管理，积极引导宗教与社会主义社会相适应。各级党委要加强马克思主义宗教观、党和国家宗教政策法规的宣传教育，善于按照宗教自身规律做好宗教工作，既要防止疏于管理、放任自流或用行政手段发展宗教的倾向，也要防止用行政手段限制正常宗教活动或消灭宗教的倾向。要深入贯彻国家和地方各级的有关宗教法律法规规章，依法加强对宗教活动场所、宗教教职人员和宗教活动的管理，依法打击利用宗教进行的非法活动，坚决查禁、取缔各种邪教组织，切实解决滥建小庵小庙和教堂的问题。鼓励各宗教结合自身特点，发扬教义教规中有利于社会进步的积极因素，从深层次促进宗教与社会主义社会相适应。努力培养一支爱国爱教的骨干代表人士队伍，保证宗教领导权牢牢掌握在爱国爱教的人士手中。支持和帮助宗教团体加强自身建设，坚持“独立自主、自办教会”的方针，坚决反对境外宗教势力干预我宗教事务，抵制国际敌对势力利用宗教进行渗透和破坏活动。及时处置涉及宗教方面的矛盾和纠纷。加强对宗教工作的领导，落实宗教工作责任制，重点镇乡（街道）要建立健全宗教工作领导小组，重点村要确定宗教工作联络员，形成完整的镇乡（街道）、村基层宗教工作网络。

（二）进一步做好民族工作。要加强对马克思主义民族观、党和国家民族政策法规的宣传教育，增强民族团结，巩固和发展平等、团结、互助的社会主义民族关系。尊重少数民族的风俗习惯，依法保护他们的合法利益。重视做好外来少数民族流动人口的服务和管理工作，扶持少数民族家庭发展经济，帮助解决生产、生活实际困难。充分发挥少数民族联谊小组的作用，及时稳妥地处理好涉及民族关系的矛盾和问题，自觉维护民族团结。

五、切实加强非公有制经济代表人士工作

（一）加强对非公有制经济代表人士的政治引导和思想教育。坚持“团结、帮助、引导、教育”的方针，认真贯彻县委〔2001〕60号文件精神，加强对非公有制经济人士思想政治工作。引导非公有制经济人士把企业的发展与国家的发展结合起来，把个人富裕与共同富裕结合起来，把遵守市场经济法则与发扬社会主义道德结合起来，爱国守法，诚实守信，促进非公有制经济健康发展和非公有制经济人士健康成长。深化光彩事业的内涵，鼓励和引导非公有制经济人士积极参与再就业工程及其他社会公益事业。加强非公有制经济组织中党、团和工会组织的建设，凡是具备条件的企业，要按党章、团章和工会法的规定建立党、团和工会组织。通过联系交友、维权服务、组织培训、学习考察等活动，加强与非公有制经济代表人士的联系和沟通，了解情况，听取意见，帮助解决非公有制经济发展中的问题和困难。努力培养和建立一支拥护党的领导、坚持走有中国特色社会主义道路的非公有制经济代表人士队伍。

（二）充分发挥工商联在联系非公有制经济人士方面的桥梁和纽带作用。工商联是党领导下具有统战性、经济性、民间性的人民团体和民间商会。要完善工商联的民间商会职能，建立健全服务机制，依法维护非公有制经济人士的合法权益，做好他们的思想政治工作。理顺工商联与政府有关部门的关系，个体劳动者协会、私营企业协会等民间组织可以作为团体会员自愿加入工商联。统战部门要加强对工商联党组织的领导和工商联工作的指导，工商联党组要充分发挥领导核心作用。工商联要对同业公会工作进行积极探索。有条件的镇乡、街道可以成立工商联（商会）分会。工商联要努力加强自身建设，提高队伍素质，认真履行职能。

六、不断拓展港澳台和海外统战工作

（一）切实加强港澳统战和台湾工作。坚持“一个中国”的原则和“和平统一、一国两制”的方针，发挥民主党派、人民团体、港澳政协委员和各界人士的作用，利用石浦对台工作窗口优势，加强与港澳台有关社团和各界人士的联系，不断扩大团结范围，壮大爱国力量，为实现祖国完全统一服务。各级党委、政府及有关部门要从实际出发，统筹协调，形成合力，有针对性地开展工作。继续做好来象探亲、旅游、投资、捐赠的港澳台同胞的接待工作，切实维护他们的合法权益，创造良好的投资环境，促进象山与港澳台多方面的合作和交流，为地方经济建设和社会发展服务。

（二）进一步做好海外统战工作。充分发挥侨、台部门和人民团体的作用，拓宽联谊渠道，加强与海外侨胞中代表人物和社团的联系，增进与海外留学人员及其他人员中的代表人士的交往。做好在海外的象山籍第二、三代人士的工作，逐步建立海外人才库和联系网络。各级党委、政府要以改善投资环境为基础，以扩大经贸、科技合作和弘扬中华文化为纽带，加大海外统战工作为经济建设服务的力度。进一步做好引资引智工作，为海外侨胞在象从事经济、文化活动提供咨询服务，维护他们的合法权益。

七、进一步加强共产党与党外人士的合作共事

（一）充分发挥党外人士在人大和政协中的作用。切实保证党外人士在各级人大代表、人大常委会委员中占适当比例，其中在各级人大代表中不少于20%，在人大常委会委员中不少于30%，人大领导班子成员中应有适当数量的党外干部。保证党外人士在政协中占有较大比例，其中在政协委员中不少于60%，在政协常委中不少于65%。人大、政协专门委员会成员中应有适当数量的党外干部，政协机关中应有一定数量的党外人士担任专职领导干部。担任人大、政协领导职务的党外人士，应与担任同级职务的党内干部享受同等待遇。中共人大、政协党组织成员要与担任人大、政协领导职务的党外人士经常沟通思想，交换意见，真诚合作。县委统战部要协助县委按照有关规定做好党外人士在人大、政协的人事安排工作。

（二）充分发挥党外人士在政府和司法机关中的作用。要把党外干部的培养选拔使用纳入各级政府和司法机关领导班子建设总体规划，认真抓好落实。政府职能部门要在原有的基础上进一步拓宽党外干部配备的领域，适当增加配备党外干部的数量。符合条件的党外人士可以担任正职。知识分子比较集中的单位，有条件的可配备党外领导。中共领导干部要主动与党外领导干部建立良好的合作共事关系，党组织要积极支持党外领导干部的工作，经常同他们沟通思想；党委（党组）会议（除研究党内事务的会议外）一般要请他们列席；对党外领导干部分管工作内重大问题的决定和有关人事任免，应事先与他们沟通，尊重他们的意见。县委统战部要协助组织部门共同做好政府和司法机关党外干部的了解、考察和推荐工作。对党外干部的任免调用，组织部门在提请党委决定前要征求统战部门的意见。

（三）进一步加强党外后备干部队伍建设。把培养党外后备干部纳入后备干部队伍建设的总体规划。组织、统战部门要通盘规划，落实党外后备干部的培养目标。党外后备干部人数应不低于整个后备干部总数的10%。加强对党外干部的培养，通过培训轮岗、挂职锻炼等多种形式，为党外后备干部成长创造条件。各级党组织要有计划地将一部分优秀中青年知识分子留在党外，作为党外后备干部加以培养。对党外领导干部要求加入中共党组织的，要按有关规定严格掌握，并应事先征求党委统战部门的意见。

八、加强和改善党对统一战线工作的领导

（一）各级党委每年要听取统战工作专题汇报，研究解决重大问题。每届党委任期内要召开统战工作会议。党政主要领导要亲自做统战工作，模范地执行统一战线的方针政策，参加统一战线的重要活动，深交党外朋友。要把统战工作纳入党建目标责任制中。对镇乡（街道）和政府职能部门主要领导干部的考核，统战工作要列为一个重要内容。

（二）进一步完善统战工作机制。县委统战部是县委主管统战工作的职能部门，负有协调、监督和检查全县统战工作的重要职责。要建立和健全由县委统战部负责协调的机制。县委统战部负责统战工作方针政策的贯彻落实、重大问题的协调处理，协助县委组织部做好相关干部的推荐工作。与统战部合署办公的侨办、宗教局的行政执法主体的地位、经费渠道、政府分管领导不变。统战系统各有关部门要各司其职，共同做好工作。

（三）健全统战工作机构和网络。县级机关各部门要明确统战工作分管领导和责任科室。各镇乡党委、街道党工委要明确一名党委委员分管统战工作。统战工作任务重的企事业单位党组织，也要有人负责统战工作。统战部门要按照“人格好、人缘好、形象好”的要求，加强统战干部队伍建设，提高统战干部的政治、理论和业务素质，努力使他们成为具有坚定的立场、民主的作风、广博的知识、创新的精神，深受党外朋友欢迎的合格的统战干部。

（2002. 09. 01）

五、讲话辑录

统一战线仍然是新时期党的一大法宝

——在全县部、办、委、局等单位党员干部会议上的讲话

樊心慧

根据中发〔1982〕12号文件和中央、省委统战工作会议的精神，讲几个问题。

一、统战工作的重要性、长期性、广泛性。

在新的历史时期，统一战线仍然有强大的生命力，仍然是我们党的一大法宝。在民主革命的长期斗争中，我们党依靠三大法宝（党的领导、武装斗争、统一战线）取得了革命胜利。在建设现代化的社会主义强国的新的历史时期中，统一战线这个法宝还灵不灵？中央明确地告诉我们全党同志，在新的历史时期中，在今后很长很长的历史时期统一战线将仍然是必要的重要的，仍然是有强大的生命力，仍然是我们党的一大法宝。但是现在有的同志认为战争年代夺取政权需要统一战线，现在搞“四化”建设是不是需要统一战线认识不足，实际上我们现在有不少单位，有党内同志的作用，但不少是党外人士在干。如学校、医院、工厂中许多业务工作都是党外人士在干，党内同志只做些后勤工作、组织工作、政治思想工作，党外有许多真才实学的知识分子，我们搞“四化”建设不依靠他们行吗？不光是要依靠国内的党外人士，还要发挥海外侨胞和港澳同胞中的爱国人士的作用，要把“四化”搞上去是少不了与党外人士的合作共事。因此，我们在执行80年代的三大任务中，在整个建设现代化强国的新的历史时期中，统一战线工作就显得更加重要了。

至于统一战线长期性，到底长期到什么时候呢？中央领导同志讲得很明白，说得彻底一点，在我们国家什么时候阶级还没有最后消灭，什么时候还要有无产阶级的先进队——中国共产党，什么时候也就不可避免地还要我们党所领导的统一战线。因此，只要我们共产党存在不消灭就要与党外同志合作，就要发挥党外同志的作用，就要有统一战线。所以我们对统一战线法宝就不能丢了。

在新时期统战工作更有广泛性，广泛性表现在统战工作的对象、范围不是少了狭了，而是更多了广了。中央领导同志讲，统战范围包括全体社会主义的劳动者、拥护社会主义的爱国者和拥护祖国统一的爱国者的最广泛的统一战线。因此，统战工作的范围不是越来越狭小，而是越来越宽广。中央领导同志还讲了统战对象十个方面：民主党派；无党派知名人士；非党的知识分子干部；起义和投诚的原国民党军官；原工商业者；少数民族的上层人物；爱国的宗教领袖人物；去台湾人员留在大陆的家属和亲友；港澳朋友；归国侨胞和海外侨胞等十个方面。我

县除民主党派和少数民族的上层人物两种外，其他八种都有。全国有上亿人口，我县也有几千人。因此，统战工作的对象不是越来越少，而是越来越多。不仅人数多，而且这些统战对象有三个主要优点：一是比较有知识；二是他们有比较广泛的社会关系；三是还有为国家出力的强烈愿望。这是主流。所以我们要把统战工作打开新局面，关键的问题是全党同志统一对新时期统一战线工作重要性的认识，要求全党同志，特别是各级领导干部大家共同来做好统战工作。

二、前几年统战工作的情况和当前存在的问题

对前几年的统战工作，中央和中央领导同志评价很高。胡耀邦同志讲：做得不错，成绩很大，同五年以前相比，情况根本改变了。总的来说，三中全会以来统一战线已经逐步恢复和形成了生气勃勃的局面，并在一些方面有所发展。由于统一战线的恢复和发展，我们国家在政治上的团结是大大增强了，具体的表现是：

1. 在统战工作的指导思想上拨乱反正，批判了长期存在的“左”倾错误，摘掉了“文化大革命”中强加给统战部门修正主义、投降主义的帽子，把统一战线的工作重点转移到四化建设服务的轨道上来。

2. 在落实党的各项统战政策方面做了大量的工作。在我县，右派摘帽改正安置已经结束，全县原划右派125名，复查后改正120名；国民党起义投诚人员52名，也分别落实了政策；原工商业者区别为劳动者的工作也已结束，全县原私方人员279人，其中：一向作劳动者的94人，这次区别为劳动者的107人，占72%，留下原工商业者只78人，还有在“文化大革命”中的冤假错案和查抄财物等复查处理了一大批。从而调动了这部分人的积极性，团结一切可以团结的人。

3. 广泛地宣传了党的和平统一祖国的方针。我县还通过接待台湾渔民，对台湾同胞进行党的方针政策宣传，消除了过去国民党反动宣传的误解，几年来，我县接待了台湾渔轮117艘、978人次，为促进和平统一祖国起到了积极的作用。

4. 统一战线工作已深入到广大农村基层，对台政策、侨务政策、宗教政策的落实工作大部分在农村基层，不少农村甚层的党组织也开始抓统战工作了。

前几年统战工作成绩是很大的，是主流。但也存在问题，当前统战工作的主要问题，正如中央指出的当前和今后统战工作还是要继续肃清“左”的影响，防止和克服关门主义、孤家寡人、包打天下的错误倾向。从我县来讲，“左”的思想主要表现是：

1. 在思想上存在着怕“右”、心有余悸思想严重，不敢做统战工作，也有少数干部对中央的统战工作理论方针政策抵触，说现在统战工作过头了，“右”了。说统战部门专门给有问题的人办事、讲话等等。因此，行动上对落实统战政策阻力很大，落实不下去。

2. 在组织上习惯于“清一色”，认为党员干部还安排不了，怎能安排党外干部，还认为安排党员干部好办事等等，因此，从我县机关来讲党外干部副局长以上只一个，党外副县长没有，基层也有这个情况。

3. 在政策的落实上问题较多，尾巴不少，有的偏严，有的由于基层阻力落实不下去。如房子问题，“文化大革命”期间查抄财物问题，历史政治运动中的遗留问题，台属政策还只刚刚开始调查搞点，工作量也很大，对广大党外知识分子干部发挥作用问题等等。

4. 我们县委对统战工作还不够重视，还没有把统战工作摆到议事日程上来，抓得不够，抓得少。

三、今年我们统战工作要做的几件事

1. 要抓好统战工作理论、方针、政策的再教育。当前首先要把中发〔1981〕44 号文件、〔1982〕12 号文件和中央领导的讲话传达好学习好。充分认识新时期统战工作的重要性、长期性、广泛性，统一全党的认识，克服错误思想，把思想统一到中央文件上来，各级党委要自觉地抓好统战工作，特别是领导干部，要重视抓统战工作。

2. 要抓好对台统战工作。统一祖国是20世纪80年代三大任务之一，对台统战工作是最大的统一战线，我县是对台工作的重点县之一，任务繁重，各级党委、党组要重视这项工作，认真做好，具体有以下三点：一是坚决贯彻中发〔1981〕44 号文件，认真落实台属政策，这是今年对台工作的重点。我们已在丹城、石浦两镇分别调查研究解决，各地接着都要进行。二是做好台属的调查摸底工作，各区、镇、公社都要开展，上次地区宣传委员会议已布置，要抓紧搞好，对重点对象，还要做些调查研究，摸清情况，积累资料，要编写档案，建立档案。三是继续做好对台湾渔民的接待工作，这一工作牵涉到公安、水产、商业等单位，我们都要密切配合共同做好。

3. 要抓好各项统战政策的落实。落实各项统战政策，关系到同盟者的利益，关系到党和国家的信誉，是巩固和扩大统一战线的必要条件，是一项严肃的政治任务。我们应当把落实统战政策提到对中央的态度，在政治上是不是同中央保持一致的高度来认识。中央领导提出限期落实政策的要求是 1 至 2 年内争取基本上得到圆满地解决。有关部门都要积极配合认真解决，不能拖、推，更不能顶着不办，一定要严肃对待这个问题。具体的政策是：一是善始善终抓好各方面的冤假错案遗留问题，发现一个解决一个；还有“文化大革命”期间的查抄财物问题，按照省财政厅〔1981〕财预 995 号文件《关于处理“文化大革命”中查抄财物几个具体政策问题的答复》办理。二是落实好知识分子政策。落实知识分子政策重点抓好安排使用，使之人尽其才，才尽其用，政治上要充分信任，放手让他们工作，真诚地搞好合作共事关系，使他们真正做好有职有权有责，充分发挥其作用。三是落实私房政策。县委决定准备在调查研究基础上，在近几年内分期分批解决好。

4. 继续抓好宗教工作。我县宗教工作主要是基督教。我们要看到宗教问题是不安定的因素，目前一部分地方宗教势力还在继续发展，有的宗教进行非法活动，国外宗教势力也在加紧渗透。因此，我们各级领导要高度重视，加强领导。当前突出抓好以下三件工作：一是要向广大党员、干部传达学习国务院〔1980〕188 号文件和县政府〔1982〕15 号文件《关于坚决制止封建迷信活动的若干规定》，划清宗教信仰自由和封建迷信活动的界限，对正当的宗教信仰活动要保护，对封建迷信活动要坚决制止和严肃处理。二是区、镇、公社都要培养物色宗教积极分子，把宗教活动牢牢掌握在我们手里，坚决抵制外地进来的传教士进行传教活动。三是把目前“地下”的宗教活动有领导地引导到“地上来”，基督教徒比较多比较集中的公社（镇）

可以研究定点，定一个聚会活动点，要报县主管部门批准，批准后，进行“三定”，即定地点、定传道人、定时间。其他地点一律不准宗教活动，不准少年儿童参加宗教活动，也不准外地传道人到镇、公社活动，如有发现要制止。

5. 各级行政企事业领导班子要逐步充实非党干部。三中全会以来，中央对党外人士的安排使用非常重视，连续发了四个文件，中发〔1982〕12 号文件又强调指出了安排党外人士的重要意义，对安排使用的原则和要求都作了规定。我们必须坚决贯彻执行，也要解决“左”的思想影响，和唯成分论、论资排辈、不服气、怕麻烦等等，具体做好以下三件工作：一是要积极做好人物调查研究工作。物色人才，了解人物，熟悉人物，这是搞好党外人士安排的基础，有了人才还要积极向组织部和统战部提出建议。各单位物色对象要放宽视野，走群众路线。二是要做好党外人士的管理工作，今后凡是县委管或部、办、委分管的统战对象，党外人士安排使用、入党要与县委统战部联系。三是已经安排使用到领导班子中的党外同志，要充分发挥他们的作用，要真正做到有职有权有责，不能只摆摆样子，要充分发挥他们的作用，学习看文件可按中央规定办，一般文件党外同志可阅党内同职务阅的文件。生活方面也要关心，我们要与党外同志交朋友，真正做到肝胆相照、荣辱与共的关系。

总之，中央、省委对统战工作很重视，中央文件和中央领导讲话为今后统战工作指明了方向，在此大好形势下，我们各级党组织和全体党员一定要重视做好统战工作，为进一步发展和扩大爱国统一战线，使统战工作有个新的局面，以便广泛地团结一切可以团结的力量，调动一切积极因素，为完成政治上“大统一、大团结”的根本任务而奋斗。

（县委副书记　1982. 04. 09）

认真贯彻　高度重视
努力发展最广泛的爱国统一战线

陈凤姣

我们这次全县统战工作会议的主题是：认真贯彻全国和全市统战工作会议精神，统一思想认识，明确任务要求。

我针对主题讲四个问题：

一、要充分认识统一战线工作的重要性、必要性和长期性

（略）

二、深刻领会文件精神，明确新时期统一战线工作的方针和任务

目前，我们党和国家正处在一个非常重要的历史时期。国际上，和平与发展这两大主题仍然是世界的总趋势，总格局。但是，国际敌对势力从来没有放弃颠覆社会主义制度的和平演变战略。当前，国内政治稳定，经济稳定，社会稳定。但是，资产阶级自由化与四项基本原则的对立和斗争是长期的。社会上还存在不安定因素。维护国家稳定，进一步治理整顿、深化改革，加强党的建设和密切党同群众的联系，是当前和今后一个时期全党工作的总要求，是实现90年代奋斗目标的重要保证。江泽民同志说：没有稳定就没有一切。人民安居乐业才能国泰民安。在实现党的各项任务中，爱国统一战线肩负着光荣的历史使命。做好统战工作，进一步巩固和发展爱国统一战线，对于整个国家的稳定和发展具有极其重要的意义。

统一战线的本质就是团结大多数，孤立敌人，统一战线宜宽不宜窄。只有实行广泛的团结，争取最大多数，发展壮大自己的队伍，我国的人民民主专政的国家政权和爱国统一战线，才能不断巩固和加强，才能在各种复杂的环境中顶住风浪，战胜困难，胜利前进。发展统一战线，必须着眼于扩大和加强团结，江泽民同志指出：只要有利于建设四化，统一祖国，振兴中华，只要有利于民族团结、社会进步、人民幸福，只要有利于挫败国内外敌对势力的渗透、颠覆和和平演变，不论哪一个阶级、阶层，哪一个党派、集团，哪一个人，我们都要团结。这个团结越广泛，对社会主义建设事业越有利。

今后一个时期，爱国统一战线的任务是：高举爱国主义、社会主义旗帜，团结一切可以团结的力量，调动一切积极因素，同心同德，群策群力，为巩固和发展安定团结的政治局面服务，为推进社会主义现代化建设和改革开放服务，为健全社会主义民主和法制服务，为促进“一国两制”、和平统一祖国服务。

新时期爱国统一战线工作的方针和任务，概括地说，就是“一个目标”“两个范围的联盟”和“四个服务”。

“一个目标”，就是建设四化、统一祖国、振兴中华。这也是我们全党和全国人民为之共同奋斗的目标。这个目标是长期的、战略性的，需要经过几代人的艰苦奋斗才能实现。

“两个范围的联盟”，即在爱国主义和社会主义的两面旗帜下，一个是大陆范围内以爱国主义和社会主义为政治基础的团结全体劳动者和爱国者的联盟。在这个联盟里，坚持四项基本原则，弘扬爱国主义精神。一个是大陆范围外以爱国和拥护祖国统一为政治基础的团结台湾同胞、港澳同胞和海外侨胞的联盟。在这个联盟里，求爱国和祖国统一之同，存社会制度、意识形态和生活方式之异；不要求人们都赞成大陆的社会主义制度，只要赞成祖国统一、“一国两制”，都要争取和团结。这两个范围联盟构成爱国统一战线的整体，体现了中华民族的大团结。第一个范围的联盟是主体，主体安定团结、坚强有力，第二个范围的联盟才能巩固、扩大，整个统一战线才能蓬勃兴旺。联盟的核心是中国共产党。

“四个服务”，一是为维护安定团结的政治局面服务，这是统战工作的首要任务。加上这一条，就把1986年全国统战工作会议提出的“三个服务”发展成了“四个服务”。在当前党的各项任务中，稳定是压倒一切，没有稳定，就没有一切。统一战线的各项工作必须服从和服务于稳定这个大局。统战工作同社会安定团结、国家长治久安的大局是息息相关的。我们要维护国家稳定，抵制政治多元化和多党制，就必须坚持和完善中国共产党领导的多党合作和政治协商制度，充分发挥各民主党派和无党派人士在维护稳定中的积极作用。我们要加强民族团结，反对民族分裂，也必须妥善处理民族关系方面的问题，做好各少数民族代表人士的工作。我们要确保社会的安定团结，还必须依靠宗教界的爱国力量，打击、分化、瓦解敌对的宗教势力，把受他们影响的群众争取过来。必须看到，我们与国外敌对势力之间渗透与反渗透、颠覆与反颠覆、“和平演变”与反“和平演变”的斗争是长期的，国内四项基本原则和资产阶级自由化的对立也是长期的。在这场尖锐的政治斗争中，我们要依靠统一战线挫败国内外敌对势力的阴谋活动。这是第一个服务。二是为推进社会主义现代化建设和改革开放服务，三是为健全社会主义民主和法制服务，四是为促进“一国两制”、和平统一祖国服务。这几个服务，统一战线要发挥重要的作用。

三、要充分肯定三中全会以来我县统战工作的成绩

从中共十一届三中全会以来，统战部门在县委的领导下，认真贯彻执行党的统一战线各项方针政策，调动一切积极因素，团结一切可以团结的力量，促进安定团结，为经济建设服务，为统一祖国服务等方面作出了积极的努力，取得了显著的成绩。归纳起来有五大成绩。

1. 坚持党的实事求是的思想路线，认真落实党的各项统战政策。几年来，根据实事求是、有错必纠的精神，平反了大量的冤假错案，认真地落实了错划“右派”改正、“三小”区别、原工商业者、原国民党起义投诚人员、台胞台属、归侨侨眷、港澳亲属、宗教界人士及“文化大革命”中查抄财物、房产等各项政策工作，妥然处理了大量的历史遗留问题。全县共落实各项统战政策七百十一件。这对于巩固和发展社会的安定团结，恢复和发扬党的优良传统和作风，密切联系党和群众的关系，调动一切积极因素，为建设四化、统一祖国、振兴中华，巩固和发展爱国统一战线发挥了重大的作用。

2. 认真贯彻党的“长期共存，互相监督，肝胆相照，荣辱与共”的方针，充分发挥各界人士的作用。1984 年 8 月恢复和建立中国人民政治协商会议象山县委员会，至今已是第四届。汇集了全县科技、教育、卫生、工商、农林渔业、群团、台胞台属、归侨侨眷、宗教界等各个界别的代表人物，商讨党和国家的大政方针和象山的改革开放、经济建设和精神文明建设，征求意见，听取建议。按照上级指示精神，对各界人士作出了阅读文件、参加会议的具体规定。明白了知识分子是工人阶级的一部分，是党和国家的宝贵财富，对有贡献的知识分子，在政治上关心，生活上照顾，工作上放手使用，采取了一系列措施，在社会上形成尊重知识，尊重人才的良好风气，使各种能人和知识分子，在各自的工作岗位上为两个文明建设发挥聪明才智，1988 年年初对 23 名各界人士的先进事迹进行了表彰。1988 年 9 月恢复成立象山县工商业联合会，到目前止新老会员已发展到 197 名，并且还建立了象山县工商联石浦分会，发挥了民间商会的作用。与此同时，积极开展活动，召开全县各界人士新年、春节座谈会、台胞台属中秋节茶话会、归侨侨眷和港澳同胞茶话会及宗教界人士座谈会，分别通报全县改革、经济建设情况，贯彻党的治理整顿、提出改革的方针政策，进行对台方针政策和侨务工作方针政策及党的宗教政策的宣传教育，使各界人士知情出力，添砖增瓦，做出了努力。

3. 坚持四项基本原则，反对资产阶级自由化，维护了社会的安定团结。在 1987 年初贯彻中央 1 号文件时，对全国少数学生出现闹事，我县各界人士旗帜鲜明，立场坚定，坚持四项基本原则，反对资产阶级自由化。去年北京政治风波期间加强了对统战系统群众团体和干部职工的思想政治工作。统战部分别召开了工商联常委会、黄埔军校同学、台联理事、侨联委员、基督教三自爱国会委员、佛教协会理事会议，传达邓小平、江泽民、李鹏等中央领导同志的讲话，提高了坚持四项基本原则，反对资产阶级自由化的自觉性。高度评价邓小平同志等老一辈无产阶级革命家在各个历史关键时刻做出的丰功伟绩。在政治上、思想上、行动上与江泽民同志为首的党中央的第三代领导集体保持一致。对稳定局势、稳定人心做出了贡献。

4. 积极开展海外统战工作。一是开展陆上、海上台胞的接待宣传工作。几年来认真贯彻了中央关于“一国两制”、和平统一祖国的方针政策，采取多种形式、多种渠道，宣传自己，了解对方，广交朋友，联络感情，使之加深对我党对台方针政策的了解，增强了祖国大陆的向心力。

海上台湾渔轮渔民进石浦港避风、修理、治病、补给、劳务、旅游、会亲、转信件等求助越来越多，统战对台部门尽心尽职按照上级精神为他们排忧解难，吸引了大批台湾渔轮渔民。据统计，从60年代到现在，大体可分为三个阶段，第一阶段，1978年年底十一届三中全会前十三年，来石浦港台轮97艘、渔民796人次。这一阶段，在一定要解放台湾的口号影响下，台湾渔民“恐共”心理严重，遇到强台风，生命受到危险才进港。第二阶段，1979年至1983年的5年，来石浦港台轮410艘次，渔民3834人次。这一段，告台湾同胞书已经发表，台湾渔民想到大陆看看，但不敢上岸，上岸后回到台湾要受台湾当局处罚，心里充满矛盾。第三阶段，1984年到今年6月，共接待台轮7862艘、渔民64542人次。台湾渔民的思想发生了变化，消除了疑虑，不仅随时进港，而且要求上岸观光，从去年上半年开始，石浦港出现台湾渔轮断时不断日。已成为全国、全省对台接待宣传的重要窗口之一，并且为促进石浦的开发和建设发挥了重大的作用。

陆上台胞回乡探亲旅游从1982年开始陆续不断，据统计近653人次，其中1987年11月2日开放以来538人次（今年上半年接待了153人）。过去由于台湾当局的欺骗宣传，恐惧心情比较突出，通过对他们的接待，宣传党的政策，介绍象山变化，组织重点对象参观，消除疑虑，联络感情，增强共识，来家乡探亲扫墓的台胞逐步增多。今年回乡探亲的台胞层次明显提高，校官以上有16名，其中国民党中将1名、少将2名。这几年对台接待宣传工作收到较好的效果。

二是积极开展侨务、侨联工作，与侨胞港澳同胞交友联谊活动，落实党的侨务政策，1980年成立象山县归国华侨联合会，运用多种形式、多种渠道，向海外侨胞和港澳同胞宣传党的侨务政策、开放政策，激发他们爱国爱乡热情。从中共十一届三中全会以来至今接待回乡探亲旅游的共422人次，关心家乡建设的也越来越多，几年来共计捐赠金额达80万元。侨务工作为对外开放，引进外资作出努力。

5. 宗教事务工作。按照中共中央〔1982〕19号文件《关于我国社会主义时期宗教问题的基本观点和基本政策》的精神，认真贯彻了党的宗教政策，打击了披着宗教外衣“呼喊派”反动组织，制止封建迷信活动，保护了宗教信仰自由。1982年12月建立了象山县基督教三自爱国会，实行自治、自养、自传的方针，引导基督徒走爱国道路，得到了广大基督徒的拥护。1983年对李常受等一伙国外反动宗教势力煽动攻击共产党、攻击社会主义制度，攻击三自爱国的反动组织“呼喊派”进行了坚决的取缔，打击了反革命分子，维护了社会秩序，保护了宗教信仰自由。与此同时，向干部、群众进行党的宗教政策的宣传教育，平反了宗教界爱国人士的冤假错案，落实了宗教团体的房产政策。到目前为止已落实基督教房产政策16处，天主教2处，开放教堂18处。1986年9月成立了象山县佛教协会，1987年8月经省人民政府批准开放丹城西寺，对西寺进行修复，为佛教信徒提供了活动场所。并对宗教加强了管理，在1987年、1989年配合刹三风，发了《关于坚决制止封建迷信活动的八点意见》和《关于坚决制止封建迷信活动的若干规定》。分清正常的宗教活动，不正常的宗教活动以及封建迷信活动的界限，使党的宗教政策得到了贯彻落实。

总之，三中全会以来，我县的统战工作是做了大量的，卓有成效的。但是也存在着一些问题：(1) 各级党组织对统战工作还不够重视，重要性认识不足；(2) 对统一战线理论方针政策宣传教育不够；(3) 对“三胞”眷属和宗教信徒的思想政治教育也是不够，等等。我认为，通过这次会议，特别是要解决好对统战工作重要性的认识问题。从历史和现实来认识这个问题。这个问题解决好了，统战理论宣传教育，思想政治工作都能得到解决。

四、要进一步加强党对统战工作的领导，切实抓好几件实事

第一，要认真贯彻全国统战工作会议精神，真正把统战工作摆到党委的议事日程上来，江泽民同志说：“统战工作是全党工作的重要组成部分，要贯彻到党的工作各个方面，必须全党一致努力，才能做好。”他在第二次讲话中强调指出：统战工作的政策性、理论性很强。有没有统战观点，善于不善于做统战工作，是衡量一个领导干部政策理论水平的重要标志；统战工作绝不仅仅是统战部一个部门的事情，特别一、二把手都要重视统战工作。江泽民总书记的讲话针对性很强。加强对统战工作的领导，从我县的实际，应该做到：(1) 各级党委（包括县府部门党组），都要把统战工作提上议事日程，并落实一名负责同志分管。区、乡（镇）党委都要有副书记或宣传委员负责统战工作。丹城镇、石浦镇、爵溪镇三个镇党委要有一名统战委员，专门做统战工作。(2) 各级党委要大力支持统战系统各人民团体开展活动，县委统战部要帮助县级统战系统人民团体加强自身建设，特别是帮助他们搞好领导班子的建设。乡、镇要搞好“三胞”亲属联谊组织；协同宗教事务办公室加强对基督教、天主教、佛教行政管理，加强以爱国主义为主要内容的政策、法律、法规教育。(3) 各级党政领导干部要注意充分发扬社会主义民主，正确处理党与党外人士的关系，经常与党外人士进行协商，使他们理解和接受党的正确主张，同时鼓励他们反映真实情况，讲真心话，对国家的大政方针和社会生活中的重大问题积极提出建议，并接受他们的监督。要善于与党外人士广交深交朋友，尊重他们的意见和权益，帮助他们解决应该解决的问题，使他们在党的路线、方针、政策指引下很好地发挥作用，还应明确，处理人民内部矛盾是新时期统一战线的主题，要严格区分两类不同性质的矛盾。对属于人民内部的政治是非和思想认识问题，要实行团结、批评、团结的方针，这是坚持党对统一战线领导权，巩固发展统一战线的保证。(4) 要有正确的思想方法与工作方法，学会辩证法，坚持“两点论”，正确掌握政策，防止片面性和绝对化。既要寻求共同性，又要看到差异性；既要有原则性，又要有灵活性；既要讲团结、合作、友谊、人情，又要有善意的批评、帮助和教育；既要有批评，又要有自我批评，既要反对关门态度和敷衍态度，又要反对无原则的迁就态度，必须在工作中下苦功夫研究，掌握好矛盾对立、统一的两个方面关系的“度”，增强正确执行政策的自觉性。（5）教育、卫生、农业、水利、城建、文化等委局，都要有一名副书记主管统战工作，象山中学、象二中、第一人民医院、第二人民医院党支部书记要管统战工作。县委统战部现有编制要配齐，并适当增加，要充入力量。

第二，开展新时期统战理论方针政策的宣传教育。县级机关各部、委、办、局党委（党组）和区、镇、乡党委一班人，要带头学好江泽民总书记的讲话和中共中央10号文件，以此为教材，开展对党员干部，特别是基层单位的干部，进行一次统战理论方针政策的宣传教育。宣传、文化、广播、电视等部门，要广泛宣传党的统战理论、方针、政策和基本知识。宣传报道党外人士的先进人物先进事迹。县委党校在轮训干部时要开设统战理论政策课，乡镇业余党校也要增加这方面的学习内容。通过宣传教育，使各级党员干部充分认识新时期统战工作的重要性、必要性和长期性，统一思想，明确任务，提高做好统战工作的自觉性。

县政协党组、县委统战部也应分别召开会议，对政协委员和工商联、侨联、台联等群众团体组织成员，传达有关文件和会议精神，提高认识，统一思想，使党外人士在政治协商、民主监督、参政议政中更好地发挥作用。

第三，认真贯彻县委关于坚持和完善政治协商制度和加强统一战线工作的意见。从我县的实际情况出发，坚持和加强与无党派人士之间的合作和协商，积极稳妥地选配无党派人士担任领导职务，充分发挥无党派人士在县人民代表大会和县政协中的作用。发挥无党派人士在社会主义现代化建设和祖国统一大业中的作用。县委文件已经下发，要认真学习贯彻执行。

当前要抓紧培养和选拔党外干部。根据省、市委指示精神，选拔和培养党外干部，既要拓宽视野，又要严格掌握干部“四化”条件，但在年龄上可以适当放宽。当前要着重在党外知识分子比较集中的科教文卫单位和国营企业中积极选拔一批政治表现好、熟悉业务、积极肯干、密切联系群众的党外人士担任基层领导职务。为他们今后担任政府和有关部门的领导职务创造必要的台阶。这项工作，由统战部、组织部、人事局制订规划，抓紧工作，分步实施，并牵头搞好各部门、单位物色、推荐的联络工作。

与此同时，要继续做好知识分子工作。尊重知识，尊重人才，为广大知识分子创造人尽其才，才尽其用的良好环境，倾听他们的意见、建议和呼声。对知识分子的工作、生活及举荐使用等方面，继续按照“政治上关心，生活上照顾，工作上放手使用”的方针，调动他们的积极性，发挥他们在社会主义四个现代化建设中的作用。统战部要着重做好有代表性、有影响的党外知识分子工作。

第四，要大力开展海外统战工作。前几年我县对“三胞”接待宣传已积累了一些经验，了解对方，宣传自己，广交朋友，联络感情，为统一祖国，发展经济，特别是为发展外向型经济打下了基础。今后，要继续努力必须抓好以下几点：

一是对台胞的接待宣传，包括对台湾渔民的接待宣传，这是我县统战工作的重点。接待宣传，要坚持“一国两制”“和平统一”的方针，不管是什么人，都要做到有理有利有节，要充分认识“缓和中有紧张，交往中有斗争，发展中有曲折”。对鼓吹“台独”和推行“一国两府”“弹性外交”等分离主义的言行要予以揭露批驳。我们寄希望于台湾当局，更寄希望于台湾人民。要有领导、有组织、多渠道、多形式地推进海峡两岸的“三通”和经济、文化等领域的交往，大力吸引台资，发展两岸经贸关系。各涉台部门按照自己的职责认真做好工作，并加强海防管理。

二是对台、侨务、工商联、侨联、台联、外经贸等部门要积极巩固和发展同海外有影响的代表人物和社团的联系，既要加深同老朋友的友谊，又要积极结交新朋友。要继续贯彻广泛团结海外侨胞和归侨侨眷的方针，保护华侨和归侨、侨眷的合法权益。与此同时要认真做好台湾同胞、港澳同胞和海外侨胞投资企业中代表人士的工作，宣传政策，联络友谊，反映意见，帮助协调有关事宜。对“三资”企业要做到发展一个、巩固一个。

三是把象山在国外的宁波帮都动员起来，在台湾的象山同乡会动员起来，在港澳的象山籍人士动员起来，统战系统各群众团体要在统战部的指导下，运用多种形式、多种渠道，千方百计沟通联系，联络感情，争取人心，并动员台属、侨眷、港澳同胞亲属开展“写一封信，联系一个项目，办一件实事”的活动，把统战工作做到海外去。为“四化”建设、统一祖国，振兴中华服务。

第五，要重视做好宗教工作。宗教工作是统战工作和群众工作的组成部分。对于稳定社会至关重要。宗教工作要抓好三件事：一是要培养爱国的宗教界人士，发挥爱国宗教团体的作用。二是落实宗教团体房产政策，解决好宗教的活动场所。我县基督教、天主教的宗教团体房产已基本落实，开放堂点已基本解决，今后重点要做好管理工作。三是要加强行政管理。对开放的教堂、寺院要搞好管理，制订和健全各种规章制度，开展正常的宗教活动；对封建迷信活动要制止，县委已在 1989 年发了 21 号文件，按照文件办事；对披着宗教外衣的违法犯罪活动要进行打击和取缔。当前我县“呼喊派”反动组织的活动有所抬头，樊岙高坎头已取缔了“呼喊派”活动点，大徐地区有的乡“呼喊派”活动频繁，我们乡镇党委要掌握他们的动态，对“呼喊派”骨干分子，要打击，做分化瓦解工作，对受蒙骗参加“呼喊派”的群众要做争取、团结工作。要做到发现一处，取缔一处。

第六，要进一步落实好统一战线的有关政策。要抓紧清理对原来落实政策以后尚有申诉的老工商业者、黄埔同学会同学、宗教团体房产等政策的遗留问题。应本着“实事求是，有错必纠”的原则，统战部要抓紧落实，各有关部门（单位）应共同做好工作。对黄埔同学会同学、原国民党石浦盐务税警部队起义投诚人员生活有困难的，应根据上级有关文件规定，由统战部会同民政局确定恰当的补助方案，予以落实。对归侨、侨眷、台属等符合招工升学条件的子女，县劳动局、教委等有关部门和乡镇政府，应本着“一视同仁，不得歧视，根据特点，适当照顾”的原则，在同等的条件下，给予照顾，解决他们子女的劳动就业和升学问题。

总之，希望大家，振奋精神，克服困难，以高度的政治热情和历史责任感，为党的统战工作忠诚奋斗，在统一祖国、振兴中华，建设有中国特色的社会主义的伟大事业中做出新贡献。

（女，县委副书记 1990. 09. 10）

争取人心　凝聚力量
为象山提前基本实现现代化而团结奋斗

——在全县统战工作会议上的讲话

肖培生

县委召开这次全县统战工作会议，主要任务是认真学习贯彻江泽民同志重要讲话和全国、全省、全市统战工作会议精神，总结经验，分析形势，部署今后一个时期的工作，进一步加强和改善党对统一战线工作的领导，动员全县各级党组织和广大党员，为开创新世纪我县统战工作新局面而努力奋斗。

下面，我讲三方面的意见。

一、深刻认识新形势下统一战线的重要地位和作用

统一战线是我们党的一个重要法宝，始终与党的前途命运息息相关。在中国革命和建设的历史进程中，统一战线充分显示了法宝作用，毛泽东同志曾经指出：“有了全民族统一战线，就有了胜利。我们的势力越大，胜利的把握就越大，这是很硬的道理。”江泽民同志在全国统战工作会议上指出：“在我们党近80年的光辉历程中，统一战线始终是党的工作全局中一个极为重要的方面，它为团结和带领全国各族人民，联合各方面的积极力量而共同实现党的奋斗目标发挥了重大作用，历史经验证明，我们必须始终高度重视统一战线，充分发挥统一战线的重要作用，以推动党和人民的事业不断从胜利走向胜利。”江泽民同志的这一重要讲话，是对我们党革命和建设近80年奋斗历程的深刻总结。在新的历史时期，尽管统一战线面临的环境条件和形式任务发生了很大变化，但统一战线的地位和作用没有变，而且越来越显得重要。各级党组织和领导干部必须按照中央统战工作会议提出的要求，做到“三个绝不能”，即统一战线作为党的一个重要法宝，绝不能丢掉；作为党的一个政治优势，绝不能削弱；作为党的一项长期方针，绝不能动摇。当前，尤其要从以下几个方面来进一步深化和提高认识：

首先，要从面临的国内外政治斗争复杂形势来认识统一战线的地位和作用。进入新的世纪，国际局势总体上朝着有利于我们的方向发展，国内改革、发展、稳定的形势总的是好的。但是我们也要清醒地看到，全国范围内综合国力的竞争更趋激烈，霸权主义和强权政治依然存在并有新的发展。以美国的西方敌对势力不愿意看到社会主义中国的统一和强大，一方面继续在经济、科技、军事等领域保持对我压力，另一方面不断利用所谓的民主、人权、民族、宗教等问题向我发难，加紧对我实施“西化”“分化”战略，从政治、文化等领域进行各种渗透、颠覆活动。“藏独”“台独”“法轮功”邪教组织和民运分子等与西方反华势力相互勾结，内外遥相呼应，千方百计制造各种事端，妄图搞乱我们，分裂我们，破坏我们。以达到其颠覆中国共产党领导、颠覆社会主义制度的险恶用心。可以说一场没有硝烟的战争已十分激烈。同时，随着改革的不断深入，各种人民内部矛盾相对增多，社会治安形势比较严峻，稳定工作任务十分繁重。统战工作有着联系海内外、沟通党内外、团结不同民族和不同信仰群众的独特渠道和功能，在反渗透、反颠覆、反分裂的斗争中，在理顺情绪、化解矛盾、促进稳定等方面，都有着不可替代的作用。统战工作做好了，我们就能把更多的力量争取过来，团结起来，就能彻底粉碎敌对势力的各种图谋，最终夺取对敌斗争的胜利。

其次，要从肩负的现代化建设繁重任务来认识统一战线的地位和作用。经过改革开放20多年来的发展，象山已提前实现了由温饱到小康的历史性跨越。进入新世纪，我们将再用20年时间，实现由小康到基本现代化的新跨越。“十五”时期我们要抓住事关象山长远发展的重大问题，扎扎实实地为提前基本实现现代化打好基础。县委十届十一次全会根据党的十五届五中全会精神，对“十五”时期我县经济社会发展作出了全面部署，提出到“十五”期末，全县人均GDP达2.5万元，达到目前中等发达国家的经济发展水平；基本形成现代化生态型滨海城市框架，实现撤县设市。这是全县工作的大局，也是统战工作的大局；是各级党委、政府和广大党员干部的共同任务，也是全县人民和社会各界的共同任务。我们要高举团结的旗帜、发展的旗帜，围绕提前基本实现现代化这一目标，进一步巩固和发展最广泛的爱国统一战线，最大限度地把不同阶层、不同群体、不同党派、不同民族、不同信仰、不同所有制的人士都团结起来。努力化解消极因素，调动一切积极因素，凝聚各方面的智慧和力量，发挥各方面的积极性和创造性，形成同心同德、群策群力推进现代化建设的良好局面。

第三，要从实践“三个代表”重要思想来认识统一战线的地位和作用。江泽民同志关于“三个代表”的重要思想，是我们党的立党之本、执政之基、力量之源。“三个代表”重要思想的最终落脚点是代表最广大人民的根本利益。统一战线是体察民情、反映民意、密切党同群众联系的重要渠道，是一项特殊领域的群众工作。统一战线中各党派团体、各界党外人士，联系各自不同的群众，代表各自群众的利益，反映各自群众的要求。通过统一战线广开言路，群策群力，集思广益，有助于我们党在分析研究形势时，更全面的掌握实际情况，做到胸中有数；在制定政策时更深切地体察群众的心理，做到符合民意；在解决问题时，更切实地想群众之所想，急群众之所急，办群众之所需，从而充分体现全心全意为人民服务的宗旨。这是统一战线实现“三个代表”重要思想最直接的体现。近年来，我县各人民团体积极参政议政，就科教兴县、企业改革、经济发展战略等重大问题及环境保护等关系群众切身利益的问题，为各级党委、政府提出了许多有价值的意见建议，促进了党委、政府决策的民主化、科学化，同时积极协助党委、政府做好群众工作，在密切党同人民群众的联系，促进改革、发展、稳定中发挥了重要作用。实践证明，要代表最广大人民群众的根本利益，必须充分发挥统一战线的优势和作用。

我县是全省统战工作的重点地区，统战工作基础比较好，统战对象较多，统战工作的任务十分繁重，责任十分重大。各级党委、政府和领导干部一定要认真学习江泽民同志在全国统战工作会议上的重要讲话精神，站在全局和战略高度，深刻认识新形势下统一战线工作的重要地位和作用，切实增强政治意识、大局意识和责任意思，开拓创新，扎实工作，把我县统一战线工作全面推向新阶段。

二、充分发挥统一战线的独特优势，为我县提前基本实现现代化作出新贡献

在新形势、新任务面前，统一战线任重道远，大有作为。全县统战工作要按照中央提出的新世纪统战工作的根本任务和基本要求，充分发挥统一战线的独特优势，高举爱国主义、社会主义旗帜，团结一切可以团结的力量，调动一切积极因素，为我县提前基本实现现代化服务，为推进社会民主政治建设服务，为维护我县社会政治稳定服务，为促进祖国完全统一服务，努力开创我县统战工作新局面。

（一）充分发挥统一战线人才荟萃、智力密集的优势，为加快经济社会发展服务。发展是硬道理，我们要战胜敌对势力的各种破坏活动，应对加入世贸组织后面临的严峻挑战，解决经济社会生活中存在的突出问题，归根到底要靠发展。当前，我县的发展正处于非常关键的时期，既有着难得的机遇，也面临严峻的挑战。我们要全面实施工业化、城市化、海洋开发、科教兴县和对外开放五大战略，保持经济社会持续快速健康发展，争创竞争新优势。统一战线具有“智囊团”“人才库”的优势，汇集了海内外各界代表人士和各类优秀人才。统一战线的首要任务就是要充分发挥这一优势，调动社会各界人士的积极性、主动性和创造性，为新世纪发展献计出力。尤其要重视做好统一战线中的党外知识分子工作和非公有制经济代表人士工作，更好地为现代化建设服务。

知识分子作为工人阶级中科技文化水平比较高的一部分，在改革开放和现代化建设中起着举足轻重的作用。他们的作用发挥得好不好，直接关系我县现代化建设事业的成败。我县知识分子中很大一部分是党外知识分子。重视党外知识分子尤其是做好有代表性、有影响的党外知识分子工作，是统一战线的一项基础性工作。各级党组织要进一步贯彻落实的知识分子政策，真正地做到“政治上充分信任，工作上放手使用，生活上关怀照顾”，充分调动他们的积极性、主动性、创造性。要紧密结合我县经济发展和现代化建设的实际需要，根据新形势下党外知识分子队伍的新变化，不断探索工作的新思路、新方法，细化工作内容，做好培养人才、用好人才、吸引人才的工作。

非公有制经济是国民经济的重要组成部分。我县个体私营等非公有制经济比较发达，在扩大社会就业，活跃城乡经济，促进我县经济社会发展中发挥了日益重要的作用。随着非公有制经济的发展，非公有制经济人士队伍不断扩大，已成为一种新的社会群体。做好这部分人的工作，引导个体私营经济健康发展，已成为我县统战工作的一个新领域。我们要在积极支持和鼓励非公有制经济加快发展的同时，依法加强对非公有制经济的管理和服务。要继续坚持“团结、帮助、引导、教育”的方针，根据非公有制经济人士在价值取向、思想观念、利益要求、政治愿望以及生活方式上出现的新变化，通过发展“三个代表”重要思想学习教育和光彩事业、社会公益事业等活动，深入细致地做好思想政治工作，引导他们坚持走建设有中国特色社会主义道路，爱国、敬业、守法，健康成长。要引导广大非公有制经济人士克服“小富即安、小进即满”的思想，围绕我县工业强县发展战略的实施，抓住机遇，乘势而上。各级党委要按照中央的要求，切实加强非公有制经济组织中党、团和工会组织建设，凡是条件具备的企业，都要按党章、团章和工会法的规定建立党、团和工会组织。统战部门要积极配合组织部门做好非公有制企业党建工作。工商联作为统战性、经济性、民间性的人民团体和民间商会，要切实发挥党联系非公有制经济人士的桥梁作用和政府管理非公有制经济的助手作用，建立健全服务机制，及时反映非公有制经济人士的意见建议，依法保护他们的合法权益。

（二）充分发挥统一战线政治协商、民主监督的优势，为推进社会主义民主政治建设服务。共产党领导的多党合作和政治协商制度是我国社会主义民主政治的重要特征，也是我们的政治优势。在新的形势下，各级党委要不断完善政策，健全配套措施，规范工作程序，使多党合作进一步规范化、制度化。要不断完善民主协商制度，扩大民主党派的知情范围和参与程度，把政治协商纳入党委和政府的决策程序，促进决策的民主化、科学化。要进一步发挥民主监督作用，自觉倾听人民群众和民主党派的意见，自觉接受人民群众和民主党派的监督，广开言路，畅通下情上传的渠道，营造畅所欲言的环境。

人民政协是最广泛的爱国统一战线组织，是中国共产党领导的多党合作和政治协商的重要机构。各级党组织要把人民政协的政治协商，作为共产党领导的多党合作和政治协商的一个重要形式，作为科学决策的一个重要环节和发扬社会主义民主的一条重要渠道，在工作中认真加以落实。要加强和改善党对政协工作的领导，认真执行关于政治协商、民主监督、参政议政的有关规定，为政协履行职能、发挥作用创造良好条件。县政协要紧紧围绕团结和民主两大主题，充分发挥政协委员的积极性、主动性和创造性，积极推进履行职能的规范化和制度化，不断巩固和扩大爱国统一战线。

充分发挥党外人士在人大、政府、政协和司法机关中的作用。要保证党外人士在各级人大代表和政协委员中的比例。近几年来，我县安排党外人士担任政府及其部门和司法机关领导职务的工作，已取得了较大的进展。今后，各级党组织要继续重视这项工作，作好通盘考虑，把党外干部的培养选拔纳入干部培养选拔的总体规划。政府职能部门要在原有基础上进一步拓宽党外干部配备的领域，适当增加配备党外干部的数量。统战、组织部门要密切配合，共同做好党外干部的了解、考察、推荐和选配工作。要进一步拓宽知人选人用人渠道，坚持德才兼备和干部“四化”标准，建立一支数量充足、结构合理、素质优良的党外后备干部，通过培训挂职、轮岗、交流等形式，为党外后备干部成长铺设台阶，创造条件。

（三）充分发挥统一战线协调关系、化解矛盾的优势，为维护社会政治稳定服务。统一战线要密切联系不同民族、信仰、党派、群体、阶层等各方面群众，发扬民主、团结、自我教育的优良传统，反映社情民意，正确引导舆论，协调各方关系，化解社会矛盾，为改革开放和现代化建设创造安定团结的政治局面。

当前，围绕稳定大局，发挥统战优势，重点是要做好民族宗教工作。我县少数民族已有561人。随着经济的发展，外来的少数民族人口数量不断增加，呈上升趋势。各级党委、政府要认真落实党的民族政策，加强对广大干部群众进行党和民族政策的宣传教育，依法保护少数民族的合法权益，坚决防止出现违反民族政策、伤害民族感情事件的发生。

我县信教群众多，情况比较复杂，宗教工作任务比较重。各级党委、政府一定要从大局上、政治上认识宗教问题，增强做好宗教工作的紧迫感和责任感。要加强马克思主义宗教观和党对宗教问题的基本观点、基本政策及有关法律法规的宣传教育，全面正确贯彻党的宗教政策，依法加强对宗教事务的管理，积极引导宗教与社会主义社会相适应。要支持宗教界坚持独立自主、自办教会的方针，坚决抵制境外势力利用宗教进行政治和思想渗透。要严格大型宗教活动申报制度，加大宗教执法力度，坚决取缔各种非法传教和邪教组织。要深入开展对“法轮功”邪教组织和“呼喊派”等非法宗教的斗争，抓好揭批、教育、转化、防范等各方面的工作。要加强宗教工作部门的建设，充实宗教工作力量，加强宗教工作干部培训，提高依法行政能力。坚持属地管理原则，落实宗教工作责任制和责任追究制，形成从县到乡村一级抓一级的管理网络。要妥善处理新形势下因宗教引发的群体性、突发性事件，及早发现，防患于未然，尽量把矛盾和问题解决在基层，解决在萌芽状态。要积极支持爱国宗教团体加强自身建设，加强对宗教界代表人士的培养，努力培养和形成一批爱国爱教、具有较高宗教学识、能够反映广大信教群众愿望的高层次教职人员群体，使宗教领导权真正掌握在爱国爱教人士手中。坚持同宗教界人士在政治上团结合作、在信仰上互相尊重，进一步巩固和发展我们党同宗教的爱国统一战线。

（四）充分发挥统一战线联系广泛、海外联谊的优势，为扩大对外开放和促进祖国统一服务。改革开放20多年来，广大海外华侨华人、港澳同胞和友好人士纷纷回国回乡从事经贸活动，投资兴办实业，开展捐资助学等社会公益事业，已经成为我县现代化建设一支重要力量。我县200名旅外留学人员中，即有硕士、博士以上学位的就有一半多，是我县发展高科技、实现现代化、实施科教兴县和生产力跨越式发展的重要海外智力库。海外华侨华人擅长经营、了解市场状况，有着遍布世界的商业销售网络，是我县迎接入世挑战，全面参与国际市场竞争，推进外贸经营主体多元化和市场多元化，实施“走出去”战略，发展开放型经济的独特优势；海外华侨华人熟悉市场经济规律，是我们完善社会主义市场经济体制，调整所有制结构，加强市场体系建设，在创体制新优势可以借助的重要力量；海外华侨华人强烈的爱国爱乡优良传统，是推动我县对外文化交流，提高城乡文明水平的积极力量。在新的形势下，我们必须充分发挥统一战线海外联系广泛的优势，在继续发挥老一代华侨华人、港澳同胞作用的同时，大力加强新移民专业人才和中青年一代的工作。要进一步拓宽工作范围，在继续做好现有“宁波帮”和象山籍人士的基础上，打破地域界限，面向3000万华侨华人开展工作，促进各友好社团联合，团结有一切可以团结的华侨华人，发展更加宏大的友好力量。要以侨为“桥”，扩大国际交往与合作，积极引进国外资金、技术和人才，协助我县中小企业跨国经营，到境外开展加工贸易开发资源，为我县加快经济结构的战略性调整，推进科技创新和体制创新服务。

我县是全省20个对台工作的重点县份之一，石浦港是全国最早开始接待台湾渔民的港口，在对台工作中具有特殊的地位和优势。我们要充分调动和发挥统一战线各阶层、各团体和各界人士的爱国热情，广泛团结和联合台湾同胞、港澳同胞和海外侨胞，坚决反对“台独”，反对分裂，发展壮大反独促统的最广泛的爱国统一战线。要进一步加强与台湾各团体各阶层和各方面代表人士的联系，广泛邀请各类同胞来象山交流，在一个中国的前提下，争取象台城市交流有所突破。加强对台招商引资工作，大力引进台资企业，做好服务工作，切实维护他们的合法权益，吸引更多的台商来象山投资，促进象台经贸科技文化交流与合作。

三、切实加强和改善党对统一战线工作的领导

加强对统一战线的领导，是我们党的优良传统和作风，也是新世纪不断开创统战工作新局面的根本保证。各级党委要统一思想，提高水平，形成合力，切实加强和改善党对统一战线工作的领导。

第一，要重视做统战工作。统一战线是我们党的重要法宝和政治优势，是全党工作的重要组成部分。是否重视统战工作是衡量领导干部政治上是否成熟的重要体现。我们要重视运用这一法宝，发挥这一优势，为实现党的政治任务服务，增强做好统战工作的自觉性和主动性。各级党委要从讲政治的高度把统战工作列入重要议事日程，定期听取统战工作汇报，正确把握统战工作方向，及时研究解决重大问题。要认真贯彻中央、省委和市委有关统战方针政策，抓好统战工作各项制度和政策的落实到位。各级党政主要领导要树立统战观念，强化统战意识，亲自做统战工作，模范地执行统一战线的方针政策，参加统一战线的重要活动，帮助解决一些实际问题，多做协调关系、化解矛盾、理顺情绪、增进团结的工作。

第二，要善于做统战工作政治性。统战工作政策性很强，可以说统战工作无小事。我们不仅要在思想上高度重视统战工作，而且要在实际工作中善于做统战工作，不断提高统战工作的艺术和领导水平。各级领导干部要认真学习统战理论特别是三代领导人关于统一战线的重要论述，努力掌握党的统战政策，增强统战工作的本领。要积极探索新形势下统战工作的特点和规律，继承优良传统，勇于开拓创新，切实解决工作中碰到的新问题、新矛盾。要转变作风，端正态度，主动与党外人士交朋友，乐于同党外干部合作共事，善于通过平等协商的方式来做好统战工作，求同存异，体谅包容，真正做到以理服人，以情感人。各级党委要加强对领导干部特别是年轻干部的统战理论知识培训，县委党校要把统战理论知识作为干部培训的必修课，从而使各级干部了解统战工作，熟悉统战工作，提高统战工作的理论素养。

第三，要合力做统战工作。统战工作是全党的工作。各级党委要总揽全局，协调各方，努力形成全党重视统战工作，全社会关心统战工作的良好局面。要按照有利于加强党对统战工作的集中统一领导，有利于及时妥善处理统战工作的重大问题，有利于发挥统战系统整体优势的要求，建立健全由党委统战部门负责协调的精干、高效的统一战线工作机制。组织部门要把有没有统战观念、懂不懂统战政策、会不会做统战工作，作为衡量领导干部政治素质、工作水平的一个重要标准。宣传部门要积极宣传党的统一战线理论和政策，充分利用新闻媒体，广泛开展统一战线的社会宣传和海外宣传，不断扩大统一战线的影响。人大、政府、政协和司法机关的党组织要支持党外人士开展工作，搞好合作共事。各部门、各团体要结合自身特点，开展多渠道、多形式的统战工作。

统战部作为党委主管统一战线工作的职能部门，负有协调、监督和检查本地区统战工作的重要职责，要进一步增强责任意识、协作意识、全局意识，主动加强与统战系统有关部门的团结合作，加强对涉及统战方面重大问题的协调处理。县委统战部要负责统战系统各部门重大问题、重大活动的协调，协助县委组织部做好统战系统干部的推荐、考核工作。统战系统有关部

门也要各司其职、密切配合，共同把党的统战方针政策落实好，把统战工作的各项任务落实好。广大统战干部要不断加强学习，全面提高素质，热爱本职，钻研业务，为开创统战工作新局面积极努力。要帮助统战部门解决工作中碰到的实际困难，从各方面为统战工作的顺利开展创造良好条件。

（县委书记　2001. 05. 15）

在首届世界象商大会上的讲话

梁　群

今年的第18号台风“泰利”与宁波擦肩而过，给我们送来了充沛的雨水和凉爽的天气。在今天这个非常舒适宜人的时刻，首届世界象商大会在这里如期隆重举行，来自世界各地200余位象山精英如约而至，汇聚一堂，畅叙友谊亲情，共商发展大计，充分展示了海内外象山人爱国爱乡、同根同心、创业创新的崇高品质，也充分体现了海内外象山人情系家乡、支持家乡、助力家乡的满腔情怀。台风虽然给我们的活动造成了一些影响，但也给了我们充足的理由可以更长时间地把大家留在象山，细细体验象山的风土人情和美食美景。借此机会，我谨代表中共宁波市委、宁波市人民政府，对首届世界象商大会的召开表示热烈的祝贺！向在座的各位象山乡贤莅临大会表示热烈的欢迎！向世界各地的广大象商致以诚挚问候！

宁波是一块充满工商灵气的土地，从黄宗羲的“工商皆本”到孙中山先生的“无宁不成市”，再到“宁波帮”的形成壮大，无不展示了宁波浓厚的商业文化特质。宁波帮是中国“十大商帮”之一，我们的先辈们背井离乡、漂洋过海、闯荡世界，创造了一个又一个奇迹（开办了最早的华人银行、最早的保险公司、最早的房地产公司、最早的中资机器厂等100多个“中国第一”和“中国之最”，可以说宁波商人推动了上海的崛起和香港的繁荣），涌现了一大批工商巨子、科技精英、文化名流（宁波籍院士现有110位，居全国各城市之首，被誉为院士之乡）。改革开放30多年来，广大“宁波帮”人士积极响应小平同志“把全世界‘宁波帮’都动员起来建设宁波”的号召，以浓浓游子情、拳拳赤子心全力支持和投身家乡的改革建设，促成了计划单列、港口大开发、宁波大学创立、大项目引进等一系列大事要事，为宁波的建设和发展作出了特殊贡献。

海内外象商是“宁波帮”的重要组成部分，一代又一代象商搏击风浪、勇立潮头，始终站在时代发展的最前沿，留下了奋斗不息的足迹，写就了光彩夺目的篇章，为象山的现代化建设作出了重大贡献。可以说，象商的崛起、发展和壮大，让世界认识了象山，认识了宁波；正因为充分发挥了象商的优势，才有象山今天的发展成就。今天，象商总会的成立和首届世界象商大会的召开，不仅为“宁波帮”增添了新的发展活力，也必将进一步传承弘扬象商优良传统，集聚天下象商巨大能量，激励和引导全体象山人民，共同创造出无愧于先辈、无愧于时代的光辉业绩。借此机会，我提三点希望，与大家共勉：

一要大力弘扬“海纳百川、勇立潮头”的象山精神，推动事业发展蒸蒸日上。俗话说，

“行商无疆，传承有脉”。无论是一座城市，还是一个商帮，要保持永久的兴盛、持久的活力和生命力，很重要的是要顺应大势、吐故纳新、与时俱进。当前，宁波正处于决战决胜高水平全面建成小康社会的关键时期，中央和省委对宁波发展高度重视、寄予厚望。总书记勉励宁波，要与杭州错位发展、协同发展，共同唱好“双城记”，为全省全国大局作出新的更大贡献。省委要求争取早日跻身全国大城市第一方队，成为浙江“一体两翼”发展布局中坚强有力的一翼（在省第十四次党代会期间，车俊书记对宁波提出的“三个继续走在前列”的要求，袁家军省长对宁波提出的加快建设“五个城市”的要求，就是希望宁波扛起为全省发展挑大梁、当先锋的重大责任）。市第十三次党代会确定了建设国际港口名城、打造东方文明之都的奋斗目标，把宁波改革开放和现代化建设全面推向新阶段。希望海内外象商牢牢把握“名城名都”建设的大好发展机遇，抓住“中国制造2025”试点示范城市等一批“四梁八柱”建设的重大契机，主动对接参与“一带一路”建设综合试验区，抢抓机遇、乘势而上，在更高的层次上发展自己，在更大的舞台上展示自己，永不满足、永不停步，不断提高战略思维能力、自主创新能力、市场竞争能力和可持续发展能力，不断创造事业新高峰，勇当“名城名都”和“两个高水平”建设的生力军和领跑者。

二要大力弘扬义利兼顾、树高不忘根的赤子精神，积极投身家乡建设。天下象商有一个共同的家，那就是象山；有一个共同的愿景，就是把家乡建设得更加美好。海内外象商大多数少小离家，但无论离家有多远，成就有多大，总是把自己的前途与祖国的兴衰、家乡的发展紧密联系在一起，竭尽赤子之心，奉献能及之力。希望海内外象商积极投资家乡建设发展，把关注点放在家乡，把根留在家乡，把新的增长点放在家乡，让事业与家乡同发展、同进步，为象山在新的一轮区域竞争中赢得主动献计出力；充分发挥象商人脉资源广泛的优势，在重点功能区块建设、重大产业项目引进、社会公益事业发展等领域给予家乡更大的支持，更多地引进“高精特新”企业、知名科研院所，以及各行业前沿的先进技术和高端人才，为象山经济转型升级发挥更大作用，实现象山经济与象商经济的共赢跨越发展。

三要营造合心合力、创业创新的氛围，为海内外象商反哺家乡创造最好最优的环境。宁波市委、市政府和象山县委、县政府，将以首届世界象商大会为契机，进一步增进与象商的情感联系，为象商回乡发展提供更好的支持，使象山成为联合海内外象商的大本营，更好地营造“天下象商是一家”的氛围，以更诚挚的真情感召象商反哺家乡建设，让每一位象商人士更深切地感受到家乡的温暖，更有信心在家乡投资兴业。各级党委政府部门都要带着感情和责任，践行“亲”“清”新型政商关系，加强与象商人士的联络联谊，大力优化创业创新环境，在设立总部经济、支持市场开拓、鼓励引进高端人才等方面，研究出台一批力度更大的政策，积极作为、靠前服务，使广大象商的创业愿望得到充分尊重、创新活动得到充分支持、创造才能得到充分发挥。

各位乡贤、各位朋友，“志存高远，创业闯世界；情系桑梓，合力兴家乡”，首届世界象商大会的召开，赋予象商新的历史使命，奏响了象山发展新的时代强音。我相信，在大家的共同努力下，象商总会一定能够更好地凝聚世界象商，促进资源整合，优势互补，实现共赢发展，再创辉煌；我相信，在大家的真情感召下，在座的各位象商代表，一定不会像“泰利”台风一样与象山擦肩而过，一定会与象山擦出火花，扎根象山、投资象山、赢在象山，为象山的发展、宁波的发展做出新的更大贡献！

最后，祝愿各位乡贤、各位嘉宾事业兴旺、阖家幸福！预祝首届世界象商大会圆满成功。

谢谢大家！

（宁波市市委常委、统战部部长　2017. 9. 15）

在首届世界象商大会上的讲话

叶剑鸣

值此第20届中国开渔节举办之际，两百多名来自国内外的象商代表和各界精英相约故乡、齐聚一堂，共享开渔盛宴，共叙乡情乡谊，共商发展大计。首先，我谨代表中共象山县委、县人大、县政府、县政协和54万父老乡亲，对各位乡贤的到来表示最诚挚的欢迎！对象商总会的成立，以及“爱乡楷模”获得者包荣林先生，“荣誉象山人”获得者王一鸣先生、詹尼·皮埃尔先生表示最热烈的祝贺！向所有海内外的象山人致以家乡最亲切的问候！

象山人祖祖辈辈与海为伴、以海为生，孕育了大海般博大宽广、敢闯敢冒的胸怀，秉承了渔民特有的四海为家、诚信取义的品性，铸就了“海纳百川、勇立潮头”的象山精神。改革开放以来，一批又一批象山人怀揣美好梦想，志存高远、奋发图强，走出半岛、闯荡天下，在各行各业取得了不平凡的业绩，涌现了一大批巨商大贾、行业翘楚、专家学者、名师名医，尤其是广大象商，乘着改革开放春风，不等、不看、不靠、不要，一遇雨露就发芽、一见阳光就灿烂，演绎了一个个商业传奇，实现了一次次发展飞跃。你们为家乡赢得了荣誉，你们是家乡人民的骄傲，要为你们点赞！要为你们喝彩！

三十多年来，广大象商敢吃天下苦，充分展现了自立自强、艰苦奋斗的顽强意志。改革开放之初的象山，山海相隔、交通不便，经济落后、百业待兴。广大象商踏尽千山万水、说尽千言万语、想尽千方百计、吃尽千辛万苦，白天当老板、晚上睡地板，白手起家、从无到有、从小到大，闯出了创业新天地，开创了发展新局面，成就了象山新辉煌。建筑业靠着“一把泥刀闯天下”，闯出了省首批建筑强县，年施工总产值超过1200亿元，列全省第5位；海鲜餐饮业凭借“一网开渔透骨鲜”，鲜遍了长三角乃至全国，年营业额近40亿元，打响了“中国海鲜之都”品牌；工业通过坚定不移持续抓，抓出了电力、针织、汽配、模具、水产品加工等产业集群，成功跻身全省工业强县“第二梯队”。当前的象山，GDP超过430亿元、财政总收入超过60亿元，其中民营经济为全县创造了超过80%的GDP、70%的财政收入、90%的就业岗位。所有这一切，都凝结着广大象商的心血和汗水；象山能有今天的发展成就，广大象商功不可没。

三十多年来，广大象商敢争天下先，充分展现了追求卓越、勇立潮头的创新胆魄。面对激烈的市场竞争，广大象商敢于想别人不敢想的、敢于做别人不敢做的，心无旁骛守实业，持之以恒强创新，不惜血本引人才，推动企业实现了从家庭作坊到现代企业、从代工小厂到品牌企业、从街头小店到集团公司的转型跨越。当前的象山，不仅有华翔、正业、龙元、宏润等一批领军型企业，而且有日星、天安、合力等一批行业龙头企业，还有启鑫、锦浪等一大批创新型中小企业，形成了大企业“顶天立地”与小企业“铺天盖地”共生共荣的发展格局。在科技革命和产业转型升级的大潮中，广大象商精益求精、勇争一流，培育了9个中国驰名商标和中国名牌。同时，在外从事建筑、餐饮等的象山人超过20万，在外投资的象商超过1万人、总投资达200亿元，足迹遍布全球40多个国家和地区，大大提升了象山知名度和影响力。

三十多年来，广大象商致富不忘根，充分展现了重信重义、情系家乡的桑梓情怀。广大象商无论离家有多远、成就有多大，始终饮水思源、不忘家乡，从县慈善总会、县教育基金会到海外学子助学金、象山同乡网贫困学子助学金，再到“五水共治”、新农村建设，用实际行动谱写了一曲曲动人的“绿叶对根的情谊”，近五年在家乡捐资捐物超过2亿元。特别是2011年“浙商回归”启动以来，在外象商兴起了回归家乡、投资家乡、造福家乡的热潮，累计实施浙商象商回归项目155个、总投资超过300亿元，其中包括东海铭城、裕天海洋生物、新篁生物、象山港一号文化广场、一兆韦德总部等一批重大项目。实践证明，象商兴则县域兴，象商强则县域强，象山人民为有这样一支不屈不挠、敢闯敢拼、有情有义的象商队伍而倍感骄傲、倍感自豪。

各位乡贤，各位企业家朋友，故土是最难割舍的地方，象山是我们共同的家园。对于广大象商来说，祖国好、家乡好，大家才会好。当前的象山，发展态势向好。近年来，全县上下坚定不移实施“工业旅游双突破、改革创新双驱动”战略，一批重大平台逐渐发力，一批重大项目落户建成，国家全域旅游示范区创建扎实推进，经济发展稳中向好。当前的象山，机遇前所未有。随着甬台温高速复线2018年全线贯通，城际铁路项目上报国家发改委，象山港二通道加紧谋划，象山将全面进入“高速时代”“同城时代”，区位优势日益凸显；国家“一带一路”和省“大花园”“大湾区”“大通道”、宁波“名城名都”等重大战略的实施，为我县借势发展、借力提升提供了重大契机。当前的象山，前景十分美好。2022杭州亚运会帆船帆板赛事落户象山，我县将对标“面向世界、国内一流”，持续扩大首批国家生态文明建设示范县创建成果，全面实施“迎接亚运时代五年行动计划”，加快建设经济实力强、特色功能强和生态美、生活美的宁波现代化滨海城区，向着县第十四次党代会确定的目标阔步前进。

总之，当前的象山已站在新的起点上，正处在振兴崛起、追赶跨越的关键时期，也为广大象商搭建了创业舞台、拓展了合作空间、提供了投资机会。正是在这样的背景下，我们借中国开渔节这个大平台，举办首届世界象商大会，得到了海内外象山人广泛而热烈的响应，大家漂洋过海、不远万里，在百忙之中挤出时间出席大会。大家的热情和支持，很让人感动，也非常令人振奋。我们深切感受到，乡情乡愁中蕴藏着巨大能量，我们每个人都是象山发展不可或缺的一分子，千千万万的乡情乡愁就是象山发展的强大力量。借此机会，我提三点希望，与大家共勉：

第一，希望大家始终不忘初心，不断追求更大发展。象商的奋斗，象商的成功，淋漓尽致地展现了永不满足、永不停步的精神。要始终聚焦主业、坚守实业，求专、求精、求强，进一步筑牢企业壮大的根基，争做百亿企业、百年企业。要坚持不甘人后、敢于变革，顺应“互联网+”“人工智能”“云数据”等新趋势，主动开发新技术、进军新产业、研发新产品、创造新模式，不断推进企业的战略转型、产品升级、管理创新。要运用市场思维、市场规律，坚持线上线下、境内境外、出口进口共同发力，奋力开拓更为广阔的市场。

第二，希望大家留住乡愁乡恋，共同参与家乡建设。象山的美好未来，离不开广大象商的支持参与。广大象商是最有资本实力、国际视野、信息资源和人脉优势的群体，要扎根象山、深耕象山，始终不忘把家乡作为开疆拓土的大本营，留住总部、留住人才、留住根脉，在建设发展象山中展现更大作为。要加快总部回归、项目回归、资本回归，主动参与重大产业发展、科技创新、区块开发和基础设施建设，特别是积极投身到“智能制造2025”、全域旅游、文化创意等领域，为象山发展注入强劲动力。要大力推介象山发展的广阔空间、招商引智的优惠政策、创业创新的良好环境，以商引商、以企引企，推动更多项目落户象山，为家乡发展提供更大助力。

第三，希望大家关心家乡发展，努力讲好象山故事。在座的各位都是各行各业的精英人物，在传播象山形象、讲好象山故事上有各种渠道和途径。特别是很多在海外的象山人，具有东西方双重文化背景，要发挥独特优势，积极宣传象山，主动推介家乡，让更多的人了解象山、关注象山、走进象山。要多做牵线搭桥的工作，推动开展全方位、宽领域、多层次的交流合作，把更多的海内外象山人凝聚在一起，形成支持家乡发展的更大合力。要富而思进、富而思源、富而思报，讲感恩、讲责任、讲奉献，重信用、重品德、重声誉，树立新形象，提升美誉度。

各位乡贤、各位企业家朋友，本届大会成立了象商总会，这是象商发展史上又一件具有里程碑意义的大事。它的意义就在于，为天下象商手拉手、肩并肩，抱团发展，提供了一个良好的平台和载体。我相信在周晓峰会长的带领下，在大家的共同努力下，象商总会一定能够更好地传承象商文化、凝聚象商力量、引导象商回归、促进象山发展。

各位乡贤、各位企业家朋友，人是故乡好，月是故乡明。不管广大象商身在何处，象山始终是大家最温馨的家；不管广大象商事业发展到什么程度，象山始终是大家最坚实的后盾。县委、县政府将继续坚持亲商、安商、富商的理念，构建“亲”“清”新型政商关系，深化“最多跑一次”改革，全面优化营商环境，使象山成为优质服务的高地、要素集聚的洼地、投资创业的福地。

最后，衷心祝愿各位嘉宾和广大象商身体健康、事业兴旺、阖家幸福！预祝首届世界象商大会圆满成功！谢谢大家！

（县委书记　2017.9.15）

在象商总会成立大会上的讲话

黄焕利

今天是个喜庆的日子，时值中国（象山）第二十届开渔节，我们在这里欢聚一堂，共同见证象商总会的成立。下午还将召开首届世界象商大会，这一系列活动是本届开渔节最大的亮点之一，也是象山政治、经济、社会生活中的一件大好事、大喜事、大盛事。从今天开始，象山商界迎来了一个新契机，广大商界人士将进一步由分散打拼走向抱团创业。从今天开始，象山发展迎来了一个新平台，象商总会必将成为宣传象山、服务象山、发展象山的一大助推器。刚才，大会选举产生了首届象商总会会长、执行会长、副会长、秘书长，并聘请了顾问、荣誉会长。周晓峰会长代表首届象商总会班子，进行了满怀激情和真情的讲话，听了之后很有感触和启发，我对以周晓峰先生为会长的首届象商总会班子充满信心、对象商总会充满信心、对象商的未来和象山的明天充满信心。借此机会，我谨代表县四套班子和54万父老乡亲，对象商总会的成立表示热烈的祝贺！对会长、执行会长、各位副会长的当选表示衷心的祝贺！向全体理事和所有象商朋友表示诚挚的问候和崇高的敬意！

"感人心者，莫先乎情"。习近平总书记说过："当今社会快速变化，人们为工作废寝忘食，为生计奔走四方，但不能忘了人间真情，不要在遥远的距离中割断了真情，不要在日常的忙碌中遗忘了真情，不要在日夜的拼搏中忽略了真情。"各位象商朋友能够在百忙中、冒着台风前来相聚，共谋象商发展大计，依托的就是这份拳拳赤子心、殷殷家乡情。改革开放以来，一大批象山人凭着闯海弄潮、敢为人先的可贵品质，或远走他乡披荆斩棘、艰苦打拼，或在本地奋力搏击、创业发展，在各自领域开创了一片广阔的事业天地。民间也流传着象山人三把刀（泥刀、菜刀、剪刀）勇闯天下、成就非凡的故事，经过几十年的不懈奋斗，历经数不清的困苦挫折，一代象山人从草根老板走向企业家，从家庭作坊走向现代企业，成为象山改革开放的先行者和现代化建设的生力军。同时我们也欣喜地看到，迎着市场经济的大潮，新一代象商秉承父辈的创业精神和商业智慧，接力以进、创新图强，涌现出一大批青年才俊，进一步打响了象商品牌。一代代象商在自身发展的同时，也情系家乡、不忘家乡，积极为家乡建设献计献策、出资出力，慈善帮困、爱心助学、投身公益、支持农村等方面，都活跃着广大象商鼎力相助的身影。家乡父老为你们的创业发展和反哺义行感到骄傲和自豪！

如今的象商，人才荟萃，已成为象山发展最宝贵的资源。我们成立象商总会，就是要进一步凝聚资源优势，促进象商不断书写新的辉煌。借此机会，我对象商总会的工作谈四点建议。

一、当好世界象商的"服务员"。象商总会是以象商为主体、自愿组成的非营利性社会团体，是世界象商共同的"朋友圈"。服务是象商总会的首要职责，也是象商总会工作的生命线。象商总会的领导班子不应该是发号施令的"长官"，而应该是服务象商的"大管家"，肩上担负着的是沉甸甸的责任。象商总会开展工作和活动要以象商为中心，尽可能为象商多提供一些信息、法律、融资、技术和人才等方面的精准服务。要在开展行业协调和自律、维护象商正当权益、组织参加各类经贸活动等方面多做工作，充分发挥“后台、平台、港湾”等作用，真情实意筑造起世界象商的“大本营”。要加强与象商的密切联系，经常同他们进行面对面、心贴心的零距离接触，全面了解象商的实际需求，多提供一些对症下药、雪中送炭的创业指导，做象商的知心人、贴心人，让象商在遇到困难时想得起、找得到、靠得住，感受得到“大本营”的浓浓暖意。

二、当好沟通政企的“联络员”。象商总会作为政府和企业之间的桥梁纽带，既要当好党委政府的参谋，又要成为象商企业的助手，做好上情下达、下情上传，充当党政、象商和企业三者之间的“黏合剂”。一方面，要承担党委政府在民营经济领域的“喉舌”功能，充分调动组织网络、组织系统优势，将党委政府的各项政策及时传递给广大象商。另一方面，要不断完善政企沟通平台，建立象商总会与政府各部门的沟通联络机制，进一步畅通县委、县政府与广大象商沟通对话渠道。这样既有助于党委决策、政府转变职能，“沉下身子”与更多的象商直接沟通交流，也有利于象商总会更加精准地把握象山经济的发展方向，更好地成为县域发展的“顶梁柱”“主力军”。

三、当好建设家乡的“引航员”。象山是世界象商共同的家、永远的家。一直以来，象商都把自己的前途与家乡的发展紧密联系在一起，竭尽赤子之心，奉献能及之力，积极反哺家乡建设发展。“独行快，众行远”。我们成立象商总会，就是要以乡情、亲情、友情为纽带，把世界各地的象商之心、象商之力更加紧密地凝聚起来，更好地关心、支持、参与家乡的发展，在重点功能区块建设、重大产业项目引进、社会公益事业发展等领域给予更大的支持。希望象商总会在这方面发挥好引领作用，让世界象商常思家乡根蒂之情，常谋家乡发展之策，发挥好各自领域的优势，以各种形式报效故里、惠及乡亲。一方面，要进一步扩大引智引资覆盖面，畅通象商回归和资金引进渠道，吸引广大象商、象才回乡投资创业，实现在外象商经济与本土经济的良性互动。同时做好穿针引线、牵线搭桥，千方百计把海内外各种商界资源引入象山。另一方面，要促进象山经济“走出去”，参与“一带一路”建设，寻求商机、开拓市场，与国内外开展广泛的经贸合作和人文交流，提升象山经济发展质量效益。

四、当好推介象山的“宣传员”。近年来，县委、县政府团结带领全县人民，深入实施“双突破双驱动”发展战略，全县综合实力不断提升，城乡面貌明显改观，人民生活持续改善，先后获得了国家生态县、国家卫生县城、全国双拥模范县“五连冠”和省美丽乡村示范县、省示范文明县城、省“平安银鼎”等荣誉。家乡建设发展所取得的成绩凝聚着每一个象山人的心血，也是每一位在外象商的骄傲。目前，象山未来五年发展蓝图已经绘就，建设“两强两美”宁波现代化滨海城区的号角已经吹响。随着甬台温高速复线的建成通车和市域铁路、象山港二通道的规划建设，象山的交通条件将进一步改善，区位优势、资源优势将更加突出。我们由衷地希望，通过象商总会这个窗口，能够全方位展示好象山、宣传好象山、推介好象山。让象商总会成为象山对外进行经济文化交流活动的重要阵地，带动广大会员团结和引导各界有识之士，为促进象山加强对外交流、扩大交往、合作共赢而努力，为象山的未来发展作出更大的贡献。

企业家是地方发展的栋梁，县委、县政府将高度重视、全力支持象商总会的工作，进一步营造亲商、安商、富商和崇尚创业、鼓励创造、尊重创新的良好环境，一如既往为广大象商各项事业的发展创造更广阔的空间、提供更优质的服务，让世界象商感受到家乡的温暖和牵挂，“把心留住”“把根留住”“把情留住”，与家乡一起开创更加美好的未来。

最后，衷心祝愿象商总会欣欣向荣、宏图大展！祝大家身体健康、阖家幸福、事业兴旺、万事如意！

谢谢大家！

（县委副书记、县长　2017. 9. 15）

六、论言文选

略谈统一战线群体在团结“宁波帮”工作中的地位与作用

欧吉庆

1984年8月，邓小平同志发表了“把全世界‘宁波帮’都动员起来建设宁波”的指示，至今已有十周年。十年来的光辉历程，为推进宁波的改革开放，经济发展产生了极其深远的影响。在90年代的今天，在建立社会主义市场经济体制新的形势下。进一步做好团结“宁波帮”工作，必将为不断壮大包括两个范围联盟的最广泛的爱国统一战线，深化改革，扩大开放，建设四化，振兴中华以及发展同各国的友好关系具有十分重要的现实指导意义。统一战线群体在团结“宁波帮”工作中地位与作用将会显得更加重要。

一、正确认识“宁波帮”的优势

团结“宁波帮”有其特定的含义，从狭义上讲，它是指宁波籍的台港澳同胞、海外侨胞和外籍华人以及大陆各地的宁波籍人士。从广义上讲，它体现了新时期最广泛的爱国统一战线，实现大团结、大联合。即以建设有中国特色的社会主义为基础，实现大陆范围人民的团结；以拥护祖国统一为基础，实现大陆同胞与台港澳同胞的团结；实现海内外全体中华儿女的团结。也就是说，把一切中共党员和非中共党员、马克思主义者和非马克思主义者，无神论者和宗教信仰者，汉民族群众和少数民族群众，国内同胞和海外侨胞的团结。总之，把一切可以团结的力量都团结起来，把全民族的意志和智慧凝聚到建设四化，振兴中华的总目标上来。在思想上要正确认识“宁波帮”的特点和优势，有着不可低估的力量。

（一）他们拥有一定的智财优势。他们中不少见识广、知识博、有技术、有管理经验；他们遍布世界各地、信息灵、能博采各国科技之长，为我四化建设作用。据统计我县“宁波帮”

有1771余户，4643人，分布在15个国家和地区，其中：港澳同胞887人，台湾同胞2700人，海外侨胞422人，外籍华人634人。这些同胞在我县的亲属共计有9345人，其中：港澳亲属1150人，台属6985人，侨属1210人。两项人数相加13988人。他们中很多人在海外享有盛誉，据掌握，港澳同胞中有20人，其中：在工商企业界的10人，如日本东京中华饭店董事长王忠根、印尼大同化工公司董事长樊恭熛、香港茂森印刷材料公司董事长朱茂松、香港渥太华皮草公司副董事长夏秀君，香港锦锋有限公司总经理奚际林等；在科教文体界的有10人，如美国水稻病理专家欧世璜，纽约圣约翰大学终身正职教授陈兆奎，马来西亚槟城三江公所副所长、中文校长张竹安，加拿大海湾公司地球物理博士林培根，美国加州“爱娃力”公司高分子博士张永璧，洛杉矶心脏医学专家郎祖望，密苏里州大学教授何仲由及用摩托车飞越长城的台胞柯受良等。这些海外象山籍的同胞是我县对外开放有的可信赖、有的可依托的重要同盟者，其作用是其他组织和个人所不可替代的。

（二）他们有着爱国爱乡的热情。象山籍“宁波帮”一般是在四十年代迫于生计，漂泊海外的，生活简朴、乡情意浓著称于世。如已故的旅日华侨浙江同乡会会长、东京华侨常务理事、华侨互助合作社顾问王家福先生，在1981年11月第三届世界杯女子排球赛在日本大阪市体育馆内进行时，王家福与老友蔡世金商量，决心为祖国体育事业出一份力。他全包了中国女排在日本比赛时的费用，并为女排姑娘做轻便御寒大衣、买球鞋。他发动浙江同乡会朋友到体育馆为中国女排呐喊鼓劲，中国女排夺得冠军后，王家福以老华侨、滨园饭店主人身份出资为中国女排开庆功会。他对祖国每项成就总是欢欣鼓舞，对祖国出访的代表，总是热情接待。又如陈志耀先生的夫人夏秀君在1986年先后保送镇海、象山及宁波等地青年前往广州培训皮毛加工技术，为日后加速发展我市、县皮毛加工工业奠定了良好基础。同时还非常关心家乡的教育及福利事业，1991年11月捐赠人民币23万元，兴建象山中学夏金生图书楼等等。众多华侨和台港澳同胞，热爱祖国，关心家乡，报效桑梓，蕴藏着极大的热情。

（三）他们是统一祖国的桥梁。我县是全国、全省、全市对台工作的重要窗口，在党的“一国两制”、和平统一祖国的方针政策感召下，我县统战、对台部门从1979年以来至今年6月，不仅在石浦港接待了大量的进港避风、修理补给、治病旅游和经商贸易的台湾渔船10958艘次，渔民79664人次，而且，接待了大批的象山籍探亲、旅游的台胞1424人次。象山是全市去台人员最多的县（市区）之一，在军政界，国民党上将到少将军衔的9人、上校到少校的66人；在经济界，有一定实力的13人；在教育、文化、体育界有较高造诣的4人；在社团有影响的人士6人。在这些人士中除已故上将徐培根和中将、华岗大学教授何志浩间接与直接来信而未到过大陆的之外，上述其他人士均多次来象山故乡探亲和旅游，不少人士已经和正在以各种方式促进祖国统一发挥着很好的作用。近年来，象山县台胞台属联谊会与台北市象山同乡会、台北市宁波同乡会进行了广泛的接触，牵线搭桥，联络感情，增进友谊，促进交流，他们的思想正在发生重大的变化，是一支实现祖国统一的重要力量。

二、充分发挥统一战线群体在团结“宁波帮”的作用。

十年来的实践证明，统一战线群体在团结“宁波帮”发挥了积极的作用，对增强中华民族的凝聚力、向心力，对激发“宁波帮”爱祖国、爱家乡的热忱等方面做了大量工作，为宁波象山的对外开放、经济建设作出了重要贡献。

（一）通过群体，以侨引侨、以侨引台发挥了作用。我县在1979年前只有少数侨胞通信通汇，自党的十一届三中全会后，即1979年10月旅日华侨王家福先生第一位回乡探亲，并赠送价值1800元20英寸彩电1台给县府招待所。在党的侨务政策引导下，海外侨胞和港澳同胞通信通汇急剧上升，象山籍旅日、旅法、旅美的华侨和台湾同胞也陆续不断地回祖国观光探亲，1982年4月从台湾到美国洛杉矶女儿家居住的赖荣杰先生，以台胞和“侨胞”双重身份来象山故乡探亲，通过对他热情的接待，宣传全国人大常委会《告台湾同胞书》和解决台湾问题的九条方针，他深信共产党的政策，久而久之在台湾同乡中广为传播。1984年6月为解决香港、澳门和台湾的问题，邓小平同志提出了“一个国家，两种制度”的方针原则，更加牵动和吸引“三胞”来大陆探亲访友及旅游。据接待资料记载统计，象山籍港澳同胞（含外籍华人），从1979年的17人增加到1993年的88人，累计接待626人次；象山籍台湾同胞，从1985年4人增加到1993年的183人，累计接待人数1424人次。

（二）通过群体，为家乡公益事业建设发挥了作用。我县在海外的“三胞”经济实力比不上兄弟县（市区），但我们台、侨部门竭尽绵力，团结“宁波帮”为家乡公益事业的发展作出了努力。据至今统计，港澳同胞和外籍华人及社团共捐赠项目53个，捐赠资金达300万元人民币，多数用在教育事业，如兴办教育楼、阅览楼和图书楼及设立奖学金；台胞捐赠项目21个，捐赠资金达256.77万元人民币，其中1994年1月至今台胞捐赠项目13个，捐赠金额214万元，多数项目用于水、路、桥和公路隧道。

（三）通过群体，兴办“三资”企业发挥了作用。十年来，由于各级党政组织和各经济部门认真落实邓小平同志关于“把全世界‘宁波帮’都动员起来建设宁波”的指示，把开展海外统战，团结‘宁波帮’工作，作为扩大开放，招商引资，发展外向型经济的重要渠道。采取一引、二联的方法，兴办外商投资企业，全县截止1994年6月底统计，累计兴办外商投资企业145家，外商涉及18个国家和地区。总投资额12415.4万美元，注册资本8588万美元，协议利用资金5306万美元，合同利用资金3641.7万美元，实际到位资金2397万美元。其中台资企业兴办24家，占“三资”企业的16%（合资15家、独资9家），总投资2584.3万美元，注册资本1606.8万美元，协议利用台资1566.2万美元，台商认缴额1001.6万美元。有力地促进了我县经济的发展。

（四）通过群体，为招商引资发挥了作用。我县涉台部门认真执行党的方针政策，从宣传接待到招商引资做了大量工作，在1985年经批准成立了“象山县华源对台贸易公司”。截至今年6底，共与200多艘台湾渔（商）船800多名台商洽谈了贸易，成交额达172.95万美元，对台劳务合作始于1988年8月，是全省最早，也是最大的劳务基地之一。该项工作截至今年6月，共合作台轮1272艘次，输出劳务5469人次，发放劳务工资696.87万人民币，为国家创汇360.36万美元。多年来在全省占有较大比重。去年，又选送了25名劳务到台湾苏澳港，首次开辟了对台沿海劳务合作领域。为了进一步发展对台经贸，今年已建立了石浦台贸市场。在县委、县政府的直接关心和支持，通过石浦镇及对台、涉台部门的共同努力，按照“先起步，后发展，不断完善”的总体设想，石浦台贸市场从去年7月开始筹备，10月动工兴建，至今在新港区长1000米、宽25米的玉泉路两侧的300多间简易棚屋已经完工。正式市场已批地48亩，业经杭州园林设计院设计完毕，同时还制定了相应的政策措施：人不分南北，货不分东西，允许台商和县内外国营、集体、私营、个体企业征地投资建设，经营台湾进口商品和内地商品；并准备出台征地、税收、外汇兑换等一些特殊政策。至此台贸市场已见雏形。

以上说明，统一战线群体在团结“宁波帮”工作中，充分显示了它的重要地位，在新形势下为促进象山的经济建设将会发挥更大的作用。

三、形成合力，进一步团结“宁波帮”

爱国统一战线是党的一项长期的战略方针，是党的总路线、总政策的组成部分，是建设有中国特色社会主义的重要内容。团结“宁波帮”工作是统一战线群体密不可分的共同任务，它既包含着统一战线群体各个工作部门开展对台、侨务、民族宗教、海外联谊会、工商联、侨联、台联等各个方面内联的团结工作，又包含统一战线群体开展海外统战工作中的团结台港澳同胞和海外侨胞以及一切热爱中华民族的人们的外联工作。统一战线群体内联外联团结“宁波帮”工作在为改革开放、建设四化、统一祖国、振兴中华服务已显示了它的特殊地位。今天在纪念邓小平同志“把全世界‘宁波帮’都动员起来建设宁波”的指示十周年，具有重大现实意义和深远的历史意义。团结“宁波帮”工作统一战线群体要形成合力才能发挥作用。

（一）明确指导思想。团结“宁波帮”工作是巩固和发展最广泛的爱国统一战线的需要，也是巩固和发展第二个联盟的需要，又是有利于我国社会主义现代化建设、促进“一国两制”、和平统一祖国的需要。统一战线群体要形成合力，高举爱国主义旗帜，广交朋友、联络友谊、宣传政策、争取人心，团结和调动广大“三胞”的积极性，为统一祖国、振兴中华服务。

（二）要明确目的任务，一是以“一国两制”、和平统一祖国为目标，致力于港澳1997年、1999年回归祖国的和平过渡和长期稳定繁荣，促进海峡两岸关系的健康发展。二是以中华民族的振兴为目的，最广泛地团结台湾同胞、港澳同胞和海外侨胞，促进改革开放，支持现代化建设。实现中华民族的伟大复兴，是一项艰巨的任务，必须依靠海内外中华儿女的共同奋斗。

（三）要明确工作的着重点和结合性。拓宽对外开放渠道，为改革开放和经济建设服务是统一战线群体的着重点和结合点，在“三引进”（引进资金、引进技术、引进人才）方面进一步做好文章，将“三引进”由沿海向内地延伸；推动海外信息、技术与内地结合，支持高新技术产业的开发；推动海外市场与内地市场的接轨，促进国内市场的国际化；推动海外先进的管理经验、市场运作和国内的经营方式结合，参与搞活国有企业；支持、举办或联合举办各类培训班，培训适应市场经济管理等种类专业人才。统一战线群体在社会主义市场经济大潮中，发挥与海外联络广泛、易于沟通的优势，工作网络健全、渠道畅通的优势，才多、信息灵的优势，社会影响较大、层次较高的优势，发挥主动性、积极性，做出新成绩。

（四）要注意工作方法。一是宣传政策。与台港澳同胞和海外侨胞交往过程中，积极宣传“一国两制”、和平统一祖国的方针，宣传党和国家的有关方针政策，宣传我国改革开放和现代化建设的伟大成就，运用多种形式，细雨润物的功夫，以事喻理，以理服人，化解疑虑和误解，使更多的“宁波帮”和朋友们了解祖国大陆的情况，增强他们对祖国的向心力和凝聚力。二是争取团结，对台湾同胞、港澳同胞和海外侨胞，只要爱国，赞成统一，即使不赞成社会主义制度的人们，不论属于那个阶级、阶层，哪个党派、集团（侨领、华侨社团、台湾社团）都要争取团结；对各种不同政治派别、政治态度的朋友都要交往。在团结交友结识各个方面各个层次的朋友时，对那些政治上有影响、经济上有实力、社会上有声誉、学术上有造诣的人，主动深交、不断联络感情、增进友谊。

（五）要统一领导，形成合力。统一战线群体，团结“宁波帮”工作，都要涉及政治、经济、文化、教育、科技、体育等各个领域，不是哪个部门、哪个团体或少数人能够完成的，同时不少工作是互相交叉、互相联系的，需要发挥有关部门各自的功能和优势，分工协作，主动配合，互通信息，互相支持，通力合作。在党委的统一领导下，统战部要履行“了解情况，掌握政策，协调关系，安排人事”的职能，特别是在方针、政策、原则、重大步骤要统一指挥，同时进行必要的协调，以利于形成合力，提高工作效率。

总之，要充分认识、充分发挥统一战线群体在团结“宁波帮”工作中的地位与作用，只有这样，才能为巩固和发展最广泛的爱国统一战线，为社会主义现代化建设作出新贡献。

（市统战工作方法论研讨会交流论文。作者：县委统战部副部长 1994. 10）

试论宗教与社会主义社会相适应

盛繁国

江泽民同志在1993年全国统战工作会议上的讲话时指出，贯彻党的宗教信仰自由政策也好，依法加强对宗教事务的管理也好，目的都是要引导宗教与社会主义社会相适应。这种适应是要求他们政治上热爱国家，拥护中国共产党领导，拥护社会主义制度。江泽民同志还指出，引导宗教与社会主义社会相适应，是国家、社会同宗教两个方面的共同需要。本文就宗教的适应性、社会主义社会的包容性及如何使宗教与社会主义社会相适应三方面作一探讨。

一、宗教具有顽强的适应性

宗教作为一种社会意识形态，是人类社会生产力发展到一定程度、人类思维能力发展到一定水平以后产生的历史现象。它不仅在不同的社会制度中存在，而且适应不同的社会制度。究其原因，大致有以下三个方面：

（一）宗教中有历代统治者所需的政治内涵。谈起宗教，人们总以为超尘脱俗，劝人为善，其实不然，它同样是入世，同样具有很强的政治性。一部《圣经》，它涉及历史、地理、法律、哲学、文学、艺术、伦理、天文等，也涉及政治。《罗马书》第十三章第一句就开宗明义地说：“在上有权柄的，人人当顺服他。”这“有权柄的”就是统治者，就是政权、政府。

试想有哪个统治者所不愿意，不企求的呢？尤其是在有神论占主导、神鬼迷信占上风的古代社会的统治者更是所渴望的。佛教《中峰净土忏》中提到的“四重恩”，其中就有“国王水土恩”，要求僧人与善信报答“国王水土恩”。在“普天之下莫非王臣，率土之滨莫非王土”的封建王朝，这种感恩与报答显然是顺服统治者的最好注脚。如伊斯兰教、道教等宗教大都也有类似的听令于王命，服从于统治者的训诫。这些毫无疑问是各统治者所企盼的。也就是因为有了这听令王命的政治内涵，使得宗教长久不衰，随顺时代，适应时代，延续发展。新中国建立后，我国宗教界提出的“爱国”“拥护共产党领导，拥护社会主义制度”等，这是新形势下宗教政治内涵的新体现。这是宗教与社会主义社会相适应的根本前提。

（二）宗教中有各社会形态所需的物质、精神财富。宗教要维护社会稳定，要为经济建设服务，这是我国政府对宗教提出的要求，也是它的社会功能。宗教之所以不随经济基础的改变而消亡，不因科学的进步而淘汰，历几千年而不衰，越各种社会形态而长存，其根本原因，在于它创造了各社会形态所需要的物质、精神财富。且不说宗教界中涌现的古今众多的科学家、信徒们所创造的物质财富，对当时社会所作的贡献，单论其宏伟壮观而独具特色的建筑、雕塑等艺术，也足够大书特书。中国的龙门云岗、五大名山等至今仍为当地经济的发展，起着积极的作用。宗教是人类文化的重要组成部分，没有宗教，人类社会的物质财富是单薄的；没有宗教，人类社会不可能有那么丰富的精神财富。宗教为社会创造的精神财富，主要表现在它的五大功能上：宗教的世界观功能，它可以调适人与自然的矛盾，藉以寻找精神庇护和寄托；宗教的社会组织功能，通过它的组织体系、典章制度、经典教义和活动方式，可以广泛地联系广大信众；宗教的协调稳定功能，它以“自觉觉他”“荣神益人”“两世吉庆”等等说教，来调适人与社会的关系，为人们提供一种感情上的支持和心灵上的慰藉，提供一种特殊的安全感；宗教的道德规范功能，“普渡众生”“爱人如己”“一日不作，一日不食”及五戒、十诫等等，对信教群众有很强的指导作用和心理自我制约作用；宗教的历史文化功能，星罗棋布的寺院宫观，保留了古老的历史文化，宗教的存在和发展，使历史文化得以保存、延续和发展。我们应该肯定它的积极面对社会主义两个文明建设所起到的促进作用。

（三）宗教能不断“恒顺众生”。宗教是一种历史现象，有其产生、发展和消亡的客观规律。它是人类社会的产物，必然以社会作为载体，依附着社会，“恒顺众生”而生存、发展。这不但是社会对宗教的基本要求，也是宗教自身的基本需要。纵观佛教、基督教等宗教的历史，都是不断与当时中国社会相协调、相适应的。新中国成立后，人民当家作主，中国社会发生了根本性的变化，佛教、基督教等宗教在不同时期提出了不同的口号，如“自办教会，走‘三自’道路”“爱国爱教”等等，使得宗教能够生存下去，并健康地发展。反之，就会被社会所不容。象婆罗门等古印度教、汉传佛教的慈恩宗等，教义教规保守，又墨守成规，不善变革、适应，慈恩宗作为学说虽存，但作为宗教派别却自行消亡，古印度教则被释迦牟尼的佛教所替代。马克思说：“随着每一次社会制度的巨大变革，人们的观点和观念也发生变革，这就是说，人们的宗教观念也要发生变革。”人们的宗教观念发生了变革，宗教也得要变革，人类社会大浪淘沙，变革——生存——发展，固守——落伍——消亡，这是大自然生存的法则。为适应进一步改革开放的新形势，目前，我国宗教界正在酝酿着改革，这无疑是有利于宗教自身的生存与发展的，也有利于我国的社会稳定与经济建设的。由此不难看出，这种适应能力就是宗教与社会主义相适应的先决条件。

二、社会主义社会具有宏大的包容性

社会主义社会制度是一种崭新的社会形态，它与历史上存在过的原始社会、奴隶社会，或者尚存在的封建社会、资本主义社会的社会制度，有着本质的区别，它已经在中国与世界一些国家中实现。这种社会制度，是用马克思主义哲学、政治经济学与科学社会主义理论武装的工人阶级的政党领导的，人民当家作主，剥削阶级逐步退出舞台，生产关系与生产力之间的矛盾不断克服，生产力得到解放并不断进行自我变革，是迄今为止人类社会最美好的社会制度。社会主义社会是资本主义社会向着共产主义社会过渡的一个漫长的历史阶段，在这个历史阶段中，应该说并存着多种政治经济体制、形式，多种世界观和意识形态。这就决定着我国社会主义社会所具有的宏大的包容性。宗教作为历史现象必然包容在整个社会主义过渡阶段中。正如中共中央〔1982〕19号文件中指出的那样："宗教在社会主义历史阶段还将长期存在。这是因为：人们意识的发展往往落后于社会存在，旧社会遗留下来的旧思想、旧习惯不可能在短期内彻底消除；社会生产力的极大提高和教育、文化、科学、技术的高度发展，人们对自然灾害的控制，还需要经过长久的奋斗过程；国内还存在一定范围的阶级斗争，以及来自国外宗教势力的影响，等等。"这就是现阶段宗教存在的社会因素。

社会主义社会对宗教具有宏大的包容性，是因为宗教被社会主义社会的政治制度、经济制度和法律制度所容纳。

（一）社会主义社会政治制度的需要。社会主义制度建立后，我国政府取得了对宗教事务的领导权。把宗教从剥削阶级控制和利用的状态中解放了出来，割断了宗教与帝国主义的联系，成为中国人民自办的宗教事业，实现了宗教事务不受外国势力的支配的夙愿。宗教界人士与信众爱国爱教，与全国人民一样成了国家的主人，在中国共产党领导的多党合作和政治协商体制中，中国共产党与宗教界人士结成统一战线和爱国政治联盟，宗教界人士参加各级人大、政协组织，参政议政，行使管理国家的权利，受到宪法和法律的保护。宗教界人士不仅是统战对象、团结教育的对象，也是参政议政的一支重要力量。

（二）社会主义社会经济制度的需要。新中国成立后，经过社会经济制度的深刻改造，已经确立了生产资料公有制为基础的社会主义制度，剥削制度和剥削阶级已经消灭，初步实行了按劳分配的原则。现在又由计划经济转向商品经济，逐步确立市场经济。与此同时，我国宗教制度也通过一系列的自身重大改革，宗教状况已经起了根本的变化，宗教问题上的矛盾已经主要是属于人民内容矛盾。中共中央〔1982〕19号文件指出，在现阶段，信教群众与不信教群众在思想信仰上的差异是次要的，他们在政治上、经济上的根本利益是一致的。我国的社会主义初级阶段，是从贫穷落后、农业人口占绝大多数的手工劳动为基础的农业国，逐步变为非农业人口占多数的现代化的工业国。在自然经济半自然经济占很大比重，变为商品经济、市场经济高度发达的过程中，我们应该也必须将全国人民，包括数以亿计的宗教徒在内的意志全部集中到建设有中国特色的社会主义社会中来，实现中华民族的伟大复兴。这也是我国宗教与社会主义社会相适应的社会条件。

（三）社会主义社会法律制度的需要。中国共产党早在成立的初期，就十分重视宗教问题。1923 年至 1926 年，在中国共产党的历次决议案中，都强调对宗教采取慎重态度，告诫党员革命活动不分党派、宗教。在后来各个历史时期，党的文件、领袖人物的著述和讲话逐渐完整了宗教信仰自由政策。新中国的宪法和法律规定：公民有宗教信仰自由，国家保护宗教界的合法权益，保护正常的宗教活动。从 1931 年江西中央苏区《中华苏维埃宪法大纲》、1941 年《陕甘宁边区施政纲领》到现行宪法，均载明保护公民的宗教信仰自由，除“文革”等个别时期外一直贯彻、执行得较好。这就使得广大信教群众在政治上、经济上翻身的基础上，又享受了宗教信仰自由的权利，宗教信仰成为公民个人的自由选择。这是我国宗教与社会主义社会相适应的法律和政策保障。

三、引导宗教与社会主义社会相适应的途径

宗教与社会主义社会相适应，是指宗教团体和组织、宗教教职人员和信教群众与社会主义社会的政治制度、经济制度和法律制度相适应。

宗教具有适应各时代的特性，社会主义社会具有宏大的包容性，但绝不是说没有摩擦、没有矛盾。尽管宗教群众也是社会主义国家的公民，是社会的一部分，宗教的不少教义教规与社会主义的精神文明有相通之处，但作为指导宗教的世界观与指导社会主义的世界观是不同的。有差异就有矛盾，有矛盾就必须要进行调适。那么如何解决这一矛盾呢？主要途径：

（一）思想适应是根本。宗教是社会历史现象，是文化现象，同时又有组织实体，拥有众多的信众，要让宗教跟上时代的步伐，适应社会，首先要让广大信徒的思想适应当今社会，因此就必须对他们进行宣传教育。一是爱国主义教育。爱国是一个国家的灵魂，是民族团结的共同精神支柱，也是宗教界的政治方向与优良传统。佛教提倡报国土恩；基督教坚持“自治、自传、自养”的“三自”道路；天主教遵循“独立自主，自办教会”的原则；伊斯兰教提出“爱国属于信仰的一部分”；道教主张“太平国土”等，都是爱国主义在宗教中的集中体现。在教育中，要特别注重宣扬宗教界人士与广大教徒的爱国主义行动；要特别注重近代史、现代史的教育。二是党和国家的宗教政策、法律法规的宣传教育。江泽民同志关于宗教工作的三句话中，第一句就讲到，贯彻执行党的宗教信仰自由政策。党和国家的宗教政策、法律法规是马克思主义的宗教观与我国几十年宗教工作实践的结晶，是统一各级干部的思想和对宗教的正确认识，提高处理宗教事务的政策水平和实际工作能力的根本保证；也是我们积极引导宗教界把爱国爱教有机结合起来，把广大信徒的意志和注意力集中到建设有中国特色的社会主义轨道上来的原动力。当前，高举邓小平理论的伟大旗帜，把建设有中国特色社会主义全面推进 21 世纪，是我国各族人民共同理想和历史任务，也是爱国主义的重大体现，要加强对宗教工作队伍与宗教界的爱国主义和党的宗教政策、法律法规的宣传教育，健全学习制度，讲究学习方法，注重学习效果。这样，通过理论的武装，思想适应了，必然会指导行动相适应。

（二）行动适应是关键。坚持服务于社会，切实开展社会公益事业，切实开展为经济建设服务，这是新形势对宗教提出的具体要求。各宗教在使自己与社会主义社会相适应方面做了大量的工作，尤其在神学建设上，佛教提出的“人间佛教”，道教的“齐同慈爱、济世度人”，基督教、天主教的“荣神益人”等重要观点。这些合乎时代精神的神学思想，极大地激励着我国信教群众投身建设社会主义强国与建立人间天堂的伟大事业。他们注重道德情操，利用教义教规中积极的一面，推动社会主义精神文明建设；利用宗教界的自身的力量积极推动经济建设；发挥宗教界独特优势，增进国际交往，发展我国的国际关系等等，都是有目共睹的。从某种意义上讲，宗教本身是一个注重道德修养，服务于社会，有益于人群为己任的社会群体。我们要积极引导宗教界服务于社会，以实际行动，多作利于社会的事业，使之成为宗教与社会主义社会相适应的具体行动。

（三）管理适应是保证。1997年，我们党提出“依法治国”的方针，宗教事务工作也从落实政策，建立宗教团体，恢复、安排堂点等为主要内容的工作转入了对宗教事务依法管理的轨道，这是新形势下，宗教事务管理适应社会主义社会一项重要内容。坚持依法管理，切实维护社会稳定。稳定是宗教界的大局，保持宗教方面的稳定是最大的政治，是对两个文明建设的最大服务。那么，如何加强宗教管理呢？一是要加强与改善党的领导。将宗教工作摆到党委、政府的议事日程，做到党委有人领，政府有人管，事情有人办。二是要建立、健全宗教工作机构和队伍。党委、政府要有宗教工作领导小组，部门要有宗教工作机构，基层要有宗教工作人员，形成网络，建立一支高素质的宗教工作队伍，强化职能。同时，宗教界自身也要建立起一支素质良好的宗教工作队伍。三是建章立制，健全法规。加强宗教法制建设，使宗教事务工作与宗教活动纳入法制化轨道，这是政府行政管理的需要，也是宗教界本身有序活动、健康发展的需要，国务院有法规，地方政府有条例、办法，各宗教团体也要有相应的规则，这样可以比较规范、明确宗教活动场所的行为与法律责任等。四是保护合法的，打击非法的。这是宗教工作管理部门长期的工作任务。不保护合法的是对非法活动的怂恿，不打击非法的是对合法活动的打击。要理直气壮地维护宗教界的合法权益。对披着宗教外衣进行的非法甚至犯罪活动的要坚决打击，对宗教界内部的一些非正信正教活动要批评教育，形成一个讲法、讲正气的良好氛围。五是始终高举“两面旗帜”，维护法律的尊严，维护人民的利益，顾大局，识大体，舍小我，弃不良，正确对待和妥善处理教内外矛盾及突发性事件。六是不忘为宗教团体与信教群众服务。为人民服务包括宗教信众，不能将他们打入另册。

“民族宗教无小事”。宗教管理要适应社会主义社会，适应新形势，依法加强对宗教事务的管理，要依法管，不可法依官，尽量把矛盾化解在基层、当地，消除在萌芽状态，维护宗教领域和社会的稳定，为社会主义两个文明建设服务。

（市民宗系统工作交流论文。作者：县民宗局副局长　1999.09.02）

象山渔业经济考察团赴台考察报告

今年10月3日，象山渔业经济考察团一行七人以浙江省渔业经济学会的名义，在副县长励志武的带领下，入岛对台湾的渔业生产、淡海水养殖进行了考察。在台期间，我们分别考察了台湾海洋大学水产试验所、基隆、苏澳、头城、新竹、东港、彰化等区渔会，参观了台湾海洋生物博物馆、新和兴海洋企业，拜访了台北市象山同乡会诸同乡。我们所到之处，都受到有礼有节的接待。经实地考察，我们认为台湾地区的渔业经济规划科学、布局合理、发展潜力较大。

一、台湾渔业基本概况

渔业作为台湾的重要初级产业之一，近年来总产量已超过130万公吨，总产值近新台币千亿元，渔业生产者约13万户，从业人数约34万之众。自称渔业总产量已跃居全世界第二十位，远洋渔业在世界上更是举足轻重，养殖技术亦闻名遐迩。综观台湾近年来的渔业经济现状，具有以下几个特点：

一是远洋渔业发展势头较猛，经济收益较大。台湾的远洋渔业系指渔船在台湾200海里经济海域外从事捕捞作业者，主要包括鲔延绳钓、鲣鲔围网、拖网、鱿钓及秋刀鱼棒受网等，近年来渔获量已超过88万公吨，占台湾渔业总产量的65%以上。台湾的鲔延绳钓渔船分超低温鲔钓和传统延绳钓二种，其作业渔场遍布三大洋公海渔场：而鲣鲔围网则集中在中西太平洋海域；鱿钓渔船在西南太平洋、北太平洋及新西兰渔场作业；拖网渔船因世界各国实施200海里经济海域制度，均以合作方式进入印尼、印度、阿曼及也门等海域作业；部分鱿钓渔船则于鱿鱼季节结束后往北太平洋兼营秋刀鱼棒受网渔业。大部分鲔钓及鲣鲔网渔业以国外港口为基地进行补给、整修及卸鱼转载，目前经核准的国外基地港口有67个。其船队规模之庞大、作业海域之宽广、年捕获量之丰厚，自称位居世界各国之首。所获渔货除满足岛内市场需求外，主要向日本市场销售，为台湾地区攫取了大量的外汇。

二是近海渔业不很景气，正在逐渐转型。台湾的近海渔业系指渔船在台湾12至200海里经济海域内从事捕捞作业者，近年来产量约维持在15万公吨—25万公吨之间。主要渔业为拖网、巾著网、鲭鲹围网、刺网、延绳钓、焚寄网等。作业渔场主要在东海、台湾海峡、南中国海、巴士海峡及台湾东部海域等。由于近年来近海水域渔业资源逐渐枯竭，加上渔船大型化，捕捞技术及渔航仪器大幅改进，近海鲔延绳钓渔船作业渔区已逐渐转向远洋。同时台湾当局有关部门采取收购超龄老旧渔船，实施减船计划，以保护近海渔业资源。

三是沿岸渔业效益较好，但过度利用前景堪忧。台湾的沿岸渔业系指台湾海域12海里以内从事渔捞作业者，近年来产量约维持在4万公吨左右，主要作业方式有刺网、定置网、地曳网、鱼苗捕捞业及其他的钓具渔业等。一般来说，沿岸海域属于海洋渔业生产力较高的区域，但目前台湾地区从事沿岸捕捞作业的船只数量过多，渔业资源被过度开发利用，同时随着工商业的迅速发展，沿岸海域污染日趋严重，资源因而遭受破坏。为此，台湾有关渔政部门陆续于沿岸海域设置渔业资源保护区、人工鱼礁区及保护礁区，并从事鱼、贝、蟹类种苗大量放流，以积极改善渔场、复育渔业资源。

四是养殖渔业已上规模，但仍受到地域面积小、水资源缺乏等瓶颈制约。台湾的养殖渔业主要分为淡水养殖，咸水养殖及海面养殖三大类，生产总面积6万余公顷，生产总量超过25

万公吨。由于台湾地处亚热带，适合种苗培育，加上水产种苗生产技术不断研究开发，以及养殖技术的不断提高和改进，目前可养殖种类已近100种，且所育种苗抗病害能力强、成活率高。在淡水养殖方面主要种类包括鳗鱼、吴郭鱼、鲤鱼、淡水长臂大虾、蚬等；咸水养殖则包括鲷类、墨鱼、草斑节虾等；浅海养殖则以牡蛎、文蛤、九孔为主，而网箱养殖则以嘉鱲、石斑、海鲡、红甘鲹等为主。台湾的咸水养殖近年来通过科学方法，使雄性乌鱼变为雏性获得成功，成鱼捕获取籽加工，产品不仅畅销岛内，同时还销往日本，其经济价值相当可观。但由于台湾受地域面积、水资源等客观条件的限制，养殖规模难以进一步扩展。为解决这一矛盾，台湾有关部门在各地设立养殖渔业生产区，动员指导产业者使用循环水，以保护水土资源，并积极推动陆上鱼塭纯海水及海上网箱养殖。

五是休闲渔业正在崛起，渔业带动旅游业发展。台湾的旅游资源并不丰富，入岛观光的游客数量有限。为了发展旅游业，宜兰的头城区等渔会在当地政府和民众的支持下，利用自然优势，开辟了一个集旅游、海钓与观赏渔业为一体的娱乐休闲景点。这些景点，一般先由政府投资兴建，待收足成本后再交给当地渔会向外公开招标承包经营，所得收益由渔会支配。这样做旨在启动旅游业，带动新型渔业，促进地方经济发展。

为规划和管理台湾的渔业经济，台湾“行政院农业委员会”专门设立渔业署，它系台湾最高渔政主管机关。各县、市亦设有渔政课、渔业处等。此外，与渔民、渔业关系最为密切的是各地的渔会。台湾设有省渔会及39个区渔会，区渔会为基层渔民组织，其管理人员由渔民直接选举产生，总干事负责渔会的日常工作。渔会普遍下设行政课、财务课、推广课等，工作人员由渔会负责聘请。各区渔会具有组织、协调、管理、生产等功能，负责对辖区内渔业经济的规划，引导渔民调整生产结构，辅导、培训渔民的捕捞、养殖技术，向渔民发放低息专项贷款，管理水产品交易市场，为渔民提供各种信息情报，调解渔事纠纷和渔民间的家庭纠纷，向困难渔民子弟提供补助金，举办家教班，组织渔民家庭开展各项有益活动等等。这对维系渔民的家庭关系，促进当地的社会稳定，解决渔民的后顾之忧，持续开展远洋捕捞业，推动和发展渔业经济发挥了较好的作用。

二、收 获

在台考察期间，我们主动放弃了去日月潭、阿里山等台湾著名风景点观光，充分利用晚上时间联络、会见在台的老朋友，并通过他们，我们又结识了许多新朋友。这对加强象台关系，促进今后象台渔业经济的合作，打下了基础。

1. 加强了与台湾海洋大学的关系。台湾海洋大学下设大陆渔业研究中心和水产试验所。该所担负着为配合教学课题而建立的海水种苗培育基地，培育了抗病害能力强、成活率高的幼鱼和幼虾。经座谈交流，我们向该所的专家、教授提出邀请，希望他们在方便时机能来象山考察交流育苗技术，他们表示愉快接受。如果他们能成行，那么开启象台育苗技术合作大门将为期不远。

2. 与基隆区等渔会的关系更加密切。通过与基隆区渔会的直接多次接触，进一步增进和巩固了与该渔会的关系，渔会的主要负责人主动向我们提出，要加强与我县近海渔业劳务的合作，我们表示欢迎，双方还就一些具体合作事项交换了意见，可望今冬明春开启合作。

3. 建立了与台湾新和兴海洋企业股份有限公司的关系。在台期间，我们考察参观了该公司，并与公司总经理何宗保先生座谈。在座谈过程中，我们还品尝了以海带、紫菜为主要原料制作的糖果。据说此类糖果销量很好，特别受到缺碘、缺钙地区消费者的青睐。当我们邀请何先生带队来象山考察水产加工企业时，他表示于明年适当时间来宁波地区考察，若条件成熟，初步打算继在青岛设厂之后，在甬另办企业或寻找合作伙伴。

三、建　议

（一）应争取多派团组入岛交流考察，以促进了解，推动互信，广交朋友。我们此次赴台考察，不仅初步了解了台湾地区的渔业结构、生产形势及渔业经济发展状况，而且还知道了他们的管理体系、组织功能和工作运转情况。在拜访老朋友的同时，又认识和结交了渔业界的许多新朋友。只要我们今后继续保持与他们的正常联系，并不断组团入岛或邀请他们来访，进一步增进感情，两岸的渔业合作可能会出现转机，特别对我们象山这样的渔业大县，这样做，更有必要。

（二）尽快组建我县的远洋捕捞船队，抢抓远洋捕捞机遇。象山历来是海洋捕捞大县，但随着近海渔业资源的衰竭，近年来的年捕获量急剧下降，长期下去，近海将无鱼可捕，渔业经济很可能迅速萎缩，那么过去以渔为荣的历史有可能改写。因此，尽快组建我县的远洋捕捞专业船队势在必行且迫在眉睫。

（三）积极引进台湾的养殖技术，发展我县的养殖业。规模养殖基地，并有进一步发展趋势，这对改善渔业结构，增加县域经济总量，提高人民生活水准打下了扎实的基础。但由于我县的育苗技术不高，许多难关仍未攻克，幼鱼、幼虾主要靠外地引进，即使引进的幼苗价高且抗病害能力弱。台湾与我县属同一海域，温差不大，自然条件比较接近，若能引进台湾的幼苗在我县放养，将能大大促进渔业经济的发展。此外，还可以高薪聘请台湾的育苗专家与象山的科技人员合作，共同攻克育苗技术难关。

（四）认真规划，科学安排，精心设计赴台行程，是完成考察任务的重要步骤。我们首次入岛考察缺乏经验，在台的行程虽经邀请方与台办反复修正，但最后确定的考察单位显然过多过滥，8天时间内考察、走访了21个单位和企业，整天疲于奔波。尽管我们放弃了去日月潭、阿里山等地观光，并充分利用中午、晚上时间会客，但在主要单位、重点企业的考察时间安排非常紧张，对需要了解的内容来不及全面、深层次的了解。故建议今后组团入岛，对考察单位要进行认真筛选，有重点、有针对性地进行考察，从而达到事半功倍之目的。

（县委政研室采用并报市、县有关领导。作者：考察团成员马阿项执笔　2001. 10. 18）

对渔民转产转业的几点思考

吴安定

渔业是象山县的特色经济，也是象山县经济的重要组成部分。但近几年随着渔船数量和捕捞强度的不断增加，近海渔业资源严重衰退，渔民捕捞产量逐年下降。而随着柴油价格成倍上涨，导致生产成本也成倍上升。同时，由于组织机制滞后，承担风险能力弱，竞争能力不强，象山渔业形不成扩大再生产能力，缺乏发展后劲和实力。此外，中韩、中日渔业协定的生效，使可供捕捞的海域面积减少。因此，在持续发展的道路上，渔业经济面临着严峻的形势，引导渔民加快渔业结构调整，实施转产转业是一个不容回避的现实问题。

转产转业中的几头“拦路虎”

在渔业经济起起落落的发展过程中，许多渔民都离船转业，主要有两类：一类是经济基础好，头脑灵活的渔民。他们以往捕鱼效益不错，且有一定的资金积累，但发展前景不乐观，见好就转；另一类是捕鱼效益不好，甚至亏本，只好上岸的渔民。这一类渔民已无力再从事捕捞，迫不得已才上的岸。转产转业的渔民大都转到水产相关的行业，如水产养殖、冷冻加工、水产品贩销，再就是给其他渔船找要，完全脱离水产行业而转入其他行业的不到1%。

面对渔业发展的严峻形势，真正主动想转产转业的渔民不多，这其中，除了一些观念陈旧、文化程度低，学习新的谋生技能和基础差外，不少渔民还因缺乏资金，无法投资其他行业。还有，目前渔民转产转业空间较窄。如象山石浦、鹤浦地区这几年工业发展规模不大，吸纳就业空间较小。海洋旅游业的发展虽有一定起色，但要大量吸收渔民劳动力，时机尚不成熟。

为渔民递上几条“拐杖”

引导渔民转产转业并不意味着放弃海洋捕捞业，而是为了缓解渔区生产生活矛盾，优化产业结构，增加渔民收入，实现渔业经济发展由数量扩张型向质量效益型转变。

继续巩固、提升海洋捕捞业的产业能力和层次。深化渔业组织机制，加快渔船的优胜劣汰工作，实行资产和人员重新优化组合，使一些质量好的渔船、技术及经济实力强的渔民集中在一起，在对船股份合作制的基础上，带船入股成立渔业股份公司。县里可以先搞试点，有选择地扶持一家或两家海洋捕捞业龙头公司，使其上规模、上水平，增强抗风险能力，在此基础上加以推广，条件成熟后，以这些公司为主体，发展现代远洋渔业。允许渔民以劳务、技术或小额资金入股，参与渔船的作业生产，要形成多种形式的、合理的捕捞作业结构。同时，规范渔民用工制度，逐步建立渔民养老保险制度，扩大渔业互保组织作用，提高渔民的风险承受能力和险后恢复生产能力。

成立渔民转产转业指导协调机构，加大宣传教育和培训力度。由县政府牵头，相关职能部门参加，配备专职工作人员，专门指导协调全县渔民转产转业工作，为他们提供技术培训、政策法规咨询、行业市场前景分析等服务，以及转产转业宏观协调工作。要把转产转业渔民的培训列入政府计划，劳动人事等部门应根据象山实际，依托现有的职业教育基础，增设实用培训项目，对渔民进行长年培训。

因地制宜，引导转产转业渔民参与主导产业建设。一是结合海洋旅游业的发展，根据政府的具体规划，发动渔民参与海上垂钓、渔家乐等休闲渔业。二是对有土地的渔民，可以让其以承包地经营权入股，组成开发联合体，从事特色种养业，实行离水登陆。三是发挥渔民多年海上作业丰富的优势，鼓励渔民转向海洋运输业和冰鲜运销业。四是鼓励渔民上岸承包土地或转包土地，从事种植业或畜牧特种养殖业。

加强基地和龙头企业建设为转产转业渔民提供就业机会。海水养殖业与海洋捕捞业有一定就业机会。海水养殖业与海洋捕捞业有一定的关联，渔民对养殖水产品的各方面相对比较熟悉，海水养殖业应是渔民转产转业的主要选择之一。象山海水池塘资源丰富，可以在鹤浦等地示范建设一个万亩海水池塘养殖基地，基地设一个服务机构，在技术、资金、市场等方面给予充分的支持、指导、扶持。另外，发挥现有渔产品加工龙头企业的作用，把渔产品的粗加工程序分散到一家一户进行，精加工及包装、贴牌销售阶段集中到企业进行，这样也可解决大量转产转业渔民的出路问题。

加大对转产转业渔民的政策扶持力度。建立渔民转产转业专项基金；对创办企业的转产转业渔民，要享受下岗职工创业的政策待遇和工业企业优惠政策；企业吸收一定数量和比例的转产转业渔民就业，应享受失业职工就业的同等政策优惠；对转入海水养殖的渔民在用海水域、滩涂面积上给予优先安排。对离船后仍没有找到就业机会的渔民，符合低保条件的，政府应参照城乡最低生活保障要求，给予最低生活保障补助。

（入选《中国当代领导干部优秀文选》。作者：县政协副主席　2003.02）

关于进一步加强新时期党外干部队伍建设的思考

欧亚群

培养选拔党外干部，是我们党的干部工作重要组成部分，是巩固和发展爱国统一战线的一项战略性任务。自去年以来，我们对1998年以来我县党外干部队伍建设情况进行了调查分析，对如何加强党外干部队伍建设进行了研究探讨。

一、我县党外干部安排的基本情况和主要特点

我县对培养选拔党外干部比较重视，县委认真贯彻上级指示精神，坚持从实际出发，努力做好党外干部的培养选拔工作，取得了较好效果。实职安排方面：目前，全县共有县管非中共干部19人。其中：担任乡镇政府（包括街道）领导职务5人；担任政府工作部门和司法机关领导职务11人（文化、教育、水利、海洋与渔业、卫生、建设、交通、审计、统计、广电、检察院）；担任人民团体领导职务2人（科协、文联）；担任县级中学领导职务1人（象山中学）。政治安排方面：县人大常委会安排了党外常委3名（现为2人），占17.65%；党外代表82名，占33.5%。县七届政协安排了党外常委19名，占65%；党外委员119人，占60.1%。安排党外人士担任省市人大代表10人，市政协委员6人。县工商联党外副会长4名。

从党外干部队伍建设的现状来分析，有以下几个特点：

（一）党外人士的实职安排进展较快。县管党外干部由1998年的8名增加至19名，新增11名。其中，乡镇（街道）政府领导职数1998年为空白，现在5名。

（二）党外干部的任职范围和层次有较大突破。正职领导干部有新的突破，2002年3月，配备非中共人士担任文体局局长，改变了过去党外干部只“姓副”状况。党外干部的任职范围由科、教、文、卫逐步向经济和综合管理部门拓展。

（三）党外干部的结构有较大改善。近几年，党外领导干部文化层次逐步提高，平均年龄下降，干部结构有了较大改善。19 名党外领导干部中，具有大学学历的 14 名，平均年龄 38.1 岁。

（四）党外干部的作用发挥较好。据了解，担任政府及其部门和司法机关的党外领导干部，在参与政府事务管理、参与政策及规定的制定和执行中较好地发挥了作用。担任人大、政协职务的党外干部和党外人士，在参政议政、民主监督方面发挥了积极作用。

二、存在问题

（一）部分党组织和领导干部的思想认识有待于加强。一些党组织和部分领导干部对培养、选拔和配备非中共干部的重要性认识不足，没有摆上应有的位置，不注重留一部分优秀同志在党外工作；部分非中共干部的思想认识也有偏差，有的认为要从政就得入中共；有的认为非中共干部只能当“配角”，当副职是“终点没奔头”；有的在工作中存在畏难情绪，不敢理直气壮的开展工作。

（二）选配力度有待进一步加强。非中共领导干部在县管干部总数中的比例还较低，目前全县共有县管干部 522 人（不包括调研员、科级和不享受待遇），党外干部 19 人，占 3.6%；人大常委中的比例尚未达到上级的要求，县人大常委会委员 17 名，其中非中共常委 3 名，占 17.65%，距上级规定的不少于 30%还少 12.35 个百分点；实职安排存在职数比较少、交流不够多等情况。如 1998 年前任职的 10 个党外干部中，除已退下来 3 人，1 人调走，其余 6 人均在同一岗位未变动。由于非中共干部培养目标上缺乏硬指标、硬任务，给选配工作带来一定难度。

（三）后备干部近期可上岗的少。后备干部队伍中也存在着“备而不用、备用脱节”等现象。非中共干部队伍建设青黄不接，特别在青年干部中较优秀的和杰出的非中共干部十分缺少，加上有的部门对非中共后备干部加入中共控制不严等因素，出现了基层单位担任领导职务的非中共干部数量少的情况，这给政府部门配备具有一定基层管理经验，同时又比较年轻的非中共干部担任领导职务造成了基础性困难。

三、几点建议

（一）统一思想，提高认识。要进一步提高对非中共干部队伍建设工作重要性的认识。培养选拔非中共领导干部是坚持和完善中国共产党领导的多党合作和政治协商制度的重要内容。各级党组织要进一步提高对做好这项工作重要性和紧迫性的认识，真正从政治上、战略上高度，深刻认识新世纪统战工作的重要地位和作用，切实加强领导，明确任务，狠抓落实。各级党组织要把这项工作列入重要议事日程，主要领导要亲自抓，分管领导要具体抓。要把培养选拔非中共干部工作，列入各级政府部门、司法机关领导班子建设的总体规划，统一安排实施。凡明确应安排非中共干部的单位，要确定专门职务安排非中共干部。各级党组织和党员领导干部对已担任领导职务的非中共干部，在政治上要充分信任，工作上要积极支持，生活上要热情关心，要用其所长，保证非中共干部在职责范围内有职有权。建议适当时候召开一次加强党外干部队伍建设工作会议。

（二）明确目标，抓好落实。为认真贯彻落实甬党〔2004〕8号《中共宁波市委关于进一步做好培养选拔非中共党员干部工作的意见》精神，建议制定《象山县关于进一步做好培养选拔非中共党员干部工作的实施意见》，明确至2008年非中共领导干部培养选拔工作的指导思想、目标任务、措施程序、组织领导，要变“软任务”为“硬指标”，每年突出解决一二个重点问题，把长远规划与短期目标有机结合起来。

建议：至2008年换届时，县管非中共干部总数23名左右，其中保持正职非中共干部1名。配备非中共领导干部应逐年递增，2008年全部完成。具体目标如下：

1. 人大工委、县直属部门、政协工作室和司法机关非中共党员领导干部配备工作目标：县人大工委和政协工作室中应各配备1名专职非中共党员领导干部；县直属部门中配备非中共党员领导干部不少于15名，其中县政府工作部门领导班子中配备非中共党员干部不少于8名，教育、科技、文体、卫生、审计、监察等党外知识分子比较集中或有监督职能的政府部门应配备非中共党员领导干部；司法机关领导班子中应配备1至2名非中共党员干部。

2. 镇乡（街道）非中共党员领导干部配备工作目标：全县18个镇乡、街道中配备非中共党员领导干部6名左右。

3. 县直属部门、镇乡（街道）和司法机关中层非中共党员干部配备工作目标：加强对中层非中共党员干部的配备，县直属部门、镇乡（街道）和司法机关要配备40名左右中层非中共党员干部，其中要配备一定数量的中层正职非中共党员干部，具体配备数可由县委组织部、县委统战部商有关部门、镇乡（街道）后确定。

4. 有关基层单位非中共党员领导干部配备工作目标：教育、文化和卫生系统的直属单位应配备1名以上非中共负责人，其他知识分子比较集中的单位也要根据实际情况配备非中共负责人。

5. 非中共后备干部在后备干部总数中的比例达到10%以上，其中按照规定应配备非中共干部的班子，要配备一定数量的非中共后备干部人选。进一步加大选拔非中共干部工作的力度。要根据配备非中共党员干部工作目标，进行分析排队，落实相应措施，抓紧选配。根据《党政领导干部选拔任用工作条例》，结合我县实际情况，配备非中共干部可按照“三个优先”的原则予以考虑，即在同等的要求下优先考察，在同等的条件下优先使用，在职数不足时优先安排。今后，领导班子没有按要求配备非中共党员干部的，在调整充实班子成员时，首先补充非中共党员干部；职数已满的，可以采取先进后出的办法予以充实，在下次领导班子调整时再过渡到规定职数。在坚持干部德才兼备原则前提下，充分考虑培养选拔非中共党员干部的特殊性，对特别优秀或工作特殊需要的非中共党员干部，经批准可破格提拔。积极运用公开竞聘等方法选拔非中共干部，在面向社会公开选拔非中共党员领导干部时，可确定非中共党员领导干部的职位，某些专业性强的岗位可以定向选拔非中共党员干部。解放思想，更新用人观念，积极选拔思想政治素质好、组织协调能力强、工作实绩突出的非中共干部担任政府职能部门、人民团体或乡镇政府正职。

（三）完善机制，使非中共干部实职安排工作逐步制度化、规范化。根据县委《关于贯彻〈中共中央关于加强统一战线工作的决定〉的实施意见》（县委〔2002〕16号文件）提出的“县委统战部要协助组织部门共同做好政府和司法机关非中共干部的了解、考察和推荐工作。对非中共干部的任免调用，组织部门在提请党委决定前要征求统战部门的意见”精神，县委组织部、统战部要按照分工明确、程序规范、配合紧密的原则，进一步完善培养选拔非中共党员干部工作机制。

健全完善组织部、统战部联席会议制度。对上级重要会议和文件精神的贯彻落实及培养选拔非中共党员干部等重要问题进行研究磋商，形成意见，向党委建议。将非中共党员干部统一纳入本地干部理论培训的总体规划，组织部门和统战部门要互相配合，共同抓好落实。

健全完善非中共党员干部考察工作制度。依据中发〔2000〕19号、浙委〔2001〕23号、甬党〔2004〕8号文件的规定，对作实职安排的非中共党员领导干部人选，事先组织部门与统战部门共同酝酿，经民主推荐确定考察对象后，统战部门协助组织部门做好考察工作；对作政治安排的非中共党员干部人选，经民主推荐或组织推荐确定考察对象后，组织部和统战部共同实施考察。

健全完善民主推荐非中共党员干部工作制度。在公开推荐选拔非中共党员领导干部和后备干部时，根据领导班子建设需要实施定向或专项民主推荐。

健全完善督促检查非中共党员干部工作制度。根据县委的统一部署，组织部、统战部定期检查培养选拔非中共党员干部工作情况。结合领导班子届中、届末考察，对各镇乡、街道和部门党组织及主要领导、分管领导在培养、选拔、配备非中共党员干部方面的情况进行考察。

建立健全非中共党员干部入党劝留工作制度。要根据需要做好非中共党员干部加入中共党组织的劝留工作，正确处理吸引优秀知识分子入党和有意识保留一批先进人物在党外工作的关系，使党外优秀人才合理向党内、党外两方面分流。对担任县以上人大代表、政协委员，政府及部门和司法机关副科（局）级领导职务，民主党派支部负责人和工商联执委以上人士，在台湾、港澳及海外联系较多且本人在爱国统一战线工作中有作为、有影响的知识分子，列入县委管理的非中共党员后备干部中的非中共党员以及留在党外对工作更为有利的其他人士，原则上不吸收他们加入中共党组织；对于本人要求强烈，确实需要入党的，要按照干部管理权限，在征求县委组织部、统战部同意后，再按照中国共产党章程的规定履行入党手续。

在确定后备干部人选上，也要形成共同拟定推荐标准、程序、数量，共同组织各部门和各镇乡（街道）推荐，共同考察，共同确定非中共后备干部人选的机制。

（四）注重培养锻炼，提高非中共干部的工作能力和领导水平。要加强理论培训，努力提高政治思想素质。非中共干部的培训要纳入全县干部培训规划。要有计划、有步骤地选送非中共干部到各级社会主义学院或党校学习，凡安排担任副局级以上领导职务的非中共干部，必须经过学习培训。要加强实践锻炼，提高行政领导能力。对基本素质好、有发展前途的非中共干部，要按照培养使用方向，通过挂职、交流、轮岗等形式，特别要注意为非中共干部创造多岗位锻炼的机会，使他们在实践中经受锻炼，为他们担任高层次领导职务构筑台阶，打好基础。

对已列入后备名单的非中共干部，要有针对性的采取提前上岗、学习培训、挂职锻炼、压担子等措施，为他们提供锻炼提高的机会，帮助他们逐步积累领导工作经验，让他们在实践中锻炼提高。要推介非中共领导干部的先进典型，为非中共后备干部的成长创造条件。

（五）放宽视野，加强非中共后备干部队伍建设。按照“把培养非中共后备干部纳入后备干部队伍建设的总体规划”“非中共后备干部人数应不低于整个后备干部总数的10%”的要求，我们在加强非中共后备干部队伍建设上必须要拓宽视野，广开选才之路。抓住非中共知识分子这个“源头”，拓宽渠道，广开进贤之路，特别是非中共知识分子比较集中的单位，如教育、卫生等部门，更要加大非中共后备干部培养推荐力度。进一步调整充实非中共后备干部名单，培养和建立一支素质优良、数量充足、结构合理的非中共后备干部队伍，使非中共后备干部在后备干部总数中的比例达到10%以上。其中，按照规定应配备非中共干部的班子，按照2∶1的比例确定非中共后备干部人选。

（六）切实加强对培养选拔非中共党员干部工作的领导。培养选拔非中共党员干部是一项政治性、政策性很强的工作，各级党组织一定要高度重视，列入议事日程，听取情况汇报，定期分析研究，切实加强领导。党委主要领导要亲自抓，分管领导要具体抓。组织部门和统战部门要充分发挥职能作用，各司其职，通力合作，认真抓好工作目标的落实。要大力宣传党的统战理论和方针政策，特别是非中共党员干部工作的方针政策，为培养选拔非中共党员干部工作创造良好的环境。把培养选拔非中共党员干部工作纳入各级党委（党组）年度工作目标考核内容，抓好政策规定和工作目标的落实。要关心非中共党员干部的生活，积极支持他们的工作，充分发挥他们的作用，对非中共党员领导干部主管或分管的工作，应认真听取并尊重他们的意见，保证其有职有权有责。保证非中共党员干部按规定阅读文件、出席会议，党委（党组）会议通常应邀请他们列席。

（作者：女，县委常委、统战部部长　2004.09）

整合资源　夯实基础　提升服务
发挥统一战线在社会管理中的优势作用

县委统战部办公室

当前，我国社会已经进入了一个“黄金发展机遇期”和“社会矛盾凸显期”并存的发展阶段，社会管理远滞后于经济发展，改革与创新迫在眉睫。统一战线作为我们党执政兴国的重要法宝，具有政府部门和其他社会组织不可替代的特殊优势，理应发挥桥梁纽带作用，推动社会管理取得长足进步，实现经济社会协调发展。

一、功能优势

（一）争取人心，凝聚力量。这是统一战线的根本职能所在。改革开放以来，我国社会经济结构发生了深刻的变化，爱国统一战线已经发展成为全体社会主义劳动者、社会主义事业的建设者、拥护社会主义的爱国者、拥护祖国统一的爱国者的联盟，体现了统一战线空前的广泛性和巨大的包容性，更加有利于充分调动一切积极因素。加强和创新社会管理，是一项繁杂的系统工程，只能稳妥推进、逐步实现，不可能一蹴而就，需要一切积极因素的共同参与，这就为统一战线发挥作用提供了广阔的天地。

（二）协调关系，化解矛盾。当前，传统的社会管理体制已出现僵化、老化现象，各种历时性和共时性的社会问题不断涌现并纠结在一起，给社会稳定、和谐社会构建带来了很大的负面阻力。统一战线可以通过协调关系、化解矛盾的功能，协调好各党派、各民族、各团体以及各方面成员之间的关系，及时消除影响社会政治稳定的因素，减少阻力、增加助力、形成合力，为创造稳定、和谐的社会政治环境作出贡献。

（三）人才荟萃，智力密集。从人才的角度来看，统一战线是我国社会精英的一个特殊集合体，汇集了大量知识分子和专家学者，素有“人才库”“智囊团”之称。加强和创新社会管理既需要理论层面上的研究，又需要实践层面上的探索，两者缺一不可。统一战线可以发挥人才荟萃、智力密集的优势，拿出调查研究的看家本领，勇于提出理论新思路，不断总结实践新经验，及时向党委、政府建言献策，做好参谋助手。

（四）联系广泛，财力雄厚。新时期爱国统一战线拥有 15 大类成员，几乎涵盖社会政治生活的各个领域，是建设有中国特色社会主义的重要依靠力量。尤其是改革开放以来，以非公有制经济人士为主体的新的社会阶层不断发展壮大，贡献了全国近 1/3 的税收，创造了大量社会财富。借助充裕的经济实力，统一战线通过光彩事业促进会平台，积极探索扩大光彩事业的发展阵地，踊跃参与社会公益慈善事业，助力社会主义新型社会保障体系建设，有利于促进社会和谐。

二、经验做法

（一）建言献策谋发展。建立党外代表人士和海外高层次人才意见建议征求机制，县委每年召开一至两次党外代表人士座谈会。同时协调运用中国开渔节、象山人与象山经济大会、塔山讲台等平台，以专题发函、回乡考察、学术讲座、座谈交流等形式，就县内的经济社会发展问题广泛征求意见。如邀请留韩博士后穆光宗教授为 2006 年人文象山论坛作题为《新农村建设与象山发展》的讲座，建议启动“新农村、新象山、新希望”活动，帮助各级党政领导理思路，得到了县主要领导的肯定。

（二）扶贫助弱促和谐。自 2001 年起，象山县统一战线服务民生活动如火如荼，开展以联系新农村、联系贫困户和联系困难学生为主要内容的“三联”活动，累计捐助和投入建设资金 3000 余万元；开展“光彩事业海岛山区行”活动，筹得善款 320 余万元，援建高塘岛乡引水工程；开展“少数民族黄平班学生助学”“宗教界与少数民族贫困家庭结对”“佛教光明行”“基督教安乐之家”等活动，500 余户少数民族家庭得到帮助；引进侨务公益捐赠项目 11 个，金额近 300 万元，受益群众 1 万余人次。据不完全统计，10 年来共募集各类善款 9880 万元，主要用于新农村、公益事业建设，统战对象、贫困家庭慰问及助学等。

（三）化解矛盾保稳定。立足于基层统一战线的特质，争取将民族宗教工作列入“平安象山”建设的重要内容之一。探索建立民族宗教领域不稳定因素季度排查制度，严格执行宗教工作属地管理原则，落实宗教场所安全责任制，规范非通常大型宗教活动管理，扎实做好信访受理工作，先后妥善处置穆斯林信徒露天过开斋节，高塘岛乡回族打工青年意外死亡，大塘教堂、南庄教堂与周边村民矛盾纠纷等可能引起事件，大力推动基层民族宗教工作健康发展。

（四）廉情问询提管理。创新推出党外代表人士廉情问询制度并组织实施，召开首次党外代表人士廉情问询会，组织11名党外代表人士从医务人员收受红包、幼儿入园难、教师有偿家教、公共食品安全等群众普遍关心的热点问题入手，向县教育局、县卫生局领导班子提出问询，以公开有力的社会代表人士监督约束政府部门，推动他们提高行政效能和管理水平，受到社会各界的高度关注和广泛赞誉。

三、面临问题

一直以来，统一战线在协调关系、化解矛盾、促进和谐等社会管理活动中扮演着特定角色，但在现实生活中却很少为人所知。面对加强和创新社会管理这一新课题，统一战线尚存在一些急需解决的问题。

（一）解放思想转变观念难。这方面的问题集中体现在统战部门内部。目前，很多基层干部的思维仍停留于注重一些吹糠见米般能快速见效的经济项目，在维持当前社会稳定的基础上，很少有人从长远的角度来考虑加强和创新社会管理，这在统战干部队伍中也有一定程度的存在。甚至有的统战干部缺乏必要的大局意识，认为社会管理是政府部门的事，统战部门参与进去是“瞎掺和”。

（二）基层基础建设巩固难。问题常发生在基层，开展社会管理创新必须关注基层问题。进入新世纪新阶段后，随着基层统战工作的广泛开展，统战各领域基层基础工作得到了有效加强，但要在加强和创新社会管理中发挥有效作用，还相去甚远，必要的组织形式、人员配备、经费保障等方面无法真正落实到位。

（三）资源整合协调统筹难。加强和创新社会管理需要全社会的共同参与。改革开放以来，统战工作再次迎来了发展良机，也取得了辉煌的成就，但不可否认的是，在基层统战工作存在边缘化的倾向。统战部门若想在其中发挥作用，势必涉及资源整合的问题，即在如何有效地协调有关政府部门、群众团体和其他社会组织等方面，面临诸多实际困难。

四、路径选择

在当前全国积极开展社会管理创新的大背景下，统战部门应在教育引导、资源整合、平台搭建等方面下足功夫，逐步总结提炼统一战线在加强和创新社会管理中的有效经验，并探索形成长效机制。

（一）加强教育引导，培塑现代社会管理理念。人是关系统一战线在参与社会管理创新中取得成效的至为重要的因素。统战干部、统战成员的观念不能得到及时转变，工作就会陷入“有部署、无成效”的尴尬境地，发挥作用也就成了空口白话。建议省、市统战部门加大教育引导力度，尽早出台统一战线参与社会管理创新工作的实施意见，鼓励统战干部在职深造，组织开展社会管理专题培训班，帮助统战干部、统战成员培塑现代社会管理理念，不断丰富他们的社会管理知识，为全面发挥统一战线在社会管理中的作用奠定基础。

（二）注重资源整合，形成齐抓共管强大合力。全面审视现有的党外知识分子联席会议、新的社会阶层联席会议、宗教工作协调小组等协调机制的运行情况，及时把加强和创新社会管理纳入其中，并就具体如何开展工作进行深入的研究探讨，提出具体的工作举措。同时，依据统战、群团部门工作对象交错、职能性质相近的特点，建立统战、群团联席会议制度，探索构建工作资源共享、队伍培养锻炼平台共用、宣传教育载体共建等机制，充分借助群团组织健全的基层网络，延伸工作触角，强化作用发挥。

（三）加快平台搭建，畅通社情民意表达渠道。在现有制度框架内，不断研究新情况、新问题，并根据统战成员政治参与的不同层面，进行相应的制度设计，分层建立政治参与平台，努力畅通时事政策的认知渠道、利益诉求的表达渠道、社情民意的反映渠道、参政监督的知情渠道，构建内外联系、上下呼应、相互配合、协调一致的民主监督信息规范体系，不断深化党外的代表人士廉情问询工作，切实保障统战成员的知情权、表达权、参与权和监督权，逐步扩大统战成员有序政治参与，使基层统一战线内部的不同利益诉求能够合法地表达与有效地解决。

（《浙江统战》〈增刊〉 2011. 06）

发挥统战资源优势，扶贫助弱促进和谐

县委统战部办公室

改革开放以来，我国经济社会结构发生深刻变化，新的社会阶层快速崛起，统一战线已经逐步发展成为全体社会主义劳动者、社会主义事业建设者、拥护社会主义和拥护祖国统一的爱国者的最广泛的联盟。如何进一步发挥越来越强大的统战资源优势，扶贫助弱、服务民生、促进和谐，既是统战工作的优势所在，也是新时期新阶段统一战线工作的议中之题。

一、统战资源优势分析

统一战线是党的一大重要法宝。随着经济的持续发展和社会结构的不断变化，统一战线的工作范围和对象也不断扩大。全国第二十次统战工作会议，将统一战线的工作范围从原来的12个方面扩大至15个方面，工作范围进一步扩大。这15方面对象的确定充分表明在推进中国特色社会主义建设，实现全面建设小康社会目标的伟大征程中，不光要巩固工农联盟基础，还要将包括新的社会阶层（即民营科技企业的创业人员和技术人员、受聘于外资企业的管理人员、个体户、私营企业主、中介组织的从业人员以及自由职业人员等6类对象）在内的社会各方面智慧和力量都凝聚起来、调动起来、发挥出来，承认和肯定新的社会阶层在内的社会各方面力量的作用。

所谓统战资源，是指统战工作对象及其所蕴含的文化观念、政治意识和智力、财力诸因素。新时期新阶段统战工作的性质、任务和范围对象都发生了新的变化，统战资源更具广泛性、丰富性和参与性，在落实科学发展观，扶贫助弱，服务民生，促进和谐社会建设方面具有

独特的优势和作用。

（一）联系广泛，实力雄厚。从新确定的15方面统战对象来看，统战成员十分广泛，其外延就更加宽泛了。据初步测算，我国信教群众在亿人以上，少数民族10643万人，海外侨胞6000万人，留学生122万人（其中回国人员32万人），港澳同胞720万人，台湾同胞2300万人。同时，我国非公有制经济发展迅猛，已占整个国民经济比重的50%以上，包括非公经济人士在内的新的社会阶层迅速发展壮大。在这些统战对象，一部分成员创业有成，个人拥有较为雄厚的经济实力，在整个社会财富中所占份额越来越大。他们在促进经济发展、国家富强的同时，在关心民生、扶贫助弱方面也发挥着越来越重要的作用。

（二）人才荟萃，智力密集。在统一战线成员中，汇集了各领域的专家学者和多行业的成功经营者，他们或学有所长、研有所专，对理论、体制、科技、文化乃至民生等方面创新有着独到的见解，或对创业有着深切体验和丰富经验。以我省为例，中高级知识分子中70%是党外人士；在我省500多万各类人才中，70%分布在新经济组织和新社会组织中，属于新的社会阶层人士。我县这两类人才的比例也与此大致相当，现有中高级知识分子7900人，其中党外人士4500名，占60%。这就决定了统一战线在推进经济发展、服务民生中具有广泛的人才和智力支持作用。

（三）协调关系，促进和谐。关注民生、构建和谐的内涵十分丰富，归根到底是协调关系和利益调节问题。统一战线联系着各党派、各团体、各民族、各宗教、各阶层等各界人士，具有理顺情绪、协调关系、化解矛盾等独特功能，在改善民生、促进和谐稳定方面优势明显。尤其是当前正处于利益格局多元化、社会矛盾多发期，积极引导各民主党派、工商联和无党派人士等统一战线广大成员，正确认真对待改革中的利益格局调整，反映各方诉求，沟通各方感情，协调多方关系，及时消除影响社会稳定的因素，努力形成社会各阶层、各界人士各尽其能、各得其所而又和谐相处的局面，显得尤为紧迫。特别是民族和宗教问题，既是民生问题，又是和谐问题，需要统一战线充分发挥其独特作用。

（四）关心民生，作用巨大。统一战线对象涵盖广泛，虽然分布于不同的党派、团体、民族、宗教、阶层和区域，但都有着一致的中华民族和中华文化认同感，都拥有传统的美德。长期以来，各方面统战人士十分关注民生，情系民众疾苦，热衷于社会公益事业，积极参与各类捐赠活动，扶贫助弱、改善民生。如海外“宁波帮”，1984年至今已累计向宁波地区捐赠各类善款60余亿元。近年来，随着统战各界代表人士实力的增强，统一战线资源优势得到空前发挥，关心民生蔚成风尚。光彩事业、扶助捐赠、村企结对等活动方兴未艾，统战代表人士在其中的作用引人瞩目。如在这次汶川抗震救灾活动中，据初步统计，全国统一战线广大成员（个人为主）已累计捐款80余亿元，其中我省非公经济人士截至6月5日已捐款物12亿余元；宗教界人士还以自己特有的方式开展祈祷活动，祈求亡灵安息、生者平安。

二、我县统一战线服务民生情况

我县统一战线工作始终坚持以人为本，把团结人、凝聚人作为永恒的主题，把扶贫助弱、服务民生、促进和谐作为对主题的生动实践，不断挖掘和发挥统战资源优势，为促进和谐新象山建设服务。

（一）资源分布。据不完全统计，我县目前有统战对象60000余人，主要有港澳及侨、台界35000人、留学生400人，民族宗教界2000人，非公经济人士6000人，党外人士5000人。其中具有民生服务能力的占50%以上，服务领域涉及改善民生建设的各个方面。

（二）具体活动。自2001年起，统一战线服务民生活动如火如荼，共募集各类善款9880万元，主要用于新农村建设、公益事业建设，统战对象、贫困家庭帮扶慰问及助学等。

1. 开展统一战线服务新农村建设活动。在非公有制经济代表人士中积极开展联系新农村、贫困户和困难学生的“三联”活动，300余家非公有制企业与150个村结对联系，累计捐助和投入建设资金3000余万元；近100户贫困家庭、150名贫困学生分别与企业家结成帮扶对子，累计获得帮扶资金20万元；7支由统战对象组成的医疗小组奔赴全县各镇乡（街道）开展义诊活动10余次，服务群众1000余人次；发挥高级专业技术人员“智囊团”作用，组织各界人士开展新农村建设调研，提出建设性建议20余条。

2. 开展“光彩事业”活动。“光彩事业”是统战系统在非公有制经济代表人士中建立的一个参与社会公益事业的有效平台，至今已募得资金500万元。特别是在2007年举办的“光彩事业海岛山区行”活动中，我县所有受邀的非公企业家全部到场，冒着酷暑到高塘岛乡实地考察旱情，并在短期内筹得善款320余万元，援建该岛引水工程（其中我县非公经济代表人士捐款80万元）。

3. 积极引导宗教界与社会主义相适应。我县信教群众面广量大，估计达10余万之众。我们一方面加强对宗教事务的依法管理，坚持政治上团结合作、信仰上相互尊重，引导宗教界人士对各自的教义作出与社会主义相适应的诠释，以宗教和谐来促进社会和谐。同时，积极引导宗教界人士以实际行动参与扶贫助弱活动，开展“少数民族黄平班学生助学”“宗教界与少数民族贫困家庭结对”“佛教光明行”“基督教安乐之家”等活动，在社会各界引起良好反响。其中，共有500余户少数民族家庭得到帮助。

4. 侨务慈善事业顺利推进。加强与上级侨务部门和宁波甬港联的联络和沟通，积极引进香港、海外捐赠项目。2000年以来累计引进公益项目7个，共计200万元，受益群众10000余人次。同时，建立海外学子助学基金，发动象山籍海外学子捐助县内贫困学生。

5. 建立完善扶贫助弱机制。通过持续的发动和落实，统战各类对象的捐赠帮扶活动逐步走向制度化、规范化，形成了固有的组织机构和活动平台。同时，每年底，我们都组织开展对贫困对象慰问捐助的相关活动。2007年年底，统战系统共发放扶贫助弱慰问金58万元，受助对象700余户。其中县侨联向市甬港联争取到慰问金14万元，200户贫困对象受助。

（三）主要特征。一是参与主动性进一步增强。从近年我县统战对象参与扶贫助弱的实践来看，他们参与新农村建设、扶贫帮困活动的主动性和积极性越来越高，有着迫切的愿望和极大的热情。在历次党委、政府号召开展的公益性活动中，统战对象都走在前列。在此次汶川大地震捐款赈灾活动中，我县统一战线自发捐赠款项达到2000万元。其中，非公经济代表人士捐款1485万元，宗教界捐款80万元。民盟象山支部20名盟员在参与各自单位捐款的基础上，以特殊盟费形式又捐款3万余元。二是非公有制经济代表人士参与扶贫助弱的主体作用逐步凸显。非公经济代表人士作为我县改革开放以来经济快速发展的主要推动者和“先富起来”的群体，随着自身实力的不断壮大，参与扶贫助弱、服务民生的热情也不断高涨。他们不仅积极参与各级各部门组织的慈善捐赠、新农村建设、“光彩事业”等公益活动，有的还自发设立各类冠名基金，主动开展结对帮扶、结对助学等活动，有的不但在当地捐赠，还到中西部等贫困落后地区开展扶贫助弱活动。我县慈善总会自2001年5月成立至今共募集善款7653.5万元，其中非公企业家捐款2592万元，占1/3强。象山县人民教育基金中的留本基金总额已达1304.6万元，其中非公企业家捐款647.6万元，出资额接近一半；非留本基金的承诺额561万元，基本全由非公企业家捐赠。三是帮扶对象向多层面全方位发展。统一战线的扶贫助弱工作已经从单一的对统战困难对象的资金帮助，扩大到了对社会各个层面困难群体包括中西部地区贫困对象的多方位帮扶。

综上所述，我县统战对象广泛，资源比较丰富，扶贫助弱活动全面开展，虽然有的捐赠资金额度不大，但各方面长期累积依然比较可观。更具深远意义的是，广大统战对象积极参与扶贫助弱活动，不仅凝聚了各方面统战人士的人心，进而让更多的贫困对象感受到社会主义大家庭的温暖，为改善民生、促进社会和谐发挥了积极作用。

三、进一步发挥统战资源服务民生作用

统一战线对象和范围十分广泛，服务民生的资源丰富，而且这种资源优势越来越强，要进一步调动他们的积极性，进一步加强统一战线扶贫助弱、服务民生工作，为和谐新象山建设服务。

（一）提高思想认识，强化责任意识。一要加强统一战线成员思想政治教育。切实帮助他们转变思想观念，使他们深刻领会自己在社会建设中承担的义务和使命；教育他们尤其是非公经济代表人士参与扶贫助弱工作既是自身肩负的社会责任，也是回馈社会的传统美德，更是提高其企业（团体）知名度和美誉度的重要机会。二要加强典型宣传。挖掘宣传统战对象中的先进典型，弘扬优秀品德，发扬典型引导作用。

（二）健全工作机制，扩大活动层面。一是扩大参与层面。通过开展统一战线“强基工程”建设，进一步摸清党外代表人士、新的社会阶层代表人士、少数民族人员、宗教活动场所及教职人员、侨务工作对象、对台工作对象等六大统一战线成员情况，建立翔实数据库，对统战成员的具体信息实行有效管理，使各类数据、联系方式保持准确性和可用性，确保联系渠道畅通。要完善定期公布捐赠用途制度，让捐赠对象及时了解捐款去向，增加透明度。二是建立帮扶对象信息互通制度。加强与镇乡（街道）和有关部门的联系，积极搭建信息咨询、政策支持等各类服务平台，开展扶贫调研为统一战线成员开展各项帮扶活动提供信息服务。

（三）拓展参与领域，促进社会和谐。一是实施思路扶贫。引导、支持统一战线各领域代表人士以扶贫帮困为主题，开展实地调研、理论研讨等活动，为推进统一战线服务民生出谋划策，为党委、政府决策提供有价值的参考。二是深化活动载体。要进一步深化“光彩事业”“统一战线服务新农村建设”“宗教和社会主义相适应”系列活动等有效载体，健全完善活动制度，引导更多的非公经济代表人士参与新农村建设，帮助贫困村发展；让更多的宗教界人士参与对少数民族困难家庭及学生的帮助工作，将帮扶进一步引向深入；吸引更多侨务公益项目落户象山，使更多群众受益。三是积极创新活动平台。根据工作实际，探索建立扶贫捐赠、公益事业投资及社会参与调节等新的活动平台，引导统战人士积极参加，进一步发挥他们的作用。

（四）创造良好环境，促进良性循环。一是要进一步完善相应的财政贴息、补助办法，对非公有制经济人士和非公企业参与新农村建设中符合农业产业规划、科技含量高的项目给予重点扶持；对社会公益类捐赠项目，进行税收优惠和扶持，对参与其中的民营中小企业给予必要的政策倾斜，及时兑现到位，提高民营企业家参与信心指数。二是建立保障激励机制。以表彰先进为载体，定期对积极参与扶贫助弱工作的统战成员进行表彰，非公经济人士作为推荐政治安排和评选优秀社会主义事业建设者的重要依据，华侨华人可列入“爱乡楷模”和荣誉“象山人”评选范围。同时，可根据贡献度探讨设立新的荣誉称号，增强激励效果，并通过典型示范导向作用，带动更多统战成员参与扶贫助弱工作。

（2008. 12）

关于大力推进我县留学人员回乡创业工作的若干思考

张爱民　吴永建

今年是中国改革开放30周年，也是出国留学工作30周年。三十年来，我县出国留学人员不断增加，累计已近400人，主要分布在美国、加拿大、英国、法国、德国、日本、澳大利亚和新加坡等18个国家和地区，他们的专业研究领域主要涉及建筑、机械、计算机技术、金融、环保、工商管理等方面，其中111人次获硕士学位，获得博士学位的有75人，可以说他们既是我县新时期教育培养的高级“本土人才”，也是我县经济社会发展的一个“隐形”智囊团。高度重视并认真做好吸引留学人员回乡创业工作，充分发挥这些人才的学识智力优势，对于加快推进我县科技创新、产业结构调整、和谐社会构建以及人才队伍素质提升等都具有十分重要的作用。

一、我县留学人员回乡创业基本情况

随着第三次归国热潮的持续，我县海外留学人员回国创业人数递增迅速。至2007年，有48名留学人员归国创业，约占总留学人数的13%。其中，回到象山创业5位，其他的43位集中于北京、上海等大中城市，以创办企业，从事教育、医学、科研、双边国际贸易或担任跨国公司驻华代表为主，主要从事微电子应用、生物化学技术应用、公共管理等行业。

我县留学人员回乡创业工作起步较晚，2003年引进了第1家留学人员创业企业——宁波澳博环保科技有限公司，之后以每年1家的速度持续引进。目前，我县共有留学人员创业企业5家，企业注册资金1890万元，投资总额近7000万元。除一家从事传统针织行业外，浙江华天电源科技有限公司、宁波锦浪新能源科技有限公司、宁波澳博环保科技有限公司和宁波博鑫电力设备有限公司等4家企业均从事新能源的开发利用，属高新技术企业。主要呈现出以下几个方面的特点：

（一）企业规模整体偏小。我县留学人员创业企业成立时间比较短，均处于初创成长阶段，整体规模还比较小（见表一）。

表一、象山4家主要留学人员创业企业规模比较

企业名称	厂区面积	员工人数	注册资金	总投资
浙江华天电源科技有限公司	25000平方米	350人	960万元	3500万元
宁波锦浪新能源科技有限公司	1200多平方米	13人	150万元	300万元
宁波澳博环保科技有限公司	400多平方米	17人	500万元	1000万元
宁波博鑫电力设备有限公司	400多平方米	15人	30万元	100万元

华天公司已具有一定规模，拥有独立的厂房和研发团队，投资总额较大，销售网络通畅，业绩稳步增长，2006年进入浙江省高新技术企业行列。而锦浪、澳博、博鑫3家企业投资规模相对较小，没有独立的生产用房（租用），厂区面积小，员工人数少。目前，这3家企业由于生产规模扩大，在资金与土地上存在一定的困难。

（二）创业人员结构优良。我县回乡创业留学人员年龄结构较轻，平均32.5岁，都具有硕士以上学历，专业知识水平较高，具有较强的独立研发能力（见表二）。其中潘仁湖，现为中国机械工程学会物流工程分会理事、全国管道物料输送技术专业委员会副理事长，曾供职于代表世界气力输送实验技术最高水平的澳大利亚伍伦贡大学，是目前国内气力输送技术方面的权威人士。王一鸣拥有3项专利，受理申请专利3项，其独立研发的并网型屋顶小型风力发电系统项目，在全世界同行中处于领先地位。其所创办的企业员工中，高中毕业的仅1人，其余学历都在本科以上，其中博士生2人，硕士生5人。

表二、象山回乡创业留学人员学历、年龄一览

公司名称	姓名	学历	年龄（岁）
宁波澳博环保科技有限公司 宁波博鑫电力设备有限公司	潘仁湖	留澳博士生导师	45
宁波锦浪新能源科技有限公司	王一鸣	留英博士	27
浙江华天电源科技有限公司	陈华海	留英硕士	31
宁波南星针织厂	林海挺	留英硕士	27

（三）企业经营策略得当。留学人员国外生活经验丰富，视野相对宽阔，既深谙国际操作惯例，又知晓中国国情，经营管理优势明显。立足于企业的高点定位、跨越发展，我县留学人员创业企业把产品的研发放在了重要位置，科研经费投入比例较高（见表三）。同时与国际上

这一领域的科研成就和生产发展水平联系十分密切。为消除象山区位带来的竞争劣势，企业大都实行“内外并进”策略，把销售网点布置于一些沿海大中城市。华天公司、澳博公司分别在深圳、杭州设有销售公司，锦浪公司则计划在上海成立研发销售中心。

表三、象山 4 家主要留学人员创业企业科研经费投入一览

公 司 名 称	2007 年投入	占全年销售额比例
浙江华天电源科技有限公司	290 万元	6%
宁波锦浪新能源科技有限公司	60 万元	10%
宁波澳博环保科技有限公司	90 万元	45%
宁波博鑫电力设备有限公司	50 万元	16.7%

（四）企业发展空间广阔。我县留学人员创业企业的产品科技含量较高，同类产品相对稀缺，与当今世界发展环保型、节约型经济的大势相符，产品市场竞争力很强。通过近几年的发展，市场份额拓展迅速。今年，华天公司成功研发出了太阳能蓄电池，实现顺利转型，销售额有望过亿。锦浪研发的并网型屋顶小型风力发电系统在国际市场上已创出了一片天地，在国内的发展前景十分广阔。根据第一季度的销售情况和全年的销售合同，锦浪、澳博和博鑫等 3 家公司的全年销售额都将实现新的突破，有望比去年同期翻番（见表四）。

表四、象山 4 家主要留学人员创业企业产品销售额一览

公 司 名 称	2007 年	2008 年（预计以第一季度销售与 2007 年销售合同为依据）
浙江华天电源科技有限公司	4800 万元	内销 6000 万元，如外销成功能新增 5000 万元
宁波锦浪新能源科技有限公司	600 万元	1500 万元
宁波澳博环保科技有限公司	200 万元	500 万元
宁波博鑫电力设备有限公司	300 万元	1000 万元

二、我县留学人员回乡创业工作存在的困难及原因探析

近年来，我国经济保持强劲发展势头，经济社会环境和创业条件不断改善，国际影响力大幅提升，引发了新一轮海外留学人员回乡创业热潮。据统计，我国海外留学人员回国率达 35%，年均增长 13%。与之相比，我县的留学人员回乡创业工作还明显落后。分析认为，阻碍留学人员回乡创业的因素，既有微观层面即留学人员自身的主观原因，也有中观层面即我县经济社会发展的客观原因，更有宏观层面即留学人员回乡创业的政策环境、市场环境和人文环境等方面的原因。

（一）微观层面：留学人员面临物质与精神的两难选择。受第三次归国热的影响，海外留学人员回国创业的共识已经形成，但真正回国回乡创业的人数却不多。根据调查显示，我县的

部分留学人员对归国创业还相当谨慎，大都“有想法、没行动”，持观望态度。主要有三方面的原因：一是西方竭力吸纳全球精英人才，工作、生活条件总体上仍比国内优越；二是留学人员内心深处“衣锦还乡，光宗耀祖”的意识根深蒂固，想在有所成就后再回国；三是不愿意放弃国外已取得的成绩从头再来。以上原因导致留学人员权衡于“回”与“不回”之间而难下决心，这在20世纪80年代中后期出国的留学人员中表现得尤为明显。

（二）中观层面：我县区域竞争力不具优势。企业投资地的选择主要是考察当地的投资环境、劳动力成本、人才资源、产业配套、政策服务和对外联络等方面的因素。一方面，我县硬件设施相对落后。为一个半岛县，一直处于交通末梢地位，对外联络不便，信息获得、外部交流相对不畅。县内经济总量偏小，多以针织、水产、灯饰制造等劳动密集型企业为主，科技型企业为数不多，产业结构趋同明显。县的专业技术人才引进未见起色，高级科技人才稀缺。另一方面，对引进和帮助留学人员回乡创业的氛围不够浓厚。时与留学人员的联络联谊和宣传家乡工作做得还不够深；对留学人员回乡创业的政策优惠力度不够大，而且执行不到位；有的部门热衷于拉大项目，对留学人员从小办起的企业不热心，帮助解决困难的积极性不高，总体服务水平存在较大差距，一定程度上挫伤了他们的积极性。而同时，国内大中城市对海外高层次人才工作高度重视，出台多种地方性优惠政策，创造良好生活工作环境吸引创业所带来的吸引力，构成了留学人员回乡创业工作的制约瓶颈。很多留学人员在综合权衡下，即使回国创业，也往往选择优势明显的大、中城市，而不愿意选择故乡。

（三）宏观层面：我国的市场环境还欠规范。与西方发达国家相比，我国的现代市场体制不够完善，离成熟期尚有待时日。目前我国为企服务机制不够健全，缺少高层次、专业化的投资中介服务，技术和资金之间无法建立有效的链接，给留学人员创业项目带来阻碍。另一方面，政府职能转变滞后，部门职能交叉，条条框框繁多，办事效率低下。有时候，一个企业要想完成某个项目，往往需要与数十个部门打交道，需要盖数十个公章，服务被动，周期过长。同时，我国市场环境中的企业诚信制度建设步伐缓慢，企业间诚信缺失严重，“三角债”大量存在，“死账”“呆账”和“乱账”层出不穷。这些都对留学人员是否回国回乡创业带来了深深的疑虑。

三、进一步推进留学人员回乡创业工作的对策思路

推进留学人员回乡创业工作需要一个过程，非朝夕之事。我们应该秉着理性务实的态度，从加快推进象山科学发展、创新发展的战略高度，坚持以感情为纽带，以宣传为手段，以服务为根本，不断灵活方式，创新载体，吸引海外高层次留学人员来象创业，努力形成象山留学人员的人才群和留学人员创业企业群。

（一）从人才战略高度，充分认识做好留学人员回乡创业工作的重要性。当前我县正处于加快创业创新，提升科学发展水平的关键时期，科技人才尤其是高素质的“本土人才”成为核心的竞争元素。出国留学人员是我县教育培育的高级“本土人才”，经过在国外的学习深造，他们大多学有所成、研有所得，成为中西结合的精英。同时他们都怀有一个无法割舍的故乡情结和远大的创业梦想。积极吸引他们回乡创业，不但是引进高级人才和高新技术，并可以通过他们吸引更多的高级人才和高新技术，成为破解我县技术创新和产业创新的突破口，对我县经济发展具有重要的战略性意义。

（二）发挥平台优势，强化联络联谊。联络联谊是做好留学人员回乡创业工作的基础。充分发挥县留联会强凝聚力的这一组织优势，精心组织开展活动，增进与留学人员及其亲属的感情，注重通过留学人员亲属做好留学人员的工作，以乡亲为纽带，强化归属感。通过寄送简报、发送信息、拨打电话等方式，加强与留学人员的日常交流沟通，及时传递县内重大信息，介绍日益改善的投资环境、政策环境和经济建设成就，逐步增强我县的投资创业吸引力；有效利用北京、上海象山籍归国人士联谊会、杭甬经促会象山分会等平台，密切彼此联系，借助他们与国外联系密切，人脉关系网络广阔的优势，适时互通留学人员创业信息，及时了解和化解他们返乡创业的疑虑，变等待项目为积极吸引项目，以友情为纽带，强化亲近感。探讨将已有的县科技创业园区更名为“留学人员创业园”，继续以现有的租赁形式操作，增强留学人员归属感和自豪感，栽好“梧桐树”，吸引“凤凰”来。

（三）开展有效宣传，树立成功典型。整合现有的网络、报刊、电视、广播等宣传资源，强化县内舆论引导，积极宣传留学人员归国创业的相关政策法规和留学人员先进事迹，重点宣传已回乡创业留学人员的创业事迹，引导全社会，尤其是相关政府部门领导形成对留学人员回乡创业工作的正确认识，创造政府支持、社会关注的留学人员回乡创业工作良好氛围。根据我县产业结构调整方向，着力扶持一两家有较大发展潜力的留学人员创业企业，帮助它们快速成长，树立成功创业典型，作为我县留学人员回乡创业的一大品牌来宣传，使其发挥良好的榜样作用，借此调动海外留学人员回乡创业的积极性，提高他们回乡创业的自信心。

（四）提升服务水平，改善创业环境。把提升服务水平作为工作的关键，创造并展示与国际接轨的投资和创业环境。推进“政府推动、部门联动”的工作机制建设，县人事局、县科技局、县侨办和相关政府职能部门要加强协调配合，探讨建立留学人员回乡创业工作联席会议制度，明确联席单位职责，探索建立“一条龙”服务体系，开设“绿色”通道，简化留学人员创业企业土地征用、厂房租赁、事项审批、税收返还减免及乡镇挂靠等各环节程序，督促有关部门认真贯彻落实国家和省市政府引进海外人才的政策规定，全面兑现各项创业扶持优惠措施，确保各项政策的落实。针对留学人员高新技术企业，在涉及金融、土地、税收等方面给予方便或提供支持，建立新型融资投资体系，综合运用财政扶持、政府资助和科技发展计划，设立“科技型企业创业信贷基金”，确保留学人员在创业起步阶段有一定的资金保障，优先供给生产用地，创新付款方式，减轻企业成长压力；严格贯彻执行科技型企业所得税收返还减免政策，做到准时、不拖欠；尽可能解决留学人员及其企业高科技人才的生活难题，探讨将他们纳入“廉租房”“经济适用房”对象，同时在子女入学等方面给予具体政策支持。

（五）注重有的放矢，理性引进企业。据专家分析，我国留学人员创业企业发展存在“三三现象”，即1/3的企业蒸蒸日上，1/3企业勉强维持，1/3企业则宣告倒闭。为此，我们在引进留学人员回乡创业企业时，必须树立务实、理性的正确态度，既不把留学人员创业企业“捧上天”，也不把它“打下地狱”。建议由留学人员回乡创业工作联席会议成员单位具体负责引进工作，做到有的放矢，把握有利于我县产业结构调整发展的原则，以科技含量、发展潜力为参照，综合考量留学人员创业企业的技术水平和科技层次，着力引进高层次创业创新留学人员，引进高科技、高质量创业项目，谨防负面效应产生，确保引进项目的整体水平和辐射带动能力。

（《今日象山》作者：县委统战部副部长、县侨办主任，县侨办科员　2008）

象山台资企业发展历程、存在问题及对策

马阿项

一、台资企业概况

随着两岸关系的不断变化和发展，我县在县委、县政府的正确领导和高度重视下，加快了对外开放的步伐，加大了招商引资的力度，台资企业也进入了新的发展机遇期。至2008年7月，我县累计批准设立台资企业52家，其中，独资18家，合资34家，总投资1.14亿美元，注册资本7376万美元，协议利用台资8762.1万美元，台资实际到位5009万美元，到位率57%。从总体上看我县台资企业具有三个特点，呈现“三个扩大”和“三个变化”趋势。

（一）三个特点：一是起步早。我县第一家台资企业创建于1988年12月，是全市最早被批准设立的台资企业。二是发展快。从第一家台资企业在象设立到2000年末的短短12年时间里，先后有45家台资企业落户象山。三是规模小。在52家台资企业中，投资额超过1000万美元的仅4家，多数企业投资额在50万美元以下，最小的只有10万美元。

（二）三个扩大：一是投资规模扩大。1991年以前引进的6家台资企业，总投资额420万美元，其中以投资240万美元的宁波东豫橡塑有限公司为最大。1992年以来新增加46家台资企业，总投资10980.1万美元，平均每家投资230余万美元，其中投资超过2000万美元的1家。二是台资比例有所增加。1991年前台资企业中台方投资比例平均占总投资的57.33%，1992年以后台方投资比例占总投资63.94%，甚至出现台商投资比例占总投资100%的独资企业。三是投资领域拓宽，台商投资的项目从水产冷冻、饮食业、轻纺工业发展到电子、电力、印染、文具、机械制造等产业。

（三）三个变化：一是投资方式由经第三地注册过渡到在台直接注册前来投资。二是投资形式由原来的合资、合作为主，逐步转为以独资或一方承包经营为主。三是台湾投资者由原来小企业主，发展到在台有一定知名度的大企业前来洽谈和投资。

二、台资企业发展中存在的问题及其原因

从我县二十年来吸引台资的实践看，利用台资对拓宽建设资金筹措渠道、提高产品档次、增强出口创汇能力、改善企业内部管理、扩大就业及与国际市场接轨等方面都收到了良好的效果，有力地推动了我县外向型经济的发展，但也存在一些不容忽视的问题，主要有：

（一）台资企业“流产”多。在52家台资企业中，仅10余家生产正常、经营效益比较好，4家撤资，19家被注销，13家企业处在停产或半停产状态。究其原因，除企业内部管理不善，市场行情发生变化，合作双方矛盾纠纷引起外，相当一部分企业是因为先天不足，具体表现在：（1）急于求成。在开放搞活的大环境中，一些项目的引进忽视了市场经济规律，片

面强调了数量而忽视了质量。(2) 盲目上马。由于企业缺乏风险责任机制的约束，引进项目后企业的盈亏没有与企业法定代表人的利益直接挂钩，项目在注册前缺乏周密的咨询和科学的论证，盲目投产。如宁波启大电子有限公司生产的汽车防盗装置，自生产之始，产品就没有销路。所以，它不得不在生产不到两年就关闭。又如宁波华商水产实业有限公司在投资前缺乏可行性科学论证，凭主观推测盲目上马，1993 年批准建立的企业，终因缺少原料，长期处于“吃不饱”状态，于 1995 年年初停产。(3) 投石问路。有的台商对大陆的政策缺乏了解，甚至心存疑虑，试探性作些投资，成功的继续扩资，不成功的也不指望多大的回报。说其投资不如说其投石问路、了解“行情”更确切。(4) 外销落空。部分台资企业为审批需要，合资双方内部有默契，台商实际上没有负责产品外销业务能力，企业投产后又无内销市场。(5) 名不符实。有的台商名为合资，实为推销设备，以次充好，低价高报，所进设备达不到原设计生产能力，企业无法正常运行。(6) 基础脆弱。在双方合作的实践中存在观念上的差异，表现在生产经营中管理方式、营销手段、劳务用工等的不同，而中间又缺少良好的沟通渠道，致使企业中途夭折。

(二) 台资企业管理机构多头化、分散化。按照现行规定，“三资”企业主管部门为外经贸局，由于台资企业的特殊性，主管部门对合资、合作企业所涉及的各个职能部门无法进行有效的总体协调，实际上形成了各个职能管理部门相互分割的多头管理，从而存在五个弊端：(1) 对企业的约束有人抓，对其生产经营中遇到的问题和要求却没人管或者管不了、管不好。(2) 职能部门重复管理，如劳保、环保、消防、财税、生产安全等工作都有相应的部门按各自的职能管理，使台资企业无所适从。(3) 劳动管理比较混乱，劳资矛盾时有发生，多数台资企业均未与职工依法签订劳动合同，既无严格的劳动保护措施又无劳动保险待遇，辞退工人的任意性很大，劳工权益得不到应有的保护。(4)“重生轻养”现象在一定范围内存在，我们的一些地方官员重视眼前利益、局部利益，忽视长远利益、整体利益，只重视资金的引进，忽视对企业的服务，不利于发挥“以台引台”的作用。(5) 由于管理制度及管理工作中的一些漏洞，也曾为台资企业偷漏税、逃汇等行为提供了方便。

(三) 投资软环境有待进一步改善。一是政策的稳定性和连续性不够。在象山的台资企业中有些产品是出口的，而当时国家的出口退税却严重滞后，这在一定程度上影响企业资金的周转。1996 年，国家取消外商投资企业设备进口免税优惠政策，影响部分台商投资积极性。台商普遍反映政府在引资时比较热，资金到位后比较冷，有些台商甚至认为自己“受骗上当了”。二是服务意识不强，缺少办事程序和手续的透明度。台商在申办台资企业和生产经营中，不清楚究竟有哪些政策规定，应该办理哪些手续，应到哪些部门办理。此外，目前对台资企业的行政事业性收费的种类还是偏多，台商最感困惑的是搞不清哪些该缴，哪些不该缴，心存疑虑。再加上我们有些部门的办事人员上门收费手续不规范，举止不文明，工作方法简单，更使台商无法理解，其后果是不仅影响正常收费，而且有损于政府形象。三是地方上少数人缺乏开放意识和大局观念，如宁波正源电力有限公司在施工过程中曾遇到过当地少数人设置的种种“关卡”，阻碍企业正常施工。又如宁波南海染织有限公司曾被某单位擅自破坏待用的污水排放管道，致使价值40万元的设施报废，台商对此很有意见。四是随意性过大。我们有些工作人员对台资企业的收费、罚款存在着自由裁量权过大的问题，想怎么收就怎么收，想怎么罚就怎么罚。少则几百元，多则上万元，由他一人说了算，弄得台商雾里看花越看越糊涂。

三、利用台资发展象山经济的几点思考

办好台资企业，从政治角度上讲有利于发展海峡两岸关系，促进祖国和平统一；从经济角度上讲，有利于象山外向型经济的发展，所以它不仅是一项经济工作，而且还是一项严肃的政治任务。在新形势下，如何利用奥运会成功举办和世博会即将召开的契机，进一步解放思想，加大招商引资的力度，采取切实有效的措施，认真总结现有台资企业的成功经验，并发挥它们的示范作用，以吸引更多的台资发展象山经济，应该成为我们对台工作的重要目标。

（一）加大宣传力度，增进共识。由于历史的原因和两岸人民所处的社会制度、生活方式的不同，以及观念上的差异，当地一些群众甚至有少数干部对台商生活习惯、管理方式等看不惯，还有些人只看到眼前利益、只考虑自身利益而不顾大局。因此，我们必须强化对台工作方针政策宣传，形成统一认识，营造一个能吸引更多台资发展当地经济的良好氛围和环境。一是大力宣传党的对台方针政策、各级政府制定的有关引进台资企业的优惠政策，特别是要广泛宣传有关法规，解除台商疑虑，以吸引更多的台商放心大胆地来内地投资。二是要宣传引进台资，办好台企的积极意义，讲清引进台资，办好台企不仅是“以台引台”发展经济的需要，同时是通过与台商的合作，建立关系，增进共识，促进祖国和平统一的需要这个道理，使广大干部群众理解、支持有关职能部门的工作。三是及时总结和宣传成功企业的经验做法，特别需要向台商介绍台资企业在内地所得到的经济效益和实惠及发展前景，使他们看到象山也是台商投资的理想之地和一方热土。

（二）提高服务质量，建立科学的管理体系。在新的形势下，强化对台资企业的服务意识，切实做好服务工作，并对其实行规范化管理，是办好台企、实现“以台引台”目的的有效办法和举措，应当引起各级各部门的高度重视。一是应建立高效的管理机构。随着台资企业的发展，管理、协调、监督工作的任务将越来越重，所以，应该建立一个有权威性的、廉洁高效的协调、管理机构，避免正常管理工作上脱节。鉴于台资企业的特殊性和一些合资企业存在问题的复杂性，建议由政府分管领导亲自挂帅，领导、督查、指挥管理机构工作，以提高工作效率。二是应规范管理，改善服务。认真贯彻《中华人民共和国台湾同胞投资保护法》和《浙江省台商投资保护条例》，由人大牵头，公安、工商、外经、财税、台办等部门参与，按照法律、法规的规定，对执法情况进行不定期检查，切实有效地保护台商和台资企业的合法权益。同时应制订出相应的台商投资企业管理办法、台资企业收费管理办法，明确台商投资企业的收费项目和标准，并做到依法纳税、照章收费，严防“三乱”现象反弹。三是应加紧启动石浦台贸加工区并促使其形成规模。石浦台贸加工区是我县规划布局较早、投资环境较好、干部群众期望值较高的理想投资区，我们首先应选择有一定规模档次的台资企业进入加工区，并采取必要的激励措施，以产生示范导向效应。其次应发动社会力量动员台商进加工区投资办厂、开店经商，逐步形成规模。再次要坚持以我为主、对我有利，严格按发展规划和产业结构调整布局来选择合作对象，即要求台商投资项目应符合我县社会经济的整体发展需要。最后为防止出现纠纷，更好地吸引台资，在洽谈引进台资过程中还应帮助把好台商政策咨询、市场调查、合同条款、台资到位率和进口设备等环节，使台商来则放心，干则安心，住则舒心。

（三）进一步加大招商工作力度，不断完善引资工作制度。从地理位置看，我县与横向比照有先天不足，不过，在象山办企业的台商，大都看中了我们这里良好的治安环境和人居环境，但真正要使我县台资企业得到跨越式发展，除了为企业提供高效、优质服务外，首先应形成全社会招商引资的合力，要积极鼓励和支持那些与台湾地区有业务往来的企业、在台有亲戚朋友的公民、与台湾企业有联系的乡镇、街道及部门多去台湾招商引资，出去总比不去强，多去总比少去好，一次去了打基础，两次去了建关系，再次去了见成效。我们要克服那种急功近利、急于求成的思想，要用发展的眼光、持之以恒的决心、引不进台资决不罢休的态度去正视这项工作。其次要重奖在招商引资工作方面有突出贡献的单位和个人。不管他通过何种渠道、利用什么办法、有无固定职业或职位高低，只要引进台资企业，坚决按照县里已出台的政策，根据台资实际到位额给予奖励，以充分调动积极性，争取更多的台资企业来象山落户。再次是要舍去等靠要念头，争取找米下锅，主动出击，只要有一线希望，就要咬住不放，哪怕只是意向性的项目，也要竭力争取促成签约。

（四）加强涉台干部的素质培养，建立健全台企中的工会组织。涉台无小事。涉台部门干部的政治素质、政策水平、工作作风、办事效率、言行举止都体现政府的威信，也直接或间接地影响到对外开放的形象。因此，涉台干部不仅要通过自已努力，提高涉台政策水平和业务知识，要接受对外向型经济、法律、金融、财会、现代企业管理等多方面知识的教育；还要外出学习取经，把外地的经验与本地实际结合起来，解放思想、开阔视野、锐意开拓。

我县现有的台资企业中的依法建有工会、与职工签订劳动合同的有三家，大多数企业都没有工会，也不与工人签订劳动合同，一旦发生劳资纠纷或工伤事故等，即没有工会代替职工出面说话，也没有任何书面依据，处理起来难度很大。因此，在一些已具备建立工会组织条件的台资企业，有关部门应帮助他们建立工会组织。凡符合法定条件应与职工签订劳动合同的，有关部门应督促企业及时与职工依法签订劳动合同，以保障我方职工的合法权利，维护他们的合法权益。

（作者：县台办副主任　2008.06.20）

挖掘资源　拓展领域
全面推进象台文化交流

史亚萍

近年来，象山县委、县政府认真贯彻中央对台工作大政方针，牢牢把握两岸关系和平发展主题，继续反对和遏制“台独”分裂活动，围绕争取台湾民心这一主线，创新工作载体，充分挖掘资源，拓宽合作领域，对台各项工作扎实开展，尤其是文化交流合作进展快、成绩大。

一、主要做法及成效

充分利用两地特殊的历史渊源关系，以中国开渔节为载体，以文化为纽带，深入挖掘当地文化资源，积极推进对台文化交流与合作，取得较好成效。

（一）创新载体，丰富交流内涵。几年来，我们充分利用中国开渔节这一全国十大品牌节庆平台，积极开展象台文化交流活动，促进文化力向凝聚力、影响力、竞争力、和谐力的有效转化。一是开展妈祖如意迎亲省亲活动，共祈风调雨顺。象山县石浦镇渔山村与台湾台东县富冈新村共同信奉着鲜为人知的海上平安孝神如意娘娘。近三年的中国开渔节，台东县富冈新村选派300名村民，护送1955年被请走的“如意娘娘”来到石浦，进驻石浦东门岛妈祖庙作客省亲，并举行了盛大的迎亲省亲仪式及石浦渔港“妈祖祈福巡安”活动。2009年的省亲活动台湾富冈新村村民把迁居台湾台东50多年来的“如意娘娘”请回石浦东门渔村落叶归根。为此，两岸石浦渔民共同修建“海神庙”来欢庆如意娘娘回归故里，这对象山台东两地开展妈祖如意文化交流、信仰和迎亲习俗的研究、开发和保护起到积极推动作用。二是举行祭海典礼，共同感恩大海。三年的开渔节，每年都有百余名来自海峡彼岸的台东渔民与象山渔民一起，在石浦东门渔村门头山顶海神妈祖像前，举行祭海仪式，共同携手感恩大海，表达渔民对大海朴素而真实的情感。台湾渔民和象山渔民共同参加祭祀，让台湾同胞充分体验了乡情，感受传统民间文化，有力地推动了双方交流。2008年还举行了“象山、台东海洋环境保护交流会”，共同宣读了海洋环境保护倡议书，以促进海洋环境保护。三是同台表演文艺节目，共扬中华文化。邀请台湾台东大学“水浒宋江阵表演团”40人来象山表演、参观和考察，并举行了以“共同弘扬中华文化”为主题的两岸青年交流联谊活动。邀请了台东县“阿美族蓝星文化艺术团”及台东县同胞208人来象山与象山渔民一起举行了“明月共潮生——象山、台东中秋联谊晚会”。晚会始终洋溢着海洋文化气息，台东艺术团向观众们演出了“庆丰收”“一家人”“热情的海”等节目。台东县议会议长李锦慧先生说，中秋佳节是中华民族的传统节日，两岸同胞欢聚一堂，开展文化交流，意义深远。象山、台东“石浦——富冈如意信俗”，2008年被命名为国家级非物质遗产名录，这是目前国家级非遗项目中唯一包含海峡两岸的民俗文化。

（二）建立机制，提升交流层次。象山县与台东县地理环境相似，人缘相通，文化气息相宜，特别是两地有着特色的历史渊源，台东县辖下的富冈新村（又名小石浦村），由象山县石浦镇渔山村村民于1955年迁居台湾而形成，两地人民有着隔不断的血缘亲情。随着两岸交流的推进，两地同胞相互了解逐渐加深，要求合作意愿不断加强。我县根据上级台办的有关精神，发挥优势，着力构建对台合作交流互动平台，建立合作友好机制，不断提升交流层次。近年来，象山县政府积极邀请台东县政府副县长、台东县议会议长等政界人士及各行业代表多次来象交流考察，象山县也先后由县长、宣传部长组团开展了经贸文化考察，建立了良好的合作基础。特别是2008年，就开展两地文化、经贸、渔业、旅游等合作事宜进行深入交流洽谈，通过并签订《象山县与台东县建立交流合作关系备忘录》，进一步促进两地交流合作的开展。

通过邀请台东县政府、相关团体参与文化交流活动方案的制订，融合了两地的智慧和经验优势，也进一步打开了他们的心灵之门，共同的文化感受，使双方的心贴得更近了，两岸的携手和相互尊重，影响着越来越广泛的群体。

（三）加强宣传，扩大交流影响。象山县台办，每年利用中国开渔节平台，邀请台湾东森、台湾三立、台湾年代、《中国时报》等电视台记者来象山专题采访象山妈祖如意返乡认亲、两岸同胞象山共叙乡情同盼团圆、两岸渔民象山祭海，其中东森电视台将开渔节的各项盛况通过卫星向东南亚地区播出；《中国时报》于9月18日以5个版面报道《妈祖姐妹石浦重聚，台东妈祖象山省亲有笑容也有热泪》等长篇文章，给观众、读者呈现象山海洋文化的气息及经济社会发展情况，提升了象山在台湾的知名度。与此同时，象台文化交流各项活动也吸引了大陆广播、电视、报纸、网络许多知名媒体的广泛关注，我们都积极做好配合报道工作。《两岸民众象山祭海》《一个从大陆复制到台湾的村庄》《象山“如意娘娘”正式从台湾回归故里》等报道以图文并茂形式分别在《人民日报·海外版》《浙江日报》《宁波日报》《钱江晚报》、中国新华社等报刊刊发，台东如意妈祖省亲迎亲仪式等活动通过网上远程视频直播等方式进行全方位报道。据不完全统计，各类媒体共播发刊登相关报道60余篇（次），深化了中国开渔节文化与台东文化历史渊源的认识，在台湾同胞中引起了强烈的反响，扩大了象山对台交流的知名度。

（四）以文促贸，实现互动发展。一直来，我们做好台资企业服务文章，促进投资发展。特别是2008年来，面对国际金融危机，我们积极开展“支持和帮扶台资企业转型升级”等10项惠台政策的宣讲，搭建服务，做好融资服务，加强台资企业、台湾同胞权益保护，促进企业的发展，也在台湾同胞中树立良好的政府形象，建立比较深厚的友谊，为文化交流奠定了很好基础。同时，我们坚持以文促贸，让文化的影响力更好地渗透到各个领域。2009年8月，象山旅游考察团再次登台，促成了象山旅游协会与台东县旅游商业同业公会交流合作协议意向书。开渔节期间，举行台东旅游推介新闻发布会，专题推介台东旅游，把双方的交流合作提升到一个新的发展高度，也给大家带来实实在在的好处，增强了台湾人民参与文化交流活动的积极性和主动性。就我们象山来说，这几年妈祖文化的交流，已经带动了象山旅游产业的发展。台湾游客来象逐渐增多，台北30位游客就准备来象山过春节，体验渔家风情。对台小额贸易加快发展，全年贸易额已达140万美元，贸易品种由2005年的6种增加到目前的18种。

近年来，象山对台交流取得了一些成绩，但与省台办的要求和兄弟县（市）、区相比，还存在一定的距离。我们将在省台办的指导下，以此全省对台交流工作会议为契机，进一步树立对台工作大局意识，着力增强做好对台工作的责任感和紧迫感，紧紧抓住当前两岸关系和平发展的有利时机，结合象山实际，以科学发展观为指导，以做好台湾人民工作为重点，创新载体，注重实效，进一步提升象台交流层次，努力开创象山对台工作新局面。

二、对台交流工作开展的几点体会

几年来的对台工作，感触很多，要做好对台交流工作，我们觉得以下四方面很关键。

（一）争取领导重视、借助各方面力量是取得成功的保证。近年来的文化交流系列活动得到了上级党委、政府、台办领导的大力支持，特别是2008年的交流项目被国台办列为两岸交流重点项目。省、市台办不但派出业务能力强、工作经验丰富的干部到场指导帮助我们工作，而且主要领导亲临第一线指导。近三届中国开渔节每年把象山台东文化交流系列活动作为重头戏之一，县里还专门成立了由县委常委、统战部部长与分管副县长任组长，县委办、县府办、县台办、县公安局等10家单位负责人任副组长的工作领导小组，负责牵头协调、组织指挥、指导督查工作。县级有关部门更是充分发挥各自的职能作用，按照自己的任务和职责，各司其职，调兵遣将，逐项抓好落实。这些都为几次大活动提供有力的保证。

（二）周密部署安排、精心策划活动是取得成功的关键。我们每年详细制订了《象山台东文化系列活动实施方案》，明确和细化活动项目、接待联络、安全保卫、后勤保障、会议筹备等工作小组的职责和任务，并将责任落实到人。省、市、县三级台办组织协调机构，统一把关整个交流活动政策口径，包括去年备忘录和晚会节目的内容、领导的讲话材料、主持词等，新闻报道稿件未经审核一律不准见报。每次交流活动内容丰富、项目繁多，吸引境内外50多家媒体，为客观全面准确地报道象山，达到预期宣传目的，县台办向每位台湾记者发放《台湾新闻媒体记者在象活动日程安排》及所有新闻稿件的预稿，使发稿新闻准确、及时。同时，指定专人为他们全程做好服务工作。

（三）挖掘有效资源、充分发挥优势是取得成功的重要基础。我们充分利用象山台东两地人民血脉相通、文化相同的特点，想方设法寻找在台湾台东地区有一定影响力的宁波台商，通过他们牵线搭桥，台办长期保持联络，然后有意向安排象山县副县长、县长等领导赴台交流，拜访台东县政府、议会，看望小石浦村村民，才促成台东县经贸、文化交流团来访。这为象山县与台东县开展深入交流中扩大领域，提升层次，突破原有的一般性交流格局，建立起各方位、多领域的交流合作奠定了基础。

（四）不断总结经验、建立长效机制是做好台湾人民工作有效手段。开展了两地县、乡镇、村的对口交流，建立了长期、稳定、有效的交流合作机制，是深入做台湾人民工作的有效手段。我们牢固树立长期经营、稳扎稳打的理念，全面落实两地《备忘录》精神，努力推进与台东县各领域的交流和合作，用心做好台湾人民工作。

三、明年对台交流工作思路　（略）

（省、市台办简报刊登。作者：女，县台办主任　2009.12.02）

创新思路　当好“五员”

——象山非公企业和谐促进会助力“双强争先”活动

在创先争优活动中，我县以党员服务中心为依托，以工业园区、外来人口集聚区和产业集聚区为重点，积极引导非公企业和谐促进会扮演好服务员、培训员、协调员、信息员和组织员“五大员”角色，有效解决企业生产发展、员工生活保障等突出问题，大力助推非公企业党组织“双强争先”创建活动。

一是当好企业生产发展的服务员。非公企业和谐促进会通过党组织牵头，开展“我为企业发展献一策”“金点子评选”“节能减排优秀员工评选”等活动，广泛吸引企业党员、员工参与，积极建言献策，切实帮助企业解决技术改造、经营管理、员工招聘等方面的问题，服务企业生产发展。如2010年7月，宁波劳伦斯汽车内饰件公司成功收购英国“陆虎”真木工厂后，在公司和谐促进会召开的发动会上，支部书记陈永根等10名党员带头，80余名员工积极响应，主动承担产业转移到象山厂区的任务，仅7个月便顺利完成；爵溪街道非公企业和谐促进会面对“用工荒”现象，通过外来流动党支部回乡发动、老乡带老乡的模式，在江西省万年县等地先后招收了逾5000名一线工人。

二是当好企业岗位技能的培训员。非公企业和谐促进会明确自身角色定位，不断适应企业发展需要，主动与相关部门取得联系，承担起员工岗位技能培训的工作任务。如西周镇的华翔集团、乔明公司、威霖公司等企业在和谐促进会的带动下，与企业党组织联手，在员工党员中推出了“创建学习型党支部、争做知识型党员”活动，对模具工、机修工、电工、注塑工等各类工种进行了岗位业务培训和技能考核。石浦镇正业集团和谐促进会还发动党员员工带头示范，组织党员骨干带头承包关键岗位、关键设备，并结合“师带徒”方式提高员工技能。目前，全县非公企业和谐促进会已普遍开展了导师带徒活动，确定了351对“1+1”结对对子，为企业培养各类技术骨干力量。

三是当好企业劳资关系的协调员。企业劳资关系的和谐与否，直接影响着企业的生产经营秩序和员工的自身权益。企业和谐促进会根据“双强”企业创建要求，纷纷制定有助于和谐劳动关系构建的措施，为“双强争先”活动的开展提供保障。如丹西街道企业和谐促进会制定出台员工假期、奖励、加班等一系列制度，督促企业为员工办理社会保险，改善员工膳食、住宿等问题，坚持从细节入手杜绝劳资纠纷的产生。丹东街道天安集团和谐促进会在集团党委的领导下成立“员工恳谈室”，现已召开7次员工恳谈会，有效解决了63名员工反映的福利待遇、安全生产、外来员工子女入学难等92个问题，在企业与员工之间架起了沟通联系的桥梁。爵溪街道企业和谐促进会加强与三个外来流动党支部的合作，依托“娘家人”的乡情优势，三年来化解各类劳资纠纷750余起，矛盾纠纷调处率达100%，有效解决了企业长期存在的劳资纠纷“不愿谈、不敢谈、谈不了”的难题。

四是当好招商引资的信息员。非公企业和谐促进会统筹利用自身资源，通过寻觅合作对象、寻找发展机遇、寻找资金项目等各种渠道，为企业的转型升级、业务拓展、产业转移带队引路。如爵溪街道鹏程实业公司经过企业和谐促进会的牵线搭桥，在江西投资1个亿建立针织厂，迈出了企业产业向内地拓展的第一步，目前企业运作良好。在帮助个别企业解决产业转型升级的同时，爵溪街道企业和谐促进会甚至还带动了整个针织行业的产业发展。由于和谐促进会作用发挥明显，2011年6月，江西万年县县长一行10余人主动到爵溪街道进行投资洽谈，甬南、海润等多家企业及街道主要领导参加了会议，初步商定在万年县征用工业土地66.7公顷，引导爵溪针织产业向内地拓展转移。

五是当好企业文化建设的组织员。非公企业和谐促进会通过培育企业文化，引导员工积极践行“忠诚、诚信、责任、感恩、奉献”的企业文化，有效提升了企业文化建设内涵。一是开展走访慰问活动。每逢六一、七一与元旦、春节等节假日，组织员工前往福利院、结对村、社区，看望慰问孤寡老人、残疾儿童、困难群众，为他们送去慰问金和生活必需品。二是热心公益事业。在2008年四川汶川地震和2010年青海玉树地震中，企业和谐促进会广泛发动员工为灾区捐款捐物，以实际行动支持灾区重建。三是举行各类文化主题活动。如西周镇华翔集团和谐促进会在员工中广泛开展“企业发展论坛”征文活动、“我为华翔文化建设献计策”活动，鼓励员工积极参与省级“双强百佳党组织”创建；茅洋乡日升集团和谐促进会在公司15周年庆典活动中，发动全体员工自编、自排、自演文艺节目，为公司节省300万元资金用于茅洋乡溪东村新农村建设，提高了公司的社会美誉度和影响力。

（作者：县工商联　2011.12）

关于象山民营企业经营者传承与交接的思考

周礼胜　周黎彦

改革开放初期，我县民营企业创业者在良好的政策环境下，凭着吃苦耐劳的精神，迅速积累了财富。30多年后的今天，第一代民营企业家正逐渐老去，如何把企业从第一代创业者的手中平稳地转交给第二代接班人，已是一个迫切需要解决的现实问题。为深入了解我县民营企业的传承发展情况及存在的问题，探讨接班人的成长规律，研究接班人培养的有效途径和方法，促进民营企业持续健康发展，县工商联通过问卷调查、个别访谈、召开座谈会等方式，深入开展调研，对做好企业传承与交接提出建议和意见。

一、民营企业传承与交接的现状

（一）代际传承逐渐走向高峰期。根据象山县非公有制经济代表人士资料汇总分析，县工商联146名执常委企业家中年龄在60岁及以上占10%，50岁至59岁占33%，40岁至49岁占47.9%，40岁以下占10%。虽然40岁至49岁企业家数量接近一半，但50岁以上的也占四成多。另，在问卷调查中，有18%企业家表示已经面临传承接班问题，5年之内占18%，5年至10年则占到45%，10年以后占19%。由此可见，未来10年间将是我县民营企业代际传承的高峰期。

（二）子承父业仍是民企的主要传承模式。据国内外相关资料显示，企业代际传承普遍采用的模式有以下几类：一是培养自己直系血缘的继承人，即“子承父业”；二是从亲友中选择接班人，如翁婿、叔侄、兄弟等；三是从外部广泛选择职业经理人，即实现“家族控制”与“委托代理”兼容；四是提拔企业内部优秀员工。中国由于受“家族文化”的影响，传统的“子承父业”观念根深蒂固，民营企业在传承上往往会出现“传亲不传贤”的现象，在实际生活中更多的是选择子女接班。调查表明，我县企业家对经营权选择最终移交理想对象时，一半左右首推子女接班，选择逐步实现“家族控制”与“委托代理”兼容的占33%，其他接替方式占17%。虽然子承父业依旧是主流传承模式，但从调查分析可见，我县民营企业家的经营理念正逐步趋于多元化。

（三）接班人能力水平成传位的主要考量。传承无外乎是传经营权、传股份，但是要想使经营权与股份顺利传承，还得想到与之紧密关联的其他要素的传承，如企业家精神的传承，企业家在企业内部与外部的人脉资源的传承，企业家经营管理经验、知识、技巧的传承，企业文化和企业历史的传承等。其中，最难传承的是企业家精神。从财产、技术、管理、知识基础、为人处事等等来说，这些都是显性的资源与能力，是较为容易传承的。但是一些隐性的能力，如开拓创新、敢想敢干、勇气胆魄、把握机遇、快速决策、抗压抗风险等等，这些企业家的精神，是最难言传身教的，必须要有亲身经历才能做到。通过调研发现，一半以上第一代企业家认为接班人能力水平高低是移交的主要标准；其次是受公司规模影响的占30%；受家庭关系等其他因素影响的则占了20%。

（四）教育与锻炼是培养接班人的主要途径。一代民营企业家由于自己创业时文化水平偏低，因此对子女的培养教育都非常重视。他们培养子女接班的方式主要有：一是想方设法给孩子提供良好的教育机会。目前，我县的新生代学历普遍较高，大多数具有大学及以上学历，许多还有海外留学的经历，视野开阔，思维活跃。还有不少接班人在进入企业后，不满足现状，积极充电，通过继续学习不断提升自身的知识和能力，如华翔集团的周敏峰就是中欧国际管理学院第一批EMBA（工商管理硕士）班的学员。二是在子女学业结束后，送他们到其他企业历练或出资让其自己先创业体验。宁波三安制阀有限公司总经理石磊、三浪集团股份有限公司总裁黄挺等，作为第二代创业者，走出校园后并没有理所当然地“子承父业”，而是先去其他单位工作，加强自身锻炼，学习别人的长处，然后再回来挑担子。三是进父辈的公司，从基层做起，逐步向高层过渡。现任华翔集团董事、华翔电子有限公司董事长的周晓峰，1995年进入华翔工作后，先当了一名最基层的业务员，专跑汽车零部件销售，在底层摸爬滚打几年后，父亲周辞美再把公司在上海的一个新项目交给他，启动资金30万元。从市场调研到组织公司架构，一步一个脚印，经过多年辛苦打拼，周晓峰以年轻人特有的敏锐和开拓精神，终于拥有了一个全新的舞台，2005年由周晓峰担任法定代表人的宁波华翔电子在深交所成功上市。

二、民营企业传承和交接中存在的问题

（一）缺乏健全的代际传承规划。“凡事预则立，不预则废”。在确定接班人问题上，“临危授命”是不可取的，这会给企业带来极大的不确定性和潜在危机。一则创业者可能遇到一些突发因素，需要接班人训练有素来接班；二则未来接班人地位的奠定需要很长的准备过程；三则有充分的时间作为保证，在选择接班人时准确性才能得到较大的提高。可在调查中发现，我县民营企业仍缺乏健全的代际传承规划，内部制定继任计划的规范化程度不是很高，有书面计划的仅占18%，剩下82%的企业家对传承接班问题没有考虑或仅是停留在头脑中的概念。

（二）企业家个人权威影响接班人培养。民营企业创始人往往具有高超的经营能力，在企业内部形成了绝对权威，对促进企业发展发挥了重要作用，但正是这种权威使不少民营企业的第一代成为说一不二的“强势一代”。调研中发现，有的企业虽已完成交接过程，但第一代企业家仍没有真正放手，以“垂帘听政”的方式把握着企业的方向盘，影响、束缚着第二代的创新与发展，这在一定程度上延缓了企业新生代领导人与接班团队的形成，并可能在家族成员之间产生潜在的矛盾和摩擦。

（三）接班人的能力与意愿缺位。新一代接班人善于思考、思路开阔、综合素质高、学历背景好，对新鲜事物的接受能力强，这些都是他们父辈所没有的。但是与父辈相比，他们的成长备受呵护，企业运作经验不足，社会理解不够深刻，缺乏生存的危机感与锐利的胆识，缺乏在激烈的市场竞争中背水一战的勇气，缺乏吃苦耐劳与艰苦奋斗的精神，他们与政府、社会主动沟通联系不够紧密，对政治追求的热情不高，对员工的所思所想所需掌握还不准，社会责任感有待加强。同时，少数企业家子女个性比较张扬，很难与父辈充分沟通，在价值观、人生观与事业取向上与父辈存在严重分歧。有些因为父辈的企业以传统产业为主，子女不愿意回来接受企业传承，而选择在上海、杭州等大城市创业，有些无心经商而偏爱艺术，有些希望从政等等，这些都给企业能否顺利交班或交班后能否持续稳定地发展带来了不确定因素。

（四）企业的传承忽略文化建设的内涵。美国管理学家彼德·德鲁克曾说，管理是以文化为转移的，并且受其社会的价值观、传统与习俗的支配。企业的文化建设对企业可持续性发展有着重大作用。但在实际生活中，许多第一代的民营企业家受家族观念与传统思想的影响，在管理上存在一定的保守性，把利润最大化作为企业目标，没有心思花费在企业文化建设上，企业文化含糊不清、定位不明。在这种情况下，留给第二代的也是一个先天发育不足的企业，使得企业的传承成了财富的交接，企业的发展缺乏底蕴。调查显示，我县36%的一代民营企业家认为，企业传承中可能受到的制约因素第一位的是“企业内部还没有形成一套持续而完整的治理体系”，所占比例远远超越其他选择项。

（五）职业经理人市场存在诸多问题。与家族传承模式相对应的是职业经理人经营模式，调研中发现，为促进企业规范经营与持续发展，我县三分之一的民营企业家更倾向于“逐步引进职业经理人，实现家族控制和委托代理的兼容”。但因目前我国职业经理人市场还不够成熟、规范，存在着诸多问题，如社会整体信用体系的不完善，职业经理人缺乏约束机制，雇主往往无法追究其不良行为所造成的损失；职业经理人队伍缺乏、本身素质不高；有些职业经理人的空降，难以融入企业团队、难以为企业文化所接受等。理想与现实的矛盾，造成许多民营企业家为之茫然，更有甚者认为找职业经理人是早死，不找职业经理人是等死，宁愿等死也不愿早死。

（六）片面的社会舆论给接班人带来压力。无论民营企业“第二代”是否接管父母创立的企业，他们因继承了父辈积累的财富而被贴上了“富二代”的标签。近年来，由于受个别“富二代”不良社会行为的负面影响，使民众戴上了有色眼镜去看待民营企业接班人，社会舆论在评价时也存在不加区别地批评民企“第二代”的现象，对他们的创业精神和守业行为却少有提及。同时，不少第二代企业家接班的时间与企业的转型升级几乎相吻合，这也给第二代接班带来了极大的挑战。在接班过程中，常常被认为干得好是平台好，干得不好就是能力不好，这让他们感到无比苦恼与无奈。调研中发现，民营企业接班人迫切希望得到社会全面、正确的看待，不要以偏概全，他们希望通过努力以实现自身最大的价值追求。

三、促进民营企业顺利传承的对策建议

（一）注重教育，逐步确立正确的传承理念

1. 规划先行，帮助老一代企业家策划交接计划。民营企业的传承交接是一个长期、渐进的过程，它不仅关系企业本身的健康发展，而且还影响到地区经济发展、社会稳定和谐、劳动就业等问题。因此要注重加强对第一代企业家观念的引导，进一步增强老一代企业家选择接班人的使命感和责任感。一方面要尽早制订科学、完整的继任交接计划，做到未雨绸缪，不要把企业的未来完全寄托于“家族内部传承”这种唯一的继任方式上，要及早通过规范的企业管理制度和管理行为，为企业实现社会化管理做好准备，打好基础。另一方面，要在尊重子女的前提下有意识培养子女的综合能力，加强沟通、磨合，帮助其树立威信，并支持接班人继任后推行企业改革。

2. 压担培养，增强民企新生代传承的责任意识。要做好企业的传承与交接工作就必须要对老一代企业家和民企新生代进行双向引导。一是着力提高第二代的社会责任感和使命感，树立起较高的企业发展目标，回报社会，贡献国家；二是引导他们把企业当作实现人生价值的平台，在和谐社会建设中建立起新型的劳资关系，以良好企业文化密切与员工的沟通，建立自己对企业的文化烙印；三是在实际锻炼中培养他们的洞察力、超前意识和前瞻性，鼓励创新、领跑行业。

3. 创建环境，加快职业经理人市场的规范化建设。职业经理人毕竟是百年企业的发展方向，是解决我国民营企业继承问题的根本出路和必然的战略选择。要积极创建职业经理人的法制环境和制度环境，形成良好的职业经理人意识和市场体系。建议政府通过政策措施的完善，加快我县职业经理人市场的规范，通过舆论宣传、信用评价体系的建立等，加快职业经理人受托精神的培育和形成。与此同时要注意帮助民营企业探索在本企业内部成长起来的、具有本土文化的职业经理人的物色、培养途径。

（二）强化宣传，大力营造良好的传承氛围

1. 进一步加强民企新生代优秀代表的宣传，树立正面形象。在舆论宣传导向上，要客观公正地宣传企业接班人的正面形象，提升社会舆论对企业接班人的认可度和信任度，树立和营造民营经济传承和发展的良好社会舆论氛围。要大力宣传企业新生代创业创新的典型事迹，在全社会形成激励支持企业新生代健康成长的浓厚氛围，不要对企业接班人中少数“富二代”的负面个案过分夸大负面影响，对个别错误看待企业接班人的舆论，应予以必要的澄清，以改变社会上对“富二代”的负面评价，淡化少数人的“仇富心理”，使更多的企业新生代争当创业者，勇做弄潮儿。

2. 进一步促进民企新生代的社会参与度，提升政治地位。要加大工作力度，将第二代的代表性人物吸纳、安排进统一战线的各级组织中来，在工商联执常委和人大代表、政协委员的推荐安排上，适当向符合条件的优秀企业接班人倾斜，他们中的特别优秀人物，还应安排一定职务，全力支持他们参政议政、建言献策。要完善企业新生代表表彰激励机制，在各级各部门评优表彰中，增加对优秀企业新生代表彰奖励的指标，切实提高他们的政治待遇和社会影响力。

3. 进一步加快民企新生代学习交流平台的搭建，促进健康成长。要充分发挥统战部、工商联、经信局等相关部门的职能作用，通过积极有效的形式和活动，搭建我县民营企业新生代的学习交流互动平台，教育、帮助和促进民营企业第二代群体的健康成长，如创建新生代联谊会、建立培训基地、举办主题论坛等，帮助他们拓宽视野，开阔胸襟，努力探索企业新生代群体的内部合作，相互学习企业传承过程中的成功经验，并引导他们更好地吸取第一代的成功经验，增进两代人之间的交流，增强沟通协调能力。

（三）研究措施，不断完善传承的服务指导

1. 深入调查研究，提高传承服务的针对性。民营企业的传承和交接，事关民族精神的传承发展，事关地方经济的持续发展，事关社会和谐稳定，各级党委、政府要从战略高度，关注民营企业的传承和交接，要将它作为一件大事来抓，积极做好民营企业传承发展中的引导、服务工作。加强调查研究，分析问题，提出对策，探索民营企业传承的规律、方式和方法，总结推广成功做法与经验，供企业家借鉴、参考。

2. 健全组织建设，落实工作指导服务责任。要建立由党委牵头，政府职能部门、社会团体参加的服务民企新生代的协调机制，建立健全民营企业传承的专门指导服务机构，建立民企新生代的数据库，完善联系沟通制度，构建互动式信息服务平台，牵头化解企业传承中遇到的难题，认真倾听企业接班人代表的呼声和建议，为政府决策提供重要参考依据，把新生代企业家更好地团结在党委、政府周围。

3. 创新培养模式，夯实传承的良好基础。民企的传承，关键在于二代企业家的培养，在做好第一代民营企业家培训工作的同时，党和政府要积极采取措施，通过多种途径与形式的教育培训，对民营企业第二代的优秀人才进行重点培养。建议由工商联、行业商会出面组织，组织部门侧重于牵头、协调，有针对性地组织民营企业第二代参加各类高层次的教育培训和考察学习等活动，并通过组织安排到艰苦地区或基层单位挂职、到大型国有企业管理岗位实习等，帮助和促进他们锻炼成长，树立正确的人生观、价值观，确立社会责任感和使命感。

（作者：市工商联系统一等奖。县委统战部副部长、县工商联党组书记，县工商联维权服务中心副主任　2012. 12）

深入实施浙商回归工程　加快推进象山经济转型跨越

黄敏求

2011 年，面对“70 度、80 度的陡坡”，浙江省委、省政府决策实施浙商回归“一号工程”，全力以赴促进浙商回归，成效持续呈现。正昂首步入桥海时代的象山，紧紧把握这一历史机遇，深化实施浙商回归工程，大力招商引资，广泛引智纳才，加快推进象山转型跨越，可谓适逢其时，更显十分迫切。

一、实施浙商回归工程的背景和意义

2011 年 10 月，省委、省政府召开首届世界浙商大会，时任省委书记赵洪祝指出，“浙商是浙江发展最重要的资源，浙江是浙商发展最坚强的后盾”。大会唱响了“创业创新闯天下、合力合心强浙江”的发展主旋律。去年的省人代会上，夏宝龙书记提出要进一步畅通渠道、拓展平台，进一步创新机制、完善制度，吸引浙商回归发展，共创浙江美好未来。今年5月21日，省委、省政府又召开全省电视电话会议，王辉忠副书记和卢子跃副省长亲自部署第二届世界浙商大会和“十万浙商进百区”活动，把支持浙商创业创新工作进一步引向深入，更为我县深入实施招商引资攻坚战提供了极其难得的外部环境和发展契机。

（一）实施浙商回归工程是浙江纾解经济发展困局的现实需要。

改革开放以来，浙江秉持“无为而治”的经济发展策略，推动民营经济大发展。在浙江民营经济发展高峰期，为摆脱人多地少、资源匮乏及各种生产要素的制约，又鼓励和支持浙商“走出去”“跳出浙江发展浙江”，充分利用“两个市场、两种资源”来发展自己，并取得了令人瞩目的成就，“浙商”被誉为当今中国最具影响力的第一商帮。据不完全统计，目前省外浙商队伍有600万，投资总规模超过3万亿元，销售规模接近2万亿元，每年向当地缴纳税收超过1200亿元，解决了1100多万人的就业，成为推动当地经济发展的一支重要力量。可以毫不夸张地说，广大浙商在省外又再造了一个“浙江经济”。但同时，也要看到，大批浙商“走出去”，造成了我省民间资本的大量外流，省内有效投资不足，产业转型升级缓慢，产业“空心化”现象显现，经济增速下滑情况日益严重，在全国的经济地位不断下降。

一是从全国范围比较分析。自2004年以来，浙江经济的核心指标，尤其是体现经济竞争力的第二产业增加值、规模以上工业增加值和投资增速，基本上都是一条下行的曲线。第二产业增加值自2008年以来延续个位数增长。而规模工业增加值增速近10年中有5年低于全国水平。工业增加值下行，直接造成浙江经济增速和财政收入双双趋缓。外贸自2003年以后一直增速趋缓，2008年为-11%，去年和前年增速也低于全国平均水平，外向型经济大省的先发优势正在失去。固定资产投资也不活跃，近十年平均增长13.1%，比山东、广东分别低7个和4.4个百分点。从全国经济“第一方阵”浙江、广东、江苏、山东4省来看，“十一五”时期，浙江GDP年均增幅为11.9%，分别比广东、江苏、山东低0.5、1.6、1.2个百分点。与此同时，作为中国市场经济“样板房”的温州，也早已风光不再，被媒体形容为“危城”。温州产业发展“未熟先衰”，工业空心化让温州失去抗风险能力。温州的两个同省兄弟杭州、宁波，表现也不够强劲。2012年杭州的经济总量和增速，双双被南京超过。宁波也已被同等级别的深圳、青岛和大连超越，更是低于同在长三角的苏州和无锡。在中国民营经济500强榜单上，浙江入围企业数由2006年的203家下降至2011年的144家。

二是从与邻近的江苏省对比分析看。浙江前10年的GDP平均增速是12.09%，江苏是13.29%，年均相差1.2个百分点。2004年，苏、浙两省GDP差距是4269.4亿元，到2011年，扩大到16606.3亿元，浙江经济总量占江苏的比例由72.48%下降至65.88%。2002年，浙江、江苏分别占长三角经济总量的32.34%和44.85%，到2010年已改变为32%和48.7%，长三角经济出现倾斜。

不仅经济总量上两省的差距一直在拉大，在体现经济增长核心支撑力的第二产业增加值上，2002年至2011年的10年里，浙江增速则全部落后于江苏，江苏的民营经济总量、民间投资总额、民营经济上缴税收等指标，已全面超越浙江。再看有效投资，2003年，江苏固定资产投资总额超过浙江388.8亿元，2011年差距拉大到12009.4亿元。其中工业投资，2006年江苏反超时比浙江多185.2亿元，到2011年竟多出8561亿元，是2006年差距数的46倍多。同年，江苏工业投资中的制造业投资达到13081亿元，相当于浙江全部固定资产投资的91.53%。再从投资结构看，2011年，苏、浙两省工业投资占全社会固定资产投资的比例分别52.37%和36.47%，江苏省制造业投资更是占全部工业投资的95%。换言之，浙江仅有1/3强的投资是进入工业领域的，而江苏超过一半。实际上，从2006年开始，浙商资本就持续投入房地产、股市、基金、高利贷、担保公司等非实体经济领域，以及到省外作资源赚取暴利。在实际利用外资方面，江苏2002年突破100亿美元，2003年上升为全国第一，而浙江直到2010年才达到江苏2002年的水平。2011年，浙江利用外资总量也仅占江苏总量的36.3%。而资金问题背后还有一个更重要的人口结构问题。有什么样的产业结构，就会有什么样的就业和人口结构。第六次人口普查显示，2010年浙江常住人口5443万人。其中，省外流入人口1182万，比2000年增加813万人，而江苏十年只增加428万人。“十五”期间，浙江年均净流入22万人左右，江苏是29.5万人；“十一五”时间，浙江年均净流入79.8万人，而江苏只有6.1万人。大量低素质人进来的同时，带着资本、技术的人——浙商离开浙江，这种人口“逆向”流动的格局，实际上已经直接影响到浙江的转型。“浙江目前的产业结构，吸纳了大量的低素质劳动力进入，不仅加剧了资源消耗，也带来了大量的社会管理问题，增加了沉重的社会负担，严重制约着浙江经济社会的可持续发展。”夏宝龙在浙商创业创新会议上分析说。因此，浙江决策吸引浙商回归、人才回归发展高端产业，推动产业结构优化，一是能吸引大量高素质人才和劳动力流入，另一方面是用产业门槛限制低素质劳动力流入。

由此可见，在区域竞争的压力下，浙江呼唤浙商回归，可以利用浙商手中的存量资金来增加有效投入，振兴实体经济，进而也能够改变人口结构和社会结构。可以说，这是浙江发展升级的需求与浙商资本的投资诉求，在“回归”上找到了最佳的契合点。而从某种意义说，在中国当前的国情下，是市场主导型经济的失落，回归政府主导型经济成为大势。

（二）省委、省政府强力推动浙商回归的举措和成效

为了推动“浙商回归”工程的深入实施，浙江省委、省政府从组织机构、政策扶持、考核奖惩等各个方面出台了一系列措施。

一是成立了专门协调机构。省政府专门成立了负责“回归引进”的协调结构——浙江省支持浙商创业创新促进浙江发展工作领导小组，王辉忠副书记担任组长，下辖省内20多个省直部门，直接与“浙商回归”工程对接。同时在29家省外浙江企业联合会、商会内设立“浙江省浙商回归和引进工作联络办公室”，授权他们承担在所属地开展浙商回归和引进工作任务。

二是制定了针对性的优惠政策。为了鼓励浙商回归，2011年底省政府出台了《关于支持浙商创业创新促进浙江发展的若干意见》和配套政策，对于在浙江设立地区总部、高新技术企业及战略型新兴产业、现代服务业、海洋经济发展示范区建设等重大浙商回归项目，省政府给

予税收及土地指标等特殊奖励。

三是实施严格的挂钩考核制度。为推动“浙商回归”工程，浙江省政府启动了对11个市、20个省级相关部门以及29个省浙江商会的目标责任制考核，把各级党委、政府的政绩与引进浙商资金的成绩挂钩，对驻外商会的负责人进行打分考核。比如在浙商商会负责人的责任书中包括授权他们开展浙商回归引进工作任务、考核任务、考核程序以及考核评分表等四个部分。其他考核任务还包括为当地企业和浙江省相关部门做好牵线搭桥，协助组织浙商和当地企业赴浙江开展考察，牵线组织和衔接落实优质浙商项目回归。

四是加强联络联谊促进亲情回归。在首届世界浙商大会上，给予到会浙商高规格礼遇。在2012年春节前后，开展浙商慰问大走访活动，省四套班子领导分别带队走访29个省级商会会长及其他著名浙商，并赴他们老家慰问其父母和家属，引起了广大浙商的强烈共鸣。

随着一系列有力措施的出台和落实到位，浙商回归成效逐步显现。2012年全省浙商回归引进到位资金1298亿元，完成年度目标任务的108%。今年上半年，全省浙商回归引进新项目722个，累计到位省外资金893.55亿元，完成年度目标任务的59.57%，同比增长26.09%。宁波市委、市政府高度重视，认真落实省委、省政府战略部署，并创造性地开展浙商回归工作，取得了明显成效，2012年全市完成浙商回归引进项目实际到位资金273.65亿元，完成考核目标的124.39%。今年1月至6月，我市新引进浙商回归项目133个，实际到位省外资金70.39亿元，加上此前落户项目资金陆续到位，上半年实际引进浙商回归资金238.54亿元，是年计划的86.7%，同比增长74.6%。

二、浙商回归背景下象商回归的分析与思考

象商是浙商的重要组成部分，象商是象山最为宝贵的资源和财富，实施浙商回归首要是象商回归，这是象山转型跨越不可或缺的生力军。

（一）象商群体特征分析

象商具有“一遇雨露就发芽、一有阳光就灿烂”的拼搏创业精神，在全国各地分布范围非常广，在许多国家和地区也有象商艰苦打拼的身影。与其他浙商一样，象商也具有独特的发展规律和特点。

一是群体规模大，区域分布广。据初步调查，如今已形成了10万象商闯天下的规模格局。其中，具备相当投资实力的不下万人。举宁波大市范围的建筑业为例，挂靠在宁波其他县（市、区）建筑企业的象山籍一、二级项目经理就有468人，注册在县外的象山人为法人的建筑企业就有40家。而这两类对象在上海则要多得多，在全国各地分布也不在少数。如果加上挂靠在我县企业但长期在外施工的项目经理，估计单是这一群体就有数千人之多。又如2011年县工商联在广东建立象山商会，当时的象商会员企业就有100多家，事后发现远不止这些。

二是实力雄厚，不乏领军人物。大浪淘沙，百炼成钢，艰苦卓绝的创业成就了一批实力雄厚的象商，其中有的已在一个地方颇具影响力，成为领军人物。在不久前公布的“2013甬商百富榜”中，象山籍企业家15位，并在前50位占到了10位，财富总额达到303.4亿元（见下表）。北京、天津、云南、武汉、南昌等地的宁波商会会长都是由象商担任，更远的如墨西哥中华企业家协会会长包荣林先生也是象山籍人士。

2013 甬商百富榜之象山篇

排名 2013	排名 2012	富豪	财富(亿元)	所在公司	主要行业	公司总部	性别	年龄
8	8	王久芳	57.8	荣安地产股份有限公司	房地产	海曙	男	50
11	25	郁国祥	47.8	上海新恒德置业有限公司	房地产、投资	上海	男	43
13	19	周辞美家族	45.7	华翔集团股份有限公司	电子、汽配、投资	象山	男	71
30	31	王祉绂父子	21.4	世纪华丰控股有限公司	建筑、房地产、投资	江东	男	65
30	23	赖振元家族	21.4	龙元建设集团股份有限公司	建筑	上海	男	73
32	32	陈苏林夫妇	20.7	石浦酒店管理有限公司	餐饮、房地产、酒店	江东	男	44
35	30	陈云勤父子	16.6	宁波戴维医疗器械股份有限公司	医疗器械、医疗服务	象山	男	71
37	34	蒋保民家族	15.1	天安电气集团有限公司	电气、投资	象山	男	77
45	53	郑宏舫	10.8	宏润建设集团股份有限公司	建筑、房地产	上海	男	63
46	52	裘东方	10.7	上海保集（集团）有限公司	房地产、投资	上海	男	51
50	65	黄金宝	9.5	三生（中国）健康产业有限公司	保健品、直销、旅游	鄞州	男	48
52	82	张建浩家族	9.2	天津赛象科技股份有限公司	机械、仪表	天津	男	52
64	55	卢国平	7.9	宁波正业控股集团有限公司	机电、房地产、投资	象山	男	61
91	79	陈　照	4.5	浙江巨鹰集团股份有限公司	纺织、投资	象山	男	57
92	—	王正国	4.3	宁波万象控股集团有限公司	房地产、家具、投资、能源	杭州	男	48

三是特色产业优势形成，经济总量庞大。经过长期的打拼和抱团发展，象商在外形成了具有一定规模和竞争优势的特色产业。首先是建筑业，2012 年全县建筑业总产值 819 亿元，从业人员 32 万人。其中，县外产值 731.8 亿元，从业人员 22 万人。另外注册在外地的象商建筑企业和挂靠在县外的象山籍项目经理所创造的施工产值估计有 500 个亿。其次是餐饮业，象山人在外创办经营的餐饮企业有 60 余家，估计年营业额在 25 亿以上，超过县内的 75%。其中，丰收日大酒店、石浦饭店进入全国餐饮企业 50 强，丰收日更是排列前 10 位，其仅在上海就开设了 42 家连锁店，在香港、北京也经营得很成功，2012 年营业额近 10 个亿。另外房地产开发、机械模具及针织等产业也有一定的规模。据粗略估算，象商在外年完成的经济总量、固定资产投资、税收等主要经济指标接近县内的 50%，也就是说象山的 GNP 是 GDP 的 1.5 倍。

四是桑梓情怀深厚，回馈家乡意愿强烈。象商除了一部分当年直接“走出去”闯天下，更多的是从家乡发家起步，有了一定规模和积累后再向外扩张。我县目前几家主要的大企业基本上都是这种经历，这批企业家与象山经济同发展同成长，功不可没。而那些长期在外创业的象商，也始终心系故土，创业成功后不忘关心反馈家乡，在慈善捐赠、支持新农村建设等方面越来越热心，回乡投资创业的热情也越来越高，正在并必将成为我县浙商回归的重要力量。

（二）我县浙商回归取得的成效

2010 年 10 月，县委、县政府召开首届“象山人与象山经济大会”，邀请 120 余名在外象山籍创业成功人士共商家乡发展大计，点燃了广大象商的回乡创业热情。省委、省政府作出浙商回归决策后，我县借助象山港大桥通车和“两区”等平台搭建的契机，实施招商引资“一号工程”，建立领导机构，出台激励政策，专门成立象商招商队伍，并通过走访著名象商，开展“海内外象山人”系列宣传报道活动，增强象商的故土情结和回归意愿。2013 年春节前夕，县委、县政府召开了“浙商之春”迎新恳谈会暨第二届象山人经济大会，诚邀海内外象商 130 余人到会，“看大桥、叙乡情，共商家乡发展大计”。由于筹备工作细致周到，几乎所有著名象商都从全国各地赶来赴会，大会隆重热烈、乡情洋溢，收到了很好的效果。会后，我县制订完善了一系列吸引象商回归措施，着手建立象商信息库，成立象商招商小分队，开展结对联谊和招商活动，推动象商回归风生水起。2012 年，全县浙商回归引进项目 45 个（其中新引进 25 个），实际到位资金 22. 72 亿元，完成市任务的 113. 6%。象商回归项目 9 个，总投资 9. 75 亿元。今年上半年我县新引进浙商回归项目 18 个，实际到位县外资金 5. 78 亿元，完成市目标任务的 48%。象商项目 18 个，总投资 5. 43 亿元。

（三）我县浙商回归工作存在的问题

一是浙商回归的工作力度尚需进一步加大。省、市高度重视支持浙商创业创新工作，把它列入考核目标，力度大、措施实、效果好，给我县造成很大的赶超压力，需要我们在思想共识、工作举措及工作力度上进一步跟进。

二是对象商回归的基础工作尚需加强。象商群体的底细尚不清，掌握的信息还不全面，宣传发动还不够深入，针对性的联络联谊和招商引资工作体系还没有形成。具体的工作成效与我县的象商资源相比还有很大的提升发展空间。如在甬商百富榜中，尚有 4 位象商在家乡没有投资；又如支持异地象山商会的发展和作用发挥的力度还不够大。

三是投资环境有待进一步改善。总体上说我县的投资环境还不尽人意，除受到土地指标和能耗总量控制目标等制约之外，部门间沟通协调、勇于担责、帮办落实及服务效率等方面问题很多，致使部分签约项目及意向引进项目无法尽快落地，一定程度影响了浙商回归的积极性。

四是部分象商回归碰到“玻璃门”现象。相比外地一些地方，我县在税收扶持、劳动力供应及生产成本等方面缺乏竞争力，如面对庞大的建筑界象商，为何回归缓慢，且同时有外流现象，其中一条主要原因是我县税收不如人家优惠。

三、深化实施浙商回归工程的若干对策和建议

“浙商回归”是省委、省政府审时度势、因势利导而作出的一项重大决策，对我县具有十分重要的现实意义和指导作用，我们必须紧紧把握机遇，认真学习苏北经验，结合象山实际，因地制宜，抓出特色，抓出成效。

（一）认真贯彻落实省委、省政府决策部署，突出招商引资主题，制订实施浙商回归全攻略。

省委、省政府把“浙商回归”作为“一号工程”，以招商引资为核心，出台了一系列保障措施，对各地的实施成效尤其是招商引资情况进行督查考核，这在我省是第一次。宁波市委、市政府也对各县（市、区）下达了考核目标，并每月督查公布工作结果。从今年6月份开始，省里部署开展了“十万浙商进百区”活动，并将在10月份召开第二届世界浙商大会，举办宣传表彰、投资论坛、信息交流和项目签约等一系列活动，现整个活动已经启动。我县把招商引资作为“一号工程”来抓，浙商回归正是题中之意，可以说抓好浙商回归，也就抓到了招商引资“一号工程”的核心。为此我们要高度重视，认真贯彻省委、省政府决策部署，研究制订我县浙商回归的工作方案和目标措施，主动出击，有的放矢，积极配合省、市的各项浙商回归活动，力争吸引更多的浙商到象山考察、投资。

（二）加强投资环境建设，切实增强浙商回归吸引力。

投资环境是一个系统工程，决定着招商引资工作的成败，必须多管齐下，齐抓共管，精益求精。一是加强平台建设，筑巢引凤。经过近几年的努力争取和整合开发，以“两区”获批及深入推进为抓手，我县的一批园、区、城加快建设并形成规模，为浙商回归搭建了广阔的发展平台。下一步要加快县域基础设施和各大平台的小环境建设，努力改善生产条件，尤其是企业员工的生活环境，增强对浙商投资的吸引力。

二是加大要素供给，力求实效。招商引资的最终目的是项目早落地、早动工、早投产、早出效益，今年省、市的浙商回归考核目标十分突出项目投资的实效性，为此要切实改善服务水平，加大政策、土地、资金、劳动力等要素的供给，全力以赴服务于项目引进和建设。要加大政策扶持的灵活性，对大项目、好项目、成熟项目，采取一项一策，力促成功。要加大土地等供给力度，主动尽早做好项目前期的各项工作，做到环环相扣，克服项目空等拖延现象，这是对一个地方投资环境评价十分重要的因素。要不断改进项目服务水平，坚持一切以项目为中心，强力扫除影响项目进展的一切障碍，打造绿色通道。

三是着力营造亲商爱商氛围，增强投资信心。要坚持项目中心制和企业核心制，不断提升项目投资者和企业家的地位，加强政治安排、荣誉表彰和形象宣传，努力帮助解决生产、生活中遇到的难题，不断增强他们的荣誉感、使命感和发展信心。做到既要引商也要留商，既要重视新引进的项目，更要珍惜已引进的项目和本土企业家及创业者，不断壮大投资群体和发展群体。

（三）加强基础资源掌握，建立完善工作体系。

要加强与省、市浙商回归“引进办”联系沟通，主动共享他们的信息资源，主动邀请他们带浙商来象考察。要加强对象商资源的调查摸底，力争掌握每一位实力型象商的详细资料，建立信息库，开展针对性的亲情联谊，以“情”促“归”。要加强对县内土地、项目、人力等资源的普查摸底，做到基础扎实，心中有数，为扩大有效招商服务。

（四）加强联络联谊，充分发挥象商的独特作用。

浙商回归主打的是“乡情牌”，主要依托的是各地的浙江商会组织，这是其他省份吸引浙商所不具备的，可谓抓住了关键。象商群体大，分布广，人脉、信息资源丰富，密切与他们的联络联谊，增进乡情亲情，激发他们报效桑梓的热情，不但能够增强他们回乡投资兴业的积极性，而且能够进一步发挥他们推介宣传象山，为我县招商引资提供信息、牵线搭桥的独特作用。要加强异地商会组织建设，支持县委统战部（侨办、侨联）在象商集中的国家和地区建立海外工作站，拓展海外招商；支持工商联主动赴各地联络组织象商，成立区域性象山商会组织。同时参照省里的做法，在各地象山商会（海外工作站）设立“象山县浙商回归和引进工作联络办公室”，授权开展浙商回归和引进工作，并给予一定的经费支持，对成绩突出的给予奖励。通过各种渠道激发“象商”回馈支持家乡建设的积极性，集聚象山人经济优势发展象山经济，变象山的 GNP 为象山 GDP。

（《象山县委读书会论文汇编》。作者：县委常委、统战部部长 2013.07）

推动象台良性互动与机制合作

李关定 朱 万

近年来，浙江省象山县发挥地理、历史、人文等对台渊源优势，在象台交流合作方面取得良好成绩，获批成为浙江省首个海峡两岸交流基地、浙江（象山石浦）两岸经贸合作区和海洋经济示范区。为推进象台良性互动与机制合作进一步开展，象山充分发挥既有优势，将促进两岸民间融合作为重点，努力为两岸关系和平发展做出更大贡献。

一、深入挖掘对台交流合作资源优势

一是挖掘历史与血缘亲情优势。因毗邻蒋氏故里奉化，民国时期，象山籍军政要员众多，仅 1949 年后随蒋氏父子去台人员就超过 2000 人。1955 年 4 月，国民党军队从石浦镇渔山岛撤离时将 487 名百姓全部掳往台湾，安置在台东县富冈新村，已繁衍达 2000 人。可见，象山与台湾有着割舍不断的血缘亲情。二是发挥对台海上交流优势。象山县石浦港距台湾基隆港仅 170 海里，一直是台湾渔民在大陆避风、补给的首选港口。1981 年，国务院批准设立象山县台湾同胞接待站。自 1971 年接待第一艘因机械故障失去动力台湾渔轮以来，迄今已累计接待超过 8 万人次，对台渔业劳务输出达 8000 余人次。象山由此成为长三角地区最大、最主要的对台小额贸易口岸。近年来，在与台东县渔业领域交流互动中，逐步形成象山—台东经济合作论坛，为开展两地机制化合作、巩固交流成果提供了有力保障。三是弘扬“如意”信仰民俗纽带传统。“如意”是渔山岛本土神祇，相传为妈祖的妹妹。1955 年 2 月，石浦部分民众被裹挟赴台时，还曾专门恭请如意娘娘一起去台。20 世纪 90 年代以来，台东富冈新村村民每年都会带着当年从渔山岛请走的如意娘娘塑身回乡寻祖省亲，石浦本地民众则会举行隆重的迎亲仪式。2008 年 6 月，“石浦—富冈如意信俗”被列入第二批国家非物质文化遗产名录，也是迄今唯一包涵海峡两岸共同民俗文化的国家非物质遗产项目，是象山对台交流中一项十分独特的民俗文化。四是拓展旅游合作优势。据统计，象山共接待旅游、考察、祭祖台胞逾 15 万人次，接待台湾各行业代表人士团组共 54 个、2000 余人，为象台开展旅游领域的合作奠定基础。

二、建立健全对台交流合作有效机制

一是初步形成与台东县的交流合作机制。依托象山石浦港与台东富冈新村民间交流的良好氛围，象山主动与台东沟通协商，共同推出一批特色交流活动，其中，妈祖如意省亲迎亲系列活动连续4年被列为国务院台办和浙江省对台交流重点项目。2008年，正式签订《象山县与台东县建立交流合作关系备忘录》。去年9月第14届“中国开渔节”期间，举办了象山·台东海洋经济合作交流会，台东县长黄健庭带领80多位政商界人士出席，就拓展两县农渔、旅游等方面合作进行了深入交流。此外，石浦港还与台东市签订合作备忘录，形成涵盖象山与台东两地县、镇（市）、村三个层面的交流体系。二是以海洋文化与民间信仰为纽带，构建旨在强化两岸民间交流合作的机制。每年“中国开渔节”期间，石浦港都举行“妈祖—如意巡安”活动，增进两地同胞信众感情。2010年5月、9月，分别在象山和台东举办了以反映两岸同血脉亲情为主题的“祖脉”摄影作品展，激发了大批台胞思乡恋乡返乡的热潮。三是加强对台宣传，提升象山在岛内的知名度和影响力。2008年、2011年，象山与台东共同举办的中秋联谊晚会被中央电视台《新闻联播》等报道，在两岸媒体累计刊发相关稿件100余篇，有效推进了象台间建立以深厚历史文化与民俗信仰为基础的交流合作，也使得象山与台东两县的交流合作机制从手拉手向心连心延伸。

三、推动对台交流合作拓展领域、提升层次

象山将继续全力提升全力提升对台机制化合作的水平与层次，进一步推进共同建构、共同受益进程，促进象台两地同胞间的认同与融合。为此，象山将着力做好三方面工作：一是积极以象山—台东经济合作论坛为平台，全面开展与台湾东部、南部的交流合作，探索开展两岸县域合作的新模式和新途径。二是进一步完善“中国海洋峰会”平台，使之成为两岸高层次的海洋合作论坛，在政策沟通、人员往来与产业合作等层面持续推进象台两地海洋产业合作，有效提升共同利益，为建构共同认同、促进彼此融合夯实基础。三是全力解决台资企业遇到的困难，优先为台资企业引进的高级人才解决户籍、配偶就业、子女入学等问题，营造台商台企投资发展的良好环境，为两岸共同家园建设厚植物质基础。

（国台办《台湾工作通讯》。作者：县委书记，县台办主任　2013.10）

七、规则章程

象山县委统战部八项制度

（2004年）

一、会议制度

（一）部务会议。由部长或部长委托副部长主持召开，部务会议成员参加，可根据内容邀请有关人员列席。讨论决定全县统战工作重大事项和活动组织安排，研究安排阶段性工作任务，决定干部人事安排等事项。

（二）部长办公会议。由部长或部长委托副部长主持召开，班子成员参加，根据需要可请相关科室负责人列席。总结汇报上阶段各线工作，对下一阶段工作作出部署安排。

（三）机关全体干部会议。由部长或副部长主持召开，传达学习上级有关统战工作方针、政策、指示，通报全县统战工作动态、重要统战活动情况及阶段性工作安排。

（四）专题协调会议。由部长或分管副部长召集相关部门、单位负责人就有关统战工作、重要事项或活动等进行讨论协调，制定实施意见。

二、学习制度

（一）坚持中心组理论学习制度。由办公室根据要求制订年度学习计划，每月集中学习一次。

（二）坚持机关干部集中学习制度。部机关干部集中学习原则上每周一次。由办公室会同机关党支部制订年度及阶段性学习计划，报部务会议审定后，由办公室具体组织实施。

（三）丰富学习内容。采取中心发言、心得交流、专题讲座等多种形式，组织全体干部认真学习政治理论、统战工作业务知识和其他须知的文件、会议精神等。

（四）加强调研工作。各线每年确定一个以上调研课题，深入实际开展调研，撰写调研文章。

（五）加强督查工作。办公室要根据各项工作安排情况，及时开展督查，抓好落实工作，确保各项任务完成。

三、公文管理制度

（一）综合性文件和材料由办公室起草，分管部长审核，部长签发后付印。各线文件和材料由各科室起草，办公室核稿，分管部长签发，重要文件要送部长圈阅后发文。

（二）实行外发文件两校制，即印发文件由公文起草者作第一次校对，待文印室付印成样后由办公室作第二次校对，确认正确无误后印发。

（三）办公室要按照要求做好各类文件网上轮阅、文件资料的保管使用、立卷归档和保密工作。各种机密文件、资料应及时归档，统一保管、统一处理。

（四）印鉴由办公室指定专人负责保管和使用，凡需盖县委统战部印鉴（除已经部委讨论同意的材料、表格、报表等外），事先应经部领导签批。

四、信息工作制度

（一）积极向省市统战部门报送信息，力争在市委统战部对各县（市）区报送信息目标考核中进入前列。积极向县委办公室报送信息，确保完成考核任务。办好象山统战网及象山侨务网，及时做好信息更新和维护工作。

（二）各线要积极抓好信息报送工作，每月报送信息不少于 2 条。凡向县委办公室报送的信息，均由办公室统一核稿，一个口子上报；向上级对口单位上报信息，由各分管领导审核，交办公室存档。

（三）加强信息报送网络建设。各线要明确一名信息员，原则上每季度统计信息报送情况，在《象山统战》上进行通报。制订信息考核制度，年底进行考核，对先进单位和个人进行表彰奖励。《象山统战》编发一般每月一期。

（四）建立信息员例会制度。每季度初分别排摸出上报信息重点和《象山统战》编发重点，围绕重点梳理出具体线索和条目，积极抓好报送和编发工作。

五、请（休）假及值班制度

（一）严格请（休）假制度。因事因病或法定休假都必须办理请（休）假手续。请事假、病假二天及以上的，须经分管领导批准并报部长。法定的假期（如年休假、婚假、产假、护理假、哺乳假、探亲假），报分管领导审批并报部长。假期满后，要及时销假。

（二）工作时间不得无故迟到早退。工作时间确有急事需临时外出者，要告知同办公室同志，半天以上的要告知办公室。

（三）实行节假日值班和应急值班制度。值班安排由办公室负责。值班人员应做好值班记录，遇紧急或重要事项，应及时向值班领导报告。

（四）值班人员应遵守值班纪律，按时到岗，坚守岗位，不得擅自离岗。如不能按时出岗或中途有事外出，必须落实接替人员并告知办公室。

六、财务管理工作制度

（一）在单位财务负责人领导下，财务室会同办公室合理编制本单位年度财务经费预算、决算，统筹安排支出，节约使用资金，保障单位工作的正常运转。

（二）按照“钞账分管”原则，会计和出纳要各负其责，密切配合。会计和现金账务要做到凭证合法、手续完备、记账及时、账目清楚、按期结算。

（三）部拨款、借款及申请补助和重大项目支出，由部务会议集体讨论、部长或分管领导签发。

（四）日常办公经费、差旅费等其他费用使用实行办公室审核，分管部长“一支笔”审批制度。

1. 日常办公经费。购置固定资产、办公设备及进行较大的维修项目，由办公室提出方案，报部务会议或部领导同意后实施，并做好验收登记。小额办公设备维修，由各线提出，交办公室办理。购买办公用品，由各线提出，交办公室统一办理。征订报纸杂志、书籍及其他宣传资料，先送办公室审核汇总，经分管部长签批后，由办公室统一办理。属政府采购范围内的商品，应由县政府采购办统一采购。

2. 差旅费。因公外出经领导批准后，差旅费报支原则上按规定（象财综〔2006〕164号文件，下同）标准执行。暂借出差备用金的，在返回七天内结算，擅自提高开支标准和扩大开支范围的，超出部分个人按规定负担。

3. 会议费。参加市级以上会议，财会人员凭领导批准的报销单报销（会议期间由主办单位安排就餐的，不得报销出差补贴），会议住宿费原则上按会议安排报销，资料费按实报销。

4. 其他费用。对经组织同意参加学历教育的人员，相关学习费用按县委组织部有关规定报销。短期培训需经分管领导同意，费用按规定报销，随附培训通知。驾驶员出车补贴每人每月 300 元，里程补贴参照机关事务管理局规定执行。

（五）建立和健全内部财务管理实施细则，对本部财务活动情况进行控制和监督，原则上分管部长每月在部务会议上通报财务管理情况。

七、公务用车管理制度

（一）车辆实行专人驾驶、保管和责任追究制度，驾驶员必须以高度的责任心，切实做好车辆维护、保管和使用工作。

（二）公务用车实行统一调度、统一保险、定点加油、定点维修的管理办法。因工作需要，需安排下乡、县外用车的，由用车单位或用车人提出，办公室出具用车单并登记，驾驶员凭用车单出车，如遇紧急情况需用车的，应先告知办公室，再补办手续。小车正常性保险由财务室统一办理，车载用品由办公室统一采购。车辆实行一车一卡，定点加油。车辆维修由驾驶员提出方案、经办公室审核、分管领导签批，在政府采购办定点单位维修，维修费用由政府采购办审核。

（三）车辆未经许可不得外借。车辆使用后应停放在指定地点。

八、公务接待制度

（一）坚持热情待客、节俭办事、总量控制原则。

（二）对同一城区范围从事公务活动的工作人员，原则上不安排就餐。确需安排的以工作餐为主。

（三）公务接待需要外出到饭店就餐的，报办公室登记后凭用餐单统一安排。遇特殊情况，应说明原因，事后补办手续。

（四）外出就餐实行一餐一结、一餐一票，经办公室审核后送部分管领导签报。对多头签单和无菜单的票据，财务应拒绝报销。

（五）对口接待，严格控制陪客人员人数，一般不得上高档香烟和酒水，接待标准原则上总额不超过 80 元/人。

（六）定期公布业务招待费，接受单位干部职工监督。

八、参考书目

1. 县委统战部、县台办、县侨办、县民宗局及各镇乡、街道资料汇编；

2.《象山县工商联志稿》；

3.《象山县政协志》，中华书局出版；

4.《象山县人民代表大会志》，内部出版；

5.《浙江省政协志》，浙江人民出版社出版；

6.《象山县志（1985）》，浙江人民出版社出版；

7.《象山改革开放三十年》，人民日报出版社出版；

8.《海内外象山学子》；

9. 县档案馆、县委统战部档案室资料等。

后　记

《象山县统战志》经过编纂人员近7年辛勤努力，成功付梓！全书分13章，共95余万字，另彩页照147帧。

2010年年初，县委统战部着手部署《象山县统战志》编纂工作，并成立编纂委员会，确定编纂工作分管领导和编写人员。之后，多次召开部务会议、编委全体会议，就志书编纂指导思想、体例结构、资料收集等工作进行专题研究。同时，为确保志书资料翔实可靠，将资料收集工作任务落实到统战系统各单位有关人员。编纂人员以严谨、务实、负责的工作态度，认真查阅档案资料，悉心整理汇总，走访了解有关当事人，尽最大努力保证历史资料准确性。

2016年年初，初稿形成，发放与统战系统各单位修改。然后，把征求意见稿向曾经在统战部工作过老领导、老同志以及县志办专家征询意见，并多次召开《象山县统战志》编纂征求意见会。在进一步征求意见、修改完善的基础上，编委会对初稿组织人员进行集中修改，对遗漏问题作进一步补充完善，形成志书样本，于2016年12月定稿。照片由各有关单位、部门与部办公室提供。

《象山县统战志》编纂工作得到统战系统各部门及社会各界的大力支持和帮助。统战系统老领导、老同志对编纂工作提出很好的意见和建议，县志办、县档案馆提供相关资料。在此，对所有关心、支持和帮助《象山县统战志》编纂工作的各级领导、各相关单位和专家、同志们表示衷心感谢！

限于条件与水平，本志稿疏漏、欠缺之处定然，祈请读者批评指正。

编　者

2017年12月

《象山县统战志》编纂委员会

顾　　问： 林志龙　欧吉庆

主　　任： 黄敏求

委　　员： 翁华清　朱兴宝（2014 始）　沈颖洪（2011. 01 始）
张日成　陆新学（2013 始）　林平安（至 2011. 01）
周礼胜（至 2012. 12）　史亚萍（女，至 2010）
朱　万（至 2013）

主　　编： 黄敏求（兼）

副 主 编： 翁华清　沈颖洪

执行主编： 盛繁国

编　　辑：（按姓氏笔画为序）
马阿项　吴永建（至 2016. 04）　张华行（2016. 04 始）
张赛霞（女，至 2014. 04）　欧行凯（至 2013. 04）
郑　颖（女）　盛繁国　韩国明　董　欢

撰　　稿：（按姓氏笔画为序）
马阿项　方红红（女）　励石开　张华行　陈灵灵（女）
邵鹏凯　林鹏程　郑春苗　姜琪妍（女）　盛繁国
蒋立味（女）　黄伟光　韩国明　董　欢　鲍伟伟

校　　对： 许土根

编　　务： 杨秀丽（女）